细读《政治学》

邓文正 著

生活 · 讀書 · 新知 三联书店

图书在版编目（CIP）数据

细读《政治学》/ 邓文正著. —北京：生活·读书·
新知三联书店，2019.1
ISBN 978 - 7 - 108 - 06270 - 3

Ⅰ.①细… Ⅱ.①邓… Ⅲ.①亚里士多德（Aristotle 前 384—前 322）－政
治学－研究 Ⅳ.① B502.233 ② D0

中国版本图书馆 CIP 数据核字（2018）第 069812 号

特邀编辑　童可依
责任编辑　冯金红
装帧设计　薛　宇
责任印制　宋　家
出版发行　**生活·讀書·新知** 三联书店
　　　　　（北京市东城区美术馆东街 22 号 100010）
网　　址　www.sdxjpc.com
经　　销　新华书店
排　　版　北京金舵手世纪图文设计有限公司
印　　刷　河北鹏润印刷有限公司
版　　次　2019 年 1 月北京第 1 版
　　　　　2019 年 1 月北京第 1 次印刷
开　　本　880 毫米 × 1230 毫米　1/32　印张 18.5
字　　数　446 千字
印　　数　0,001 - 4,000 册
定　　价　69.00 元
（印装查询：01064002715；邮购查询：01084010542）

目 录

何伟明序

　　幸福（*eudaimonia*）是亚里士多德《尼各马可伦理学》的中心课题，对亚里士多德来说，人是理性动物，个人幸福建基于人的理性活动，而最高的幸福则来自直观（intuition）——一种直接把握真理的哲学玄思，因为这是最自足的，是与神的思维方式最相近的理性活动。然而不是每一个人都有天分和机遇，可以进入这深邃的玄思世界；亚氏在卷十第七章说明直观和幸福的关系后，接着便指出对于大部分人来说，幸福源于实践道德；所谓实践道德，即人的勇敢、谦虚等品德和实践理性（*phronesis*, practical wisdom）配合而成的具体行为，如勇敢的行动，谦虚的态度，又如办事有诚信，对人慷慨大方等，这可以说是理性在人群里的运用。亚里士多德的神没有社群，神性直观思维也和群体没有关系；但人除了有理性外，也是社群动物，人的品德必须通过人际网络表现出来，"人"的幸福自然也来自群体生活。相对于神性的直观，这样的幸福诚然较为次等，却更接近人的特质，也是大部分人都有能力获得的。这样，亚里士多德的论述也由个人转向群体，《政治学》可以说是《伦理学》的续篇。

　　在《政治学》开端，亚氏说人走在一起，从家庭到村落再到城邦，是"自然"的发展。"自然"（*physis*）在亚里士多德哲学里可理解为本质，一物的"自然"，就是该物与其他事物不同的本质，譬如说人的本质是理性动物，就是说人有理性能力，而其他动植物则没有；但对亚氏而言，说一物的本质不仅是说一个事实，或指出一种特别的能力，而且包括对该能力得以发展的期许。人的本质是理性，可是有些人把这独有的能力发挥得很好，有些却较差。亚氏说本质，不仅是说人有理性，更重要的是人应该充分发挥这理性能力；只有这样，人才能真正表现他的"自然"，成为"真正的"人。这是亚里士多德说形式（即是本质）与目的相同的意思，前者是一物独特的能力，后者是这能力的发挥。人的"自然"是理性，但人同时也是群居动物，人须在人际交往中才能实践道德；从家庭到城邦，这是群居生活的演进，而人的道德也只有在城邦的公共生活里才能得到全面发展。立法、司法审议以至其他行政或军事上的职务，都是道德可以充分发挥的场合。所以，说家庭"自然而然"演变到城邦，原因在于人"自然而然"寻求更多元化的群居模式；人的"自然"有发挥空间，人的幸福便有可能成就。这么说，城邦的一个重要功能就是让公民施展理性能力，在城邦生活里共同找到幸福，对亚氏而言，一个幸福的城邦比单独一个幸福的人，更美、更善。古希腊有很多城邦，它们各自有不同的政制。什么样的城邦，何种政治生活能让更多人更好地发挥他们的理性潜能，是亚里士多德《政治学》的重要课题。研究政治，最终是要成就幸福的人生。

我任教的香港中文大学，也在通识基础课程中选了亚里士多德《伦理学》有关幸福的篇章和学生讨论。追求幸福人生，不管在哪个时代，相信都不会过时；亚氏认为幸福的人生不应只是生活舒适，也不在于拥有，而是建立于个人理性能力的实践，这对年轻人思考人生，当有一定的参考价值。然而根据亚氏，人的理性能力的发挥，主要在群体生活，特别是在参与公共事务上，所以谈幸福，要从《伦理学》过渡到《政治学》；《尼各马可伦理学》的最后一章，可以看成《政治学》的引言。邓文正博士曾著书详细解读《伦理学》，其中就说到《政治学》是《伦理学》的下集。

读过《细读〈尼各马可伦理学〉》，或听过他解释亚里士多德的，都期待《伦理学》的"下集"面世。读过他的《细读〈政治学〉》，我们对亚氏的实践哲学（practical philosophy）会有更全面的理解。年前邓博士来香港中文大学演讲，题目正是亚氏的《伦理学》，我有机会听讲，也有缘认识邓博士。在日后的倾谈里，慢慢认识到他对推广西方文化的热忱与认真。在教育工作中，邓老师是有心人；在译介西方经典著作方面，他出力很多；这次找我替他的《政治学》解读写序，让我有先睹为快的机会，我就欣然从命了。

邓老师在《细读》（上集）的导言中说他不写学究式的书，他的书不是给十七位学者，而是写给十七万人看的。推介经典，让更多人能了解、揣摩当中精妙的思想，这是极有意义的工作；但在亚里士多德而言，却绝不容易。亚氏写给当时广大读者的著作，已全部失传；流传下来的作品，全是他的笔记或讲义，可以说是写给十七人看的。怎样能做到"以便读者"，是《细读〈政治学〉》作者下笔的考虑。《细读〈尼各马可伦理学〉》用浅白的语言介绍亚氏的伦理思想；相信这本《细读〈政治学〉》的"导读"，也能帮助读者打开亚里士多德政治哲学的大门。

不做旁征博引的学者式研究，却不等于泛泛而谈。《政治学》的主要概念，如城邦和公民等，在本书里都有详细解释。此外，亚氏行文，常在关键处"不经意地"引入他在其他著作里阐述过的论点；他没有特别解释，读者不明理论背景，也就难以掌握他的思路。比如上面说到的"自然"，亚氏一开始便用"自然"说明从个体到城邦的进展；又如他用形式与物质这一对形而上学概念解说城邦兴替；论及中产多数政体，他也用上《伦理学》的"中庸"思想。遇到这些立论预设，"导读"都有扼要的说明分析；读者不仅能够清楚亚氏书中的论点，对《政治学》和亚氏其他哲学思想的关系，也会有一点初步的了解。

亚里士多德随柏拉图读书研究二十年，对其师的思想与关怀，了解至深。他自己的理论，在在有柏拉图的影子；但他的著作，却充满对老师的批评。研究哲学的传承革新，亚氏和柏拉图是很有意思的切入点。《政治学》有专章讨论柏拉图的政治哲学，作者在"导读"中分析亚氏的批评，并指出对"一与多"的不同理解，是他们政治思想分歧的根源。城邦是个整体，是"一"，但这"一"的覆盖有多广，能包容多大的"多"，两人意见不同。"导读"厘清了两人思想的分别，以及他们各自的考虑。细读分析，我们还可以见到一个看似高深抽象的哲学理论，怎样影响具体的政治考虑和安排。

上面说过，亚氏现存的著作是个人笔记或讲义，不是写好出版的成品。有时候，论述的理路在文中没有交代清楚。《政治学》论城邦，有从由家到国的"自然"进路来说，有从公民的政治权利来说；另外，卷三和卷四至卷六的立论框架也不同：前者讨论政体，以贤德才干为主，而后三卷则偏重从贫富角度看政体的差异。《细读〈政治学〉》每卷开头，作者多先介绍该卷重点以及与前后各卷的关系，读者看后，会较易掌握亚氏多角度的思路。

实践科学如伦理学和政治学的对象，与理论科学如物理或数学不一样，后者探讨的是永恒的真理，而前者的对象是变动不居的经验世界。亚氏在《伦理学》中表明，实践科学要求的精准度和理论科学不同。在《政治学》里没有永恒不变的真理，也没有放诸四海皆准的政体。政治是现实世界的事，不同地方有不同的政治体制，每个都有其存在的原因。亚里士多德和他的学生搜集了超过150个不同政体的资料，《政治学》可说是他整理研究不同政治体制的成果。他重视政体的稳定，中产阶级人数较多，经济也较独立，由此组成的政体，一般比较持久。但现实里没有乌托邦，即使稳定的政体，也有其缺点和衰败的因子；相反，再差的体制，也有向好的方向发展的可能。《政治学》里没有一面倒的褒贬，只有合乎实情的考虑和持平客观的分析。事实上，持平客观也是本书诠释亚氏的特点。原文解释不详的地方，作者尝试厘清亚氏的立场。一些今天不容易接受的论点，他也从亚里士多德的理论脉络分析其理据；甚至为人诟病的奴隶论，邓老师也从《政治学》的时代背景论析。同情理解不是赞同，但却是进入思想家世界应有的态度。《细读〈政治学〉》里好些评论，正是同情理解的好例子。

古今论政，对于自然，对于自由，对于国家性质以至国家与个人的关系，都有很大的分别。对于政治理论，邓老师是行家，在对《政治学》的解读里，他多次把亚里士多德的观点跟近代哲学家如马基雅维利和霍布斯的政治思想比较。比较不是判定孰优孰劣，而是显出不同时代看政治的视角不同，政治讨论的基本立足点也不一样。近代距离我们较近，对我们看事物的影响较深；然而古代的想法，正因离我们很远，也许可以给我们带来新的思考刺激。德国哲学家布洛克（Ernst Bloch）就说过，亚里士多德没有过去，他不仅活在现代，还属于未来。[1] 亚氏《政治学》的背景虽是古希腊政体，但其中不少论点却超越了时空限制。除了上面说过的一元与多元，国家能容纳多大的差异以外，还有公义与法律的异同——合法的是否就合义；此外，国家是否有化民成德的职责，法律应负多大的教育责任，与个人自由有没有潜在冲突，等等。《细读〈政治学〉》点明这些问题，让我们思考。对亚里士多德而言，政治是经验世界的事，政治哲学不能脱离现实，所以在能力和道德以外，他重视经济、国家大小和参与政体的人数多

---

[1] Ernst Bloch, *Leipziger Vorlesungen zur Geschichte der Philosophie 1950-1956*, Bd.1: *Antike Philosophie*, Frankfurt am Main 1985, p.329.

寡，这些与政体的稳定都有莫大关系；其他如地理交通，他都有观察分析。正如本书作者所说："站在读者的立场，我们读亚氏书，不在认定他必然对。他有远见，有睿智，都值得我们学习；同意与不同意，那是学习后的结论，人人可以不同。"读古人书，这该是恰当的态度。

邓博士用简明亲切的语言诠释亚里士多德的政治思想，他的解读，有来自日常生活的例子，也有取自古今历史的事例。《细读〈政治学〉》除了表现出作者的学养与经历，还有他为"十七万人"解释亚里士多德的用心；期待更多读者能借这本导读认识亚里士多德，走进他的政治思想世界。

胡佛序

1987 年的秋季，我在台大政治系获得休假，决定赴芝加哥大学做访问学者。芝大的友人安排我住进一栋学校的公寓宿舍，并告诉我有一位研习政治理论，来自香港的年轻学者也住在同一栋楼。隔日我到芝大图书馆及研究室等处熟悉一下研究环境，刚回到宿舍，就看到一张字条贴在门上，留字的原来就是那位香港的年轻学者，也就是本著作的作者邓文正博士。字条上写着知我来到芝大，望能一晤。我乍见留字，十分心仪，因我厕身政治学界，历有年所，但很少看到年轻学者愿意在西方名校钻研艰深的政治思想与哲学的。当时想象这位香港的年轻学者，可能会有点洋派及几分自许，我也疑惑：他还会不会用中文的普通话交谈呢？但我随即按字条上留下的电话约晤。等到见面时，所看到的这位后来我习称他大名文正的邓博士，却是非常朴实、诚恳，讲得一口相当标准的普通话，留了一个小平头的谦谦君子。我们的相见欢，当然不在话下。我在芝大的访问只有短短半年，与文正相识后，顿成莫逆，时常促膝长谈。我们都在大学时代攻读过自然科学。他后来转而研习政治思想与哲学；我则先转读法学，再转入政治行为学的探究。我们都对政治学科具有浓厚的兴趣，虽然他重理论，我重实证，但两者的研究对象则同属政治的人间世，且皆重逻辑推理与慧识。这些背景皆提供给我与文正不少有趣的话题及广泛的思辨，迄今仍令我感受到亚里士多德哲思中所描述的愉悦。

我离开芝大，再到哥伦比亚大学做短期研究访问，然后返回台大；文正也在不久于芝大完成研习，回到香港，任教香港中文大学。台、港虽两地相隔，但我们仍时通音问。文正原具浓厚的淑世关怀，对中国的历史文化更富深刻的体认与省思。他在返港后，面对现实的社会与知识界，尤其感到社会的提升，必得从知识教育着手。我有一次访港，与他相见时，他颇感喟中国近世在推动现代化及引进西学的过程中，对西方知识之源的古希腊哲学，缺乏全盘的理解与探讨；纵有少数原著的译本，也仍欠通透的解读。所以他认为如要引进西学，提升社会的知识教育，必得先从古希腊哲学的解读始。但我所想到的则是其中的难题，主要可能在中西学术传统于思维方式上的差异，以及古希腊文辞的难以掌握。这些会使得现代的中国人不易进入古希腊哲学家的思维，获致所谓设身处地的理解（empathetic understanding）。后来，我转而想到，文正一身兼具中西文化思想的优异学养，且能正确掌握古希腊文辞，不就是最能做此理解的，难得一见的人选！其实我所想的，早已是文正所要做的。为了实践他对社会的关怀及推进知识教育的理想，他离开香港中文大学教席后，独自创设"禧文学社"，分设国学班和西方哲学班，在民间推广通识教育，并着手古希腊哲学的解读。这个学社是古代中国的学院，还是古希腊的讲坛呢？应是中西两者的融合与通会吧！我想到讲座上的文正，就不能不对他的高尚人格与卓越见识，致以由衷的赞佩。

文正首先解读古希腊大哲学家亚里士多德（本文以下简称亚氏）的巨著《尼各马可伦理学》。在《细读〈尼各马可伦理学〉》出版问世后，更不懈地倾注他的心力与智力，进而完成对亚氏另一巨著《政治学》的解读。这两部巨著的哲理，原本相互贯连，在性质上，实为上下篇。文正一并加以解读，使得中国学术界得见亚氏整体政治哲学的神采与全貌，且能回溯到西方文明的源头，扩展眼界。我也不能不赞美文正在中西文化的融会上树立了一个新的里程碑。

我承文正厚爱，在他着手解读《政治学》之初，即邀我阅读他的原稿并提出一些看法。我过去虽对近世政治思想有关宪政体制的契约论部分略有涉猎，但于古希腊政治哲学从未仔细修习。为了稍减这方面的无知，我还是接受了文正的盛意，不过，只能略说些读后感而已。于是文正刚解读完一卷，随即寄来。我两次到杭州养疴，皆带着文正的原稿。夜晚在寓所小阳台的灯光下细阅，抬头偶看星空，真觉得如同老友余光中教授的诗句中所描写的：非常希腊。

亚氏的《政治学》是公元前三百多年古希腊时代的论著。据文正的记述，应是亚氏若干有关城邦政治的讲稿、笔记由后人汇编成书，并非文义紧密而贯穿的专著。因之，亚氏对希腊的城邦政治从多种层次及面向加以析论，虽博大精深，但散见于全书各篇，语意繁简不一，所创设的哲理及分析的方法也各自不同。所以亚氏的《政治学》并不易读。若要对这部作为西方知识根源的旷世巨著有通盘的了解，并进而有益现代文明的发展，就必须深入而透彻地解读。这种解读可说是对亚氏政治哲学的重整，赋予了它新的生命。由此可见文正在这方面的深耕与成就，实在意义非凡。

文正的解读是先进入亚氏的思维，做设身处地的体认，所以在一开始即解析亚氏所处古希腊时代的希腊人在城邦林立的半岛上经营生活的背景，以及从中所孕育出的独特观念与风尚，并由此再联系到亚氏本人的生活经验及思想体系。他指出，城邦皆小国寡民，但呈现多种结构不同的政体，而民众则多富俗世的心怀及理性的思索。置身于这样的环境中，亚氏终于发展出若干对人与对事的基础性观察方式及理论，进而完成整体的政治哲学。经过通透的思虑与研析，文正认为这些基础方式与理论主要包括自然哲学、目的论、知识论、道德论及结构论等。文正的解释是基于一个自建的分析架构，即先厘清所观察对象的基本概念，再探究其所含本质的特性，然后阐明结构中各个因素间的互动关系，最后解析对象与其他对象之间的关联与作用。在这一过程的解析下，上述亚氏的每一项基础哲学与理论，皆各自成为概念精确、意义清晰、结构环节相扣，且层次与作用分明的哲理体系。循着这些体系，进而解读亚氏探究的核心：城邦政治，亚氏政治哲学整体的系统与其中的脉络，就明显地呈现出来了。文正在关键处还选择有关的近世西方政治理论及中国传统思想，加以比较，并提出自己的见解与评述。现不妨略窥文正如何解析脉络的主轴：他先据亚氏的自然哲学指出，人的自然本质具有善心与群性，因而人的政治生活乃能由个人，而家庭，再村落，并进而组合成群体的城邦，即国家；然后，他再据亚氏的目的论与道德论解说国家是主体，是目的，更是实现美好生活的道德生命共同体。因之，个人自然而然地发展到国家，就是一成德的过程。最后的综合说明是：自然之道是总体的发展，对每个个人并不是整齐划一的，比如人的聪明才智就不尽相等；在另一方面，发展的过程，在不同的环境下，也并不平坦通畅。所以，要迈上成德的自然之道，还需加上人为的努力。至于作为道德主体的国家要如何建构呢？首先要发挥自然人性的情谊，否则，不能凝聚；其次要发展理性公义的法律，否则，不能规范；在另一方面，还要培育德智兼善的公民，否则，就难以治理。解析到此，亚氏的政治哲学就非常平易近人，且可供现代政治反思。文正的贡献正如宋代大政治家及大学问家王安石在诗句中所说的："看似寻常最奇崛，成如容易却艰辛。"

陆续阅读文正对亚氏《政治学》的解读，我从对古希腊政治哲学的无知，变为思维中充满亚氏哲理的激荡。再反思现代流行的政治思想，印证现实的政治，不禁滋生许多感触，甚至慨叹。亚氏政治哲学的中心是国家，我就略说有关亚氏国家观的一些读后感。

亚氏特别强调的是道德，而视众人组合而成的国家为共同的道德体，并且是人人成德的目的。这与近代某些国家工具观或极端的自由论，大异其趣。人的价值当然在追寻自我实现，但自我实现，必须成就在人人皆可实现的群体中。因之，在尊重个人价值的基础上，相互之间就要有所超越，建立相互善待、共享福乐的群体道德。在政治生活上，国家也就成为先于个人的道德主体。某些国家工具观则将国家看成个人实现私利的工具，而极端的自由论更无视国家的群体价值与规范，主张个人的主宰与放纵。这些观念不仅会因私而害公，在实质上，也有害生命价值的提升，且会造成社会的纷扰及民粹政治的散乱。美国故总统肯尼迪曾强调"不问国家为你做什么，要问你为国家做什么"，应是有感而发。亚氏的道德国家观，实在值得举世的省思。

亚氏所探究的城邦式国家中，公民既是国家主权的拥有者，同时也直接参与国家的治理，而成为政权的掌握者。所以，国家与政体或政府在语义上，时常互用。但亚氏在考虑理想的国度时，所根据的是政体类型，且将国家的凝聚与治理的良窳，分开析论，这分明是将国家与政府在概念上分为两个层次。如此的划分，在观察社会欠稳、政府失能时，就不致将视野局限在政府的效率或财、经、福利等公共政策上的失当，而会深入一层，察觉到真正的问题可能出在底层国家结构的分裂与动摇。亚氏的结构国家观，实大有助于对现代政治发展的省察及学术上的进一步探究。

但如何才能维系国家结构的整合，而不致分裂呢？亚氏提出一项重要的观念，即公民之间的情谊。情谊来自人的自然本性，在养成习惯后，即可产生凝聚国家的根本作用。我在多年前曾将政治系统分成三个层次，进行政治文化的实证性研究。三层中最基础的是所谓的国家文化（state culture），重点在国家认同。这是指人民相互之间在情感上的接纳及对整体国家的关爱与忠诚。前者是同胞爱，后者是爱国心。我所进行的这项研究，因与当时流行的研究取向不尽相同，曾引起不少争议。现在读到亚氏所强调的凝聚国家的情谊与习惯，这不正是上述国家认同的文化吗？从今日的现实政治看，国家认同文化的缺乏共识，或许就是造成上层政府体制不能运作及公共政策难以制定的主因。由此可见，亚氏的认同国家观，对今日政治文化的学术研究及政治根本问题的观察，皆极具省思的价值。

亚氏国家观中的道德、结构、认同等，还涉及理性、公义、法律、政治形态、贤能治理及教育等的作用，这些都值得进一步的深思及反省。

我读完文正的大作后，在求知上虽甚觉喜乐，但又嫌不足，仍想再读，又想亲身到"禧文学社"聆听亚氏两千三百多年后的东方传人邓文正博士，在讲座上如何提出问题，解析义理，会引用亚氏的名言"吾爱吾师，尤爱真理"吗？是为序。

胡　佛

2014 年于大湖山庄

自　序

　　《伦理学》的结论，是一卷过渡到《政治学》的篇章；有点像长篇故事的上下集。在撰写"细读"的"上集"收笔时，我曾许诺，会继续写"下集"。几年努力下来，"下集"总算和读者见面了。

　　上集言道德，侧重个人层面；下集论政治，多属公众范畴。用现代术语说，一是"微观"，一是"宏观"。相比于上集，下集来得更长。各卷讲义，成于亚里士多德自创的学院中。虽然，整体来看，下集不是给他的"研究生"读的，反而像是给一般有教养的读者，尤其是有志从政者看的。

　　既然如此，看他原著不就行了？为什么花偌大气力，详为解说？

　　值得我们用心去解说这部著作的，除了语文上的困难外，起码有两点：一、这是西洋古代政治学史上，第一个从哲学与经验（科学）的角度，有系统地、连贯地写出的哲学家的作品。性质和柏拉图的《理想国》并不相似，可以说是理论与实际兼顾的书。在该书的节译本序文中，译者淦克超君（"导言二"有简介）说得好："国家兴亡之由，体制转变之键，治乱盛衰之脉，思潮趋势之渐，政权维持之道，革命煽动之源：具见此书，莫不中肯。"二、作者行文非常简约，涵盖范围又广，诸多论点都假定读者具有相应的水平与背景。这么一来，读者就会吃力。很多时候，他那十分精简的文笔，翻译出来，不论中西文字，若没有解释，不好明白。加上谈到的范畴很广，假如有细致说明，对读者就会便利很多。

※　　　　　　　　※　　　　　　　　※

撰述过程中，受惠于别人的帮助，值得一记。

本书的前半部，得国藩兄赐教，使我错误减少。余国藩教授从芝加哥大学荣休多年，还热心提携后学，实在感激。

认识何伟明先生，是经张灿辉兄介绍的。何君在海德堡大学念博士学位时，专攻亚里士多德。他给我写序，实在令我深庆得人。现时何博士在香港中文大学工作，该是学子之福。

胡佛先生享誉士林，退休前曾任台大政治系主任。多年前他趁休假，到芝加哥做访问学者，有幸结识。先生退休后，仍继续他的研究，公私两忙。蒙他不弃，愿意给拙作赐序；就用完成一章送上一章的办法，给他审阅。前辈行文，谦恭客气，更流露出对社会、国家的情怀，足做后辈楷模。

全书的中文输入（电子稿），是张良樱同学处理的。在此再谢。

完成此书，不负朋友美意。事缘多年前，三联书店的舒炜兄有一个美丽的"细读系列"的构想。当时就觉得很有意义，写了第一本《细读〈尼各马可伦理学〉》响应。这是第二本。饮水思源，还得感谢舒炜的初心。也谢谢童可依在编校上的用心。

前　言

西方政治思想源出希腊。准确地说，是源出古代希腊人的俗世心怀。（这倒不是说，他们对诸神怀有不敬，或是轻视宗教仪式。一众神祇的地位，罗马人还保留下来，只改了名字。他们的牺祭，与我们古代也有相似的地方。这只是说，哲学家在俗世事务的论述上，不论正反，都很少用"诸神"做护符，来支持自己的论据。制度设计，所重在人，不在"天意"。）其他古文明，像印度，像希伯来，像埃及，无一不是托于宗教；他们看世界，要通过信仰。希腊人了解世界，是通过理性。当然，能著述遗世的，只能是少数杰出之士。其他人都接受了各类安排，像家庭，像国家，独希腊人质疑。他们并没有事事委之于天。这和中国古代尊天的宗教意识，很不一样。古人以天为大，最高的，都是天上来的，无论是天意、天理，还是天子。在天面前，人十分卑微。面对天朝天子，个人毫无地位。这又与希腊相异。古代希腊人固然明白，个人是集体的一分子；但在集体面前，个人保持了自己的位格与尊严。打从一开始，个人与集体所成的对立面，就是政治学者尝试解决的问题。不明白这一点，政治学上的一众议题，诸如国家权力的基础，法律的来源等，皆无由解决，也没有意义。

个人价值，是希腊思想的一个立足点。这就引出了实际的和理论的考虑，比如，什么叫自由的公民？什么叫自治的社会？这些理念，形成了希腊城邦的基础。尽管后来的人批评不少，说他们为了城邦而牺牲个人。若我们能持平地看，把各古代文明的实际情况并排比较，就会发现，在古代希腊，个人的境况远胜其他古代社会。如果个人与集体是两个判然有别的概念，而集体，又是由所有个人一同组成的；那这个"不同"的本质是什么？这个"同"的特点又是什么？若个人的天性与集体的要求起了冲突怎么办？个人会认为公义是外在于集体的吗？如果是，那集体靠什么来维系？希腊思想，在两千多年前，已经有了那样的探索。

理性的探索成了不明言的原则，带领他们寻求政治组织遇上问题时的解决办法。那是政治思考的一个基础。另一个刺激思考的源头，来自比较。古代希腊人见到，他们以东的地区，多半是静态政治文化的社会，像波斯，像埃及。但他们是动态的，不断成长，也不断改变。各类政体更迭，使他们观察到，政权掌握在一个人手上，或少数人手上，或多数人手上，区别何在。这种更替，给政治探索提供了具体的数据；也使人体会到，每一更替，都有一番挣扎。挣扎有成有败，成败的原因何在？那又是理论思考的好题材。

公元前4世纪前后，希腊半岛上城邦林立，相互交往频仍，但各自认为属独立国。他们很自然会想到，国家的真正意义是什么，公民是什么，有没有最佳国度等等问题。不同的城邦，不只呈现出不同的组成（我们今天会说宪制）；更根本的是，各自具有很不一样的道德性格。每一个别城邦，会因自己的成长背景、法律制度、政治取向等因素，孕育出一套独特的格调。一种格调培养出一种风尚，也就是公民习惯。久而久之，就成了每个城邦自身的特色。那特色，给一邦之民带来了个性，也带来了自豪。那样的自豪，人人都能意识到。所以每个城邦，都有自己的道德取向，都追求自足，都希望能有自治。

正因如此，政治探索除了要明白政治组织，也要明白组织背后的人，带有浓厚道德格调的人。如果城邦是个具有伦理色彩的社会，那么政治学就是一门伦理先行的知识了。亚里士多德探讨各城邦的政治制度时，清楚表明：一种政治体制，不仅是"职位的安排"，更是"一种生活方式"。他探讨城邦的政治生活，就不仅是从法律结构着手，更是看它的道德层面。要寻求一种恰当的生活方式，政治和道德密不可分。政治学要探讨整体社会的伦理生命；它得研究什么叫"美好的事物"，以及怎样的结构才能成就这美事。这样，政治学差不多就是"人学"；起码，对亚里士多德来说，政治学和伦理学，是二而一的东西。就古代哲学家的立场看，政治学和道德哲学不分。不仅是道德哲学，政治学的用语，很多就是从伦理学、法学、生物学等借过来的。可见古典政治学既是国家理论，同时也是道德理论。

这种立论，与近代政治思想相比照，差异立见。古代人从伦理角度出发，看国家是个道德组成；国家的每个成员——城邦中的每个公民——都该有一定的德性，具备一定的善，才好配合整体的成长。不论柏拉图还是亚里士多德都认为，训练人民向善的教育，是国家的责任。这是以集体作为起点的。近代政治理论的起点，是个人，拥有某种自然权利的个人。国家，是用来保障这些权利不受侵犯的。所以，国家的功能，不在积极"导人向善"，而在挪开人自发成长的障碍。小国寡民的城邦，公权力常在左右，大家也许不以为意。现代国家，大家都说，公权力最好远离我，不要干扰我。在古代，他们考虑的是怎样配合整体成长时，保持个人的清醒与尊严。在近代，我们考虑的是怎样自发地培养个别的德与善。

不同的城邦，因着不一样的背景，形成了各自独特的风格。风格不同，因为背后的法律和道德取向不同。那么，最初的法律和道德教化是怎样来的？希腊人相信，给城邦带来教化的，是古代的立法者；他们都是传奇人物，立下丰功伟业，受后世尊崇。

雅典人推许梭伦，就像英国人推崇阿尔弗雷德大帝一般，说那是把美好的法律制度赐给国家的立法者。这和我国古代称颂上古圣人一样。孔子所说的"三代之英"，就是给我们制礼作乐、留下典章文物的"圣人"，也就是希腊人说的立法者。那跟用神做立法者的希伯来传统，大异其趣。〔18世纪以后，欧洲人才开始排斥这类说法，认为那是古代人制造出来的"立法者的神话"。那是后话了。〕当时的思想家，很多都把自己看成"当代的立法者"，又从这个角度著书立说。他们问：古代的立法者可以垂斯文而为后世法，我们不也可以这样做？他们的不少作品，明显是写给统治者看的。柏拉图和亚里士多德，都曾为人国师。我们也可以这样看：如果说亚里士多德的《伦理学》，是写来训练人怎样得到德善和智善，使人能向上攀升，成为高贵的君子，那他的《政治学》，就是写来教人怎样去维系国家的生存，提升国家处境的作品了。柏拉图的政治作品，当然也具有同样的特色。

那样的特色，是属于艺术的，还是属于科学的？换言之，那些作品，是哪一类型的？是用来鉴赏的，还是用来判别是非、寻求真理的？但这样问，是先假定了"文"和"理"是两个对立面，是互不相容的；起码是两个截然不同的范畴。他们有另一种看法。

科学知识，如果是关于自然现象的，那你观察众多的事例，归纳起来，得出某种结论，某种规律，固然是客观的。但要面对人界现象时，比如说，你要观察人面对的道德问题或政治问题，有什么规律会指挥人的心智、思想，你会用逻辑去找出某种推理过程。假如推理过程是合理的、恰当的，你会说，人应该用那种方式来做人，来处事。你得出的结论，同时是条处方，指示你怎样行事。陈述式的语句，并不和祈使式的语句分道扬镳。例如，"公民的福祉，是国家的目标"，他们会写作"国家应该以公民的福祉为目标"。又或者，"权力谁去掌握，应该由能力品德而不是贫富身份来决定"。诸如此类，比比皆是。这并不表示他们忽略了客观真理，这只是他们政治道德论述的一个特色。我国古人的作品，往往流露出同样的语气，像"为政者当若是"这类说法，也是用应然句的口吻写出来的，在经籍中不也随处可见？

古代希腊的政治思想，还有另一点特色，和现代理论很不一样："国家"与"社会"的分界线并不明朗。我们今天说的"社会"，是启蒙运动后才成形的概念。社会，是私的；它由不同经济阶级组成；各阶级以及阶级里的个人，都追求各自的利益。国家，是公的；它是中立无私的主权体，正所以为公众利益调解，甚至纠正一些不恰当的私利行为。怎样有清晰的界线，不仅是古代人的问题，也是近代人的问题。一方面，如果某一经济阶层膨胀起来，取得政府权力以遂私利，固然危险；另一方面，国家权力过大，妨碍了社会的自由成长，事事遵从纪律规条，同样不当。希腊城邦政治，两类情况都常出现。又因为受着面积小的限制，城邦很难产生一个高于所有社会经济阶层的超然的政府。这样一来，社会和国家，就很难成为两个可各司其职的范围。所以我们看到，不同的古典政治理论，都明白公利的概念，却一直未能找到可成就该公利的恰当组织。

可以看到，那样的政治理论，有它的缺点：它没有"中立"的机制，去解决现实政治变成各阶级互相争夺的问题。某阶级拥权，则以利己为重，因而成为公元前4世纪希腊城邦动荡之源，尤其贫富两个阶级的冲突，至为明显。（在后面内文中，我们会看到，古希腊的阶级分野，和先秦时代的情况，又自不同。）古代政治哲学家，都在寻找解决之道；他们都要找出某种方案，某种可行的机制，使各阶级能和谐并存。柏拉图希望找到有智慧的统治者，赋予主权，并使之抽离于社会之上，认为那样才能实现公利。亚里士多德的取向不同，他要把最终权力放在法律上；但又明白，法律是人创制的，也得由人去执行。他希望让社会的"中间阶层"去担当这任务，好平衡两端。如果能绕过极端，就可让中间人士执政——他们身跨两端，理论上较能兼顾上下的利益。如事成，就可说是找到那理想的机制了。

要设计某种机制应用于城邦，是那些思想家的目标。在当时，有没有现成的、具体的例子可资借鉴？有。雅典和斯巴达，就是他们用作思考的好题材。雅典城的风尚，尤为特别。柏拉图和亚里士多德，都长期在那里生活；他们看到城邦生活的组件，他们也看到已开展出的成熟政治生活，包括雅典人强烈的自我意识。雅典公民拥抱自由，认为那是与生俱来的权利。他们高举平等，不只是法律面前的平等，也是人人得到同等尊重的平等。他们实践表达自由的平等：任何一个雅典公民，都可以在集会上发言。在那个时代，雅典是个繁荣富庶、文化艺术纷呈的城邦，使雅典人特别自豪。斯巴达是另一面镜子。那里没有文化、哲学、艺术，但人民却有强烈的一体意识。他们的男孩，全是童子军；长大后，全是军人。城邦的训练，把每个人都塑造成有爱国心、自律高的战士，愿意为了集体而牺牲自己。斯巴达的宪法能维持几百年而不坠，主要是因为它有那样的风尚。

那样的风尚，柏拉图就公开称道。在他眼中，雅典是堕落了：纪律松散，缺乏团结，人民为了个人经济利益，就把公利放在一旁。更有甚者，政客为了讨好公众，就鼓吹"自由"，忽略了责任和牺牲精神。雅典的救赎，在向斯巴达学习。当然，两类情况，各有利弊，柏拉图不可能不知道，也曾提出批评。亚里士多德有他自己的评断。他也看到斯巴达的优点，但毫不欣赏那狭隘的、不宽容的社会体制，更不喜欢那只以为国出征为己任的教育。在他们作品中，我们可以观察到的是，各自用上不同程度的拉力，使两方调和起来。至于说，谁的调和较合理，那是见仁见智的理论问题了。

　　人的思想，不会和他的环境和历史背景完全分离。在政治道德教诲上，尤其如此。不仅古代作品如是，就是近代作品，像马基雅维利的《君主论》、霍布斯的《利维坦》、卢梭的《社会契约论》等，也莫不如是。哲学家著书立说，多少是为了当代的"世道人心"；但哲学家的理论，却能超越"当代"而影响"后代"。程度当有不同。古代希腊哲学家，身处城邦时代，当然用眼前的事例做观察对象。马其顿兴起以前，欧洲没有大帝国，政治理论都是"城邦"的。从马其顿到罗马帝国到中世纪末，是"普世"的。文艺复兴开始，那些理论是切合"民族国家"的。不论哪一类型，其背后探讨的理念，总能超越时空，发人深省。在古代传统来说，固然是针对希腊人来立论；但古代的哲学家相信，人性，无分希腊与波斯，是普遍的。他们的城，就是他们的国。所以，他们的哲学，就是人与国家的哲学。我们研究的，不是一时一地的历史，而是人与国家的关系。古代的城邦和近代的民族国家，当然不一样；可那只反映了他们的政治生活来得更紧凑。在那个时代，个人更能实际参与公众事务，更可以实践自己。从理想角度来说，那也是现代国家所追求的目标。

　　那样的研究，不只是昨天的，也不只是今天的；那是永恒的追求。

作　者

　　知识是怎样来的？或者说，人怎样认识事物？凡事物，有起点，有终结。亚里士多德（为简便计，下文简作亚氏）用的，是一套发展的，或者说开展的理念。任何认识，都有个起点；从起点开展出来，直到最圆熟、最全面的认识，就是追求的终结了。这有点像宗教研究中说的"末世学"。应用到国家的知识上，也就是政治学上，他认为城邦的知识，在政治理论上已经粲然大备，是个终极。事实上，就古典政治思想来说，他的《政治学》，给那个思想传统画上了句号。再下去，是斯多葛学派，但那是马其顿之后，罗马帝国流行的产物了。又因为知识的探究是层层深入的，也就是开展的，亚氏就说自己只是拿前人的结果做个系统的整理，并没有什么创新之举。在他以前，已有不少前人的理论，他自称只是把那些理论往前推，进一步开展，希望达到某种终结而已。

　　若然，那初看起来，本书会有前后不协的地方：他不断批评前人，甚至对自己的老师柏拉图（下文简作柏氏）有时也颇不客气。可那是他们的风气。前人的说法，你同意的、欣赏的，可径自吸收采用，不必声明；前人的论点，你反对的，可直接提出批评。〔荀子引孟子所论，也是这样。〕我们读 17 世纪的作品，像霍布斯（下文简称霍氏）的或洛克的，都是这样。而且，亚氏也不是信手拿来就用，而是经过审慎的观察和分析，经得起考验的、认为是真确的，他才融进自己的系统里。虽然，有时候我们会觉得，他的评语不太公允，像戴了有色眼镜看人家的东西；有时候，为了带出自己的理论，把话放进别人口中。这又不独亚氏为然，在与诡辩学派（Sophists，又称智者派）中人争论时，柏氏不也有那样的举动？

在谈到实际知识（有别于理论知识）的事物，例如社会上的道德和政治时，亚氏表现得很尊重"舆论"，也就是现行的秩序和大众意见。在《伦理学》中，他早就表示，多数人拥护的道德行为是对的，有经验有智慧的（长者）的言行值得尊敬。在《政治学》中，他对多数人的判断，有同样的表示，不论是他们的整体能力还是德性。比如说，当时人认为政体是怎样分类的，他也同意，只不过他进一步提升，做点去芜存菁的工作而已。可以说是古典的保守主义吧。跟柏氏相比，差异立见。柏氏看不起舆论；他认为一般人都盲目，因为他们无知。《理想国》中的"洞穴寓言"，就是最好的写照。亚氏也尝试建立自己的"理想国"，结果很不理想：他的计划没有完成。

说他的学说"保守"，也有道理。从直接的角度看《政治学》，读者很容易觉得，亚氏是在替当时某些社会体制，像奴隶制、国家政体、家庭等辩解。他是否认为，事物因为存在，甚且存在了好些日子，所以必然是合理的？因此必然值得为它辩解？不是这样。国体、奴隶制，都有多种类别，不见得每一种都是好的。他的批评与称赞，都依据他自己的观察，他自己的理念和认识。

他的观察，又不局限在雅典人的政治生活，尽管在当时，那是最先进的，也是他的一个重点。后人评说，有认为那是他的不足之处，因为他取材的范围太狭窄了，因为他没有看到更大更远的，因为他的书里只有希腊城邦。然则亚氏立论，真的如此狭窄? 说他的书只是希腊的历史现象,不当。在书中他就盛赞迦太基——一个腓尼基人在北非的殖民地,认为他们的政体比希腊的优越。从罗马学者的记述中,我们知道他有至少四份佚稿,长短不一,今已不传。当中一份叫《伊特拉斯坎人的风俗》(Etruscans,意大利半岛古老民族,相传是罗马人的祖先)。这表明,他并非不懂外间世界。何况,亚氏是马其顿帝国英主亚历山大大帝的国师,怎么可能看不见帝国的存在? 怎么可能不知道那是一种新的政治秩序? 今天,你固然可以论说,在某些情况下,帝制会是最佳制度,起码有理论上的可能。但不能假设亚氏会相信,当时马其顿的扩张,是政治秩序更上层楼的表现;更不能假设那符合他的理想。

如果这是只写给希腊人看的,只有对于希腊本身的意义而无他,那他应该在当时影响甚大的制度上多着墨。比如说,像柏氏在《法律篇》中评论宗教事务。这在《政治学》中完全看不到。那个时代,各城邦盛行联盟制度;雅典本身的联盟,覆盖面广,俨如小帝国,他几乎没有提到。城邦内部的分支组织,例如某地区选代表出席会议,他也不谈。(这也许是他从没有考虑代议制的设计的原因。)要给当代人做示范吗? 斯巴达和雅典,是两个佳例。他却对两邦都有不客气的批评,宁取一个自创的混合政体。

就是把这点上的讨论范围缩小,集中在城邦形态吧,亚氏在观察、分析他的材料时,不论广度和深度,可说是"前无古人、后无来者"的。他研究了一百多个大小不等的城邦,记录了所有政体的兴衰,参考了前人的看法,自成一家之言。他宁取城邦体制而不取其他,是他有了比较之后,深思熟虑的结果,倒不是盲目的偏见。就算原材料是希腊的,亚氏也能把消化了的经验,做通盘的归纳概括,将经验化成某种可放诸四海而皆准的律则。起码他是那样想的。

生活经验与哲学判断

个人经历，会影响人的价值取向、思想表达等，这是近代心理学的说法。亚氏呢？会不会因自己的遭遇而"破坏"了理论判断？这类问题，不会有绝对的答案，因为含有猜测的成分。我们拣几个情况看看。

亚氏在斯塔吉拉（Stagira）出生，在那里度过了童年。那是在马其顿南端的城镇，和希腊是近邻，居民多为希腊裔。据说他父亲十分不满马其顿，所以把他送到雅典就学。有论者就说，亚氏因从小不满马其顿，连对马其顿的帝国也反感，因此索性不去理会他们的宪法，只以城邦为最高成就。是否属实，不得而知。不过，在他的作品里，却看不到那样的痕迹。

他曾公开赞扬妻子，说她"贤良淑德"。有人说，亚氏因此在书中首卷表明，他支持传统的家庭制度，认为那是自然的。基于同一理由，他在次卷中，攻击柏氏的共产制度。甚至在另书中也高举家庭中的夫妇情谊，因为它能够辅助城邦结出某种"善果"。亚氏的古典自然哲学，并不止于家庭。他有过美满的婚姻，但说那就是他家庭理论的成因，却嫌言过其实。上文提过，他倾向于支持大众接受的制度和既定秩序中的合理成分。

以当时的眼光看，亚氏的生活水平，相当过得去。所以他小看金钱？读亚氏书，你会发现，他不仅不小看金钱，他也不小看"世俗物品"，包括经济财货。从古到今，哲学家都将金钱描绘为铜臭物，好像不如此不足以表现自己的"清高"。亚氏没有那样的道学头巾气；他清楚地明白，金钱有它本身的效用，其他物质供应也一样。个人的理想发展，有赖足够的物质基础；国家的合理发展，有赖充裕的经济条件。他反对的，是无止境地追求金钱。他讨论贸易，讨论怎样取得财富，有他的盲点，却冷静而不夸张。

那是实际智慧的表现。

康德和莱布尼兹，是两个格调相反的德国哲学家。前者像出世的，孤独而作风严肃；后者像入世的，随和而交游广阔。亚氏，像后者。他出入王侯之家，又周游列国。有人评他的作品不深邃，很通俗。但通俗，并不等于"庸俗"；他不需要媚世。也没有听过人说，莱布尼兹的思想是庸俗的。说亚氏纯是"平易近人"吗？也不大妥当。如果比较陶渊明的"种豆南山下，草盛豆苗稀"，或"人之初、性本善"那类表达，说那是平易近人的，亚氏的作品并不那么"平易"。也许，说他写出来的，不像古今学院派某些人物，文章要写得高深，叫人读起来艰涩难懂，倒是真的。而且，他写政治，是近距离观察，因国师身份，与文臣武将的频密接触，以亲身经验来立论的。他论改革，甚至教育设计，都那么踏实，正因为他的"入世"；他的"交游"，使他有机会看到"内部的运作"。那跟象牙塔中闭门造车的，不能并论。

公元前300多年，亚氏到雅典城，投在柏氏门下很长一段时间。适值动荡过后，雅典有一股宗教复苏的力量。他们不只有军训教官，还有道德教官，训练年轻国民自律和节制，旨在培养某类雅典人的品格。这种训练，亚氏也纳进他自己的教育方针里，因为他觉得，国家，应具有某种道德目的。这个想法，倒不是他独创的；乃师柏氏早就倡议。在《理想国》中，柏氏就强调个人的道德教化，并把它看作军事教育的基础。虽然，柏氏在书中所述，并不反映当时雅典的实况，而是他过滤了的想法。当时雅典男人，十八岁到二十岁的，全得入伍受训。他们共膳共宿，而整个安排，是一些叫"纪律主事"的官员负责的。伦理灌输，是国民教育的一环。这类描述，在柏氏晚年作品《法律篇》中，尤为详细。而亚氏本人的说法，又十分近似。在这方面，他很受乃师影响。不过，全面来评断，我们又会发觉，他俩的异更大于同。

读《政治学》，你会见到有一点十分明显：他批评柏氏论点，不论是记名的还是不记名的，都很多。他自己的理想国模式，跟柏氏的大不相同；他主张的最佳政体，是柏氏不取的。相传做老师的曾经问学生：你怎么老是不同意我的见解？难道你不敬爱我吗？学生回答说：吾爱吾师，吾尤爱真理。这句话，已成为经典。可以推想，亚氏虽受老师影响，却没有因此而蒙蔽了自己的判断和追求。

自然哲学与目的论

世上可见诸事，有（具体的）物，有（抽象的）形。纯思辨的知识，有形无物，因为那是心智活动而无他。纯经验的知识——今天叫实证的知识，有物无形，因为那是感官（视觉、触觉等）活动而无他。柏氏的教诲是：值得学习的，是永恒不变的，因为那才是真确的知识。凡物，占有时空，时生变化，所以真理在探究形。比如说，杨柳树，木棉树，以至千百种不同的树，都叫树，都有形，都各自不同。如果问：什么叫"树"？不论你举出哪一种，答案都会有所不足。他相信那永恒不变的、真确的"树"的知识，确实存在；我们只能用理智，不能靠感官来掌握。（在哲学上，这叫古典现实主义。）换言之，树之为树的知识，在其理念中的形，不在其实存中诸物。在知识探讨上，柏氏认为形与物，可以分开来看。

亚氏不以为然。他认为，凡形必不离物。人要知其形，必先从物入手。不仅如此，你要从物开始，一步一步往前推，才能达到形的境界。要获得真确的知识吗？你得广览各物，细细观察，才可以归纳到接近"形"的东西。因此，各物怎样起始，如何成长，才发展到各物的"终极"阶段，或者说最完美地步，就是研究者要做的功课。这可说是西方哲学史上归纳法的起端。

亚氏哲学的另一重点是，事物的发展，都按着自然之道，循某方向前伸，直到终极境地。一切的发展，都朝向某一"目的"，也就是所谓事物能开展出的终极状态。世上所有有生命的事物，包括人，都是这样。他把这种状态，叫作 *telos*（我们叫目的。英文的"目的论"teleology，就是从希腊文衍生出来的）。凡事，都有其目的，而目的，也就是该事的最顶峰、最美好状态。这有点像柏氏的"形"：一切的物，都是原材料，都向着它的形"迈进"。

这说法也不大准确。因为亚氏的终极目的，是经由初步起点，经自然的推移或人为的努力，才能达到；柏氏的形，是个完美的、恒存的形而上概念，不管人是否认识它，它是独立存在的。或者说：物是初生的，形是圆熟的境界。"迈出"，"发展"，然后达到"目的"这个概念，是亚氏目的论的主轴。他将其应用到所有学问上，不管是诗学还是政治学。例如，政治的原材料，是家庭；从家庭向前伸，自然而然地发展下去，最后成就的，是国家。那"目的"，就是美好的宪法体制，也就是国家的"最佳形态"。

如果问：从初生的到终极的，这个过程背后的原动力是什么？亚氏的答案是"自然之道"。最起始的原材料，来自自然；开展的过程，也是自然而然的；达到那终极目的，仍然是自然的。所以他看原始社会，是自然的；成就上轨道的国家，也是自然的。（霍氏同意前论，反对后论。那是近代政治哲学的立场了。）

从宇宙，到地球，万事万物，都按着自然的推移来运作。这种见解，亚氏以前的思想家早有，也流行于他那个时代；他只不过用他生物学家的敏锐观察，把理论陈述得更有条理，又附以诸多实例，来推展他的自然哲学。就是在今天，这个号称科学昌明的时代，我们不也相信，从银河系，到天上的行星，到地上看到的日出日落、潮汐涨退、四时变化，等等，都是依自然的轨序运行的？用上"自然法则"或"自然律"等术语，并没有改变事物的本质，尽管听上去好像比较"科学"。

再说，亚氏要我们明白，他的结果，或目的，是推展出来的。这个推展，有成因：那是自然的轨序。像秋天落叶，春天发芽，背后也有自然律的成因，尽管那是不经人手的。人的组织，不可能那样形成，必须配上人的作为，才能达致。这与柏氏的推论相反。柏氏认为先有恒存的形，像个完美的原型，例如"树"。千百种树，都参有"树"的某种特质，却没有任何一株属这个原型的。又如，一尾鱼。在柏氏看来，所有鱼，最终都来自原型的"鱼"这个概念。亚氏问：我们怎么知道，鱼是来自较雏形的、像蝌蚪般的生物？通过观察。什么使鱼具有各种功能？从最基础现象往前推：小蝌蚪般的东西，怎样克服环境，适应生存，逐步成长，最后成一尾鱼，都因着自然律的推移而成。

但这样说，是把自然看作一部机器，一切都照着机械设计而行。自然，是纯物性的，可以用数学物理学的方程式去理解。从17世纪的培根开始，这类观点渐渐抬头，到斯宾诺莎为大盛。自然之道，只是一种规律，你懂得它，它就没有什么可怕，当然也没有什么可敬的。亚氏是个科学家，这些道理他都懂；但他不这样看。他的自然学说，认为自然（希腊文作 *physics*，也就是 physics 的词源，[1] 英文作 Nature）是具有某种位格的，很多时候带有道德意味，有时甚至是"与人为善"的。这和我们说"自然之道"颇有吻合的地方。〔西文只写自然，没有叫作自然之道的，虽然亚氏的哲学，明显具有"之道"两个字。〕中文的"道"，可以

---

[1] 今天的用语，是物理学，一门研究自然现象背后规律的学问。我国古代用语，叫"格致之学"，所谓"格其物而致其知"者。而格物，谓"穷其物之理"也。但这是《大学章句》教人修身的基础，而修身，要懂事物，也要懂人物。汉儒以降，都是这样。宋儒以后，更是重人物而轻事理了。

有物性的道，同时也可以有人性的道；我国传统思想，更倾向于后者。孟子论四端，谓"恻隐之心，人皆有之"。既是人皆有之，则属人之本性，存于人心之中，也就是一种"道"。那肯定不是物性的。千年后，文天祥的《正气歌》第一句，就说"天地有正气"；"正气"不是空气，不是气流，也不是气功，而是他紧握在心的"道"。然后他说："于人曰浩然，沛乎塞苍冥。"这个"浩然之气"，固然是从孟子来的，但既存于人，也存于物（苍冥，天地也），是自然如此的。儒者所称颂的"自然之道"，从这里看，也不是机械的轨序，而是一种理，带有强烈的道德味道。

从起点向目的开展，有个过程。成就这个过程的，有内力（例如人的成长，是自然的），也有外力（例如铜块变作雕像，是人为的）。人做事，可成全自然之道，也可破坏它。亚氏认为，人为的与自然的，可以相辅相成。（这点是霍氏最反对的。）人既模仿自然，又"补足"自然。自然赐予人声线，人要配上文字才能成为诗歌。（柏氏早就觉得，语文是一半自然一半人为的东西。）同理，自然赋予起点的原材料，人也得"加工"，才能有好的制成品。国家，不是陨石，不会从天而降。自然之道，提供了最复杂组织（国家）的原材料：家庭这个最简单的人群组织。从家庭向外开展，最后还得靠人的努力，才有国家的形成。所以亚氏早就说，那个能领大家进入政治组织的，就是他们的大恩人。人为的努力，不可或缺。

如果自然之道会引领大家迈向目的，但不能缺少人为的配合，那么自然必然有着某种缺陷，它不是完美的。这点亚氏十分清楚——尽管他是个"自然主义者"。他明白，自然，像个有智虑的人，懂得在什么事上用什么工具来达到目的。好些时候，一个工具应用到不合适的目的上，结果当然不理想。自然原来的指向，会落在相反位置上。用形而上学的说法，就是形与物的不一致。

16

可恰恰是自然的缺陷，造就了人的机会。正因为自然之道在政治创建上，并不常见成功，人的政治艺术，才得大派用场。政治学，就成了一门自然与人为融合一体的学问。

这个学问——这个向目的开展的概念，带来了亚氏那"演进式的国家形成论"，使他避免了机械式的政治起源说。演进型的东西，使他注重历史；那又是他批评柏氏的地方。开展式历史的理论，到今天还具有吸引力。但我们得小心，因为目的论本身也有自己的问题。目的论强调的，是目的，不是发展过程。用目的来解释过程，与用演进过程来推出目的，并不一样。如果将它拿来解释过程，那在某种意义上目的是先于过程的；如果拿时序来说，那过程就先于目的了。所以亚氏可以在本书中说，国家先于个人和家庭，在《伦理学》中却说家庭先于国家，正因侧重点不同。依此类推，保障生命，是国家演进过程中所必须成就的；开展出美好的生命，才是国家最终的目的。

说目的先于过程，也就是说目的更为重要，因为目的是整个过程要成就的东西。这样，目的当然就更重于起点了。这个理论有一点好处：它不必像近代进化论一般，用蛮荒时代的人——或者说原始状态下的人吧——来解释有政治生命的文明人。（那是近代政治哲学的做法。）亚氏的目的论，给他带来了开展的概念，而开展，是由最终成因决定的。这又形成了某种个人与国家的有机关系。个人的发展，是以"成为城邦［国家］的一员"为终极目标；那目标，给每个公民赋予生命力和意义。你活在国家里，和国家是一体的。所以他说，人按着自然是个政治动物。这样，人的自然本质，开展方向，就是以这个为目的：一个全面盛开的人，必然是一个完整的公民。国家的生命，就是个人的目标；国家是人人都应出力维系的社会组织。如此一来，人人都得为了目标而付出义务；强调义务，正因为人的开展，是受到最终成因约制的。

（近代哲学不承认这个最终成因，得出的后果正相反：它强调的是权利。）

　　但这样的理论，虽然说能使亚氏把终极形成的最高政治生命——国家，看作开展出来的东西，并使他产生了"有机体"的想法，那样的目的论，也有它自身的问题。这又使得他的政治思想，也带有某种缺陷。他的目的，是他先设的理想模型；人的政治成长，就向着这个理想模型进发。（但这个理型，不是柏氏的原型概念；亚氏的模式是人构筑出来的，因而不是恒存的，而是可随需要而修改的。）所以看到的，是理想模型以前的开展过程。以后的呢？没有以后的。城邦，就是政治发展的最高形态；起码，在哲学上，他不再往前分析。所以他没有讨论他眼前渐渐成形的马其顿帝国。他没有想到，帝国，也是可以长久屹立的政治体制。罗马帝国是个经典例子。后来的思想家，不少就拿罗马帝国早期的政府形态，作为一种大国的理型。就是亚氏本人所描绘的最高政治生命——城邦政治，也只是个狭小的地域，没有像样的专业阶层，没有上轨道的工农业系统，也没有某种信仰或纲常伦范，足以约束全民。后人回顾，总觉得那不是很完备的国度。

　　先设终点的目的论，会不知不觉窒碍了进步，也使亚氏的政治概念蒙上了不开明的色彩：它没有让"开展"这概念全面绽放，因而没有真正完整的有机体。这不难看到。真正彻底的目的论，会把"国家"看成一个方案，每个人在方案中都有各自的功能。就理论本身，并不会把功能尽分等级价值，或者区分成主次层，使次层变成主层的附属或工具。它只会"平等看待"不同功能，因为各功能都是方案中的一环，都在使方案能成功。但一个不全面的、粗糙的目的论，会视各项功能都在为人服务；人是最终目的，其他的都只是手段，或工具。这是种"外在型"的目的论：它使万事万物都从属于自身以外的东西，而不是把所有的都织在一片有机的网上，使其各司其职，各有功能，无分彼此地推进方案成功。所以彻底的目的论，应该是"内在型"的：它的目标，当出自每个人自己；方案中的成员，该联合在一起共同参与，为方案出力。

毋庸讳言，亚氏的理论，是外在型的。他固然认为，城邦的公民，是联合在一起共同参与的；但他同时认为，那更大的非公民阶层，只有从属的地位，是个工具，为了外在于自己的目标而服务。这样的概念，是贬降了所有不直接牵涉使目标成功的人。目标，是人积极活动去成就的东西，那是人的功能。人行事，能直接成就城邦的功能，所以人是城邦的公民：他是国家的一部分。人的作为，若不能直接使城邦目标实现，那他就不是公民，也不是国家的一部分：他只是协助实现目标的一种手段，一种必要的材料。谁是直接贡献者，使目标实现？谁不是？那要看国家的功能是什么。对亚氏来说，国家的功能，或目的，是崇高的公民道德生命。那些有足够物质条件，有闲暇为公众服务，来促成那道德生命的，是公民；社会上劳动的百工（百工，是中文用语。原文是 *banausos*，英文是 banausic，指的是工人，或劳工。在 18世纪，这是个带贬义的词，专指低下阶层的人。今天的说法，是"干粗活"的。干粗活，靠体力谋生，为口奔波，谈不上高雅的修养，也属实情）和贩夫走卒，物质闲暇两者皆缺，不可能贡献给那样的目的，当然就不是公民了。这类目的论，使有暇阶级以外的人，全给摒弃在公众生活以外。打个不伦的比方：鼻子对身体有直接功效，所以重要；鼻毛没有直接贡献，可以不理。

这还只是亚氏目的论的一个方向。在政治上，我们可以进一步看，那样的概念会生成什么实际后果。亚氏看世界，并不是一堆乱七八糟的杂物，漫无方向地朝着不同目的乱钻。自然的推移，并不像一出劣剧，前后场景毫无关联似的。在某种意义上，自然之道就像不着意的安排，叫万事万物都朝着某种目的进发；一种活动的目的，本身可能就是达到更高目标的手段。在本书卷一谈世界时，他说植物的存在和生长，是为了动物有饲料；动物的生长，是为了人能有食物。固然是从人的立场来立论。植物本身，不可能预计自己成为动物食料的。在《伦理学》开始时，他谈到人的技艺，说制造马鞍的技艺，是为了提升骑术；骑术提升，是为了有更高的战争技巧；战争技巧，进一步成就政治艺术。这让亚氏看到工具和目的的层级关系。国家，并不是唯一的团体，或者是人唯一的目的——柏氏相信是那样的；但它确是最高的团体，也是占主导地位的目的。它涵盖所有团体，包括家庭；那是说，与国家相比，家庭这个团体是低层级的，尽管它是最基本的，也是成就最高政治生命的基础工具。同理，最高政治生命，是美好的生命，下面包含了家庭能孕育的个体生命，还有社会能培养的友谊生命，以至于最高的个人修养，甚至是玄思的生命。这样的国家概念，使亚氏这个最高团体涵盖了而不是排斥了其他的，所以他的理论更合理，更全面，没有像柏氏那样为了建构国家而忽略了其他。

不过，这个形式的目的论，固然使他保有了家庭——他在书中不断批评柏氏摧毁了家庭，但同时也使他保有了奴隶制度。如果家的存在，是为了国这个更高的目的，那奴隶，就是为了家能完整发展的工具。目的论的原则，维护了既有的制度，又用上自然设施的说法，给奴隶制做辩解。奴隶是个工具，有助于达到家能全面开展这个目的，那他的本质，只能是个手段。〔18世纪德国哲学家康德，是亚氏的仰慕者。但在这点上，他的想法与亚氏完全相反。他认为，任何一个人，必须视另一个人为目的，不能把别人当作手段或工具。每个人具有同样的尊严；你把别人当作工具以遂个人目的，那你既不尊重他人，也不尊重自己。当然，前提是：对方是一个"人"，具有社会上界定什么叫"人"的地位。在古代，奴隶并没有那个地位，他不是那定义下的"人"。不必说古代，就说康德同时代吧。美国立国之初，文献上所说的奴隶，同样不具有那样的地位，也没有公民身份和权利。可见那又不独亚氏学说为然。到了今天，世上不是还有不少地方的人，并没有"人"的地位的？〕

"目的"这个概念，还有别的用途。事物的"本质"，存在于它的目的，也就是说它的功能：它是用来做什么的？在本书中，我们可以看到，事物是从功能来界定的。定义，不只是事实的陈述，也是事实的成因和功用。什么是毛笔？它不只是一根幼短竹筒，前端束上羊毛或狼毛，有差不多长度的东西；它是用来书写的。书写，是它的功能，也就是它的目的。不用上这个，你很难说毛笔是什么。可见定义，是可以用来给事物分类的。那么国家是什么？国家的"目的"是什么？它是使人可以获得美好生命的团体。固然，什么是"美好的生命"，因地而异；亚氏就拿着这个给各邦分类。例如，某类城邦的目的，是追求财富；某类是追求自由；另一类是追求美德，等等。这"目的"，不仅用来分类，更是按着德性高低次序来分类。那是说，亚氏定下了一般情况下的美德作为目标，然后看不同城邦的表现——是迈向该目标，抑或远离该目标，来定下他的评断。

这种方法，会产生问题。当前看来是以"高"的做量标，来衡量"低"的，是假定了当下一般所谓的"高"，就是自然的、真实的。若然，亚氏看来是混淆了那"现实"的和那"理想"的。读者会觉得迷惑。幸亏，他没有鄙视现存的城邦，也没有贬抑他认为是"低"的。那是因为他哲学上的保守倾向，叫他比较尊重现存的制度，加上他很明白各类体制的运作，认为各有优劣。所以他没有要求一切政体都得向那最"高"的看齐，而只是按各自的"典章制度"去改善它。从概念上说,"目的"不仅可以是亚氏探讨用的量标,也可以是政治家在现实生活中用的准则——一种用来衡量"报酬"的准则。报酬,就是荣誉:古代希腊传统,出任公职,不是人人都可以的,所以是奖赏,也是荣誉。而重要公职像领军与掌库等,也不是人人有机会担任的。这传统,到今天,在不少国家也还保留着。这里说的,是指按个别公民的作为为国家的目的做出的贡献,来授予报酬,也就是国家的公职。那么,国家的目的,就决定了谁可以出任公职。这么一来,目的论的应用,既可当作分类的指标,又可用作分配的准则,所以不论理论上还是实际上,对亚氏的政治论述来说,这个概念都十分重要。

这个重要的概念,又披上不同的外衣,以不同的方式呈现出来。从形物角度看,它是万物归纳趋向的"形"。从理想角度看,它是"自然之道",各种开展的终极目标。它是"功能",因为它是人人合力成就的国家目的。它是"准则",因为公职按它来分配。它是"本质",因各事由它界定,也依它分类。还有一点:它是"极限",它决定各式手段的性质。在希腊人的想法中,无限,是不可思议的。极限的哲学基础,就在"目的"这个概念中。"目的"界定了,也就是限制了何者可达到它的手段。你造一条小船,过长过短都不宜,因为两者都会破坏适合小船航行的目的。你上演一出悲剧,剧目过长过短都不宜,因为那会破坏主人公命运改变的恰当时分。可以说,目的限制了什么叫恰当的手段。同一个理念,在本书中应用到财富,甚至是国家身上。财富要受限制,因为财富是个工具,是生活所必需,对各种团体都很有用处。国家的疆域要有限制,为了使它的各项功能可以适当地发展。它不能太小,起码要有足够的人民和土地,使其能组织起美好的生命;它不能太大,起码要让大家相互认识,不做陌路。亚氏觉得,这是统治者应当做到的。

正是从"目的"概念衍生的"限制",在这几部分的亚氏政治哲学中呈现出来,因而受到了近代思想家的批评:他那"反动"的经济学,不求"进步"的政治学,地域主义的倾向,等等。平心而论,他的限制学说,仍有不少优点。限制的理念,和他在《伦理学》中所倡议的中庸学说,很有共通之处。船受航行功能(目的)的限制,大小要适中。财富的拥有要有限制,因为要达到有美德的生活这个目的。可见为了实现某目的,中庸是最佳手段。七情六欲人之所好;要有道德情操,你就得培养人不走极端。例如盲动和怯懦,就是两个极端;一个勇敢的人,会在两点中间行事。放纵与寡欲,也是一样。(这中庸之道的众多例子,在《伦理学》中随处可见。)所以,从理想主义的角度看,亚氏的"极端",在追求人人都有德性的国度;从实际角度看,他的"理想国",是个中庸国:统治者非贫非富,而是中间阶级——就说中产阶级吧。如果说这限制的理念带有"僵硬"的成分,它起码也带来不走偏锋的温和。

我们介绍了亚氏的目的论。这并不是他全部观点的来源,还有很多材料给他讨论的方法提供了广泛的基础。明显的例子,是当时希腊社会的风尚:不同城邦的大小,相异的政体,公民的阶级等,都是他的起点。他以这个最终成因来界定、分析、评断各城邦,又在自己理论上,提出某些观点,去修正城邦的实践方式和一般意见。但他用目的论的概念来看世界,却是他思想系统的特点,而那特点,又是后世批评的根据。从培根到斯宾诺莎,都不乏攻击亚氏的论著,更不必说霍氏等人了。这些,我们在下面都会讨论到。

什么是国家一元论?

当代文化,强调多元社会。一般论述,不分中外,都有这个倾向。大家显然认为，如果国家只有一个目标，如果人人只有一个方向，那就太单调枯燥，也太没有色彩了。最好有众多不同性质、不同大小、不同形式的民间组织；又或者，有各种类型的民间组织，成立不同的公民社会，使人民不必投身政治也可以参与公众活动，贡献自己。因为这类组织发展，是无定限的，逻辑上可无限量增加；现代人的多重身份，又使他可以同时成为不同团体的成员。这样，每个人都像拉着很多根绳索，每根附在一个组织上。国家，就像个绳索网，把所有人拢在一道。

柏氏的想法刚相反。为政者只有一个目标，一个方向，所以不可以有自己的家庭或财产，以免有私念。有私念，就无法人人一条心，就无法把大家拢在一道，就无法有好的凝聚力。国家这个整体，就不成其为"整体"了。就是百姓吧，虽说百工各有行业，但人有天生的品性，每个人都应顺自己品性而为。有合当铁匠的，有合当鞋匠的；只要你在一个适合你品性的岗位上贡献，那社会就会井然有序，就可避免多元社会出现的"支离破碎"现象。于是，国家才可以"上下一心，军民如一人"。柏氏固然是个一元论者，他不独看国家如是，他看世界、看宇宙，也很有这倾向。

亚氏两者都不取。如果说柏氏所论是个"一"的哲学（the One），那亚氏的就是个"众"的哲学（the Many）。〔我在《细读〈尼各马可伦理学〉》一书中，稍稍解释过两者的歧异。到了今天，这个 the One and the Many 的问题，在西方哲学界还在争论不休。〕倒不是说，他看国家，就不是个整体了；只是这个整体是个团体，或者说组合；那是针对外在的组织形式说的。构成整体的内在精神意义，是它的社会中人与人的情谊。要了解亚氏所站的位置，我们应当先看看他这内外两层的意义。

在卷二一开始，他就批评柏氏的"一元论"：城邦是个整体不错，但这个整体是个组合；它的人民，并不是一个模样塑造出来的，而是各自不同的单元互有贡献。就这个意义来说，它是个"众"而不是个"一"。亚氏的形而上学认为，普遍的不能脱离个别的而独自存在，没有个别的"物"，你就没有普遍的"形"。在政治上，国家这个"整体"，并不排除公民、家庭，甚至是阶级的"个体"。国家的目的，正在使公民能追求美好的生命；没有了公民个性，那追求根本谈不上。虽然每个公民都是国家的一员，国家却不曾要求人人放弃自我。说到团体，当然是由不同类别的人群所组成，否则就不是团体了。纵使类型不同，他们的基点是相同的。那就是：他们都相当平等。反过来说，不平等的，就不会组成团体。所以主仆不会共成组合。团体成员固然有差异，唯其有差异，才使大家有互补长短的行为。这样的行为，反映在生产活动上的，就是制造财富；反映在政治活动上的，就是群体美德的实践。这类追求，在古代，似乎中外皆然。

从现代人的角度看，国家是许许多多的大小社团或组织构合而成的。每个社团，都有自己的章程，界定了谁是成员，作为成员可享有何种利益，要付出何种代价等。社团的负责人，要想办法推动社团的活动，使各成员建立起友谊，能互重互助，活动才能成功。扩大来看，就是亚氏论国家的缩影。国家，就是个最大的团体，界定了谁是公民，也分配好了权利和义务。这是公义的实践。国家的领袖——亚氏笔下的立法者，得在人民中建立起某种情谊；因为他觉得那很重要。情谊，是人与人的黏合剂；那是公义——法律——以外的东西。这又让我们见到，为什么领袖才能——就说出色的政治家吧，是那么重要。

整体，是由众多个体组合而成的。顺着这条思路，可以看到亚氏攻击柏氏的理由。一元，由多元组成。缺乏了"众"，这个"一"就是绝对的单调。"理想国"的建造过程，会变成自我破坏：当你太集中在你的目的上而忽略了恰当的手段，你不会成功。柏氏的一元国家，只会由一个单元构成：全国上下像个大家庭。如果国家可以化约成家庭，那逻辑上说，它也可化约成个人了。还有，为政者全体只由一个阶层组成，问题也显而易见。国家，是个政治社会；政治社会的目标，是要能自给自足，独立自主。那是说，它要能满足自己的不同需要，不管是物质上的还是精神上的。如果愈多的人拥有愈多不同的才具与技能，那就会有机会满足各种需求，从而达到自主。假如整个阶层的成员，都那么齐一，都那么相近相若，他们只能提出一个划一的方向，做出单向的贡献；纵然终能独立，也不会很完备的。对柏氏这样批评，不太合理，因为柏氏没有说，整体国家只有一个阶级；正相反，他早说国家要有不同阶级：仅就百工已有各自的组合。虽然，亚氏也不全无道理：柏氏的统治阶级，确实只有一层。

　　要充分表达国家是个整体的概念，还要补充一点。亚氏的国家，是个组合，准确点说是"有机组合"，一个全面的组合。构成组合的一众个体和小团体，并不是随便地走在一道而已，而是在组合中产生了新的身份。不过，你原有的身份或个性，并不因此而失掉；而有机组合，也不会把所有成员融进去，而磨掉了一切分工。亚氏说的个体，指的是每个公民，而小团体，多是自然之道的产物，像家庭，像村落。可以打这么一个比方：你是个教师，我是个厨师。本来各不相关。大家合组国家，都成为它的公民。我们的身份起了变化，大家有了某些共通的特点，例如权利与义务。但你的教师和我的厨师身份，并没有因我们成了公民就丧失。我们都属于这个有机组合，我们仍然是教师和厨师团体的成员，可以站在不同的岗位上，贡献相同的"有机部分"。我是厨师——那是私的；我是公民——那是公的。亚氏在本书卷一先分析的，是私的问题，到了卷三，他要评论的，是公的问题。因为

26

他认为，整体先于个体，所以一开始我们就看到"国家先于个人"的论述：如果不先假定"全面组合"，那"个别"的就不可能存在。他又相信，没有国家，人无法成就"道德个体"，这也可见国家"先于"个人，纵然在时序上，个人"先于"国家。

以上简单介绍了亚氏评一元论时，用了什么"外在"的论点，讨论国家是个组合而不是个单元。现在要看看他的"内在"论点，也就是组成国家这个团体，或者说政治社会，有什么具体意义。

是什么把这个全面的组合整合起来，凝聚起来？是什么能够使一国的人，懂得发挥民胞物与、守望相助的精神？亚氏提出两个基点：一是公义，一是情谊。公义背后是社会的法律，也就是理的化身；情谊背后是人际间的关怀，也就是情的化身。合起来，未必足以撑起整个国家，却是不可或缺的条件。〔我在解说《伦理学》的时候，已解释了为什么该叫"情谊"而不是通称的"友谊"，在此不赘述了。〕

他从政治团体的角度出发，认定公义比情谊更为基础，所以更重要。公义给予每个人所当有的，也责成每个人所应付出的，因此它是最公平的。其实柏氏在《理想国》中，也有近似说法：每个人按本分贡献，也按贡献取酬，国家就能达到和谐的平衡。近代社会的基线也相近：法律，是公义的工具。法律决定了我们每一个人的权利与义务，我们尽一己的责任时，也得尊重别人的权利。也许他觉得，法律，是比较"冰冷"的制度，社会总得多点"温情"，尽管你解决问题，需依赖的是制度而不是温情。不管怎样，在他的体系里，情谊总随着公义的脚步；公义不同，情谊也改变。在堕落的国度，也没有多少情谊了。所以在不同公义制度的国家，会见到不同类型的情谊。如果法律有大偏差，公义的祝福只临到少数人身上，那情谊就得建立在等级尊卑之上了。如果法律比较平等，公义的果实多数人都能尝到，那情谊就没那样的等级味道了。这又有点像古人说"国有道、国无道"的情况。这也是为什么，就整个政治论述来说，"政体"对他是那么重要。他甚至认为，情谊，是把全国人民凝聚起来的纽带。

情谊的表达，有几种形式。情谊要能表达，先得有人与人的交往。所以情谊并不仅仅是种感觉，它的设定是人必须共同生活。国家不仅要保障人的生命；国家的目的，是要使人有美好的生命：分尝美善，分担劳苦。可知社交生活也很重要。美好的生活，有赖有远见、有魄力的立法者，制定良好法律来推行。所以有为的政治家，必须有识见，明白什么是美好的生活。

其次，亚氏似乎相信，均等的公义，能带来慷慨的情谊。公义保障每个人的私有产权，每个人都会让其他人共享他的物品。公义与情谊并行时，私产公用就能实行。这种理念是否理想色彩过浓，我们在下文再详细讨论。再次，国家是有道无道，要看它是否建立在公益之上。说公益，就不可能只益个人，或少数人，而是要人人皆有。如是，则每个人都不可能只顾自己罔顾他人，多少总要有点上述的"民胞物与"的情谊。这不难明白。但亚氏并不停在这里。他把情谊看得高贵：他看朋友——像近代心理学派的说法，是另一个"自我"。你希望得到的，你同时希望他得到。接近既共患难又共富贵的情操了。那似乎已超过了我们说的"朋友"，简直是"兄弟手足"。对他来说，要得到公益，要使公民能互助合作，有人溺己溺的心怀，情谊必须崇高。对我们来说，曲高和寡，只有绝少数人才能做到，倒不如放低一点，反而比较"平易近人"。最后，他在《伦理学》里说得明白：情谊，是愉悦的生活所必需；愉悦，是构成福乐的基点。如果政治社会，要人人得福乐，那么除了公义以外，为了社交，为了私产公用，为了公益，就必须有情谊。

我们刚提过，国家是个最全面的组合，下有一众团体，各自有公义与情谊在内。在亚氏的讨论中，他把例子集中在更小的人际关系中，像父子、兄弟、夫妇。他认为，在每一种关系中，都有各自的公义与情谊。比如说夫妇，是按自然的分工，各司其职，在家庭里有某种"权利与义务"的影子；又因为享有共同生活，也就有夫妇的情谊。但家庭，是整体中的个体，家庭中的公义，也成了国家公义的一环，有的时候更是由国家公义（法律）来执行的。近代社会我们见到，父母得让子女受教育，就是国家法律强制的；父母不得虐儿，也是一样。〔我国传统伦理，父子兄弟夫妇，言情谊不言公义。但从属本身有等级上下，所以也类似某种公义的形式。〕

正因为一个国家，是由众多家庭组合而成；没有了这个"众"，也就没有这个"一"了。因此国家必须去维护、去帮助家庭好好成长，而不是去破坏它，甚至是摧毁它。这也解释了何以亚氏那么在意家庭的完整，又拿这点作为攻击柏氏的起点。他更是以家庭中夫妇父子兄弟的关系，来"比拟"不同类型的政体。是否妥帖，我们在后面再看。

综合起来，回头看本节开始时提出的两端：近代强调的多元，柏氏强调的一元，然后看亚氏的"众"。暂时下的结论是：他不取乃师的一元，也不取多元小团体的无限量扩张；可以说是某类"中庸"论吧。哪种形式较恰当，不必立下定论；我们先读过他的理论，再下判语不迟。

※　　　　　　　　　※　　　　　　　　　※

《伦理学》，可看作《政治学》的"上集"，这点我在《细读〈尼各马可伦理学〉》(《福乐的追求》) 中，已点了题，也在该书最后一章中略做解说。从亚氏整个社会人生论述来看，这两书有点像一块银元的两面。《伦理学》固然是他的道德学说，[1]但在他自己的用语中，道德论是涵摄在政治科学里的。在该书中，亚氏毫不含糊地告诉读者，伦理学是政治科学的一条主线。顺着这条主线，我们要理解两书的关系，就得先考虑两个问题：一、政治科学与科学，有何关系？二、政治与伦理，是什么关系？

科学，或者说知识，亚氏分为两大类：一叫理论科学，一叫实际科学。理论科学探索的，是那恒久不变的道理，最后希望达到的，是万事万物的真相，也就是真理。所以它是分析的科学。通过分析追寻真理，那分析必须是客观的、冷静的。比如说，数学、物理学、逻辑等研究，使我们看世事的个别性质、普遍性质，都有理性基础。求真的精神，不在国家和主义，而在科学态度。亚氏这主张，贯穿他的全部学说。

实际科学追寻的，并不是不变的原则，而是考虑用什么样的手段，才能助人掌握那原则。所以它是计算的科学。人用两种能耐，来追求这两个东西：一是理论智慧（又叫哲学智慧），一是实际智慧。两类智慧的解说，在《伦理学》中已见到了。亚氏把政治科学归到实际科学旗下，因为它和物理学、数学、形而上学等科学不同。它并不在追寻那抽象的原则，而是先设下了原则——比如说福乐（人追求的至善这个终点），然后计算人得用什么手段，才能通过国家来达到福乐的境界。

他的"计算"，又不断牵涉到"应然性质的"，道德考虑的因素。这就与现代政治科学家的做法很不一样。现代政治学者，多把历史史实归类，用行为学派的方法，找出政治行为的"通则"，

---

[1] 伦理和道德，有说重原则，有说重行为。近人的运用不见明显的分界线。在本书中，除非特别指明，否则两词互换为用，视行文习惯而定。

认为这样才够"客观"。这不仅和亚氏的方法学不一样，这和古代希腊的政治科学探讨，也不一样。就亚氏而言，两类科学取向不一，但不是截然分离的。他的实际科学，是行为的指引，并不针对原则（知识）本身，却不能完全不懂这个知识。打个比方：理论科学追求的，是知识本身；实际科学追求的，是通过知识来影响行动。两者都需要知识：一个以知识为目的，一个以知识作为手段。《政治学》中常见这类例子。我国传统的说法，一个叫识，一个叫器，无识不能成器。

科学，有诸多不同门类，各自站在不同的阶梯上。起码亚氏是这样分类的。政治科学和所有其他实际科学都不一样，它是最出众、最尊贵的，因为它站在阶梯之首：它的目的，是人生的最高目标，那自然是高于其他科学了。在《伦理学》中，政治科学给冠上"科学之后"的美誉。我们在上面见到，亚氏目的论的世界，认为人的一切行动，总朝着某个目的进发，而终极目的，是人的福乐。朝此目的走，就是朝目的论走，也就是朝理性的路向走。我们在下面会见到，对他来说，朝理性走，就是朝道德走。人能成就德性，因为一切目的，都走向这个终点。如果各目的都从属于这个终极目的，那么一切科学，自然就从属于政治科学了。所以亚氏在本书中，强调政治科学站在最高位置，因为它支配了其他，为社会缔造了体系。

政治追求社会整体的福乐。伦理追求个人的最高目标，也就是福乐。那么，伦理是低于政治的？是有别于政治的追求？亚氏不这样看。伦理与政治，并不分离；伦理学也不是政治科学以外的东西。在他看来，政治就是伦理，因为个人与社会追求的，是同一个目的。不论人是活在自己当中——在追求个人的生命，还是活在国家当中——在追求整体一分子的生命，那是同一个生命，在追求同一个目标。（近代哲学家像霍氏，像卢梭，都追求同一个目标，却不同意亚氏的手段。那是后话了。）所以在《伦理学》卷首，他就声明该书的主题是政治，该书所探讨的个人，是活在城邦中的公民。在追求美好生命这终极目标意义底下，个人生命与公民生命"合而为一"。尽管如此，他并没有使国家湮没了个人，在论国家论个人时，他还是分开两面来说。这与柏氏很不一样。

伦理与政治不截然分开，因为两者追求同一个终极目的，这个目的，又是道德指向的。那么政治科学，也就是一种道德论述了？那又不然。《政治学》这本书，固然有它的道德教诲；亚氏在其中三卷，却讨论"现实政治"。他放下了道德考虑，来谈一些"堕落的政体"，甚至谈到怎样来维系这类政体。看来是离开了伦理，纯在找寻支撑非道德政体的手段。这样看，似乎出现了两类政治科学：一类是至善的科学，是城邦应当追求的；一类是城邦的科学，纵使它并不在追求至善。纵然在前者，政治科学也有两个层面。例如，《伦理学》开始时，说善是群体性质的，以国家福祉为依归。在同书结尾时，善又像是个人性质的；而国家，只是助个人实践善的工具而已。

即使是这样，伦理和政治的联系也是紧密的。真正在学理上切断这联系，是文艺复兴以后的哲学家。马氏论权术，侧重残酷现实，认定为政者不必动辄以道德为基础。他尝谓必要时，为保国，统治者得置信仰、善良、人性等于不顾。但他攻击的，不是整个传统，只是集中于盛行的基督教伦理观。可惜，世人多不察，以为他是盲目反道德的。这就开了政德分家的先河。今天，环顾世界，人人都抨击马氏。可是有多少国家定策时，又真的依据伦理规范？就是在个人，我们不也分开私人的义务和公众的责任？认为伦理约制的是良知，政治约制的是法律，两者属不同范畴？当然，不是所有近代作者都这样看。启蒙运动时期的弗格森

（A. Ferguson），就坚持法律其实包含了道德。亚氏本人更没有这"分家学说"。在他，犹如在他老师柏氏，公义、德性、善性等术语，都是论述的基础。

用我们古人的说法：政治与伦理，是要"教民成德"的。成德，也有几种可能。一是天生的品性，二是习惯的培养，三是理性的行动。亚氏认为，通常大家依靠的是第二种。习惯，是靠外力养成的，包括家庭中的家教，身处国家的风尚。即使习惯养成了，那还是我们被迫接受的东西，不是我们自愿追求的，或者是我们明白了它的道理和目标去找寻的。始终不是理性的行为。最广义来说，政治科学正是要帮助我们濡化，使我们与终极目的——福乐——合而为一，教我们自发地追求这个"善"。明白了这一点，我们就成为了自发的、不必受制于外力的、能独立自主的人。按着原则采取理性的行动，人就提升了自己的道德生命。可以说，政治科学并不在使人知得更多，而在使人做得更好。人有了自知之明，人就能自制。没有这个知，倒不是说人就不受制，而是人得受制于外力。

不过，能够自发的，有理性的，按原则行事的人，在任何社会都是少数。人人都能够观察到一点：按着事物的本质，自然之道并没有把这份能耐，平均分配给每一个人。能真正"成德"的，一是天赋异禀的，一是有机会受到良好训练的。就是今天，在发展得最先进的社会里，那仍然是少数。那么多数人呢？他们都属二，不属三。对他们来说，政治科学还是必需的。纵使他们没有一盏内在的明灯指引着该走的路，他们仍然可以由外力拉上一把，不致行差踏错。从整体来看，那外力，就是亚氏认为属于三的统治阶级。他们用赏罚、苦乐等手段，软硬兼施，去诱导大众，去教育青少年。政治科学要告诉大家，什么是可行的，什么是不可行的。这不是亚氏独议，柏氏也这么提倡的。如果比照我们自己，这不又是古代天子教民的方式？能成士君子的，有多少？做黎民百姓的，又有多少？很明显，在今天，亚氏的理论不受欢迎。今天，我们相信教育万能；我们又相信，只要教育能普及，人人都可以攀上去的。人人皆可为尧舜，是吗？社会大同，人无高下贤愚之别。是我们对了，还是亚氏错了？

刚才提到，个人和整体都追求一个目的。在《伦理学》中，亚氏使我们看到，那目的，他是通过探讨人的功能发掘出来的。所谓"人的功能"，是指人按着本性——也就是说"人之所以为人"能够成就的最好的事。这个功能，不仅是生命；如果只是生命，那人与万物无别。人之异于禽兽者，正因人具理性；所以人的功能所追求的生命，是理性的生命，因为那才是美好的生命。起码亚氏认为是这样。但生命，是有层级的。他在同书告诉我们，最基础的生命，需要营养和成长；那是一切生物都需要的。较高的，是触感的生命；那是只有动物才有的。最高的，是理性的生命；那是只有人才有的。在上层的，包含了在下层的。但那下层的生命和较上层的联结在一起时，一定程度上又必然受上层影响而多少改变了本来的性质。不然，人的感觉、喜好，不会左右人的成长；人的理智，也不会约制人的感官生命了。

因此，概括地说，人的功能，在活出一个上、中、下三层合成的生命，特别是最高层的、理性的生命。既然人是个生物体，他必然受合成的生命所限制；也就是说，人不可能只活一个纯理性的生命。人只能有一个用理性克制感官的生命。那正是人的功能，也是人的福乐所在。这又是柏氏所说的德性，因为他认为，人的美德，在人尽可能地发挥他自己的功能；人依理性而活的生命，就是成德的生命。正因为合成的生命，混合了不同的因子，使理性变得不纯净，人人得不断上进，不断奋力挣扎，才能够较接近上层。可知理性要克制情意欲望，又和情意欲望混为一体。

不过，两者也不必相抗衡；而人的欲望好恶，也和禽兽的不一样。有时候，两者甚至是和谐一致的。不管怎样，人的理性，始终混合了杂质；但国家的法律，并不牵涉人的七情六欲。在理想的国度中，法律，就是纯理的工具，因为它是不含杂质的理性。人的心智，活在个人的肉体中；国家的理性，却没有这种限制。因它是纯净的，它是强的；因我们是合成的，我们是弱的。

政治追求的，是美好的生命，是成德的生命。国有道，成德的生命较有机会达成，国无道，那机会就渺茫了。所以理论上，政治追求的，也是美好的国度。在那样的国度中，人追求理性的生命，比较容易。政治科学要关注的，是怎样给人指出理性生命的路向。路向，有两方面。一者比较直接：燃亮人的灵台，使人能自发地、有意识地追求生命的终极目的。那是少数人的际遇。另一者比较间接：使那少数有理知的人当立法者，去领导其他人迈向他们定下的目标，并立下达标的手段。那是多数人的际遇。〔我们读中国历史，常见往昔圣贤，设礼乐，施教化，创典章文物，为的是要化民成俗。孔子在《礼记·礼运大同篇》中就说，三代之英所开创的，是个天下为公的大同社会。那是最完美共产主义理想社会的典型了。这当然是涂上了厚厚一层浪漫主义的色彩。"三代之英"，不就是那少数的立法者？可见中西古代思想，在某方面颇有契合之处。〕

有才干、有智慧的创制者，通过政治科学去认识那目的与手段，也通过同一途径去向别人传授知识。这门学问一定占主宰地位：它得决定什么科学是重要的，它得决定谁该探讨，以及探讨到哪个程度。在《伦理学》中，亚氏明言，政治科学不是给年轻人学习的，虽然它是"诸学之冠"。他强调，家庭和教育十分重要。在本书中，家政和教育理论，占了很大篇幅。公民的物质条件与心智发展，与整体的关系很大，所以国家有职责去"调控"。

因而公民的教育，就是国家的责任了。教育，就成了政治科学的一环。政治科学，是伦理的；那教育，要有同一目的：教民成德。如是，人的品格塑造，就"先于"人的智能提升。〔今天，我们是倒过来。〕要塑造良好的公民品格，亚氏认为"家教"不足够。在《伦理学》末章，他提到有的时候，良好的习惯要强制养成；而强制，得用上国家的法律。青少年会抗拒长者的规范，认为后者有偏见；但他们不会排斥法律，因为法律是中性的。这样，政治科学的论述，当然同时是教育的目标与方法的论述了。

刚说过，近代的趋势，是使政治和道德分家；道德，好像只属于个人修养范畴。虽然，大家多少觉得，国家法律总有某种德性含义。也许，近代理论与亚氏的分歧，并不在于什么对社会更重要——这点双方很接近，而在于什么让国家来处理更为有利，什么由个人自主较为合理。公的和私的，界线比较分明。宪政的基本目的，在约制国家权力过度膨胀。对柏氏来说，因为国家要做到的，不仅是给人民以生命，更是要给人民以美好的生命；那么法律的实践，是朝着这个目标的。16 世纪以后兴起的欧洲政治思潮，主要在保障个人的性命财产免受无限制的君权欺凌。所以有一种说法是，近世自由主义抬头，是冲着王权来的。看来未必。哲学家拿帝制做攻击目标，因当时欧洲国家全是君主制的；但他们针对的理念与实践，未必帝制才有。洛克是个典型例子：他要的，不仅是个人的解放，更是政治的开明。20 世纪面对的危机，是过度个人主义抑或过度集体主义，得视个别社会而定，不能一概而论。一般的期望是，国家起码给人民提供温饱的生活，懂得教导子民什么叫不过分，为什么在宽容社会里，醉酒闹事还是要罚的。这就很近亚氏的"中庸之道"了。

这么说，国家仍然是种道德力量；政治科学和伦理学仍然关系密切。在古代，政治科学要"借用"其他科学的术语、比喻等，例如法学、生物学、神学、哲学等。但它最大的伙伴，还是伦理学。要解说一组人行事的内在生命，你得了解个别人的内在生命。柏氏就相信：政府行事的动机，就是个人行事动机的"扩大版"。国家行为的哲学解释基点，是用心理学辅助的伦理学。

话虽如此，亚氏的理论和我们的想法，还是有距离。我们不认为，人民培养成德的习惯，是可由国家强制而成的。不经消化的机械反应，没有意义。近代政府所做的，是怎样挪开成德生命的绊脚石。国家强迫教育，目的并不在驱使做父母的去履行某种道德责任，而在使做儿女的能免除无知，去追求有德性的生命。国会不能立法强迫你做个"好人"，国会只能助你扫除障碍，使你能"成善"。亚氏要"进取"得多。他相信，习惯须强制养成。习惯成了自然，就自然成了人的"第二本性"；而那是针对人的外在行为的。他看来是相信，成了习惯的行为，有可能克服机械反应，使人心理上生出自发的意识。所以在《伦理学》中，他就表明，培养习惯，同时是心田上的耕耘；而收割，稍后自然会来的。是否如此，不容易说；也许他是乐观了一点。即使是那样吧，最终能够自然而然地按原则和理性行事的，还是少数。在他（也在他老师）的理想国度里，多数人还得受那少数的领导。如果说他错了，那他是错在把目标放得太高了。用我们的说法是，"陈义过高"。可一旦大家接受了那理想目标，采用类似的手段，似乎无可避免。

小结一下，我们可以看到，亚氏学说中的国家，不仅本身是个道德理性，也是个道德实践的"推手"。政治和伦理，确实是关系密切，因为两者追求的整体目标是一致的。没有具品格的百姓，何来有品格的国家？可是，两者的手段，很不一样；仔细分析，它们有同有异，往往异多于同。比如说，本书一开始就强调，父亲是一家之主，君王是一国之主，都行使分内的主权；但父权与政权，是两码子事，一私一公，不应混为一谈。我们说的"侍君如侍父"，在他那里是没有的。在《伦理学》一书中，他连对"侍父"也有限制，遑论"侍君"了。按理说，君臣是公，父子兄弟夫妇朋友是私；但先秦儒说的五伦，像个正五边形，是节节相连的。西方从柏氏开始，公私关系，理念清楚分明，作者著书立说，河海分论。中国先秦典籍以降，政治历史，纲常伦理，并无清晰界线。人伦孝道，是政教的基础，所以"忠臣必出孝子之门"。五伦，是个"太极"。只要人人各安其分，所谓"君君、臣臣、父父、子子"，那就天下太平。这种教诲留给后世的，是遗爱还是遗害，读者可自行判断。

历来有评论说，亚氏的哲学，无论政论还是德论，都有精英主义色彩。能真正欣赏与受益的，不是多数。这不无道理。对比我们自己，客观地看，可见到什么？传统的说法是：周室衰微，王官失守，礼失求诸野。孔子是第一个在民间推广教育的人。据说是有教无类，所以门下弟子三千。这数字如何算出？从来没有统计。就是孔门七十二子吧，今天稍涉经史的人，能数说的，大概不出几个。战国时代有陋儒，汉代多有辟儒，足见儒生充斥；真正成为君子的，是少数。"民可使由之、不可使知之"，是孔门名言。不管怎样断句，由者先，知者后；从来是由者众，知者寡的。读读历朝的史传，事实俱在。也许，在古代，教育并不是容易普及的东西。

双方比较接近的，在"教化"。即使亚氏认定政治和伦理，都隶属政治科学旗下；在认识上、概念上说，他还是分而论之。所以才有我们今天的两本书。

《伦理学》和《政治学》

伦理与政治，固然接近，但从亚氏哲学系统来看，那是两个范畴——起码在概念认识上是那样。一个讨论个人的追求，一个讨论集体的追求。要不然，他不用分开两部来论述。又或者，他可以像乃师柏氏一般，把个人融进集体里，就写一部书。他没有这样做。理论上说，柏氏的一元论，重点在理念；亚氏的二元论，是抽象的理念与具体的实物并重，因为无实物则无理念。他强调国家，也明白"大我小我"；但他不忽略个人。在《伦理学》中，他论公义——那是与个人和集体都有关联的；他论情谊——那全是个人的。在《政治学》中，每个公民的个人地位，他很注重。这与柏氏的想法完全不同。读者很容易见到，个人的修为，从侍亲到交友到求学，都集中在《伦理学》；国家的成长，从开拓到分配到备战，都集中在《政治学》。举个例子，他反对取消个人权利，坚持公民有私有产权。可见即使在《政治学》中，个人还是有地位的。

在《伦理学》中，道德解说，很依仗心理学；例如谈到人的灵魂（或灵性），认为那是人性的最高层，凭理知行事。在《政治学》中，论道德，重点在环境；说那是统治者通过某种教育，培养成习惯的。拿两书来比照，一较静态，一较动态；虽然，两者都"教民成德"，都追求人的道德生命。但如果说一是静态伦理，一是动态道德，也不全合。在《伦理学》中，我们也能见到动态的一面。人的德性，通过培养习惯而来。人人从小接受训练；而训练，包括了强制的手段。他在书中说得清楚：人守规矩，多因为恐惧受罚。恐惧，是必要的；惩罚，也是必要的。那可不是灵魂的东西。当然，那是诱导无效时才用上的。可以说是软硬兼施吧。换言之，是教化。教化，亚氏相信，最好是让国家来做。一者因为统治者因贤德而居高位，一者因为化民成俗，并没有先设定限的，全看立法创制的人怎样行事。《伦理学》最后部分，就是讨论这个问题。他在那里提出的困难，就是如何找出这个立法者。

有经验的政治家，不懂理论知识；政治理论家呢，完全没有经验。两者兼具的人，才能给城邦立法。那是说，只有亚氏自己。只有两才俱备的，才透彻了解什么是"人的哲学"。

大家很自然会推想：既然如此，那《政治学》的开头，一定是《伦理学》的延续了，一定是谈怎样找立法者的了。不对。《伦理学》结束时，把个人的玄思生命，提到最高位置；国家，是为了使人人都有机会追求如斯境界而存在的。《政治学》一开始，就说个人是国家的一小部分，是从属于国家的。两者口径刚相反。进一步看，《伦理学》中描述人能达到的至高境界，是哲学家的境界；最高最美丽的情谊，是两个智者之间的。那是人当追求的极臻。《政治学》的教诲是，人基本上是个公民，他应当注重的是公民的生命。也就是说，他的行为主要是公民的，即政治的。

除了口吻不一，前后衔接不一，还有其他实质上的差异。例如，在《伦理学》中讨论到宪政，在《政治学》中也审视同一议题。在前书，亚氏毫无保留地谴责那偏离常轨的政体；在后书，他的重点不在抨击而在改善。两书谈政体更迭的周期，也有区别。又，在《政治学》的理论中，国家的出现，经由"自然的成长"，这又与《伦理学》说的不同；在那里，国家"看来是来自协议（契约）的"。另外，《伦理学》的主题是"高洁"；如果那是个标准，那读者可以期望，卑下的不会在《政治学》中出现；不管是人，还是国家。特别是，国家是个教化者，要教民成德；那亚氏一定会用这个准则去评断。但民主，按他的类别是属于偏离的，相对败坏的；却得到他的某种称赞。

有一点我们应特别提出。《政治学》通篇没有讨论方法学，这与《伦理学》形成了明显的对比：在后者中亚氏有细致的铺排和讨论。似乎《政治学》是《伦理学》的"后部"。多数亚里士多德学派的学者都觉得，两书是"连在一道"的；要全面了解他的人生社会哲学，你就得两书齐读。那当然是最理想的情况。我在《细读〈尼各马可伦理学〉》(《福乐的追求》) 一书中，就说《伦理学》是"上集"，《政治学》是"下集"。若能两论并研，前后融通，固然是好，但不是必需的。两集各自独立成篇，分开看，也无不可。两种论述，两条主线，各自言之成理，持之有据，同样能自成系统。此亚氏博大精深之处。

文　本

　　《楚辞·天问》，素称千古奇文，历来研究的人不少，也提出不少疑问。比如说，这长篇史诗，真的是屈原的作品吗？就算是吧，汉儒传抄，多用隶书，与楚国文字不同；传抄过程会出误吗？如果会，出误在哪里？宋儒研究骚经的，会加上自出主意的增删吗？我们怎么知道？有没有不同的版本？错简呢？若次序错了，后人怎样理解？各类疑难，属校雠学的范畴；今天所说的作者真伪、版本考订、编排、时代，等等，全包含在内。清儒重考据，在这方面贡献特别多。

　　《政治学》，是公元前300多年的作品。很自然，后世读者，也会碰上类似的疑问。本来，一般文本解说，大可不理会校雠的东西，因为那是"技术问题"。不过，我倒愿在这里略花笔墨，谈谈这个。一来这样做本身颇有意思，二来这确使读者能较有条理、较深入地明白亚氏学说，及其传承的过程。

　　在亚氏芸芸众作品中，这一部问题特别多，原因也不难明白。首先，作者并没有"成书"的初衷，全书也没有自始至终一气呵成的写作形式。它是几组演讲，或者说，是演讲后辑成的文章，笼统串在一个大题目下面，但看来并无计划整合成书的。最大的可能，是亚氏自己的笔记或讲稿；古代文献学家用的字眼是 *akroasis*（英文多写作 course of lectures）。〔这和我们的《论语》

又不一样。众所周知，《论语》并不是孔子自己的作品；那是他的门生听了他的言论和教诲，然后辑录下来，分条别目，留传后世的。所以"作者"多人，来源则一。荀卿的作品也类似。〕这样推想，不无道理。本书初出现，是在罗马；那是公元后的事，亚氏殁后几百年了。以他当时的名气，如果早在雅典成书，世人不可能不知晓。更奇特的是，拿此书与亚氏其他作品相比，差异很大。这反映了那不大可能是他一贯的写书作风；虽然，他没有另一本近似的论政作品，可供后人并排参照。

如是，有一些问题值得读者思考一下。比如说：我们今天看到的版本，一字一句都是亚氏本人的吗？历代编者传抄古经，有没有破坏了原文原意？有没有加上自己的东西？有没有改动原稿的某种次序？最基本的问题是：这是亚氏的作品吗？在我国传统中，这是"伪经"考证问题。幸亏这问题不存在，不然我们在这里要"叫停"了。从来学者考据，都认为此乃亚氏手笔无疑。真伪无疑，就得考虑其他。亚氏原书，分八卷；卷下不分节。大家今天读到的，有卷有节，卷节上还有标题；这全是后人编进去的。不同版本，会有不同节数，节的长短也有出入。不过，这不影响大家理解；而且总的来说，这类差异出现次数不多。兼且，附上标题，以醒眉目，对读者来说，大有好处。

假定说，卷下的节不是问题了，那各卷本身呢？大家读到的八卷，是亚氏原本的排列次序吗？还是后人校编时重新安排的？有没有区别？如果有，会影响我们的理解吗？如果《政治学》只是一个主题下的一系列笔记或文章，甚或是演讲记录，那亚氏留下的，会是个自然的序列。但事实不是这样。八卷书由三大范畴组成。第一组是政治科学——包括经济学——的原则陈述，并及前贤诸家理论。那大约对应一到三卷。第二组是实际评论，列出不同类型的政体，分别论其优劣，示为政者如何采长补短，并及不同国家中的公民。那大致上是四到六卷。第三组综合原则与实际，尝试建构实际可行的理想政体；主要建构途径，是教育。这是七、八两卷。

我们问，这三组序列，是否是最合逻辑的铺排？如果不是，那我们是否该按逻辑来移动它？这是多年来最困扰学者的难题。到今天，也没有全面共识。译者往往按个人选择，定卷节次序；版本不一，次序有异。我们也许不能一举解决；要大家明白，总得说个道理。先细致一点铺排。全书三组，大约可分成六大类：

甲　家庭与城邦　卷一

乙　各家论最佳政体　卷二

丙　城邦和政体　卷三

丁　政体类别：何者亡之何者兴之　卷四、卷五

戊　政治制度：民主制与富权制　卷六

己　理想政体与教育　卷七、卷八

亚氏在书中，不叫作卷，而叫作 *methodos*，原意是"探讨"。（英文多作 enquiry 或 section。）

顺序排列，我们当然有甲乙丙丁戊己的次序。要尝试面对眼前的困难，让我们来做个假定。假定八卷在我们手中，本身没有序列。以今天的逻辑，我们会怎样排列？按分三组的想法吧。第一组，也许可以称为"社会政治理论的一般原则"；下置的，会是甲和丙；两个都是谈城邦原则的。第二组，可以是"政治理想"；下置的，是乙和己；两者都论理型的理论与实际。第三组，可以是"政治制度"或"政治体制"；下置的，是丁和戊；两者都涉及现实运作。这样，次序就改了，变成是甲丙乙己丁戊。就卷列，是一三二七八四五六。

这也不是唯一的可能。长期以来，本书的编纂者，都把"政治制度"放在"政治理想"前面。理由是：应该先研究实际运作，看清制度上的优劣，然后才尝试设计制度上的理想方案。如果依这个想法，那二、三两组的次序，就会倒转过来，成了甲丙丁戊乙己。就卷列，是一三四五六二七八。

玩这个假定游戏，是希望推敲一下，使有助于大家明白，这么多年来，各编者按什么原则，用怎样的思路，去安排这八卷书。其实，今天我们最有可能见到的，也就是说，编/译者根据个人的理路，不照古代留传下来的顺序版，自行改动卷列次序的，不是上举两个可能，而是把二、三两组互换。那是甲乙丙己丁戊的排列。就卷列，当然是一二三七八四五六了。这情况，在中西译本中都有出现。各学者这样做，倒不是凭空假定的，而是有文本上的根据。最主要的理由，是亚氏在卷三结束时提到说，下一个阶段，是要处理理想国度的论题；而这个论题，他在卷中已揭开序幕。而卷七开卷时的用语，与卷三的结语几乎一样。不少人就觉得，很自然地，七、八两卷当跟在卷三后了。

不过，读者也可以见到，我们有很好的理由，不采用这个调动。最简单地说，不论顺序排次是出于亚氏本人，抑或出于他的门生，又或者是古代的编者，都不曾更动原来次序。质疑之风，主要起自 19 世纪。两千年来的学术传统，历来学者的考订，保留了原次序。这传统本身，当值得尊重。这固然是个"守成论"的说法。近人可能觉得，这说法不够"科学"，不够严谨。其实有更坚实的论点，就是文本互证。在七、八两卷中，谈到亚氏同时代的某些政治事件，都发生在较晚时期。从年份推断，这两卷是最后成稿的，放在书后比较合理。这是某种归纳推断，也是亚氏常用的论述形式。进一步说，把这两卷移置中部，对全书论点——不论在逻辑上还是行文连贯性、肌理脉络上，都不见得有好处。

就附在卷三后，还是跟卷二分开；而卷二，也是谈理想城邦的理论与实际的。不仅如此，这样安插，打断了原来的顺流：原来的卷三，是对宪政的一般探讨；原来的四、五、六卷，论不同宪政下的具体情形。在不同的论证点上，更可以见到好几段卷四的文字，是指向卷三所述的内容的，直像卷三是卷四的"先行者"，读者（或听众）会有记忆犹新的感觉。

还有一点。这七、八两卷，是探讨可能范围内的理想国度的，特别强调教化。但十分奇怪，亚氏在那里，完全没有提到理想国度的法律、政体，甚至老百姓的活动；好像这些都已"具备"了（在四到六卷），而教化，正在补足已具备但不完备的国家。因为，那些他审视的不同政体所缺乏的，正是他的教化！

拿八卷来顺次看一遍，可粗略得出下述印象：亚氏一开始探讨的，是国家的社会基础，也就是出于自然的基础——家庭。家庭，是自然之道的"产品"；所以国家是建立在自然的推移上的。用刚才的分组，这是甲。甲结束时讨论的，是婚姻与女性地位。很自然，这是乙开始时的论题。接着他说何以反驳柏氏在这点上的见解，以及柏氏的乌托邦。然后从柏氏的又论到其他论者的乌托邦。这个角度，又把他带到接近理想型的现存国度。可他明白，离开了家庭这个自然基础，他还是要在人为的基础上，找出他的国家理论，并论说各类政体。这个理论，就是丙。从简单的逻辑推断，谈过政体的理论，当继之以论对实际政体的研究。这研究，就是丁和戊。积累了那么多材料，他剩下来要做的，该是建立自己概念中的理想国度了。这就是他接下来的尝试，也可看作整个论题的终结。这是己。

刚才说，最后两卷，是在亚氏晚期成稿的。那有没有一个可能，即他晚期和早期，属不同时代。时代不同，想法有异，不足为奇。但这第三组，和前两组脱了节，根本不属于这个系统。若然，早该分拆开来，各自成书。简言之，七、八两卷不该附在卷六之后。欧洲 19 世纪到 20 世纪的论者，很喜欢从这个角度看作品。不少人认为，前期黑格尔和后期黑格尔，判若两人；所以他的哲学，早年晚年出入很大。就是马克思，也有早期晚期之分，也有理论殊异之说。这可以引用到当前的讨论上来吗？

应该不可以。文本中有很多客观证据，尤其是卷章之间的相互指向和呼应，把各部分织成一个整体，足见上下各卷，属同时代。[1] 何况，全书上下，引用不少当时的历史发展和事件，还有那些注文，在在反映出，各部分都是在亚氏生命中同时期成稿的。（当然，同时期并不就是同一年。）我们留意文本中各类证据，不难察觉全书内在的某种逻辑连贯性。也许它不是近代思想家愿意选取的逻辑，却不能否认它有着某种逻辑，是我们能够明了的，更是亚氏或他的编者所选取的。站在读者的立场看，我们当尊重这个逻辑，相信本书的组成是个整体，是作者有意在一定时段内开展出来的。

刚提过，同一时期，并不必然是同一年代：八卷书，是在不同年代辑成的。毫无疑问，各卷各节，不像梯田那样层次分明；某些卷到了最后，没有完成（第八卷最为明显；第六卷也是这样）。也不必怀疑，某些卷之间转接过渡并不"和谐顺利"。（例如：卷二、卷五完结时，终段很长，像有后人增补文字；卷八尾段，也有类似痕迹。）有的地方，口吻和重点跟其他地方不一样。固然，主题不同，可能导致这种情况；但有些斧凿痕迹明显的，尤其是加插的历史事件记述，以及与当下讨论无甚关系的文字，

---

[1]　例子不少。如卷一第十三章，谈宪法。按上下文，可知那是指向卷二谈理想到谈宪法的地方。又如卷七论理想国度，也回顾了卷一里对奴隶的讨论，卷三里对不同政府的本质的讨论。这是说，卷七假设了卷一、卷二在自己之前了。

很可能是他的学生或编者加进去的。（卷一第十一节就是一例。）这些都是问题，都值得读者留意。

但就算在今天，号称文明科学的今天，大家享用各种先进设备，从校对到印刷，都十分精细了，那类事，还不是一样发生？何况亚氏是两千多年前的人，那是手稿只是卷轴的年代。我们做读者的，给予同情和谅解，对学习有好处。口吻与重点有异，未必因为年代问题，也可能是内容背景的问题。甚至在现实主义与理想主义之间的摇摆，也不必牵涉前期后期的争论，而是对理想体制与现实制度的讨论。可见同一个人，在同一时段，有着同一理念，还是可以写出不同的作品的。

全面考虑之后，我们认为，保留传统次序——甲乙丙丁戊己，胜过19世纪学者选取的新次序——甲乙丙己丁戊。大体上说，文本整体铺排良好，格调上、肌理上，都像一件作品，能自成一格。书中论点极为贯通——尽管在不同的地方有些技术上的难题。当然有瑕疵；但就像后人对司马迁书的评语：小疵无伤大雅。从这个角度看，《政治学》是亚氏的大作，一本相当完整的大作。

　　※　　　　　　　　※　　　　　　　　※

1831年，贝克尔本（Bekker ed.）在柏林出版，咸称近世最完备的编本。《政治学》原稿八卷仍旧，下分节段，附上编码。编码，很早就有了；但希腊文原稿，是没有分节的。后世译者，大体上都跟随这个系统。说大体上，是因为有些译者更动了八卷的次序——我们在上节讨论过了。而且，不同的译者会有不一样的节段；更动多少不一，也不致太影响读者的理解，但也有。中译本有从原文译过来的，也有从英译本再译成中文的。所以，中译本也有不同的节段。还有，所有译本的卷节，不论中文外文，都有译者所加的标题。既然译者取舍不同，译本所分节段不一，那节段附上的标题，也就本本不同了。如果某卷下分的节段繁多，那么标题文字就不少。有的译者又每节附上自己的摘要。因此，译本的目录页有时变得冗长累赘。

译者得忠于文本。假如文本卷下分十八节，译者也要分十八节译出，附上十八个标题。他没有增删的权利。注者不一样，他的责任，在向读者解说经典原意，当然带有推敲的成分。可他较有弹性，他可以选择：认为重要的，详加解释；只属事实的——比如说只是史事陈述或细节，他可轻轻跳过。解读作品，不像教初中生读古文，要一字一句地训诂。译者，却必须一字一句无误译出。

下列大纲的铺排，意在给读者一个概念，略知本书内容。倒不是说，解说文字是亦步亦趋，完全按铺排来下笔的。

卷一　从人到城邦

　　（一）论城邦的组成

　　　　城邦的起端

　　　　家·村·城

　　　　自然与人事

　　（二）论家政

　　　　奴隶理论

　　　　财产理论

　　　　家政理论

卷二　理想国度的批评

　　（一）　对柏拉图的批评（之一）

　　（二）　对柏拉图的批评（之二）

※　　　　　　　　　　※　　　　　　　　　　※

惯常的做法，是这样的：作者或译者，第一次碰上引文名词，觉得有必要解释的，他就在该页正文下，用注文形式写出。这是最传统的，相信也是最便于读者阅读的方式。在本书中多数情况下，我采用了这一方式。不过，有几个重要的名词，读者若能先有概念再读内文，会有助于理解。兼且，为了先厘清概念，解释应稍为细致；一旦注文长了，放在注脚很不便。经考虑后，还是觉得先在这里略做解说较为妥当，就在"校雠"部分下笔了。

（1）*polis*　最贴合原义的译名，是城。人人都叫作城邦，已经成了定称，那就叫城邦吧。但城邦，是从英文 city-state 译过来的，也不能算错；因为城是城市，指社会，或者是未有完整政体的社会，那是"私"的，邦是邦国，指国家，那是"公"的。而*polis*直译是 city，不是 city-state，却兼有公私两层意义，所以叫城邦，也可以。还有一些别解，但我们现时的解释，大致足够了。用中国古代传统去看，古人称城，今人谓市；古称长安城，洛阳城，今称天津市，广州市。《史记》记载春秋战国时期，诸侯相征伐，有"乐毅下齐七十余城"之说；叫城，不叫城市。城邦的

51

"邦"，指的是国家。有好些译者干脆把 *polis* 译为"国家"。可这也有困难，今天说的国家，是个政治法律体，原则上它不涉个人文化道德的层面。这跟古代希腊的想法很不一样。

那为什么叫城邦？在雅典，有个小小的山丘，上建有殿堂城堡（citadel）；主要宗教政治活动，都在那里举行。（雅典人称之为 *acropolis*，即卫城。）环绕周围有居民，可以说是市中心或"内城"吧。再外一层是住宅区，就说"外城"吧。（这地方叫 *asty*，在山脚。）有点像今天的都市近郊。本来 *polis* 指的，只是内城部分；后来慢慢扩大，包括了外城。到了公元前 5 世纪，就连住在郊外耕地（*agros*）上的，也纳进去，形成了大雅典区。但活动的中心，仍在内城。所以重点还在殿堂，虽然名称已包括了全部。这看来和近代的都市扩展，有点相像。

但它有很独特之处。在亚氏的认识里，人是万物之灵，是有理性的。所以人，按着自然之道，会有意愿追求那福乐的、崇高的生命。城邦的责任，是化民成俗，是教民成德；所以城邦，正是使人能成德的地方。这样，城邦不能很大，因为它的管治，是按着公民的气质品格来实施的。它需要公民互相认识，互相了解性格优劣所在。又得按着这个来设计政治制度。城邦是个"小社区"。

今天说国家，背后指的是权力；这跟国家性质没有关系。城邦，固然是整个社区的最高权力行使，但它同时是个公民共享的、共同生活的群体。无论政体形式，在同一政体下的公民，仍是享有同一习性和风尚。这和我们说的国家很不一样。

polis 又不当叫作社会。虽然它具有群体和社区的特质，但它是个政治组织。古代作者，都把它看作政治性质的团体。社会则没有那层意义。

现代社会科学，特别是政治学，多数用语是从英文译过来的。例如，politics 是政治，political 是政治（性质）的，political science 是政治科学，polity 是政体，politic 是合（政治）时宜的，合当政者口味的——今天的术语叫"政治正确"，politician 是政治家。这些名词，全都从希腊文译过来，全都是 *polis* 一词的衍生物。我们在内文遇上时，会逐一介绍。至于公民（或国民）的 citizen，原指住在 city 里的人，也就是 *polis* 的原义。

（2）*physis*　前面提过，那是自然，或自然之道；用在"物性"上，我们会说自然的轨序（或法则）；用在"人事"上，我们有时会说自然的推移。现在说的 *physis* 和 *physikos*，是从拉丁文转成英文的 nature 和 natural，中文说"自然"和"自然的"。但我们说自然，容易联想到起始的，物理现象的，生物和非生物界的，等等。有时甚至有初生的、原始的感觉。希腊的用语要丰富很多。它是起源，也是成长、发展等；动词用的 *phyein*，英文一般译作 to grow, to develop。所以自然是指向"目标"的，它形容人或事发展到最圆熟境地的特性。说一个人吧：自然之道，是看着这个人从初生向前迈进（成长），经历各阶段的发展（成长），终于成长完整，做个堂堂正正的人。亚氏所谓自然，是指整个自然发展的步骤。

不仅在《政治学》中，就是在《伦理学》和《修辞学》中，亚氏的用语含义，始终如一。我们要记着，他说的自然，并不就是我们日常口语所表达的意思，而是更高层次的。正因为它意味着某种价值，"自然"具有的位格，差不多就是个准则，可用来衡量其他，包括人与事。

（3）*nomos*　在很多命题上，这是指人为的，不从自然产生的，所以与自然之道相对。可是，它也可以是和自然相辅相成的。在本书中，*nomos* 多数情况下都解作法律。古代希腊人认为，上古世代的贤人立法者，给后世留下美好的典章制度，使大家能有秩序有规范但又有自由地生活，那是了不起的创制。法律，是最早的人为创制。如果要从词源考究，*nomos* 的原义是委派、分配、划分等；而一个政治机构或政治团体的 *nomos*，就是给该团体委定、划定其地域与边界的意思。复数的 *nomoi*，就是那划定的法则。

可以想象，那样的法则，是很概括的准则。所谓无规矩不能成方圆的规矩。我们说法律，不光是指立法产生的成文法，还指社会公义的"普通"法。但希腊人所谓的公义，是一种哲学概念，也是一种道德范畴。用现代术语说，它是法律的精神，所以并不全然是法理的，也是伦理的。读西方法制史可知，今天的成文法，多从习惯法固定下来而成。习惯法的背后，就是大众接受的伦理行为。正因为是大众接受的，不是天授的或统治者随意强行的，所以具有公义基础。孔子所谓"其身正不令而行。其身不正，虽令不从"。正与不正，亦规矩者。

（4）*demos*　在上文（1）中，我们指出，在城郊的地方——主要是耕地，叫 *agros*；在那里的行政区域，一般叫 *demoi*，住在那里的人，叫 *demotai*。当这些人集合起来，一起到城中议事，或立法，或做陪审员等，这个团体的统称，叫 *demos*。所以这个词，有译作群众，有作平民，有作黎民百姓（古称犁民百姓，更合），有作众人，等等。原义就是住在郊外的人，或泛指农业人口。早期的英译名，用的词是 populace，masses，multitude 等，称 people 是近世的用法。又因为住在内城的不少人，都参与在这 *demos* 里面，慢慢就都叫"人民"了。

一个附带的重要名词，是 *demokratia*。-*kratia*，即英文的 -cracy，是管治、统治的意思。现代的通行称谓，是个直译法，即 democracy。（近似的像 aristocracy，bureaucracy，autocracy 等，都是配在某词后面；而词源是 *kratos*。）

（5）*politeia*　英文的 polity，是个音译词。今天都称政体。

54

柏氏的《理想国》，或叫《共和国》，是从西塞罗的 *Res Publica* 转成 Republic 而来的。柏氏本来起的书名，就叫 *Politeia*，即政体。但亚氏用这个词，有两重意义。通论时，指的是泛称的政体；专论时，指的是某特定形式的混合政体。一是理想型的，一是实际可行的最佳模式，特别是富人与穷人组成的混合体。但在英译本中，两种情况下都用同一个词。而英译名，有用 polity 的，有用 constitution 的，有用 constitutional government 的。中译者如果不察，就会闹笑话。如果紧贴某些英译而全叫"宪法"或"宪体"，就更不合了。

因为，一说"宪法"，人人自然联想到一部有板有眼、条理分明的文献，里面罗列了政府权限和职位，公民权利和义务，等等。但亚氏说的，不只是这个。随了职权的分配，政体还包括了它伦理层面的意义：它是共同的生活方式。不同的政体，会塑造出不同的生活方式；那同时是公民教育的一环。

（6）*douloi* 英文一般译作 slaves，中文是奴隶。郭沫若的《奴隶制时代》说周代以前没有封建制度，所以殷商社会还保留了蓄奴制度。从甲骨文可知，殷人有用人牲祭祀；人牲，用的是奴隶。这是文字中看到的奴隶社会。现代人都不曾见过奴隶，对奴隶的表面印象，多从小说、电影、图片得来；特别是从后两者。很多人的直接反应，会认为奴隶是衣衫褴褛，给手镣脚铐扣着，还加上铁链的。身旁永远有手持皮鞭吆喝的人。奴隶的生活，像牲畜。主奴生活在两个世界。充满戏剧效果渲染的电影，使这幅奴隶图像，烙印在差不多每个人的脑海中。

我们在这里介绍的，是古代西方的奴隶情况。远的不说，清代诸臣，自称奴才。希腊人在统治者面前，却从不卑躬。清室贵族对家奴，辱骂鞭挞，甚至操杀生大权。普通人家的奴婢，待遇如何，读《红楼梦》足见。正是因为这样，我们要特别说明，古代希腊的奴隶，是怎么一回事。*Douloi* 指的是家奴；另有一个指农奴的，是 *perioikoi*。亚氏的理论，谈的是家奴。先论这个。

雅典的奴隶和主人，生活在同一个世界里；尽管生活条件不同。用现代的标准评说，奴隶的生活，可谓是"不难受"的。在家中，他们被视如家庭成员；从表面看，你无法判别他们的身份；一者没有黥布，二者穿着与他人无异。法律保障他们不受虐待。主人不能伤害他们的身体；未经定罪也不能处死。在家中，听主人吩咐干活，是有工钱的。积蓄够了，可以"赎身"，也就是买回自己的自由。这常发生。雅典的警察，是奴隶充当的；某些低下层的公务员，比如信差，也雇用他们来做。

曾经有古典学者举出例子说，如果在公元前 4 世纪，你在雅典街头漫步，与路人发生争执，引起冲突。你以为对方是个奴隶，揍他。扭上法院。但很可能他是个雅典公民。那是说，奴隶并不是个衣衫破烂，永远困在房中不见天日的人。正因如此，他们没有什么自卑感。有些古代剧作家和史学家，更说奴隶"骄傲"，"满有不知自己身份低微的嚣张"。柏氏不满民主，一个原因是雅典城充斥着赎身的奴隶；他们成了自由人，有参与权，却没有知识和教养。

在讨论亚氏书中卷一论奴隶前，读者先有个了解，该比较好。

　　　　　※　　　　　　　　　　※　　　　　　　　　　　※

这是整个导论的最后一节，也是本章的结尾；谈译本。先稍做解释。

大家会觉得诧异：介绍译本，通常放在参考资料部分，那是在书的最后才出现的；怎么会在这里见到？答案有几点：第一，这一章是接近校雠学的。版本校订与比较，属校雠学范畴，放在一起可以连贯。第二，百年来，国人在这方面下的功夫，不多。放在书前，大家比较容易看到，我国翻译事业的艰辛与沧桑，同时有个自我提点的作用。第三，21世纪的中国，懂古希腊文的人，大概屈指可数。不必说古代文字，就是近代英文吧，在学校里学过的可能不少，但能用英文阅读经典的，还是很少。多数人仍然要依赖中文来阅读，来了解世界。如果推断合理，那大家还得用中译本来学习。可以用英文做学术研究、探讨问题的，不必读中译本，更不会看这本书。对绝大多数读者来说，中译本还是十分重要。特别放在书前介绍，也许能给大家一点指引。至少，读者会知道一点情况，有个比较。

在下面，我会按照出版时序，就所见的，略做介绍。

（一）亚里士多德著，《政治论》（四册），吴颂皋、吴旭初译，编入"万有文库"丛书，1931年4月，上海商务印书馆出版。三年后，合为一册。数月后，于1935年再版。名重译版，因为两位译者说明，那是从B. Jowett的英译本译过来的。该书当时已编进"汉译世界学术名著"系列。Jowett的原译本，在牛津大学出版社出版。两位吴君所据，乃此牛津版。论文字，这个版本最佳。且比较古雅，文白混用。但按英文译，遇上原译文有争议处，或对英文的中译不能完整表达原文处，读者当小心。

（二）亚里士多德著，《亚里士多德的政治学》，淦克超译，编进"自由太平洋大学文库"，1965年3月，台北自由太平洋文化事业公司出版。三年后，改成水牛出版社出版，编进"水牛大学丛书"。1999年再版，列入"社会科学丛书"。此书也是重译本。淦君并没有说明原译，互校后发现，他是从巴克（E. Barker）本译过来的。巴克很小心，遇有希英两文有出入的，会详加说明。淦君译本较省，全部略掉。亚氏原书八卷，就所见的所有英译本都是全译本。固然，八卷次序会有不同。这点我在上节解释过了。但淦译本只到第六卷，就停了。最后两卷何去，不得而知。淦君本人在前言中也没有交代这是节译本，也没有告诉读者何以最后两卷"失踪"。仅看这本而不知就里的，会以为亚氏书只有六卷。

（三）亚里士多德著，《政治学》，颜一、秦典华译，编入《亚里士多德选集》。2003 年 12 月，（北京）中国人民大学出版社出版。据"出版说明"，这本书本来是苗力田主编《亚里士多德全集》（共十卷）中的一卷。后应需求，选了几本编入（选集），以单行本形式出版。译本不是重译，而是据罗斯（W. D. Ross）的《牛津古典本文》译出。该书行文，较适合一般现代读者。注文不多，较简洁。又，颜一君据《全集》第九卷（《政治学》）、第十卷（《雅典政制》），合成一卷，另行出版。他依原文但略有改动，又增添了注释，附加索引。在书前更有他署名的"序言"，名"智谋与公正"。这些，在上书是没有的。该书按国际学术通则，用贝克尔标准本的页码和行数，并有汉语拼音的希腊语注文，较上本翔实。

同书的繁体字版，交由台北知书房出版社发行。2003 年 10 月第一版。不过，在书的封面背页，有介绍文字说苗力田主编的现代汉语译本，是"据《洛布古典丛书》希腊本文"译出的。该丛书即现流通的洛布古典丛书（Loeb Classical Library）。但洛布本的英译者，是 H. 拉克姆，不是 W. D. 罗斯。那究竟用的是哪一个版本？

（四）亚里士多德著，《政治学》，吴寿彭译，编入"汉译世界学术名著丛书"系列，2008 年商务印书馆出版。本书初版，在1965 年。43 年间，重印了九次。稍为仔细读过本书后，觉得值得略做介绍。

论文字，它不及双吴本；论简洁，它不及颜本。但论铺排仔细全面，章节摘要完备，各类考证翔实，注文精密妥当，并详列按地名、按人名、按题旨所附注解等，本书首届一指。它还标出历来的钞本、注疏本，古今校本译本，可谓粲然大备矣。说这个吴本是最佳版本，不为过。一般相信，编进商务"汉译世界学术名著丛书"系列的，会是最好的译本。看来不无道理。

从求知角度看，这译本却有很多谜。

例如，书前以商务编辑部名义发表的"出版说明"，提到"五十年代起"，陆续推出经典译本，扩大丛书阵容。但早在30年代，王云五主政商务时，已有这系列。抗战初起，上海商务厂遭日寇炸毁，系列停止出版。50年代后宣告恢复；真正发展是在"文革"后的日子。到了今天，却只字不提早年已具雏形的"汉译"系列。前人开创的功劳，今天的读者不应知道？

例如，书前的序，是吴恩裕写的。全书自始至终，无译者一字的导论，或前言，或序。更奇怪的是，无一字介绍他。吴寿彭的内容，客观正确，有学术的认真。吴恩裕的序，却像一篇奉命写的官样书评，给当时的编辑加插到书前似的。任何人细读全文，一定发觉吴恩裕的序，充满意识形态，似是用"政治正确"的姿态来满足"当时的需求"。序文与译文，格格不入。在序文中，更无一字提及译文，也无一字提及吴寿彭君。如果说序文是译者恳请学人好友赐的，这肯定不是。

吴恩裕君去世前曾公开发表文章，表示不满早年受委屈，奉命写诸多"违心论"，又不许他有自己的研究。当然是后话了。至于序文是否"奉命"撰写，今天已无从稽考。从学术角度说，该文今天仍放书前，很不恰当。相比之下，颜君写在人民大学版的序，恰当多了。

据译者吴君表明，他是从纽曼（W. Newman）本的希腊文原文译出的。纽曼本可说是英语世界中，研究亚氏《政治学》的登峰造极之作。吴君态度严肃可见。但这么重要的一部古典作品，这么严谨全面的一部译本，译者名字竟然无人知晓，能不称奇？正因为这样，引发起我的求证心，追寻吴君的足迹。他的生平，不须在此介绍；读者有兴趣，可径从网上搜寻。在这里只能"点题"。

吴君20年代中，从上海交大毕业，是个工程师。1950年后，随一位外国人习希腊文。自己在古典学问和考据学上，痛下苦功。日后贡献，全凭自修得来。也因为这样，学界中人看他不起，把他叫"界外人"。又因为他曾在国民政府治下当过小县长，有了"政治问题"，反右时给划为"右派"。作品无法发表。后得胡乔木、陆定一的帮助，译书交商务印书馆出版，始见天日。

有个说法，称吴君为"当代中国翻译亚里士多德的第一人"。商务版的亚氏译书，多是他翻译的。费孝通自称十分佩服吴君，说他是中国近代的"士大夫"，叫他"稀有金属"，因"中国没有几个"。可惜，到了今天，吴寿彭的名字，除了三五位老前辈熟知外，已经湮没无闻。

唐玄奘译了"西经"，流芳百世。吴寿彭译了"西经"，寂寂无名。前辈付出了无比的精神心血，给国人介绍了亚氏的经典作品。我们读亚氏书，总当惦记他的辛劳。

上述译本，各有特色。因源出版本不同，各译本中章节有异，译名也不一。但大体上不致影响读者理解原作的。适当的时候，我会稍做比较解释。为简便计，引述（一）时，称"双吴本"；（二）称"淦本"；（三）称"颜本"（指《全集》本）；（四）称"吴君本"。正因为中外文译本都有章节不同、标题各异的情况；我们解说时，是顺序而不分节段。而且，也考虑到：（1）部分内容读者可以自己明白的，不必赘言；（2）部分是史实铺陈；（3）不是所有论点都值得讨论；但大体上主要重点都会仔细审视。

从人到城邦

（一）论城邦的组成

本书一开始，看上去没有什么特别的地方；亚氏像说了一些介绍性的东西。大家不会想到的是，他立刻就引起了争论。那争论，指向两方：一是指向柏氏的理论立言；一是指向近代政治哲学的传统——那传统，又可以马基雅维利（以下简称马氏）和霍氏为代表。我们要明白亚氏的用意，我们也参详其他观点，做个比较，也许有助于更好地理解。要理解事物，如果明白它的反面，或者其他不同的选择，大有好处。很多时候，一些状甚明显，大家觉得理所当然的论调，其实涉及不少其他议题的。

在《伦理学》起卷时，亚氏说人做事，必定有目的，人是为了追求某目标、某种善而行事的。本书起卷时，他说人走在一道，组成群体或团体，也有其目的。该目的，也是某种美好的事，或叫作"善"。[1]（原文是 *agathon*，英译作 good，或 some good，并没有专指，可以是 a good man，可以是 a good house，可以是 a good anything，但也可以是 a good。）善，并不只是善良，而是美善；可以应人，也可以应物。我们说"此计甚善"，指的是甚佳、

---

[1]　各本作"善"，吴君本作"善业"，同义。

甚好等意思。不论大小，起码团体成员当有这个目的。

　　什么是团体？他说 *koinonia*，意指共享或共有的，是个"分享"或"伙伴"的关系。团体性质不一，追求的"善"也各自不同；可以想象，并非每一种善亚氏都称道。以此类推，国家，也是个团体，也追求自己心目中的善；虽然，那不一定得亚氏称许的。就团体本身说，也牵涉不尽相同的理解。[1] 一般来说，有两种性质。一是通体社会（Gemeinschaft，英译多用 community），一是联组社会（Gesellschaft，英译多是 association）。这是近代社会学的界说，古代是没有的。前者像家族、氏族等，成员联系较紧密，人我界线较不明朗；后者像公司，或社会上的大小社团，成员为了共同兴趣，或共同目标，组织起来，所以较重权利义务关系。但亚氏原义，两者俱备：有时指的是情谊紧密的，人不那么自利的团体，像家庭成员；有时指的是关系松散，人多为己的组合，像商业伙伴。所以用任何一个，都不能全面表达他的意思。虽然，用团体的较多，因为词源关系：community 有 common 的意思，那是从 *koinos* 来的。

　　假如我们就停在这里，往下看政治哲学的发展，会看到亚氏这个起点，千百年来的哲学家还在讨论。任何稍稍涉猎过洛克《政府论》下卷（有的译作《政府二论》）的人，立刻会发觉，他提出的几乎是同一个问题：政治社团的目的是什么？〔他用的字眼是政治社会（Political Society）或公民社会（Civil Society）；在17 世纪，那是指国家。〕如果是"善"，那会是什么样的善？这个问题很重要，因为人去观察政府的行为时，可以问：该政府所做，是否在实施恰如其分的功能？抑或它所做的，是它功能（权力行使）以外的事？例如，你的政府要设立国教，规定人人供奉同一

---

[1] 颜本叫"共同体"，淦本叫"组合"，双吴本叫"社团"，吴君本叫"社会团体"。

神祇，只许有同一形式，同一教律。你若不跟从，就会备受歧视，权利被剥夺。又或者，它规定你必须具有某种身份或地位，才能穿某种衣服，上某类馆子。不然的话，纵使你有能力，有资源，也不行。这等事情，历史上发生过。

可以问：这些，是政府可恰当实施的功能吗？政府当告诉你只可信什么神、只可穿什么衣吗？这等于问：什么是它该行的？什么是它不该行的？早晚你会发现，不管怎么绕，最后总回到"什么是政府的恰当功能"这个问题。换言之，你是在问：人设立政府，为的是什么？政治社会的目的何在？简单点说，我们问：政治社会成立，是为了保障人的生存，是吗？人组织起来，愿意听命于某权力，就是为了这个？维护生命，就是设立政府的目的？洛克后不足百年，卢梭的《社会契约论》面世。[1] 类似问题仍然浮现：他问，为什么有政府？人生而自由，怎么会处处受制于政府权力？那是怎样发生的？欧洲近代政治哲学家，从 17 世纪开始，差不多都有同一答案：因为没有了政府，生命无法忍受。霍氏早说，人进入政治社会前，也就是他未踏入文明前，他活在自然状态底下。那是个互相杀戮，人人自危的状况，生命既短促又可怜。人组成国家，建立政府，正是为了避免陷入那样的状态。那么答案是清楚的：人要有政府，正是要给自己生存的机会。

政治社会的目的，在维护生命。政府的功能，它该做什么不该做什么，得看什么有利于维护生命，因为那是它的目的，也是人服从它的理由。那么，当政府所作所为，超出了这个目的与范围，它就是胡作非为了。洛克的教诲是，到了那个地步，人民就可以反抗，有时甚或应该反抗了。所以，若我们接受这个前提：

---

[1] "五四"前后，译名是卢骚。马君武的译书，本名《民约论》。现在通行的人名书名，皆后起。

政府的目的，在维护生命而无他，那当它越出范围——即使那是为了教民为善，化民成俗，也都是越权行为了。这个问题，可以从不同角度来讨论。亚氏的起句，表面上平淡无奇，其实颇有争议。

因为，亚氏跟着说：所有社团都追求某种善，那么地位最高、涵盖全部的，必然是追求最大的、终极的善了；那个社团我们叫城邦，那类组合我们叫政治社团。这句话，得细细分析。先看不同的理解。"国家者，为所有社团中之最高一级，且可将其余社团一切包罗而无遗……其所求者，亦必为至高无上之善，可断言也。"（双吴本）"所有共同体中最高的并且包含了一切其他共同体的共同体，所追求的就一定是最高的善。那就是所谓的城邦或政治共同体。"（颜本）"那特别的，为一切主权的最高主权的，更无所不包的组合，最会追求这目标，而如此趋向于一切善中的至高的善。这最高主权的而又无所不包的组合就是被号称的国家。"（淦本）"……社会团体中最高而包含最广的一种，它所求的善业也一定是最高而最广的：这种至高而广涵的社会团体就是所谓'城邦'，即政治社团（城市社团）。"（吴君本）不厌其烦地把四位译者的文字刊出，让读者看到，译者是怎样理解亚氏的原意，又是用什么样的文字表达出来。

先看什么叫政治社团。亚氏说它是最高（权力）的，也是涵盖面最广的；在这意义上，他指的是国家，虽然，城邦，我们在"导言"中说过，并不只是现代所说的"国家"。其次，说国家涵盖其他社团，是什么意思？是指它完全统驭所有组合，还是指其他组合都包含在它里面，所以全部都是组成它的一部分？如果是后者，那组合是较平面的，也较松散；如果是前者，那组合是较垂直的，也较全摄。但他说它追求至善，至善，当然涵盖了所有组成部分；那是给全体社团成员最完整的、最美好的生命了。国家中其他社团所追求的善，都只能是次级的，都没有那权力去执

64

行。在《伦理学》中，他早表明，政治家（立法者）的职责，在制定法律，引导人民走向美善的生活，而政治哲学，正在教导立法者如何行事。

界定国家为最高权力的机构，固然可以，但国家倒不必是无孔不入地涵盖一切；权力行使，何时该行，何时不该行，可以有很多看法。亚氏让国家这个最高权力，为追求至善而可以无限制地统驭一切，因为他用"涵盖"这模棱两可的字眼，也因为他没有清楚分开那"垂直的"和那"平面的"两重意义。站在近代人的角度看，如果"国家"是包含了社会的所有层面，那说国家的目的是公民的全面美好生命，当无不可；那并不就是说，社会上的政治机构（国家体制），就一定牵涉到公民追求美好生命的每一个面向。因为，成就那生命，有赖许许多多其他的善：个人的、各类社团或组织的。人除了属于最高社团（国家），还属于其他社团，像家庭、学校、教会、公司等等；公民身份，只占其中一环。现代社会要求公私分明，认为那比较合理。但我们当记得，城邦，是国家（公）和社会（私）混而为一的社团。那不只是当时的实况；在后面会看到，亚氏还有理论上的解释，为什么当如此。

他接着说的是，有人认为，从家庭而村落而城邦，都追求某种善，都会是由一个人领导的——就像帝制般：家有一家之主，村有一村之长，国有一国之君。这是柏氏在 *Politicus*[1] 中的观点。就像说：人口多寡不同，其为领导则一。亚氏不同意。如果这样，根本不必有一门独立的学科叫"政治学"。所以在全书一开始，他就要厘清各类他觉得不正确的观念。他要把城邦按不同部分拆开，使大家看到它真正的本质，跟家庭很不同。要明白这过程，他就要从家庭着手，带大家走到他的结论：城邦是自然形成的。但这

---

[1] 英译本名 *Statesman*；中译本是《政治家篇》。

结论，却离开了原先的问题。我们一步一步看，亚氏是怎样推论的；而他的推论，与我们的齐家治国，又自不同。

村长国君，都要带领下属的社团，都要表现出领袖才能。领袖才能，是否用到任何岗位上都是一样的？你能否教导这个像教授数学一样，学过的人都能立刻懂，更可应用？（近来，在中外杂志上，都见有学府登的告示，宣称可训练成功的领袖。）我们可以送你到"领袖训练学校"，待你修业期满，就可以当一个成功的父亲？商人？老师？将军？总理？举一个平行的例子。有没有推销术这回事？有些机构（像百货商店）说，有。店中的售货员是流动的：时而卖鞋，时而卖书。目的确实是一样的：把东西卖出去。你也许觉得不是味儿：今天向你售书的，昨天向你售鞋；就像"物品虽异，其为售卖则一"似的。我们会有怀疑。同样，我们看教学也是这样。你可以训练一个人授课技能，而不管他授的是什么课吗？教数学和教历史，都是一样的？你不是需要认识你的课题才好教学吗？反过来说，你懂历史，或数学，也不见得就是个称职的老师。也许你善忘，也许你只顾说你自己喜欢的东西，忽略了学生该知道的东西。如是，你也不是个好老师。可见你可以懂教学不懂课题，也可以懂课题不懂教学。两方都有问题。这样，我们大可怀疑，是否可以训练纯粹的领袖才能而不必理会领导什么？

亚氏的论调，显然和柏氏与苏格拉底（下文简作苏氏）的相反。他们说，治术是领袖所需的善——不管领导的是一家还是一国。亚氏说，不同的人，有不同的组合或社团；每个组合，都追求某种善。那不同的团体，就追求不同的善了。小社团的主子，大社团的领袖，各自追求的，不会是同一种善。这对亚氏的立论来说，差别很大，否则他不会一开始就先谈这个问题。他的理论，是要看具体的善：此组别，此主子，此善；彼社团，彼领袖，彼善。这跟柏氏那善的理念——所有种种的善，都指向一终极的、理念上的善——背道而驰。同一论点，在《伦理学》中也可见到。他似乎觉得这一点十分重要，影响到后面整体的理论，所以要先澄清。明白这点，对我们理解后面的论说，很有助益。

他跟着说，看这个问题，就让我们用探讨其他事物的步骤来做吧。是什么事物，他没有说；应该是自然科学的东西。方法也很简单：研究城邦，当从它最小的单元，最基本的组成物开始。〔原文作 *eschaton*，是指"本身不和其他事物共组"的意思。英文多作 component，就是 itself uncompounded，所以说是最基本的单元，或部分。〕亚氏的理论，看来是这样的：你要明白世上诸多事物，当从每事的最基本单元着手；也就是说，那单元，就是你"无法再用更小的单元来解释它"的东西。在这里，我们无法也无必要讨论"那东西是否可知"的形而上问题；但就是在《伦理学》中，他也论到 *eschata*[1]，原义是末端、终极（the Ultimate）。末端，有两头：最大的，最全面的终极，是宇宙；最小的，最简单的，就是那基本的组成物。

"终极"这东西，也存于其他事物上。例如，你要解释某事物。解释，有个过程。过程，有没有起点？你可以说理而没有起点吗？很早以前的几何学家已证明，你不能讲理而没有起端。我们有公理（或叫公设），正因为有些命题是不能证明的。公理就像个终极，像个起点；你要直接示范证明它，结果只会是某种循环论证，或省略论题。我们说：两点之间直线最短，就是一例。某些命题，本质上是不能证明的，你只能有某种直觉基础。我们看好些说理的起点，会发觉，那起点本身是无法进一步解释的。这就是亚氏说 *eschaton* 的意思：一个末端。末端有起端有终端：万事从起端来，往终端

―――――――――

[1] 英文作 eschatology，中译作"末世学"，主要是神学的一环。

去。〔我国古人的说法：事有本末，物有终始。〕在《伦理学》中，他让我们看到，世上诸多事物，你不可能进一步阐释，有时甚至是不可理解的，却是解说他事物不可或缺的起端。

城邦的起端

先稍谈这一点，因为亚氏跟着说的，是城邦的成形过程；这过程的起端，本身是没有解释的。它的起点是什么？是雌雄。雌与雄，不是男与女，他原文是这样说的。那是说，人最初走在一道，与动物走在一道，成因并行无别。从一开始就看到，不同性别的人和动物，联结在一起，是怀着同一目的，或同样的善。政治组织或政治社团（城邦、国家）的起端，或者说最基本的组成物，就是雌与雄。你可以说，本书的整个推论，一定程度上有缺陷；它的缺陷，正在于用雌雄做起端，是"随意的""武断的"，因为这个起点，是没有解释的。那我们是否该把雌与雄视作它的起端，就像我们看几何学上的某些公理，大家接受而不必进一步求证？

亚氏一定明白，那答案是"不"：起码，就哲学分析角度来说，"人"是可以进一步分析的；亚氏自己就将这个人的不同组成部分，应用到他的道德和政治理论中去。那著名的论述就是，人不是个不可分的单元；至少，人有身体和灵魂，两者并不是二而一的东西。可知人不是个没有组合的东西。在他那个时代，已经有人知道，人的灵魂也不是没有组合的。苏氏的理论，早已说过人的灵魂有三层；柏氏在 *Phaedrus* 对话录中，就将这个刻画分明。至于身体，那更明显是个组合物。希腊人很早就相信，身体是组合的；他们认为，组合的元素起码有水、火、泥土、空气。因此，我们说这个问题有困难，因为城邦的起点有缺陷——亚氏没有把起端推到最初的考虑；我们这样说的时候，得假定他那样做，并非他不知道人有身体与灵魂，以及人的灵魂可分三层的等等情况。这些他十分清楚，也曾著书立说谈及。所以我们当假定，他认为这类考虑，就当前目的来说，完全没有必要。

两千年后，霍氏名著《利维坦》面世，那是近代政治哲学的经典作品了。作者一开始就向读者略为"致歉"，因为他要论国家主权的形成，人民的权利义务等，下笔时却不沾政治而先说人。他说政治社团成立，是为了人，所以先论人。全书开四卷，首卷就叫《论人》。先进入读者眼帘的，像一篇解剖学的论述：从人的感官说起，谈到人的情意欲望。[1] 他描写很多身体外在的动作，人受刺激有回应，从而产生苦乐，等等。大家也许感到奇怪：这个是干什么的？他说他要把所有资料放在一起，使有全部记录。那不像是好的成书构思。可以假定，他一定有个认真的理由。看来是这样的：他要推敲人为何要组织政府，也就是说，政府是要来做什么的？要解答这个问题，你得先明白人的机械性质，或者说人的物理性质。如果你了解到人是个物性个体——这点与动物无别，你就会明白为什么人其实是没有自由意志的，你就晓得何以政治社团（国家）需要有个全权的主权拥有者，你就知道什么叫维护生命，以及维护生命何以在整个国民生计中，占那么重要的位置。所以，你先要明白，人是个怎样的动物。

刚说过，亚氏在这里探讨国家成形，起点也是人；那是城邦最基础的组成物。到了卷三，他再次论城邦，又重新用上基本的单元；不同的是，在那里他谈的不是"人"而是"公民"。那么，用基本组成物来讨论城邦，有两个方式：一是人，一是公民。放

---

[1] 原文是 passion，一般译作"激情"，不好。霍氏原意是指人的七情六欲，但也包括高尚的诸如爱心、怜悯等。中文的七情六欲，一般指的是"低下"的，所以用"欲望"来表示。情意欲望，是高低都包括了。

在一道，我们就看到"公民与人"这个并列的论述。亚氏显然觉得，这个思考角度很重要：在何等情况下，一个"好人"就是一个"好公民"？在败坏的政体下，一个好公民就会是个坏人了。试想，一个国家政治腐败，民不聊生，官吏横行，你仍然去服从规条，遵统治者吩咐执行苛令，也许能取得勋章，但人人都知道你这个人要不得。可见好人与好公民不一定是重合的；这是亚氏要考虑的问题。我们在这里先提一下，使大家明白，看城邦是基本单位，除了"人"以外，还有另一个主题的。

城邦的形成，有了起点，那是人。从人到城邦，一定有个演进过程。好比说，让我们看看一棵树是怎样成形的。一粒种子，埋在地下，从吸收土壤中的养分开始，发芽成长，配合外界因素，才能终成树木。那是说，有个成长过程。应用到城邦上，我们看到的起点是雌与雄：雌与雄联结在一起。为什么是这样？他并不说那是为了愉悦，他说那联结的理由与其他动物无别：雌雄走在一道，为要留下肖己者；也可以说，是为了自身的延续。他强调，它们这样做，并不是有意的，并不是它们选择要那样做。（原文用的是 *prohairesis*，英文是 choice。）男人与女人联结在一起，不因选择，而是出于欲望；并不是互相想要拥有对方的欲望，而是动物无可回避的自然追求：要下一代，也就是肖己者。这和其他动植物的情况一样，都不是出于选择的；你可以说自然界的生物有怎样的成长倾向，你不能说那是出于有意识的选择。

亚氏让我们看到，人这个动物与其他动物，在基点上没有区别。这点颇重要：它叫我们看到一个相当普遍的、对亚氏思想的误解。很多人认为，亚氏是个"理性主义者"，他相信自然界生成诸事，都是合理性的；人自然而成的事，都一定受理性的指引。这样，你就会说，人类中的雌雄——女人与男人——走在一起，要延续自己，要留下肖己者，背后一定有某种思想，即一定是心智的活动，心智活动，是理性的。本书一下笔，不就这样说吗：人走在一道，组成社团，定有目的，定指向某种善。指向善，那你一定先有善的概念，然后追求它。如果否定这个，你就否定全书首句了。做这个，是为了那个，那是个投射；投射，是有意识的。此为了彼；这个"为了"，原文是 *heneka*；逻辑上的最终成因（英文作 final cause），本来就是从 *to hou heneka* 译过来的。（英文是 for the sake of which。）

要留下肖己者，那是向着"将来"的。向着将来，你得有个想象，有个想法。我们很容易有这个推断，是吗？要详细理解亚氏所说的"按着自然"是怎么一回事，我们得探讨他的整个自然哲学。在这里，只能提出来给大家思考。或者可以用类比来说明。他说男女联结，并不出于选择，而是出自自然的欲望。那欲望，也不是两性要拥有对方，而是要留下肖己者。那是不是说，他们在不知不觉中，维护了物种的生存？留下肖己者，即是让人这种生物可延续下去？这个，不可以是自然而然的？一棵橡树，产生了种子；种子到了土中，过了多少时日，又生成新的橡树，和原来的十分相似。自然界中的生物，不都那样循环不息？人，不也是其中一环？能够说，橡树面向将来，为要维护物种的生存吗？当然不能。我们不会说，橡树有任何意识；它生出橡果，橡果是橡树的一部分，带着原树的遗传基因，生成了新的橡树。人的细胞，不也类似？那么物种的延绵，不也是自然的推移使然？橡树何来会选择？这样看，可不可以说，是自然之道把人带到延绵成长的轨序上？

思考这个问题，因为到了 16、17 世纪，我们会见到近代哲学的兴起。近代哲学带来的，是很不同的声音。霍氏是个经典代表。他很少用"自然状态"一词，他说"纯属自然的条件"。读者当然明白他的用意。处在纯自然情况下的人，生活条件固然原

71

始、粗糙；那绝不是什么古典的"黄金时代"。在他笔下，那是个恶劣的境况。自然的条件，是十分恶劣的条件；自然的状态很糟，人必须克服那种状态。人要脱离那样的境况，正因它叫人无法忍受。换一种方式说：自然之道，并不提供什么，也不会造就人；自然给人的，只有七情六欲和某种计算目的与手段的能力。仅此而已。人凭此就足以从自然状态中释放出来。可以说，在某意义底下，从马氏、霍氏等以降，近代哲学家所理解的自然之道，就是人从自然的枷锁下释放出来的过程。不管用什么方式，他们看自然的轨序，都不是好东西，都是人要挣脱的桎梏。像培根这位近代科学之父曾说的：人得扭曲自然，为了取得必需的资料，好去征服它。可知不同时代的人，有着十分不同的见解：近代哲学要扬弃自然，视自然之道为人的敌人！近代的想法是，回望过去，自然，是原始，也就是不文明的。人从古代迈向近代，是向文明"进化"。所以欧洲近世科学兴起，产生了进化论，而进化，是人克服自然走过来的。

　　古代哲学的教诲，正相反。古人总是认为，自然之道，是导向善的，导向美好目标的。你可以说，古人看自然之道，是指向鹄的、指向美善高处的；近人看自然的推移，是指向原始、指向低下的。这当然是很笼统的概说。把古今系统拿来做两大参照系，是可以的。但这只能给我们一个起步点；我们不能就此下判语说：近人是不明"自然之美"，古人是不懂"自然之恶"了。并非如此。仅看亚氏认为最初男女联结，纯出于自然，也就是原始的；说得婉约点，是在整个自然的轨序中，人的行为与万物无别。在自然状态下，人没有什么位格，也不见得特别有尊严。可以说，古人其实并非不懂得自然的序局，他们也没有"浪漫化"那原始的状态，或者说庸俗地美化自然的推移；那是"浪漫时代"作品的特色，不是古代的。所以，自然之道，并不仅有那崇高的，美好的；它也包含了人的原始性质，和其他动植物看齐。那是雌雄关系。

还有另一类雌雄关系——说男女关系吧，那就是自然生成的统治者和被统治者的关系。（这个现代中文说法十分生硬，明显是从外文译过来的。我国古代用语贴合易明，像孟子说的"治人者"与"治于人者"，人人可懂。下文用之。）这是个重大的论题，牵涉到谁该运筹帷幄，谁得听命于人，也就是谁应在自然的条件下当主人，谁应在同样条件下当奴隶。（当记着"奴隶"一词的意义。在"导言一"中有介绍。）亚氏在开卷就提出，我们也当先阐述清楚他的观点，再进入后面的正式讨论。

有些人，生来就有一副好脑袋，或者说较好的才智，有前瞻，能看得较远，知己知人所需，懂得怎样去满足那需要。又有些人，天生脑袋不灵光，生性鲁钝，但体格健全，很能干活。两种情况，都是自然而成的。如是，则前者自然适合当主子，后者自然适合当奴仆。站在今天，大家都不喜欢这个表达方式。不要说我们，霍氏在他的年代也不接受这个。让我们先冷静看看，亚氏究竟在想什么。

自然之道赋予人的，是个不平等的情况。人人天生具有不同的禀赋；有的人天分在此，有的人能力在彼。自从人将智力体能划分高下开始，人就认定了那区别是不平等的。假如我们就此打住，说有些人科学头脑缜密，有些人足球踢得灵巧，然后不再说下去，那倒简单。就各自从事，也没有人会要求索取什么。可亚氏并没有停在那里；他认为，有心智，就是种给指示的资格；有体力，就是种从命令的条件：这是自然生成的主仆位置。这说法，当好好审视。怎样去看这个问题？有什么考量可以支持或反驳上述主张？试试转换焦点，再绕回这个问题。

假定有人对你说：勇敢是善，懦弱是恶。先不必讨论什么叫善恶，先设想大家都明白善恶。那么，你得想想该怎样看待那问题。诚实地自问：你宁愿当勇者，还是当懦夫？相信绝大多数人愿做勇者。当然，你可能在不同位置上，先计算。你勇敢，则可能遇上较多困难。谁在战场上先给敌人射倒？一定不是躲在后方的懦夫。勇敢，会给你招致麻烦；懦弱，也许对你有利。尽管如此，如果再问一遍：你宁选勇敢还是怯懦？答案仍会是一面倒的；也不牵涉到特定文化或社会价值。看来不论什么文化，都有相近的取舍。勇敢，带来荣誉；懦弱，负上恶名。毁誉有别，人性使然；这个设想，当属普遍，与社会文化无关。跑到世上任何角落，你会得到同样的结论；而且，这与社会先进与否也无关。个别例外，可能会有；那不会推翻设想，反而适足以证明其普遍性质。

回到智力体力的比较。假设这样问：若将智力放得高于体力，是合是不合？如果是合，你有什么证据？如果要从这里找出治人者的条件或资格，你当找什么？正如我们刚举过的例子：到不同的社会，提出"勇敢与懦弱"的问题，会得到同一个答案；现在举一个平行的例子。问：智力与体力，何者为先？完全不涉欺压他人，或剥夺他人的权利，或奴役他人，只是个简单的问题：心智的能力与身体的能力，何者较受尊敬、较有威望？相信你会得出同一答案，和上面例子一样。这也许不能证明什么，但足以是个很好的指标。

亚氏在这里做的，像是在反映人类的普遍理解。他像是在告诉读者，你观察人，看他们称道什么，谴责什么，也看看那背后的理由。我们观人论事，品评高低，好像背后都有个判别的准则，知道何谓尊、何谓卑；何谓贵、何谓贱。而这些，都是人性使然；也就是说，是来自自然的。我们先不要误会，亚氏不是个具有浪漫色彩的智者，他论事也是不带"温情主义"的。他从不认为，所有人都能恰当地判断事情。他尝试要调和的，是两点：一方面，人人并不都能行使恰当判断力；另一方面，在很多广义的理解上，人人都像是往同一方向走。大家好像都明白，崇高是什么，卑劣是什么；纵然在个别判断上，大家不尽相同。

说到这里，难题来了。你一定会想：纵使上说属实，我们真个见到高下之分，确有普遍倾向，等等；但我们就当把这全归因于自然之道吗？抑或说，那其实是后天环境使然？不是从小教导我们，人的才智地位较高？不是老师父母都说，勇敢可敬、怯懦可鄙吗？这些，不都是灌输来的？人为训练的？这是目前我们脑袋里想的问题。其实我们想的，还不只这个。我们有个很强的倾向，尽量不把人的品性归因于自然；尤其人性中美好的特质——当然也包括不好的，总说成是人为的，是后天培养的。这类说法，跟近世社会政治思潮很有关系。思考这类问题时，我们当看得全面一点；"人的天性不足论，什么都是后天习惯养成"这一论点，本身也是人为（文化）灌输养成。现代人倾向于把事功归于人。我们觉得，国家是人创制的，社会是人建立的；移山填海，靠的是人一双手；人为的努力，可以改变一切，克服一切。比起今人的自我膨胀，古人是谦厚恭顺多了。要研读古典政治哲学，我们不能把这常亘眼前的自视意识，看作唯一的视界。尼采会告诉我们，大家这样做，是因为除此以外别无其他视界。可尼采本人，却从不囿于这自视的视界；他自己就从不"受制"于那样的视界。

"先天／后天，自然／人为，孰轻孰重？"这一问题既复杂也富争议。我们也不可能在这里解决它。就当前的目的来说，我们要尝试明白亚氏在说什么。对我们来说，不应当用自己那狭窄的视界，先入为主地以近代人的意识，去充塞我们的思辨空间，忽视亚氏提出的可能。

另一个论点是认为亚氏哲学已"过时"，因为他受到他那时代和文化的局限。也许是，也许不是。是与不是，我们不会知道——如果我们的分析，本身就受"文化局限"？如果我们只懂得用当前盛行的意识形态来衡量他？如果我们的思辨标准，是来自19世纪末的欧洲，或20世纪末的亚洲，我们怎能冷静客观地评价，他的理论公允与否，合理与否？政治关系的探讨，可以以很"政治"的角度从事；今天研究国际关系的学者，多采这途径。要了解国家本质的问题，并不在赞成或反对不平等，而在明白亚氏的论点。那样的论点，何以出自这位智者？如果他不是在说瞎话，那他在说什么？是不是无理取闹？最简单的答案是：他懂得观察人。

他指引我们审视众生。但人，总有保守倾向。那他也基本上是个"保守主义"者？这观察也不无道理。他怎样避过那样的"指控"？细读亚氏书，你会发觉，他观察入微，洞悉清楚；他不只头脑敏锐，且思想开放。从不受困于保守的成见，因为他相信，知识不能受制于纯粹的经验累积。哲学思考，并不就是重复你所见到的。所以，他并没有掉进那保守主义的窠臼。几乎在他所有作品中，他都用前人意见做起点。不管讨论什么，他总问：一般意见怎样？然后再审视各观点，弃掉不合理的、前后不一致的、经验知道行不通的，综合起来，添上自己反省后的意见。这倒不像个保守主义者的做法。他往往把观察的记录系统地铺排，再提升到得出原则的层次。虽然，现代人回顾，会觉得他的整个系统倾向保守。

暂时我们看到的，主要有两点。一是最早期的、最基本的人类组织——家庭，是男女组合的；目的是留下肖己者。当然是指父母子女了。那是自然而然的。（按定义，如果一个居室，不由异性组成，因而不可能留下［生物意义上的］肖己者，那就不是一个家了。当代鼓吹同性婚姻的人，指摘亚氏保守，他也无可反驳。

不过他说的家，依然是普遍接受的形式。）另一是家的维系，除了必要的男女以外，还有另一种关系，就是主奴关系。那也是自然的。一个社会，若人人都有好的体格，又同时有好的头脑，那固然十分理想。亚氏说的显然是另一种情况：有些人较精明，有远见；有些人则相反。他喜欢用 *phronesis* 来形容前者。（英文多作 prudence。我们说"慎虑"，就是说人思虑精明谨慎的意思。）

有没有可能说，有些人是缺乏慎虑的？没有什么前瞻能力的？说白了，就是不懂得看顾自己的？这当然是个经验观察的问题。这类经验，很普遍；不论在过去、在当下，甚至在将来，都会有那样的人。先别说那是因为遗传基因还是什么，我们（文明社会）有责任去照顾他们；也就是说，总得有人指引他们行事。"有人得照顾他们"，是个人人耳熟能详的习用语；我们一般都不去想，这背后的概念是什么。我敢说，对不懂瞻前顾后的人，你得帮助、教导他们做事。在今天的社会，也许他们是少数人；人数多寡，用什么办法指导等，都是技术问题，不是考虑重点。我们也不是说：就役使他们吧。当认真看看，是否自然而然会有这些人——不论何时何地的，都需要别人照顾？（小孩不算在内。）看来答案是肯定的。

退一步问问自己：那样不同的人，一起活在很原始的条件下，生活需求迫人，会怎样？今天的人，身处比较富足的社会，要他倒转来向后投射，颇不容易。现代社会，条件较好；若有人要别人照顾，也不困难。古代社会，若经济环境不好，生活条件较差，需要别人教导、指引的人又不少，那么你所缺乏的，别人来看顾；别人所需的，你也得付出。你也得帮助别人，起码有个用处，让大家都能生存。可以说是个互利的安排。这是静静地"引领"大家接受亚氏的结论吗？非也。结论，待看过所有论说后才下不迟。我的目的，在尽力使大家明白他在说什么。有没有可能他不是个小人？如果他说的没有错，那他在想什么？如果他错了，那错在什么地方？

凭他的观察，他一定知道有那样一些人，需要别人看顾指点，而他们自己所能做的，是利用体力干活。他们能够工作，只是需要人家告知怎样做。古代力田的，并不是人人都懂农务；有知识与经验的，知道从播种到收成的过程，气候土壤等变化，诸如此类。到了今天，不少人有自己的小园圃了，很多人还是不善处理；他们也得向懂的人请教园艺。我听从他的指挥，因为他懂我不懂；他知道怎样因时因地制宜，知道不做什么，会有怎样的后果。他指引我，同时要求我也出力，而我能付出的是体力，那也没有什么不对。这是最雏形的主仆合作形式，也是亚氏所谓最早期的，除了男女以外的另一种组织形式，一种劳心者与劳力者，治人者与治于人者的联合体。都是自然而然成立的。

说似轻松，可是稍用心想一下，会发现一个大问题；而这个困难，亚氏一字不提。想象一个矮小精悍又有头脑的人，懂农务又有前瞻；另一个高大粗壮的汉子，呆头呆脑又不懂事。小个子吩咐大汉做事，大汉说："不，我不干。"小个子说："你不合作，我们大家都不会好过。"大汉说："我不相信。"（我们上面讨论的前提，是劳力者得听从劳心者的指示，才能达两利。现在的情况，使本来的前提无法再进一步。）小个子说："你这样，实在很笨。"大汉说："我觉得受到了冒犯，看我就来修理你！"不管后果如何，我们都可以想象那情况。而那是两千多年前的背景。原先的假设是，劳力者听从劳心者，现在不成立了。固然，理想的情况是，大汉说："对。我明白你的意思。我自己真个不懂，就按你的指示做吧，那样合作会较好。"果如是，当然万事大吉，有力者与智者合作。用今天的术语说，叫双赢之局。若不是呢？

人与人最早期的、自然而然的联结，亚氏并没有提到这种情况；他的故事并不完整。但主奴关系，又确实存在。那当在他的模式中，加上补充。比如说，劳心者一定有某种办法，使劳力者听命；他可以运用说服力——那不一定不可能；他也可以用其他形式。直接使用压迫？很难想象；很难相信那劳心者只凭压迫，就可强使他人就范。虽然亚氏在这里没说，但他从来认为，劳心者，是少数。反过来，是少数劳力者给多数劳心者压倒。那更不可思议。按常理说，两种情况都不像。如是，则亚氏所指述的劳心者，自然当做治人者的，必然要想到可行的办法，使双方合作。似乎最大的可能是某种软硬兼施的手段。他本人完全没有表示。在他的叙述中，各类见解都是那么流畅自然，读者就像在平直的表面上滑行。但我们得小心，在平直的表面下，可能有不平的起伏；那些起伏，可不能假设亚氏不曾考虑过。所以，读亚氏书，要仔细，也要不停思考。

很简单的人际关系：那天生智力较佳，自然当做治人者的，和它的反面，那自然当成为治于人者的。仅这个就已很有意思，因为它预示了一个很大的问题；甚至可以说，它预示了我们最终得考虑的政治问题。什么叫"政治问题"？那是古代近代政治哲学都在追寻的东西。它问：什么是最佳的政治安排？不同的人，在政治社会中，当怎样组成、联系，才能达到最佳效果，使大家都能活得好好的？怎样的政治安排——例如人与人的交往，制度上的设计，等等，对大家是最好的？什么叫活得最好？会不会就是"美好的生命"？一个合理的、文化璀璨的生命？也许，每个人都可以反省一下，自问：在政治社团、政治组织的庇护下，我怎样才能活得最好？暂时就把这个叫作"政治问题"好了。自然之道教我们看到，有人该做治人者，有人该做治于人者；整个浓缩起来，就成了我们的政治问题。我们在一个政治架构下，如何才能有美好的生命？

假设亚氏是对的。顺着他的思路看，在任何时空下，总有某些人较有远见，较有智慧。能不能假定，最佳政治安排能出现的先决条件，是让那些人指导大家怎么做？像现代人常说的：当政治领袖的人，应能告诉大家，你提高利率，你减少货币供应，你怎样处理外汇，你会有什么后果。又或者，你在哪里用兵，你在哪里撤军，又会有什么后果。故知美好的公众生活，要靠有知识、有眼光的人来筹划。为政者，该有那样的视界，明白不同政策会带来怎样不同的后果。这都是前瞻、远见。正式地说，政治的艺术，可化约为慎虑的美德。固然，那还不够。有读者会怀疑，你这是卖什么药来了？简直是马氏在说话啦！为什么不提公义？我们少安毋躁，稍后自会看到马氏与亚氏之别。我们要慎虑，要远瞻，同时要做个堂正的治人者，否则后果堪虞。

我们说为政者当具慎虑和远见，起码那是必备条件，是否正确？应该是。这类能力，在社会上的分布并不均匀；你怎样使"庸者"——多数的普通人，服膺于那"能者"——有远见的少数？使有能力的，能居领导地位？在一个多数统治的政治情况下，这是个问题；在一个少数统治，甚或个人统治的情况下，这同样是个问题。任何政体，只要使能者居上位，都有同一问题。在家族（血统）继承的牵制下，谁来治国全看谁出生在帝王家；登帝位的可以毫无远见与慎虑。这难题长期困扰这类帝制。所以早就有人想到君主立宪作为解决办法。

若任何政体都有赖那天生有远见的做主，我们怎样知道，那自然该当治于人者的，在选择支持他们诸领袖的时候，不会出错？会不会因此使政体动摇？自 17 世纪以来，欧洲思潮流行的讲法是，人的不平等，是文明造成的，而不是自然之道使然。这不是个人人接受的用语。近世更然，大家都不愿接受"不平等有自然基础"的论调。但我们是在讨论亚氏的想法。如果我们看到这个主奴情况，也就是自然而生的治人者、治于人者的情况，早在原始家庭已出现，那我们可以推想，同样情况，会出现在所有社团身上；也许尤其是出现在城邦身上。这不仅从"政治问题"上可见，在任何有教导、有受教的情形中，都适用。那需要接受别人指挥、教导的，怎么会俯首帖耳地接受？你要具备少许的智能，才会愿意接受别人的指挥；而那智能，却又正是你所缺乏的！从这观点看，有才智的给无知辈来统治，怎会合自然之理？

想象一个大学的讲堂。一众学子安静地坐着，聚精会神地聆听；老师提出问题：怎么会有人自认有资格教导别人，指引别人，而其他人又愿意听从指导？看来是大家都意识到，那样协调合作对大家都有帮助。当然，课堂与政治的情况不全一样：教授在课堂上，并不指挥你怎样做事，他只指导你怎样去思考，什么叫真理。从正面看，如果多数人都能这样相处，问题不大。也许亚氏认为，在人的群体中，有些东西能使人各安其分，上下互补。如果真有那样的事物，我们就更可以相信，人按着自然是群性的。那东西是什么？他没有说。似乎有点吊诡：把人拢在一道的，是人有不平等；而不平等，正是所以使人分开的。人能够合群，是靠自然的推移，还是盲目的机遇使然？这是个大问题，我们不能在此讨论；从整体看，亚氏是乐观了一点。他的乐观，是不是盲目的？不必在这里先下定论。

男女联结，出于自然，也就是出于自然的需要；因为不是选择的，也就是不经心智考量的，可说是"盲目"的。后面亚氏论到城邦时，他会告诉我们，城邦的基础，也是自然的。那是不是说，从家，到村，到国，都带有"盲目"成分？不经心智考量，也即没有人为的力量，可以成国吗？还有，家的组织，除了男女，兼有主奴关系，那也是自然的。自然的推移，把一切推上某种轨序，包括治人者和治于人者。合起来，我们看到人最早的社团，具两种关系：一是男女，一是主仆。但有些人（指的是外邦人，希腊人以外的其他民族和部落），[1] 不懂这自然的区分，把他们的女人用作奴仆。亚氏引用了好几位诗人的话。[2] 那是违反自然了。怎么发生的？

亚氏显然不认为，女人在远见和慎虑方面的天赋，必然比男人差。他那丰富的观察，不可能得出如此结论。女人具备那样的能力，古今无别。古代希腊人早知。早在他以前的柏氏，也在作品中表示过男女在这方面的平等。那亚氏引早期史诗做证，就特别有意思。外族不区分女人与奴仆。为什么？亚氏猜测，那是因为他们中间没有天生的治人者：他们不懂区分男女之别，治人者与治于人者之别。如是，则他们也当做奴仆。简单地说，就是：你见到群体中的男人，如此奴役他们的女人，你就知道，他们也是受奴役的。这会很受当代女性主义者的欢迎。按亚氏的假设，女人在这方面的智力，不逊于男人，那么这些外族何以能奴役他们的女人？那是怎样发生的？

回到服从问题上。她们是自甘服膺的吗？如果他们的女人自愿当奴，我们可以说，也许她们就不配享有自由了。任何人受奴役而没有愤慨，没有抗拒心，他准是个天生的奴隶。可没有人这样形容女人，何以外族能奴役她们？最直接的猜想，最大的可能，是体力的差距。男人能够压制女人，就像父母能够压制幼童：说服不了的时候，就用强制手段。小孩要跑到马路上，不听话，你只得拉着他的手，不让他走开。也许，外族的男人奴役他们的女

---

[1] 原文是 **barbaroi**，也是英文 barbarian 的词源。有中译者写成"野蛮民族"。原义指非希腊人。

[2] 有译者把女人叫作"妻子"。原文 **gynaika**，从 **gynae**，也是英文 gynaecology 的词源。女人和妻子是同一个词。用妻子，可能出于得体或礼貌。那时代，未有婚姻制度，所以未有夫妻可言。

人，手段相同。这又引出另一个论点，大家很快就会看到的。

因为，亚氏很快就要探讨奴隶制的成因；他要看那样的社会体制，是自然而成的，还是人为使然。外族男人奴役女人一事表明，女人当奴仆，纯因不如男人孔武有力。男人做主，因用力驾驭。亚氏不承认用力压人是可为人主的条件，所以他不认为外族的成习是合理的。纯凭强制力——不管体力还是武力——建立的奴隶制度，不是"恰当"的役使别人方式。（我国古代，例如，孔孟的教诲，谓"以德服人者王，以力服人者霸"，是否颇相似？）他的基调，从没有改变：主奴关系，只能建立于你是否较有慎虑远见。（这和孟子说的劳心者、劳力者，也很相近。）固然，这是个应然的问题；实际是否如此，那是另一个问题。经验所见的，往往是某种不平等，却不是亚氏认为说得过去的一种。

不当"屈人以力"这见解，在政治哲学上影响深远；在实际政治中，后世的改革者，也利用来作为"向力者抗争"的辩解。在某种情况下，人起来推翻拥权的人，不唯可以理解，实亦合符公义。如此有见地的想法，却给现代人的偏见埋没了。不少人认为，古代希腊人知识落后，尤其亚氏；因为说他保守，甚至把他描绘为"野人"，又责他看事情绝对，看自然是不平等的，不一而足。直像世上各类政治迫害，都从他的思想开始似的，因为他"赞成不平等"。有意思的是，当霍氏将亚氏提出来讨论时，他埋怨的，不是亚氏欺人；正相反，他不满亚氏太受欢迎，太鼓动"政府得广为认受"这一倾向。他最反对的亚氏理论，在自然之道赋予每个人一个立足点，使人能判断各样的政治情况。这等于说，臣民的权利，不来自统治者，而来自他头上的某种自然准则。这本身就够有"革命性"的，霍氏十分明白；后来更给美国《独立宣言》诸作者善为利用引申。美国的开国元勋向英王抗争，因为君王渐渐成为暴君。（有点像说：你要我臣服，却不以德服我，或以能服我，而是以力压我，那不行。《孟子》的说法是："威武不能屈。"）他们声称拥有某些"权利"，坚持那是凡人皆有的，因为是自然赋予的。亚氏"不当屈人以力"的思想，正是后来者所追溯的。他认为世上很多事，如政治的安排，经验所创设的制度等，都可以借某种自然的准则来判断。这样，他不可能是个法西斯主义者的原型，反而更像个"革命派"了。

　　大家看到亚氏谈到这些组织、这些社团时，说它们怎样成形，有什么自然的基础等，早晚会想到那更概括的问题：亚氏是怎样看待"自然与权力"的？怎样看自然的轨序与群体生活中的权力行使？最简单直率的答案可能是这样的：亚氏明白，人有一些需要，动劲，才能，并不是人为的，与我们的环境、教育等无关。它们的存在，是自然而然的。要仔细探讨什么是"自然而然"的，是个复杂的哲学问题。就当前的目的来说，大家都会明白：我们受自然之道指引、影响、约束；诸多发生在我们身上或我们周遭的，是自然的力量使然。自然的推移，驱使我们走在一道，男女联结是自然组成的，治人者与治于人者相辅，也是自然组成的。合起来共同组成的，是家居。不同家居组成的，是村落，一众村落组成的，是城邦。城邦，是权力行使的中心；它的基础，是自然的。

　　和"自然与人"并排着看，最容易看到的是，自然的推移把人拢在一道。最初是异性的男女，然后一步一步向前移，最后到达一个政治体，一个政治社会，使大家不仅能活在其中，更可以活出美好的生命。你可以说，所有这一切，就像苹果在树上，整个成长，都是自然而成的。好像说：自然成就所有，它指示出结果，也指示出迈向结果的过程。这样说，其实言过其实。因为亚氏很快就会让我们看到，必须加进十分重要的人为元素，才能完成自然的事功。人的力量，必须牵涉在内。

此外，我们还可以看到另一点，就叫作人的自然群性吧。自然的推移，好像能使人走在一起，也相互合作或扶持。"人按着本性是个政治动物"，是亚氏的名句。他所说的"政治动物"，用今天的表述，应是"社会动物"或"群性动物"。那是说，人按着自然是个合群的动物，他会与其他人共处结交，因为那对大家都有好处。人人愿意和他人合群，因为那是个公利，或者叫公益。看起来，古典政治哲学，特别是亚氏给我们描绘的图像是，人在原始状态下，还是有某种群性的，并不是头荒原独走的狼。当然，他是个智者，他不会那么天真，以为上古之世就是个黄金时代，人人无忧无虑，一切不乏，都像神仙过日子。不是的。不是所有人都能和睦相处的。那些还没有进入文明社会的外邦人，也代表了活在较原始状态下的部落，不合理地奴役他们的女人。

当我们问：人的早期情况是怎样的？看看代表古典政治哲学的亚氏，以及代表近代政治哲学的霍氏。大家看到的，是后向投射的不同结论。亚氏看来认为，人的自然群性，一开始就在，尽管那不是个黄金时代。严酷的情况必然存在，观察那些部落就可知。但他并没有强调说，人最初的情况很恶劣，互相敌视，日夜防范等。他的原始图像，较为平和。霍氏的正相反，他否定亚氏所形容的状态；他笔下的原始状态，是每个人都像头荒原独走的狼，为了生存而对其他狼不留情的。活在文明社会以前的人，生命是短促、孤独又残忍的。古人认为，政治社会源自人的自然群性；近人认为，那是源自人的绝望与恐惧。上古之世，人人都怀着天生不友善的本性，担心遭遇不测。为求自保，大家都不惜用上一切手段。那是种战争状态，也没有救赎。唯一的可能是放弃很多东西，走进有组织的生活，以求自保，也就是维护个体生命。

那不是亚氏的图像。他显然清楚地知道，古代人的生活，并不是那么风平浪静的。只需看他说那些民族部落，男人只凭体力强制奴役女人，就可知道人可以怎样对待他人。直像自然群性并不存在似的，直像自然之道只会带来冲突和压迫。如果一个社会的一半人，可以随意欺凌另一半，只因他们当中没有天生的治人者和治于人者，那就不是自然群性而是自然敌意了。你甚至可以说，那是对自然之道的严厉指控。不必找霍氏，拿着亚氏这两句，你就有足够材料"指控自然"了。自然确实"拢合"我们；但在没有自然领袖与自然臣民情况下，它是"分拆"我们。不然他们就不会役使女人，使自己也变得当受奴役了。可见人处在原始状态底下，没有具有组织的生活，没有治人者和治于人者，情况很糟。从上古迈向文明，是个自然的过程，但并不风平浪静。所以人需要教化；所以仅靠自然不行。

然而，没有"指控"，只有"推崇"，亚氏给读者看到的自然之道，都是很正面的：自然的推移，总是朝向善；总引领人到美好的路途上；总有个美善的目标，等等。它的"阴暗面"，并不明显：自然轨序的"失序"和不足，他都不夸大，不渲染。从表面几乎是看不出来的。但我们得小心找出来，正因为他的含蓄隐约。用中国传统的谚语，叫"隐恶扬善"。这隐恶方式，与霍氏的"扬恶"，形成了强烈对比。读霍氏著作，第一印象是：自然是人的敌人，是人失序的生命所陷进的网罗。人必须依赖自我的力量来克服它。成立政治社会，就是"自然推移对人的不友善所生的困境"的解决办法。古今并列，使我们见到政治哲学的两种取向。我们读霍氏书时，当记起他与亚氏的分歧。不过要小心，因为分歧可能并不那么大：亚氏本人并不只见到"光明面"而已。虽然，他总觉得，最好不去"扬恶"。用比较简单的二分法，意在凸显古今政治解说的起源；并不是说，古典哲学就不谈人性的恶、人的软弱、失败、非理性等。

不厌其烦地反复申述，因为亚氏和霍氏所代表的，是欧洲政治哲学的两大主线。他们在哲学上的异点，形成了政治取向的不同基调；而哲学上的分歧，正是对"自然之道"有很不调和的解说。（我国情况很不一样。明代士人，并没有推倒先秦儒家的理论，反而近于一脉相承。今天的新儒学派，也推崇孔孟。就是庄子论自然，也不涉成就人事与否，无关"善恶"，反而是宋儒言"天理"〔其实是人理〕，较近"自然之道"，但取向又自不同。）近几百年所成的西方政治学说，比较近霍氏而远亚氏，也影响到社会价值的取舍。这是后话了。

上天所赐的禀赋，在人间并不平等。具有慎虑远见的人很少；要其他人诚服合作、接受指挥，很难。如果目标是促成"共事"，那你把"自然之道"拉到你的一边，不见得不好。人是自然而成的动物，活在自然的网罗中；若任何人讨论这个议题，都能够审慎周全，对公益会有好处。亚氏谈论政治，看来都有这个考虑。他不会认为自己在向着旷野呼告，他著书立说，是给别人读的，也是用来影响他人的。果不如此，马氏的基本论点就全错了。马氏认为，他的书，会引起改变；他写书，正要在大问题上改变大家的想法。很难想象，这念头要到 16 世纪才出现。

亚氏论道德、论政治的书不容易读，除了因为他写东西简约以外，也因为他写得谨慎；谨慎，正因为他不愿自己的作品有不良后果。设想有人要谈人的德性，一下笔就把德性打碎，读者会怎么想？又或者，你要讨论道德，但告诉读者说，在人世间是不能维系道德的，因为败坏它要比支撑它来得容易。看来面向公众谈论这些时，大家当小心谨慎为上。倒不是说，你得像个传道人般，只事事训诲，只顾"隐恶扬善"。过度的"隐恶扬善"，亦有其弊处。可遇到理解有利、实践有弊的话题，就应该在意，使心智成熟的人接收信息有利，又不使其他人的品格败坏才好。最佳情况当然是能使人人得利；而这似乎就是亚氏的风格。也许这也是古典作品何以较近代作品难懂的原因。

家·村·城

人为了生存，为了满足日常生活所需，自然而然地发展出两层关系：一是男女关系，一是主奴关系。合起来，就是个家庭的雏形。然后进一步跨上稍高的层次，就是村落了。很明显，城邦，是政治社会；没有城邦以前，人没有政治组织，没有政治生活；不少论者说，那就是没有"文明"的时代：后世政治哲学都用政治社会做分水岭，认为以前的是"不文明""蒙昧""没有秩序"的生活。如是，则村落不是城邦，也就不是政治社会了。按照那分类，它仍是"不文明"的，它还是某种组合，是个社团。人组成任何社团，都有某种目的，都指向某种"善"。村落，也是一样。家庭的目的是最基本的：维生——个体的、物种（种裔）的。那村落呢？亚氏没有说。他只表明，家以后是村，好像自然就会那样成长似的。他只是说，那并非为了满足基本需要，或维生必需。是什么促成村落出现的？不见提起。但他谈到一些另外的东西。那"另外的东西"，会不会就是个答案，或者指出了某个方向？循着那方向，能否给我们一些启示？

最常见的推论，是这样的。家的出现，给人解决了基本的维生问题。但人的需要很多：身体上的、精神上的。满足了生命必需，人就要进一步追求更大的满足，像与人沟通、互利交换、丰富生命等。这种推想是合理的，却不是亚氏所说。他用比喻的说法，一般中译都说不清楚。率直点说，村落是殖民地，从家族衍生出来的殖民地。（先不要自设心理藩篱，一听到"殖民地"就自动联想。他说的，和我们在近代历史课本上见到的，不是同一回事。）大家熟悉的英文 colony，和英文的 family 或 household，不见有何关联。在希腊文中，家是 *oikos*，殖民地是 *apoikia*，意指

"家的外延"。仅从词音，已可听到两词相近的地方。***Oikos/Oikia*** 再加上 ***nomos***，就是英文的 economics，原指"治家之法"。词头用的 ***apo***，有很多解释，在这语义下指"外""外伸""外延"等。所以 ***apoikia*** 原义是 away from the household。我们的习惯说法是"从老家分支出外的家"。

衍生出来的"新家"，围拢在"老家"附近，就成为村落。亚氏只这么说；为什么有这些殖民地，这些分支出来的家？他没有说。他只说子孙从祖家迁出，独自成家。想象一下情景。简单的家：父母、子女。（为方便计，就说儿子好了。）假定说三个儿子吧。儿子长大，搬到外面自己成家。新家，在老家附近，是独立的，不附着老家，也许还给老家送供应品。所以他说，不是为了生活所需。这就是说，他们迁出的理由，不在维生；不是耕地不够，牧地不足。说到这里，他觉得需要提出王权，谓上古时代所有统治形式都属王权统治；而在他那个时代，所有外邦仍是王权盛行的。（当然，族长行使的也叫王权。）可以推想，最初的政治形式，是王权式的：家庭的管治，就是王权的雏形。王权治家，是最古老的方式。

这也是最自然的方式。家，给最年长的——我们说辈分最高的——做主，是最自然的治家方式。倒不是因为霍氏的理论说那是最理性、最有效的管治形式，而是因为人的自然成长，从生活经验累积知识，都是以长为先的。不仅是最自发的，也是来自最自然的关系：生物关系。父母子女为一家；父为一家之主，中外皆然，起码在古代如是。王权管治。为什么亚氏在说村落时，突然加进一段谈王权的内容？他告诉我们，村，是家组成的社团；新家从老家滋生，像个"复制品"，却又不一样。人一定有理由要那样做，可那又不是为了维生。我们冷静回顾，尝试找出理由时，发觉亚氏的"审慎"，也许他是过度地审慎了。

试想，亚氏并不是一位举世知名的古代伟人。他是个普通人，和你我一样，经历凡人都有机会碰到的生活体验。他来向你说，有个情况，是家庭给王权管治，最年长的运用他的权力来治家。然后儿子长大成人，有能力成立自己的家，事实上他们的确会自己成家。这表示他们已足够成熟，能独立建立家庭。如果三个儿子分别成家，各有自己的儿女，仍旧住在老家，仍旧是最年长的用王权治家，你看那是怎样的局面？可以想象，他们会有龃龉，会生不和谐，会出现紧张状态。这不见得是某独特文化下才有的现象。家中的男丁长大成人，很多时候都有独立自主的倾向，也没有什么不自然的，却会与长者治家的父权有冲突。解决的方式有两种：一从弗洛伊德，一从亚氏。（当然可以有其他的，不必多列例子。）先不考虑弗氏说的母子关系，但他相信儿子总会将父亲看作敌人；儿子的潜意识中，如果不是要谋杀父亲，就是以去除父亲的影响而后快的。固然不会浮面，但潜意识中会在；不浮面，不表示没有影响。亚氏没有那心理分析的"工具"，他观察表面，足使他知道，儿女长大——特别是儿子，离家自主会较有利。不是远走高飞，新家和老家会保持联系，所以不会像断线的纸鸢。这是推测，因为亚氏不提；他只说那不是为了纯粹维生。奇怪的是：父子关系，本来是自然的。儿子成人，迁出老家，也是自然而然的。那么自然本来放在一起的东西，自然又把它们分开。自然之道，是自相矛盾的吗？

　　按自然之道的安排，家庭成员是共聚的；但自然的推移，又使他们拆开，这看似矛盾。可是冷静思考一下就能明白，我们其实没有理由用直觉去假设，自然之道只可以有一种倾向。为什么不说，按着自然，苹果熟在树上。可果熟的时候，就会掉到地上，即离开了果树。那不全因为地心吸力。因为如果苹果不熟在树上，它就不是苹果；如果不脱离树，新的果树就不会生成。为了苹果这个物种的继续成长，分离是必需的。自然撮合，自然分离，当中并不牵涉意图或好坏。我们思考自然之道的时候，不当太简单地看自然倾向是有意义是无意义。可以假定，亚氏的看法，可能是这样的：按着自然的推移，开始是和谐与依附的东西，会发展出不谐与独立的事物，像家中的不同代人。他们分道扬镳，会生成更佳的文明，更完善的社会。那样的事，本当发生，看来也必然发生。

〔恋母情结/弑父情结这一类心理学的解释，从没有在我们的文化中出现过。先不论重合不重分的传统，长远来说对社会是好是不好；传统，实在是那样。父母要子女"长伴膝下"，老人家要"儿孙满堂"才是福。《四世同堂》还是不久前的作品。所谓孝道，是不得"忤逆"父权。尊卑顺从的序局，产生不了独立自主，遑论分离。传统家庭的表面和谐，掩盖不了内里的明争暗斗。到了"五四"，控诉旧家庭的作品，蜂拥而至。巴金的《家》中，觉新、觉民的故事，大家都听过了。这里不是要评断中国或西方的"合"与"分"，孰优孰劣；值得考虑的，是亚氏论村落成形因儿子要自立门户而起。究竟这是普遍人性要求，还是文化塑造的东西——因而不能放在重宗法礼教的中国来解释？〕

还有，亚氏同时代的外邦民族还是王权治理的。他说上古的希腊各城，也不例外。那是说，他身处的时代，希腊各邦多不行王权制了。如果我们把三个阶段串起来，可以见到在古代，从家庭到村落，到城邦，都用王权式的治理；可以想象，家长、族长的王权与父权无别。（这后来又成了维护"君权神授说"的托词。那是17世纪的事了。）站在亚氏的立足点看，古今之别，在城邦治理的方式。在家，在村，都是王权（父权）形式，那是自然的；在城邦，不是王权形式，也是自然的。家，是组成村的一部分；村，是组成国的一部分。如果王权对于部分，是属自然的，到了整体，却未必是自然的了。城邦的管治方式，是从家族方式中"分离"出来了。可知自然的推移，在管治这事上，并非单向发展的。

外族从家到国，统治方式不变。他们与希腊人的起点是一样的：从家庭到村落，都用王权统治。到了后来，城邦这种社团出现了，较落后的和较先进的，在统治原则上差别明显。外族，家与国仍是无别；希腊则不然。这意味着亚氏还在想他刚开卷时说的话：有人说，领袖才能是无分彼此的，领导一家与领导一国，都是领导。亚氏反对，固然是冲着乃师柏氏来说的。从某角度看，亚氏在《政治学》中的很多论点，都在和柏氏争辩。没有意气，而且相当含蓄；探讨问题从不泼妇骂街。所以我们得细心把论题发掘出来。如果问：为什么会那样？亚氏没有说。从旁观察，他不是为了逞强，也不是为了在读者面前自我炫耀。他显然认为，有些问题十分重要，不能掉以轻心，否则以为天下"领袖才能"一式，可应用到不同的群体或社团上，就错了。

（我们一直都用"家庭""村落"等字眼，因为那是最基础的单位。可以说，小的是家庭，大的是家族，再大的是宗族。同样，小的叫村落，大的叫聚落，再大的叫部落或氏族。亚氏的方法，是从最小的着手，也就是上文说的，不和其他事物联结的基本单位。这样分析，对亚氏的解说比较有用。）

家庭伸展到村。不同的村落地望相靠，相互交通、贸易、联姻，甚至共抗入侵者。发展到某一点，察觉成为一体符合公益，对大家有利，能勉强达到自足时，城邦就出现了。亚氏说：众村落终于攀上自足条件了。（原文是 *teleios*，at last, finally；最后，终于。*Teleios* 和 *telos* 是相关联的。我们说过，*telos* 是目的，结尾，也有"最后"的意思，可指完成的意思；英文最接近的是 completion, perfection。在这里，perfection 并不是指完美无瑕的

perfect，而是语法时态用 past perfect 时的 perfect，指终结、完成。所以没有任何道德含义或好坏倾向。虽然，在亚氏自然哲学与目的论的陈述中，事物按着自然之道达到各自的目的［完成阶段］，总是指向善的；但一开始讨论时，*telos* 只指目的，无分善恶。）

一众村落合拢，最后达到某种近乎自足（原文是 *autarkeia*，也就是英文 autarky 的词源）的境地，城邦就出现了。我们要小心，这里所谓"最后"，是指从家庭到城邦这自然的成长过程，到这一步是"完结"了；而不是指城邦的出现，就是政治生活的最后阶段或最终形式。这该是唯一合理的解释。因为，在亚氏以前不久发生的，是雅典—斯巴达之战；双方各自组成的陆上、海上帝国霸业，是政制的一种，他很清楚。差不多吞噬了古代希腊文明的波斯大帝国，他一定知道。更何况，他自己是马其顿的国师。亚历山大创下的王国，地跨欧亚两洲。所以，城邦生活，不是政治生活的最后形态，他不可能不知道。当他说，城邦的出现是"最终"的形式，一定不是出于无知，而是别有所指。所指的，是人类从最简单的组织开始发展，达到某一点，勉强攀上自足的情况，也就是说，终于能独立生存了，那是城邦；尽管从我们的角度看，不论地域还是人口，都"微不足道"。他没有说全面的自足，因为他知道城邦要和外界贸易。（英译本在这点上都很小心。中译本只有颜本用"近于自足"；其他的都不对。）他知道，有些城邦生产谷物过剩，有些饲养牲口太多，固然是因为天气、地质等自然因素，所以他们需要交换。自足，是有限的。所谓自足，是指原则上的，不是实际上一切绝对不假外求。所谓达到基本自足而后城邦出现，同样也是指人终于能成就某种政治生活，并非以后更没有别的政治形态。

这个说法很有意思，也引出很多问题。大家可以问：为什么？为什么人类社团的发展或成长，到了这"小国寡民"的地步，亚氏就说是"最终"形式了？你固然可以说，因为那是人群组织能攀上自足的最小单位。可为什么停在那里？如果你有个城邦，比现时的大三倍，你不是三倍更自足吗？一个地区要自足自给，人多地大不是更方便？希腊半岛不是要比雅典一城来得自足？小城邦的自足，带来不少问题。为什么他在亚历山大大帝身旁，看不到学生统辖的马其顿帝国可能更为自足？为什么到这里，就"游客止步"了？也许先看下去，看他怎样介绍城邦，才能明白他的用意。

另一个问题，大家也不难想到，也和上题有关，但指向不一样：你怎么知道你有了城邦？你怎样知道你在什么条件下，才踏进那情况？固然你可以说，当我达到相当的自足时，就可以了。这答案不太好，暂且不用它。暂且把问题稍转一下。*Polis*——城邦（名词）；political——政治的（形容词，原义指属于城邦的）。我们问：什么是政治的？也就是问：你怎样形容城邦本身？用一个大家熟悉的背景，试着看能否有一些启迪。

不少人都爱说"办公室政治""学院政治"。什么叫学院政治？一所大学，有不同学院，院下设不同系别。每个系，都有自己的利益；系这个组织，都想争取资源，促进自身的发展。对于系的成员来说，对系有利的，就是对自己有利的。很自然，大家都想推展系务向前。怎样推展？最佳资产就是权力；拥有权力，就能办事，使系蒙利，也就是使各成员蒙利。为了你自己的切身利益，你会愿意见到系能获利。那么所谓"学院政治"，不外是院系间为了争利而争权，为了争权而"各出奇谋"而已。可见"政治"所牵涉的，是权力，是利益。最简单的结论就是，政治是用某种力量求得某种利益。力量有合有不合，利益有善有不善。我们只在概念上讨论，先不下任何判断。所以，"政治的"就是指：用你的资源，行使某种力量来追求你的利益。小到一个社团，大到一个国家，这定义都派得上用场。

美国的政治学者，都爱用比较"中性"的说法，说政治像分资源的游戏，看谁在什么时候，用什么方法，在什么场合，能拿到什么。欧洲人看，是谁拥有那些强制性的工具，又怎样摆布和运用那工具；也就是谁能行使什么权力的"游戏"。

亚氏的表述，很不一样。读亚氏书，可见古今之别。身处他的时代，见人争权夺利，用暴力、压迫的手段来达到目的，是平常事。他全看在眼里；他不可能不知道城邦中的人在干什么。可是，他说城邦（国家），说什么叫政治，重点并不在那里。他说人组成最简单的社团，是为了生存；但人的最终目的，是为了有美好的生活。他看城邦的特征，是个能使人民活得好的政治社团，并不只是使大家仅能活着。骤听上去，他像个做梦的，或者说是浪漫主义者。不然，怎么会眼见一切暴力、卑劣、计算等，却还可以用"美好的生活"做城邦的界说？然而，头脑清晰、富有智慧与政治经验的亚氏，却告诉大家，什么叫政治生活。

站在这个点上，可以看到古今政治哲学的差别。看来，古代哲学家——起码说亚氏吧——清楚地知道政治生活的阴暗面，且不只是为了教诲，却认为政治本质上要让人有美好的生活，而不仅是维持生存而已；起码那是可能的。他确实是那样强调的，可同时也告诉我们，自然之道并不是一帆风顺的；自然的推移，有不一致，甚至矛盾的地方。人要生存，也得费劲，也得挣扎。从大方向上说，自然之道，却又总好像是"导人向善"的。现代政治哲学的看法，很不一样。几百年来，现代哲学家看自然之道，是个很不友善的家伙，必须克服它，因为它是个大问题。它也不会与人为善。要追求人间的事，人必须"战胜"它；自然之道于人无助。

我们不必遽下判断，说孰优孰劣。甚至可以说，亚氏的学说，

95

某种程度上是"隐恶扬善"的。但说隐恶扬善，也不太准确。他的《伦理学》和《政治学》上下一体，他的政治论述，也是道德考虑先行。在后面会看到，他对败坏的批评，与他的伦理思想一以贯之。但在一个善恶难分、邪可胜正的世界，倒值得大家想想，扬善举正，是不是对世人更有利？就理论来说，如果事物的真相毫无保留地倾泻出来，会使恶更形彰显，那对人有什么好处？有点像修辞学的艺术，其实是政治想象的一环。这些都是政治哲学引申出来的思考。

所以当亚氏提到，什么阶段可以见到城邦的出现，他同时也在引导我们思考：什么是政治的？正规的答案是：当人的群体生活能攀上自足，能过上美好的生活而不只是存活的时候，人就可以有合理的政治生活了。关键当然是：村落的群体发展到哪一点，才算是达到？他的答案不是要地大物博，人口众多的条件；正相反，他要的是（我们今天说的）"小国寡民"。让我们先略谈寡民。为什么要寡民？

假设你有个国家，人口二十万。如是，你不大可能认得每个国民，你也不大可能鸟瞰全境。在本书稍后，亚氏会谈到一个要点：使公民要有美好的生活，人与人之间需要有某种情谊；如果大家相互不认识，那样的情谊无从建立。设想你的国家有三亿多人（像美国），甚至十多亿（像中国），情况会怎样？二十万也应付不了，遑论两亿。有一点倒可以肯定的：差不多举国都是陌生人。假如你要打交道的、共事的、合作的人，全都是陌生人，那在需要共同承担、共同任事的情况下，主导你的很有可能是私利而不是公益。国家小——人少地小，同胞相互认识的机会高得多。遇有战事，一个军人殉职，很多人都认得他的家庭；三百军人战死，差不多像国殇，因为每个人都认得某些殉国的人。这反映了什么？国家的凝聚力很强，相互扶持的心意也强。

现代社会的以色列，情况颇相似，尽管它不是个斯巴达。它的凝聚力强，军士擅离职守的绝无仅有；如果有个军人做了逃兵，那会是人人惊愕的事。而这个社会，是个多元混合体。亚氏的想象，不是这样的；他心目中的城邦，人数相当少，最低限度要使同胞间真能多少互相认得，但仍能保有多元的社会。他说的多元，不是我们一天到晚挂在嘴边的"多元社会"，而是针对柏氏强调的"一体式""齐一"的国度。〔孟子尝谓"天下之大孰能一之"；固然，孟轲的天下，并不是"国家"，更不是城邦。〕这点在下一卷会清楚见到。

刚才说，他看城邦，是个能使大家过美好生活的社团。他可能认为，只要有个小规模的国家，人民能相互认得，能共富贵、共患难，又能认识整个地域，那建立好的城邦，真有可能。任何人到过雅典城，到过城中小山丘上的卫城，从那里远眺，可俯览全境，包括雅典的外岛和海洋。卫城像个"圣地"，往下望，叫人叹为观止。浸在那样的环境里，人人都有同等权利参与城邦的事务。公民的生活，没有什么异化，或者说疏离感。这样的描绘，是不是浪漫化了？一定程度上是的。任何社会，都会有不满的人。亚氏自己就很清楚；他在后面要讨论派别或革命的问题。他明白，没有疏离，社会是全面和谐，那根本不会有派别。

但并不是完全的浪漫化形容：亚氏必须先在原则上述明，城邦有什么可能，然后解释何以原则受到腐蚀，何以出了问题。如果连原则上可行的都不成立，那不必谈任何理论。他的表述也不复杂：最初的组织是家庭，那是为了基本的生存；然后渐渐扩展，到了原则上可以自足时，人的追求就不只是生活，而是美好的生活。那是随着城邦的出现而来的。所以城邦是那么自然而然地开展出来的；每个城邦都按自然而成，因为从一开始的最基本组织单位，是家庭，而家庭，是自然推移的产物。

可不可以停下来问：就哲学上说，一物之组件按自然而生，则一物之整体亦因自然而立？组成事物的部分，是自然的，那事物本身就必然是自然的？表面上看是这样：家按自然而生，村从家而引申，国不也是一样？树由自然而生，铁亦来自自然，所以房舍是自然的，因为它是木头与铁钉组合而成？因为木头与铁钉是自然的产物？你一定不同意。组件属自然，并不必然使全物也属自然。很明显，树砍成木，铁磨成钉，不是自然的。有了木和钉，也得把屋盖起来。那不是自然推移而成的；虽然，世上倒确有事情，从部件到整体皆是自然而成的。

城邦也是那样"自然而成"的？不见得。很快我们就会见到，他说城邦确实有自然的基础，但给人最大恩惠的、有最大功劳的，是把众人团结在一起创立城邦的人。自然，是个基础，但需靠人力成事。这样推断，"自然"并不会生成城邦。看来，把一切美事一股脑儿推到自然之道上，说从开头到结尾到中间过程，都是自然的轨序，并不妥当。事情显然较为复杂。读亚氏书的一个困难，是不只要找出他究竟说了什么，更是他为什么那样说。他说自然很细致，他说人为也细致；而这两点，是相反的。

自然与人事

为什么不索性说：城邦的出现，某种程度上是人为的；它成形的基本理由，来自自然推移的力量；但没有人的作为，不会有城邦。所以在那层面说，它是人为的。你可以绕过来说：可人做事，背后的"推手"还是自然；人受自然推动来行事。亚氏不那样说，他知道那是拐弯抹角的说法；因为这么一来，人不可能成任何事，一切人做的，都会是因自然在背后推动而做。这是斯宾诺莎的理论。他认为一切事物都受制于宇宙的因果链，人只是其中一环；我们自以为自主行事，其实我们只是对外界有反应而已。

所以他很辛苦，要找出人的自由何在。亚氏的路向不同；他似乎是要我们明白，我们是个自然的产物不错，很大程度上连命运也是自然生成的。但他不是把人间所有，都归于自然。

其实在日常生活中，我们也会有类似的想法。我们不也说"行事在人，成事在天"？不也说"天助自助者"？那么人的自助，也就是天助的一种形式了。人有把握的，自己成事，没把握的，诉之于"天"。固然，天，可以是自然的，也可以是超自然的。可见在大众的认识中，我们会把自己的作为与命运，部分归于人为，部分归于自然或超自然的领域。不管怎样打转，早晚会回到一种结论，就是人的命运，人的行事，人自己的努力十分重要。

千百年来，论政治哲学的门派不少。要明白政治哲学是怎么一回事的一种方法，就是尝试了解责任的分配：多少该归人自己，多少不属人力使然。自19世纪以来，那问题给转化成历史哲学问题：一切都是历史，只有历史在前行。在什么意义下才是"只有历史"？历史就像黑格尔说的，是"理性的自我开展"？是我们的命运？多大程度上，我们才能说，命运是掌握在自己手中？师从马氏理论的，当然又是另一种看法。

看来亚氏是第一个面对这个问题的人。何以见得？看看他的论述。我们问：何时才出现"政治的"？他的答案是"当你达到自足的时候"。从男女，到自足，我们得面向同一个问题：在什么程度上，人的命运是自然之道决定的？在什么程度上，人的命运是操在自己手里？这些论题关涉到何谓"善"，也就是善恶的分野，该不辩自明了。善恶之辨，存在于自然的推移当中吗？如果人的历史、人的政治是受自然主导的，那人的命运，是受不辨善恶的自然轨序主宰的？如果善恶之辨，全是人为的，那人的命运，全在人自己的判别中？这得视乎问题的"如果"两个字。当我们寻求"自然"和"人为"在人的命运中的分量，我们无法回避这两点和善恶分野的关联问题。

亚氏有他自己的答案。他说自然之道是指向善的。自然的推移，总往好处开展。没有人以损人损己为乐。固然他尝试解释他的道理。他的解释，不见得能说服所有人；近代政治哲学家就反对他。在本书的"上集"《伦理学》中，他说明了"人为"的部分：善恶判别与人的行为。要明白善恶，从人的决策与行为着手，那就是美德与恶行的问题，那又扯上德善与智善并人性堕落诸问题。这也是何以本书是"下集"的原因。

按着亚氏的序列，从男女到城邦，当是符合历史进程的。他的论题，却不是个历史论题：城邦有吸引，因为它具备好的价值，不因为它是历史发展的最终形式。达到勉强自足，可跨进城邦门槛；一旦跨进，向前走，人就不仅追求"自足"，还要追求美好的生活。美好生活才是他最后的价值。所以他才可以说，城邦是自然成长的完成阶段，最好的阶段。更大的、更小的，都无法达到他的理想。城邦所能提供的"自足"，又不只是人身体的需要，也包括人精神的需要，包括了德善与智善。城邦像一所学校和教会，它教导人民发展体魄与灵性，使人能开展出理性与道德自我。所以人与万物不同。所以城邦是个政治体制，同时又是个伦理体制。人要在这环境下，才可圆熟发展。

可以归纳出几点。（一）全面自足的生活——美好的生活——只有在这阶段才可实现，所有这以前的阶段，不可能孕育出那文明的、全面绽放的生命。（二）人不达到城邦阶段，人就不会见到自我的完成，体现人的最高功能——人之所以为人所能做到的。那么家庭、村落的生活，是"未达标"的，不充分文明的。亚氏不会接受卢梭、庄子的想法。（三）美好的生活，是在人与人中间全面盛放的，也是自然成长的；任何"倒流"的论说、要人"回到过去"的倡议，他认为是没有全面开展的看法。

人自然而然地，发展到这一点，和其他平等的人，互输有无以补长短，达到某种"自足"，一起建立城邦。然则人的群性，发自自然；人参与城邦的一切活动，也是自然的。亚氏说：所以人自然而然地，是个群性动物。[1]引申而指为共同目标互助合作的动物。蜜蜂和蚂蚁，不也是那样合群的动物？在《政治家篇》，柏氏也曾用牛群作比喻。亚氏在这里用的是蜂。但动物聚拢只因有地，表达感觉只靠叫喊；人共存因为有道德意念，而相互沟通靠的是语言。（语言，原文是 *logos*，可以有诸多解释。它可以是 the way，道；"道可道非常道"的道。《新约·约翰福音》说"太初有道"，英文用 the Word，原文是 *logos*。可以是理性，或道理。也可以是探讨、研究等。大家熟悉的 sociology、psychology 等词的 -logy，源出同一词。Logic 也是。总是和道或理有关。）语言，是理性的声音。人通过语言，表达出利与害、善与恶、公义与不义。如果城邦（国家）是靠共同语言来维系，那么它的基础，是理性的原则。动物只有感觉，人才有理性的生命。国家，是这原则的最高表现。道理上应该是这样。

跟着亚氏说了一段话：

城邦……在本性上则先于个人和家庭。就本性来说，全体必然先于部分；以身体为例，如全身毁伤，则手足也就不成其为手足，脱离了身体的手足同石制的手足无异，这些手足无从发挥其手足的实用，只在含糊的名义上大家仍旧称之为手足而已。我们确认自然生成的城邦先于个人，就因为〔个

---

[1] 淦本："人类则天然的愿意生活在国家里的。"颜本："人天生是一种政治动物。"双吴本："人类之为政治动物，亦出乎自然。"吴君本："人类自然是趋向于城邦生活的动物。"原文作 *politikon zoon*，英文多作 political animal。严格地说，应是 polis animal——城邦动物。

人只是城邦的组成部分]，每一个隔离的个人都不足以自给其生活，必须共同集合于城邦这个整体。凡隔离而自外于城邦的人……他如果不是一只野兽，那就是一位神祇。

（吴君本，8—9页。）

这段话的解说，历来议论纷纭；我们得仔细看看。什么叫全体"先于"部分？为什么说城邦本质上是"先于"个人的？我们说甲先于乙，是指甲的地位高于乙，甲的价值优于乙；或者在出现次序上有先后之分。这是一般用语可理解的。亚氏有他比较独特的见解。首先，那不是时序上的先后；正相反，在事物成形过程中出现在后的，是"先于"出现在前的。当然是他自然学说和目的论的运用。事物的自然成长过程，是朝向某目的或最后（完成）阶段。要达到目的，达到事物本身的全面开展，你得明白它自始至终的成形过程，否则你无从解释。好比一棵全面茁壮成形的松树：起点是粒小松籽，目的就是松树。松树，就是小松籽的完成阶段，也就是它的目的。所以愈近成形的松树，就愈近目的，也就愈"先于"以前的任何阶段。目的论的终点是"先于"起点的。还有另一点：说某事物"先于"其他事物，是指某事物如果不存在，其他事物都不能单独存在；但任何单独事物的消失，却不会影响该事物的存在。

从个人而家庭而村落而城邦，则城邦是目的，是完成阶段。就亚氏的学说，按自然的轨序，城邦在后，其他在前；所有个人、家庭等的发展，向着城邦这个目的的进发。那么城邦当然是"先于"个人的。就另一点说，城邦可以没有个人而存在，个人却不能不活在城邦中。他当然不是说，城邦可以没有个人做它的组成分子，但城邦是可以不靠个别的人，而仍然存在的。重点是：个人不能没有国家而独自离群生存。你可以说，这是个定义的问题：你界定了某种判别的准则，像几何定理一般，看什么先存在于人的意识中，然后往外推。例如，圆形必"先于"半圆形和扇形，因为没有"圆"，你不可能解释何谓"半圆"；圆是整体，半圆是部分。直角必"先于"锐角，因为没有90°，你不能解释什么是小于90°的角，而锐角，只是直角的部分。

同理，你不能界定什么是手或脚，除非你把手脚放在人的身体上看。没有整个身体，手脚不能独存。那么人不能脱离整体（社会群体，在这里指国家）而独活，则是整体（国家）先于个体（人）了。在艺术馆中见到手形的雕塑，也叫手；但那不是人的一双手的手，因为手的意义改了。意义改变，因为亚氏认为，事物的意义或目的或本质，在它的功能。一双筷子，如果不能夹东西，就不是筷子了。一只跟身体隔离的手，再不能具有手的功能（吴君本叫"实用"，颜本叫"功能"），就不再是手了。人的功能，就是人的目的或意义，在追求美好的生活；但那样的生活，只有在城邦才有。所以他说，脱离了城邦，那是非神即兽，等于说你再不是过人的日子，你再不能好好做个人。

看起来，都是自然而然的；他是把自己的一些理论想法，用那样的文字表达而已。后世引用的人，却夸大者有之，乱套者有之。归纳起来，有两点值得讨论。一是说他把个人"置于"国家之下，也就是说，他用国家压抑个人。一是说他倡议"国家的有机论"。先说国家与个人。

亚氏有没有把个人置于国家之下这个问题，没有简单的答案。他固然看国家"重于"个人，那倒不必然是用国家"压抑"个人。试从目的次序看。假如国家的目的，在使个人能追求自己的目标，它的功能在保护每个人免受其他人伤害，那是把个人置于国家之上了；因为个人的行为，可以与国家无关。逻辑上，那是个人"先于"国家了。反过来说，如果个人活动，在追求集体目标，例如入伍服役，那个人是置于国家之下了。这是两个极端的例子，还有两者中间的不少可能。可是，个人可以同时追寻国家的与自己的目标——两者不必互相排斥的，国家也可以成就个别公民的公众与私人利益。这么一来，就不能说谁的目的是"置于"谁之下了。亚氏的理论，正在这中间地带。他显然认为，城邦的目的，在全体公民的福乐。在《伦理学》中，他早有教诲：福乐，就是大家能追求智善和德善的生命，尤其在德善。德善牵涉的，是人与他人的关系；但那关系，并不只是公益的，或者说政治的。它可以牵上政治，但它也有家庭、友谊等非政治的层面。那样的公民，不见得就只服务国家而没有其他。他当然是生活在国家里面，但他的生活并不全和政治体制有关。不过，什么叫美好的生活，得视乎人生目的是什么，又什么可满足那目的：家庭？村落？城邦？人能追求没有城邦的美好生活吗？亚氏不是个个人主义者，他觉得大家应共同追求国家有和平，有富足，不是为了个人的福祉——虽然那福祉会因追求成功而来临，而是为了国家本身。（在卷七有详论。）即使如此，也不能就说，他把个人置于国家之下：两者是相互依赖的。

话虽如此，在亚氏眼中，个人的益处，不及整体益处那么重要。他的理论，是站在为政者角度发言的。他关注整体的命运，高于他看个别公民的出处，分属自然。古代希腊的作者，并没有强调个人自由与人权，也不强调国家有义务尊重每一个公民。近代哲学使人的地位大大提高。近代思想，是个尊重个人权利的传统。为了"大我"，希腊人宁可牺牲"小我"。正因为不强调个人，当集体和个人起冲突时，他们不觉得是牺牲了个人的自由、财产、地位等。从这个角度看，你可以说亚氏是把个人置于国家之下的，因为他以公益先行。可那也不是柏氏亚氏的"专制"思想。雅典民主，有放逐制：大家认为不受欢迎的人，可不经审讯就驱逐出境一段时间。这是大众可以不尊重个人的典型例子。

另一个情况牵涉到的，不是目的而是手段问题。如果成就个人目标的所有权力，全握在国家手里，不让个人有自由去追求他自己选择的目标的话，那也是置个人于国家之下了。这近似我们说的集权或家长式统治；在某些情况下，亚氏也有同样的想法。他认为，要使人人能过美好的生活，要通过大众在议会公开辩论后的立法，用国家之力去教育人民；这没有留多少空间给人自己选择。

是亚氏进步了，还是我们退步了？可见个人／集体问题，在亚氏的理论中，没有简单的答案。我们要看过整个理论才好下判语，切忌断章取义来解释他的哲学。

"国家的有机论"，该是从 Organic Theory of the State 译过来的；我国传统政论，并没有这个叫法。意思是用生物体（或有机体）的运作，来比喻国家，来了解它的组成。亚氏是个生物学家，受过医学训练，曾从事海洋生物研究；他的《伦理学》和《政治学》，充斥着生物学的例子。在书中不难看到，他的用语往往"素描"城邦像个生物体，下分不同部分，各部功能互补，使整体活得更好。这不过是说，社会需要某种分工来配合发展；不只有机论，持"机械论"的人，也有同样见解。这两类国家论，有时也可比作上文提到的，通体社会（Gemeinschaft, community）与联组社会（Gesellschaft, association）之别。亚氏倾向前者，因为他看城邦像个社区，像个紧凑的团体；价值取向是整体的公益，不是个别公民的目标。这样看，他的学说较近"有机论"。

任何有机体，都是自然的产物，都是演变而来的。国家，也是一样。演变，需要时间，也有步骤。这又有两类说法。一是认为全面急剧的改变是不可能的，因为社会并不是一张白纸，下一步的出现，总留有上一步的"遗产"。人总受到上一步的影响，因而改变的条件也受到限制。强行之，则只会出祸。这是日后伯克（E. Burke）给法国大革命下的评语。另一说法也依从这前提，但得出的结论是：一切刻意改变的努力都不好，也徒劳。亚氏的思想偏向"保守"，那是事实。只看他的"法律改革"见解，会给人他不赞成改变的印象。他很清楚地知道，教育和传统，对社会能有多大影响。可他仍然觉得，只要设计得宜，大家还是能够建立美好的国度的。那是他理想主义的一面，尽管他对乌托邦不感兴趣。这样看，他的学说又不像有机论。

这个问题，也可以有另一个层面。我们说有机的（organic），是指有机体（organism）的特性；亚氏说的，并不专指这个。在生物学上，organ 是器官；但 organ 有多解，像部门、机构、组织、工具等都是。他用的原词是 *organon*，指的是工具。（16 世纪，培根的名著 *The New Organon*，中译就叫"新工具"。这里叫作工具的，老子谓之"器"。）工具，是助人达成某目的。有点像说，器官，是助人体某种功能，配合整个身体的。例如，恰度的财富，是成就美好生活的工具；小刀，是家中的死物工具；奴隶，是家中的生物工具。是工具，就受到目的的限制，也就是受到用途的限制。汽车，是马路上行走的工具；它不可太大，也不可太小，才能恰当地发挥功能。工具跟动植物一样，只当有一定大小，好配合本身用来达成的目的。如果说城邦也是个 organ，它也有同样的限制。

那么国家就不是个工具（或器官）了，它不是用来达到本身以外目的的东西。它本身不是工具；但有没有可能说，它是个系统，包含了不同的工具共同运作，以达到它本身的目的？这样的概念，倒符合亚氏目的论观念，同时也扯上了两个相关要点：一是刚提到的、系统中各不同工具（器官）的互补分工，一是各器官都依赖整个系统配合着运作。从社团角度说，不同部门合作，

106

共同实践的，是社团（国家）的目的。还有，社团的成员，都得参与它的活动，才能有个完全的、自我完成的生命。所以，系统是不可或缺的。合起来，我们说，国家是个系统，由不同部门组成，每个部门都依赖整体，否则生命不能完满。也就是说，每个人都要依赖国家，才能有完整的生活。这多少可以从日常生活得到印证。每个人都必须生活在群体中；单独的人，活在孤岛，那"人"的意义就没有了。所以没有"星期五"的出现，鲁宾逊早就不成故事。固然，你可以活，但那不是完整的生活。不和其他人分工合作，你只能像个隐士，不能是个社会成员，或国家公民。

说人得依赖群体，才能好好地活，大致上可以。但说人要绝对依赖国家而活，就不同了。亚氏用的比喻，是人没有了国家这个社团，不能自足，好比器官脱离了身体不能独存。手足就是明例。他是假定了个人对公众的依赖，与手足对身体的依赖无异。手足之为手足，因为它的活动，它的功能，必须和身体配合，也只能是身体活动的一环。但个人呢？他的活动，必须和国家配合？只能是公众（政治）活动的一环而无他？我们在后面会见到，他用有机式的生物术语做类比，应用到公民与非公民身上；前者属于身体的"组成部分"，后者，只是必须具备的"辅助部分"；组成部分的生命，是身体的一环；辅助部分，只是条件，并不属身体的有机器官。组成的组件，像手与足；条件的组件，像血液与骨骼。在政治生活中，组成部分是公民，辅助部分是商人、百工、奴隶等。他的界线分明：牺牲后者（非公民）的个人利益，为要追求前者（公民）的个人福祉，而那福祉，后者是无从享有的。

那样的目的论，是把有机论推到一个极端的位置上。社会成员的功能，不只在价值上分等级，更使某些功能成为另一些功能的工具。就放开这个极端的例子吧，亚氏论个人与国家的一些有机观，也值得检讨；因为，若个人与国家像器官与身体，完全无可分离，那个人只能有公民身份而无其他，只能有政治活动而无其他。那不正是他批评柏氏的？他清楚地知道，人有自爱（*philautia*）的本性，这本性也要表达出来。人除了政治生活外，还有其他层面的生活；在"多元"社会，人除了属于国家这个生物体，也属于其他生物体。假如人只能是个公民而无他，那他在卷三中区别"好人"与"好公民"，就毫无意义了。说他强调人的群性则可，说他要除掉人的个性则不可。所以他的理论，并非全面的有机论：他知道国家对个人生活的重要，他没有使国家湮没个人。如果认为，国家是个有机体，而有机体的成长，是个自然过程，像现代人说的——不经人手，那也不全符合他的想法。人为的努力，有重要角色。人，固然要与他人共存，但人相互合作、相互依赖，正因为人希望寻求自己的"独立"：人的自主自足。

（二）论家政

有了城邦的简单框架，亚氏就要审视这个整体的内容。整体，由部分构成；最简单的部分，是家。按着自然的次序，家，是最先出现的。他的分析，就从家开始。亚氏自己的说法，本书第一卷的主题，是"家政"。（原文是 *oikonomia*，英文多作 household management，中文有称家庭管理，有称家务管理。本来 *oikos* 是指家或家居，*nomia* 源自 *nomos*，一般指法律，原义是"人为的"，又可以是律则、规范，等等。合起来，就是"家居法则"，或"家居管理"。用家政，更简洁合题。今天的家政，好像只有厨艺缝纫一类的女红之道，把原来家政的范围收窄了。看《朱子治家格言》即可知。英文的 economy，就直接来自古希腊文。）他讨论国政，说那是打理国家事务的艺术；而家政，则是打理家居事务的艺术。用我们的术语，一叫治国之道，一叫齐家之术。必须清楚划分，因柏氏把两者混合了。但英文的 economy；或 economics，针对的，是生活的物质条件，范围较小；他说的家政，除了物质，还有伦理上的安排。他固然反对柏氏的理论，但他一定认为，家政之道对为政之道，颇有影响；不然的话，他不必一开卷就谈这个问题。

家政的宗旨，在使家中上下人等，都有美好的生活。亚氏的考量，是道德的。〔就此而论，先秦儒主统治者行王道、施仁政，起点也是道德的。〕家不能有人无物；要有物，家得有恰度的财富。获得财富，就成为通往美好生活的途径。但取得财富，是为了"成德"；财富只能是个工具。他论国政，是他伦理思想的一环；他论家政，也与道德考虑不分。这种取向是好是不好，我们读过全篇再下结论不迟。取向又分三条主线：夫妇关系、父子关系、主奴关系。一家之主，是为人夫者、为人父者、为人主者。这固然是男性中心社会的产物了。如果把"致富"放进去，那他有三重理论：奴隶理论、财产理论、家庭理论。家庭，他放在后；先讨论的是主奴伦理。所以这不是"经济学"，而是"家居生活伦理学"。我国古人的说法，是"君子持家之道"。

奴隶理论

古代雅典城，流行着诡辩派（Sophists）的学说；他们的游士，和我们战国时代的说客相似。他们认为，奴隶并非自然生成，而是法律或习俗的产物。亚氏反驳这种说法；他觉得奴隶制度不唯是自然的、必需的，更是合理的。它是自然的，因为它合乎伦理准则。那么，亚氏有什么哲学的理由，去维护它？什么是"奴隶"？

家政，是一门艺术，或者是一项事功；要事功做得好，你要有好的工具（这里用的仍是 *organon*）。在家室来说，那就是家产或财产。财产，是一众工具的总称。工具，有生物工具，有死物工具。比如说，你要看守门户，防盗贼抢劫，你的死物工具可能是一柄手枪，你的生物工具可能是一头猎犬。亚氏的例子是，要驾好一艘船，你要有两样工具：一是舵，那是死物；一是船上的瞭望人，那是生物。至于家居，他的两个例子是家具和佣仆。可工具，属于拥有工具的人，也就是一家之主的财产，听候他调动使唤。就工具本身来说，它没有"自我"，也就是没有"个性"的；它的功能，在协助主人促进持家之道。所以工具是没有自由的，随主人发落。既然工具是财产，则生物工具的佣仆，即奴隶，同样是主人的财产了。做奴隶的，属于他人，并不属于自己。

奴隶属于主人，功能在协助主人追求主人的目标，也是主人的财产。这是从目的论的立场看的。这看法，会不会过了头？亚氏那瞭望员，是协助船主驾船的生物工具；但他必须是船主的财产吗？必须"属于"船主吗？

在这个假定上，亚氏进一步说，用另一个准则，工具可分为生产型（*poietika*）与服务型或消费型（*praktika*）两类：家中的织梭属前者——它可给主人生产物品；穿上的衣服是后者——你只能"用"它，因为那是它所能提供的服务。一是生产行为，一是消费行为。不同的活动，要有不同的工具。你只能用他来助你处理好家居各事的，是你的奴隶，但他不是你的生产工具；他的劳力，并不在制造商品——像后世的农奴或工奴一样。那样，亚氏所说的奴隶，其实是在家居提供服务的"家奴"。

〔在"导言一"中，我们介绍过雅典的奴隶，不是大家想象中的奴隶。不拘于称谓的话，他们其实与我们说的"仆婢"相近。在传统的大家族，仆婢是个总称，下面包括家丁、园丁、伙夫、炊事、洒扫、肩舆、信役，以至书童等。但我们不叫他们"奴隶"，虽然他们都属于老太爷。但各中西译本，都沿用奴隶一词，不便更易。另外，习惯上，父母子女组成的，又或者是祖孙

110

三代同堂的，我们叫家庭，反映了各成员是用血统做维系的。时至近代，我们说的"全家福""家庭照"什么的，都是同血统（或姓氏）的一群人；其他人等，就是住在同一屋檐下吧，也不属于家庭成员。所以家政是家居管理；家居的范围，比家庭要大，包括各仆婢上下人等。英译较妥，叫 household management，不叫 family management。〕

就是仆婢吧，他还是从属于主人的。他不能"自主"，只能听候主人"差遣"，凭体力干活。要解释从属关系而不用风俗习惯做借口，亚氏用上自己的例子。自然界就是个主从的世界，就是在男女，人与家禽等中，也可见这种关系。一首乐曲，也有主音次音之分。主从配合才成一完整的东西。在家居也如是。他用的比喻是：灵魂（灵性）做主，身体从之，那是主奴形式（或专制统治）；理智做主，欲望从之，那是君民形式（或政治统治）。灵性统驭身体，本属自然，这就是主人统治仆婢。当然，还有人兽关系，像牧者统驭牛群。主奴关系，似乎介于君民与人兽之间。

亚氏也曾用"外形"来定主奴，但立刻又"收回成命"，因你无法从外形判断一个人当做什么。像我们的俗谚：人不可貌相。所以说到底，就是我们在前面已讨论过的、谁按着自然当做领导的？谁当做听命的？亚氏的准则是智力和体力的差异。这和我国古代儒家颇有相通，也就是劳心者与劳力者的区别。孟子说：劳心者治人，劳力者治于人；他更认为那是"天下之通义也"。但纵然如此，那劳力者就没有灵魂？像野兽一样？又不是的；他们只是智力不及而已。所以亚氏说，他们是"有限度理性"的人：没有理性能力以自主，却能明白主人理性的指示或命令。起码，他们具备一些基本的德性，像自制和勇敢；不然的话，他们不可能忠诚无误地执行主人的吩咐。

就算是这样吧，也有问题。劳力者不是一头野兽，只凭本能行事；他一定有自己的欲望。他能接受并明白指示，那他总有一些理性，尽管那理性既不独立也不足够，更不及欲望强，像个不成熟的孩子。孩子需要的，是教导；若他的缺陷无法改善，那就应当永远地教导。但教导，不是奴役。那教导，是理性指挥欲望的教导，也就是君民形式的政治统治。但教导，不可能无止境的；孩子，不会永远不长大。无法改善的，有体力无智力、需要别人照顾的，才是亚氏眼中的"自然奴隶"。这些人，不会太多。是不是他看到了矛盾，所以在卷七后部表示，奴隶最后都该得到自由？我们不得而知。他说会解释道理，却到全书结束也不见再提及。

这个矛盾也引申出另一点。如果劳力者并不是天生的奴隶，你最终使他得自由，那你一开始役使他，要他给你服务——纵使理论上那对他也有好处，是种互利行为，你也得用上强制手段。柏氏就曾明白表示，按着自然，较强壮的当管治较力弱的。那是说，某种程度上，政治的本质，并不很理性的。统治，不能全靠说服，一定牵涉力量。所以诡辩派的人认为，政治的艺术，可全化约成修辞学，毫无根据。亚氏本人在《伦理学》中就反驳它。光靠"说服"大众不足够，你需要有法律——也就是强制力，才能成事。这也可看作《伦理学》为什么要过渡到《政治学》。纯粹相信言辞的影响力，是忽略了政治的现实。

他跟着提到情谊（*philia*，也叫友谊，也叫爱），说主人与奴仆身份，都按自然而形成的话，那双方可互利合作，某种程度上更可有情谊。我们在《伦理学》（卷八）中早见到，亚氏认为主奴各有所属；但撇开身份，站在人与人的关系上，他们是可以建立友谊的。这可以从两方面讨论。

就反面看，这只使读者更混淆。如果他是奴，你和他属两个截然不同的"社团"，是主从关系。如果他是友，你和他是平等的，不是上下的。他是友，则他总具有理性和德性，那他就不会是自然的奴隶。要么他是个彻底的奴，要么他是个完整的人。亚氏的徘徊，是自相矛盾的。

就正面看，亚氏和近代心理学较合：人的身份，并不完整，一个人可以同时拥有几重身份。再说，在人际关系上，公事上是上司下属、私事上是朋友关系，是不是不可能？看看军队的情形。长官与下属。在公：一方发号施令，一方听命执行；在私：双方友好。不是很普遍？当然，下属不是你的奴隶，不供你役使；在实际层面，不也是主仆令听的形式？

不管怎样看，亚氏的"奴隶理论"，有他的独到之处，不是那么前后不一致的。仔细地读，我们可以归结出几点。首先，他不承认奴隶可以用法律或习惯来界定。当时的一般做法，是成王败寇；战争胜利的一方，拿败方的俘虏当战利品，也就是奴隶。成败，没有准则；当主当奴，没有自然基础。争战频仍的城邦，为了保护自己，就用法律把奴隶身份固定下来。亚氏强调只有智力品格高超，才配当主，那较合理。品格智力，是自然的禀赋，高于人为的法律。那样，当奴的，会大为减少。具备某种自然条件的，才配当主人；只凭法律的，也就是凭武力的，不行。缺乏某种天赋的，才算是自然的奴隶——当时早有倡议，不能把希腊人的俘虏当作奴隶。合起来看，他的理论对当时的社会习惯，是个挑战。

其次，按自然而成主奴的，同时必然牵涉道德禀性优劣关系。那么这个"制度"，也是个道德结构。通过这安排，为奴者不只能够成为好仆人，他也能够成为好人。他听从主人吩咐，受主人的熏陶教化，两者就形成了互利的伙伴关系，也给主奴关系一层道德含义。当奴的，逐渐成了家居一员，在家居圈子内，他是个人。他成为家居的一环，不仅仅是件器皿。他学得自制，知道怎样听从主人的指挥。那样的德性，和其他成员的又不一样；例如做主人妻子的。两者和主人的关系不同：女人的自制，表现在文静和谦逊上；那是女人在家中当有的美德。位置身份不一，美德的表现也各异。做奴隶的，就是在家居伦理生活上，有他的自制，那也是按着他的身份地位而行的。身为主人的，正因为有那样的辅助，才能抽身而出，提起其他。正因为有如此安排，主人不必操心家居杂务，才有时间精力，投身更高尚的事业（像政治参与和玄思）上。近世仆婢厌恶劳动；古代奴隶让自己和主人都有最好的成就。

再者，在任何社会，总有一些活动本身就是目的，另一些活动只是个维生手段。前者像求学问、艺术、音乐等，后者像采矿、力田、搬运等。现代社会，情况很不同了；大多数人是受薪的。前者可以辛劳工作，只得微薄工资；后者工资高的，可能就不介意不以为苦。我们没有像古代希腊人一样，把工作分为随意的和机械的两类。他们会说，现代人的工作都是"机械式"的，因为人人都为了工资而为他人做事。我们的看法刚相反：劳工神圣，职业无分贵贱，所有工作都是随意的。现代社会，就把那分界线抹掉了？是不是没有了那些真正享受自己工作、愉快地付出心智能量的人？是不是没有了那在田间、在工厂干粗活，劳碌地付出体力谋生的人？

学者能安心做学问，音乐家、舞蹈家能好好表演，是因为诸多"粗活"不必他们去"干"。当然，今天是男女平等的时代，很多时候家中各事，也相互分担；不过，假如从育婴到买菜到打扫都得亲力亲为，那你也没有空闲静下来阅读、思考、反省了。事实上，他们都得力于很多"佣工"。佣工，倒不是奴隶或仆婢什么的，他们的工作是有报酬的。我们说职业无分贵贱：社会上各行各业，各展所长，站在各自岗位上贡献，受益的，是整个社会，不管你是画家还是小贩。这样，没有了手段和目的，名义上是各人尽自己的本分，赚取自己的工资而已。亚氏会说，那更不可取。因为平等带来的，是"各自为政"；上下不分，也没有了伙伴关系。在下的，无从向在上的学习，来提升自己；在上的，无从在家政上发挥他的优越德性和智力，给他人做榜样。可见社会变迁，社会价值也随之而变。

职业无分贵贱，因为我们不应歧视"粗活"，也因为我们尊重每个人的人格尊严。现代社会，治人者与治于人者，可能不用劳心、劳力的界线来分；但劳心者和劳力者不同类，在任何社会都是事实。孟子教诲：贤贤贱不肖。即是说社会上有贤者与不肖者之分，也就是上下之分。这个"分"，往往是天生的：人自然而然地，有"贤"与"不肖"之分。若然，则"贤者"居上，"不肖者"居下，也是自然的。至于说，假使劳力者有良好的训练、优质的教育、有利的环境，他是否就只适合当个劳力者？这是个在哲学上、在实际考虑上，也不易回答的问题。今人重视后天，相信教育万能；古人重视教育，却不认为"人定胜天"。我们只能期望，随着社会进步，人总能找到机会发挥他的潜质。但我们得承认，潜质人人不同，各有高下。按柏氏的说法，金银铜铁，材料不一，你不能要铁级的去做金级的事。这不是说，我们要为奴隶制辩解，而是说，自然之道，不能强求。

从理论角度观察人，亚氏还是有他的道理。我们不赞成他的说法，因为我们承认，生命与自由，该是每一个人的权利，所以我们不接受奴隶制。社会讲求分工，但分工，不像古人说的"一人一工"，认为每人只专注一件工作，社会才能发展得好。现代社会，人都有多元角色，也具备多元才能。在政治平等上，铁级和金级，同样有权参与。古人不会这样安排的；他们看人，有点像二分法：上下、主奴、君子小人。我们看人，是个延续色谱；人的德性才智，上下之间有许多层级，层级间也各有长短，所以没有人可以把另一个人当作"活工具"。可我们当记得，在亚氏成书的年代，奴隶制在他的社会，是被普遍接受的。甚至可以说，它是支撑起古典希腊文明的支柱，使做君子的能有闲有力，贡献城邦。就是那些认定奴隶制是人为的，是习惯的，也没有人提出要废掉它。

如果说，亚氏先咬定要维护奴隶制，所以坚持说有些人是天生的治于人者，也不合理。那是近代社会科学的反证方式。亚氏是个自然主义者，并不只在这件事上如此；他看事物，先按着自然该如何如何，并非先下结论，然后找辅证的。我们站在现代传统中，反对奴隶／仆婢制，有我们的理由；但那是基于我们的时代、我们的价值。也许，我们的底线是：就算人有上下之分，你也要把下人当人。

家政，是一家之主的持家之道。持家要有道，亚氏觉得要有三种考虑。第一重主奴伦理，已经讨论过了。奴，从属于主，既是主的工具，也是主的财产。要有财产，因为一个成功又成德的家，总不能空无一物。有物，就得谈取物方式，也就是致富之术。致富术，有善有不善。现在就看看亚氏怎样看待这个"经济学"的问题。

财产理论

奴隶是主人的工具，但奴仆也是家居的一环。他参与在整个家居伦理中，与主人组成某种"伙伴关系"。他既助主人成事，也从主人身上学习，提升自己。自然又良好的主奴关系，是家居管理艺术的发挥，是步向美好生活的一个阶梯。财产的取得与分配，不是那生活的一环。严格来说，它和家政不是同一回事；它不属家政一部分，只是达到家居伦理的一个条件，尽管那是个不可或缺的条件。亚氏以生物学家的身份，举出众多例子，说明自然之道其实给人预备了财富，足够人去享用。他曾说：造物之事功，全无掷诸虚牝之处。在这里他再次强调，"自然所作所为既不残缺，亦无虚废"（吴君本）。（自然不造残缺不全之物，不做徒劳无益之事［颜本］）。他的想法是，若人能与自然相配合，则人取得财产以应个人所需、家居所需、城邦所需，就十分恰当。因为最终目的，是使全家上下有道德的、美好的生活。他显然觉得，家居成员的道德行为，会影响到整个城邦的价值和行为，所以经济活动的目标，取得财富的目标，应是道德取向的。

自然给人提供各物，像有个理性的安排似的：植物存在，部分理由是给动物做饲料；动物存在，部分理由是给人以衣食。人要粮食，不只是当下的，还要往后日子的。那农作物有一定数量的储存，是合符自然的。如果人有无限量的储存或累积，那就违反自然了，也就是不合道德生活的要求了。稍后我们将看到，亚氏为什么谴责"金钱"。

先说财产。什么是财产？一般理解的具体物品像房舍、田地、家具、奴隶等，当然是；但这些都是工具，是帮助主人建立美好家居所必需。既然是工具，那一定是有定限的。亚氏说，任何一门技艺，都靠着一些工具去达成；但工具不会无限，数量如是，大小如是。取得财富，也是一门技艺，也应"同等看待"。这和现代想法当然不同。我们看到人多物少，所以希望无限量增加物，来满足愈来愈多的人。他觉得自然所作无虚废；自然给人大地和产物，足够人所用。人追求的，是道德生活；物，是用来满足这生活的。过多的物（金钱、财富），足以破坏那样的追求。从一开始就可以看到，亚氏的自然观和目的论，给他的家政艺术——说经济思想吧——定下了框架。产生什么后果，我们会在后面看到。

他自己界定财富说：那是一家或一国所用工具的总和。[1]

获得财产，也就是致富术。（原文是 *ktetike*，指 art of acquisition，下分两类：*chrematistike* 是和平的，例如收农作物和贸易；*thereutike* 是暴力的，例如战利品［包括奴隶］和海盗掠物。本书似通篇用 *chrematistike* 指取得财富的方法。）生财之道本身有两大方向：从土地取得（*apo ges*，from the soil），也就是合自然的；从人身上取得（*ap' allelon*，from his fellows），那是不合自然的。自然的财富来自地上和海上，像动物牲口家禽，五谷和果实，海产，等等；都是造物主赋予的。不自然的财富来自经验和技术，像商品买卖（交换）可以赚钱，借贷收息可以赚钱，等等。前者是"自然的"，后者是"人为的"。站在自然主义者的角度，亚氏取前者不取后者。我们早前见到，自然之道指向某目的，但并不必然能成就那目的，所以有赖人为的努力来补足。自然的与人为的，有互补作用。在这里，那份融合不见了。自然与人为，成了对立面。自然，几乎就是原始的同义词。为什么会这样？

为什么亚氏在这里，看"自然"是那么绝对，直像纯是自然的才能达到全面开展的目的？为什么他讨论生财之道，口吻和全书有点格格不入？这些问题，没有确切的答案。部分理由可能是他偏好自耕农式民主制——这在后面会看到；也有可能是他的社会偏见：看不起追逐金钱的人；更有可能是他给自己追求的目的论蒙蔽了。大地给人提供所有，足够有余；人心不足，要用自己的办法取得更多资源（财富），那是逾越了自然的轨序，不明白

---

[1] 吴君本在这里有一注文如下："约翰·穆勒：《政治经济学原理》（J. S. Mill, *Principles of Political Economy*）'前言'，所论'财富'定义……的解释。穆勒（1773—1836）所拟财富的两个条件……"读者不察，会有误会。后一穆勒是 James Mill，也就是前者 J. S. Mill 的父亲。J. S. Mill（1806—1873）是19世纪英国政治家、哲学家。穆勒，是早年译名。今称密尔。

"知足常乐"的道理了。这又不独亚氏为然，苏氏、柏氏也莫不然；古代的哲学家，好像都觉得，自然的推移，一切都为人而设，人当乐于接受"自然的安排"。既然人所需的有限，母亲大地供给的总够，那么用人为的——不自然的——方式去求富，就不当了。在书的稍后部分，我们会看到，亚氏的"理想"国度，也多少反映了他这种心态。举凡城邦地望、人口多寡、生产性质，等等，都有这个影子。跟我国古代的"立国"视界，全不一样。

这个"不自然的"求富方式，又是怎样来的？设想你制造一件物品或工具，可以派上用场。（今天说是消费行为。）但你也可以卖给别人，换取你所需的其他物品。这样，那物品就是一件商品。（今天说是交换行为。）亚氏用的例子是一双鞋子。他像个先秦的"名家"：鞋子是造来穿在脚上的，那最合乎自然。你把它当商品来交换，那是不很自然的，因为那不是造鞋的原意。不过，他倒承认，在一定范围内，那是必需的，也勉强可算是自然的。例如，你有多一双鞋子，但缺衣服；他有多一件衣服，但没鞋子；你和他交换，相互"拉平"了，更满足了效率的要求，那就是"平等"的，也是合"公正"的，谁也不占谁便宜，真个"各取所需"了。所以那也可算是合自然的。〔在我们看来，那不见得合理。首先，那是回到以物易物的社会，只能在最简陋的小国寡民中发生。更者，随着人口增加，文明演进，你不可能说，鞋匠就做一双鞋子给自己穿吧，制衣工人就纺一件衣服给自己吧；那是全无效率的做法。全世界的鞋厂衣店，都制造商品往外销；只要交换双方满意，目的就达到了。如果人的经济活动，停留在以物易物的行为上，那人的生活永难丰富起来。〕

亚氏是看到这一点的。他说外邦人，也就是希腊以外的、仍未进入文明社会的民族，还在以物易物地交换。例如，他们用酒换谷物。但那是满足自然的需求。所以他认为，一旦生活必需品得到解决，交换就该停止。如果人要取得多于他所需的，如果他付出的在比例上少于他获得的，那么"平等"就失去了，公正就没有了。计算牟利一开始，人从土地所得的自然财富，就给人从别人身上所得的不自然财富所替代了。因为"易物"变成"贸易"，一定会发展出财货（贸易的媒介），大大助长了货物的交换。货币的使用，带来了不自然的交换：人不只要满足基本的需求，人要有最大的利润。很明显，从自然的易物，到不自然的——也即是不恰当的——贸易，是因为人发明了金钱（货币）。那是怎样来的？

在村落阶段，你拿着打好的一箩谷，换取邻舍酿好的一埕酒，各取所需，各无利润，自然又平等。假定你要交换的对象，不是邻居，也不是邻村，而是邻国的人。如果每一回你都要扛着一大批出去，扛着一大堆回来，那很不便。对方亦然。你会希望有一些与交换物同值，但易于携带又较轻便的代替品，能用作大家承认、可反复使用又不失其值的东西。人确实找到了那"中介物"：稀有金属。〔我国古代的钱贝、刀布等是。〕出于互利，交易各方自然而然地，采纳了同一物来便利日后互换。货币，就这么出现了。这当然造就了更流畅的交换。

促使货币出现的，还另有原因。交换双方得有不同物品，才能互贸；而物品，在质和量上都要相称才行。那贸易双方都要有一先决条件：需求。但大家的需求不一；你要的，对方未必能全供应，对方要的，你可能一次供应不来。那最方便的，就是用一种公认的等值物，使交换能更有弹性。在《伦理学》中，亚氏本人就表示过，在交换贸易的社团，需求（*chreia*）把人拢在一道。柏氏也有近似的看法。需求诱发出价值，价值用金钱衡量。在现代经济学家看来，这没有不对；固然，他们会说，价值不单方面以买方的需求决定，也得考虑卖方的生产成本。

在这里，金钱是 *nomisma*。早在《伦理学》中，亚氏已提到，

金钱 *nomisma* 与人为的 *nomos* 两词同源，意指它出自不自然的东西。在本书中，他也提到当时的两类相反观点。一是认为金钱就是财富，因为它本身就是价值，这价值甚至是高于所有商品的。有点像进入超市的大门钥匙；拿着它，你才可进去，找到其他所需商品。这是 17 世纪重商主义派的看法，也是自然的观点。另一种正相反，认为钱币价值较其他商品为低，因为它本身没有价值，它是用来取得有价值物品的媒介而已，并不能满足人的任何欲望。米达斯（Midas，希腊寓言中的主人公；"点石成金"故事出此。）能把一切变成黄金，却无法吃喝。那是说，如果你只能拥有天下的钱，却不能拥有别的，钱有何用？这一派人认为，钱币只有人为价值，是人附加上去的。若人共同宣布银无价值，那银就与泥土无异。

我们知道，亚氏是重自然之道的，也知道他是个持"中庸之道"的智者（《伦理学》中就有大量篇幅谈这个问题）；很自然地，我们会期望他"中间落墨"。可他的看法，偏向"人为说"，认为金钱价值，是人自定的，人可废除它。他也不说，金钱也是个商品，像其他商品一样，价值有起有伏。但他却不是看不到这一点。提到钱币由来，淦本（卷一第九章）说得清楚：人们为了交换之便利起见，便同意授受某种货品〔就是某种价值或多或少的贵金属〕，它本身属于有用的物品之一类，而具有易于处置的便利，俾易于换取生活必需品。此类货品乃是铁、银……亚氏明白，金钱（钱币）也是个商品（货品），本身是有用的，那么这商品的价值，也得像其他商品一样，由供需来定。如是，则金钱的价值，是自然形成的，不是人为的；它得像其他商品一样，视需求多寡来定其值；也就是说，它价值的升降，随需求来调整，而不是人可随意"定"的。很明显，他明白这样的道理。既然如此，我们得讨论：为什么他要谴责"金钱"？

这要回到他怎样看生财或牟利。早前看到，金钱，是个中介物，有利促进交易的物品。以物易物的双方交换，是为了需要；以币易物使人对币垂涎。人知道，有更多的币，就能易更多品种的物，更大量的物。人的贪婪，使人不易物而易币。更者，钱币是交换的媒介，负责做这个"媒介人"或者"中间人"的行业，自然应运而生。亚氏觉得，这个是"祸首"。这话怎讲？

想象甲与丙交易，乙是提供便利的中间人。乙本身不涉交易，他只从促成甲丙交易中，赚取佣金。他的长成，来自甲和丙，因他本身"不事生产"。有点像在劳动世界中的寄生虫：他不靠"自力"更生，仰赖他人打谷酿酒来生存。亚氏说，那是不自然、不道德的。那还不止。这个中间人，已经靠着其他人的生产来维生了，还不满足；他要追求更多，因为取得金钱，并不仅仅是个追求真正生命的工具而已；他想要更多。他把金钱提升到目的的地位。那样，他就会无止境地追求。这就变成不是为人生而金钱，而是为金钱而金钱了。放弃了追求成德的生命，皆因受了金钱的影响。金钱，易于储存，保有价值；然而，金钱之利，成了它的缺点。于是，人不再追求自然的财富，踏实的生活；人要追求没有内在价值的金属，不停地追求。

假定说，这个"中间人"，或索性说商人，是犯了大错，他这个错，几乎发生在所有行业上。就连医生也不能豁免。亚氏跟着要提到医生与医疗，说医疗的终极目的，是人的健康，所以医生可以无止境地追求提升人的健康。那和商人不同。但真的那么不同吗？做买卖的追求生财之道，不是为了成德的生命，而是为了累积财富。做医生的去行医，也不是以追求人类健康为鹄的，而是为了有好的收入。两种情况，原则无别。都是为了赚钱；都不是为了成德。追求的目的变了，采用的手段也就不同；生命的色彩和调子都不一样了。所以亚氏认为，人追求财富，是不会有克己、勇敢等美德的，因为那些德善，只会在追求美好的生活时才派上用场。

他谴责"金钱"，倒不是指求富本身，而是指一味盲目地求富。（用今天的术语，就是盲目的向钱看。）但他不会只怪责而不问究竟。他认为，人犯了这个毛病——失落了生命本该追求的，而去追求金钱——有自然的成因：美好的生活，要有适量的物质条件；人拥有财富，为要追求更高的东西。但人混淆了手段和目的，结果是把金钱当了目的，以为那是绝对必需的。还有，美好的生活，需要有愉悦；但愉悦只是生活的一部分。人为了追求赏心乐事，把它当作目标；而愉悦，主要是身体的、物质的。无限地追求愉悦，人就无限地追求财富。不过，从历史经验看，倒不必然如此。金钱，是种象征（也是日后马克思说的符号）；追求财富的人，也在追求某种象征。是成功的象征，能力才干的象征。赚钱，要冒风险，也要与别人竞争；成功的，正表现出他两者都能克服。不少人追求事业更上层楼，财富更多累积，并不是因为他要不断地享受，而是他有野心，有魄力，要百尺竿头更进一步，要更成功，要能"傲视群雄"。亚氏看到的，不是这些，而是那庸俗的阶级，只顾追求享乐；为了无尽的享乐，他们无尽地挣钱。但这样说，和他早前的立论有矛盾：纵使追求放纵享乐，金钱仍是手段，不是目的。

假使社会停留在以物易物阶段，就不会产生以物易钱，也不会有货币出现。没有交换的媒介，也就没有中间人。亚氏的道德论，使他怪责中间人，说他像个寄生虫，不事生产。（梁启超在《最苦与最乐》一文中，也曾谴责某类人，说他们是"社会上掠夺别人勤劳的结果的寄生虫"。）细想一下，做中间人的，倒不必是寄生虫。如果他没有生产任何物品，他肯定提供了服务。他付出时间、精力，促进社会上的经济功能；那功能，使社会更形丰足。

当他从甲手上挪走货物时，他是有助于甲；当他应丙的需求，把货物交到丙手上时，他是有助于丙。严格来说，乙不属交换的任何一方，但乙这个中间人的功能，不比生产双方容易。他像交易行为中的润滑剂。用我们的术语说，他就是促成"货畅其流"的媒介。他的服务，不像货品那样，可具体掌握，而是比较"无形"的；但我们不应因此而剥夺他应得的酬报。甲该付酬，因为乙助他卖掉手上多余、自己本来想脱手的东西；丙该付酬，因为乙助他取得手上没有、自己想买进的东西。乙是整条生产／交换线上的一环，他当有工作的报酬。

就算是以物易物的交换吧，也没亚氏说得那么简单。甲打了谷，要先用筐盛载，然后靠某种工具来运输，还要看丙的需求是多少。丙酿的酒，要到甲手，也是一样。生产了谷和酒，只走了第一步；后面的，全靠乙的帮助来完成。乙从甲和丙身上取得报酬，完全合理。但甲所需的，除了酒，还有很多别的。比如说，甲需要三十件物品；如果每一件都是以物易物来换，实在太不方便。如果有一中介物，当甲拿出谷物时，取回的不是一头驴子，而是等值的中介物，他可以拿着中介物来换取各样其他物品；那么，这不仅方便了甲，也方便了丙、丁、戊、己等。乙的功能，也就是使用中介物（钱币）的功能，对所有人都有利。如是，则钱币的出现，是早晚的事，也是自然而然的。但亚氏却因着其他考虑而否定它。

可见这个中间人，其实有利交易双方成事，有他的贡献。一个全面的、恰当的生产理论，该包括他在内。一个真正的价值论，以及后来形成的价格论，也是一样。亚氏本人知道，价值得视乎需求，不只是生产成本。假定说，价值只有生产成本而无他，那就是最公正的价格了，而中间人故意忽视它，收取高于它的费用，那他是损人利己了。即使这样，这批评也不公允。一者没有考虑到中间人在整个过程中的功能，二者忽略了"生产成本"有众多计算，包括物品的数量、生产者的技术，等等。既然价值得看需求，那甲愿意卖出的物品，强于乙有兴趣购入的，乙当可以用较相宜的价格买进；而丙愿意购入的，又高于乙有兴趣卖出的，乙当可以用较高的价格出售。那是利己利人，没什么不公正。总不能就指控他是寄生虫。

可以指控他的行为有道德上不正当的地方吗？如果他拿出的服务，就像医生一样；那并没有必要说，不是每个中间人都以赚钱为生命目标，正如不是每个医生都只顾钱财的。某些当然会走进歧途，就像一些医生不把人的健康放第一位一样；而中间人面对的诱惑，又要比医生大。他每天和金钱打交道，很容易就做了金钱的奴隶。如果他面向的双方用交换来维持生活所需，而他从中牟取暴利，那亚氏的不满就不无道理。就是在今天，生产者的物品，给代理人带到市场上；我们做消费者的，购买代理商（中间人）卖出来的货品。代理商为了图利，更改物品的品质与数量者有之，用鱼目混珠的手法欺骗消费者的有之。这类劣行，我们不也谴责？亚氏攻击的商业行为，是小贩式买卖的商人，是最直接影响下层百姓生活的一群。虽然，他的论说针对整个商业活动，认为贸易是机械的、不道德的。也许，他不满的，是与我们说的"商业伦理"不合之处：人人都接受苛刻，纵容刻薄，榨取别人身上每一分利润，大家为了胜过对手而耍尽花招。就是说，为了金钱而使人格卑鄙。

花了少许笔墨，论金钱与中介人和贸易的关系，是为了指出，用道德眼光来评断商业行为，会有缺失。因贪婪而欺诈当然是人的缺点，但不是商人独有。所以克己功夫很重要。这在《伦理学》里详论过了。现代工商社会的物欲，看来也不能够靠个人修养来改变。

在这里，我们做一小结。亚氏假设，自然的财富——在大地上生长的，主要是农业财富，储存量、交易量有限；人能获取的，也有限。一旦钱币成为度量财富的标准，原来的限制是打破了，因为人可以无限地累积金钱。做买卖的因而受到引诱去追求无限的财富。那是中间人的生财之道。中间人的商贸方式，亚氏不认同；部分理由是认为，金钱是"不自然"的东西，本身也没有价值；它的价值是人定出来的。他引用米达斯的寓言点出，米达斯以黄金为财富，渴望得到黄金，结果是他所触碰的一切事物，都变成黄金，所以连吃喝都不行了。足证金钱不是真财富。

虽然，要有美好的生活，一定的充裕条件是必需的。亚氏认为，有必要的定量就足够了；过度的追求，使人变得以追求物质为目的，混淆了生活必需与生活的真正目标。用他的术语说，就是人变得"追求生活却不是追求美好的生活"。他又把追求金钱和享乐连起来，说人要不停追逐金钱，因为人不断要有物质优裕的生活。那样的追求，会腐蚀人的道德品格，把人的优点与技能，全投入到追求金钱中。那不是一家之主的致富术。（所以他说，一家之主犹如一国之君，不论是家居管理还是政事管理，重要的是你要有资源，但要懂得怎样好好运用资源，远胜于拼命去取得资源。你要看顾你的财产，但诸多实际工作你不必亲自动手；好比一家之长要照顾全家人的健康，但实际工作是他雇用医生去做的。可以推想，如果事无大小，做主子的都要亲力亲为，那他一定不会有美好的生活。）

也许正是那些小眉小眼、贪图小利的商人他最看不起，所以他特别批评做小买卖的，认为差劲的是小店东而不是大商贾，是那些放小贷的而不是银行家，好像这类人就最容易因爱好钱财而变得腐败、堕落。正是在这背景下，亚氏相当严厉地谴责放贷者。他们的谋生技能，是借出金钱，收取利息；那是纯粹用钱赚钱。

利息高昂的，叫高利贷。这种生财手段，比起其他形式的交易行为更不自然，因为它距离自然的方式更远一步。乙助甲和丙交换谷和酒，起码交换的是自然作物，纵使乙所收的佣金不是。放贷者连乙都不如：他跟自然财富，连边儿都沾不上。

亚氏谈到放贷，针对的不是大型商务贸易的往来，而是那些零碎的、小规模的利钱（*obolostatike*，英文作 petty interest）。他抨击的，看来是向穷人放贷而收取高息的人。他把放贷收息为业的，放在不自然营利之首，刻意突出这些人来指摘。这类人的牟利手段，比其他商业更夸张，因为他们的利息，是建立在他人的必需品上。例如，债主向穷人借出 100 元，要求年底还 120 元；他的"罪行"，比起几次盗窃合共 20 元，更要严重。因为，他一次收取利钱，连手指头都不必动一下。还有另一层意义说，那样的行为是不自然的。借贷人不只是从他人身上而不是从自然谋取利益，他使寸草不生的金属"生子"。人生孩子，树结果实，都是自然的；但金属（钱币）是不会生子的。这是因为古代希腊人将利息叫作（家长）本金的儿子（利息和儿子，是同一个词，*tokos*）。那借贷人是反自然之道而行了：你借出 100 元，收回 120元，那 20 元是从 100 元那儿"生"出来的。〔我们也叫生息。〕亚氏说，那绝不合自然之道。

不难看到，亚氏不曾深究利息的道理。贷方给借方提供了服务，助借方解决问题；借方除了悉数归还外，还当给贷方"补偿"。可以说是付给"服务费"吧。贷方把钱拿出，一段时间之内不能运用，那他是冒了风险的。（今天我们叫机会成本。）不能假设，贷方的钱，是天女散花般散给他的。借方拿了借款，变换成自己手中的"工具"，利用工具找寻其他机会，增加自己的资源和财富。当偿还的时候，连本带利交回贷方。那没有什么不合理。如果我向你借钱，然后利用你的借款赚了一大笔，你却分毫无利，那你为什么要借给我？站在普通人的角度，我们是这样看；古今一样。（我们向银行借一千万，拿来置业投资或什么的——这银行是不管的；但银行会收取利息。不然的话，银行自己也懂得拿一千万去找投资机会，何必借给我？古代的"会头""银号""钱庄"等，都是这样经营的。）

但亚氏的着眼点不一样。他对一般商贸活动，没有好感；那是指个人的，不是指整体（国家）的。（后者的重要性，他在卷七会讨论。）他的矛头，似乎是这样指的：假设你是个贫苦人家，眼看隆冬无以为继，就去求借来糊口度日，待明春播种时节，才会有工作。就是勉强能偿还，也不可能付得起利息。所以他所见的，是农作的利息，不是商贸的利息；他并不设想你借钱去赌、去投资、去赚取其他资源，虽然这些情况一定存在。谷、酒（来自麦）都出自土地上，都是农作物。

全面冷静来观察，亚氏的财富生产交换理论，有点像"走回头路"，也影响了中世纪以还，教会对"银行"和"放贷"的反感。他心目中的国度，是个自然淳朴的社会：人人耕作，畜养牲口，有必要时以物易物，每个人都依大地而生活，独立、自主。也有货币，那是用作与外人交易的媒介。这是上古时代斯巴达（Sparta）的生活。而斯巴达人鄙弃金钱，也很少和外邦人交往。它的宪法制度，是全希腊最长久、最稳定的，因为那个较早的时代，它还没有腐败。它赢取了很多人的尊敬。而斯巴达的生活，是简陋的、严苛的。甚至可以说是原始的，不文明的。亚氏本人稍后就要批评它的不是；但在这里，他的想法显然是倾向于斯巴达式多于雅典式了。固然，亚氏有伦理层面上的担心；他担心，一旦人有贸易，就会在社会上引来不良后果，例如产生了寄生阶层，产生了对正当生活追求的误解。但在其他情况下，他很少会因为某设施可能欠佳而排斥它的。这也是他不同意柏氏的原因。

当柏氏排拒私有财产，认为那会导人自私，亚氏说，谓自私不好，你就责怪人性吧；那与私产无关。何况，财产也可以带出人性中的优点的。这跟用金钱做交换的媒介，不也一样？如果人用钱币交换，会带来恶劣后果，那追本究源，不是人性败坏吗？有效率的交易，不也替国家带来很好的目标——自足？谴责交易时，是否忘记了自足的需求？很明显，国家要自足，首先要有分工。若每个人都在自己岗位上尽其所能，就可能有最大效益。还有，正因为有分工，所以有不同的产品，相互交换，采长补短，生活才更有姿彩，更形丰盛，也就是更文明。亚氏追求自足，却不要交易，甚至不像柏氏般主张分工，强调一人一工之利。我们读亚氏理论，见他评柏氏，说乃师不明任何社团都由不同成员组成，会有点儿纳罕：他不正是要他的"经济社团"停步不前，人人务农，人人都像同一类的人？

※　　　　　　　　　　※　　　　　　　　　　※

两千年后，18 世纪在法国兴起的经济思想，也就是所谓"自然学派"（French Physiocrats），提出跟亚氏差不多的理论。他们把具生产力的，规限在农业劳动力上；其他劳工一概不与焉。他们觉得，在地上耕耘——也包括渔、猎等所得，就是所有的财富；其他的，都只是围绕着这些材料工作。他们像亚氏一样，忽略了"生产过程"要物品到消费者手中才算完成；他们也没有察觉到，过程中的每一阶段同样重要，同样有价值，同样有"生产力"。因此，他们说，交易，并不带给任何人好处；因为，一切公平的交易，假定了交易双方的物品是完全等值的。结果是，没有人得，也没有人失；对等交易，是没有成败、胜负、高下的。这些人，倒不是社会主义者。亚氏持同样的观点，我们也不必视他为社会主义者。

对财富的态度，扬农业抑商贸，在上面约略讨论过了。我们需要反省的是：究竟这些态度是一种道德姿态的表现，还是论点本身就是合理的？比如说，农业比商业更"接近自然"。这可以理解为：农作的过程与生产，较直接与自然生长有关，而不大牵涉人的技术与工艺。但这样说也有问题。就是在亚氏的时代，耕作已牵涉技术与耕具的改良；当时的玉米种植、酿酒、捕鱼等活动，都用上了一定的器具与技术，都引用了经验与技能——人为的改良。就姑且说，耕作更接近大地，所以比起农作物的买卖——交易，农业是"更自然"的。那也不能证明，农业是优于商业的。从自然哲学的立场出发，他假定自然胜于人为，自然的就是最好的。即使如此，从他的理论引申，也不见得纯是自然的、原始的、全没有人工的，就是对人最好的。他说城邦是自然的，但也得靠"先圣昔贤"把它组建起来。世上能天然形成的事，终究不多。所以尽管城邦家居都是自然的产物，也要有人为的努力才能补足。他的一般立场，是要文明不要蒙昧，也从不鼓吹人"走回头路"——回到简朴原始的生活，像日后卢梭所追求的。可是他扬农业、赞扬自然财富的逻辑，使人感觉那正是"回头"的路子。我们只能假设，他认定农作道德上优于商贸，把他引到这条路上。

另一点值得思考的，是农业财产有限、商业财产无限的论题。我们可以同意说，金钱的累积，较农作物累积容易；但出于兼并、收买、交换等方式，可使人不断增加土地；某类谷物——例如玉米的无限量储存，也不是不可能的。何况，新增土地是否全是农地，也是个问题。亚氏又假定，农人的基本需要，只是农产而无他，直是说农民从不理会"奢侈品"似的。实情未必如此。农人也是人，也爱美，也爱丰裕的生活。他们也会追求，也会希望得

130

到日常必需以外的物品，例如"奢侈品"。那也是人性。如果他从道德立场认为，追求物质富裕只可到某"恰当"的程度，超过就不对了，那他或许该论说，生财之道是有界线的，而不是只有某类别的"财"才当有内含的局限。同样，如果金钱不是唯一的人可过分累积的财产，那就没有理由突出指摘说，做买卖的商人就是追求无限利润的人。纵使金钱是唯一可以叫人无止境地追求的富源，你也没法证明做生意的就一定会无限追求它。可见亚氏的指控，并不十分成功。

这并不是说，他的结论都错了。古代的农耕，尤其是早期较简单的，技术不发达的农作，相比于行商的，确实不那么看重利润。这个观点，长期占据欧洲思想界的"领导地位"。罗马教会的早期教士，把这个论说融进自然律中，成了日后教廷法的一环，历久不衰。直到12、13世纪，欧洲各地为方便行军，大筑驰道，商旅因利乘便，逐渐抬头。到了文艺复兴以后，随着宗教改革而来的商品交换频繁，贸易愈形兴盛，才冲破了几千年来的"唯农独尊"教诲。

看我们自己的发展。古人并不都认为，俭朴是人的天性。人无贪念，则不需教化勤俭克己矣。读荀子《性恶篇》，可以看得十分清楚。我国自古代始，一直贬商贸的旅人，《诗经》就以"荡子"称之。重农抑商，强调以农立国，贬抑经商赚钱，从来如是。看孔子的养民思想。养民，亦重仁爱的表现。博施济众，仲尼认为是圣人之业。评价为政之优劣，亦以用能否养民作为准则。他说"子产有君子之道四"，养民是其一。冉求助季氏聚敛，以病民，故斥之为"非吾徒也"。可见一斑。至谓养之途，殆不出裕民生、惜役力、节财用等。但他仅以民生裕足为目的，像日后战国诸侯各争富强的政策，非孔子所能想象或允许。人民自足并不是财富扩充，而裕足的标准，不在生产量，而在分配匀。所以他说"有国有家者不患贫而患不均，不患寡而患不安。盖均无贫，和无寡，安无倾"。国家不必追求富强，能自给自足，就够了。小农制最好；不需生产求财。

近世学者有提出反省的，认为如此造成人人对土地的依赖，加上历来文人雅士的颂歌，使国人有"土地迷恋"情结。这长远来看，是好是不好，也不容易说。我们也可以问：非工商社会，何以人尽其才？何以物尽其用？更何以货畅其流？

家政理论

家政，有三重理论，也就是君子持家所需处理的三种关系。奴隶理论和财产理论相对应的，是主奴关系。家庭理论相对应的，是夫妻关系和父子关系。

在谈到家庭成员的关系时，亚氏的立论，当然是从治家者的角度出发，也就是用一家之主的身份来分析。他是个"在上位者"，妻子、儿女、奴仆，全听他的。管理奴仆，是上下从属的专权统治：说专权，是因为奴隶不自主，只听从号令行事，也没有自身利益可言。一切以统治者的利益为依归。管理儿女，像君主统治：那是王权施于臣民的性质，但以臣民利益为重。管理妻子，是政治统治 [1]——那是政治家统治公民同胞的性质。可亚氏在这里却加了一句；他说这类形式是在无分轩轾的公民中间实施的，人人平等，轮番执政。

问题来了。政治统治，是治人者与治于人者地位平等，所以可轮流执政。那表示夫妻统治关系，可以轮替；那又意味着一家

---

[1] 有叫共和统治（吴君本），有叫立宪的统治（双吴本）。亚氏在这里只是提到，并没有进一步解释各称谓的意思。我们暂时也不需详论，在后面他会有细致的述说。

之主不必为族长，也可以是族母。父子关系，也可以变成今天说的亲子关系了。但亚氏却说，丈夫统治妻子，是终身的，也就是永久的。这么一来，双方就不是处在平等地位上了。他看到不一致的地方，也尝试调和起来。他表示，就算在平等的人中，有治人者和治于人者的关系出现时，治人者凭着治人者的身份地位，往往表现出"位高一等"的格局。这种格局，见于他在姿态（包括服饰）上、在谈吐上、在仪表上，与众不同，而得着治于人者的尊敬。这该是夫妻关系的写照。

按定义，统治关系，必然牵涉某程度的不平等。假定说，在一群平等的人当中推出一个领袖，其他人是随从，那么原来的平等地位是打破了；当领袖的，站上了近似治人者的地位。但如果夫妻关系就像公民之间的平等关系，而不平等是来自夫永远统治妻，那是否可以问：何以妻得永远从属于夫？如果两者之间没有不平等，那治人者和治于人者的位置，何以不能轮替？亚氏没有进一步讨论这些问题；在《伦理学》中的说法是，有能者居之。家庭当中，男女各有所长，各人都按自身长处去发挥、去主事。当然，他是认为，在体力、智力上，男人都要胜一筹。

你可以说，亚氏看女人的社会位置，也许不比奴仆为高。他讨论家中的奴隶，也引用不同的观点，正反争论。他讨论家中的女人，却纯是他那样认定而已。家主看妻奴两者，是基于家主怎样看待他心中家居的价值。当初他的立论说，家居成形，是自然而然的；所以村落、城邦的形成，也是自然而然的。夫妻关系、主奴关系，同样是自然的，因为那是建立在某些自然的特质上的。现在他说女人——妻子，从属于丈夫，却不见有理论上的支持。自然的奴隶，他有个说法；女人永远受统治，他没有任何说法。站在今天女性主义的立场，你也许会这样批评。

虽不能说全无道理，却不是很全面。亚氏不是个激进的社会改革家。在《伦理学》中，他早表明，他乐意接受大多数人的意见。他对女人的观察，是当时的普遍意见。大家都觉得没有不对。如果自然的推移，使男女走在一道，那家的形成当是自然的。家，固然是男性中心的族（家）长统治了；这，中外无别。在那个时代，那不是很自然的？家中的分工，按各人的角色分配；在男性中心的时代，当然是男女不平等了。但这是从"妇女解放"立场说的，而女权运动，是近世的事。如果你问亚氏，同性婚姻是否自然，他会怎样回答？就是柏氏吧，他当然知道，同性恋在当时颇为流行。他反对，却不站在道德立场，而是认为，必须鼓励婚姻来维持公民人口；公民少了，城邦竞争力会下降，会有危险。

在全卷最后一章，他一开始就重复强调，持家之道首重在人不在物，在家中各人能有怎样的品格，不在家中库房能积多少货。品格也有上下之分；上者主人，下者奴仆。因此亚氏又回到主奴关系上。这一层我们在前面讨论了很多，不再赘述了。有一点值得玩味。他提出奴隶也有品德，但和主人的品德不同：不是程度多少的区别，而是本质相异。在短短一段文字中，他就重复了两遍。又问：除了能自持，做事不轻易退缩，对人要诚实公正以外，还有没有别的德性？我们知道，古代希腊人认为，君子，或者说一个堂堂正正的人，要追求四项崇高的美德（英文一般叫作Cardinal Virtues），那就是慎虑、公义、克己、勇气（Prudence，Justice，Temperance，Courage）。亚氏在这里提到奴隶具备的德性时，指出了三项，独不提慎虑。他在《伦理学》中，划分开智善与德善；慎虑属前者，其余的是后者。他在这里这样说，其实是回应了在前面谈主奴关系时，那智力与体力的分野，那自然的主人与自然的奴隶的分野。所以奴隶也有某类德性的，那是听命于主人，忠实执行指示的能力，不是用心智发号施令的能力。那不是智善，是有限度的德善。

说到心智（或者叫灵性），亚氏把妻、儿、奴三者并举。儿童与奴隶不同，他们具有智力，起码有那潜质，所以儿童也有独立的价值。将来有一天长大了，他们也要当主人的。但儿童的心智，是不成熟、不完整，还没有全面开展的。正因如此，他们需要大人的指导、扶持、规范。身为人父，就得负起这个责任，好好培养儿童成长；又得以身作则，给儿女一个典范。那也是君子持家之道。还有，那是为了他们好，不是为了（统治者）父亲好。

但女人的心智，就不同了。亚氏说妇女的心智"并不充分"，也可以说"没有分量"，或者是"缺乏权威"。如是，妇女当然不适合做一家之主了。他没有解释说，为什么他认为妇女的心智是"分量不足"的。后世的评论者，很多拿着这点，说他不如柏氏，因为柏氏曾说过男女智力相等一类的话。不过，在《理想国》中的论述，柏氏也没有任何充分解释，只是认定而已。那样的认定，也不见得就很有"权威"。当然，柏氏的说法，在当时是"反潮流"的；而亚氏的立足点，却是希腊社会普遍接受的。他在下一卷就会说，妇女的活动范围，是在家中。古代雅典女人并没有什么政治权利；就是在家中，也得听令于一家之主。所以他在这里比较男女的"勇气"时，说男人的勇气，是要领导的；女人的勇气，是要去顺从。看来男外女内，女人在家相夫教子，是无分中外的文化习惯。我们不是长期都说"女子无才便是德"吗？

不管怎么说，亚氏对他自己的社会，在这方面也不是没有批评的。他认为，社会应该给妇女恰当的教育，好教她们能配合城邦的价值。可惜这给忽略了。（不只在古代，近代以前的西方社会，妇女教育同样不受重视。在东方更然。）从理论上说，家是自然的，城邦是自然的；如果有勇气接受命令，是女人的自然美德，那尽管有教育，也只是使家中女人更称职地"相夫教子"而已，因为那是她自然而然该行的事。也就是说，"恰当"的教育，只能

135

教她"恰当"地协助持家，好配合城邦的整体目标和价值。既然社会没有好好教育妇女，那教导的责任，就很自然地落到主人肩上了。亚氏不仅要主人指挥奴仆，指导孩子，还要他指示女人。真有点像我国古代说的"作之君，作之师"了。刚提过，奴隶缺乏智慧，所以说到教导，他一再申说主人须多培养训练。

18 世纪末，名噪一时的英国作家玛丽·沃斯通克拉夫特（Mary Wollstonecraft）发表文章，抨击当时的教育制度，认为"淑女教育"是贬低女性的。她的政治指控是：要女人安于绣花、弄茶点，就是不要她们有同等的政治经济权利。女人必须从家居生活中释放出来，不能老俯伏在男主人的脚下。那大概是第一号"妇女解放"的呼声。当然没有什么听众。19 世纪中，鼎鼎大名的密尔（时释穆勒，即 J. S. Mill），出版了一本书，名《妇女的不平等》，挺身而出为女性打抱不平。仍旧引不起多少注意。而追求女性地位平等始见成效的，是 20 世纪下半叶。从历史角度看，倒不能苛求于古人了。亚氏没有说，为什么社会该教育妇女来配合城邦的利益；不过在结尾时，他轻轻提了一句：女人占人口的一半。那反映了什么？长期以来，不少人攻击亚氏，说他是个理想主义者，说他的自然论不合理，等等。要求社会教育妇女，因她们是国家的半数人口，那是十分现实主义的，至少，他不盲目。

到了终卷的地方，亚氏重新提醒大家，为什么花那么多笔墨，来讨论家政诸问题。他没有说，三种统治方式，就是三种政体的缩影。他也没有说，君子持家，是"内圣之学"；君主治国，是"外王之学"，像《大学·章句》说的，"家齐而后国治，国治而后天下平"。我们倒容易有那样的联想。但他确是表明，家，是组成城邦的最基本社团，而家中各关系，又是组成家的最基本元素。要使城邦成为有德之邦，那家中的主奴父子夫妇，都要各有其德，否则家不成家，何以成国？所以他说，要有良好的妇女、儿童，才会有良好的城邦。道理很简单：妇女是城邦之半，儿童是邦国未来的主人翁。家国一体，那是他的教诲。当然，说"家国一体"，只是个比喻的讲法，因为一开卷读者就知道，家规国法，是两码子事；持家并不是治国：那是两种权力行使的方式。

※　　　　　　　※　　　　　　　※

　　家者国之始，这不只是历史的进程，也是自然的轨序。家政讨论的三层关系，都谈过了。奴隶理论，亚氏就放下了；财产理论与家庭理论，他还要再谈。大家见到，他对行商贸易的人，很不客气，直像要将他们的活动从城邦中赶走似的。但美好的生活，需要文明的姿彩，那又有赖于贸易带来的丰盛。到了卷七，我们会见到，他公然承认贸易是必需的；不只是城邦内各部互补，同时也是各城邦间互利的行为。他丝毫没有打击贸易之意，只希望把不好的影响尽量减少就是了。不管怎样，他在卷一考虑的，不是贸易对城邦整体是否有利，而是有责任教导一家上下走向伦理生活的主人，是否该投身贸易的问题。他关注的，是家主品行的问题；最理想的家主，是那个拥有适度田地与财富，过着福乐生活的人。

　　就是那样的家主，也不见得能绝对自给自足，他不可能光靠自己耕作，就得着丰足的生活。他所欠缺的，需要和别人交易来补足。他或多或少也需要有点贸易。在亚氏的理想国度中，有很多必要的功能，他觉得不应当让这些家主公民去负起，该使那些非公民的民众来干活，因为他们不必为国事操心。国事，该由有品格、有能力的公民来负责。这样，焦点就放在家主的品德上。那么在这卷书后批评亚氏忽视贸易的社会功能，是放错焦点了。他的着眼点，不在贸易的功能——他在其他地方清楚表明这点，而在它对人的不良影响。这个重点，也许解释了何以他特别不满那些小商人（现在流行语叫 petty bourgeois）。他们的活动和富商巨贾一样，却要放更多精神时间在工作上，也就更受商业价值的腐蚀了。

值得我们思考的，是亚氏论致富术的长长一节，侧重在伦理学而非经济学。他看来十分了解和忧虑的，是商贸对人行为的影响；不仅是个人的，也是集体（政治）的。在今天，反省同一个问题时，我们说他因重农而贬商，也许不无道理。可反过来说，看看今天世界各地商学院，大量生产商业人才，却没有认真考虑过，商贸对人性的考验，对集体的影响。道德滑坡成了举世现象。那亚氏的忧虑，就不是没有理由了。稍后会见到，他认为贫富冲突，是政治冲突之源，至少在他那个时代的雅典是这样。他甚至认为，政治家的职责，是在调控生产与财富上花心思，祈使各阶级共容互利。有意思的是，尽管他知道这些因素，他却不把交换活动看作经济行为，而是用道德行为的标准去衡量。他看"经济"，不像今天我们的观点，认为那是一门独立的社会现象，与政治是相互影响的东西。这是现代型的，希腊人没有这一套。*Oikonomia* 不是经济学，是持家之道。

城邦，是一种生活方式。它是个道德团体。它是个人人为我、我为人人的社会。说得理想化些，它有点像《礼记·礼运大同篇》中形容的："货，恶其弃于地也，不必藏于己；力，恶其不出于身也，不必为己。"从城邦看，财富、教育、战争，甚至戏剧等，无不涉及人的生活，无不需要城邦的伦理教化。我们觉得有困难，因为我们看经济、宗教、法律、教育等活动，都是独立的范畴，不一定与政治牵涉。希腊人不这样看。可以说，希腊的城邦社会，没有那么"分隔"，生活各层面的"组合"较强。我们尝试了解古典政治思想时，这点不可不慎，否则很容易曲解亚氏的。

也许，对他们的社会多一点理解，能使我们多一点自省。近代社会，比较像联组社会，所以是"分隔"的。过度的分隔，也有它的缺点。近世社会科学愈来愈强调，探讨问题应采科际整合的路线。能否打破古代伦理科学与近代社会科学的"对立"，尚言之过早。亚氏研究政治的方式，起码叫我们看到，经济、法律、道德、教育、政治等知识门类，并非各自独立而是相互依赖的。

本卷完结时，谈的是家庭问题。卷二是承接着这条线开展下去的。

卷 二

理想国度的批评

在上卷的后半部，集中讨论的是生财之道。亚氏的立论是：致富有不同模式，有自然的，有不自然的。在一开始，他使我们看到，人最初的生存环境，十分恶劣。人为了生存，用上暴力的手段，劫、杀、抢、掠、海盗行为，等等。早期社会都这样，无分中外。他说那是"自然"的，但他不说那是值得后人效法的。可以想象，游牧社会，当然不会来今天文明社会的一套。亚氏显然觉得，从抢掠到交换，是文明向前迈进了一大步。按着他的理论，人从野蛮进入文明，然后一步步达到自足丰裕的境地。那是自然而然的，同时也显示出，人是向着一个高的目标进发的。进发过程，会用上不同途径，暴力看来无可避免。怎么知道？如果人在自己身上看不到，他在自然界总可以看到：适者生存、弱肉强食的自然律，是万物的生存法则。虽然，那不是一幅美丽的图画。但亚氏相信，自然的推移，会把人带向一个高尚的生存境界。那是他的自然观。

这是一种带有浓厚目的论的自然观。所以他给我们看到的自然之道，并不隐藏那原始的；但同时也带出那美好的。近世论者，多有反对他这种论述的，认为那自然哲学不够整齐，不完整一贯。因为，亚氏并没有把自然的轨序，化约成一个原则，使人容易理解。他有起点，又有终点；既看到低的，也看到高的。他的理解，一定有问题。假如他能想得通透，他当看到，自然之道，可归纳到一个原则：自我维护（或者说自我保存）。在某种条件下，人要应付各类伤害和危险；在另外的情况下，凭着自身力量，人能克服自然环境，给自己制造较好的环境。几乎可以说，这是16世纪以降，近代哲学家的口径：他们都高举"自我维护"，说自然的推移，只是一个原则在不同境况下的应用而已。

描绘人处在自然状态下的残酷困境入木三分的，是霍氏。他说那是人与人处在战争状态下的环境。人没有任何保障，也没有安全感，只活在恐惧当中。自我维护，是人唯一懂得做的。人为了维护得好，就用心智去抗衡不友善的自然状态。漂亮演绎这种哲学思想，认为人出于自发的、求自我保护的私心，制造出终于对人有利的环境的，是亚当·斯密的公式。他的"无形的手"，就出自人的自然欲望和需求，使人能产生好的东西，虽然那并不是他的原意：人行的是东，成的却是西。人求维护一己的好处，却因此成就了他人，使大家的生活条件都得到提升。并不是因为人慷慨或乐善好施，事实刚好相反。正因为他是自私的，但私心，通过某种途径，使人自然而然地把私的破坏力转化为有利于大众的力量。也就是说，"自我维护"这一原则，整齐一贯，可用来解释不同情况。这种观点与古典哲学家的论点很不同。亚氏给我们看到的，是自然之道的暧昧性质：它又是这，又是那。

在这里，我们当思考一下，把对自然之道的理解，化约成单一原则，相比于二元论（甚或多元论），在认知上是否更优越？（它带出的实际政治后果，暂且不论。）我们怎么知道，用"一元"来解释自然的推移，是高于用"二元"来探讨的？将万事化约成一元，就是智能上的成功？抑或说，很多事情你需要用多元来解释？说一元的解说本身必然高于二元，理由并不明显。（这个"一"和"二"的论说分歧，我们在《伦理学》里有较详尽的解释，可参考。）

自然的推移在人身上成就了什么，我们在讨论奴隶理论时谈过，在论财富时也谈过。看来不论在何处，亚氏在本书中都使我们看到，同一个论题会不断出现。自然要人经历艰苦与不安，自然也让人看到崇高的目的。那么"自然"是包括了来自何处，也包括了前往何方；不是两者我们都同样喜欢，而是两者我们都得面对。两者缺一，我们对生命的理解就不完整。如果只看那困顿不安的一面，是扭曲了整个图像；如果只看那高尚美好的一面，也不见得完整。马氏千多年后就说，你看当前的世界很完美吗？你一定亡无日矣！不明白自然的轨序可带来痛楚与不安，你一定失败。所以我们得两面看。亚氏的理论，并不整齐划一；也许那正是人要面对的真实情况。

亚氏论家居奴隶，是这样的：如果一家之主，按着自然是当在上位的；如果做奴隶的，按着自然当听从指挥，两者是在互利情况下各司其职。为人主者所发挥的，是持家之道，不是恃势凌人。如果不是这样，那主奴关系就不对头了。他甚至说，主仆间可在某些情况下，建立某类情谊（*philia*，也叫"友谊"，或"爱"）。这在本卷也有回响。他似乎是列出一些条件，倒不见得容易达到。互利，必须是真实的，必须包含情谊——主奴间的情谊，不易建立；他在这点上多少也有矛盾。（参看《伦理学》中的讨论。）怎样才能达到那样的条件？可不可以说，那是达不到的，除非那一家之主，确是个典范的主人，那个奴仆，确实因受指挥而得益。有点像说，医生与病人，可以建立友谊，因为病人接受指示又全面按令执行，明白那是为了他自己好。那可以叫人产生感激和情谊。固然，病人找医生，是自愿的；可没有人自愿当奴隶。可见主奴友谊很难建立。但那却是亚氏的论点，他坚持那才是恰当的主奴关系；其他的奴隶制——出自法律的，出自强制的，他都反对。那样的条件，要求很高。你可以说，那是很理想化的奴仆制。事实如此。亚氏从没有表示，那制度有多常出现，甚或在何地出现过。

从排斥"一元"论，到坚持理想模式，合起来，就成了亚氏的立论基础。大家很快可以见到，他在这个基础上反驳乃师的时候，会有什么问题。卷二不少篇幅，就针对柏氏来发言。亚氏的申论强调，柏氏在《理想国》所开列的方案不切实际、不对头、弄巧成拙，总之整个理论是错的。他要把柏氏的最佳国度论述，分成两部分：他要讨论《理想国》，也要讨论《法律篇》。这样分，倒不是他认为两书的基调不同——他说柏氏在《法律篇》中的观点，往往回溯到《理想国》。不过，你可以说，《法律篇》是一本比较"实用"的书，因为书中谈的，多是具体立法，且说得仔细。但《理想国》本身，并不是一本宪体手册，人人可按部就班地拿来建立国家。对此，很多学者已有论述。亚氏本人也当明白，因而将两部作品分论。你会很自然地推想，他人见到的，他一定早已见到；《理想国》并非"自助书"，并没有程序教人怎样设立最理想的政体形式。它毋宁说是教人看到"政治生活的本质"是什么。

什么是政治生活？什么叫城邦？柏氏有自己的理论。亚氏在这里的解说是：老师的城邦学说，是个一元论。那是说，政治生活的本质，是个单一原则。他对这个十分不满；我们会看到他为什么不满。我们暂且不必详论，我们只要记着，他批评《理想国》，直像完全忘了那是论政治本质的东西，不是一本立宪手册。他批评，好像忘记了自己论奴隶制，具有同样的色彩。他说的自然主人与自然奴隶，并不见得何处可见；他得出的结论，不也是理想型奴隶制的本质？那么他说的奴隶制，就像柏氏论的城邦制。但他却大力抨击之！我们会不由得纳罕：他怎么会没有意识到，柏氏的用意，正在通过《理想国》来介绍理想型的政治生活原则？

就表面看，这个问题好像没有答案；当亚氏明显引用该书内容时，他一定意识到了柏氏的用意。我们可以说，如果从卷一的讨论，我们看到自然之道的"二元"性质，也就是自然的推移兼具"从何"与"往何"——凡事都有起端，都向着某终极目的进发，那亚氏的自然论，就可化约成某种"二元论"了。〔我国的古训，像《礼记·大学》所云："物有本末，事有终始，知所先后，则近道矣。"也有类似的教诲。〕如果，他拿着二元观，认为是无可化约的，放到柏氏的一元论上，看到的都是单一原则，当然大不以为然了。就像说，自然所成的是个"众"，而柏氏却把各事归纳成一个"一"。在哲学认识上，起了冲突。按理说，亚氏不可能不明白双方的异点。也许正是他那个"二"，使他能"正面"论奴隶制，而"负面"论《理想国》。

还有，在家政讨论中，谈到家中仆婢或奴隶时，我们留意到，若主奴关系是恰宜的、合公义的，而不是用法律或压迫而成的，那么互利与和谐是必需的。互利和某种"一致"，情谊（*philia*），甚至用一个政治讨论中常见的字眼，同意（consent），合在一道：因有利而引出同意，没有同意，不会有互利。可以想象，若没有同意，会有怎样的情况。所以，要有恰宜的关系，就必须具备某种和谐才行。情谊，是不可或缺的社会润滑剂。不仅在主奴关系上如是，它可以应用于任何一种政治情况。这在亚氏的整个讨论中，十分明显。

亚氏是两千多年前的古代人，其身处的时代，经历了诸多难堪的日子。面对各项不合理的措施和制度，亚氏仍然能够给世人留下那不极端、不偏倚，清晰反省政治生活的各项议题。这些教诲，并没有被时代淘汰。时至今日，我们重温那些充满智慧的叙述，从不同的观察得出不同的理论界说，不得不佩服古人的贤者之见。这一切，又都从怎样理解"自然"开始。

（一）对柏拉图的批评（之一）

卷二的起句，是这样的：我们选定去探讨……（原文是 *epei de proairoumetha*；词源 *proairesis* 是选择；英文作 choice。*pro* 即 for，*airesis* 是 to grasp，即 something for grasp。）准确的原文英译作 we choose to consider...[1]。这口吻，反映了慎虑，也反映了决定。探讨什么？探讨最佳政体；但不是给所有人的，只是给那些有可能过美好生活的人。话说得清醒、冷静，充分反映出亚氏完全明白人的处境。从来都说他是个理想主义者，说他的目的论就是理想哲学的原型。他确实不断将概念提升，却从不夸言空谈。他要审视、找寻最佳政体，他同时也清楚地明白，只有某种条件下的人，才能配合享用。

简单地说，他要选择提出某些方案，不是随意的一个方案，不是"其意虽好，其实不行"的东西，像本卷后半部分大家会遇上的，一个名叫希波丹姆（Hippodamus）的人所提的那样。他不会拟定堂皇的纲领，放进皮包，拿到穷乡僻壤、民生困苦的地区，放言高论，告诉人家做东做西。在十分落后贫瘠的地方，你告诉大家要慷慨，何益之有？也许你当教他们要互助合作共渡难关，要刻苦耐劳，等等；但一些在较丰裕条件下才易生成的美德——像好施，他们不可能达得到。显见亚氏一开始强调，要考虑最佳政体，你需要有过美好生活的条件的人，实在有道理。（至于说，国家需要什么条件，老百姓才可以过那样的生活？又或者，怎样可以达到那些条件？这些问题，他在卷七会有讨论。）

---

[1] 淦本作"我们的目的就是……"；颜本（《选集》）作"我们准备考察……"；颜本（《全集》）作"我们打算考察……"；吴君本作"我们打算阐明……"，语气都不太合。

可他这个近乎常识的想法，现代人不接受。我们不相信，世上有任何地区、任何人民，是不能享有那美好生活的。我们好像觉得，只要给予足够的经济、技术、政治等各方面的援助，人人都能过好日子。又或许，只要有足够的信心和力量，一定可以推出我认为属最佳的政治形式。又或者相信，只要生活改善，最佳政体就自然会来临的。说是现代人的成见也无不可。不必在这里确认谁对；也许我们是对的，也许他对。如果真是他对，那我们就得反省何以如此。现代人面向社会的各种议题，都先入为主地带有某些意见；判断事情的时候，我们往往从成见出发。但成见，常是偏见；国家问题，不能用偏见来解决。否则我们会犯大错。政治哲学如果能带来任何实际好处的话，它的好处就是帮助我们摆脱一时一地的成见。所以向两千多年前的智者学习，不但没有浪费时间，事实上对我们有帮助，因为他的学说有振聋发聩的作用。就像碰上一个没有我们时代偏见的学者，看事情可能比较公允，因为他没有我们同时代人的成见。

亚氏首先要检讨的是当时人认为管治有方的城邦，看看是否能给他自己的研究带来有用的资料。他要审视宪政体制，但只讨论大家赞扬的、认为是上轨道的城邦，比如斯巴达。雅典和斯巴达，长期是竞争对手。两个城邦与各自盟友间的战争，一向被认为是古典希腊文明走下坡路的开始。亚氏原籍并非雅典，但在该城久居；他和柏氏一样，看到斯巴达的某些优点。柏氏的《理想国》，就充满斯巴达的影子；可以说是两邦的混合型吧。可见很多人都认定该城是管治良好的城邦。你要政体持久稳定、人民具有公民美德吗？你会选斯巴达；你要政体有民主、人民崇尚文学、艺术、哲学吗？你会选雅典。也许理想的配搭，在合二为一。那是柏氏的指向。亚氏也有类似的倾向，但他不同意《理想国》中的安排，因为他同时看到了斯巴达的缺点。它也不是亚氏要察看的唯一城邦；本卷后面他也要谈到克里特和哥林多等，都是当时口碑甚佳的城邦。

他说，我研究各邦，并不在好辩而自命不凡。（原文 *sophizesthai*，难译。他是把英文作 Sophist——诡辩派［或智者派］的人——的词变成动词，to sophisticate。那是说，你做的，是个诡辩者的行为。苏氏看不起他们，认为他们不正派，骗人，自认为什么都懂——只要你愿付钱，他就愿意教一切你要的。后人倒不都认为这派中人全那么坏的；不过苏派与诡辩派互不相容，却是事实。各中译本都大致译出含义。最贴近原文的，一是双吴本："好为诡辩"；一是颜本："作诡辩式的炫耀。"）他的意思很明白：他并不在自作聪明，为求声名而好争辩；那是诡辩者之劣等。

他为什么要强调他不是在自我炫耀？因为他环顾各政体，觉得现行的都不"完美"。大家称赞的，他一一批评。批评，只因他认识到，所谓管治有方的城邦，都"有问题"。（这也得稍做解说。亚氏原文是 *me kalos echein*，*kalos* 英文译作 beautiful、fine、noble 等，即我们说美好的、高贵的；*echein* 是 to have，但在这里是 to be、are。合起来，他是说那些城邦都不那么美善、高贵。They are not simply good or noble。译本多作有弊端、有缺陷等。）就是备受欣赏的斯巴达，它的政体也不完备、不高贵。雅典也一样。在他眼中，似乎当时各城邦，没有一个是结构完善的。亚氏要下评语，如何开始？他说要从自然的起点开始。那是什么？是财产。财产，是当前的问题；背后更大的图像，是"一元性格"的问题。批评"单一原则"，是从"财产"着手的。可以说，这是卷一的延续。[1]

---

[1]　卷一最后一章，将奴隶、财产、家庭一起讨论，像个总结，但形式上和前部分不同。有学者认为那是后加的，也有人认为那不是亚氏原意。但和卷二合起来看，又觉得它顺理成章。

论财产，亚氏一下笔就说有三个方案。一是凡物公有，全部都是财产。严格来说，那就是没有财产。财产，是某人拥有的东西，可以是有形的，也可以是无形的。公园，是社会的，不属于任何人，我们不会把它叫作财产。同理，公厕、公路，是人人可用的，我们也不会说那是"社会财产"或"大众财产"。所以"公产"其实不是财产，因为它不属于任何人。二是凡物私有，没有公共的东西。那也不可能。一个国家的国土——不是个别人的田舍房屋等——必然是公共的；它的政府、河流、湖泊，等等，都是公共的。道理很简单。三是公有私用。卷二一开始就用这个引子，提出一个贯通全卷的问题：政治社会，是否该凡物皆公？像苏氏在《理想国》[1]中的建议那样，女人、小孩、财货皆公有？亚氏问：何者当归公有，何者私有？收窄一点：女人与小孩，当公有还是私有？

这里面对的，是《理想国》中的一个论题，同时又是古代作家都谈论到的"女人公有"这一问题。他们都没有说男人公有，像那是女人提出的。何以如此，他们没说；只轻轻带过。不知怎的，总是男的主动。在目前情况下，也不必讨论"男为主"的好坏，或其在历史上的"功过"；如果看看今天我们政治生活中的某

---

[1] 颜本叫《国家篇》。在这个地方他有注文解释："*Politeia* 或译为《理想国》。这是意译，原词即是政体，并无理想之意，陈康先生译为《国家篇》与原义切近，引而申之亦可作《共和国》，如英语之 Republic。"原文指政体，或宪法，不错。所以叫"国家篇"，是可以的。但一直以来，大家都习惯了叫柏氏的《理想国》，这是不分地域、不分背景的。没有必要改名。此其一。说亦可作《共和国》，如英语之 Republic；那是因为英文惯称该书作 Plato's *Republic* 而中文一见 republic 就说"共和"；但共和一词同样含糊。Republic 是从拉丁文 *Res Publica* 翻译过来的，原指 the public's thing 或 of the public thing。近世政治学受马氏影响，以为凡非帝制皆共和，所以当今诸国都用这个名号。政体真正属于公众才得称共和，对多数国家来说，那还是可望而不可即，仍带理想成分。此其二。我们沿用惯名，叫《理想国》。

些层面，全面男主的情况肯定不存在。女人当首相、议员、总裁等，普遍极了；更不用说当女王的。其他职位更多了。所以，说政治上主动的必然是男人，并非事实。

不过，现代社会，基本上还是男性中心的社会。在很多方面，"男主"现象还没有彻底转化为男女共主的局面。不要说国家元首了，就是一般的政府机关首长，各级议员、法官，以至银行、商行、私人机构的负责人等，莫不是男的占多数。这个社会现象同时也是历史现象，或者说是历史遗留下来的现象。那么两千多年前的人，更是男性中心，更认为男性优于女性，就不足为奇了。所以他们带出的讨论，是共妻而不是共夫——当然还有共孩。亚氏探讨城邦的优劣，首先提出柏氏理论中的这点，自有其理。

他显然认为，在一众理论中，苏氏的最有分量，最能发人深省，所以他花了不少笔墨来谈。谈前先问：何种安排为佳，是当前的政体，还是苏氏在《理想国》中建议的？问得有点奇怪：看来这要带出的结论是，当前的较好。从亚氏对该建议的评论口气看，那会是他的结论。那是相当严厉的批评了。他刚提到，在所有现存的政体中，没有一个是真正美好、高贵的。如果在当前的众政体中，找到一个比《理想国》中的最佳国度还要好的，那我们得仔细想想，那基础是什么？《理想国》所虚拟的国度，并非信口开河得出的；它的思想深度，它的严肃讨论，竟然及不上一个自然形成的城邦？怎么可能？那里面一定有非常有意思的睿见。且看亚氏的表述。

评论有不同的方向。首先，苏氏建议取单一原则来治理城邦，并不妥当。其次，他的手段不可行，并不能使他达到目的。但这一点柏氏是清楚知道的，也不会感到诧异。在《理想国》中，苏氏就得面对这个问题：你提出的美好国度，真能成事吗？真有可能吗？他回答时就表明，那不是绝对不可能，只是绝不容易。从他所用的办法判断，那基本上是不行的。你怎么去除掉所有成人？你要从头做起，从人的品格未成形时开始。你要创建只有年轻人的城邦。那么那些父母呢？就实际角度看，仅就这个已不行。

看来只有一件事比这个更不可能，那就是柏氏不明白这一点。很难想象，柏氏不知道不可能建立一个城邦，全体成员是只有几岁的儿童，而所有父母都愿意投入这个"实验"当中！不然得怎样处理做父母的？把他们全部杀光？近代人才会这么想。有一整个阶层的人碍手碍脚吗？把他们"清理掉"吧。有多少万人成为你伟大实验的障碍吗？把彼等"处理掉"好了；更不必说到六百万名犹太人被屠杀。古代作者不见有这个想法；他们不曾建议说，为了种族理由或意识形态，而把整个阶级清洗掉。那么柏氏没有可能没想过这个安排其实走不通的。

不论这件事背后的真相如何，亚氏确实指出那手段不行，因为它不会带出苏氏要求的要城邦"变得齐一"的目标。他说我们不会知道那会是怎样的一个团体，因为那蓝图并没有细节；没有细节，你无从施展。事实上，苏氏提及的一元城邦，整个方案都十分粗略。站在柏氏的立场，他固然可以辩护说，蓝图没有细节，因为苏氏的目的，并不在给统治者写一本政治手册；他的指向，是政治思考，不是政治行动。这样看，马克思的方案，对社会主义者来说，就很有缺失；那缺失，正因为没有详细说明他的方案该怎样施行。他很少谈到，那未来的国度会是怎样的。

亚氏的论述方式很不同。他的终点（目的），总是最佳状态的、最美的结果。然后他告诉我们，用什么手段可达致该终点，而不是定下手段，人人凭之行事，但结果只是乌托邦式的朦胧东西。就此而论，柏氏与马克思无别，同属乌托邦型。你可能会说：这不能怪他；毕竟，人怎么会知道未来？这就引出了一个很有意思的问题：对一个声称要改变世界的人来说，那样的分辨能多有力？启发思考和鼓吹行动，属不同层面的事。如果我要大家去革命，我得起码使大家知道，革命后的景象如何。理论上我们以为马克思会告诉我们；他其实没有。毁誉不论，马克思主义本身并不足够，必须有一外在的"补足"，那就是所谓的列宁主义。起码，列宁有个偌大的国家要管理；马克思没有那个困难。

也许可以说，你该看到你鼓吹的政体蓝图有多详细，视乎你为推展方案而要大家做什么。你也会因拥有该知识而称誉，因缺乏而受责。柏氏没有示人以细致的内容，但可免受责怪，因为他并没有宣称他的理论是个行动方案。然而亚氏却责怪他。我们得再问：亚氏责怪乃师，有什么严肃的基础？他说他不是要诡辩卖弄，故示聪明，倒不是打诨的。如是，那他一定另有理由。我们要找出那是什么。

第一点亚氏要讨论的，是苏氏追求的"一元城邦"，到头来只会因一元而摧毁了城邦。那是什么意思？看来智者苏氏认为，城邦有齐一的步伐，是好的。他的名言是："凡一国能愈臻乎单一者为愈善。"从我们自己的随意想法看，国家能够人人一条心，有一个共同目标，团结一致，当然是对的。如果国家不"齐一"，它就会"分裂"，那才不好。所以苏氏说，城邦成员走在一起，平等划一，城邦才能强大有力，才能和衷共济，才能使情谊发挥。亚氏自己不是说过，情谊是社会的黏合剂，是成就美好生活不可或缺的条件吗？那么他反对一元论，是为什么？稍稍回头想，重看亚氏怎样描述城邦的成形过程，我们当记得，他说城邦从最基本的人类组织（社团）开始，慢慢成长、壮大，从家庭而家族而部族，一层层递进，最后合众而成为城邦。城邦的基础，不是一个家，而是由许多不同的家自然合成的。

如果他说得对，我们就会领略到，自然之道是怎样带出城邦的。自然好像教导我们，城邦不是合一的，而是分散的；那情况，

151

就像部分与整体的关系。假如你有一个计划去创立城邦，废掉了原有的众多家庭来成立一个大家庭，尽管原有的是真实的、自然的，是构成整体的基础单位。那么我们就可以说，你那计划是不符合自然的；你是排斥了那自然的实体，代之以人为的创制。排斥了自然而成的家庭，就像柏氏在《理想国》中的做法，把城邦变成一个大家庭，人人皆兄弟、子女，等等。亚氏说，你那是破坏了城邦；因为城邦是个"众"，有不同部分。他要解释为什么是那样。

他跟着谈到统治，又引出木匠和鞋匠作为例子，说木匠、鞋匠不必一生只以木工、缝鞋生活。他们可以互换位置，又或者干其他事情。暂停在这里，假定我就说：城邦是个混合体，它是不同部分组合而成的，每部分当然都会有本身存在的理由。你首先想到的会是什么？多半是：不同的部分都有不同的功能吧？甲家打谷，乙家酿酒，诸如此类，像分工。分工，必须有不同；事事同则无所谓分工。亚氏没有明说，这正是他所想的；但分工原则绝对有关，却甚明白。只要讨论是沿着反省《理想国》的角度开展，它就一定有关；因为柏氏的构思，很重分工。柏氏的分工理论，是"一人一工"的公式：按着人生来所属的自然位置——例如你是属金的，或银的，或铜的，各具不同的气质与特长，应该拿来配合不同的工种，在自然的岗位上发挥所长。好比说，人来到世上，会有一定的天分、能力；那是自然而成的，不是教育塑造的。分工，是按着这个原理实施的：有治人者，有治于人者，有农民，有武士，有工人。

既然人生而具有某种长处，那么人自然而然就属于某阶层，会有不同的能力。你是适合做教授的，就不会当木匠；当木匠的，也不会做教授。先不说人是否只有一项"最优能力"，柏氏的"一人一工"，就使社会上所有的人都站在他"理所当然该站"的岗位

152

上，不能改变。因为改变了，就失去了"最佳表现"，社会的效能也下降了。这是说，那层层划一的分配，是强制的。这就像说，阶级社会，自然而成，自然之道，影响着人的位置。（日后黑格尔谈到阶级社会的时候，也指向自然的推移。）当亚氏拒绝这样的安排时，他似乎是拒绝某一种分工的原则，因为该原则认为，人的自然分野，是生而可辨的。我们可以问：他要城邦是个"多元"而不是个"一元"的组织，是因为他要求分工，还是因为他排拒强制的齐一？或者说，强制的阶级社会，也就是强制的不平等社会？

在用鞋匠、木匠做例子时，他的脉络是统治，包括了轮番统治，或者说轮流执政。多元城邦的生命，背后是个对等交换原则。很明显，他这样说的时候，是指向柏氏的。设想没有互换，城邦有某些人永远做治人者，其他人永远做治于人者，那是最好的。治于人者明白自己的短处，知道自己没有领袖才能，甘愿接受治人者的统治，当然理想。那是最稳定的城邦。亚氏同意，最好是双方都有同样的认识。但他说，如果按着自然是人人平等的，情况就不一样了。人人平等，是自然而然的，你就不可能有永久的治人者与治于人者。你只能有交换原则，即位置互换：有时是治人者，有时不是；他说不论这是好是不好。因为，如果是好的，人人都该有，因为人人都当分享好处；如果是不好的，那大家也当共同承担，因为没有理由说，某些人得被迫去做统治者，处理政务，其他人可不必受累，自在逍遥。可见在平等情况下，人人都要参与，因为没有了永久的治人和治于人的阶层。

回溯一下我们在上一卷谈过的。亚氏在那里叫我们看到，自然之道有个管治原则，是应用到一切生物上的，因为那是整个自然界的原则。他说这个原则，不仅用到生物上，也用到非生物上，例如音乐上的和弦，都有主有从。在动物身上，见到的都是上与

153

下、统治与被统治，因为那关系全面充斥着动物界。在这里，他告诉我们，有的情况下不可能有永远的统治与被统治关系，因为按着自然，人人平等。也就是说，没有自然而然的统治者。但那是异邦外族（未开化或不文明）的情况；因为他们没有自然的主子，所以人人皆奴，尤其是女人；女人与家畜无别。男人能役使女人，只因男人体力较强而已。

在那里，他让大家看到，如果你有一个社区，他们没有自然的统治者，你就会见到近乎野蛮人的群体。在这里，他令大家看到，一个社区的人，按着自然是平等的，因此只有互换，没有永久的分工。大家一定纳闷：他何以这样说？我们能否想象，像他这样的智者，竟然混淆到忘记了自己刚说过什么？他当初的原则，不是说可以普遍应用的吗？现在不是后语不对前言了？但实在很难想象他在几页之间，出现自相矛盾。我们得找出其他解释。

他并不是忘记了。他应该是告诉读者雅典城邦的一面实况，雅典人那全面民主的状况：统治者的职位，是采用抽签法（或拈阄法）来轮替的。不少官职也是这样，用抽签决定去留。古代政治哲学家讨论这彻底的民主制时，这也是他们的起点。他们确是经历过了。我们没有那么彻底的民主制；我们不可能有那样的制度，因为我们的社区／国家太大了。不过，就古人来说，他们确有过真确的民主。对于他们来说，民主的一项原则，或前提，就是某种"平等"；所有参与在城邦里的成员，在关键的考虑上，都占同等的分量。（先不必在这里讨论什么叫"平等"。）那关键的考虑是什么？

亚氏得出的结论是自由。（他的讨论我们稍后会看到。）每个人都是平等的，他们都拥有同等的自由。怎样才可以得到同样的自由？很简单：父母是公民就行了。公民的子女也是公民，享有同等的公民自由。怎样享有？人人有平等的资格去统治。那是雅典民主的特色：每个公民都可以说，我的权利与你的、他的无别，你站的位置，我同样能站。这样的话，每个人都可以说。那么，谁可任什么公职，以及行使公职的权力，最公平的决定办法就是抽签。在彻底的民主制下，人人明白大家都能参与，"碰运"（或机遇）就是选择的原则。他们同时明白，那平等的安排，在另一些事上，会戕害了城邦的。例如，要决定谁该当领军出征的司令，你得有赖将才，不能靠碰运决定。那当然不符合平等原则。在有些事上，某些人能当领袖，其他人不能，这人人都明白。所以人人都知道，那关键考虑是不平等的。（至于那不平等，有可能是你用心钻研兵学的结果，不必是天生的才华。我们不必在这里探讨，那基础是否出自自然的。）

（这么说，好像有点矛盾：自由与不自由同时存在？亚氏有个没有言明的假定，就是他的理想公民，并非引车卖浆者流，而是有思想、有能力的"家主"。正因如此，他不会胡乱抽一个人出来领兵抗敌，因为他明白，要达到战胜的目的，必须用什么样的手段才行。谨慎点说，在当时其他各国，都没有那样的教育效能。至于雅典是否像他所说的，也有疑问。）

当一个国家的每一个公民都能够申说，按着自然之道大家都是平等的，那治人者和治于人者的界线，就不存在。逻辑上说，治人治于人，只可用互换或轮番制来决定。如果这看起来跟前面说过的自然之道使某些人治人、某些人治于人这原则有不吻合，那我们当问：有什么先设的前提，可使某城邦能有异于其他，能宣称人人有平等机会当治人者？答案会是：如果城邦政体有如雅典者，则人人可称平等，具平等权利做治人者。永久的治人者与永久的治于人者，在该情况下不复存在，只能用轮番或轮流执政的制度。

这样，亚氏就可以得出一个结论，说自然之道生出的后果，并不都是个单一的东西。他描述城邦的形成，也不是个整齐一贯的一元论。自然的推移，成就了城邦，却没有成就它是个"一元"的组合；城邦是很多不同组件合成的。可是，说城邦是个"多元"而不是个"一元"的结构，也不足够；因为要说齐一原则不是自然所生的后果，也得解释。如果政治制度是好的，它一定是自然的。它是自然的，就一定是自然推移的产物。那么一切按着自然而来的美事，都是按自然轨序生成的东西，一如那树上结出的美好苹果，是自然生成的东西一样。

但这论点也得进一步论证一下。我们问：多少美好的大苹果，是自然生成的？光靠自然而没有 DDT 或其他喷剂，可以种出多少美果？苹果园的农夫辛勤工作，除虫施肥；不然的话，没有那么好的收成。而苹果，确是出自自然的土壤。可知要得好苹果，原则上可凭自然出产，只是仅凭自然而无他，你不容易有那么多的苹果。所以去了解自然推移的过程，就很有意思。亚氏的理论已告诉我们：自然之道，指出了终极方向，也指出了起点。两者中间呢？自然本身就给人一切完美吗？亚氏不以为然。所以他说，自然虽然界定了城邦的目标，但那有赖贤明的领袖带领众人迈向目标。就像儒家说的先圣昔贤，给人制定典章文物，也就是带人进入文明。那有赖人的力量和作为。亚氏早说得明白：你不能坐待自然之道成就一切。有意思的是：若然，他为何对柏氏所论不满？这是一个饶有趣味的问题。

在卷二一开始，我们已见到亚氏的批评；他说城邦过分齐一口径，是不好的。城邦是个"众"，不是个"一"；任何人要把"众"的分界线抹掉，使城邦变得像个"共融体"，结果只会将城邦毁掉。近代政治思想有一个倾向，与这想法正相反。20 世纪思潮中，最有力的无疑是马克思主义。它的目标，是真正的"人类一家"，把人的"良好本性"归还给全人类。主义有不同部分；主要在使个别的人克服个人与他人的疏离（或异化），与工作的疏离，与社会的疏离，最终是使人克服自己与他人的政治（地区）疏离。当"剥削"从地球上消失，全世界无产者成为一群新人类，无分彼此，天下一家，四海安居乐业。马克思主义认为这能消除人类的"战争"问题，同时也消除了人与人离间的问题——至少在一国内是如此。哲学上说，这也是把一个"众"化约成一个"一"。我们不必在这里探讨这是好是不好，是可行是不可行；但我们可以通过亚氏对柏氏方案的评断，来审视马克思主义的政治理想。

亚氏批评的理由，是说柏氏的做法，会把本该"分"的都强要去"合"。他的评论是对是错，学者争辩了两千年；我们在细视马克思主义的计划时，却无法回避这个问题：在人的社会生活中，本来当分拆开的，你强要并合起来，是不是违反了自然？（固然，说"一"与"众"、分与合，是"自然"的，也只是人"自然而有"的哲学概念，哲学家拿来解释世界的"工具"；并不是说，那"自然"就像地震、山崩那样属"自然"。既然是人的概念，当然是可辩论、可修改的。）比方说，世上有不同的语言，看来那也是人类无可回收的分歧。不必用上什么巴别塔故事，事实上人人可自然地观察到，中国人说中文，德国人说德文，葡萄牙人说葡文，清楚分明。语言的存在，也许不足以证明什么；但起码是个标示，告诉大家世上有自然的分歧，是实在的、有效的；它的用处，也许正在给人类一个多元的处境。全面均匀一体的人类，会免除某些问题；从好处着眼，也许会没有了战争；虽然，到今天，没有任何迹象显示出这点。这样的思考，可能正公开了亚氏反省柏氏方案时，一个旋绕脑际的问题。该问题是：那样的追求，是否得付上无可言状的代价来换取？那代价本身正表明，均匀一体的人类，会失去人性。固然，那样的问题，我们也没有经验证据来证明或反证。事情显然没有发生；虽然，我们有责任去看看，这些问题会给我们带来什么。

纵使假设说，追求整齐划一，并不会过分的，亚氏仍然认为不好。即使他错了，但人人指着同一事物说"这是我的"，或"这不是我的"，也不会带来苏氏的一元社会。读者会感到奇怪：我们一直说的单一原则，一元多元，"众"与"一"等，跟这个"我的"有何关系？他说了什么？他不是在批评柏氏的理论吗？不错。所以我们在这里，得先略谈柏氏在这方面的想法。

《理想国》的城邦结构，基本上分三层，对应着自然之道给人的属性。比如说，他属金的，你属银的，我属铜的，等等。想象金人是万中无一的出色领袖，是个有智慧的统治者。（俗称哲学王。）银人次等，但不失为优秀人才，文武兼备——当然是经过严格筛选的，有事可执干戈以卫社稷，无事可当父母官平章百姓；所以他们人数不多，既是卫国的武士，又是辅助统治者施政仲裁的官员。铜人铁人等，是百工农民，负责生产贸易等事，可拥有田地财产。柏氏相信，人生来有不同的才具：务农的、从商的、打铁的、织布的。在理想国度里，"一人一工"，每个人按着自然所赐的能力，在各自岗位上尽其所能，不贪婪，不僭越，生产各种食物与必需品，给自己也给诸武士享用。为什么给武士享用？

武士的职责，在卫国安民。要达到最佳效果，他们就要全心全力奉献公职，要无私欲无竞争。有竞争，必引起纷争和敌意，那破坏了理想。柏氏了解到人有七情六欲，认定必须去除，才能使他们大公无私。人最偏私的是什么？财产与家庭。先去掉财产：全体武士阶层的人只有公产而无私产，所以他们没有钱财与田地。无地不能耕作，食物靠别人供养。他们住的像营房，只有简单的生活工具；较复杂的，也是百工供给的。要清贫乐道，为了城邦整体的福祉，他们得牺牲个人幸福。

因此，不仅是财产，就连家庭也得公有。也就是说，没有武士甲或武士乙的妻儿，只有武士的妻子、儿女。这就是柏氏构想的共妻共子制。女人是公有的，男人就没有了嫉妒心，也就不必争。儿女是公有的，男人就没有了宠溺一己子女的必要，也就大公无私了。这是他的假设。所以人人一起说"这是我的"，正因为人人不知幼儿谁属；既然公父公母，儿女当然是大家的，所有父母又都是有一众儿女的。没有了私人的家，只有一个大家庭；"私"家的爱就化约成"公"家的爱了，这叫"人人奉公"。（图表简示。）

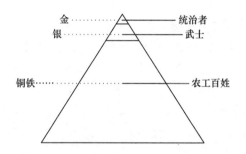

在柏氏最初的构想中，武士仅千人左右。后来在《法律篇》中，增加到五千人。那只是技术问题；就人口比例算，一二两层合起来，是绝少数。公妻公子公财，并不公到第三层。也就是说，清规的生活要求，只用在极少人身上。不过，就政治社团角度看，一切政治（公众）活动，只集中在上面两层；老百姓不参与。有关国家的大小事情，从立法到施政，百姓无权参与。严格来说，政治意义上的城邦，只包括了上两层。有点像今天说的"精英治国"。整个设计，意在去掉私念，意在使各武士培育出一份无私的情谊（*philia*），一种公民间的"同胞爱"。这倒不是我们习惯上说的"血浓于水"，反映了某种齐一的种族观；它是公民间的，与血缘无关。

这就是亚氏在这里要攻击的目标。他说你要促进无私的情谊，带来的却只会是淡薄，甚至冷漠。这是公众空间与私人空间的差别。想象你回到自己的家，见到妻儿。然后你跑进别人的办公室，见到盆景和小摆设。也许有好奇，但好奇心不会持久；办完事就离开了，没有"归属感"。为什么？这正是公和私的区别。你自己的和别人的，在你心中占不同分量，因为你知道什么当属于你。（这个"属于我"是条主线，在本卷这几章，都是重心。）他显然认为，那属于你的，你才会真正关心，才会觉得值得你的关怀、爱护。（原文是 *agapeton*，意指爱——你有爱心行善那种爱。这里不是指可以爱的 [lovable]，而是值得你爱护、关心的 [something worth caring for, caring about]。）如果某事是你的，值得你爱护的，那会是对你最宝贵的、最值得珍惜的；它一定真正属于你。他在这里的批评，可看作他认为柏氏忽略了"真正属于你"的分量。

这考虑重要，因为如果说每一个幼童都是大家的，你只能说，他是属于全民的，而不是属于每个人的。每个公民有一千个儿子，正如每个幼儿有一千个父亲。孙中山先生说"政者众人之事"，问题正出在这里：是众人的，不是你的，或我的。凡事属于所有人，也就不是属于任何人。有谁会珍惜爱护公园，就如自己家中的花园一样的？这么一来，共妻共子的结果，就是破坏了家庭关系中的个性与私性。但家庭的独立个性与私性，会和国家的整体公性有矛盾；况且，不同家庭间的冲突，也从个别的私性而起。柏氏正是看到了这些；为了废除私欲，避免不和谐，他觉得需要把家与家的藩篱拆掉，四海为一家。那人人就会把"私"家的温与爱，推展向外，和"公"家的融为一体。也就是化"私"情作"公"义的手段。

亚氏的回应是：你这种全民公有的原始共产主义，不会有所得，只会有所失。你希望大家更齐一、更凝聚，结果会适得其反。人与外物（自身以外的人或物）的关怀爱护之情，跟人与该物距离成正比。人最爱的，必然是自己；这他在《伦理学》中已经阐述过了。从一己往外推，最接近的，是自己的家庭；然后是社会、国家、世界。没有人关心世界多于自己家人的；基督释迦等是绝对的例外。这也符合心理学的同心圆理论：

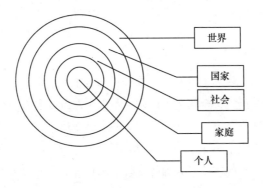

（这是指一般情况。特殊情况出现，次序不一定这样排；比如说抗战时，国家和个人的位置，会互换。）从同心圆可以看得很清楚，人对他人的情谊，愈往外展就愈淡，分属自然。柏氏把圆放得太大，分界线没有了，兄弟妻子儿女都不是自己的了，你的情谊也稀释了。本来是家庭的亲情与凝聚力，现在扩大到了国家的圈线；圆太大，只会瓦解了原来的紧凑情谊；剩下来的，只会是稀薄的牵连，不可能是团结一体的。

通过共妻共子共产的手段，希望使全体公民生活步伐齐一，彻底舍私为公这个目的，亚氏认为是达不到的，所以说"无所谓"，但会有所失。试试这样看。家庭，是自然而成、人类最雏形最简单的社团。既然它是自然之道的产物，那它跟其他自然所生的万物一样，会有目的，会朝着某个方向发展。首先，家庭是儿

161

童从小接受道德教化的地方，也是为国备才的地方。因为有一天，儿童将要接替父亲，负起成年公民的职责。所以小时候的道德教育，是儿童在家中接受，同时受耳濡目染的长期熏陶形成的。那必须是近距离的观察；是十分个人的。这没有了。其次，亚氏早在《伦理学》中说过，按着自然，男人做丈夫强于做公民。在家中，也按着自然的分工，男女互助。纵使男的是一家之主，但家务中女人做得更好的所在多有，所以各自按着不同的禀赋，相互配合，达致和谐成长的家庭。每个人按着自己的优异，合作互助，来成就"家之善者"，同时给儿童一个模范。那样的小家，没有了。再次，如果说，男、女、幼童的共同成长，有赖一个家，那奴隶仆婢，就更有赖这个家。他没有公民权利，却是个人，是家中一分子；他的进步与提升，全赖主人的教导与训练；所以主人是他的指路明灯，某种意义上也是他的益友。若家庭变成公家，这些就都不存在了。原来的好工具——人能赖以产生有德性有爱心的父母，有纪律有教养的孩子，有训练又听命的仆婢的，都因为家庭的解体而不复存在。在亚氏看来，这是违反自然的。

还有一点，"自爱"是人的天性。自爱，包括爱自己拥有的，爱那属于自己的。爱财产，也同理。人对自身以外一切的爱护与关怀，都源于此。这些，亚氏在《伦理学》中有论述。他认为，人对他人的关心，是人的自爱的延伸。如果人的"自我"，就是他所爱所要的总和，那么他的家就是这里面的一部分。理论上说，家庭，像财产一样，是他的自我向外的伸展。唯一的区别是，财产的"个别成员"，是没有自己的意志的；家庭的个别成员，有自己的意志。那么，否定家庭，就等于把人的自我和意志切断了，局限了。

可以看到，亚氏认为柏氏强调城邦的整齐划一，是过了头的。综合起来，有几点亚氏提出的、在本卷前几章的批评，值得留意。

162

第一，任何事物要能向着自然的目的发展，达到终极的善，必以该事物能好好自存为前提。但他在《伦理学》中早告诫我们，不是所有目的都值得无止境地追求。（智慧也许是唯一例外。）中庸的哲学家，处事留有余地，十分合理。如果为追求国家公民无分彼此，上下一心，而要人人齐一无私，那只会使国家无以自存。家者国之本；无家何以为国？果真要追求"一"，那家比国为一，个人比家更为一。要国为一，国只有一人。即使如此也不行，因为人的灵魂，也"不一"，它是分层的。可见化约成"一"，不可行。

第二，亚氏早说城邦是个混合体。它的本质，不只是众人、众氏族部落的混合，也是不同类众的混合。任何组织要自给自足的话，就应当鼓励成员提供不同类型的服务，并相互交换来达到令人满足的效益。所以分门别类是必需的。人人均匀齐一，只有单调，没有丰富自足的组织。（想象一下深山中的寺院修道院。）而城邦，是最高大、最终极的组织，必须有最广的分类才行。尽管城邦中人人平等，轮番执政，治人者、治于人者，还是有分界线的。在本书稍后几卷，亚氏告诉大家，不同城邦的分类情况不一。使城邦整齐步伐，只有一没有众，那城邦的本质就消失了。结果是没有了众人，也没有了个人。

第三，正面一点说，亚氏相信，一个国家真正的、应有的目标，是要使每个公民都能全面满足需要，都能达到自足（*autarkeia* 的原义）。这是人当初组成社团的原意，因为个别的人，在没有团体的状况下，不能满足一己的多方需求，故需不同的人，凭着不同的能力，相互补足。这与齐一的想法，背道而驰。要各方面满足，靠的是多元，不是一元。

分析过这个以后，亚氏提出了另一个"此路不通"的理由。设想甲、乙、丙三人面向一众儿童，甲和丙同时脱口而出：你看那小孩多像乙！生身父母对相肖的儿女，会特别敏感，尤其是辅以其他资料，例如儿童的出生年日等。要计算出幼儿是否已出，并不那么难。而这类情况，天天发生何足为奇？孩童稍长，凭长相认出父母，不是同样大有可能？怎样解决？

亚氏还想到更深一层：人的不安与震怒。假设家人长相样貌不相似，父子相殴，兄弟互揍，甚至更糟的事也会发生。你如何防范？希腊古代的故事，是这么说的。有一个年轻人，在路上碰上一位年长的。路窄，无法同时通过，大家各不相让，便吵起来。年长的暴躁，动手；结果不敌年轻的，被杀掉。年轻人继续上路，到了城中，和一个长他一辈的女人结了婚。（大家当然知道，这是俄狄浦斯的故事。）后来惨事接连发生，他本人受罚不止，全城都受诅咒。再后大家重新看这件事，问：他为何要受那惩罚？他不是故意的，他是自卫，他也不知道那是他的父母。这样的事，是可能发生在任何人身上的，罪在哪里？亚氏的观点似乎是：敬顺父母是"天条"；他那样做，是犯了"天条"，不得用"无知"做辩解。人伦不能接受子弑父、儿娶母。正因如此，你必须使"人无知于生命中诸基本事实"的情况永不出现。人也许不能完全免于无知，但至少可以在制度设计上避免它出现。

亚氏用的词是 *lusis*，与 loose 在词源上有关，在这里指 loosening，因不伦而受罚补偿的意思。他很可能是考虑到诸神的反应。诸神望向人间，对这等事颇敏感，认为人的行为有罪无罪，在行为本身，其他不论。所以才会罚人：盲眼、放逐、死亡。如果甲杀了乙，却从不知乙的身份，也无人知晓此事，那怎么会有痛苦的后果？他没有行凶企图，根本不认识对方，不可能犯上刑事罪？若诸神不怪，此事不就早结束了？后来说的悖论，不也一样？所以非得设法防止同样的事情不可。柏氏的共妻共子，会使天地不容的事在人间发生。

子女从小与父母分离，集体住在公社里，一切受国家供养，社会便成了父母。做父母的，没有了私人的家，年迈时就得由国家，也就是子女长大后的集体负责生活。放在现代社会中，倒有点像社会保障计划。一定程度上，父母依赖的，不是儿女的、个人出自爱心的照顾，而是制度上的，集体用税款维持的给养机制。它是自动地照顾老人家不错，却没有亲人间的爱心与关怀。这真有点像亚氏担心的，在上文谈到的那种不利的齐一：个人的情谊——爱心、关怀等，扩大成为集体齐一的规范行为，只会使情谊减弱、倒退。他提到引起人爱护和关心的事物，有两大来源：一是你珍惜的、渴望得到的，一是属于你的。

他不厌其详地讨论，又用上很细致的例子，来反驳乃师的理论。大家一定会问：这是为什么？为什么要谈得那么详细？

如果你有一幅宏大的蓝图要实施，需要大家付出庞大的代价，那你得万分谨慎，留意每个细节，因为那对蓝图的实施极为重要。大言炎炎要解决人类问题，说来是动听的；可你得十分小心，对于制度、法律、人性等要理解透彻，使之能支撑起你的宏图。否则，没有预计地实施，可能会给人类带来大灾祸。

用宏图改变社会的想法，不只古人有，近人也有。现代世界，也见不少宏愿，巨大的构想，要改变人，改变世界，改变公众生活。经验印证，几乎所有用宏图去改变的努力，都弄巧成拙。亚氏给我们的启发可能就是：正因为宏图很大，却没有足够的具体细节来撑起它，又没有考虑在什么条件下、用怎样的制度设计，才能付诸实施，当然麻烦不迭了。更糟的是，人特别珍爱的，偏偏是那"属于自己"的，例如自己的亲人和财产；而我们的手段，是废除这个——比如说，不许个人拥有财产，包括生产工具。结果怎样？

讲了这么多，我们也许该退一步，从相反的角度看。柏氏的《理想国》，绝不含糊。他第一个指出，国家是由具有各种能力的人组成的，更定下了分工的方略。同时他又明白，正是对满足与效率的追求，使人走在一道，组成城邦；所以城邦是有分工的。有分工，就有不同的专责，也就是说人有区分，不是一团工蚁。柏氏甚至像亚氏一般，试着建立理想的设计，只是他安排了一个受严格训练的，完全不同于黎民百姓的统治阶层。那么他明白，不同部分互为补充，才能成国。这样看，柏氏不曾忽略亚氏多有指责的。然而是否可以说，亚氏的批评错了？

应该不是。柏氏虽然是有分层分工的国家设计，可他的齐一原则掩盖了一切。三层中人数最多的底层，庶民百工等俱在，却在论述中很早就消失了。他们是生产者，撑起城邦的生计，却无缘参与国家大事。从政法角度看，他们是城邦的必需品，却"不属于"城邦似的。（其实亚氏自己的设计也近似，只不过他的公民是全体自由人，不仅仅是护国卫士的少数精英而已。）第一、第二两层，实质上没有区分，过着一体的生活，共妻共儿共物，共同追寻一个理念；因为，那是国家所当实践的。在城邦的政治意义上，做到天下一家；这个一家，把所有人吸纳进去，成了一个"一"，众多的"个人"而成的"众"，就消失了。亚氏觉得，这是误解了"一"和"众"的关系，也就是普遍的、一致的与个别的、独特的之间的区别。柏氏把"一"放在"众"以外，结果是"众"的个别本质，为了归于"一"而终于没有了"众"。亚氏认定"一"从"众"而来，所以"众"是"一"的依据；当众个体共同努力建立一个国时，并没有放弃个体的特性。所以在《伦理学》中，亚氏表示了不同事物有不同的优点，或者说美善；并非柏氏所说的，所有都归于美德这个概念。放到城邦上来审视，道理一样。

国家齐一的本质是什么，历来议论纷纭。近代西方 17、18 世纪契约论兴起，一众哲学家都不拥抱古代的说法，认为国家是个

166

用法律维系的群体，是个把不同组合连在一起的社会而已。亚氏批评这种讲法；他在下一卷中清楚表示，那样的组合，只是个联盟，就像战时的城邦联盟，却不能成就国家；国家，是个道德整体；因为他相信，美好的国度中，国民是一起追求共同道德理想的。这个道德整体的概念，当然是来自柏氏的；亚氏却认为老师的追求，是过分了。因为在统治阶层中，他不只要求道德上齐一，还要生活上齐一，以保障道德理想不致失效。

亚氏同样坚持，国家需要道德目的来维系，否则国家就只是个利益组合而已。可是，那样的道德整体，是个精神领域的东西；要国民有更强的道德意识，只能通过教育。使一个普遍划一的，去掉或否定那个别独特的，那样的划一，只能是抽象的，没有实质意义。他显然觉得，在逻辑上犹如在政治上，整体得承认个体本身具有意义。就算是这样，要每一个个体去追求共同的道德理想，去达致同一个目标，需用教化。但这不正是柏氏明白的？正因为柏氏知道，仅凭自然的力量，是不会达到理想的；所以在《理想国》中，他强调教育。亚氏在《政治学》中，也花了不少笔墨论教育，是基于同一道理。从这点看，对柏氏的批评，又是过分了。

可以说，两位智者都追求某一种的整体，类型不同。那么，亚氏好像不是攻击整体本身，而是思考，国家当追求一个怎样的齐一、怎样的整体？看来似乎矛盾：亚氏像在追求一类更高的、形式更丰富的整体？用他生物学家的说法：不分层不分类的，是个低层次的演进，就像以相似或同类器官组织组成的动物，属最低等的。用不同器官组织成形的，属最高等动物；比如人。恰当地把人与国家并排着看，最像人的，当是最复杂、最多元的社会。上一章中，他说公民于国家，就如手足于身体。那比喻，不正说明个体脱离了整体，不能生存？也许包含了各个个体的整体，才

167

能给城邦带来自足，也是城邦要追求的。

有学者认为，这也反映了亚氏保守的一面。就是说，他宁可保有现行的做法，不愿用激进手法改变它。不是说，目前的就是完美的，而是说，新法不见得更好。那保守，并非"成见"，而是冷静分析的结果。用现代的说法，是理智的表现。难怪两千年后，黑格尔就评说，如果理想是指"有能力从现行实践中，看到理想色彩的元素"，而不是"破坏现行的实践，希望从他处找出该等元素"，柏氏不及亚氏"理想"。或者可以说，柏氏的新法，正要创设新的制度；在这新制度下，没有人知道谁是儿子或父亲，所以只能是所有人一起指着全体儿童说：我的。亚氏不相信这能实行，他不认为其他人会相信。因而化众个别为一整体，不好。也就是说，国家太一体化，不好。但就算那是好的，你也不能实行；因为亚氏认为，你不能立法（定制）来强使多元成为一元。霍氏也曾提到，要使主权者的意志，化约成每个人的意志；他用的手段，是契约。亚氏会说：你不能用定约来改变人的本性，就是定了约，本性也不会改的。那是他对人性的洞悉。

我们再一次见到柏氏和亚氏的歧异。说到底，柏氏追求的齐一国家，源自他的形上意念：万事万象都要终结在某一概念范畴下去理解。亚氏观物象世界，不会先把一切归成概念。每一株树，你得分别研究，而不是全统进"树的概念"中。

〔用我国古代思想相比照，可以观察到什么？墨家说的"兼爱"，和柏氏的有点近似；他的"泛爱众"理论，儒者觉得不近人情，会造成"无父无君"，所以孟子骂他"禽兽也"。够不客气的。但孔子的理想社会，不也带有同样的色彩？在《礼记·礼运大同篇》，不是记得清楚？孔子说那是"天下为公"的："故人不独亲其亲，不独子其子。"那不是博爱的影子是什么？他又说："货，恶其弃于地也，不必藏于己；力，恶其不出于身也，不必为己。"如果人行事，不是为己，那就是为人了；如果人的财富和所需物品，不是自己收起或拥有的，那就是公产了。那是"人人为我、我为人人"的社会。难怪后世都说那是孔子的"原始共产社会"了。

后来，儒家鼓吹的推己及人说，认为该"老吾老以及人之老，幼吾幼以及人之幼"，就较近亚氏了。你得先爱上你自己（私）的孩童，然后往外推展，懂得关怀他人（公）的孩童，先私后公。吾幼与人之幼，是有区别的；因为你不会把人之幼当作吾幼看待，人性使然。可以推想，孔子心中的大同社会，从未出现过。就是有，那也是"三代之英"的时代；三代夏商周。历史上倒没有证据，说夏商周是"大同社会"。至于他拿这个做托古改制的说辞，那是另话了。〕

（二）对柏拉图的批评（之二）

卷二大约可分为三部分。前段论妻儿公有，我们讨论过了。中段可说是前段的延续，谈的是财产公有。这又像是卷一论家居的下集。这不只是步柏氏的后尘，提出异见；这也是因为这两则事和公众生活，也就是政治生活有关。亚氏的重点在：财产该如何分配？（当然，他是假设了"美好国度"的背景。老百姓吃不饱穿不暖的，根本谈不上财产分配。）

亚氏列出三个可能：

（1）公有公用；

（2）私有公用；

（3）公有私用。

（我们暂不讨论第四个可能：私有私用。亚氏没有提出。）他这个论述，明显是针对《理想国》的安排。反对第一种，是因为全民全邦公有不可行。但这对柏氏有不公之处。我们在上节提过,《理想国》中的公有制,只用到治国的武士阶层,人数不多;庶民百工,可拥有土地财富,并不是全国公有。可以说,柏氏用的是公私混合制,不是集体公有制。

看来他着眼的,是大小有限的城邦土地。他的考虑是:从公民的物质生活与道德品格两方面看,也就是美好收成和国民德性两重利益来看,财富(土地)当属公有好还是私有好?该让公民集体拥有还是个体拥有?在柏氏的理想中,公民(武士)只拥有十分简单的生活必需品,并不拥有任何财富或土地。这样,每一个个体都受到限制。这类限制,在任何社会主义形式中都存在。亚氏不赞成那限制,所以他批评那些形式。

他反对公有制对个人的限制有两层原因:一层是经济的,一层是道德的。就经济效益说,他反对公有制,因为那只会带来普遍的冷漠;人人都不关心,因为东西并不是"属于自己"的。他认为只有私有财产才能发挥最大的生产效益,才能提升物质生活水平。但最终的考虑,是道德层面的:财产应属公有私有,亚氏是站在道德基准上判断的。既然经济学(家政)是政治学的一部分,政治学要追求的,是终极美善生活的知识。那么财产问题的根本,就必然是个道德问题了。站在这点上,他对公有制有两重质疑:(1)公有制能否确保大家想法划一、意志齐心的德性?(2)纵使可以,它对道德生活的破坏会不会多于建设?

亚氏不认为,财产公有就能使人人更合拢、更齐心。正相反,公有制下的分配,问题更多。假定物资是平均分配的,不少人会觉得,他们在工作上所付出的,远超他们所得到的报酬。假定物资是按比例分配的,所得少者会怨所得多者,认为是不公道;特别是勤者会认为自己所得少而懒者却所得多。当然,我们立刻会想到那著名的口号:"各尽所能,各取所需。"亚氏的观点很直接：若人人都尽一己所能来为公，固然很好；当有些人不那样做时，又或者各自决定什么是"所需"的时候，问题就来了。

马克思有他的答案：问题来了，因为人有不满；人有不满，是人活在阶级社会底下，自然会产生的情绪。他有那情绪，因为他觉得受到剥削。如果他能活在无阶级界线的社会，也就是众生平等、我为人人的社会，那就不一样。人没有疏离，人只有普遍的群性——亚氏的 *philia*；那足以使人克服疏离和隔阂，不会因邻居多拿两斤大米而生嫉妒。这与亚氏所述人性，全不相同。显然两类论述中，有不一样的人性观：一者认为人性恒常不易，另一认为人性可改变。如果说，无阶级界线的社会，历史上从没出现过，那么强求齐一，只会分裂更大。亚氏好像在指出，这是柏氏不曾想到的。

他举出一些例子，说同行的旅者，因琐事争吵不休；说家中的仆婢，易惹麻烦，因为与我们频密接触。他说那些是鸡毛蒜皮的小事，好像在告诉大家：见微知著，举一反三。小事尚且如此，大事该当如何？旅者同途共室，因公产而无法定夺物资分配，谁占大份谁占小份？谁能先用谁能后用？诸如此类。那仆婢呢？奴隶是主人的财产，为什么也引起问题？看来他在用例子提出另一个问题。人与人碰触频繁，往往沉不住气，无法克制、冷静。公有制，必然造成紧密的接触。邻居能和谐共处，是因为不需太多接触，减少了摩擦。而在公产制下，最该避免的摩擦不断出现。这是近代社会学的启示：市郊人口较稀，空间较广，人都较客气有礼，罪案率低；市区人口稠密，碰撞较多，人的性情较躁，罪案率偏高。

如果说，公产制在分配上的困难，不可避免；那么在私产制下，有解决方案吗？亚氏说有：私有公用制。（但他在上文，一直在为私产制辩解；拿出解决方案后，又回到辩解上。所有论点，都在同一节文字。为方便读者了解，我们先看他的解说，再讨论他的解决办法是否可行。）不过，在没进入使用层面以前，我们要先看拥有层面对德性的影响。因为亚氏觉得，若私有制无助人的道德生活，那也没什么意义了。他为私有制辩护，是因为相信它有助于提升人的美德。它是对的，是自然的，因为它是美好生活所必需的。同一个道理，国家（城邦）是合理的、自然的，因为人的道德成长有赖健全的群体。在这里，亚氏特别指出两点，说明私有制何以对人的德性生活，有很大的影响。一是对自己的——自爱；一是对他人的——慷慨。先说后者。

你自己没有，怎样对他人慷慨？宽宏大度、乐善好施的品格，属于君子型的人，这点亚氏在《伦理学》中有详尽的讨论。能够拿出来与他人分尝、分享，会给人愉悦的感觉；那也是慷慨的本质。没有你自己的东西，怎样拿出来？慷慨是美德，正因为人愿意把属于自己的献给别人。不然，你的施予，就会像马氏后来所建议的：你当慷慨，但记着要用他人的财富来表达。那就真是"慷别人之慨"了。亚氏诚实：慷慨施予，得出自你自己的。奇怪的是：柏氏强调美德，怎么会设计一种制度，使这项美德无可实施？

好施，是美德。若人无可施，则美德无从实践。也许，你可以说，施之所以为善，不在所施之物，而在愿施之心。话是不错，可空无一物的人，何来好施之心？又或者，私有制可以用慷慨做辩解，它也可以用来给逼迫做辩解了，因为它有时是和信仰有关联的。在历史上也曾发生过。可亚氏指的，是公民生活的美德；公民能施予的，除了朋友外，还有整体社群，也就是城邦。若公民对城邦无可施予，那他的公民美德的完整，就大打折扣了。

德性考虑，比慷慨更深一层的，是自爱。（原文 *philautia*，意指自重。与"洁身自爱"的自爱有点相似，不是"只顾自己不理

172

他人"那种自爱。)在《伦理学》接近结束的地方,亚氏也强调这点,认为人对事物的考量,除非遇上非常事故,否则最终不可能不以自己作为出发点。那是人的本性使然。这个"自己",就是人的"个性或品格",包括人的身体、灵魂,以及他所拥有的一切;因为这些都是"属于他自己"的,构成他个性的。人的自我个性,需要通过人所拥有的东西来表达。除非我能够用行动表达我的意志(也就是自我),否则我不能认识我自己;除非我能借着某种表达的媒介,否则我无由用行动来自我表达。通过我所做的、所有的,我可以了解自我:我的财产就像一面镜子,反映了"我",反映了我是个什么样个性的人。那"属于自己"的,就成为一种"实践意志";所以我们在上文说,你怎样去协调妻子、教育儿女、指挥仆婢,都是你意志外延的一种表达、一种实践,正因为他们都是"属于你的"。这也就是传统教诲所谓的"道德自我的实践"。

自然之道,看来就有这样的安排,叫每一个人都有自爱感,那感觉又是自然而然的。可以说,自爱,因为从自己出发,所以也是种私心。不过那可以是利己利人的私,起码是利己而不损人的私。损人利己,那是过度的自私自利了,也就是过分的自爱。亚氏是个中庸论者,当然谴责过分的行为。恰当的自爱,是自重;要满足那自重感,人得拥有私有财产——那"属于人自己"的。若人追求自重又懂得平衡,那么他该是个有德者,明白追求自我满足的同时,也尽量有利他人;在公民来说,那是有利于公众了。此正亚氏所谓"属于自己"的,植根在人的个性之中,同时是人道德意志的实践。

扬弃柏氏的原始共产制,为当时的私有产权辩护,就带有保守色彩。但亚氏不是纯然为了保守,而是看到了背后的某种理想主义。私有财产,在他的理想中,并不只是纯粹的拥有,而是服膺于道德目标的拥有。他一开始就说,当时的拥有和分配,是要

173

按"良好的习惯和立法来改进的"。那样的习惯与立法，是为了教民成德；那么私有制，就成了成德的工具。从实践上说，财产要能使人成德，它就是通往慷慨好施与馈赠精神的手段。财产是私的；它的目的却是服务于公的。可知唯一能得到的结论，就是上文列出的第二点：私有公用。亚氏显然相信，这就是他要用改进当前的习俗来反对柏氏的主张。他的改进，是建立在他没有提及的第四个可能——私有私用——上的。不要公有制，也不要私有私用——他一定认为私有私用是过度的私、过度的自爱，那是怎样一种制度？

私有产权，特别是土地拥有权，是私人的，但不能和公众服务相矛盾：你的地，是公众可以用的。亚氏对私有制的辩解，正如他对奴隶制的辩解一样，是冲着当时的习惯而行，也就是一种改革方案。那样的方案，在今天看来，十分不寻常。好比说，你的田地、房舍、牲口、家具，都是你的，只不过其他人也可拿来用。你的割草机，邻居看到他前庭的草长了，就过来拿去"借用"；他的锯齿、小锤，你觉得要做木工了，就过去拿来用。你的一张梯子是你的，也不真是你的，因为人人都可以拿去用。打个不伦的比方：有权和用权并存，鱼与熊掌兼得。这就不只不寻常，简直有点不可思议了，差不多和他批评的柏氏方案同样不可思议。唯一的例外是：亚氏知道确有社会是如此运作的；柏氏没有实际例子可举。当然，背后的假设是：人人守礼，有借必还，相互谦让，无人逾矩。那样的假设，是怎么来的？

到了这里，亚氏的说法就有点含混了。他再三强调，做立法者的（也就是经典里说的先圣昔贤），得立下良好的法律，教化百姓养成好习惯，使人的"自爱"本性不致走向"自私"，以免破坏了他最注重的公民情谊——同胞爱，因为那是群体生活的基础。他固然考虑到，凡物公用，总胜于让人失掉了那"属于自己"的感觉。

这个论说，没有足够的说服力。兼顾面向自己的自爱和面向他人的慷慨，不见得能两全。自然之道，使人人都自爱，却没有使人人都乐善好施。亚氏自己在《伦理学》中，也曾花了不少笔墨，阐述怎样培养宽宏大度、慷慨好施的君子。你可以期望社会上有少数那样的君子，但你不当期望人人皆成君子。即使在教育普及的富裕社会，具有慷慨精神的也只是少数。道理上人人皆可学尧舜，但并非人人皆能成圣人。

实践上困难更甚。什么叫我的财产？那是"属于我的"东西。既然是"属于我的"，我当有权支配、运用、决定去留，否则何来那"归属感"？财产，一般来说，是我用智慧、体力、精神、时间等"挣回来"的；它可以是金钱，也可以是物品，包括动的与不动的。如果我的物品，我都没有权利去决定谁可用谁不可用，那在什么意义上它是"我的"？我可以拒绝别人借用吗？别人可以拒绝我吗？如果可以，那人人都关起门来说"不方便"；如果不可以，那人人家不闭户，所有人都可进出所有人的家居，"借用"所需物品。可以想象，在小国寡民的村落里，也许勉强能成事；在整个国家呢？

更何况，我用劳力血汗赚取的东西，自当有珍惜之心；更不必说书画古董了。如果我的东西，大家可以随便拿去用，纵然你用后归还，我也不见得乐意。常人都自然而然地会浮现一种想法：那我何必辛苦工作，取得那说是"我的"，但人人可用的东西；倒不如你去挣回来，我高兴时就拿来用一下，岂不更好？反正凡物公用，我其实并不真正拥有那属于我的，又有什么意思？说是小人的想法固然可以，但揆诸常情，社会上是君子多是小人多？道理上说，必须全民皆君子，因为一旦有第一个小人出现，私有公用的方案就无法实行。

亚氏的理念——果能行之有效的话——就既有个人主义的私

175

有，也有社会主义的公用，有点像一箭双雕。要能实行公用，能防止滥用，监察人的欺瞒行为，你需要一个统筹机构，赋予监督权力，组织起物资的分配。这是社会主义式的。要人有足够的诱因，使个人的努力与付出，得到报酬；使不同的贡献，有不同的奖励；奖给他的，就是属于他的，由他拥有。这是个人主义式的。他相信，如果两种主义并行不悖，那两者的优点就可兼得了。读者可以察觉到，他并没有多说个人主义的经济论点：如果人勤奋工作的成果，是人自己取得的，或人可交给儿女的——也就是我们今天说的私有产权和转换权，而不是交给"公家"来随意分配，那人就会更努力工作。人人都该有少许财富，而过度累积财富会受到谴责，因为那对追求美好生活没有好处。亚氏理想城邦中的公民，不属生产阶层——那是百工的事；也不必下田——那是耕夫的事。正因如此，他们可以有时间去求学、思考、参与"众人之事"；所以也不当借公众服务来牟利。

综合起来，亚氏看财产像看家庭，是个自然而然的东西，也是人的自我外向的伸延；它是人渴望拥有的，也能给人愉悦和满足；同时，人也能够借它来"行善"：慷慨好施，是相互促进情谊的手段，而情谊，是社会的黏合剂。不过，如果要用强制的办法，使财产变得公有，那就等于立法要人"去私"；但私心，是人性本有，虽说是人的"罪性"，可你不能用立法来去除它。你只能用教育，就像柏氏早建议的一样；若教育成功的话，人会宽宏大量又不吝啬，自愿让其他人挪用他自己拥有的物品。至少亚氏的理想是那样。

现代社会，做法完全不同。近代哲学产生了另一种解决办法，那恰恰是亚氏没有考虑的：在个人层面，那是私有私用；在社会层面，那是公有私用。前者很简单：私有不能私用，私有有名无实；这包括了个人的家庭与财产，也包括了财产的转换权；当然得按法律行事。后者例子不少。很多先进国家的机场，土地是国家的，那是公有。土地上的设施，从航空公司到机场大楼的商店饭馆，都是私人企业营运的。这种形式，在世界各大机场行之有年，效率有目共睹。又或者，各类公园，土地同样是公有的；在园里经营野餐露营等活动的公司，却是私人开办的。这些都是公有私用的常例，亚氏却不考虑。也许他认为，现代人的做法，以牟利为目的，而他的私有公用，着眼点不在利。但就是用他的原则吧，历来不少学者认为，从实际角度说，私有又能拿出来公用的，顶多是个人的画廊、展览馆、房舍外的园庄通道，又或者是以个人名义拥有的旷野、场地、沼泽等。这与亚氏说的，不可以道里计。

〔可以见到，古代哲学家侧重的，是高尚的情操与美德和人的牺牲精神。近代哲学家侧重的，是个人才智与追求的自由发展，以及每个人权利的保障。站在 21 世纪的今天，我们冷静地问：如果我们可以选择，我们会怎样选？也许，我们选的，和亚氏说的，会很不一样。〕

但亚氏的选择，不是无所本的。私有，满足了人的拥有欲。公用，满足了众人所需。大家做到"人人为我、我为人人"的地步，不必用法律来强制执行，人人都懂得自我克制，都有他在《伦理学》里强调的"克己"功夫，都愿意付出情谊友爱。那不就是个上下一体、凝聚力强的社会？他批评柏氏用立法——也就是强制手段，来追求齐一原则。他自己的方案，不必强制，仍可达标。依靠的不是法律，而是崇高的精神。这是公私兼顾，不必采柏氏手段，仍可达柏氏目标的办法：如果"私有公用"可行的话。我们会说，这是殊途同归。

亚氏倒不以为，那是"同归"；他会说，他所认识的，和柏氏的很不一样。在他看来，柏氏尝试用外在的、物质的环境去改变人，而他自己却是用内在的、精神的因素去提升人，然后让人

177

自己去适应新的环境。如果社会是败坏的，那是因为人先败坏了。导致人不齐一、不团结互爱的，不是外在的物质——财产，是人的灵性堕落。那不是废除产权能治愈的。若要补救，你得对症下药，在人的精神层面着手：教育。恰当的普及教育，使人人有个共同的起点、共同的追求。没有那种境界，废掉了财产无济于事。

这当然是对的。但在这个基点上来批评柏氏，就有点不公了。细心一点去读《理想国》，大家一定有这个印象：这是一本政治哲学书，也是一本教育哲学书。柏氏从来不认为，物质条件本身足以改造人。他的主要目标，是精神条件，通过全面教育来达成。怎样训练公民，是他的焦点。《理想国》是从哲学出发，探讨政治生活本质的过程。也许可以说，用上物质手段做辅助，是柏氏出于谨慎考虑，用意是增强他教育方案的力度！他顾虑的，看来是整个教育的陶冶，是精神的，所以要垫上一份经济的基础。教育方案，可以训练出良好的公民；但人性软弱，好逸恶劳，为防公民"走回头路"，他先设下"后招"。从整个策略来看，柏氏重灵性多于重物质。

因此亚氏的批评，似乎是过分了。他不应站在财产角度上，责备柏氏的经济安排。毕竟，那不是柏氏的终极目标。或者，他当指责的，不是柏氏忽略了精神的手段，而是对人性的不信任，担心人无法达到某种禁欲行为而生的不信任。亚氏固然认为，他自己的理论更高一筹。他主张人可以用自己的本能，但要用得恰当。本能——包括人好拥有事物的本性——是自然赐予的。"造物之事功，全无掷诸虚牝之处。"他早说了。你得好好用它，因为你是个人，而人，是个理性动物，懂得辨别好坏。当然，要做得到，人还是需要实践高尚的美德。而且，亚氏在《伦理学》中早有说明，人的灵性要能好好发挥，也得具备起码的物质基础。

假如说，柏氏的短处，在对人性的不信任；那么亚氏的不足，会不会是对人性的过度信任？

（三）对其他乌托邦式政治的批评

在本卷中段，亚氏除了批评柏氏——也就是批评苏氏，另外又评说了两个人物，法里亚斯（Phaleas）和希波丹姆；两人都是亚氏以前的哲学家。我们就选取比较切合的重点，稍作介绍。先说法里亚斯。

法里亚斯认定，一切政治上的困难和内乱，都因经济问题而起；解决财产问题，是首要之务。最理想的形式，就是除了国家拥有的公地外，其余私地，平均分配，每家占地均等。柏氏在《法律篇》中也是这样说的。亚氏的理想城邦，也有同样的影子。他在稍前也提到哥林多的菲敦（Pheidon），说菲敦把过多的人口迁移他方，建立新的殖民地，并在该地平均分配。因为没有既定成规，所以比较可行。如果在原地，就要考虑其他手段了。

亚氏随即指出，仅平分地产还不足够，还要调节国家人口。他的考虑，到了19世纪，马尔萨斯的理论面世，演变成今天的"人口学"。不过亚氏着眼的，不是人口过度膨胀而粮食供应不足的问题，而是城邦人口太多，会导致财产制度失衡，最终产生贫穷、抢夺、内乱。他倒坦白承认，这是个"防范"式的想法，不像法里亚斯和菲敦般，用人口移徙作为解决办法。在古代，地多人少，迁移人口较容易办到；在今天，地少人多，人口过剩的话，可以移到哪里？（这一点，我们到了卷七会再讨论。）

除了引用人口论点来反对法里亚斯以外，亚氏有另一个理由。纵使"均富"并非全无政治价值——事实上当时有几个城邦也有类似尝试——但他反驳均富，就像他反驳原始共产主义一样。与其追求同样的土地财产，不如追求同样的"欲望"；也就是说，当用教育使人人明白，他们该懂得不过分，懂得有节制。这是中庸哲学家的本色，也符合他在《伦理学》中的要求。法里亚斯除了提出均等财产——主要是土地均等，而不是所有财富均等，同时还提到均等教育。亚氏认为那不够，因为不是教育机会的问题，是教导什么的问题。至于教育是否就能培养人有"均等欲望"，都能克己，看来那也是另一种乌托邦了。

还有一点倒值得我们咀嚼细味。亚氏反驳法里亚斯的均产论，认为纵使均产，也不足以防止内乱发生。人与人起争端，不全因财产而起；人会为了荣誉，或者自己的好胜心和竞争心理，又或者为了政治职位与权力等，产生摩擦。这类理由不一而足。从历史来看，受过教育的人，更多的是为了这类原因而起争端的。这反映了什么？社会上诸多问题，并不都起于财富，也就是说，并不都是经济造成的。引起内乱的成因众多，均产也不能解决问题。就哲学角度来说，道德教化比均产来得重要。只有追求智慧——哲学，才能教人怎样正当地明了价值。

说到希波丹姆，就实在耐人寻味了。据亚氏形容，此人矫揉造作，索隐行怪，爱用奇特外表引人注目。例如他长发有首饰，冬夏穿同一袭长衣；看来是个自然学者，却是首位没政治经验的政治哲学家。这表示什么？为什么要选这样的论者？（他倒是个结构设计师。他给城邦设计的道路系统，亚氏在卷七会谈到。）

从亚氏的理论角度说，政治哲学的终极目标，在追求完美的政治秩序，或者说按自然成就的最佳政治体制；道理上说，那是放诸四海而皆准的。但人每天沉浸在政治生活中，就算要创一个新的政体，那追求也不会达到，因为那开创者的视界，必然受到当时当地的限制。那么第一个政治哲学家，就应当是第一个不涉政治生活、不受眼前条件限制，同时能够提出最佳政体讨论的人。希波丹姆正是这么一个人。

可亚氏从来不是个说三道四的人。在《政治学》一书中，这是唯一一个他这样论说某人的地方。那就奇怪了：他在暗示什么？希波丹姆的身份适合；身份适合，并不就是道理适合。虽然，那身份也许有吸引人的地方。就在两章前，亚氏提到柏氏的政治学著作，说"苏格拉底的演讲辞"——尤其在《理想国》与《法律篇》中出现的，都优雅而高明，与众不同；但他这样说，是为了给自己的反对意见铺路：既然前人提出的最佳政治秩序，那样有吸引力，那我们总得正视它，冷静地去分析它。在《伦理学》最后一卷，亚氏提到一个享乐主义派的欧多克索斯（Eudoxus），说此人表现特别谦逊温和；与同派中其他人的论调相比，他比较吸引人，得到更多人信任，然而实际上理论欠佳。我们可以假定，亚氏形容这个人，不会无的放矢的。那么，何以希波丹姆的学说这么吸引人？

因为他的理想城邦设计，简单、清楚、易明。公民，分三个阶级；法律，分三层；行政，分三类。甚至连诉讼，也只分三等。一切都是三，是个"以三为本"的构思。为什么这样？亚氏没有说。有人认为那是受了当时埃及层级社会的影响，也有人说他的建筑设计，很有毕达哥拉斯的味道。（我们今天读几何学，知"毕氏定理"，论直角三角形的三边关系，是个定数，不管三边长短怎样变化。）这设计，用意在针对当时政治环境，提出改革，简明直接。从某角度看，后起的柏氏也有相似的地方。《理想国》中的理想设计，也是按着某数字的安排进行。古代哲学家、数学家似乎都相信，数字的某种序列，最能表达宇宙的奥妙，或者说自然的轨序；好像自然的推移，都按着数字来运行似的。（这样设计，又不独古代希腊人为然，很多古文明都有类似的情况。我们从古代中国、希伯来、埃及，甚至中亚地区的记载中，也可见到。）希波丹姆的论述，也像沿着这条思路而行。用三来安排，也许就是最符合自然的，不论是数学图案设计，还是理想政体的图案设计。

亚氏不同意。亚氏显然觉得，那样的想法只会带来混乱；为了追求简单清楚，却牺牲了政治哲学与法律的本质问题。政治有它本身独特的性质；而自然之道所给人的启示，也不是整齐划一的。世上诸事，也不是顺着序列而行。希波丹姆不是成功的政治学原创人，因为他没有考究政治学的基本问题："什么是政治的？"或者用亚氏的说法："什么叫城邦？"苏氏是政治哲学之父，因为他是第一个严肃面对这问题，用哲学来思考的人。

这个"什么是××？"的问题，也叫作苏氏式的问题，可说是政治哲学的原型问题，也是古希腊思想各系统中，最基本的定义考虑；因为定义所指向的，是事物的"本质"。柏氏的《理想国》浓缩起来，可以说是问："什么是公义？"亚氏的《政治学》，可以说是问："什么是最佳政体？"问题简单极了，答案却复杂万分。柏氏十分明白，"事物本身是什么"这类问题，往往化约成"事物于我是什么"的问题。你可以说，它是通过人的意见表露出来的。在社会道德的论点上，所有人或大多数人的意见，亚氏就愿意接受为是"真的"；倒不必是"智善"上的真，而是"德善"上的真。前者牵涉的是理论智慧；后者牵涉的，是实际智慧。在道德行为问题上，是后者为重。（这些问题，在《伦理学》里有详细讨论。）

〔放在我们古代思想框架中看，也有可比照的地方。《礼记·大学》里说的"格物致知"，属于智善范畴；"诚意正心修身"，属于德善修养。所谓"格其物而致其知"。"致知在格物"。"格物，穷其物之理。"要明白事物的本质，也就是了解它的终极道理。当然是智善范畴。但一般人说"格致诚正修齐治平"，认为是"一以贯之"的，并不把它分开。道理上说，（行为上的）德善的基础，仍然是立在（认知上的）智善之上。但读书人"修身"，在考功名出仕，不在做哲学家；要考功名，也不必格物致知。所以后世称颂的历史人物，是为官者要重廉洁、有操守、懂孝道；都是道德行为上的，不是哲学知识上的要求。〕

意见，有层次，有轻重。分量最重的意见表达，宣示在法律上，所以它是最高、最权威的意见。正是在这问题上，希波丹姆建议，凡对国家提出新创见、新发明的，该得到奖赏。他针对的，是社会上的规范，包括法律；又以技术创新做例子，称道推陈出新。亚氏没有那么乐观；他花了好些笔墨，专讨论这个问题。因为与他的整个思想有关，值得我们审视一下。（这里说的"技术"，和"艺术""工艺"是同词，可互换为用。）

亚氏认为，希波丹姆并没有想清楚他的议题。技术更新和法律更新，是两码子事；就是在近世社会，我们也可以观察到，技术改变和政治稳定之间，也有某种张力。他是否觉得自创的"三三制"是个好的更新，所以就引申到其他事上，我们不得而知；但亚氏觉得，那样的设计，只会引起混乱。因为希波丹姆没有清楚地明白艺术和法律的重大区别。艺术可以不断改进而进步，那进步无损于艺术品本身。法律则很不一样。法律的力量——法律能使人遵守的效力，来自人的守法习惯；而习惯，需长时间养成。法律的成效，主要并不来自理性，这点他在两书都曾谈到。如果说，法律的理性成分，是用来克制人那非理性的情意欲望，以免它泛滥成灾；但现实的教训是，情意欲望往往掩盖了理性。要真正克制那样生成的意见，你得有个同样生成的反向见解，尽管那见解不必就和法律的理性契合。

但人人都明白，在一定意义上，法律是维系道德、教化大众的重要工具。因此所有最古老的法律，都蒙着一层神话色彩。比如说，告诉百姓法律是天上诸神定下的，又或者说古代圣贤立下典章文物，是奉天意而行。这也就是神谕。而神谕，是不可违的。

既是天命，那当然不可随意改动了。久而久之，大家就养成了对法律的遵守和敬畏。固然，这是古代的起因。（但即使是近代，类似的要求还在。美国南北战争期间，林肯总统就强调，人民对自己的宪法，必须有崇高的敬意，遵从它，维护它，否则国家无法凝聚。〔这就是他们说的 civil theology；用神学一词，当然是比喻的说法。〕到了今天，也可以观察到，多数美国人对自己的宪法，还是怀有一份敬虔心的。）正因为亚氏知道，对城邦中的大多数人来说，理性并不是那么有力的。他在《伦理学》中就警告：哲学和政治之间，常存拉力或紧张状态，正因为政治生活的要求，不全是哲学理性可说服的。很多时候，你就需要理性以外的东西。

看起来，艺术或技术，比法律略高一筹。亚氏的批评，却正是要它从属于法律，受法律制约。法律的尊严，来自它受理智指挥，不涉个人情感。在卷三的讨论中，亚氏甚至用法律与神祇和理智并列，认为法之所以为法，在于它的理智水平，高于艺术能表达的理智水平。但法律，是立法艺术的产品，而立法艺术，是实际智慧，或者说是慎虑（即前面常提到的 prudence，亚氏在《伦理学》中大力推崇的德性）的最高表现。它考虑的，不是个别人的好处，而是整个社会的好处。那么艺术和法律的差异，就是艺术和慎虑的差异了。艺术的地位居次，因为每一门艺术关乎的，是该门东西的美，或好处；而慎虑关乎的，既是全体也是能布发于每部分的好处，或者说美好的生活本身。只有靠慎虑，我们才懂得判别真的与"装"的——例如医疗技术和化妆技术，才懂得判断哪一门才是好的。

任何一门工艺或技术，多少有点"自定门限"。技师之所以为技师，正因为他要成就的，是他那一门独特技术所能成就的工作。例如鞋匠制鞋，医生治病。（亚氏在书中也有同样的例子。）但那是为他人的，不是为自己的。如果说有为自己的成就，那只是从实践技术所得的报酬。也就是说，站在任何一个岗位上实践的技术，都有伴随而来的技术，即赚钱的技术。所以赚钱的技术，其实近似一种普遍的技术；如果所有技术都可看作一种艺术的话，那赚钱技术，就是艺术中的艺术了。赚钱的艺术，是无止境的；它可以使人不断增加、累积财富。可是，说赚钱是艺术，你是先假定了无止地累积财富，是好的；但这个假定本身，大有问题。亚氏认为，人累积财富，是要来用的。怎样用得其所，用得恰当，利己利人，那才是学问；那样的学问，是要受慎虑来调节、指导的。

那么慎虑有别于艺术，就因为艺术不能告诉我们，在当下要选择一件东西时，应当怎样选。一个专家不能给一个智虑深远的人解决生活最重要的问题。只有智虑的修养，才可使人独立自主，过美好的生活。古代哲学家从来都推崇智虑，认为它与德善不可分；而艺术或技术本身，并不与德善密切相关。亚氏在卷一结束时，甚至表示，一个工匠（技师、艺术家）所需的美德，可能不如一个奴隶。理论上，德善不在最高层次，因为它属实践智慧的范畴；然而实际上，在人间事务上，它却是人人都当追求的目标。

亚氏没有盲目反对变革。他在这里举出例子，说应当考虑更新，这甚至是有必要的。我们刚解释了何以技术更新和法律更新不同。现在他集中在法律更新上发言。希波丹姆的论点，看来主要是针对上古之世遗留下来的规范，某些行为律则。他觉得初民社会简陋又粗糙，定下的"法律"十分粗鲁，不值得表扬。人不当墨守成规和传统，而应求进步。这个观点，亚氏并不反对。可是把同一考量，放到文明社会上，又自不同。改良原始风俗习惯是一回事，改良法律行为习惯，又是另一回事。（虽然，从近代社会学角度说，改变风习比改变法律要困难得多。）

若人真能找到稍好一点的法律，是否该把行之有素的旧法律扔掉？世上没有完美的法律制度，人所共知。理论上，随着时日变迁，人可以不停改动法律，称之为"与时并进"。亚氏却不以为然。那样的改变，他毫不欣赏。准确一点说，他不是反对某一法律条文的改动，而是担心人在法律上不断求变的心理；后者会使社会不稳定，使人不服从法律。相衡之下，他觉得改动的坏处多于好处。在他的不同作品中，亚氏观察到希腊人事事好新好奇；用到法律上，不见得有利。

还有，我们刚提过，法律能得大家遵守，在百姓心目中有一份尊严，并不来自理性，而是来自习惯。法律要成效显著，必须行之有时。如果立了法，又可随时修订，或"更新"，或"改良"，等等，人民就会觉得，领袖常举棋不定，没有决断。昨天才说东，今天又改说西。以改良为名去改变法律，结果往往危害到法律本身，也削弱了人民的守法精神，破坏了法律制度的长期稳定。因为，如果国家奖赏提出更新的人，势必有很多"更新"建议；后果如何，难以预料。就政治上说，亚氏的顾虑不无道理：这类改变，往往弊多利少；政体走下坡的，远多于向上提升的。既知法无完美，那为稳重计，宁可法有瑕疵，但人人具守法精神，胜过法得改善，而大家无所遵循。就此而论，他和柏氏并无不合。

在《理想国》稍后部分，我们知道柏氏的"悲观"情由：建立一种理想政体，就是能运作吧，不旋踵就发觉，纵然是理想国度，仍然是十分脆弱的。它会受到破坏：倒不必是外敌，而是本身原则受到腐蚀。一种内在的"下沉"。往下沉是容易的，往上升才困难。柏氏这样想，亚氏也一样。稍明历史的人都会这么想。如是，则面向改变时当小心从事，正因改变常是"破坏多于建设"。有点像国人的谚语：学坏容易学好难。这是比较保守的思想，但这类思想，是基于对政治生活的长期观察上的。这一点很重要。

亚氏不赞成希波丹姆的法律变革方式，认为不能轻率从事，必须"周咨博访，慎之又慎"的；尤其在一国的宪法为然。因为国之大法所可贵者，"在其能垂为宪章，准诸百世而不惑之故"。人民群居而和睦相处，极不容易；亚氏显然担心人容易堕落的倾向，认为法是维系公共生活的基柱；一旦动摇，影响甚大。人民不尊崇法律，失去守法精神，再好的国家也会不堪。若法令"朝布国门，夕成废纸"，只会导致"上无道揆，下无法守"的局面。具深厚法治传统的国家，损害或较轻；在一般社会，情况会怎样，实在难料。（引号内的文字，取诸"双吴本"，以其精辟冠于其他各本。）这个看法，跟他批评柏氏的论说，颇相似。柏氏为要追求一体，追求更高的无私情谊，把原有的制度打碎了；亚氏的反对，正因那足以削弱情谊。不断改革法律，在他看来，只会打破了法律的权威，后果堪虞。

这是不是保守的哲学观？是。但亚氏的"保守"，并不在成就任何一个利益团体，而在考虑整个国家的长远利益。除非我们相信，国家利益，并不有赖人民的守法意识与行为。这又有点像后来的康德；虽然，康德的立论不全一样。那是后话了。

　　　　※　　　　　　　　　　※　　　　　　　　　　※

这一节开始的时候，我们提到哥林多人菲敦。亚氏行文到了那里附近，刚在谈到斯巴达的政治组织，并举出几个制度名称。从卷三开始，他会不断讨论那些制度，包括各类的特点和优劣。在上文，他却没有好好介绍。为什么会那样"出场"，我们不得而知。也许他认为，那些制度是当代人耳熟能详的，大家都懂，不必多说。也许他觉得，每个名称都会在后面有较详细的论述，届时再逐一解说不迟。无论如何，他在那里是提到了。为方便明白后面的理论，我们在这里先稍稍点题，不无好处。

亚氏周游列国，观察各地的统治方式，也就是治人者与治于人者的不同组合。归纳起来，不外三大类：一是国家由一个人统治；一是由少数人统治；一是由多数人统治。这是就分类学上说的。当然还有一些是某种复合类型；但原型都离不开这三种。为简单明了计，我们顺次排列为（1）（2）（3）：（1）是"一长制"；（2）是"少数制"；（3）是"多数制"。[1]每种制度下亚氏都举出两款政体，一优一劣；合起来就是"六体"了。在下文，每一政体都会详论，我们不必在这里喧宾夺主。

（2）（3）两制，就是望文生义，也不会错到哪里。但什么叫"一长制"？原文是 *monarchia*，英文作 monarchy，中文多叫帝制。叫帝制，不全合亚氏原意。*Monarchia* 的正式对译，应是 rule by a one，也就是一人统治。一人，可以是帝王，也可以是族长，也可以是大统领，也可以是有食邑的封主，等等。反正是"治人者为一人耳"。所以叫一长制较"帝制"更为合宜，也更切近原意。千多年来如是。到了文艺复兴时期，马氏理论面世，认为世上只两类政体形式，一为帝制，一为共和；前者他用同一个词 *monarchia*。自此以后，大家就跟着说；一见 monarchy 就说帝制，管他是 one king 还是 one chief。我们解读亚氏，当依着他的理路，避免曲解原意才好。

至于"六体"，各译本都没有统一译名，各译名也有合有不合。到后面正式阐述时，我们会逐一讨论。

　　　　　　※　　　　　　　　　※　　　　　　　　　※

到了这里，亚氏在卷二的主要讨论，可以说是结束了。余下

---

[1]　这是从"吴君本"说。比起其他各本，这是最清楚明白的说法。在后面，我们通用这三制名。

的篇幅，也就是全卷的末段，占三分之一长。他对当时一般人认为相当不错的、上了轨道的城邦——斯巴达、克里特、迦太基，逐一检讨，陈述利弊，像个经验丰富的人在讲故事。站在本书的立场，我们倒不必复述各邦情况，那其实与认识亚氏哲学关系不大。值得一提的是，腓尼基人在北非建立的迦太基。那不是个希腊人的国家，亚氏仍拿来评论，足证他的目光并不只局限于希腊城邦。如果那是他山之石，那么他的教诲，就绝不仅仅在希腊本土而已。

公民与政体

国家，是个政治团体，或组织。以目的论来看，它由家居成员开始，组成村落，再组成部落，达到自足条件了，就成了国家。这也是微观式的观察。从卷三这里开始，亚氏用上了宏观式的讨论；不采目的论，改用分析方法。国家既然是个组织，当有它的组成部分，前两卷重点在对一个家居单位的分析，卷三重点在对众多公民组成的城邦的分析。如果国家是由家居组成的，你当好好说明家居是什么；如果它是由公民组成的，你也当清楚界定公民是什么。有了公民的定义，然后你才能解释他们何以能聚合一体而成国家。聚合形式不一，所组成的国家性质也不一；这样探讨，才可得出各种性质的理论。换言之，亚氏要先界说"公民"是什么，然后按不同性质的公民，组成不同类型的国家，有着不同的政体。那样，我们就可以明白政体的本质，以及如何按不同的性质来分类。

这个探讨方式，明显和前两卷不一样。该怎样去理解？

说国家是众多人聚合而成的齐一组织，亚氏毫无异议；他坚持的，只是那"齐一"不能框得太死，那是个有限度的齐一。这从他批评柏氏清楚可见。柏氏希望有个齐一的国度，却过度强调了它的整齐划一。亚氏的保留态度，我们是见到了。就形而上学来说，亚氏用了"一"和"众"的考虑来审视城邦。〔在《伦理学》的论述中，这也是个基点。〕他用"众"的概念做起点，却没有具体列出这个众是什么。我们可以想象，你不必叫这是桐树，那是橡树，而统称为树，那么所有不同品种的树，一定有某些共通特性。所以众多不同的树，"其为树则一"。你看树林，里面有松树、柏树、木棉树什么的，显然品类不一，是个众；但从整体看，那是一个树林。人观察事物，都是这样的；不然，人无从组织他的思想和语言。

我们看众生，固然认识到大家是不同的人。认识的基础是什么？为什么可以说大家都是"人"——整体的、抽象的，而不必说众人？历来答案不少。最著名的也许来自亚氏自己："人"是个理性动物。"理性动物"就成了界定人是什么的一个范式。那么整体里也有个体——整体看：动物；个别看：理性。我们和其他物类有共通之处：都是动物；也有不共通处：某些"人"的特性我们并不和其他动物共有。这是个看"一"与"众"的有效指标。就"人"来说，我们似乎明白，大家是个"一"也是个"众"。不过亚氏的论说，不是人人都能接受的。柏氏也有自己的论说，很不一样。我们已略窥歧异了。

从亚氏立论点看，乃师的最佳国度构图，是一条要齐一不要歧异的公式；那个政治组织，追求人人无分彼此，太乌托邦了，不合政治生活。就"一和众"（the One and the Many）的哲学观点看，柏氏过度把"众"压缩来成就"一"；而亚氏则要取个平衡，要取"一"留"众"，两相兼顾。国家，固然是一体的，否则就不成其为一个国家了。但国家是众多公民组成的，而公民团体，又有不同的性质、人数等，你不能无视这些基本元素；因为一体，正来自这个多元。在进入卷三之前，我们当先有这个认识。

卷三可以说是亚氏的独特方案。他批评了柏氏，用上了"一和众"的论述，为要解决国家——城邦——的问题。我们得留意，他描述的城邦，还有另一重点：城邦是自然生成的。（这样说，有点重复。当你说"成长"［it grows］，在希腊文中，就等于说"自然的"［it's natural］；因为 *physis* 是自然，*phyein* 是生长、成长；像英文的 that which develops naturally。）它从一个自然的起点——家居，迈向另一个自然而成的村落，最后迈进城邦。但亚氏也清楚地指出，城邦之所以能站起来，正因为有人为的推动力；这人为的因素，不能抹杀。从全面的哲学考虑，亚氏论政治生活的教诲，是要把两组难题调和起来，一并思量。一组是"一和众"的问题：在什么程度上我们可以说，城邦是个"一"？在什么程度上我们必须说，它是个合"众"而成的东西？

另一组要明白的是：城邦是自然而成的，也许更有一个自然的目标，可见自然之道的举足轻重；但同时存在且绕不过的论题，是人为的因素。城邦是个人建起来的事物；假使它纯是自然的，世上就只会有一种"自然而成的城邦"，不会有那么多不同类型不同政体的城邦了。可以说，如果城邦是完全自然的产物，那它背后只有自然力量在推动。事实并不如此。因此，我们在考虑"一和众"的理论问题时，也得考虑自然与人为的微妙平衡。

两组难题合起来看。如果我们能好好了解"一和众"孰轻孰重，在多大程度上城邦必须是个齐一的组织；在多大程度上，它又必须是个不同类别合成的建构，那我们就能跨出一大步。除此以外，若我们认识到城邦具有自然本质，同时又是人为制度和法理的产物，我们就可以跨出更远。能够从理论上探讨这两组貌似断裂的主线，把它们"缝合"起来，你就会更明白"什么是政治""什么是城邦的本质"这类问题。进一步，你会更明白"什么是国家"。

这是古代的问题？与现代国家无关？

〔美利坚合众国，是世上第一个用成文宪法立国的国家。它国玺上的格言是 *E Pluribus Unum*。那是拉丁文的表述，用英文来说，是 out of many，a one，或 one out of many。独立战争胜利后，他们的开国元勋要建立一个新的国家；但组成国家的元素，却是本来相当独立的北美十三州。所以从一开始，他们就得面对众邦组成的一国：那是个有限度的一，因为这个一是从原来的众里出来的；如果众州坚持自主，那又无法组成一个国家。结果是"从众而来的一"。他们也曾考虑过诸多困难，比如，这个一（对众）有多大约束力？可以分拆吗？众（州）在一（联邦）里，能做什么？众（州）在重大议题（例如蓄奴）上，有多大自主权？人民在基本道德考量上，能各行其是吗？如果人民在基本道德问题上，有重大分歧，又各走极端，那这个国家还是一个完整的邦国吗？四年的南北战争，并没有彻底解决联邦的问题，也就是"一和众"的问题。到了今天，政界、学界内外，还在辩论这道难题。而美国，并不是唯一面对如此议题的国家。

这反映了什么？亚氏提出的"一和众"，即便放到近代政治脉络底下，仍然是个问题，并没有随时日而消逝。如果美国要面对的，是一类问题，那苏联的，又是另一类。斯大林步列宁后尘，尝试用较严厉的手法来维系那个"一"。其后逐渐放宽，在70年代末期，出现了"人性的社会主义"风潮，内外政策都见"松绑"。20世纪80年代初期，口号是"社会主义和多元形式并行"。理论上说，仍是个"一和众"的问题。亚氏叫读者思考的问题，并没有失去时效。〕

卷三的重点，仍在"最佳政体"，或者说"最佳国度"：什么政治秩序最能使人好好地拢聚在一起，守望相助？表达的形式，仍是环绕着城邦的本质来讨论，也就是"什么是城邦"的问题。你会觉得奇怪：他明明在卷一已经论过这个议题，为什么又再论？前面还说得不够吗？可以这样看：到了这里，亚氏察觉到，他在卷一中，对"什么是城邦"这个问题做出的回答，显得不充分。这使他无法不重新检视该问题。稍稍冷静地看，第一个进入我们脑海的想法，是一、三两卷中间，发生了一些事，那是卷二。很自然，卷二的出现，导出了后面的讨论，让亚氏以全新的角度来检讨他在卷一中谈论的主题。那是什么？

看来卷二中最严肃的讨论，是亚氏对柏氏的批评；那是亚氏评《理想国》篇幅最长的一篇。简单地说，在论说柏氏的理论时，亚氏不得不细想家居的问题，以及家与城的关系；当他审视柏氏那废除家居的方案时，不得不重新思考"什么是城邦"。一个看似最简单的问题，却好像充满矛盾。最初，他用自然实体来界定城邦，所以卷一是用家居做主轴；但用家居下定义，是在自然基础上来界定的。如果我们能满足于用家居解释城邦，我们就能够接受用自然来界说城邦。

但卷二谈到的方案，不止一端；最著名的，固然是柏氏的理论。在最著名方案中的最著名元素，是废除家居：柏氏的政治组织，是没有家居的。废掉了家居，也就是废掉了城邦的自然基础。为要建立那无私的、齐一的理想城邦，使它凝固起来，他把那自然基点拔起，代之以人为的共妻共子制。（先不论财富问题。）那么在"一和众"的考量上，他是过度把城邦推向"一"，也过度用人为因素来界定它的立论点。人的生活，受到了很大的限制。那样的方案，把人为的与齐一的，拢在一道。

这是卷三的背景。给亚氏的启发是什么？他现在提出了新的界说：城邦，是众多公民合组而成的。现在的方向，似乎是朝着人为论、制度论立说的，再不是"家居"的自然论。很明显，他在卷一的立论——城邦是自然生成的，现在放下了；现在的说法是公民的组合。稍前见到的，是亚氏强调不赞成城邦过度一体化，认为它必须是个多元的组合；现在见到的，是他开始把那个想法，推到一个合理的结论。那就是用"公民的组合"做定义。那么他其实多少采纳了柏氏的建议，尽管那人为论的东西，他认为是激进的、不合理的。亚氏对城邦的重新界定，说它是个公民组合，不是家居组合，是朝着同一方向的；因为他把基础从自然移向人为：公民，并不由自然来界定。甲国叫自己的公民作子，乙国叫丑；而公民一词，又有其本身的特质，也就是公民之为公民的通性。亚氏有他自己的界定：公民，并不是纯自然的产物，而是自然与人为的混合物。人为的，是国家的法律创制；自然的，是父母的地位。父母的身份，并不足够界定你是公民。因为，像幼儿问：我从哪里来？你来自你父母。父母从哪里来？这可以无止境地问下去。很快你就察觉，回答这问题并不那么简单。如果两岁的孩童可以给你难题，你很快就会想到康德的格言：有些事是超乎我们的经验的。

亚氏显然想到了同一点。你可以说，我是公民，因为我父母是公民；但很快问题就去到最初的阶段：谁是最初的公民？那身份，一定不是自然而来的，而是人为的。最初的公民，不可能来自公民的父母。那么"公民身份"背后，必然有那无可化约的人为因素。用公民来界定城邦，引进了人为的元素；那元素，却被家居、村落等论说掩藏。也许，那是亚氏的策略：先置下最重要的因素，即城邦的自然基础。为什么它那么重要？

设想大家觉得，人的政治生活，是顺应自然之道的，与自然有不可分割的关系，那人就会对那样的生活心生尊敬，起码不会小看它。有了好的基础，然后明白，它并不全然是自然的东西，也不会有大碍。先使城邦（政治生活）稳定下来，才一步一步修正调整，较为妥当。起码，从亚氏的角度看，那要胜过你用人的作为做基础，然后告诉大家，政治有个自然的基石十分重要。

霍氏的做法刚好相反，他可说是近代哲学家中批评亚氏最力的一个了。他的立论，是彻底把国家建在人为的基础上。在哲学论说中，他固然谈到"自然状态"；但那状态并不是人群体生活的条件，并不构成政治生活的基石。恰恰相反，"自然"是人的负荷，威胁到人的生存；人正是为了逃避那命运，才组成政治团体，立下契约相互信守，来保障生存。人，是自己的救赎。假如你要人知道自己的能力巨大，懂得掌握自己的命运，霍氏的办法是可取的。人组成政治生命，政治生活是人为的产物。历史上，不少世代的人，因无知而迷信，以为族群的生存，是雷神控制的，或者是受上天众星宿影响的，以致对巫祝顶礼膜拜，在特殊身份的人跟前，惶恐不已。为了教化启迪，你也许得下重药，振聋发聩。也许，这是16世纪马氏哲学发端以来，近代哲学家的想法。亚氏的古典政治哲学与霍氏的近代政治哲学的明显歧异，令读者清楚地看到，古人把城邦的基础建立在人所尊敬的"自然之道"上面，而近人却把国家的基石立在"人为事功"上。古今之异，一目了然。

上面的简介，是为了使我们有个概括的印象，明白怎样从卷一的重点，转移到卷三的立论上。说亚氏善忘，不知道自己在新一卷中，给上卷的论题设下新的界说，似不可能。我们不能假设他的智虑不如我们。（固然，历来都有作者，写下了不堪的作品；可一般来说，做读者的，面对严肃的作品，最好假定作者有条理，尽你自己的能力，尝试理解一个清醒的作者可能在说什么，而不是先假定他"弄错"了。指责古籍有错简、有章次混乱，我们必得严谨考证后才可立论，要避免自作主张，不应为方便自己解说而"移动"作品的次序。不然，所有作者都"出问题"了。有人读洛克，说他自相矛盾，又说他的《政府论》〔*Two Treatises of Civil Government*〕中，"首论"与"次论"前后不一致。也有人读卢梭，说他矛盾百出。读经典碰上问题，最好先"反求诸己"。）

国家（城邦），是个别公民组合而成的政治社团；能界定什么叫"公民"，就可以明白何谓"国家"。古代希腊人没有用"国家"一名，那组成的团体他们叫政体，所以不同的政体，就有不同的公民。那"组成"，今天叫宪法（constitution）〔双吴本叫作"建国政纲"〕。但宪法一词，语出拉丁文的*constitutio*，原义就是组成、合成的意思。亚氏说的政体*politeia*，就是这个组成物，用音译词 polity 该最好。众多英译本中，多有把它译作 polity 的，但也有译作 constitution，或 constitutional government 的。可我们今天说的宪法，是成文宪章，不是原书"政体"的意义，这里不取。（详见"导言一"第三节。）那么公民是怎样界定的？

（一）公民的界说

公民（原文作*polites*，最简洁的说法是 those who participate in the affairs of the *polis*，也就是参与城邦事务的人。今天所用的公民，英文的说法是 citizens；但这不来自希腊，而是从罗马的*cives*译过来的。）是什么？亚氏有他的界说。他先提到，同一居地的人并不就是公民，因为外人也可以居住同一境内；有诉讼权也不够，因为只要两国缔约，容许各自人民在对方兴讼就行。他认为，公民是一种身份、一种地位，那是用功能来界定的。简单地说，公民就是参与在国家的司法和审议事务中的人（the judging [i.e. judicial] and deliberating functions）。雅典人处理政事，有不同的议会；行审议功能的，叫*ekklesia*，行司法功能的，叫*dikast*。在前者，你可参与决定城邦的重大事件，像和战、缔约等，有点儿像在立法部门出任公职。在后者，你可参与断讼，像个今天的"陪审员"（他们叫*dikastes*）；不同的是，今天的团员人数少，古代的人数众多。最著名的，要数给苏氏定罪的那一团了

（超过 500 人）。二十岁以上的雅典公民，都有权参与这些国家功能。雅典人曾经有过规定，要所有公民都参与，不参与的会受罚。也有过给参与者以奖赏作鼓励的。一个合理的问题：那是不是出任公职？抑或，出任公职是有定期的？

通常说，公职，是有限期的；不同的城邦，在不同的职位上，有定期有不定期。亚氏怎会不知？所以他跟着说，公民就是有权利无定限地参与上述两类政治功能的人。这样，就可以最概括地界定公民，即最多的人能有资格参与的。使最多的人能参与，那一定是在民主政治下才可能。他不讳言，那样的界说，是倾向用民主制度作基础的；但他有个解释。希腊众城邦，人口逐渐增加；这叫他有一个推想，认为各城邦最终都会成为民主制的。可那是长远的推想。在当时，他眼见不同的政体下，有不同的性质、不同功能的公民，所以才试着在概念上单纯地、简单地界定什么是"公民"。很明显，在他的认识中，任何公民都有权参与在两类功能，也就是城邦最重要的事务中。尤其是审议功能，那是公民必须拥有的；因为审议城邦重大事件，是城邦的最高权力体现，也就是主权所在。主权的行使，既是公民的最高权利，又是他的职责所在。

这是说，公民是直接参与行使主权的人了。那和我们今天的认识十分不同。雅典公民，一起参与决策——审议。现代公民，只能选出代表到议会代你审议；行使权力的，是你的代表，不是你。这跟古今国家大小人口多寡，有着莫大的关系。他们用的，是直接政府形式；我们用的，是间接政府形式；不仅是国家层面，就较小的单位像省、县、市等，莫不如是。唯一的例外，也许就是瑞士的联邦小行政区（Swiss cantons），那里保留了某种公民直接决定政务的制度。不过，纵使在那制度下，大家出来公投的情况也不常出现；就是出现，也先经过立法委员会的审核，才拿出来给大家决定。这和雅典的方式又不同。直接行使管治权力，是古代雅典的独特风格。

那风格，到了罗马共和时期，仍然保留下来。罗马公民早期还是直接参与的；到了罗马帝国，广泛拓展公民权，公民人数大量增加，使权力和参与感大大削弱。亚氏早看到"人数"是个问题，因为要参与司法和审议功能，你必须具备一定的能力与闲暇才能胜任。那条件只有少数人拥有，一般的百工或干粗活的人，为口奔波，能解决自己生活已很好了，怎能要求他们兼顾他人，思量国家大事？因此在他的整个哲学系统中，百工只是国家存在的必需"条件"，并不是组成国家的"部分"。这就把社会中的某部分人"降低"了。（这点他在后面还要详论。）我们见到，古代希腊的公民，是直接行使主权的，可称作国家主人翁而无愧，他们的公民意识比当代人强多了。但同时也可以看到它的局限。

还有，早期雅典公民，只有住在雅典城中的人，并不包括城郊的民众（这也是 *demos* 一词的原义）——主要是农民。后来不分地域，符合条件的，都可以是公民。但也只以雅典城内外为限；例如，公民权并不伸展到雅典人在外建立的殖民地，也不包括被雅典人征服的地区人民。从历史来看，这也许是希腊城邦政治无法长期延续的原因。他们没有发展出联邦制，使不同区域连成一体；也没有扩张成某种帝国形式，使一个中心可以统治其他地方。那么城邦就不可能进一步拓展。正因为日后的国家脱离了城邦形态，公民的定义也跟着有了很大的改变。

接着是个理论的比喻。凡物生长，定有起点。滋生繁衍，又会生出不同的种类；但种类，有先后有优劣。他其实在说政体：有些是先于（优于）其他的，有些是后于（劣于）其他的。换言之，较完善的，是"原型"；较劣质的，是"变型"。（不同的译者，有用"错误"的，"变态"的，"蜕变"的，"败坏"的等等，指的是同一事物。）我们在上文已提过，亚氏的政体分类，有"一长制""少数制""多数制"三种，每种有原型，有变型，合起来就是六种政体了。这些类型的比较，在后面会详说；在这里提出，目的在告诉大家，因为有不同政体，公民的性质和定义跟着也相异。这是制度上的差异，而制度，是人设计的。

假定说，人的政治生活，全是自然之道统驭的，自然的推移，使人看到什么是终极的美善，什么是优异（德性）等，那就像自然让我们看到，什么叫完美的苹果，圆浑而美丽？我们固然可以问："那怎么会有各种不同的城邦，各有优劣，也各自为政？"这倒不难回答：苹果是自然生成的，自然所生的苹果，几乎都不那么完美，总有点问题。亚氏早表示过，自然指向某目标，却不一定能顺利达成：自然要使儿女像父母，很多时候他们往往不像。同理，就算自然要指向美善的城邦，优异的政体，它也常不能如愿，就像多数生成的苹果都不完美一样。

另一方面，我们观察政体的改变，从较优的"变"为较劣的，有好些人为因素——抉择，我们不能忽略。例如利益考虑是个因素；又例如力量——人能强迫他人的能力，也是个因素。人怎样看待良好政体，有不同的判断；判断不同，后果各异；也不必然全为个人利益，人会伙同判断相近的，为了共同利益而组成某类政体。但人会觉得，要为自己的判断做个解说，那辩解，尽管含有瞒骗成分，总地看起来"像样"。因此不能只靠"力量"，你得有个起码表面合理的辩解，给某种你要维护的政体说项。各种因素，都显示出对城邦事务的人为干预是必需的。亚氏是个自然主义者，却没有让对自然的推崇蒙蔽了眼睛。他明确指出，没有人的作为，仅靠自然的力量，城邦是不能单独站起来的。

当亚氏用政体类别做参考点，给"公民"下某种定义时，大家见到的是，人的政治生活，并不纯是自然而然的，里面有不可或缺的人为成分。人为的界说，是一种；另一种我刚提到：我是公民，因为我父母是公民。两类条件并存，那是当时民主政体的特点，倒不一定能全应用到其他政体上。因为，在那里，人民直接行使公民权利；而其他很多城邦，是没有人民的。（原文用的是 *demos*，即英文 democracy 的词源，在上文解释过了。）他这样说，是什么意思？（这个词最普遍的英译是 the people，也有叫 the many, the multitude, the masses 等。）一个国家没有"人民"？字面上是这样。那是不合常理了。他是指城邦没有民众吗？那不可能。城邦要自足，必有农民百工等等，即老百姓。那我们当怎样去理解他？说"人民"和说"很多人"，有区别吗？那"群众"呢？"大众"呢？都有区别。很多人都以为，卢梭是第一个强调"人民"和"众人"的哲学家，因为他认为，"人民"是经契约定下的法律身份，任何个人都不能随便代"人民"发言。

事实上，那身份不来自卢梭，也不来自黑格尔，而是早在古代希腊就已出现了。当亚氏说很多城邦没有"人民"，他是站在民主雅典的立场说话；在民主政体下，人民就是公民（当然不包括奴隶、外邦人、未成年人等等），是公民全体的总称。但各个不同城邦，并不都行民主政体；他们的大众或百姓，多数不是公民，都没有资格参与政事。因此，从政治上说，许多人是无足轻重的，他们是住在城邦中的群众，却没有"公众"特色，只是一群治于人者。他们和治人者中间，隔着一条鸿沟。民主制的一大特色，就是在鸿沟上架了桥，使双方互通往来。在后面他会谈到，这有点像今天所谓的"轮流坐庄"。

如果人民是公民，可直接参与行使主权，那他们中的每一个，都是独立自主的个体了。能自主，就不是他律他制的人，而是有自由意志的人；反过来说，自己的意志受到压迫，无法自主，那你也不是正式的"公民"，而是给"矮化"了。假定说，一个人要活得有尊严，能独立自主，才真像个国家的公民，那么政治的任务，就是设计一套政府制度，使公民都能做个自主的人，可自律，也就是遵守自己定下的规则，即使做治于人者时也是一样。确切地说，你通过你自己的政府来管理自己。每个公民，按自己意志设立政府，那么政府所做，就不能说是违背了你的意志。霍氏有一条"公式"，正是朝着同一方向的：拥有主权的人所做的，都是你所要的，他代表了你的意愿，因为大家一开始时定下协议，使主权拥有者代表所有人。既然他的意志可代表大家，那大家仍是自主的。很多人对这种纯人为的方案不太满意，总觉得牵强。后来卢梭的改良版，使这自主看上去比较合理。那是后话了。

把各点合起来看，用亚氏的"人民"做中轴。世上不少情况，是国家有群众没有公众，他们不是人民，因为他们没有政治身份，他们不是公民。普通老百姓，都是治于人者，与治人者形成了一层隔阂。民主的成就，在使大众打破那一层隔阂，使社会上多数人都能参与公众事务。亚氏明白，我们也明白，民主体制，得付出代价，因为带来民主的办法，同时带来新的困难。古代的雅典，有它的问题；近代民主开展，也碰上了自己的问题。有的能解决；一时不能解决的，你就得接受。正因为亚氏拿雅典跟其他城邦比较，才会说有的城邦"没有人民"；否则读者就如丈八金刚，奇怪怎么会有国家是没有人民的？莫非亚氏不知所云了？

有了新的公民定义，亚氏简单地加上一句：什么是城邦？城邦就是人数足够维持自足生活（*autarkeia*）的一种公民组合。自足生活，是城邦的基本条件，不是最佳条件。在卷一论城邦时，亚氏说那是人走在一道，为了共同利益而一起追求美好的生活。稍后我们会见到，他并不是放弃了理想的追求，而是认为得满足了基本条件，才能谈高尚的条件，否则就是空谈了。何况，条件基础够广泛应用，你才可以把所有形态的城邦，不管优劣高低，都包括进去，而不会因自己的价值判断，排除了"不符"的。

血统论做不得主，功能论才可以，因为公民是人为的东西。人为的改变，还有其他。亚氏问：政体更迭了，你还是公民吗？假定说你是个民主雅典的公民，民主城邦被推翻了，现在是富权当道，新的统治者立下规则，指明拥有 500 亩土地的人，才可成为公民，怎么办？谁才是公民？有没有可能你是在不公正的、受到伤害的情况下，成为公民的？他说纵使在这样的情况下，你仍然是个公民。你身处的城邦，来了一场革命；不能说革命后，你就不是真正的公民。公民会受到不义的对待，非法的行为的侵害，但不能被剥夺了公民身份。那等于说，取得公民资格的过程，也许不正当；但是否拥有那资格，并不受这"不正当"影响。公民身份是人为的后果，此又是一证。

这样说，又进入了新的领域。我们离开了"什么叫公民"的问题，转向人有没有恰当地取得那资格的问题。（按亚氏的说法，只要是行使两项功能的人，就是公民；那第一个问题已解决。）他举的例子，是雅典的独裁统治，给民主派人士推翻，成立新的政体，扩大了公民人数。本来不是公民的，现在是了。那举措合理吗？如果一个城邦有怎样的公民，得视乎它有什么政体，那么政体改变了，城邦还是同一个城邦吗？城邦会经历急剧的改变，或革命；革命后，城邦仍旧？他认为那得视乎新政府的作为，是国家行为还是派别行为：它是有利全体的，抑或只有利于掌权的？因为，不论古今，好些暴君、独裁者、军头统治集团等的所作所为，大家都不承认是国家的，或合乎全体国家利益的做法，而觉得只是统治者的无理行为。（今天的现实政治考虑，多不会同意亚氏的说法。）反过来说，这也打开了另一种可能：尽管是暴君的行为吧，也有可能是对人人有利的；例如他筑驰道，使全地交通网络打通，货物、人口等的运输，方便多了。纵使日后他被推翻了，当时的政策，确是有利全体的。（先不必考虑他的出发点。）那我们得承认，那不是无理行为。"不以人废言"，古有明训。

问题的根本是，你怎样区别什么是城邦的，什么是一时一地的掌权者的？掌权者是公民自己授权，甚或是公民自己，那固然简单；若掌权者是个独夫，或者是少数拥有武力的集团，又如何？兼且，世上的独裁者，都宣称是"奉人民之名"行事的，都说是"造福全国人民"的。那他的行为，属于哪一类？看来亚氏用的办法，是回到公众利益，而公众利益，是任何政体都可以做到的；起码理论上如此。

（一个城邦，经过大变动，政体也不同了。你还是个公民，纵使公民身份，得来不合理。那是不是违背了柏氏哲学的一条金律：不合道理的、错误的事，是虚假的，再不是该事本身。[The wrong form of X is not an X.] 柏氏自己的论点，是这样的。

《理想国》一开始，柏氏就提出了"什么叫公义？"的问题。苏氏与几个朋友在园子里讨论。大家从不同角度去界定"公义"，都没有结果。色拉叙马库斯 [Thrasymachus] 终于按捺不住了，讥笑他们，说他们都像傻子，都不明白，公义只是强者的利益，因为统治者制定法律强迫大家遵守，却称之为公义。就那么简单。接着就开展出苏氏和他的对话，尝试叫他冷静下来，叫他明白为什么那看法不对。苏氏的论点是这样的：有些人拥有权力，可以强使他人接受他们的规则，这在任何城邦都可见，是不是？是。他们所做的，事事都对他们有利吗？色拉叙马库斯察觉到有点不对头，但他只能回答说：不，有的时候他们会犯错。这么一说，他就进了苏氏的口袋里。往返几回，到了谈话最后，苏氏就得出结论：你说的是拙劣的人，我说的是真正的统治者；拙劣的人制定法规，不见得对自己有利，只因为他们无知，没有明白真正利益所在。言下之意，如果他们是名副其实的统治者 [贤君]，明白公众利益才是自己最大的利益，他们就不会制定不公义的法律了。统治者是有智慧、有胸襟、有识见的人——那才是真正的统治者，他不会犯那样的错误。到此，色拉叙马库斯哑口无言。他最后是这样说的：如果他不能行一个真正的统治者该行的事，他就不是个真正的统治者。那么，他当行何事？他当行对他最有利的事；不然，他就不配成为真正的统治者。这样，色拉叙马库斯做了一个苏氏要下的结语。这倒有点反讽味道，通常只有苏氏才说这类教诲的：如果你不是个好的、对的 X，你就根本不是这个 X。

什么叫修辞学家或演说家？一个真正的修辞学家，是个合理的、正确的演说者。在古代，那是可做"帝师"的人；他们任务重大，正因为他们要教导统治者行事。亚氏本人就有著作名《修辞学》。那些花言巧语、油腔滑调的人，自命修辞学家，其实都属诡辩派，柏氏最看不起他们。修辞学，是主题严肃、宗旨认真的东西。滥用这东西的，不是真正的修辞学家，而只是些巧言令色的说客。所以，苏氏其实对色拉叙马库斯的结语，多少该带有"同情"。）

回到我们的本题，那么，一个不从正途而来的公民，不从合法的、正确的途径而来的公民，不是个"正式"的公民。亚氏不同意这一观点：不管他怎样取得他的公民身份，他都是个真正的公民。不能要求人人都用一个"自然准则"去界定谁是公民；把不合"准则"理想的人，全排除在外头。他觉得这样做不妥当。可以合理地推想，亚氏的基点是这样的：公民是属于城邦的。要有真正的公民，你得有真正的城邦，也就是正确的、美好的城邦；那样的城邦，世上没有。然则世人没有任何人是公民了？退一步说，只有"真正"的城邦才是城邦，那世上也没有城邦了。这不合理。

（16 世纪初期的意大利名画家拉斐尔，画了一幅柏拉图学园的大油画。居中的两位人物，是柏氏亚氏师徒。柏氏手向上指；亚氏指尖指向前方，手掌平放。再贴切没有。在《伦理学》中，亚氏早像个"中庸人"。在这里，他怀着崇高的理想，观上瞻下，却稳站在地上：踏实、有力。立论持平，冷静，仍不失通透、高贵。明白人当有的、带理想色彩的教诲，但又不会被理想主义冲昏了头脑，忘却了人世间事的不完美。知道人为的努力总会有障碍，可不曾放弃那真的、善的、美的。可谓政治教诲中至崇高者。古代哲学家所展现的风范，给充满意识形态的近代政治湮没了。那是古今政治说理歧异的后果。）

（二）从公民到国家

公民，纵使是不恰当地、错误地取得身份，还是公民。国家有了变动，国家的体制也变了，没关系；只要你仍在行使两个功能，你就是公民。那国家呢？（亚氏当然在说城邦。但道理放在今天大家熟悉的称谓——国家——上，依然合用。）还是不是同一个国家？国家性质，像公民身份一样，依旧延续下去吗？在什么条件下，它是同一个国家？

既然国家是个组合，那就看各组件吧。那是同一个国家，因为住在里面的是同一批人？不是，不同的人也可以住在那里。是因为它处在同一地点？那也不对。是人能齐一联系，建一堵墙把地区围起来；墙里墙外，像两个世界，里面的人，就是个"一体"了？那也不行，亚氏说，那只是地点论的延伸。巴比伦人都住在一个地点，可以盖一堵墙围起来的；但地太大，被波斯居鲁士大帝征服后三天，还有人不知已亡国。你的国亡了，你都不知道，你不是个国家，不是个"一体"。固然，我们可以说，那只不过是个资讯问题。如果他们有今天的通信系统，就人人都会知道了。日本投降，全日本人都同一天知道；而日本比巴比伦要大。至于说围墙，那也不见得真有用。这个例子不太有力。亚氏的重点，是国家的体制。这可以用他的"形与物"的观点来推敲。

一个国家是法西斯国家还是民主国家，是由政体来决定的。政体，是国家的"形相"，是它的"特质"；国家的特性，就以这个"形"（form）表现出来。组成国家的人——它的公民，是它的"元件"或"部分"，也就是"物"（matter）。在层次上，形当然是高于物的，因为形是指向国家目标或宗旨的标记。在一般情况下，国家的形，也就是它的宪法；宪法，正告诉你政体是怎样组成的。还有，国家是个组合物，有不同的"部分"。组合的形式或结构，就是政体；"部分"的内容，是它的公民。形式不变，抽掉某些内容，甚至更换部分，都没有影响；形式变了，那就不是同一个国家了，因为它的特性不同了，它追求的目的，也自相异。例如一个剧团，是专门演悲剧的，固然有一定的团员组合模式。剧团改演喜剧，它的特性就不同了，结构也不同了；就算团员还是那批人，但整个表演的安排，团员所站的位置和身份，全不一样。那么这可说是另一个团了，因为它和以前的毫无相近之处。"物"是一样，"形"已改变。

我们的看法，和亚氏的很不一样。我们看的是物。我们会觉得：明明是同一块土地、同一些人民，怎样说那不是同一个国家呢？17世纪中叶，英国内战。克伦威尔把王帝送上断头台后，一段短暂时期内，英国变为共和政体，他自己上台执政。那是不是原来的英国就没有了？新的英格兰共和政体，就不是英格兰了？现代人会倒过来说，是英国从帝制改为共和制，是英国的组件改变了它的结构。这一层亚氏不可能看不到；他没有说政体和国家是二而一的东西，他只是强调政体的主导地位。不管怎么说，都像跟我们的看法很有出入，但跟我们的经验却相近。要理解这个，还需进一步探索亚氏的论说。

他用的实例是雅典人的经验。雅典人推翻了"三十暴君"的少数统治，恢复了民主政体。新政体的人说，那些暴君假雅典之名，行利己之事，那是"他们"的作为，与"国家"无关，所以不算数的；我们现今的雅典，才是真的。那是说，政体改了，国家也不同了。原来的，是一批富人精英小集团当政。难怪亚氏借新政体的人来说话；因为，他们说旧政体所做的，是有利富人的"派系行为"，不是"国家行为"，我们不必承认。可站在旧政体下的人会怎么说呢？他们会觉得"国破家亡"了，他们熟悉的、喜爱的国家没有了，新的政体，他们既不认识也不认同，简直是另一个国家了。逻辑上说，民主雅典对他们来说是新的、异样的国家；为了捍卫原有的价值与生活方式，他们不惜拿起武器，企图夺回江山。如果他们坚持住在生于斯、长于斯的国度里，他们也许没有选择；民主革命成功，很可能放逐他们到其他类似的、又是富权少数统治的国家。他们被迫作客异乡；若异乡与本乡发生战事，他们会"义助"他军，希望结束"流亡"生活。这，是中外共有的经验了。

另一种论述是：什么叫好公民？好公民者，服务国家而不问政体者也。不论政体更迭，改朝换代，无关痛痒。"好官我自为之"。〔五代时的冯道，自号长乐老，一身事数朝。褒贬由人。〕当然，在富权雅典的臣民，出而拥护革命后的民主雅典，被前朝忠臣视作叛徒、卖国贼，也是理所当然了。

国家身份和政体类别，是连在一道的。组成国家的是公民，每一个公民，都可以出任公职，而政体（宪法）正决定谁可当何职；那么怎样的宪法，就决定了怎样的国家。因为，它决定了公民的身份和性质：它可以是多人参与的政体，也可以是少数人参与的；它又决定了参与者的位置。那么每个参与的人，不论高低，都会想得到心目中的位置。政体安排，就成了争夺的战场了。少数人胜了，多数人就得落空；这使得他们竞逐心很强。

今天很不一样。现代社会的政党，都没有那么炽热的竞逐心。

在民主国家，政党代表的，是某些原则；政党间的分歧，有事实的，也有想象的。党争，只是党派领袖在所宣称的原则分歧上争取支持。党派，不是水平的，是垂直的。也就是说，他们不用阶级来划分，而是每个党派都包含了不同阶级的人。所以党魁都是背景相近、学历相似的，尽管有的时候某人可能出身寒微。

古代希腊的政治生活全然不同。他们的派系，阶级味道浓厚。多数人属穷人阶层，他们为保有自己的利益，宁取多数人掌权的民主政治；少数人是富人阶层，他们为了同样的利益，只愿取少数人执政的富权当政。有的时候，分歧演变白热化，使城邦不稳定。他们不是说，共同支持一个政体，让大家来选择哪个领袖较适合国家；他们是说，哪个派系当家，国体配合上场。很有政场如战场的感觉，正因为不同派系的人上台，宪法安排大有差别。这跟近代的民主宪政，出入很大。

政体和宪法（我们较熟悉的名字），是二而一的东西。政体决定了国家的类型，所以宪法像一幅蓝图，界定城邦是怎样组织起来的，特别是公职的安排方式。那方式，不仅决定了社会的层架，它本身其实就是各组成单位合起来要追求的目标。可以说，宪法界定了城邦所有公职（权力）的安排，决定它们的分配方式，也决定了主权所在，以及整个城邦的宗旨。该宗旨，是宪法的主要考虑；因为宗旨——城邦追求的目的，决定了该如何分配公职。城邦给自己定下的理想生活方式，以宪法体现出来；所以它不只是个政治架构，它涵盖了城邦的生命。不同的城邦，各自追求不同的目标，有着不同的生活方式，因而它们的政体也不一样。这点在"导言"中已经介绍过了。

既然如此，可以想象，每一类政体因着不同的生活方式，就要塑造出不同的公民气质和性格。雅典与斯巴达战争初期，雅典人的领袖是伯里克利，一个传奇的英雄。在一个悼念仪式上，他发表演说（也就是后来成为经典的演讲辞 *Pericles' Funeral Oration*），强调雅典人的政制和公民与敌人很不相同，正因为双方追求不同的生活方式。雅典人选择民主政治，对方选择富权政治，就塑造了两类公民品格。就连他们在衣物色泽的选择上，也反映出两者的对比。这不必等亚氏那样的哲学家来分析，这是古代希腊人都能观察到的。他们的诸城邦，各自有不同的性格和风尚，不只是雅典和斯巴达那么明显，就像哥林多是个重商的，从古代旅者和史家记载中都可以见到。或者，城邦的社区实在太小了，它发展出的任何独特风格，其他人都很容易见到。

独特的城邦性格能长期维持，有赖各级官员的表现和法律传统。换言之，有赖它的宪法安排。不同的宪法，有不同的政体、不同的制度安排。斯巴达人的抑商尚武精神，是它长期不坠的政体所塑造的，并不是他们的血液里有何异样。今天，情况很不一样。法国人的谚语：有怎样的人，就有怎样的政府。中国人的历史，更像是告诉世人：不管政体如何改变，只要保留了中国血统，你的性格就不会改变。这当然不全属实；古今之异可见。

比起对我们来说，国家政体对古代希腊人的影响，要重要得多。它不仅决定了谁可参与行使主权，它几乎教你怎样生活，因为你的行为准则，你的道德意识，都是它界定的。我们就可以明白，为什么说那个在富权政治下过活的人，遇上政体的改变，在民主政治下，会无所适从，觉得掉进了陌生的环境，感到孤立彷徨。

有了这样的背景，身为目的论者的亚氏，会怎样定断公民与国家？每个国家，都有它追求的宗旨，也就是它的目的。不同的政体，目的各异。政体改变了，成了"新"的国家，因为追求的目的大不相同。从亚氏的理论看，他的准则，是人所能达到的最优表现，即人的德性能得到最大的发挥。我们在前面说过，他的城邦目标，是要"教民成德"，从《伦理学》到《政治学》，一以贯之。他也许会这样问：政体更迭以后，生活方式变得高尚了还是庸俗了？人多行善还是多行恶？所以他愿意给"新朝"留有余地，酌量承担"旧朝"的承诺。尽管没有明言，但容许新人判断旧人的所为，何者利他何者利己，足以表明态度。（今天的国际法，不容许这类行为，正为了避免任何新政府找借口，一笔抹杀旧政府的条约义务。）

我们也可以换一个立足点来看亚氏的论述。为什么政体占那么高的位置？因为公民对国家的忠诚，不能只论"国家"不问政体。宪法改变了，做公民的得冷静判断。魏玛共和国的宪法，给纳粹党推翻了；反法西斯的德国人，遭到压迫、逮捕、杀害，不少人逃亡。亚氏会说，他们没有做错，因为宪法那么堕落，公民没有义务效忠。今天很多人会说，他们才是真正的好公民。

这是合法与合理的差别。合法的东西，不一定全合理；可一个社会公认合法的东西，一定有某种合理依据在背后。那是国家宪法（政体）的基础，不管那依据是"君权神授说"，还是"民主理念"，还是什么的。那基础，不是"自然律"：因为自然律是"中性"的，"放诸四海而皆准"的，无分政体性质。也不是纯粹的公义；因为每个国家的宪法，都有一套自己的原则。那基础，一定是某种特定的公义依据：民主政体有它的公义基础，君主政体又有另一套公义原则，等等。换言之，每个国家的性格，都从它自己所立的政治道德引申而出，是国家认为可辩解的、站得住脚的。这意味着国家中最主要的人物认为合公义的（倒不一定是多数的人），才可作准。那么多的国家，按着不同的政治道德，产生了各类不一样的政体，就必然引出对于最佳政体的探讨；因为每一个国家，都说自己是最佳的。可以说，《政治学》一书，是亚氏探讨最佳政体的论述。

探讨最佳政体，也就是追求最佳国度。那是理想主义的表现。

亚氏的理想追求，却没有冲昏了他的冷静。不合理的、不义的、错误的造成你的公民身份，你仍是个公民。那么政体呢？错误的、变型的、劣等的政体，还是政体吗？他说是的，纵使那是不公义的、不合理的，它还是个政体。

有没有一种政体，偏离了某合理的准则，所以是"非法的"，"不当存在的"？因为太不像话了，它就不是个"实体存在"？就"不是东西"？亚氏不同意这类取向。他在后面会详说，劣等的、变型的政体绝不可取；但他从不说它们不是政体，所以不能存在。这种克制，显然是在肯定理念上的好政体之余，同时明白实际上世上并没有完美政体；我们看到的，只是较优与较劣的区别。本卷完结前，我们会看到他介绍的六种政体，也会明白为什么他要那样安排。

如果说，亚氏的理论是从柏氏哲学取得灵感的，或借鉴的，那也许是柏氏过度高举他的"美好政体"，也就是"美好国度"。（说不定那是"理想国"一名的由来！）其他一切与它相左的，柏氏都贬下去。亚氏不可能不意识到，"美好国度"和现实国度，很有距离；就算他自己没有观察到，他也在柏氏那里听到。可以假定，他对《理想国》的认识，要比我们强多了。可他清楚分开两类型的同时，比较各型的优劣程度，认为不论人活在什么政体下，它总有某些地方是合理的，总有一些地方是说得过去的。不然的话，它不可能是个"政治秩序"，它会像个杀戮森林，社会生活无法维持。所以亚氏判高下优劣而不一下子全盘否定。任何政体，都需要用某些公义来号召：最卑劣的国度，也会给自己的政策辩解一番，说没有违反公义。

同类问题，我们也得面对。在20世纪出现的例子不少。像纳粹德国，又或者其他国家，大家都会说是冷酷、暴虐、恐怖的。不管怎么说，它们或多或少是个政治秩序，维持着某种规则。就是纳粹统治下吧，德国社会还是有一定的交通秩序，一定的法律架构——你不能随意谋杀、强奸、纵火等。政体是十分可怕，但最基本的规范，还是有的。就这点来说，其他相似的国家，也是一样。起码，有一丝秩序，总比连一丝也没有要好。

有社会生活，比完全没有为佳。这当然不是替恶劣的政体找说辞。亚氏说得明白，世上有些政体是可恶的、残暴不仁的、不可理喻的，可以的话大可去除之。但他既然承认，世上有不同政体，有优有劣，不是人人都可活在良好、合理的政体底下的；那么劣的政体比没有政体可取。没有政体，社会生活无法维持。人的困境在于意识到，自己活在不完美政体底下；另一方面，是无政府状态。两相衡量，如何取舍？要懂得判断何时该倾向一方，何时倾向另一方，需要某种政治上的慎虑。

亚氏很快就要谈到慎虑。他把焦点暂时放在公民与城邦上。我们看到他怎样界定公民，怎样界定城邦。又看到他承认城邦有高下，有不同类型。那么，如果一个好公民，就是遵守城邦法律、维护城邦安全的人，而城邦，有可能是不好的；去捍卫不好的东西，就会把"好公民"放在很矛盾的位置上。亚氏当然早就意识到这个问题，所以先谈。他知道，公民的好与不好，是从政体观点立论的。在希腊的背景下，民主政体的好公民，就是贡献一己来服务民主制度的人；富权政体的，就要为富权效力。依此类推。假定说，你是独夫王权下的好公民，你就是乐于给暴君卖命的人了。你会是个好"公民"，但你会是个怎样的"人"？纳粹德国的好公民，会是个很坏的人。

好公民与义人

无论在古代还是现代，问题从来都在。"二战"结束后，好些高层纳粹官员受到审讯。他们的辩词几乎全无例外：我只是履行职责。最高级的几个，多少搬出希特勒：我奉他命行事。所以较下级的，就不能用这个挡箭牌。最恶名昭彰的，也许是艾希曼（A. Eichmann）了。他说：我只是尽责；我是个执行命令的官员而已。好像杀死千千万万的人，与他毫无关系似的。但他是个德国公民。亚氏显然知道，我们说公民，必须好好面对"好公民"未必就是"义人"这一点。（原文作 *spoudaios*，英文多译作 good man，中译本作"好人""善人""善良的人"等。这些译法都不对，更易引起语意混淆；因为中文说"他是个好人"，指的是"好心地"的人，或善良的人。只有吴君本注文较合。他解释那是个有理想、有审美观、有德操的人；战则勇于临阵，私则适于安闲。那直是我们说的"达则兼济天下，穷则独善其身"的君子了。该是个贤者才对。所以我用"义人"。吴君仍叫"善人"。义，并不仅是善良或好心。）

好公民竟然行不义？亚氏讨论了这个问题。让我们也仿效他，看看能反省到什么。

一个尽责守法的公民，一个拒绝行恶的人，为什么会产生矛盾？法律告诉你要做什么；而公民的责任，不正是要守法？不独政治上如此，宗教上不也一样？也许除了佛教外，所有古代文明，都具有某类宗教背景。用基督教做例子。神要求人做什么？相敬爱，行公义，等等，都是；但按最初的叙述，神要的是人的服从：你得听命，行我要你行的，否则你将受罚。（其实不独基督教为然。）可见法律首要原则，在服从。假使世事立在这点上就足够了，你凭什么去指责艾希曼——那个把千千万万犹太人送进瓦斯房的人？那是法律要他做的。如果要定他的罪，也许要这样说：不错，你的法律是要你这样做；可你该懂得那是你不当服从的。又或者，你不想违法吗？那你该辞职，干别的事，不去当刽子手的工具。固然是奉命行事；要执行命令，你得发出其他命令，你得与上司同流合污，这是你早应知道的。

假定我是他，我要怎样自辩？我会说：我是个公民。我的公民责任，是要我服从法律，不能自作判断。公民的原则，在遵守国家法律；法律掌管了我的公众生活，我不得自作主张。你和我谈慎虑——用自己的思考，谨慎地用智慧判断眼前的事情，以此决定我是否当守法，你如果和我谈这个，你是引导我离开好公民的职守，你是要我不守法。你不该这样做，因为国家涵盖的，是所有国民的生命；政治的视域，就是我的视域。

亚氏的回应，会是这样的：这不可能；人的视域，不是由政治团体决定的。政治的视域，不是唯一的视域。人有人自己的视域，也就是说，人懂得判别是非；那是人之所以为人所能做到的。在政治范围内所生的一切事情，不能免除人要判别的责任。事实上，人对政治、法律分配给人的东西，自己要下一个判断；这责任，无可免除。

做好公民的会说：我是陷于两难了。在我上头，有高于我的法律权柄；它可以命令我。我从你的祖师爷苏氏那里，学到守法的道理：国家像是我的父母，我没有权利向国家动粗；我只可接受它的判断。纵使我觉得我受了委屈，还得遵守法律要我行的，否则我是个不义的公民。

亚氏不会同意。城邦（国家）是自然生成的，它给我们的自然群性一个表达的环境。我们走在一道，互有需要，活在一起，所以看起来城邦像给了我们视域。我们怎样可以否定它，逃避它，自称有另一个领域的原则，一个非政治层面的原则，可教我们明是非，与法律要求并排比较，甚至让我们辨别法律的对错可以不必遵守？这可能吗？亚氏说可能，尽管他在后面高举的是法治的旗帜。

在柏氏对话录中，有一则提到苏氏被雅典法律判处死刑。下牢期间，朋友劝他越狱，被他义正词严地拒绝；因为他是雅典的公民，也就是雅典的儿子，甘愿接受国家法律的裁判，纵使是赔上性命。不过，艾希曼引此为据的话，他得多做解说，不能只说"法律是最高的"就了事。因为，即使苏氏说过守法的话，也愿意接受法律的裁判——最终奉上了性命，但他清楚表明过，在某种情况下他是断然不守法的。他说，如果法律命令我噤声，我不会听命。他会坚持他相信必须坚持的；如果那得奉上生命，他可以接受。〔那是"君子有为有守"之义了。〕他相信，他也需要明辨法律的是非，以及法律该涵括多少；所以在某些特定事情上，法律不是最高的。苏氏显然对事态的缓急轻重，有自己的尺标；独特的是，他认为玄思——审视生命的尊严，比生命本身为重要。不经审视和反省的生命，他认为没有意义。

这是对于人的判断，也包含了对于法的判断。城邦，有它的判断；它可以告诉每一个公民：你不可伤害我；在某意义上说，你不能抗命；但只是在某意义上。苏氏平生所想，看来跟亚氏的一些篇章所述极为接近。一方面，你不当藐视国家法律；另一方面，身为义人（君子）你当有所为有所不为；你要慎思明辨，审视自己也审视社会；在某些地方你发觉法律出了岔子吗？那在这些地方你就得抗命。但也仅限于此，因为你当明白，法律，是维系整个社会的骨干。这也许是史上首宗"公民抗命"的说明。

按着自然，人是政治动物，这亚氏早说了。政治动物也就是社会动物，而社会，需有一定秩序。秩序，靠某种规范来维持；那规范，部分是内在的——像伦理、人际关系、友谊等；部分是外在的——像法律。法律，像个支架，撑起整个运作。假使社会上人人不守法，视法律如无物，甚或朝令夕改，不顾后果，那是无政府主义社会会出现的情况，人也不是自然的政治动物了。因此人要抗命的话，必须经过深思熟虑，有最严肃的理由才好。苏氏不守法，但是他承担不守法的后果，可以避免受罚却不逃避。

那是古代哲学家的教诲，也是"公民抗命"的最高表现了。

人的窘境，正在于他是个公民，同时也是个人——或者说义人吧。这命运是他躲不了的；两个都要做好，不容易。亚氏既要我们做义人，又要大家做个好公民；却清楚表明，不同的政体有不同的要求，在甲地能当好公民的，在乙地就不一定了。可义人，也有极限的；自我正义感太强的人，愤世嫉俗的人，动辄以为自己一定对，法律一定错，以为自己才最明白社会所需，所以能够决定何法可守何法不必守，却对人的情况没有深刻反省。那只会败事。

苏氏身为义人，指出法律的不公义，他不遵守。那是人之所以为人，具有人的灵性与德性，并能发挥至极的后果。他抗议法律，并不是出于一时愤慨，一时冲动；也不出于利益考虑。（今天正相反：我反对，因为法律于我有损，或损害到我们这个群体的利益。没有道德考虑，也没有"公义"设想。）他认为，雅典压制言论自由的法律是不义的；不是对他本人不义，是对任何人都不义。那并不是出自什么政治计算，而是从人当为义人的立场出发。苏氏身为好公民，也有同样的表现。他在狱中，对劝他越狱的友人晓以大义，说好公民有义务承担责任；所以当他被判刑时，该义无反顾地承受。这样才是义人与好公民都兼顾了。

这是站在人的最高点来考量的。那是人能够发挥的最高的思量，也是哲学的思量；你要阻拦那样的反省功夫，你就摧毁了人行义的最高准则。苏氏站在哲学的立足点上，抗议政治（法律）层面的不公；站在政治层面上，他服从法律的裁决。

亚氏提出的义人与好公民的问题，值得我们好好反省，正因为那是个认真的议题，到今天还有意义。在某些政体下，法律比较宽松，无形中使人不去严肃地看待这个议题。大家往往流于轻忽，把自己的好恶，当作人间普遍情况，就用政治判断来行事，却没有好好反省。不是说政治议题和政治判断不重要；恰恰相反，正因为它们重要，我们更不可掉以轻心，当分清楚何者属公众，何者超越了公众政治的层面，才好行事。

接着的题目，是慎虑（原文作 *phronesis*，有时候译作"实际智慧"，英文多作 prudence 或 practical wisdom，与理论智慧相对。〔参看亚氏《伦理学》中的详解。〕吴君本称作"明哲端谨"，词义工雅。）接着亚氏要论治人者与治于人者的公义。〔他在这里说的义，与《论语》谓"事之宜谓之义"同解，即"治人者当如何行事乃谓公允，治于人者该怎样做才是恰当"的意思。〕似乎慎虑和公义，有着某种联系。比如说，两种位置上的两个人，同样得"行义"，却要行不同的义：一个要告诉别人怎样做，另一个要知道怎样受命执行。两个人的头脑，活动方向不同：一个要有远见——那是行治人者的公义；另一个要懂得听命——那是行治于人者的公义。

可见治人者与治于人者，同样得有慎虑；一个像主人，一个像奴仆。奴仆，是个工具，有一定的理智。假使他全无理智，他对任何人也没有用，不可能是个有贡献的奴仆。他起码懂得听命，知道怎样执行指示；否则他只会帮倒忙。但那种理智，和当主人的理智不同；也就是说，治于人者所施的慎虑，和治人者所施的不同。主奴关系，反映了治人者与治于人者，并不平等。这是一种方式。

另一种是平等的，双方并非主奴关系。全体公民都有同等机会做治人者；那是古代希腊独有的民主形式。今天叫"轮流坐庄"；那不可能是帝制，帝制不是人人可参与的。亚氏描写的是某类轮替掌政的制度。掌政的基础，是你得先做听命的，才明白发号施令的道理。要做治人者，你先做治于人者，犹如要当好的司令官，你最好先从士卒开始。这是任何军训人员都会训谕的。在下位，甘苦备尝，然后明白何者当行，何者不当行。等到在上位时，你知所进退，不会强人行所不当行者。古谚说"不经偏裨，不成良将"，其义同一。

按部就班从下而上，适合一般事例，却不见得能用在所有事例上。雅典城的阿尔西比亚德就是一例。他像个天才。你告诉他要从低做起，要有耐性接受他人指挥，慢慢学习。他不会接受，因为他是个天生将才，充满野心、魄力、天资。出身早，二十二岁已领军。孩提时代，他与其他儿童玩耍，他人早就看出，他毫无疑问是个领袖。他进取心十足，所以长大后也是个带有"侵略性质"的人。要他像一般人按部而行，不大可能。有些人天生该做统治者或领袖的。

当然，也有一些生而合当统治者，不必经从下而上的磨炼过程的，比如君王。从古到今，都有君主制，都有帝王。那是按血统次序成事的，不必考虑气质品格，遑论磨炼了。这固然不是亚氏在这里所指的。

公民人人轮替掌政。治人者与治于人者两类身份，同在一身。这意味着每个公民有时候要具有治人者的条件，更多的时候要处于治于人者的情况下。亚氏的用语是：一个好公民必须同时有两类德性：在朝做治人者的，在野做治于人者的。一个好的统治者，要有气魄，有力，懂得如何发号施令；一个好的公民，要服从，聆听指示——当然是在保有人格尊严的范围内。主客两方特点，很清楚。

节制（克己）与公义，亚氏认为是人人都该具备的美德，适用于在朝和在野两类身份。但在两种身份上彰显出来的，却不是同一样东西。那么一个好公民要当治人者时，他得有一套克己与公义，好配合在上位者所当行的；他要当治于人者时，又得有另一套。还有，他说一个真正的义人（君子），是两者俱备的；可一个好公民所有的，跟一个君子所有的，又自不同。那是说义人在朝与在野，有自己的克己与公义原则，公民在朝在野，又有另一套。从逻辑上说，只有当公民同时是义人（君子）时，两者才会重叠。（克己与公义，我在《细读〈尼各马可伦理学〉》一书中，有详细解说。）

既然治人者与治于人者所表达的美德并不相同，那治人者行使的公义是否会更广，更具弹性？那表示什么？当亚氏说，两者都有公义，但不是同一种公义，他在说什么？他的例子是这样的：勇气，是人具有的特质；男人和女人都是人，所以都是有勇气的。在女人身上表现出的勇敢，如果移到男人身上，在哪些情况下我们会认为不妥当？（这里不牵涉近代"性别歧视"的论述。例子也是大家常识判断可懂的。）他的比喻看起来是这样的：治于人者所当行的公义，相比于治人者所当行的，就像女人所当有的勇气，相比于男人的。

如此比喻，读者可能感到不是低俗就是争议多多。如果我们开始思考，原来公义也分等级的，用在甲事上恰当的，在乙事上未必合适，某一层面又可能次于另一层面；而统治者所行的，又像高于公民所行的。用他的比喻，男人的勇气，才更近于真正的勇气。可不论层面，我们都叫它公义。那我们就得想想，公义是不是"自成一家"，在任何情况下都没有增删的？有没有"绝对的公义"？今天大家说公义，好像它是"客观存在"的东西，人人都知道它是什么、有什么用似的。更糟的是，不少人相信亚氏是个绝对论者，为了自己的道德说教，把一切都封得密实。看来不是那样；细读他的作品，更发觉不是那样。不同的政治层面，会有不同的公义表彰，或者说恰宜的做法；所以政体特质不一，表达的形式也不一。他说恶劣的政体，也是个政体，每个政体都有不同程度的恰当措施，就是这个道理。虽然，这也不是所有人都同意的说法。

治人者指挥，治于人者服从。前者用他的智虑和远见，告诉公众当做什么；后者是受命的百姓，但还是个人，具有理性的头脑，只不过暂时得把个人判断搁起。假如别人告诉他怎样行事，他自忖：三个月前我站在那里，一年后也许我又重新回到该位置上，我才不必听你的。我的眼光比你更好，为什么得服从你？若大家这样想，可不行。治于人者站在公民位置上，得用上公民当行的公义与克己，正如他当治人者时，其他人当同样做的一样。

在朝的该用上治人者的实际智慧，那在野的只该用上真实的意见（原文作 *doxa alethes*，英译多作 true opinion 或 right opinion，所以又叫正确的意见；*doxa* 就是英语 orthodoxy，heterodoxy 的词根，表 opinion；*alethes* is true 或 right）。如果可以假定，智虑是人人都或多或少会有的能力，那治人者用它来执政，治于人者就要用正确的意见来替代了。换言之，做百姓的要放下自己的独立判断，接受统治者的指示，当它是真确的，虽然明知那只是个"意见"。希腊人看"意见"，是指"存于脑际，却没充分基础的东西"。他把它看作"知识"，你相信它，但无法解释也不能证实。真实意见有点像一项"真理"，你拿它作意见。（哲学上有长久的争论，究竟真确意见是不是知识？它和知识有何关系？如果它不是知识，它的哲学地位是什么？等等。我们倒不必在此讨论。）

刚说过，义人的美德，与在上位的统治者相近，但有异于在下位的一般公民。要义人做领袖较易，要他做其他呢？义人能成为好公民吗？他可以搁起一己的智虑，仅用真实的意见而已？他需要不做判断，纵然他的背景与修养，能使他有识见地评断？别人要他行事，他会不置好坏、只听命而行？那跟艾希曼何异？苏氏自己就有过那样的经验。他奉命要把同僚 Epsadamus 的遗体带回国家，但拒绝遵命；自己差点儿为此赔上性命。逃过一劫，只因政体更易；不过他确是用自己的判断替代了别人的。从好公民的角度，苏氏该得什么评分？可他却服膺判他死刑的法律。

事情是这样的。苏氏在军舰上服役，参加了一场海战；雅典人战胜了。遇上大风浪，要把殉国的海员尸体捞回船上，异常困难。雅典城邦有法律，严格规定所有战士遗体必须带回雅典安葬。在陆地上，这较易执行；在海上，就困难多了。面对风浪强行打捞，有可能危及生还者，甚或破坏舰只。他们当时相信，某种对死者的关注，要是处理不妥当，是会祸及生者的。如果司令官违法，他们是否有罪，当是个问题。当时雅典人要审讯各海军司令员，因为他们没有按法律行事。雅典法律规定，每个被告人是单独应讯的。雅典人的不满，盖过了理智：他们要将一众司令集体审讯。他们捉到几个，其他的巧妙地逃脱了。苏氏责备雅典法庭自己不守法律，破坏了城邦的公义。因为，那指控不合常情，不合慎虑：你不能要求海军司令官在大风浪下，为捞起死者的尸体而置生者于不顾；你更不能为了一时的愤怒，破坏自己的法律。

一个人在受他人指使的时候，能放下自己的观察和反省，完全不去判断那指使背后的智慧吗？看来很难。当需要判断的问题来临，要义人当好公民的困境，立刻浮现了。义人之所以为义人，不正因为他的冷静与慎虑，高于一般公民？若他是个愚者，也不足为义人了。

义人与公民的关系，本身就是个值得推敲的问题，也和政体有各种关联。怎样的公民才算是好公民？他必须是个好政体下的好公民？是否可以是坏政体下的好公民？抑或你要说他是个坏公民？还是说，他是个好公民，但是个坏人？好公民与坏人集于一身？可以是义人同时是坏公民吗？种种问题，在今天犹如在从前，一直没有离开过我们。

谁拥有公民权——按亚氏的说法，公民是轮番为治的，也就是凡公民都有参政权的——会因政体安排而异。民主政体下公民人数较多，较多人有机会做治人者；其他少数制下的政体，公民人数有很大限制，就只有少数人才能当家做主了。理论上说，义人和好公民就不是二而一的。有些政体并不要求公民具有德性，有美德却是义人的特性。只有在好政体下，合资格当治人者，才是义人与好公民一体。

公民权就是统治权。正因如此，谁有资格做公民，就十分重要。与近代相比，古代人对公民身份的要求，重视多了。尤以亚氏为甚。此所以他接着花上一节来探讨这个论题，特别是在古代民主制度下遇到的困难。正因为当时的雅典民主形式是全民参与的，只要有公民身份，不分良莠，不论有知无知，都可治国，使亚氏对这种政治有所保留。他的理想国度，是只有"自由人"才当公民，才可参政。并不是说，你不是个奴隶，没有人控制你的身体，而是说你是个有自由的人，不受约束的人。（原文*eleutheros*，英文是 free 或 freeman，词源是 *eleutheria*，英译多作freedom，原指不为事物约束，不受拘限，故谓自由。）

亚氏心中的自由人，是怎样的？回答这个问题以前，让我们看一则故事。"二战"后不久，美国国会通过一项修订劳工条例的法案，即塔夫脱—哈特莱法案（Taft-Hartley Act）。当时的劳工联盟主席批评，说那是"奴役劳工"的恶法，因为有工会团体反对它，说它使工人变成"奴隶"。何以这么说？修订案并没有削减劳工罢工的权利，它只是要行动前有一段冷静期，加插了某些程序而已。纵使那只是比喻式的说法，语带夸张，仍像是说你受到约制，不能随意按自己利益而行，就可以算是"受奴役"了，没有自由了。可见受奴役不必指你身体受人摆布，行动受某种约束，就像失去了自由。那是自由的另一种比喻。古人很了解这个，他们说的自由人，正指不受某种约束——某种劳动的约束；而约束，足以使人没有闲暇去阅读、去思考、去接近音乐艺术。约束使人没机会接受熏陶、提升德性与修养、关心公众事务。

人人都知道，假如你为了维生，一天工作不少于十六个小时，你的生活当然困顿。那是唯一的出路吗？那你的工作没有给你空余的时光，使你能做别的事情，包括自我发展。人人都说工作是为了生活，谁会说活着是为了工作的？工作夺去一切，你受到的约束，使你天天对着机器重复劳动而无他，那固然是不合理的。在某种意义上说，那正是马克思正确描述的、当时劳工阶级的写照。

古代哲学家所称的自由人，是那不必受制于靠劳动来糊口的人。（亚氏的理由，我们或喜欢或不喜欢，也不必在这里讨论。）正因那样的人有闲暇，有少许产业，自由给他们带来的，是接触到生命中较好的事物，较美的、较高尚的人和事。这样，他们较容易成为有素质、有知识、有修养的人。如果说，较有利的背景，使人成就较佳，所以是一种精英主义的教条，也不合理。人的天赋各异；有人禀赋较佳，有人禀赋较逊，从来如是，无分文化。不是每个人都适合当数学老师。数学天才，不见得是通过剥削他人而成功的。如果我们敬仰某些人，因为他们的德性、才智让我们佩服；如果我们推崇某些人当高位，因为他们能干出众，假如这叫（贬义的）精英主义，那也许社会该接受"外行领导内行"，不懂的教懂的，才有"平等"了。

那想法是好是不好，每个人都可以有他自己的意见。亚氏倒真认为，有些人是该有那种"自由"的。他指的自由，与今天我们不断谈论的通才教育（或叫博雅教育，即英文 Liberal Education 的中译。原义是 free education，不是免费教育，而是 an education that sets you free：使你免于无知的教育）背景相近。一所传统的博雅大学，以自由学习为宗旨；它的训练，环绕着人的心智工作，目的在叫人的灵性得到释放，免受无知的捆绑，也就是使人"得

自由"，使人能免受偏见的约束，免受世俗的局限。固然不是每个
人都能做得到。理论上说，若在上位的、当政的人都属这类，那
十分理想。治人者都是"自由人"；可以想象，他们不是小眉小眼
辈，不会榨取他人的血汗来自肥，因为他们的品格气质不会那么
低俗。富贵奢华不是他们追求的，所以他们也不贪婪，不会欺负
压迫别人。

"有闲阶级"的这幅图像，很有理想色彩。两千年后，洛克论
教育，描写怎样训练一个人成为"绅士"——君子型的人，和亚
氏的自由人，十分相似。可见这从来是个目标，不是空想。

从另一方面看自由人的问题。城邦，由不同阶级的人组合而
成。当中有奴隶——家奴与农奴，有百工——社会上各行各业需
要劳动干活的人，有商贩——包括外地来贸易的，诸色人等甚多。
他们都不是公民，不是自由人。公民身份是特别的，不是与生俱
来的权利。所以公民人数占全部人口的小部分。（今天，一国内的
公民，占人口绝大多数；只要承认自由是人权，凡人皆享有，则
人人都有自由。）在古代雅典，你得是个自由人才享有自由。自
由人的生活方式，与其他人不一样：他随意而活。随意而活，也
就是不受拘束而活，那是自由人之所以是自由人的本质，而每个
自由人都是平等的。所以他不听命于任何人，不受制于任何人。
如果政府是必需的，他就要求不受制于任何不愿同等受制于他的
人。结果是每个公民都有同等权利参政，只因他是个公民。凭什
么来保证？用抽签来选拔。因为，只有这样才公平；投票选举牵
涉了才与德的考虑因素，偏离了"只需自由人身份就足够"的条
件。从亚氏理论说，近代的民主，是民主与贤能的合并考虑，不
是"纯民主"的。

也许正因为古代雅典的民主，是纯民主的，只要你是个公
民——技术上的自由人（不是奴隶，不是外人；有的时候更因为

政治考虑，某些奴隶都取得公民资格，成为"自由人"），不是理想型的自由人——你就可以参与。从公民素质的角度看，那很不理想；所以亚氏宁可不取百工。不取百工，就等于把国家中多数人"挪开"了，因为他们都没有参政权。结果是造成了政治上的不平等。

政治上不平等，亚氏有个说法：按着自然，人是不平等的。自然生成的人，高、矮、胖、瘦、聪明、愚笨，人人不一。有人是天生的治人者，适合当领袖；有些人没那天分，合当随众。自然之道指向万物，都是不平等的。万物井然有序，因为包含了不同的层级高下。就人来说，人的灵性高于人的身体，所以心智指挥行动。用心智的，当统治用劳力的，正因为在多数情况下，用劳力的不会（或没有机会）用上多少心智。〔这不正是孟子说的"劳心者治人，劳力者治于人"的道理？〕平等主义者的论点，谓人人都平等地呼吸，进食消化，等等说法，并不达到哲学上的层次。

可是，心智上的不平等，自然会产生德性上的不平等。但德性的不平等，无碍于人人能有基本的慎虑。比如说，人不必受很深的教化，也自然懂得不可杀人，借东西要还，诸如此类的事。只不过，因为天赋有异，在德性开展上，也不是人人可做君子的。我们的谚语，谓"人人可以为尧舜"，只是说人人都可学效圣人行事为人，并不是说人人都能够成为圣人。

城邦内不同阶级的人，自然而然是不平等的。这自然的不平等，亚氏认为，正成就了城邦是最优秀的自然社团或组合。卷一的论述：城邦是自然而成的；就人来说，家居、村落、城邦，都是自然的。人按着自然的推移，建立了城邦，因为人是倾向于追求合群的，也就是城邦的生活。城邦的生活，是追求福乐的生活：按着自然的等级和需要，人只有在城邦中和谐共处，才可满足各自的追求，不一样的追求。

言之成理。站在现代人的立足点，也可以提出相异的想法。假定说，百工不合当统治者，他们未必就没有选拔统治者的能力。百工不懂立法不懂议政，不足为奇；但能力，可以训练。没有机会参与选出自己的代表——今天说的投票，他们连接受训练的机会都没有。更不必说在百工也是公民的国家，那是把多数人排了出去。政治的教育功能，就没有了。

前面提过，亚氏的公民，必须有两项基本功能：一是当陪审员，一是当议政者。按当时雅典的情况，那是符合的。但不少国家并没有陪审员制度，公民并不行使司法职能；而在议会殿堂中论政的，从来都是少数公民。因着种种原因，他不曾展开，也许没有看到，代议政制是另一个可能。近代的公民最低条件和权利，是拥有选择议会成员的发言权。亚氏提出的两个主要理由，是说百工不具有治人者（自由人、君子）的美德。一是他们没有余暇参与公众事务。百工无闲暇坐在殿堂议政，倒没有理由说他们不可以投票。二是，用劳力干活的人，没有高尚的心智，因为他们的工作性质是种束缚。这像是见仁见智的说法。我们也没有很坚实的明证，说他的判断一定对；虽然，直觉上那是合理的。

在柏氏的理想国度，百工拥有公民身份。在亚氏的理想国度，百工不拥有。从实效上说，二者无别。柏氏的百工，不参政；他们的功能，在服从。亚氏的百工，性质一样。两者的区别在定义。柏氏国度下的劳工，在亚氏笔下成了工具，一种城邦必须有的工具；工具，是给人用的，是人的必需品，它本身不是人。这倒符合目的论的要求，工具是达到目的的手段。但这么一来，全国人口就分成了两部分，一部分成了另一部分追求福祉的"工具"。现代社会注重人格尊严与平等，不可能接受那样的分化。每个人都能够好好地活（起码大家是这样假设的），而国家要做的，是保障每个人的权利——从最高贵的到最卑微的。

近代平等学说有它过分之处。它强调的"平等"，往往沦为"铲平主义"或"平均主义"，而忽视了人的差异：能力上的差异、天赋上的差异、可以追求（或享受）美好生活上的差异。亚氏的理论，正提醒我们那差异是自然存在的。虽然，我们不会同意，一国之民分成两部分，一部分是没有政治权利的。

〔在西方政治传统中，追求平等，是17世纪近代哲学大兴以后才成为"显学"的。先秦儒者，从来没有强调。正相反，儒家说因材施教，正因为知道才分不一。孔子分君子与小人；小人，指一般普通百姓，当然包括百工；从没有听过君子是来自百工阶层的。礼乐教化，也不是干粗活的人能学的。孟子谓君子当"贤贤贱不肖"，即是说社会上有贤者有不肖者；贤者当在上位，做治人者，不必自己力田盖屋，这在孟子是理所当然的。不独以先秦为然，后世排次，士农工商之序，到清末不改。士人阶层，考上官名的，才有可能与政事沾上边。按人口比例，那简直是不成比例了。可知在我国，提出"平等"的说法，只是"五四"前后的事。〕

（三）政体的分类

君子、小人，自由的、不自由的，形形色色的人，自然会组成不同的国家。国家，是公民的全体；公民性质不一样，是不是就组成了不一样的政体？还是说，政体只有一种，其他的都不配称"政体"，因为它们都不符合亚氏理想型的想象？正因为公民和政体关系这么密切，在探讨过公民的意义后，亚氏接着要谈的，就是政体了。他怎样谈这个问题？

政体，是大家为了追求某种社会生活而组织起来的。人，按着自然，是个政治动物，也就是社会动物，或群体动物。人互相需要，自然而然地走在一道，为了能存活；不只是存活，更是为了有美好的生活。政体的目标，政治生活的目标，在要有美好的生活，在追求公共的利益；公利，属于所有人的——不只是少数，也不只是多数，最少道理上是这样。（原文作 *sympheron*，英译多作 common good, common advantage。本来中文用"公益"较佳。但"公益"在当代用语中多表慈善捐献或活动，故改用"公利"。）那些迈向公利的，才是真正恰宜的、合公义原则的政体。（原文 *haplos*，英文作 simply, Loeb 双语本译作 absolutely，那是比较形上的字眼，而 *haplos* 一词来自 *diploos*，那是二或复的意思；相反就是一，不复的，简单的，无可化约的，也就是"绝对"的。）简单说，追求公利的政体，才是纯然合宜（合义）的。其他的，都专制，都不合宜。因为，城邦是自由人组成的团体，不能只有一部分人受惠。

我们隐约看到，政体，按亚氏的表述，并不都是追求公利的。公利，成了指标：追求的，较好；不追求的，较差。这是最基本的归类原则。（从这里开始，大约可见本书的铺排。）但这样说，太简单。当细致一点审视他的思路，推敲一下他没有明白说出来的。

一开始，他告诉大家城邦是什么，是怎样来的。在此过程中，他提到公众生活，或者说政治生活。为什么要有政治生活？它的目的是什么？为什么要有城邦？城邦是用来做什么的？用功能论来探讨，也合理。好比说，如果问：螺丝刀是什么？不知道它的功能，你也说不出它是什么。例如它的形状，它各部分的配合等，都指向它是用来作什么的，也就是它的目的。那么，如果一把螺丝刀不能用来好好做事，要不是一端太长，就是另一端太大，你会说它是不灵巧的，不管用的。又即是说，它不能好好发挥它应有的功能，达不到它所以是螺丝刀的目的。可知拿同类工具做比较时，工具的好与坏，就视乎它能否有效达到目的，也就是发挥它的功能，成就它所当能成就的。所以一柄螺丝刀也好，一个国家也好，要知道在同类比较中它是好是不好，你得知道它是要来做什么的。如果做得好，它就是好的。这不难明白。

什么是好政体？现代人会说，什么是好宪法？改个问法：哪一类政体，可以使国家达成它所该成就的？我们大都熟悉，国家的目的是什么，即是说，百姓共同追求的目标，是什么？在政治理论上，近人洛克是较为人熟知的哲学家。就用他做例子。他说大家都追求的，是"生命、自由、财富"的保障。（原文是 Life, Liberty and Property，或 Life, Liberty and Estate，他用一个词来概括，就是 property；但 property 并不仅指财产，而是指人的属性，或本质，就如我们说某东西的化学性质，就叫 chemical property，意思是"那属于该事物本身的"。生命、自由、财富，是属于人本身的；政体的功能，正在保障这些。）美国诸开国元勋，就把洛克的格言，稍改字眼后写在他们的《独立宣言》中。

洛克为什么可以那样做，而没有将各项追求都归纳到物质财富旗下？因为他明白，人的"自我"——人自己的身体与灵魂，该属于人本身；保有那特性，很大程度上就保有了人的自由。维护你的特质，不只在你花了劳力的事上，或者说糅合了你"自我"的事上，也在你的自主上。你保有了你的自我，等于说你不受奴役。若你的自我受到侵害——不论是受奴役，或受暴政压迫，或其他形式的欺凌，你的个人本质，就受到侵犯。理论上说，个人财产并不只是你的房子、汽车——当然也包括那些，而是更广义的，包括了属于你的东西。这样，国家的目的，政治生活的目的，就有一个清晰可辨的基础了。洛克用一个词，property，就把整个理念概括起来。

可相比拟的论述，亚氏有吗？他曾告诉我们政治生活的目的吗？是的。他说人建立国家，是为了维护生命；但不光是保有生命，更是为了要有美好的生活。固然人要存活，生命财产有保障，成立家庭制度，才能使人能稳定地绵延下去，等等。基础有了，人就不仅追求活着，还要好好地活着。什么是美好的生活？亚氏从不掩藏这是个不易解答的难题。对个人来说，要明白何谓美好的生活，你得认识他的《伦理学》，你要知道判别善恶——知识上的、道德上的，明白那后果；最终你会看到，追寻智慧在人生中的美好意义。这当然不简单，但论题的梗概倒不难捉摸。我们现在可以下一些初步的结论了。

我们知道国家的目的是维护生命，追求美好的生活。美好的国度，就是能达到该目的的国度。现在我们需要知道的是：什么样的政体能好好地维护生命，进而追求美好生活？提问比较容易，解答要困难得多。且看亚氏怎样推敲。

要知道什么政体能做得好，也就是知道什么政体做得不好。亚氏分类的准则，首先看的是国体的目的。城邦是个道德团体，它追求的，除了自己的生存外，就是百姓要有好的生活，有德性的生活。朝着这方向前进的政体，叫"原型"，也就是好的，正确的，恰宜的；不然，它就叫"变型"，也就是不好的，败坏的，堕落的，不合公义的。政体的好坏，要看立法者怎样做：这一点他在《伦理学》中早已谈过。立法者用培养习惯的办法教民成德，就是好的政体，因为那是以民为上的。反之，就是不好的。因此他说"贤能政体"是原型的，因为那政体以贤德为指标；"民主政体" [1] 与"富权政体"是变型的，因为前者追求自由，后者追求财

---

[1] **Demokratia**，即 democracy。我们在书前解释过，各本用"平民政体"一词不恰当。吴君本在这里有注文，如下："德谟克拉西（平民政体）本为一雅典词，雅典词随后多为希腊人所通习，久而流传为世界各国公用的名词。"今天，世界各国——包括中国——都称 Democracy 作民主政体。"五四"的"德先生"，是民主，"赛先生"，是科学，妇孺皆知。吴君本在卷三第九章的注文中，也用上了"平民（民主）"的写法。

富而已。

其次，他要按政府施政精神来分类。同样分两型：政府按公利（全民利益，包括政府自己的）来施政，属"原型"；政府按私利（只政府自己的利益）来施政，属"变型"。不少人支持某类政府，是出于自利动机；这是个争论已久的问题了。人人都希望政府所做，是为了他们好。"他们"是谁？往往是某阶级。阶级政府，并不是 19 世纪的发明。富人要掌权，因为他们要保有富人的特权；这不是 1860 年或 1848 年大家才想到的。穷人呢？同样要得到统治权，好去掠夺富人的财富来利己；那也不是近世才出现的。现代社会的意识形态，使我们把阶级政府定型，以为一说阶级政府，就一定是富人当道。亚氏在这里提醒我们，实情并非那样。社会上有不同的阶级，有富有穷；穷人比富人更多，他们也要掌权，或者要代表自己的去当政，好维护他们的利益。最易于达标的机制，就是普选制。如果每个人都能投票——那是雅典每个公民的权利，穷人众富人寡，穷人组成阶级政府，当然是可能的。固然不是必然的，因为很多影响因素会出现。

那中产阶级当政呢？有可能最富与最穷的两个阶级，都不是人数最多的；又或者，人数最少的阶级最举足轻重，那他们也会像其他阶级一样，执政来维护自己的利益吗？也许。近世潮流论说，"中产阶级统治"本身也不堪，因为中产阶级的法文原名，是 bourgeoisie（也有叫作"资产阶级"的）。德文词是 bürgerliche。19 世纪的德国思潮，认为中产阶级社会敌视人的权利。可知任何阶级政府都会保障自己阶级的利益，古人早已见到；19 世纪后的马克思社会主义者，把它重新建构罢了。（重新建构阶级政府的，又不只是社会主义者。）重读亚氏《政治学》，可使近代人明白，阶级政府的基本概念，并不从属于资本主义。近代讨论资本主义与无阶级社会，尤其资产阶级无产阶级诸问题，是近人在古代哲学一条主线上的"重建"，而那样的重建，又不及古代论理的宽度，更带有浓厚的政治偏见。近代论述有自己的政治倾向，却宣称是个阶级政府的普遍理论。任何冷静读亚氏书的人，都可见到古今说理之别。

我们大概知道了政府是要来做什么的。亚氏的讲法是：它叫我们有活的权利，并且要活得好好的。最能实现这个的，就是最佳的政府。刚看到，恰当的、合公义的叫原型，偏颇的、败坏了的叫变型。那么原型的施政精神，就是秉持公利了。（原文在这里的英译，并不统一，中译亦然。但意思是：那些注意到、顾及公利的政体［或政府］，就可说是纯然恰宜的、合公义原则的政体［或政府］了。）那是说，假如有一类富权政体，当政者全因有财而上任，他们立下法律：任何人一年入息不足一万块的，没有选举权，不能任公职，诸如此类。那明显是个富人掌政的政府了。那样的规条，只利富人。假使人人都能获利，富人获得最多，当然不是公利了。很简单：那不是个公义的政府，它的施政精神，是私利。

私利，任何阶级都有。不管多少人组成的派系或阶级或政府，一旦掌权，都会谋私利。多数人当政，谋一己之私，与少数人当政谋私，毫无二致。你可以说，从整个国家看，多数人谋多数人的私利，总胜过少数人谋少数人的私利。因为人数多寡，是个重要因素。也许如此。但就原则上说，多数或少数谋私利，都是阶级利益，不是公利，所以道理上无别。私利的政府，就是变型的。近代政治，正因为明白到多数人组成的阶级，要谋私利，更难改变，所以为防"多数暴政"，在制度上设下了各种防范手段，以轻祸害。民主政治能否成功，视乎多数人能否自我抑制，以免践踏少数人的权利，不论这少数人的背景是种族上的、宗教上的、肤色上的、政治信仰上的。这在今天叫民主公义，亚氏没有此称，提出的警惕却是一样的。

变型的，是为私利，不论人数多寡。原型的，是为公利；如果政体是全体平等的公民组成的，那就更是了。亚氏在这里用的例子，与柏氏在《理想国》中论政府的艺术，十分相像。每个医生，每个教练，都以病人或队员的健康状态作为他的工作目标。同理，做统治者的，当以全国福祉为他的目标。当然，统治者也是国家一分子，所以并不是叫他去利人损己，而是要利己利人。教练不同，教练只会在与队员同操练时，才会有"利己"出现；那只是偶然的。

从这里开始，一直到书的结尾，我们都会碰到一个论题。亚氏不曾特别开章节来讨论，论题却不停出现。那论题是：合法的与合宜的（合公义的），有怎样的关系？有的时候，他的讨论十分显眼；有的时候，他谈得较隐晦，甚至是衬托着另一个话题来说。在《伦理学》中论公义时，他曾表示依法的、守法的，就合公义；法本身就代表了公义。现在他谈政体。可不可以想象，在任何一类政体下，人都可以依程序制定法律；又因为立法程序符合规矩，所以法是公义的？当一个富权政体正当地立了一条法，说"任何没有一百万的人都没有公民权利"。可以说，这法例的制定，是合法的；如果合法的就是公义的，那它是公义的。那么，富人掌权，制定只利富人的法律，是合法的，所以也是公义的？亚氏说不：如果治国不是为了公利，那统治方式不是纯然合宜的。说不是"完全地""绝对地"合乎公义原则，就留下了回旋的空间；就是说，在某条件下，它还是合宜的，只是不"纯然"合宜罢了。在一定程度上，它还是公义的，任何依法而行的都属公义行为。

这个空间，亚氏不可能完全排斥；因为，跟着在后面，他要主张法治。依法而治，治人者不得免。所谓法不徇私，统治者不能立了法给人民遵守，自己却逍遥法外。这不合理。国家要依法而行，就不能依赖个别的人来行事。现代法治国家，制度上都规定政府官员上下人等——从法官到最基层公务员，不问党派不问背景，都要依法而行。政策从制定到执行，都有法可依，才叫合理。现代法治理论认为，只有那样才能公正，才使人能自主，才能保障人的自由。特别在民主社会，理论上是公民授权代表议政，制定法律，所以百姓者法之源。如果我们自己是法律的最终基点，那法律当然是公义的。这样，我们怎样划分那"合法"的与那"合公义"的？退一步说，这个难题，不只在今天的民主社会里会碰上，任何政体都会碰上。亚氏十分明白这一点。

原型政体追求公利，所以正确合宜。变型政体追求私利，所以败坏。例如富权政体只重少数人的财富，民主政体只重多数人的自由，都有偏差。倒不是说，变型政体所追求的目的，原型政体就不要了；因为国家要成功发展，同时需要良好的条件，包括自由与财富。那么变型政体的问题，并不是它追求的东西本身不好，而是它把次要的、条件上的目标，变成了终极目的；而终极目的，在人民要有美好的生活，要有道德的目标——成德。财富、自由等，都有助于达到终极目的，但本身并不是那目的。求财富较易，求成德较难；所以富权政体就停在致富阶段，不再进一步求德。这样看，变型倒不是绝无可取，而是有所缺失。也许正因为这样，亚氏想象中的"理想政体"，正是某种两类变型组合的混合政体。

在某种程度上，亚氏的论述，有点像"如履薄冰"似的。他明白，只要经过正当程序制定法律，人人遵行，那法律是公义的；那么一个阶级政府——不管是少数富人当政，还是多数穷人掌权，定下的法律，也可以是合乎公义的。可是，他不能就说那是好的、对的，因为在美好的政体中，政府谋求的，是全民的利益，不只是某多数或少数送你上权力宝座的人的利益。这是法治观点与道德观点不全一致的地方。如果我们以为，那是古人的问题，与今天无关，那我们肯定错了。今天政治科学的论述，多是实证式的，在学科可见的文献资料上，哲学讨论的很少。但这些基本问题我们若不好好面对、好好探讨，我们也不会充分明白，什么是政治生活的本质。

政治生活的本质，为什么总是关涉道德观点？因为人的公众生活，脱离不了某种伦理关系；人与人必须具有某种情谊（*philia*），群体才能黏合起来。这一点在全书都可见，在《伦理学》中早详细讨论过了。那些不认为政治社团是自然生成的，包括早期的契约论者，持不一样的理论假设。他们认为，人最初是自利的个体，为保护自己的生存而活。他的一切，是自利的计算；所以那计算，是自然而然的。如是，我们也可以说，亚氏并没有错：自利的计算是自然的，那道德的考量，也是自然的；两者都来自人的说理能力，或者说自然理性。

更者，近代哲学家多承认，人的理性，来自群体；假使人独居孤岛，则人与蝼蚁无别，无所谓理性。人的理性和思想基础，在人有语言；语言，是社会（群体）现象。（古代希腊人用 *logos* 一词，解说话、语言，也解道理、理性。）亚氏当然清楚——这点我们在卷一已见到了。假如人天生具有理性，人天生也有群性，所以说人是社会动物。亚氏在这一节开始讨论时，就表明人就算不需要别人的帮助——不必纯因自利才和他人走在一道，人还是会愿意聚在一起组成社会的，那是群性使然。他不否认群体能带来每个人的好处，他只否认那是人组成群体的主要理由。

很简单，亚氏说城邦的目的，是要城邦的人能够存活；起码一开始是这样。那也是自然而然的。如果人连生存都成问题，其他的根本不必想。但自然之道，按着他的目的论哲学，是发展的；它向着某目的成长，那目的，是美好的生活。先有存活的可能，再迈向美好生活。存活，也得有一定的物质条件，所以他不会否定说，人的自然理性令他不会计算。纯粹的计算，只是人在城邦中成长的手段，不会是群体生活的目的。任何由人建立的团体或组织，都有它成立的目的；组织一旦成立，又会产生没有预计的新机会、新条件，使人有不同的活动。（近代学说将它叫作Theory of Unintended Consequences，即"非蓄意成效论"。）纵使最初有计算因素，也会因成长而改变。

〔刚说过，变型政体并非一无是处，而是有点本末倒置的问题。看看先秦儒家的教诲。《论语》早有明言："富与贵，是人之所欲也；不以其道得之，不处也。"孔子并不反对人致富，因为他跟着说："贫与贱，是人之所恶也。"他明白人爱丰裕的生活；问题在财富是否"以其道得之"。管子说得更直接。在《牧民》篇中，他说"民恶忧劳，我佚乐之；民恶贫贱，我富贵之"。这个我，指上位者，即治人者——当时的统治阶层，今天的政府。〕

看来亚氏没有那么乐观。他好像觉得，追求财富，让人堕落，因为人以私利为重。原型社会，是"道德社会"，治人者会无私地追求公利；变型社会，容易成为"经济社会"，治人者会私利先行，又私而忘公。证诸今日，此说未必全对。他似乎认为，治人者很难会有无私的品格：有私心，追求私利，差不多是无可避免的。所以在本节最后部分，他感慨地说："人之汲汲于猎官干禄，亦必然之势也。"（"双吴本"句。）他的叹息，并不全出自观察到"人性软弱"。他似乎相信，上古之世，治人者是无私的，为公利而行。可到了他的时代，希腊变了；人会用公共财产来图利，用职权来满足自己。人发现了"猎官"是有利于"干禄"的，于是借权谋私盛行。可以想象，以物易物的社会，环境较简单，生活较纯朴。后来水路、陆路交通发展，人民四出营商，经济活动日益频繁，使城邦富庶起来。有权的就能控制更多活动，有更多机会从中取利，反过来又增加了治人者的影响力。政治因而腐败，治于人者愈形不满。社会不稳定，往往有对立。这是当时他们的情况，这也是今天很多社会的情况。

在进一步考察两型下的各类别以前，亚氏不止一次提到，政体（宪法）就是政府，或者说两者同义。那说法和今天的理解很不同。今天的一般认识是，国家最高主权在人民。人民制定宪法，宪法界定了国家体制的模式。按着体制，分配职能，建立政府，按所分配的职能施政，代人民行使权力管治社会。这样，主权、政体、政府等，层级分明，十分清楚。日常用语中，政府，是指行政部门；古代没有那么细致的分工，所以我们用"治人者"去概括。

说"治人者"，其实更贴合亚氏的用法。他说政体（*politeia*）就是分配谁当何等职权的形架（原文作 *politeuma*，英译作 civic body，或 governing body，或像 Loeb 版本，干脆译作 government。孟子用治人者，没错）。因为，在任何社会，按着法律，都会产生一批积极的、参与的人；他们固然是公民，但公民中的大多数，是不参与、不感兴趣的。如果政体设计（今言宪法）规定，十八岁以上公民都可议事，没有附带条件，那任何成年的公民都可参与，就像我们前面说过的，轮番执政。政府，在这个意义底下，就是全国公民。但如果政体附有条件，比如说，"必须是第三代的公民，曾服军役的，才可议政"，那么治人者就不会是所有人，而是公民中某部分人了。那部分人，严格来说，才算得上是掌权的治人者。亚氏说 *politeia* 是这个 governing body，或政府，是这个意思。所以他的政体所指向的，从实践上说，就是政府。

亚氏尤其强调法治，这点稍后会很清楚。法律界定了在何等情况下，谁得掌权当治人者。治人者，须是个团体，或组织。那么治人者"整体"——治人者组成的团体，就是法律规定的掌权者。在任何一种政体下，它就是行使权力的机构。我们说，主权在民，所以政府须由拥有主权的人民授权，才可行使权力。理论上如此。但对于他们来说，不必授权，因为公民直接参与政府；行使权力的与拥有主权的，是同一批人。所以亚氏有时会叫它主权（原文 *to kurion*。词根的 *kurios*，英译叫 lord、master，拉丁文多作 *dominus*，就是英文的 dominating、dominion，通用作 the sovereign）。治人者，就是拥有主权的人；他们这个团体，就是政体。在本书中，*politeia*，*politeuma*，*kurion*，常互换为用。

从道德立场说，政体分两种：原型的、变型的。原型的以公利为目的，变型的追求私利。私利，不仅是指私人或个人，也可以是团体的、统治阶级的。多数人可以为了自己的阶级利益行事，正如少数人可以谋求少数人的好处。（原文 *idion*，是 private，本来是 unpublic 的意思，即属于个体自身的，或个人作风的，也就是 idiosyncracy 的词源。）所以有公利的（*sympheron koinon*），也有为私（*idion*）的。英文的 idiotic 本来不指神智有问题或笨蛋，它只是说不寻常的，个人独特的，故往往是他人不接受的，以为不正常的。

早前我们已提出，政体的组成，按人数算，有三类：一长制、少数制、多数制。现在可以合起来看。原型下，有三类；变型下，也有三类。略作解说。

恰当的、追求公利的原型分类：

（1）君主政体（Kingship）：*Basileia* 是王制，但 *basileus* 指的是天赋优异，品格无与伦比，为公忘私，为人民求福利的个人统治。

（2）贤能政体（Aristocracy）：*Aristoi* 是指 the best，the ablest，我们说是社会上贤能出众的少数人。译本多叫作贵族政体，只有"双吴本"叫"贤人政治"，吴君本则用"贵族

（贤能）"。亚氏原意是指有贤德的人。后成了贵族制，是中世纪之后的事。中世纪，只有贵族受教育，有训练，贤德者多出自这个阶层，他们也是当权者。那时称贵族制自有因由，却不是亚氏原意，故还原称贤能制。

（3）混合政体（Polity）：Polity 是 *Politeia* 的音译，本来是政体的通称，在这里指的是，多数（穷）人和少数（富）人混合而成的，为全体谋公利的政体。*Politeia* 一词，在本书中有两个用法。一是泛指政体，一是专指混合型的体制。仔细读上下文，不难明白他指的是哪一层意义。好些中译者怕混淆，把 Polity 叫作"共和政体"或"公民政体"，那是把近人东西套在古人头上了，不是亚氏原意。只有淦本称"混合制"。双吴本叫"立宪政治"。

不义的、追求私利的变型分类：

（1）暴君政体（Tyranny）：原文是 *Tyrannis*，意指独夫掌权，只为一己之私，罔顾百姓福祉。我国传统上称这种帝王为暴君。但多数中译作"僭主政体"，不知何故。〔僭，越也，超过也。在我国历史上，用不法手段，超越自己应有的名分或地位，来谋取帝位的，叫僭主。像唐太宗、明成祖等是。也就是篡窃者的意思。但僭主，倒不一定是暴君。唐太宗留下"贞观之治"的美名。反过来说，暴君也未必靠篡夺登基的。〕无论如何，僭主，不是亚氏的意思。

（2）富权政体（Oligarchy）：*Oligarchia*，指少数有财富产业的人，为了这个阶层的利益来施政的制度。有译作"财阀政体"，不太合。阀，是贬义词。我们说门阀、学阀、军阀，都是不好的。亚氏看有财富的人，不乏贤德之士；而且，

240

富人并不是"坏人"的同义词，他们也许是"好人"。叫作"寡头政体"，十分普遍。寡头，不只贬，更指其数之少，但与财富无必然关系。近世不少国家，统治者是几个军人将领，是典型的寡头独裁，却不见得与财富有关联。

（3）民主政体（Democracy）：**Demokratia**，多数人为了多数人的利益施政。在亚氏看来，这仍然是追求私利，理论上与少数人追求自己的私利，没有区别。

还有一种分类形式，和前面两类——按国家目的、按政府施政精神——都不一样。那是按宪制职能来分，也就是根据官职分配来分类。官职，是从你身份特性，也就是你那身份所能贡献给城邦的多寡，来颁授的。在某些国家，是财富；在另一些，是品德；又另一些，是自由人身份。那自然是富权、贤能、民主等政体了。但这么一来，官职就是按统治阶层的背景授予的。如果授予富人，那就是富权政体；如果授予贤人，那就是贤能政体；依此类推。我们得出的政体，实际上和以前的无别；但所用的标准，高了一层：现在的分类准则，是按着某种恰当的分配原则而行。用上那样的原则，亚氏不仅是分类，更是按优劣高下来分类了。

用优劣高下分，即是下了价值判断。例如，国体追求优异者，则授官予贤士；国体追求财富者，则治人者从富人；国体贵自由者，一众生而为自由人者皆可出仕。上面刚说过的国体与政府并行，也是这个意思。那么这也反映了他的道德倾向，探求理想国度的道德倾向。譬如说，君主政体是最高的，因为它的分配原则不只是德性——那是所有原型都追求的，而是德性之至优者；举国上下可能只有一人。贤能政体是次等，因为贤者、有能者，只是少数，故少数执政。混合政体殿后，因为多人能成就的德性，不可能是最高的，顶多是临阵有勇的武德，所以是较广泛能达到的公民德性。用中轴两旁对称的方法看，最美的相反是最丑的，最不美的相反，就成了最不丑的。那么暴君政体是最劣的。富权政体是次优的反面，所以是"中人之资"。民主政体的反面，是原型中最不美的，因而使民主政体变成最不那么糟的。假使我们倒过来看，也能得出同样的结论。民主制的原则，是自由人身份。富权制的原则，是财富追求。自由人的自由，就原则说，一定胜过财富本身；而财富，也优于暴力与欺诈——那是暴君的手段。那么民主政体必胜于富权政体，而富权政体，又强于暴君政体了。

有一点值得一提：从他说的混合政体，可以观察到什么？他没有说混合型的政府，是什么阶层组成的。他只告诉我们，那是原型的，也就是正当的、好的。但那又是多数人组成的。按说原型政体，该是义人（有德之士）组成的；但大家知道，任何社会，都只有少数人是义人，是成德的君子；所以亚氏认为，多数人能成之德，只有武德。但武德，必须是拥有武器者才行。他在这里用的词，是 *hoplites*，指重步兵所携的装备。雅典古制，城邦只供给军士轻武器，其他像马匹、大盾等，是自费配备的。这足以表明，有武德的人，家境不会太差。也就是说，多数统治的"多数"，必须是有条件自备武器的公民。这给他在后面提出的想法铺了路：混合型的政体——一种富权制与民主制调和为用的方式，是某种中等阶层（今天说的"中产阶级"）的统治形式。

按理说，原型政体，都是恰当的；治人者都追求公利，教民成德。那么属于这旗下的，该有三类。到了后面，亚氏却轻轻放下了混合型，只剩下君主与贤能两种政体，是真正兼具贤德与条件的。可能正是这个原因：社会上能称作贤能之士的，究属少数；武德，"作不得准"：你不能靠武德去"治人"。然则混合政体能否促成美好的生活，是不是个问题？他没有解释。他会认为，要有美好生活，须具有一定条件，像教育、家境、闲暇。那是不辩自明的。不过，如果政体下的公民，是轮番为治的，人人都有可能当治人者，理论上说，人人都起码有机会去追求那样的生活。此前的达官贵人、王侯将相等只属某少数人专利的作风，就没有了。可不可以说：混合政体，是贤能政体的"稀释版"？

我们试着用简单的表列，排比不同类型：

	一长制	少数制	多数制
原型	君主政体	贤能政体	混合政体
变型	暴君政体	富权政体	民主政体

这固然只是个简单的梗概。各种政体的比较，不同型之间的异同，同型同类的不同呈现，优劣评断有何准则，等等，我们还没有见到。所以他接着要谈的，正是政体的各种问题。

亚氏的行文是议论体。他议论的，以少数、多数两制占多。甚至可以说，到全书终结，都能见到这个影子，特别是富权与民主的影子。为什么会这样？是不是他有意安排的？目前还不见端倪。但他会使读者看到，他是怎样看、怎样谈论别人的看法的。在这里，他一开始就论民主的"本质"。本质有多面，先谈组成。

民主，顾名思义，是多数主政。亚氏说，那是多数的穷人主政。表面上说，固言之成理。至少在他那个时代，穷人者众、众人者穷。反之就是富人者寡。他现在提出另一个想法：如果众人不穷呢？有没有这个可能？假定说，你碰到一种情况，是多数人较富裕，少数人较贫穷。你的直觉是：那是不可能的。你怎么知道那不可能？只因为你说贫富，通常用的是比较的尺度而已。你见甲拥有的比乙为少，你就说乙富甲穷。亚氏会说，你这样量度，理论上也不全合理。有可能你遇到一个社会，按某种合理的尺度去衡量，你会说多数百姓不穷——尤其你拿人类整体状况做比较，又或者你定下怎样是"过得去"的、"可接受"的准则。那样去界定，你会说该社会的多数人"活得挺不错"，你肯定不会认为他们是"贫穷"的。在该条件下，多数人主政，你会说那是什么体制？具体一点形容。一个社会，最顶端的10%与最底层的10%挪开，那是富贫两端；余下的80%呢？他们都过得不错；以其他社会的水平来比较，更显得"富裕"了。那你怎么说呢？它是富权政体还是民主政体？

当亚氏要选择"多数"与"贫穷"两大特征时，他宁取贫穷，认为那才是决定因素。民主是多数统治，但多数人——任何社会中的多数人，比起少数富人，他们都是"贫穷"的。就社会性质来说，贫富才是特点；多数少数只是偶然因素；只因人人都习惯了用数量多寡来衡量，才掩盖了原来的特质。他首先想到的是：穷人主政，有何后果？他们要追求不虞匮乏，那追求就成了政治动机。他们会采取什么行动，视乎他们要取得更多什么；人数，只是有助于行动的工具。人数多，自然比较有利。

如果问：这样看多数管治，有值得反对的地方吗？答案是：那不一定，要视乎那多数人是否懂得克制；懂得不让自己的情意欲望（指人的七情六欲、好的坏的都包括在内，在《伦理学》中有详细解说。一般英文用语是 passions。但中译"激情"不全合）脱轨，随意掠夺少数人的财产；懂得不患"眼红症"。贫穷与匮乏的感觉，有真实的，也有想象的；只要这种感觉在，人就会去追求更多，获取满足。怎样取得更多？最便捷的是通过政治手段，而政府权力操在他们手中。

民主体制，六中其一而已；但看来它却是"主轴型"的，或者说城邦都像要迈向这一类。城邦的发展，好像都倾向于成为人人有平等的自由人社团。若然，城邦是全体公民的，也就自然该让全体公民来管治。那么亚氏在本卷开始时先论公民；而公民，他是用民主城邦做基准的，这就绝非偶然了。道理上说，如果城邦属于全体公民，那它的统治者，是全体公民本身，而不只是部分公民。贤能体制和富权体制，都是少数统治，他们把普通百姓都排在体制外；民主体制，却没有排斥富人与有贤德者。但亚氏觉得，凡事能一致通过的，绝无仅有；通常最合理的，只能是多数表决。而多数人，是穷人；起码在那个时代，城邦的多数自由人，都不是富人。可穷人主政，表示治人者缺乏闲暇，多半没什么教养，因而开出的政治不会很理想。所以古代政治哲学家，像柏氏、亚氏等人，都不欣赏民主政体，尽管亚氏看到民主的优点，远比柏氏为多。

穷人当政的反面，就是富人主政了。我们说过，英文的 oligarchy，中文多作寡头政治；但原文 *oligarchia*，是从 *oligoi* 一词来的。*Oligoi* 是少，或少数，像我们说几个人，或几朵花，以喻其少，并不专指人或富人。所以原文只说少数统治。富人，在一般社会，都是少数，所以亚氏提出的假设理论，正指富人未必是少数，犹如穷人未必是多数。[1] 因为它用财富做参政准则，举凡有钱的商人、工匠；出身寒微与无学识但有产业的，都在参政之列。那是富人组成的阶级政府了。亚氏强调公利私利之别，认为合理的政府必为公利谋。用近代术语说，是"民享"制度。林肯的说法是：没有民有与民治政府，你不可能有民享政府。假设没有林肯的名言，是否可以想象，少数人主政的政体，仍然是为公利的？

理论上，不能说没有这个可能。不过，从经济条件考虑，又产生另一类问题。假定说，按亚氏的立论，用富人穷人作判断标

---

[1] 吴君本在这里说，一般叫"寡头政治"的，在这个地方该叫"财阀政治"。不过他用的词是 *ploutokratia*，即英文的 plutocracy，不是 oligarchy。

准，而不用多数少数，那么民主政体只是穷人主政的政府，不必理会是否多数；它的主导原则，还是自由吗？（严格地说，是生而为自由人［free birth］，父母都不是奴隶，是有权当公民的人。）如果自由是民主原则，公职与权力，平均分配给所有自由人，因为凡公民都有权利做治人者，这就使民主体制必然成为多数统治。富权政体就不同了。它的主导原则是财富；财富与少数，不像自由人与多数一般，有必然的逻辑连带关系。但说富权政体（严格说，是少数主政）和少数统治没有基本关联，总令人感到矛盾。

那么，有没有可能有一种政府是为民公利的，但不是人民自己管理的？有没有可能有个一人政府，是民有民享，却不是民治的？抑或说，大家期望一个拥有权力在上位的，公正无私，不会为个人、为家族、为阶级，而是为公利服务，是过分了？是没有可能的？你可以说，这完全是个经验观察的问题。道理上，我们不可能事先就认定，一个人为公利来治理国家，是绝不可能的。你也许可以质疑，说从未有过这么一个人。若然，你得有个有力的假设，认为根本没有这回事；理论上说，那也只是个假设而已。亚氏并没有排除任何考虑。他固然觉得，如果人人都可能参与管治，那会较接近公利要求。这很容易见到。

一个人、少数人、多数人组成的政体，都有某种问题"附带"着。亚氏告诫我们：任何形式的政府，都带有某种"不便"。纵然在追寻最佳国度时，他除了表明那样的国度世间罕有，同时也提醒大家，不论什么国度，都有优点和缺点；没有瑕疵的政体，世上没有。就是比较好的政体，你也不会完全满意。如果我们不明白这政治现实，一定会自讨苦吃。历来大行改革的，成功推倒了甲政体和它的缺点，却迎来了乙政体和它的缺点。可是，把这推论推到极端，你就只有"守成主义"；然而盲目的守成，会使政治死亡。正因为我们认识到政治没有完美，但人要追求完美——起码尽量完美，人得不断追寻，不断改善，用最大的努力，同时用最大的慎虑。翻天覆地的变革，代价很大；怎样才是恰如其分的革新，是政治艺术，公众生活的艺术。亚氏正让我们看到，他的智慧，怎样能够指引读者看到那艺术。

稍稍总结一下。亚氏论政体，在后面的讨论中，还会不断见到。例如他会用"是否守法"作判断标准；例如他会比较不同气质所成的后果：你的城邦是内陆型的，公民都是农夫，那会怎样？你的城邦是临海型的，公民多是海员，又会怎样？诸如此类。不管他到目前为止，在论政体上有什么缺失，他也没有只用数字看问题。正相反，除了客观的"数据"外，他以道德准绳下判语：政体追求的目的是什么？施政的精神又是什么？再按政体分配官职来设定高下。那是对社会阶级和背景的观察。

今天，我们不会用道德尺度来评判国家，因为国家的道德意义，相当含糊，起码我们不会像亚氏那样用不含糊的眼光去看。可我们还是有价值判断的。我们会说甲是穷兵黩武的好战国，乙是人人经商的贸易国，丙是公民守规矩的法治国等。见到人民可用言论或行动表达意见，甚至反对当政者的，我们叫自由国家；见到人民活动空间细小，政府粗暴地维护当政者的私利的，我们叫专制政体，等等。

另一方面，也可以批评这种分类的不足之处。六大型类，应用到亚氏当时各城邦身上，也未能涵盖。他固然明白这一点，所以在每型名下，再分更细致的次型。例如，在君主制下，再分成五种不同的形式。纵使如此，仍不足概括所有类别。不同的混合型政府，他谈得不多。联邦组织在他那时已略具规模，也得不到他的青睐。

把他的分类学应用到现代社会，难题就更多了。就说大小差异造成的困难吧。今天，城邦没有了，有的是国家，不少是广土的国家。国家，都有中央和地方政府，大小职能不一。城邦，只有一个政府。如果用亚氏的道理，不同政府结构会形成不同的政体，那他的方法要大大扩张，才能勉强形容今天的政体。何况，有些国家地方政府数目甚多——像美国，有些相对较少——像法国。稍近城邦形式的，大概只有新加坡、摩纳哥等寥寥几个而已。出于实际考虑，一般国家多采代议制度，但制度设计，又各自不同。

还有，现代国家的政体，有时还不容易看出主权谁属的问题。例如美国，曝光最多的固然是总统，但总统，并不拥有主权。他提出的东西，国会不通过，就泡汤了。那主权在国会？可国会不停改动，老百姓两年可以换一个新的组合。兼且，就是通过了法律，受到公诉而遭法院宣布无效，那法律就报销了。主权在法院？但法官，是总统提名交参议院通过的；通不过，就完蛋了。那明显跟希腊政体不同，因为近代社会复杂得多。当然，就此而论，集权式国家的主权，还是较容易识别的。

可见现代社会要考虑的因素多得多。不过，正是这复杂的情况，让我们看到亚氏分类形式的价值。因为，凭经验观察，我们也不可能开列出一种可包括所有政体形式的模型。亚氏正是提供了一种范式，或模型，让人在可能范围里，自己去重组、去配搭。所以他的类型是比较抽象的；他并不是要告诉大家，那包括了全部城邦的可能，而是说，拿着这个典型，你可以有个基准去量度。有点像我们今天所用的"模式""典型""典范"等。如果每一类城邦政府都列出，那他不可能立任何理论了，因为，仅就数目的庞大已经不能处理，别的更不必说。简单的类型学，反而能够有个科学的分类，有条基线，令后人有个起点。

分类，是亚氏首创的？不是。在《理想国》中，柏氏早略有介绍。《政治家》是苏氏反驳诡辩派的作品，流传不如前书广，但也是古典政治学的经典。书中分两制，用守法与不守法作区分。

每制下三政体，用人数多寡作区分。最佳的是君主政体，是守法类的首选；最劣的是民主政体，是不守法类的末选。民主政体的反面，是"好的"民主政体。亚氏的方案，显然受乃师影响，却又不同。他的两型，建基于城邦追求的目的，以及政府施政的精神。而三类政体，并不用人数分，而是按社会背景与阶级来分。还有，亚氏以混合政体（Polity）作为多数人为公利谋的设计，但认为民主政体并非原型，那是多数人为私利的政治。两位哲学家的差异是可见的，可亚氏的方案确有柏氏的影子，他是在老师的构思上，重新建构自己的模型而已。不仅是政体，在其他特色上，理论的源头也有不少柏氏的痕迹。

（四）政体的论辩（之一）

介绍过分类，他就要展开各政体间的论辩了。从这里开始，讨论环绕在政体、法律、公义上。我们说过，什么是美好的国度？是否是指一个政体的施政方针，是为了公利的？什么叫公利？我们走在一道，共同组织社会，相互协议制定规则来规范大家的行为，使你不会随意拿走我的东西，我也不能不经你同意就自取你的物品；我欠你的债吗，我得偿还，而不是利用机会盗走你的钱。每个人都有权取回属于自己的东西。那是不是公利？看来是的；人与人共同生活，要能人人都有基本的安全感，就不能容许掠夺。少数不得欺凌多数，多数也不能剥削少数合理取得的事物；也就是说，社会不能未经法律程序，拿走人本来拥有的东西。因此，法律就成了一种人人的保障；那当是公利吧？但那好像说，法律的目的，在保证有合理的、合公义的交换。我不当从你处取走我没权拥有的，我只能要求对等的交换。那不只是个人相互间的，那也是整个阶级之间的。所以合公义。这种说法表面上可以成立。

亚氏这里谈的,在普通法系统中叫"交换的公义"(commutative justice)。在《伦理学》中,他花了整整一卷来论公义,认为那很重要;他同时又论恰宜的、合理的分配,有时称作"分配的公义"(distributive justice)。交换要合公义,就要有平等:衬衣售价十五元;我付十五元,买回一件衬衣。另一种呢?按不平等来分配的公义呢?这就是谁该多取与谁应少得的问题。多取(或少得)什么?比如说,荣誉、名位、社会的尊敬等。谁当做治人者,又谁当做治于人者?也就是谁当拥有政府职权?(在古希腊,公职是种荣誉,所以是名位。吴君本说得没错。)富权论者说,在财富上他们跟他人不平等,所以在其他事上都不平等了。民主论者说,在生而为自由人这一点上人人都平等,所以在其他事上也平等了。双方都认为自己有公义,职权当归自己。亚氏早说,不同的长处,有不同的待遇,因为价值不一,那样分配才恰当;如果两个具有不同价值的人,你给他们同样的分配,那就不合公义了。在一事上平等是恰当的,在另一事上可能不平等才是恰当的。言之成理。在古代哲学史上,亚氏是第一个提出这样的讨论的人。

可以这样看:交换的公义,注重算术上的平等;恰当的分配,注重比例上的平等。富权与民主两派论者,各自掌握了部分的真理,却都以偏概全。基本问题在于,两派都没有清楚厘定谁当平等看待,谁该有不平等的分配。大家都相信,公义在自己一方:富权派觉得,当按财富比例来得名位,既然他们在财富上贡献最多,自然政府职权当在他们手中;民主派认为,当按生而自由的身份来主政,既然每个公民都生而自由,那政权自然该人人参与,人人都有同等权利。两类准则——财富与自由,对城邦的存在都有价值:一个国家,总不该一贫如洗,也不能由奴隶组成的。所以两派都有道理,但都不全面;各自立论,都"明于观人,暗于察己"；所谓"人莫知其子之恶，莫知其苗之硕"（双吴本语）。

那么，有了合理的交换和分配制度，叫人民能放心贸易，财产有保障，就是完整的公利了吗？就是美好的国度了吗？假如这是亚氏的想法，那他一定是忘记了自己在《伦理学》中的立论了。那不大可能。我们可以假定，那不是个全面的描述。事实上那是个"引子"，用来做前导的。为什么？因为他接着用"因为"起句，带出重点。因为，他说，城邦并不是个联盟关系，也不是不同社会用条约连起来的组织。跟着他举出迈加拉和哥林多两城邦作为例子。两地毗邻，地理上像连在一起。双方交往频繁，也相互缔约保障各方：他们协议，若甲城的人损害乙城公民的身体或财产，后者得向前者索偿。他们的条约，规定双方得在对方法院诉讼，以求公道保障。也就是大家同意用法律保障各自的利益，平等交换。一切以规范安排，共同遵守。但亚氏说，城邦不是那样的；城邦，并不仅仅是大家按利益计算，定下规则以防吃亏的东西。两个社团结成联盟，使往来交换有秩序进行，并不就使它们组成一个城邦。

究竟是什么东西，使城邦的组成有异于联盟的组成？城邦是用来做什么的？回到原来的问题：城邦是什么？公众生活是什么？不只是存活，即现在说的保障生命与财产的权利，而是要有美好的生活。亚氏在这里说，致力于完善法律的人（立法者），一定会关注到政治上的美德与败坏。"政德"一词不止一次出现，就像德性旗下有分支只属政治的。那么政德与德性本身，有何区别？是否有些德性是私人的，对事物没有影响？有没有可能说，智能是一类德性？德性，会不会是一种人性的优异，能够实践，也可以潜伏着？如果实践出来，会对人的福乐有所助益？若然，我们就不当排除智能，而智能也属人性优异的一环了。那么，我们就得面对这点：优异，可分成道德上的与智能上的。亚氏在

251

《伦理学》中，绕着这个问题，有长篇解说。在那里，善，确是可以分作"德善"和"智善"两类。这也带出了一系列难题。

比如说，两类优异是否必须分开？是否必须并行？卢梭在《论不平等的起源》中，就讨论过这个问题。他问：人类在智能领域中进步，就必然同时在道德领域中前行？他的答案是"不"。可知这是个严肃的问题。我们认识的每个有智能的人，人人都诚实有操守？未必。当然，在探讨这个以前，我们得先想想，什么叫"智能"？是记忆？是原创能力？是明辨事物的条件？我们不能在这里讨论这些问题；但起码应该知道，在亚氏的论述背后，有个怎样的哲学背景。

谈到"政德"时，他一定是区分了公与私：有些美德是政治的，也就是公民的美德；有些不属于政治，那是私人的优异。他在这里谈的不是后者。这跟城邦有什么关系？一个配称城邦的，和商贸联盟有何区别？迈加拉和哥林多两地，城隍雉堞彼此密接（双吴本语），双方公民往来贸易通婚；但亚氏指出，尽管如此，他们彼此没有兴趣去理会对方人民的政德；他们并不认为，你的善与恶、你公民的品格，是我的分内事。他们关注的，只是自己公民品格的好与坏。那是说，城邦之所以为城邦，是因为它要注意自己公民的美德。这就是我们一开始就提到的"教民成德"。没有具有好品格的公民，城邦也就没有美好的生活了。

亚氏这种思想，后世争论纷纷。现代哲学的一个主流，认为"成德"不是"公众"当着力的，也就是说，个人的品格不是国家（政府）所当关注。很多讨论，都集中在"没有受害者的犯罪"；如果人不对他人行恶，就算伤害自己，也属于他"私人"的范围。既然资源有限，社会应该对付于人有害的刑事罪行，不应该费力在个人行为上。例如，用药、醉酒驾车等，只要"于人无损"，大可不必干预。纵使干预，也不见得有好效果。再者，假如政治力量可随意干涉私人范围，那个人自由会大受威胁。上焉者，政府可以说，喝汽水、看漫画，无益而有害，因而禁止。下焉者，甚至可以说，乙成分不好，甲你不要和他成婚；又或者，甲和乙协议了离婚，那不好，因为破坏了社区和谐，不批准。与其这样，倒不如不干预好了。何况还涉隐私权呢。公众行使的权限，当到何种地步，一直是有争议的问题。

另一个主流则认为，"成德"不只是"公众"的事，更要以公众之名强制行之。公民的德性，不仅是政府希望培养的，更是要用国家名义推行的。概念上说，这有典可据：柏氏的《理想国》就有那样的蓝图。好些现代社会宣称，为了打倒腐败——包括道德上的，扫除庸俗——包括个人口味上的，端正风气——包括外来的歪风，必须用上权力的手段；至于什么叫腐败、庸俗等，是当政者决定的。罚则，也是有权的人决定的。通奸，是不道德的；你通奸，就要你的头颅。赌博，是腐败的；你赌博，就砍掉双手。你听贝多芬的音乐，不可以，因为他是某种阶级的作曲家，作品使人堕落。纵然所有活动都在私人范围，政府说你"缺德"，对他人有"不良影响"，就可以采取公权力"执法"。

成德，人人都愿，起码是人人都该努力的方向。问题是：公众可以干预个人的范围有多大？政府什么都不管？政府自命"替天行道"？一者公民的德性不是社会的责任，一者公民的德性全是社会的责任，那是两个极端。应该说，亚氏两者都不取。那我们当如何取舍？看来并没有"中线"可准确导人前行；能够选择合理的折中，已可算是迈出了一大步。亚氏的教诲，似是教我们怎样迈出那一步。

不管我们站在什么立场看这个问题，当亚氏说城邦不是盟邦而已，城邦不仅仅是一个用法律维系着迈加拉和哥林多两方的条约组织，他好像在引导我们看更深一层的东西：法律本身有缺陷，或者说有不足的地方。是这样的。法律可使我们不伤害你和你的财产，反之亦然。法律可以成就某种平等交换，上述两城就是一例。但那不是城邦之所以为城邦所追求的。他是不是说，法律本身，不足以达成城邦所追求的目标？若然，法律只能发挥有限的作用，他是间接告诉我们，法律以外，还需要有另一些东西。

城邦与法律

法律，使人能公平交换，那是公义的。仅此而已？法律不能保障其他？法律的作用，十分有限？亚氏没有明确的答案；但他的论述方式，却能带我们去思考。如果到最后，我们觉得法律并不只是"平等的工具"，叫人在社会上得以有秩序地交换，那法律必须有判别高下的能力，必须知道何者属平等、何者属不平等；不平等，也是法律要考虑的。不然的话，法律功能十分有限——它只能保障公众生活最基本的，也就是人的自我保存；但国家的目的——不仅是人能活得下去（自我保存），更是人能好好地活（美好的生活）。这，他从没有放下。

何以见得？因为他跟着就引用诡辩派的里可弗朗（Lycophron）的一句名言，说法律不外一纸契约，保证大家公平相待、互不侵害而已。如是，法律并不牵涉公民的品格与德性。（好公民就不必是义人了。）17 世纪的霍氏，首倡近代"契约论"。他的哲学很清楚：法律，就是协议，或契约，为了保障君王和臣民双方的自存。自存，到了洛克那里，就包括了人的生命、自由、财产。契约，是社会有秩序运作的保障，不是人民有正直操守的保证：品德上的善恶不在这范围之内。

从亚氏的行文看，他对此大不以为然。这令我们想起在《理想国》中，柏氏谈到"众猪之城"的比喻：你宁可是个有烦恼的人，还是头没烦恼的猪？猪城倒可以充分满足你身体上的自然需求，也就是自然属于私的东西。那么社会就是个让大家和平竞争、交换财货与劳务的场所；而法律，就保证这能有秩序地进行。那么，"政治的"就来自"经济的"。市场上的交换，是自愿的行为；法律，是强制的。自愿的行为，并不全为功利，也可以是真正的美德；公平交换，却必须用强制的法则去维持。近代哲学家的推论是，既然德性不能靠强制来达成，那"成德"就不可能是国家的目的。不是因为德性不重要，而是因为那是崇高的、升华了的追求，国家法律管不着；管得着的，是人人不可逾越保障生命、自由、财产的界线；那保障，是"平等"的，对所有公民一样。

这说法，当然没着力在教育上，也没有在习惯培养上，而教育和习惯，是成德的重要条件。推论下去，举凡美德带出的后果，包括人对婚姻、宗教，等等的生活态度，都是"私人"的，是国家法律以外的。这么一来，法律和道德，就分开了；法律没有了"教民成德"的功能。从政治哲学的传统看，古代与近代的分野，清晰可见。

到了这里，亚氏表达了他个人的见解。（读者得留意，在本书各卷中，亚氏很多时都告诉读者，他在转述其他人的意见或理论。他像在让大家知道，在讨论什么是美好国度的时候，有诸多相异的观点；而他很多时像个报道者，说甲乙怎么说，又丙丁的相反意见，诸如此类。当然也会有他自己的道理混杂其中；要清楚辨析，我们阅读时得留意上下文理。）

引述了里可弗朗的名言后，他用自己的说法来表达。他坚持认为城邦要追求的，是美好的生活，不仅仅是公民能存活；更是要能活得好好的，又是自足的（*autarkeia*，今天英文的 autarkic，self-sufficient），也可以说是自由的，或者是独立自主的。怎样才是个自由自主的城邦？看看日后文艺复兴时期的马氏学说，我们会有个大致的理解。那并不是说，城邦必须具有一些内部制度设计，可保障每个公民有自由，而是说城邦必须不受外力操控。所以自主的城邦，就是能独立于外力干预的城邦；当时的佛罗伦萨就是一例：它不受制于威尼斯也不受法国人操纵，又能把教廷势力摒诸门外，那正是自足的典型。它的自主，使它不受牵制；它的政治制度，倒不一定使人认为，它的公民都是自由的。亚氏说的自主自足，与此十分相似。

这样的理论，自有它的理想层面；站在现代国家立场来看，它也有困难。亚氏的假设似乎是：国家要能自主自足，百姓要有美好的生活，政治家立法的目的，就应当是教民成德；不是其他的不重要，而是成德至为要紧。所以他反对说，国家（法律）只是用来保障大家守秩序，守诺言，能平等自愿地交换的社团。那是里可弗朗的想法，也相当接近现代自由社会的想法。亚氏批评那想法，因为它把国家"降格"成为"一个联盟组织"而已，只有协调仲裁功能，并不"化民成俗"。他认为，那就错解了国家的目的；国家并不只是用来防止犯罪、促进彼此交往——不管是贸易还是什么，使大家各适其式地生活，国家是要在自足的条件下，追求美好的生活；不只是物质需求上的，更是美德上的。这也是我们一开始介绍过的两类社会形态：一是通体社会，一是联组社会。亚氏要的接近前者。

对这个论点稍作分析。首先，城邦是怎样组成的？它有诸多组合，比如家庭，政体，不同的伙伴关系，宗教团体，各种制度设施，等等。政体，是整个城邦中的一环，尽管它可能是城邦的心脏。其次，政体是"无远弗届"的，是社会生活的全部，涵盖一切关系、团体、制度。按亚氏的说法，人是个群体动物，他要活在自足的国度中，有美好的生活，那生活就一定不仅是政治上的，而是各方面的。那么法律就成为助人达此目的的工具，因为它要教民成德。但从政治的角度衡量，政治家立法，使人在政体中有美好的生活，就该是前者（政治上）的范畴。人人都参与的公众生活，是政治的生活；法律，当使所有公民在公众生活中有美德，而不是叫人做好爸爸好丈夫。

还有，从现代的角度看，古人是把法律与道德合而为一，今人认为法律不当干预私人空间。从今人的角度看，亚氏的理论不对，因为他把人的自由看成是人该怎样做"对的事情"，而不做"不对的事情"。他太信任教育与法律的效力。后人有批评说，那是集权政府的做法：政府才知何谓对错好坏，就制定规则强大家遵守。是否"美好"，另当别论。你可以批评说，亚氏认为只有城邦的政体，通过某种教化磨炼，才足以使人的内在品性发挥得最好，才能够满足人性的需要。这个论点并不成功，因为那有赖于亚氏本人的道德信念，而他的道德信念，不见得可应用到所有人身上。如是，则从此推论出的、按城邦的目的所开展出的政府与法律的角色，也不能成立了。

这些，亚氏不明白？不曾想过？看来不大可能。那他为什么认为，该用城邦的（法律）力量，推向"成德"的目标？可以这样看：《伦理学》和《政治学》，是一体的两面，也是亚氏人生社会哲学的"上下集"。早在《伦理学》一开始，他就说到那是广义的政治学一部分，可见伦理考虑，早放在立法思量的框架中。我们在介绍文字中也提到，古代希腊的城邦，不仅是个政治法律组织，更是一种"生活方式"，一个道德团体。从社会体制上说，政治与伦理不分。

细致一点看，亚氏的观点是这样的：道德，是按理性而行的生活；法律，是理性的产物，起码与理性不相违背。那么法律与道德义务，是二而一的事了。法律判别了善与恶，告诉人何事可为何者不可行；也就是使大家知道人该做什么。这些标准和立法准则，是政治科学定下来的。所以法律界定了城邦追求的终极

（道德）目的。那么法律的内容与道德的内容无异。同样，公义，是德性的实践，分别仅在动态静态而已，其为善则一。既然法律是社会的道德准绳，公义，也就是人民成德的素养体现了。可知《伦理学》论德性，探讨个人"内在的善"；《政治学》论公义，探讨人在群体中对他人的义务，也就是"外在的善"。

亚氏清楚地明白，法律的条文是死的，法律的精神是活的。公民没有守法的精神，不"行"善，道德社会不可能维系下去。有伦理操守的公民，才能使公义彰显。操守，不是人生而有之的；所以立法者的重责，在教育人民，指导他们如何培养理想的"生活方式"。教育在他思想中"吃重"，十分合理。本书最后两卷，几乎集中论"教育"。

城邦要化民成俗，教育功能是首要之务。立法者要懂得怎样制定良好的法律，教化百姓，使其能享有美好的生活。亚氏知道，要城邦能独立自足，有美好生活，光靠法律不足够：你要有某种环境，某种条件，令人能好好地共同生活。那条件，又是自然的，不是靠法律制造出来的。那是情谊（*philia*，可译作爱，友情，友谊等。在《伦理学》有两卷的篇幅，是专论这个题目的）。亚氏认为它是人与人的自然黏合剂，是将群体凝聚起来的力量。情谊与公义，社会须同时拥有。

那是有福乐的生活、美好生活的基础。在这目标上成就最多、贡献最大的，虽然未必富有，未必出身背景优异，也当享有城邦之最——做城邦的治人者。到了这里，论点是给贤能政体说项了。贤德之士认为，成就美好生活，他们出力最多，所以他们更属于城邦，理应分享更多，虽说他们不如别人富有，也不是门第世家。他们具有优良的品格，他们是一群有德性的人，当做统治者。亚氏在刚提过里可弗朗后，就以自己名义说了这些话，直像是要把美德带回政治中，为贤能政治鼓吹。如果我们这样猜，也不会错到哪里

258

去；尽管形式上说，他像在把他人与自己的观点，一并写下。

看来他开始讨论的，是城邦的管治问题。概括地说，他要我们看到，不同的人，用不同的准则，宣称他们最有资格当统治者；而那准则，虽各自不一，却也并非无理，也不能说全然不公允。但我们早见到，亚氏列出了六大种基本政体类型，他却先提贤能政体——少数贤德之士按公利施政的形式，好像他有偏好似的。固然，我们明白，社会上有自我标榜——夸口自炫的虚荣者；暂且让我们先撇开这个，先假定社会上确有一些有判断力、有操守、受过教育、具才能的人。比起一般贩夫走卒，他们优胜得多。这假定，也不是天方夜谭。

如果，当"谁该做统治者？"这一问题到来时，亚氏先取的可能考虑，就是那少数有条件、有价值的优异人士。那可能是个合理的论调，也可能具有恰当的基础；起码，我们不能抹杀这种可能。可是，表达了看来是他属意的东西后，亚氏在后面长篇阐述中，却又提出不少难题，使人明白它的缺点。而不仅是贤能政体，其他各类也得到"同一待遇"。直像一个各政体相互辩难的"对话录"。

※　　　　　　　※　　　　　　　※

到这里，我们暂时已见到的，是他稍稍提过的富权派与民主派各自的主张，认为他们在不同范围下，也言之成理。现多了贤能派，当然也有自己的理由。接下去，他还要谈到其他的，一一列举各派有理据、合公义的地方，同时也客观地摆出各派的缺失与困难。然后亚氏试着提出他个人的建议，一般都温和中肯。他不厌其烦地反复论述，似在表明：不管你采用什么类型，你都要付出代价：不要以为你能建立一种无虑的社会，因为人的政治生活，没有一类是完美的。这实在是一个非常重要的教训，对不冷静审视政治生活是什么的人，是个清凉剂。尽管他不满意柏氏论抽象的理念，他的这份睿智，却是从乃师身上学回来的。

乌托邦的难题

柏氏的《理想国》，被说成是古典的"乌托邦"。他在书中却让读者看到，最佳政体是何等脆弱；美好的国度，并不能久存；他甚至描述了它是怎样"跌"下来的。可以说，那等于告诉大家：纵然你知道什么是美好的国度，又真能把它建立起来，你仍然欠缺了一个好的特质：它的持久生存能力。假如事物可谓完美，独缺一环：它不能长存，因为它有自然本质上的弱点，那该事物一定有问题。理论上你也许得以把弱点放在一旁，实际上你应用在千千万万人身上时，那纯理论的不管用，因为那影响到很多人的生计。你总不能对百姓说，采用这个吧，很不错的，只是它不能长期存在罢了。柏氏有见及此，亚氏显然同样看得清楚。

顺着亚氏的思路，可以摸索出一条公式。你可以问：人该怎样活？不是什么道德说教式的问题，就当是自我反省吧：我们怎样才能好好地活？如果我们自问，怎样才有美好的生活？必然得出政治性质的答案；因为答案总要牵涉我们的群体生活，在很大程度上总要和我们的群体存在连起来，和我们如何相处连起来。如果我们同意，"人该怎样活"是个意义重大的问题，而答案基本上必须是个社会的，也就是群性的、政治的答案，但社会群体的安排——制度上的安排，纵使是最佳的安排吧，也定有缺陷，那我们可以说，人的问题，没有简单的解答；也即是说，我们没有一个绝对的、完美的解答。就是有，也只能是短暂的。理论上，找不到完美的解决办法。即使你找到最佳政体，又知道怎样管治就完全符合公义，你仍然得面对某种缺点、某种不足。

当亚氏让我们看到，没有一种体制是那么完善、无瑕的；

不管你遇上什么制度，你总可以有保留、有訾议的地方，我们得明白它的含义。他一定在教导大家，怎样面对公民生活。他一定在告诉我们，做个良好公民，你得持平，你得克己（这一点他在《伦理学》中有详说）。你要有理性的期望——对政治生活，不能期望过高。这也符合他的中庸哲学。期望过高，过度热衷和积极，你可能走向某种极端。问题也不是"单向"的。你也会说，政治体制都有缺陷，人间天堂是没有的，这是事实。既然我总得面对，那就干脆接受现实好了；反正怎么做都不能使它完美。那是另一个极端，一个从保守引申出的消极、被动，凡事接受的态度。

换言之，中庸之道，在不走极端。人间没有天堂，但人还得有自己的灵性。人要用智慧与思虑，用常识，用公正的情操，去化解政治生活必然带来的难题。不然的话，人只能逃避，只能想象一种政治生活是建基于匪夷所思的、毫无经验指引的乌托邦上了。两千多年的政治思想，都没有这个，直到19世纪中叶。那是后话。

亚氏这个论述的前提，是立在"人世状况"并不完美的基础上。有些情况，是人之所以为人所无法克服的。一种是，人会排斥完美。如果这是可观察到的情况，可以问：何以有这情况？可以说是人性吧。也许，在人的本性中，总有某些因子，使人无法达到完美状况；又或者，你达到了，却一下子就不能维持了。那是人性使然，倒不见得是人故意那样的。可是，是我们本性中的什么因素，导致这情况出现？可以这样推想：如果人纯然是理性的，如果人能洞悉万物的真相，如果人不会犯错，或者人就可以进入一种状况，使绝对美好的、全然公义的境界成事。不然呢？我们就得承认人并非纯理性的，人有感觉，人有贪欲，人有情绪——哲学家所讲的情意欲望，喜怒哀乐爱恨勇气恐惧，等等，都是推动人行事的强烈动机。

亚氏也曾使我们明白,令人行事的,不是思想;思想本身并不推动人做事,它最多只是一种说理的过程。如果你肯定房子失火,你一定会离开;但你离开的理由,并不因为你认识到房子在燃烧,而是因为你恐惧葬身火海,恐惧受到伤害。逃生,出自恐惧感,不来自理性。推远一点来看,你会想:幸亏人有情意欲望,否则人就会像"神"一般;但人却有身体。既然人有身体,人就必须具有渴、饥、惧等情意欲望,好帮助他生存。亚氏在《伦理学》中,曾讨论过这个论点。他利用了人自然而然地是个有身体的东西这一点,说明人不可能是完全理性的。人性,不可能完美。

有没有一种状态,是趋近理性的?有,那是活在思想状态下的人。人能思考,或者说人能玄思,人就能进入哲学境界。人就可以见到,哲学的生活,就是最初导人进入理性的生活。这是古代哲学家的想法。可他们从没有想过,哲学家就是纯理性的动物,就能够超越人性,就没有人所共有的情意欲望,就能摆脱身体的羁绊。人性,好像有两重指向:灵性的和身体的。我们在生活中不可能把两者分开。那么只要实情如此,人建立的任何体制,都要考虑这人世状况,考虑到人有七情六欲,考虑到人有低下的因子。(17世纪,近代政治哲学兴起,就是以这个作立论点的。)

古代哲学家早看到这些,早看到人性中的高低,早明白在这人世状况下追求最佳国度,追求美好生活,不会带出完美答案,总会有缺陷。即使用最好的人来统治,好人也是人,也有人的情意欲望,所以或多或少也总会有自利成分。好人也是有弱点的。纵使那少数的好人是"完美"的,那多数的普通人又如何?他们会愿意就这样接受别人管治吗?他们不会说,圣人也犯错,何况好人?

再说,阻碍人得到美好生活的,是人性本身。你可以假定,改变人性,不就解除了障碍?怎样改变?改变人的制度设施,重新教育,人性不就可以改造了?这是假设,只要改了制度,抛开了障碍，人就能够脱胎换骨成为新人，能够支撑起那完美的制度，使之不坠。也就是说，人间的问题，是可以用政治方式解决的。这假设能成立吗？

乌托邦色彩的政治论述，从来都有，中外皆然。19世纪中叶兴起的，影响之大之广，远胜从前。欧洲产生的思潮认为，你若能改变基本的制度，就可以改造人性；或者说，改造自古以来大家所叫作人性的东西，包括思想与行为。改造后的新人，不只能适应，更能维护那新设的、最完美的制度。这是人类历史上没有出现过的。正因如此，这类思潮是未来指向的，因为历史上找不到经验的证据，可支持这论说。如果人性是先天的，你得否定它，扬弃它，因为它是"恶"；如果人性是后天的，是社会结构形成的，你得改变社会的政治经济结构，从而改造人性——不管有没有劳动成分。但你相信，人性，是可以改造的。

人性不完美，从古代哲学思考到近代现实政治，都可以见到不同的应对方式。亚氏的推论早就让我们看到，政治生活是怎么一回事。如果他是对的，那近世的政治意识就大有问题，也许根本是个"假象"。这一点大家得慎重判断，亿万生灵的命运，很可能在于大家的结论。这是个窘境。而亚氏的睿智，也是指路明灯；在探讨政体时，对我们很有启发。

※　　　　　　　※　　　　　　　　※

我们刚看到，在讨论"谁该做治人者"时，也就是问"何谓最佳政体"时，亚氏拒绝了诡辩派的里可弗朗的论点，认为法律只是相互保障的工具，与人的善恶无涉；因为，城邦追求的终极目标，是美好的生活，包括了美德、情谊，高贵品格等。这些，都不是凭一纸盟约可取得的。就此来看，似乎最有资格掌权的，是贤德之士，是贤能政体。所以说，他有点像偏向这个。

　　贤德之士，在社会中是少数，在古代希腊，他们都是具有优异条件的人。现代人所说的"社会贤达"，是谀词，不是亚氏所指的。优异的表现，在各行各业都可以见到；加上媒体的作用，大家就以为，这些就是"知名人士"了。他们总是某类"成功的例子"，因而声名显赫。（今天的术语叫"知名度高"。）这些人，从官府要员，到工商巨子，到影视红人，到黑道人物，都有。先不问他们能显赫的成因；不管什么理由，他们对社会大众，会有影响。任何"有名声"的人，对社会多少会起示范作用。如果社会上出众的人物，不是有能力有学问有操守的，而是狡诈残忍邪恶的，其他人会怎么想？"原来这才是成功之道！"往往是这些人的曝光率最高。大家对电视怀有"戒心"，不正因为家家户户天天见到的，多是这些"成功人士"？这道理，看来人人都明白。

　　由此可知，社会上"有名声"的东西，确是对人有影响的。"优异"种类繁多，大众可仰望的事物人物，是"高档"还是"低档"，会产生不一样的后果。从习惯培养、熏陶、公民教育等角度看，可敬的与可鄙的名声，有可能塑造出不同素质的人。想象我们的社会，"社会贤达"与"流氓地痞"无别，政府官员与为富不仁者朋比为奸，行恶不必受罚，议员法官都可以"收买"，而媒体天天报道。那对青少年心理发展的影响，难以估量。所以贤能政体——亚氏说的那一款，有其好处，只是不易做到而已。

　　这些都是亚氏论贤能政体可能带出的问题。他的出发点，是站在社会上最优秀、最有才德的人（*aristoi*）名义下表达的。许多人称他们为"贵族阶级"。（这是中世纪以后才流行起来的名称，我们在前面解说过了。）那不很对。他们是"贵族"，是因为有高贵的品格才学，并不是因为封建制度下受分封的产品。所以他们并非"特权阶级"，不像法国大革命前的"贵族"——一群终日养尊处优、无所事事、既无德又无才、不纳税又要占尽便宜的阶层，成了国家的负累。那是腐败，不是亚氏说的贤德——那不是特权，是高尚的美德。那不易为。美德，要实践才有意义。在《伦理学》中，他三番五次强调，美德若不实施，就只是潜质，不是德性。君子，是按着理性行德性的人。

说亚氏偏祖贤能政体，不无道理。说他眼中只有这个而没有其他，就不对了。因为，他接着就要一一列举各种类型，陈其优劣，提出个人的"质疑"，看看每一类所宣称的理由，是否全合公利，是否可以叫作最恰当的政体。任何一个客观又有理智的人，都可以凭独立的见解来质疑。那不是吹毛求疵；那是政治思考最有意思的地方。然后我们会发觉，追寻理想的最佳政体，也许是文明人梦寐以求的东西，却没有任何绝对的公式可资引用。世上没有一条公式定理可告诉大家：你如此这般建立一个制度，就可以解决大家的问题了。亚氏两千多年前就思考过这个问题，他的答案是否定的。

（五）政体的论辩（之二）

有了这个背景，我们会比较容易理解，亚氏在本卷后半部分，为什么提出那种论辩了。他有两大主线：一是尝试找出，哪一类政体是最恰当的，也就是"该让谁来主政"的讨论；另一是"人治与法治孰高孰低"的问题。

一开始，他就开列出后论的各政体：多数人主政的（民主政体），少数富人的（富权政体），少数贤人的（贤能政体），一个好天子（君主政体），一个坏独夫（暴君政体）。大家一定记得，亚氏论政体，有六大类；这里明显缺了"混合政体"。是不是包括在第一类中了？看来不会。因为接下来他谈到的，是多数的变型，即民主型，不是混合型的原型。他忘记了？应该不是。那是为什么？他没有说。我们要顺着理路读下去，试看能否找出线索。在这里，政体次序是（1）民主、（2）富权、（3）贤能。民主型的特质是什么？生而为自由人；自由是它的首要原则。富权型呢？是财富。贤能型呢？是才德。合起来就是自由、财富、才德。有没有可能，这三类的混合体比较接近他要的"混合政体"？也许，但现在还看不到。

对上述五类政体，他都有评述；比重当然有别，优点缺点大致兼顾了。他先说多数掌权的民主政体。我们早见到，那是指穷人统治。多数人比少数人富裕的情况，即便不是没有可能，古今中外也绝对罕有。在当时来看，就是穷人掠夺少数人财富的情况。多数人说：上苍明察，我们这样做是合公义的。为什么那是合公义的？很简单：我们在上面讨论过，凡是合法的，就是恰当的，也就是合公义的行为。什么叫公义？按法律而行的就是合公义的，恰宜的。事之宜，谓之义。但亚氏说：如果那不是不义的，世上还有什么是不义的？他没有讨论下去，好像在告诉读者，"法律可以是不公义的"这点，显而易见，人人都明白，不必多讲似的。若法律蒙上不义之名，对任何社会都不好。他在前面提过，要人尊敬法律，那法律必须行之久远而不变，因为守法是个习惯，是长时间养成的。难题是，要百姓崇法守法，法须所在不变多时；但法可以不义，因而有必要更改之；两者并存，如何折中？亚氏没有说，事实上也没有既定的方式，人只能尽力而为。怎样扬弃恶法，修订漏法，同时令民尊法，是为政者的政治艺术。

亚氏并没有只批评多数人，他同样谴责少数人的同等行为：少数富者利用政治权力，掠夺多数人的财富，同样不义，那是很清楚的。"虽有百喙，难为之辩者"（双吴本语）。所以稍后就会见到，"以法为治"本身，并不必然合理。以法为治可以不对头，因为法可以是不义的。但在考虑过各种情况后，他还是认为法治胜于人治。他觉得，法治，并不一定绝对合公义；但总的来说，仍然优于人治。为什么？我们要先一步一步思考他的论据，才好下自己的结论。

让少数贤者主政又如何？如果多数人当政会是不义的阶级统治，那少数才德之士掌权，就是更佳的选择？以德为治是否强于以法为治？民主政体会没收他人财物，贤能政体不会；那它是较佳的？有反对的理由吗？有。亚氏的反对，是实际考虑，不是理论考虑。他说少数贤者主政，那是把大多数人排除出去了；多数人从此与名位和荣誉无缘，从此没有机会服务、一展抱负，从此不得提升，不易行使公民权利，决定自己命运。如此种种，都是美好生活的部分。这可能造成国家不稳定。少数统治多数，也需要多数的合作；要多数人永远和你合作，却同时要默认他们自己不合从政、没资格参与，几乎不可能，只会引起不满。没有政体可以期望永远维持这种局面。说多数人中没有具公民素养、适合从政的，也没道理。

那么用法律来治理又如何？谁的法律？穷人当政，制定有利穷人的法律；富人主政，立下专利富人的规则。可见法律也可以是阶级性质的法律，造就了某种享有特殊利益的组织，或派别，或派系。（今天的术语叫"既得利益阶层"。）派系，可以是政治的（例如政党），可以是经济的（例如某类商贸利益），或者是其他的。亚氏特别关注这个问题。（他的原文是 *stasis*，英文是 faction，但也可指混乱、动荡、革命等含义。详见卷五。）古代哲学家，特别是柏氏，认为国家（城邦）是个整体（一元），上下一心安排有序才行。亚氏虽然不是一元论者，却担心派系只顾一己私利，不断追求，可能导致不良后果；如果不同政党为求自利，相互倾轧斗争，城邦就不稳定。结果对大家都不好。

（"派系"问题，困扰了为政者两千年。以往的论述，都说它是不好的，要防止它出现，不让它滋生，不然就压制它。美国独立运动后，开国元勋麦迪逊写了一篇长文谈派系问题，刊在《联邦党人书·十章》[*The Federalist Papers*, No.10]，一反过往论调，认为近代社会，"派系"林立，不能压制，只能因势利导，使它成为对国家有用的东西。从此，派系讨论有了新的定位；直到今天，争论不休。

派系来自人的私心，私心来自人的情意欲望、人对一己所好的追求。追求者同，则容易引起冲突。17世纪开始，哲学家像霍氏、斯宾诺莎等人都曾想到，怎样将人的欲望与自利追求转化成对社会有用的东西。他们用的，不是道德原则大道理，而是人的灵巧与智谋。有足够的机谋，你就能够设计一种机制，使敌人愈逼迫你，反而愈伤害自己。也就是把本来有害的东西，变成有利的事物。这是日后政治学论制度设计的近代起源。

那样的设计有多大可能，不是目前要谈的。不过近世确有这类想法：人的情意欲望与自利追求，导致纷争、摩擦、不和，等等；但若人能掌控它，人也许就可以将它转化成有利的东西。有些作者给后世留下作品中有类似的想法，却是作者本人没有意识到的。私心，从来都被视为坏事，害己害人，削弱人的群性。人愈自私，社会就愈没有情谊[*philia*]；情谊愈薄，赖以维系的群体生活就愈不好。是否必然如此？假定说，你我都是鞋匠；我造的皮鞋，比你的更好，所以我赚的钱比你多，比你快；而买鞋的，又享用到更好的鞋子。于是我更努力，制成更优质的鞋子，有更多盈利，消费者同时得到更好的商品。这不是某种形式的"公利"？但原动力是什么？是我的私心。我造品质较高的鞋子，目的在有更大的利润，本意不在服务社会；社会，却因我的自利追求而受益。那么私心，就并不必然是"不好"的，也可以带来

"好"的后果。这想法，在 17 世纪萌芽，18 世纪大盛。斯密的《国富论》[*The Wealth of Nations*，原译《原富》，原书 1776 年首版。] 就详论这个道理。书中著名段落谈到"无形手"的理论，说它指引人带出有利后果，却非人原先刻意要达到的。本意是自利追求，利他结果不是我要改良皮鞋的原意。

当然，这还得要有社会上各方面的配合才行。配合得宜，源自私心的派系问题也许可以化解。两百多年来，争论之声不绝。似乎这个利己原则，真能成事。观察世界，经济发达区域，都是容许私心——在一定法律条件下——发展的。本来用强制式指令经济的地区，一旦改为市场经济，无不蓬勃起来。市场经济，就是使人的"自利追求"可相互竞争的地方。那不是说，私心是完美的；而是说，在一定范围下，私心原则确可生效。当人将这个模式从经济领域应用到政治领域，人的富足与自由，得到空前的满足，远胜过去。这是近世有目共睹的事。

可是，私心有缺陷。私心互相竞争，也带来不良的后果。大家看到的，是个没有高贵形象的东西。正如亚氏说的：你得选择，因为人世状况并不完美。世上也没有完美的制度。发挥私心的积极效用，同时带来了低下与庸俗，说是代价也可以。人追求私利，往往超过公利，那很不好。现代人的挣扎，在怎样使私心能在"不害公利"的前提下发展，在要求自由与富足的同时，摒弃庸俗与卑鄙。人找到自我满足，却找不到崇高。因此人找寻不同的选择。

结果呢？现代人选择了一种制度，对不少人来说，它是更低下、更庸俗的，却打着"进步"的旗帜。要人人计划追求公利、抛弃私心，结果自由与富足都没有了。可见这个问题，没有好好解决，就算人享有了自由和富足，仍然不满自己的生活，正足以说明亚氏的高瞻：人要追求的，不只是能存活，而是要有美好的生活；物质的充裕，只是必备条件，但不是充分条件。

人人都喜爱美好的生活。美好的生活，要有一定的条件；一个吃不饱、穿不暖的社会，谈不上具备那样的条件。看来近代哲学家使"私心"从道德桎梏中释放出来，也不是没有好处；当然还得看人内在的克己功夫、外在的政经制度能否配合。但从此引申出的派系问题，古人早看得清楚。近代政治哲学接受派系，是经过两千年的理论探讨，有了准备功夫，才改变了传统；那并不是麦迪逊的发明。）

既然少数派系制定的法律，可能比多数派系制定的更差——尽管同是派系而来，那么多数统治，是否比少数统治为佳？亚氏接下来谈的，就在"肯定"这一点。他一开始就承认：那不是完美的；但相比之下，还是较为可取。说可取，当然得拿出某些论据。比如说，从整体角度看，大多数老百姓，具有良好的品质，例如多数人都不过分，都是正当人家，都有良好意愿等。这些，不见得就只有富人、贤人才有。多数人，也有他们踏实的美德。

千百年来，大家都认为，农夫（包括各类在田野工作的人），具有一种叫作"农德"的品质。比较城市人和乡下人，他们生活在两种不同的环境下，有怎样的区别？一般都能观察到，农民的生活，呈现出一种朴实的德性。他们耐劳勤奋，有某种勇气，某种活力，能应付不同的环境。环境的磨炼，使他们养成多种技能，否则不易生存。他们有很多植物的、动物的知识；绝对不像娇生惯养的都市人，四体不勤、五谷不分。那样练出来的生存能力不简单。就是近代务农的情况改变了，他们的技能才艺，令他们仍然能够好好地生存下来。这些，都是扎实的品德。长期以来，不分中外，国家需要军人时，首先想到的是农民。不光是因为他们人数多，还因为他们具备的品质（可见"屯田法"不无道理）——耐劳、勇敢、适应能力，等等。

这样看，亚氏认为多数人该有怎样的地位，并非出自他盲目的好感或讨好多数人。在古代农业社会，甚至是今天的社会，那朴实的品质，还可以在大多数人身上看到。合起来，他们比起少数人，绝不逊色。

那多数人的智慧呢？他们的判断力怎样？人能自由表达，自由选择，他会表现得有头脑吗？在很多民主国家，特别是在大选前，我们从电视机的镜头上都会见到不少访谈。众多个别的表现，多半无甚可观；不是答非所问，就是没有清楚的答案。谈不清楚者有之，糊涂含混者有之。个别来看，多是"无足道者"。可千千万万选民，就这样跑进票站；而从结果看，他们的选择，却也不见得是胡来的。

当然，不同社会有不同的选举程序，也有不少公民是"自我删除"的——例如不投票的一群。好些国家，像希腊、澳大利亚等，法律规定公民必须投票；土耳其的规则是，你这一回不投票，五年内你没有投票权。诸如此类。像美国一类国家，就没有规定。众多选举活动，多少反映了多数人的集体智慧。多数人固然会犯错，可少数人就不犯错了？就不见得多数人一定比少数人差劲。希特勒不必向任何人负责，他犯了不可宽恕的大错。赫鲁晓夫揭露的斯大林罪行，不也是后者的大错？不是只有多数人执政才犯错的。

亚氏的论述，在一定范围内，有它的道理。他说"整体地看""合起来看"，好像美德与智慧，有一定的分量，能够量度似的。读者总有点不太实在的感觉。在其他地方，比如他讨论个别的公义考虑，似乎按比例分配才恰当，用的是"数学式"的学说。这在《伦理学》里很清楚。但数学式的方法，并不能用到很多道德和政治的考虑上；这一点他十分清楚。个人的、团体的优点，不能准确地计算比较。说整体，说总和，只是比喻，不是可量度

271

的数量。

正因如此，他推许集体智慧，就像他在《伦理学》中相信舆论一般，认为多数人相信的，很接近真理。他在该书论方法学时，早提点我们，说要讨论伦理政治等事情，不能追求数学式的准确。用今天流行的术语说：你不能用"量化"方法去探讨。德性、智慧等品质，同样不能"量化"；严格来说，那是不能拿来做客观比较的。这样推想，我们会比较容易了解，他其实并不在说，多数人在任何情况下都优异，他们只是"较为"优异罢了。

先仔细看看他的一些例子。

办筵席燕客，是一人独力办较好，还是众人各自有不同贡献来办较好？亚氏选后者。筵席的质量，包括食物饮品等，丰富多彩会更佳，这不难想象。所谓"众擎易举，孤掌难鸣"（双吴本语），有点道理。这样的类比，可以举例示范，却并不能证明。很难把这种例子，用到多数人的德性与智慧上，说那一定是优于少数人的。就表面看，我们不难联想：多数人的长处"合起来"，胜过少数人的聪明才智。奇怪的是，这个"合起来"，是怎样一个"合"法？当然不是算术的加法。例如，一个人懂物理，另一个懂化学，又另一个懂生物学；拢在一道，就是自然科学的总体了。那是不是需要有人把他们拢起来？物理学家，是不是需要教导生物学者？他们不是都要向数学家学习吗？如果每一门知识都在某学者的脑中，那他们的脑袋，怎样才可以成为一个"整体的"科学脑袋？是不是该有某种意识、某种认知，是共通的，才能发挥这个"合起来"的效用？抑或你需要有智慧的人，能够把众人的智慧与美德凝聚起来，成为国家的"才德资源"？那是哪一种"加起来"，却不是算术？亚氏没有明确说出来；我们倒不能懒惰，得用自己的思考去想。

至于音乐与文学，亚氏的意思是这样的：多数人都不是艺术家，但只要你理解作品的一部分，我理解另一部分，那所有人的不同理解合起来，就是整体的理解了。不错，不同的人，固然可以是每个人懂艺术作品的一部分，但并不表示他们合成一组人，就能理解整个作品了。假定说，甲错解了一部分，乙错解了另一部分，全部合起来，也可以说是错解了整个作品。除非我们将每一个人的长处，与另一人的长处合并起来，又剔除了全部短处，那样形成的集体判断才是有智慧的；否则很难说，集体判断必然优胜。可亚氏没有这么做。他似乎相信，只要大家聚在一起，公开讨论后才下判断，就一定是优胜的。也许，这就是近代民主制度称为"讨论的制度"的起源。

集思广益，众志成城，我们已看作常识了。就像民谚说的：三个臭皮匠，胜过诸葛亮。当然并不是我们相信，三匠真能胜诸葛亮，而是大家明白多数合起来的力量。可是，在任何社会，多数人都是平庸之辈，缺乏少数人拥有的资源和精明；遇有细致精确的判断，需要专门才识的，就得让"精英"来处理；而牵涉大众福祉的，该有大体的判断时，集多数人意愿会较安全和合适。这一点亚氏看得清楚。他虽不像柏氏那样，根本瞧不起多数黎民百姓；但也相信，一般贩夫走卒，营营役役维生的人，多半是愚昧的，没有好的德性，也缺乏处理公共事务的才能。因此在高位的、行政部门的公职，平民个人不当出任；但立法部门的集体审议功能，选举和评议官员的职责，则他们当可胜任。司法部门的断讼、断狱，在古代希腊也是集体参与的，所以也该使人人有机会当"陪审员"。

官职，各有专司，数目相对少，多数人的优势，派不上用场。那么多数人就不可能垄断全部职位。如是，我们已开始见到混合型政体的影子。所以他说，政务执行，待专才的少数人处理，一般老百姓不胜任，就该去选举和监督、评估政务官员的成败。这

273

样两相结合，对国家有利。就像混上不精纯的食物，对人的健康来说，要比只吃精纯食物来得有益。在大家注重环保与营养的今天，这也说得过去。用糙米混着白米来吃，比起只吃白米来得健康。不同阶层的人合组的政体，强于只有一个阶层的。

为多数人从政辩护，亚氏有自己的道理，他也明白个中困难。例如，他不记名的引用苏氏的例子，说统治犹如医疗与航行。人有病，看大夫，大夫是医疗专家。人乘船，靠领航，领航是航海专家。言下之意，处理政事，要技术；技术，靠有训练、有经验的人才。精英，是少数的专家；他们懂。反对平民百姓参政的人，有他们的说法；也不是毫无道理。政府，尤其是要有特别技能的职位，更是需要某类专门人才：你总不能找个普通人，审计政府的财政预算。

然则只有医生才能判断医生的对错？只有懂政治艺术的人，才可评核当政者的是非？其他公民无缘置喙？亚氏不这样看。专家固然会懂，却不是只有专家才懂，也不必然只有专家才是最佳评判员。要盖房子，当然找建筑师；你当然承认建筑师有盖房子的能力。房子是好是不好，却是住户判断的；是否让人住得舒适，是住的人评论的。住户，不是专家。梯子，是木匠造的；是否坚固耐用，不是木匠判断的。谁决定一双鞋子的好与坏，是鞋匠还是穿鞋的人？所以亚氏引用宴会做例子：决定菜肴是否佳美的，不是厨师，是赴宴的一众食客；尽管食客其实不一定懂烧菜。

专家凭专门知识成事；用家凭一般常识断事。从政治层面说，执行政令，细致到位，需要精英人才；但定大方向，判断行政效果，却是多数人做得到的。精英是少数，可以制定专门的政策；真正感觉到政策的优劣，是多数的受众；所以说，个别的公民，才是政令好坏的判断者。这是个较好的论点：它把民主制与贤能制结合在一起，但保留了不太明显的分工。就是在普通的事情上，也屡见不爽：几个专家立下方案，缺点却让普通人用常识指出；固然是"三个臭皮匠"的道理了。西谚有言：一个委员会，要比最聪明的委员来得有智慧。集思广益为上。

刚才论集体智慧，亚氏用艺术作品做例子，说多数人合成的总量，一定不亚于少数专家。那是把经验的判断，当作实存的事来看。可这样看，说服力不强；你不容易论说，全体百姓合起来，他们的鉴赏力，就一定胜过少数艺术家。另一方面，如果政治决策影响公众，而公众，才最有条件判断他们该受怎样的影响，也就是最能判断、最直接感受到政策的好坏，那亚氏为多数人说话，就有力多了。但统观全书，亚氏却不见得是个民主政体论者；他只是觉得，让少数人掌控全部权力，很不安全；多数人的参与，就有点像某种制约力，起码可避免滥权。

〔吴寿彭的译本，在这些讨论前面，有这个注文："希腊著名学者对于政治大都崇尚贤良，亚氏从雅典的政治传统，为平民政体的多数原则辩护时，特多曲折。"（见吴君本卷三第十一章，第147页，注文〔1〕。）我们战国时代，诸说并行，处士横议，却未见类似论述。中外相异，有其源。〕

（用今天的事例看。英国的下议院〔有称英国国会的；"五四"时期称巴力门，当是 Parliament 的音译〕约可比拟。议员代表的，是大多数人；他们审核行政官员的要求与政绩，提出批评，并要各级官员向他们负责。议员不是专家，不会在细节上聒噪，也许更见基本。正因为不是专家，他们更可以放言高论，因为他们没有专家的偏见。而英国的选民所信托的，是议员的"常识"。这可说是非专家的多数用集体智慧判断专家少数的成例。）

从为多数人说话，亚氏的论题，又慢慢转向为法律说话。这立场他以前也表达过；在这里更进一步的，是为恰当的法律说话。他当然明白，这并不太有意义，这只告诉我们，仅有法制并不足够。徒法不足，因为法律是可以按利益立场定下的。所以恰当制定的法律，十分重要。何解？他说法律的制定，有不同的政体背景：民主政体会有利于多数穷人的法律，富权政体会设下有利于少数富人的规则。法律，是按政体而立的；所以原型的法律合理，变型的有偏差。到了这点上，他觉得他要回到哲学考量中，才可论述明白。

看来，亚氏到了这一点上，觉得有必要在另一个层面上探讨问题。他在这里提到哲学，特别是政治哲学，显然认为必须那样才可进入探讨。因为，如果法律按政体而立，政体要追求一定目标，那法律追求的目标，是什么？城邦追求的，是美好的国度；政体追求的，是人先能够存活，然后是美好的生活。人要活得高贵，活得有品格，人必须有机会"成德"。要成德，政体必须有公义的法律：仅有一套法律还不足够。法律有公义，政体才可以成为公义的政体。一谈公义——事物的恰当与否，就要回到平等与不平等的讨论上去。

一开始他就提到，《伦理学》中所论，是公义问题的哲学基础。（该书第五章就名"论公义"。）在那里，他清楚说明，什么叫"平等"和"不平等"。以"公义"为名目，给不一样的人分配同样的东西，那是不公义的；反之亦然。他的平等，是按比例分的，不是今天的平均主义。所以他在前面立论，说民主政体和富权政体，各行不完全的公义，正因为它们都用自己的一套涵盖所有人。它们都没有好好计量，谁该属"不平等"的。在这里论国体的时候，亚氏承接上文谈多数人与少数人，以及谁该当什么官职，而官职，是国体的法律界定的。法律是否公义，影响到官职安排是否恰当。他的答案是：那得看职位的本质是什么，也就是所追求的目的是什么。

他用笛师作例子。最佳的笛子当交给谁？当然是那个笛子吹得最好的，因为他最称职，也就是最符合笛师这个职位的本质。吹笛手很可能有其他缺点，比如其貌不扬，学问不深，等等；可亚氏说，尽管社会可能认为，相貌、学问等的价值比笛技要高，但在笛子吹奏上，他是最优秀的，故佳笛仍当归他。用今天的术语说，任何形式的判别——包括赏罚，都要有一套合理准则。比如说，你要雇用一个篮球手，你得找一个高大健壮、身手敏捷、投篮技佳的人；不符合条件的，你可以不考虑；但你不能雇用那球手，只因为他有钱，或出身好，或父亲是大官高干等；又或者，你不用他，并非他不行，而是他的种族、肤色、信仰你不喜欢。这样，唯一恰当的考虑，是称职，即选择有最佳能力去处理指定职务的人。能力，成了最高考虑。现代社会学家会说，那是"功能学派"背后的理论。现代经济学家会说，那是"效率学说"的主张：最佳的资源，该配给运用该资源最有效的人。

放在治理城邦的脉络上看。权力与荣誉，是要按着政体所追求的目的来分配的。目的是什么？不仅是能生存，更是要有美好的生活。美好的生活，是要化民成德。民主政体的特征是公民生而为自由人；富权政体的特征是公民富有。两者都是追求美好生活的必备条件，却不是充分条件。贤德之士，对那目的有贡献，他们主政，当能使其他公民成就德性。更重要的是，这少数人有才有德，本身就有助于满足美好生活的条件，因为他们已达到城邦的追求。他们做治人者，由于有才能，也由于能实现国家的目的。

可知官职分配，与"平等""不平等"的争辩，即什么条件下平等（或不平等）才是恰当的，有着莫大的关系。所以亚氏认为，那是个公义问题，也是个哲学问题。从国体上说，少数人与多数人，各自有论据。但少数的，不只是富人，也是贤能的人：在他为多数人说项时，他不可能没想到富者与贤者同样有理。所以在这里，他特别提到财富的考虑。他说国家需要纳税人；治理国家

277

的人，不能都是一穷二白的。说得是那么实在，那么理所当然，直像他在维护富权似的。为什么？

城邦要和外界贸易，需要船队，也需要舰队。谁来支付？庄严宏伟的殿堂庙宇，老百姓需要的，由谁来支付？他们有相当规模的剧团歌咏团，那是雅典人生活的一部分，谁来支付？就是在今天，如果一个国家希望人民有教养、有文化，它需要很多设施。设施，需要钱。现代社会，剧院、音乐厅、博物馆等，都是花费不菲的投资，都是无钱不行的。固然，现代社会用私人资源，也能解决一些困难；但公民训练，是整体要面对的。所以公共财政管理，是各国都需要的东西。钱从何来？钱往何去？已成为当今社会首要问题。说到底，是财富问题。那些小看金钱，认为它只是低俗之物，不明白它的实在用途的人，不会懂得怎样才能有美好的生活，也不懂治国。

那么在少数人的论据中，富权论者纵使是庸俗的，但也有其实质的、物质的、资源上的贡献；贤能论者纵使有点"不着边际"，但在文化、教育、成德上，也有助于达到目的。假如两者能并肩共进，固然理想；如果多数人能有机会取得两者之利，取得生命中较崇高的、较美丽的东西，那对整个国家的提升，有莫大的好处。

我们再次看到，自由、财富、才德（优异）"三剑合一"，似乎就接近亚氏的"理想国体"。我们同时见到，生而自由的公民是多数，拥有财富的是少数，可能来自任何一组的贤德之士，属不同类型的人，对国家有不同贡献。按照刚说过的分配功能原则，三类人都会参与在政体中，各司其职。那就一定是个混合政体。

这也是近代共和政体的起源。可近代共和政治的背景，和古代完全不同。古代并不认为人人都是自然而平等的；近代的起点正相反，以平等为重心。故近代分工，主权、政体、政府，清楚分开；古代相反，三者界线并不明朗。我们在前面解释过了。

城邦追求美好的生活、公义的生活，所以牵涉到平等的讨论。平等与不平等，在不同组别中，各有所本。多数人认为一平各事平，少数人以一不平事事不平，各有偏向。这点在几章前已提过，这里重提。刚提到任何城邦都需要财富，现在稍有补充。富人拥有较多土地，而土地，是要素。有土地，那是把身家性命押下去，因为土地是不能搬移的。可能因为"下的注"较大，亚氏说他们比较守信，会遵守契约承诺。富权者提要求，因为他们觉得他们的社会承担较多。

支持富权政体的人会说，设想治人者全是"一穷二白"的，会产生什么社会后果？就亚氏的经验来回答，会说他们将群起攻击有财富的。还有，就算决策鲁莽，他们何损之有？如果国家陷进困境，你会失去很多，那么你制定政策时，就会三思而行，慎重得多了。那，只因为你老不愿自招损失。没有这一层顾虑的人，他们"下的注"会少得多，也许就不那么慎重了。

话说回来。如果有财富的人认为，财富是当统治者的最高准则，那么最有财富的，就最有资格掌权了。一个最富的人，就最适合当领袖？那不可能。同样，贤能者也是少数人。他们有足够人数自成一国吗？看来没有。他们当政，能撑得起大局吗？未必；那会是不实际的想法。他们会为公利而行吗？或许，那倒是不明显的。这也包括了社会上有些人条件比较好，出身比较高贵，有点像今天所说的"世家"，古人叫"门第"。都是少数人。门第中最具名望者，就该执政？

从这条路子，很自然就会想到不是多数，也不是少数，而是一个人主政。说是"贤君之治"吧。假设城邦中真有那么一个人，与其他人相比，是才德皆上的。举国上下，无人能望其项背，独他巍巍在上。那他是高于法律、高于城邦的。亚氏自己在卷一已指出，有些人是高于城邦政治生活的，有些则相反。后者像野兽；他们不适合群体生活，也无法成为正当的公民。很难吸纳这类人进入政治圈。前者像"超人"；国人无与伦比，所以同样不适于政治圈。他在那里，没有进一步解释。现在看来，他指的，就是这个"人群中的神"。（这是直译。各译本相近。英文多是 a God among men。传统叫法会是"国之贤者""人中之圣"一类。）相比之下，这个人的眼光、智慧，是那么鹤立鸡群，那人人当听命于他了。

如是，他在政治上的才与德，都高于全国人，用法律套在他头上，就不妥当：他的智慧，胜过法律。把他牵在国家里，也几近荒谬，因为他一个人足可达自给自足的独立境界，而其他人等合起来，也达不到。遇到这么一个人，亚氏认为城邦只有两个选择：一是放逐他，一是让他做全权的统治者。在考虑两个选择以前，我们要先看看，怎样去理解这个"神"。

一个那么绝对的统治者，亚氏说他具备了政治才能与德性。什么叫政治才能？他没有界定。推想那是指知识上与物质上的条件，而那条件之所以"无与伦比"，是因为国人都不及他。那是他和其他人的比较。比较，是相对的；事物要能相比较，要有同一尺度，又或者，属同一东西的不同部分，可以经比较定出两者孰大孰小，抑或相等。这是一种平等与不平等的关系。如果两者的"才具"可化成某种比例，你才可以说，他们是算术上或比例上平等的。如果某人的条件，根本无法和他人相比，那平等因素没有了，你也不能期望他与别人"共同治理"了。甚至可以说，他并不"属于"这个城邦。

他的能力，远超一般凡夫俗子，那是指他与百姓相比对来说的，不是指他必然具有优异超凡的智慧、绝不腐败的操守等内在美德；而统治者的内在美德，对亚氏犹如对乃师柏氏，十分重要。

280

稍后亚氏论法治何以必需时，大家会看得更清楚。正因为人会腐败，人会跌倒，而统治者的腐败跌倒，会有可怕的后果，所以人要法律来保障：绝对统治者不可靠，除非他不会犯错。但在这里，亚氏并没有提到，那人具备如斯的内在美德。说他智慧胜过法律，也许是指他制定法律，使人人遵守，而他自己不是按既定法律行事而已。

这样，说他是"人中之神"，是种比较的说法，表示出他和众人的差距，倒不是说他有"神"的能力。假如他手下万民，都是野蛮嗜血族类，那他就算贪婪无知，也比他人高出多了。把这个放在当时雅典的脉络下看，希腊人自认优于其他民族，他们相互是平等的。要在那样的人中间做绝对的统治者，你必须具有绝对高尚的内在美德。除非有人真像个神，否则这实在不可能。

亚氏会不会属意这样的治人者？他没有说。也许会，也许不会；不过他跟着指出的是，即使有那样的人物，也会对城邦构成威胁；而城邦一般的做法，是流放他。特别是在雅典，众人把他的名字，写在碎陶片上，在城中四处摆放；他就得被放逐。（放逐，英文的 ostracism，源自希腊文的 *ostrakon*，意指陶片，给人用作"投票"的。古代这又叫"陶片放逐法"。）出类拔萃的人，被视作城邦的威胁，尤其是在民主政体的城邦。当人人认为相互平等，有人却高高在上，居高临下，多数人难以接受，怕受统驭失掉自由。在当时，雅典名人阿尔西比亚德就是一例：他初受欢迎，后被放逐，正因大家担心他会视城邦为己有。这又不是民主政体的"专利"，其他政体也有同一做法，甚至原型的也不例外。

不仅在古代，就是近代社会，也有相似情况。美国南北战争后，有修正派的历史学家认为，有雄图野心的领袖，往往有非凡之举。林肯总统就是一例。他们说，内战是可以避免的；那全是林肯的计划，用来实现他的野心。他的能力和志气太大了，他要重构整个国家。也许他觉得，《独立宣言》中没有解决的问题——奴隶制度，始终要了断。那几乎等于重建美国。在当时的政体下，不少人受不了，说他是在危害国家。

不论古今，一个不同凡响的政治领袖，都会引起人们的疑忌不安。这跟政体性质没有什么关系。亚氏举的例子，在说明人的心理追求是均匀匹配。人物画中的人像，身体某一部分太特出，不管它本身有多美好，也会破坏整体的和谐；船匠造船，船头过大，不论匠工多巧，也会破坏船的运作。这些固然是比喻，但道理浅显明白。

可是，道理上说，理想型的政体，或者说一个追求优异的政府，断不能把优异的人赶走——姑勿论他是品格上、家世上，还是财富上的优异过人。这些人对国家的贡献很多，没有理由因忌才而放逐。那么余下的选择，就是让那异常脱俗的人当统治者，大家俯首帖耳，听他的。前提当然是：如果真有那样的"人中之神"。（后世论者，都曾提问：亚氏心目中，有没有那样的人？会不会是他的学生——马其顿帝国的君主，雄才大略的亚历山大大帝？看来不会。先不说亚氏在作品中，从没有提起过；就是德性要求吧，此君也不能符合亚氏的标准。）

〔先秦儒的教诲，谓古昔圣贤一直都有；尧舜禹汤，都是一脉相承的圣王；文武成王周公，也是孔子推许的给后世制礼作乐、教化万民的人中之圣。春秋以后，圣人隐，才出现了诸多问题。历来述中国历史，都这样开始；却从没有怀疑过，那说法是否能成立。古代西方看待这个问题，带着怀疑的口吻，总是说"假如有这么一个……"。古代中国谈到同一问题，看作理所当然。〕

既然谈到一个人做主，很自然，他跟着讨论了几种帝制的形态；除了有君主型与暴君型以外，还有一些介乎两者之间的。相比于富权和民主两类政体，亚氏花在帝制上的笔墨，实在很少。

这反映了他对一长制的兴趣不大，更反映了该制并不普遍。大体上说，他提过君主制是自由的统治，是君主为了子民福祉来施政，像父亲对儿子一般。暴君制是专制统治，是主子为了一己利益去立法，像主人对奴隶一般。君主的臣民，心悦诚服；暴君的百姓，怨声载道；所以君主用民兵，暴君用雇佣兵。

简单地说，亚氏唾弃暴君政体。但他虽然对绝对统治讨论不多，却也没有盲目地不加思考。不论君王性质，一个拥有全权的统治者，可凭着一己判断定策，不必受法律约束。他固然可以运用法律，来达到社会控制的目的——只要他本人是高于法律的，能够随时更改法律的，就足够了。所以亚氏在接下来一节的论述中，首先提问的，就是贤君之治与良法之治，孰者为佳？稍稍换个角度，这等于问，在何等情况下，可以为绝对统治辩解？

也许是要引导读者进入他的法治观，亚氏就从人治观入手，不点名地用上柏氏的理论。例子是这样的。政治，是门艺术。一个艺术家，若受到诸多条例约束，不能随意发挥，他的艺术品一定失色。柏氏在《政治家篇》中，认为贤人之治高于良法之治。法，必然是普遍的，否则无法平等应用。人际事物，变化多端，而划一的法，不可能每个情况都应付裕如。一个有知识、懂管治艺术的统治者，犹如大国手，能在不同条件下，医治不同的病人。没有人会认为，他曾开过的药方，必须重开，不能改变。同样，理想型的政治家，也必不能受制于既定的法律。因此最优秀的政体，就是让有能的贤君来治国，而他是不受法律条文阻手碍脚的。

不过，在晚年作品《法律篇》中，柏氏又修正了自己的理论。他仍然认定，让最有智慧的贤者来统治，是最理想的。但那样的政治家，可遇不可求，绝对罕有。很多情况下，统治者都没有那崇高的条件，那么用法治就来得稳妥多了。道理和亚氏说的相近：一般人当政，多不为公利而求自利。与其赋予普通人无限权力去施政，倒不如使他们有法可循较为安全。所以柏氏的结论是，法治国家是次优选择，不是最佳的；最佳的，人间难求。

亚氏并不反对柏氏让贤君"因事制宜"的手段，起码理论上他是同意的。但他反问：该让一人来判断，还是让众人来判断？他的答案是众人。个别的人——只要你是个人，总会或多或少受情绪左右，破坏了冷静、理智、客观。而多数人一起动怒，同时失掉理性，他认为较不容易发生。亚氏对多数人的信任，似乎相当乐观。同样，他认为一个人软弱、腐败，比较容易；使多数人同时腐败，比较不易。这样推断，果真遇上法律不能好好解决的事，使一众贤德之士——纵然只是少数——处理，就胜过只有一个统治者去面对。如是，贤能制就比君主制更可取了。

或者，正因如此，贤能政体很早就取代了君主政体。尽管亚氏提出了人所称道的斯巴达，他也不见得很欣赏。真正的君主政体，属于远古时代；那是希腊历史，也是四方蛮族的历史，并不适合亚氏所处的时代。所以他自己觉得，因为人口的增长，民主政体几乎成了唯一的选择。这意味着：我们不可能再"复古"。

还有，一长制——说帝制吧，不论贤君暴君，都用承继来传位。怎样保证继位的储君，具有同样的才能品德？如果他是庸碌辈，就会对国家不利。固然有人会说，王位可用传贤不传子的办法，也就是我国古代所谓的"禅让制度"。亚氏不相信这很容易做到；他冷静地告诉大家：这种要求实在过分，是人性难达的；所谓"过以圣贤期人"者。结果就是帝王要有常备军，要靠武力来维持整体运作。谁也不能担保，有了武力，他不会滥权。

贤君和良法的讨论，似乎可告一段落了。但亚氏并没有停下来，还要反复论说，除了人治法治以外，又加进了君主（一人）与民主（众人）孰为有利的议题。在接下来一节中，他一开始就阐明，君主就像一个领袖，一个拥有绝对能力的领袖；这与城邦立国概念不符。国家，是众多平等的公民组成的。公民，生而自由，具有平等的特性，所以每个人都有均等机会当治人者；必须有职位轮替，才符合公义原则。因为大家要求"瓜代有期，利益均沾"。一旦有轮替制度，你就需要法律来调配某种机制。法制一定先行。如果在法律旁边，要有人执行，那执行者只能是个法律的监护人，或者说制度的忠实仆人。他不能独凭己意，更改既有的法律。

刚说过，法律是普遍原则，但不可能顾全千变万化的世事，在诸多具体细节上，要靠有才德的君主来补足。这是帝制论者的论点。法治论者认为，人人都该服膺于理性而非七情六欲，做行事的准则。理性指导人追求美善和公利，人欲只追求一己之私。如果人皆依理性而行，则理性当统驭所有人，包括统治者。那么举国最高的权力，当在无私欲的、不受情绪影响的理性。但即便是贤君也是人，也有人性的弱点。"盖以利欲之驱人，犹如野兽之难以就范；治者之心理，苟一涉情感作用，则必至使仁者暴，智者愚，公正者偏颇，廉介者贪鄙，生心害政，事有必至者；虽为一流之贤者，亦有所不得免焉"（双吴本语）。而免除一切七情六欲影响的，是法律。所以法律才当是国家最高权力所在。

大夫治病，在疗病者，换取诊金。他没有动机要伤害求诊者。你不必规范他，你通常信任他的职守，因为那不牵涉私人动机。一个医生，如果认为自己断症有偏差，特别是自己有病时，会寻求另一个医生给自己开诊下药。统治者不然；他会有个人动机。他有私利考虑，那和公职要求会不合。对老百姓来说，无法保证责任感一定胜过自利心理。正因为人皆有错，圣贤不免。既知统治者总会在某些事上"失足"，可大家又不可能预见那是何事，唯一的办法，就是树立一个不偏不倚的中立权威——法律，来处理一切事情。

退一步说。假如从帝制论者的角度说，法律条文（成文法）是死的，君主是活的，故贤君的弹性考虑，可补法律不能巨细无遗之不足。亚氏认为，合理的社会运作，不能仅靠成文法；还有不成文法——今天叫习惯法，它要比成文法更有效。他何以在这里加进这一点，我们不知道；但他用的字眼，是 *nomos*（通常指法律，但也指规范，一切人为的东西，尤其是习惯、伦理等。我们在上面解释过了）。在古代哲学家眼中，包括柏氏亚氏两师徒，创立城邦的人，都是伟大的立法者，尤以梭伦（雅典的奠立者）和吕库古（斯巴达的奠立者）为典范。他们定下的典章文物，后世称羡。亚氏尤其称道伦理习惯。在《伦理学》一书中，他花了偌大的篇幅来说明习惯培养的重要性。守法精神，是习惯培养出来的；成文法，是习惯法孕育出来的。一个国家，有没有好的目标，人民是否相互有情谊，大家会不会追求美好的生活，全是习惯积累的成果。所以他在这里说，习惯法所涉者，乃崇高之事物（英译本多作 "deal with more sovereign matters"，"concerned with higher things" 等；中译本多作 "更为重要的事"，"较重大之问题" 等。亚氏原意是指崇高的、高贵的事）。也就是说，纵是贤君，用智虑补成文法之不足，也还得凭借伦理习惯的精神来行事。

本节最后，亚氏又回到集腋成裘、众志成城的说法上。君主之治，有其优点。一个人看事，有较平和的气氛，能站在社会争斗的尘埃之上，不受派别相拼的影响。他可能看得较清楚，听理性的声音较容易入耳。但他只是个人，不可能 "独理万机"（吴君本语）。他有没有眼睛去看整体，耳朵去听一切，很成疑问。也许，问题不一定在于他的私利之见，而在于他的无知。如果法律会生漏洞，需要人的智慧去填补，那么一人的智慧，不及众人的智慧。（这我们在上面谈过了。）两双眼睛看到的，比一双要多；众多眼睛看到的，又要比两双多。要集思广益，用最广博的基础去审理政策，只有决于公论为上。亚氏问：一个贤君，也要靠亲人朋友之助吧？如果他采纳那些人的意见，那表示他们并不亚于做统治者的。也就是说，一人之治，往往是众人之治。何况，在城邦，人人是平等的？

在卷三最后部分，亚氏重新提起原先的假设：如果真有那么一个超凡入圣的人，那就叫他做"真命天子"吧。这有点奇怪，他明明在这长长一卷中，反复论述了各类制度；我们得出的印象，是法高于人，多数优于少数。就在上节也能看到，他认为多数制是今后大势，不会走回头路的；那为什么再谈帝制？那反映了什么？

良法胜于贤君。可欧洲政法制度的演变，长期在帝君体制与宪政体制间徘徊。（这是所谓 Caesarism *vs.* Constitutionalism 的问题。）你要有一套客观的、不涉个人利益的法治制度。但法律相对没有弹性，有时无法兼顾全面，有事时不一定能应急；所以你需要有贤能的领袖，因时制宜、因事制宜，可快速应付紧急事故与可能无辜受损的人。到今天，法官可行使酌情权，就是两者兼顾的明例。这是一个考虑。

亚氏倾向属意某类型的民主制，认为多数统治较妥。可他并不是"一面倒"的。柏氏在《法律篇》中说，君主制与民主制，是一切政体的两个"乳娘"。亚氏有多少这种想法，我们不得而知。从哲学家的角度看，他固然会希望统治者是有智慧的；但他并没有柏氏那么极端的想法。那么他心目中，是否真有那么一个精彩的领袖，是文武双全，是自足的，所以也是高于其他民众的？如果该人没有哲学智慧，他起码接近那样的智慧，起码不排斥它的？（在亚氏之前，雅典人的领袖伯里克利，可算是个出类拔萃的模范；是否符合"人中之神"那么高的要求，亚氏没有说。）这个人，不会是个有绝顶智慧的君王。最佳的君主政体，在上古时代；柏氏和亚氏都觉得，上古时代是没有哲学的，因为哲学

287

的生成，有赖文明的滋养，而到了亚氏的时代，离上古已远了。君主的城邦与智慧的城邦，是不同时代的产物。但文明的城邦，却不一定喜爱哲学智慧，而往往认为哲学是有害的东西。可见民主的城邦，和哲学，常常是对立的。苏氏之死是个典型例子。那么从哲学的观点说，多数统治也并不就是好的，因为多数人都未必是君子，可以接受智者的批评。而君子，在任何社会，都是少数。

合起来，我们可以明白，何以亚氏选择的是某种类型的混合政体。我们也可以明白，为什么到了最后，他重述了三种原型的统治方式：一个人的、少数人的、多数人的。同时他强调了一点：每一类政体下面，都自然而然地有某种品格（也可说气质，或者说国民性）的人民和它配合起来。好比说，如果一国之民都敬重贤者，那君子主政就十分自然了。

那么，如果帝王是君子，帝王与臣民的关系，也没有违反自然。他在卷一已说过，统治方式有平等的，有上下的，主人奴隶的形式属后者。所以亚氏只强调君主须以百姓福祉为依归，又他必须比所有人都优秀。如果问，百姓中是否有一人（或一家），其才德是出类拔萃的？若然，君主制最自然。是否有少数贤能之士，发号施令而人民心悦诚服地接受的？若然，那贤能制最合适。是否人人自视生而自由，大家要求政治平等的？若然，只有采民主制。至于前面提到的"人中之神"——假如真有这样出众的人，那品格才能在一人身上彰显或有可能，然而不大可能是众人皆有的特质。

这么说，亚氏的理论，并不支持任何一种绝对的统治原则；他并不毫无保留地称赞某一种政体。他甚至好像在告诉大家，最终决定采何种政体的，不是政体的原则，而是人民的素养和品格。不同品格的百姓，会产生不一样的政体。像我们今天说的：有怎样的人民，就有怎样的国家。柏氏也有近似的观点。他看不起民主制，认为多数人都是放纵的乌合之众。亚氏比较能看到多数人的长处；虽然，如果一国的百姓都崇拜权威，都认定天无二主、人无二君，那他们很自然会采纳某种一长制。否则就不会。

如果我们做一个全面的总结，我们可以这样说：亚氏给大家看到各种制度的优点缺点，世间并没有完美无瑕的政治。既然国家是个团体，这个团体由不同的，又是平等的公民组成——这概念在亚氏学说中相当清楚；那么最合逻辑的结论是，他不会支持一长制，而倾向法治与公民轮番而治。

当然，我们知道，性格、气质是可以升华或堕落的，是可以改变的——尽管那需要很长的时间。要那样做，你需要有英明超卓的领袖，带领国人向共同目标前进。若没有那样的"英雄"呢？这是近代社会一个不易解决的难题。比如说，一个专制独裁的国家，大家受够了。有识之士提出要改革，要"新民"，结果发觉传统根深蒂固，很难动它。

假定我们的总结还算合理，那么亚氏的例子，说多数人与一个人相比，较不容易腐败，是否是他看不到多数人的弱点？应该不是。他当然明白，多数人同样会堕落；多数人同样会为了眼前的短线利益，放弃国家的长远利益；多数人也会给一些能言善辩的政客游说，放弃了该守的原则；多数人也为了自己的私利，置公利于不顾；多数人会浪费资源，把负担转移到其他人头上；等等。不必等到 20 世纪，亚氏本人的时代，他都看到了。但他仍然觉得，多数统治较稳妥，仍然相信老百姓的品德。柏氏是放弃了，认为多数统治不济事，宁取理想型的贤能政治与理想型的君主制。亚氏不同。

亚氏固然也称道贤能政体，可他的自然哲学，使他看到万事都有好的一面。老百姓，农民，都有他们的德性和优点。多数统治，在他的时代，是个现实；他能够从现实中，寻找到理想的意义。他把现实的观察，提升到理想的层面。所以他强调，政治家的责任，在教民成德。人民成德，则人民也可做统治者；那么治人者与治于人者，是轮番交替的。他也是个保守的改革者，不认为你可以一步登天；所以他的理论，不容许他从现实立刻跨进理想。他审视了各邦的不同国情，下了判断，定了价值所在，然后提出良方。这是他的哲学步骤，也因为他对既存的人事和制度的尊重，使他的目的论注重发展层次：就像自然界的万物生长，都是一步一步，有过程的。从乐观的角度看，他判断事物，不只看事实是怎样，更要看可能成为怎样。

在完卷的时候，他告诉读者：如果方法对头，那你用来训练百姓、培养百姓习惯——化民成德的东西，同样可用在训练治国者身上。在《伦理学》一书中，亚氏的整个重心，在"培养习惯"。习惯，是人的"第二本性"；像我们说的，"习惯成自然"。那差不多是立国的基础。那基础，是所有"立法者"的重任：你要使政治上轨道，有进步，你就得好好教育你的百姓。立法的根基在于良好的教育。你可以说，柏氏和亚氏的哲学都是"教育哲学"。在古代哲学家眼中，教育是最重要的。

本书最后两卷，就是谈国家教育的。在那论述之前，他要先谈国家。有了公民，有了国体，你要从现实步向理想，会遇到什么困难？可以怎样克服？不同类型的政体，怎样可以做到最好？

混合政体与中庸政治

从这里开始，跟着的卷四、卷五、卷六三卷，有点像另一种论述似的。他的讨论纲领，大致如下。他问：在各类政体中，六种基本形态下面，有没有不同变化？如果有，有多少种类？理想政体以外，在一般情况下，什么政体是最好的？是大家能企及的？其他较次等的，又如何能适合不同品性的人民？各等政体，该怎样组织起来——立法、司法、行政的分工，该怎样发挥？（以上属卷四。）什么是引致政体出现动荡的成因？是否必然出现革命？如果是，可以怎样防范？（以上属卷五。）怎样才能补救各政体的弱点？甚至重新建立可行的制度，从而使现存体制站得较稳？（以上属卷六。）

大家一定觉得奇怪：是亚氏的笔锋改了，还是他整个取向改了？他不是带着读者，从道德哲学角度看人、看自然、看社会吗？怎么现在像个近世经验学派的政治学者，提出好像是很不一样的论题？不熟悉亚氏作品的人，有这疑问很合理。到目前为止，我们看到的，是他强调的美德；在《政治学》一书中，他把德性提到很高的层次，尤其在讨论美好生活的时候；而美好生活，他说是国家目标，也就是政治追求的鹄的。但《伦理学》，不正是教人怎样培养良好习惯，成就道德行为的？他是把该书的重点，搬到本书来了，要大家看"德性政治"？[1]

可亚氏确曾强调德性。他认为人的群性，是维系群体（社会）的黏合剂；政治生活必须有它，因为政治生活，并不只是使人能存活，而是要人能有美好的生活。对于美好的生活，你可以不爱它的后果，你可以不喜欢它的前提，但你不会笼统地排斥它。就算你是个极端的实证论者——你不取任何应然的命题，你也不会说你只顾保存性命，毫不理会生活有没有素质。就此来说，亚氏的教导，不见得是什么卓见。问题是：美好的生活，有德的生活，可以推到多远？可以把"成德"看作多坚硬的教条？历来不少人相信，亚氏是个成德的"教条主义者"，只懂一味追求美好生活而罔顾现实。

对这类读者来说，卷四是个"清凉剂"。我们会看到，亚氏论政体追求美德，有多教条，有多盲目和执着。他是个道德哲学家，认定德性当追求，那毫无疑问。但在全盘考虑时，在细察到不同政治环境底下、各自的取向有多可行时，他明白"人的计算"，因而"降低"了要求，没有唯德独尊的味道，就很有意思。到最后，他仍是会认为，美德是值得追求的，是政治上需要的，那是政治生活本质的一环，但不是唯一的一环。他使我们见到优与劣，崇高与卑下，告诉我们何等是好、何等为坏；同时，在实际的政治条件下，不武断、不教条。当他说有德的政体是可敬的、值得大家仿效的，有远见的政治家应用"成德"作为国家教育的目标时，又清楚地明白，那也许是可望而不可即的。人的政治生活，也许不能达到"人君行王道施仁政"的理想境界。任何人稍懂政治生活、稍懂历史的，都会明白：有德的政体，古今难求。

---

[1] 今天，这个"××政治"的说法，是滥用了。我们听到什么"办公室政治""学校政治""医院政治"，还有其他的。好像任何牵涉人事的，都叫"政治"。

　　　　※　　　　　　　　　※　　　　　　　　　※

　　美德，今天英文用 virtue；词是从拉丁文的 *vir* 来的，原义指人，或男人，又专指武士，或军人。说有勇气的士兵吧。到今天，西方人的历史书上，多称颂罗马共和时期的辉煌，说那时的罗马人是 virtuous Romans。那表示什么？罗马共和是个怎样的政体？那是个帝国型、扩张型的政体，是军事型的。民风强悍，人人愿受训从军。他们南征北讨，是上等战士；处处表现出力量、勇气、纪律。可以说，那是武德的最高表现，是古代人称许的"公民美德"。在今天，看得较全面的话，我们就未必会那么毫无保留地赞许了，也不会觉得它很全面。不是说要"全人发展"吗？仅有"武"德不足够，你也要有"文"德。比如说，一个全面发展的国家公民，除了能执干戈以卫社稷以外，还要彬文、有学养、懂一点文学艺术、对"美"有追求。否则，只识弯弓射大雕，怎算是"全人"？

　　可见武德是较刚性的，文德较柔性；两者都很重要。拿可见的例子来比较，最易见的，也许就是雅典与罗马。看看共和时期的罗马。不必到恺撒大帝时代，就是较早的、较有朝气的年代吧，罗马除了兵团威名远播外，有什么柔性德性？他们有后世称颂的文学、诗歌、哲学、建筑的作品传世吗？

　　我们论政体的美德时，其实是颇复杂的。很多时候，强调了一方面，就忽略了另一面；而美好的政体，是要刚柔并济、双管同进的。如果在某一政体中，两类德性同受重视，人民刚毅，勇敢，守法，愿意牺牲；同时又不奴性，诚实而不自卑，有教养，待人平等，明白文学、音乐、建筑、绘画等对人灵性的作用，岂不甚好？也就是说，如果一个国家，它的政体鼓励人走向"文武双全"，会不会就是人人梦寐以求的情况？

看似确实如此。一个真正有德的政体，会这样考虑；但我们对那美好的追求，同样得脚踏实地前行，期望不能放得太高，因为现实条件并非全然有利。简言之，这是亚氏的教诲：美好的愿景，谦和的期盼。他倒不是叫人不进取，要被动；那不可能，也不是他的风格。每有比较，他都不忘告诉读者高下有分，善恶有别。读下去，人人都会发觉，亚氏的过人之处，正在于强调好坏之分时，并不把他的"价值观"强加于人；毫无教条气味。他以清醒的头脑，带我们看"实际"，要我们明白，人有局限；而人的局限所成者，不会完美。此所以我们既要"向上"，也要"留有余地"。卷四，就像给我们看到一幅"全相"，各色各样的可能政体，谁优谁劣。同时，在展示不同类别后，他最后回到了一种混合型政体，也许是他能够想到的最佳作品，但绝不是完美作品。人做到最好的，还达不到完美，那人就要知道，追求的时候，要克己，要不使情意欲望泛滥。这教训，不是教条主义者所有的。

　　回顾一下。假定我们要选一位导师，一位可以在政治上指导我们的；假定说，我们选了苏氏；那我们会看到，他的训练是多么有技巧。你停了下来，缺乏进取吗？他会推你一把；你步履踉跄，跑得过急吗？他会拉你一把。他的智慧，足够审时度势，能宽严适度。我们聪明的话，当求教于这样一位老师吧？那智慧与气质，不只苏氏为然，亚氏亦莫不然。这是说，古代政治哲学的特质，是着重用思辨来追寻政治智慧。在道德判断上，他们总不含糊，总令你看到不同等级、不同层次的比较。可同时不走极端，不用教条——不论左的还是右的。今人看问题，多用意识形态；往往给冲昏了头脑，不冷静。古人的方法较可取：教导大家明白善恶，却避免使人"狂热"，那是不容易又可敬的努力。值得称道，因为我们看到，在近代的政治教诲中，多数人都没有了那份克制。

当然，说善恶、说克制，主要是针对人来说的，也就是统治者当具备的智慧与修养。统治者也是人，也有人的弱点，如果不断追求扬善而不去防恶，那也不行。防恶，不能只靠人，要靠制度。这一点亚氏早想到了。稍后就会见到，为什么制度设计是那么重要。需要制度，因为政治现实并不那么美丽。在上卷论绝对公义和政治公义的比较时，他已透露了这重点，让读者进一步去想、去判别。这不是犬儒行为；这是因为政治的本质，使人必须同时正视两端，使人认识到政治和公义，政治和德性之间，长存一紧张状态。假如没看到这是个长期困扰的问题，我们很容易会附于其一。我们会过度热衷于追求美德，在面对实际情况时可能完全无助；又或者成为堕落的犬儒，说政治生活无所谓善恶，人人但营金钱、权力、影响、私利，等等。两者皆乏节制，皆不可取。假如我们连这个反省能力都没有，我们根本没有资格在公众生活上"指指点点"。

※　　　　　※　　　　　　　　　※

进入卷四，大家会看到，前述的节制，是怎样派上用场的；同时，他在探讨不同政体时，有他一贯的作风，告诉大家孰优孰劣——不是凭想象，而是据观察所得，知各运作方式的长处短处。这样，他使我们看到，何以各政体会形成独特的类型。接下去，他要开列出不同政体兴衰之由，何以垮，何以能维持于不坠。一个政治理论家，怎样可以伸出援手，助政体巩固根基。尝试协助改革，无分类型，也许是政治哲学家所能发挥的极致了。

体操，是亚氏一开始引用的比喻。体操需要训练，做教练的在训练人时，得按体质而行。体质，因人而异，不是人人都有上佳体能，因此各自表现不一。政体，也是一样。条件好的，很特出；但条件，是要适应的。他不只要知道，在一定环境下，怎样做到最好；有没有可能有一些类型，是人人都可接受的？如果有，我们能否设计出这样一种政体，并使之不坠？这是个广阔的研究项目，而亚氏觉得，没有前人尝试过开路。这是静静地批评了柏氏。前贤的努力，只在追寻某理想型的国家；亚氏所做的，更持平，因为他把实际形态一并考虑。研究现存的体制，找出维持它、改进它的办法，就是他的"政治科学"。那是比较技术的、实效的考虑，与侧重道德论说、理论思考有所不同。所以他展示的，包括那些变型的、他自己并不满意的政体。

他批评一些希腊城邦，说它们都希望学效斯巴达；但斯巴达是个怎样的政体，它们并不很认识。亚氏自己的理论，是把各体分类研究，先有原型变型，下又各分三款，三款又各有性质和变化。但万变不离其宗：一切城邦、一切政体，都是某一种整合，也就是说，它是不同部分组成的；每一部分，犹如组合物的一个元素。整合来看，任何政体，都具备某些基本元素。例如，财富是个元素：城邦中人各司其事，各有不同利益。总有人较他人富裕，这就形成了财富不一的阶级。家世是个元素：你属自由公民还是奴隶？是传统世家还是新移民？普通百姓还是祖先显赫的后人，所以有地位名望？（中国历史上称"门第"。今天用词比较平和，叫"良好家庭背景出身"，其实门第的影子仍在，大家也知道何谓"家世"。）品格是个元素：人有优劣，古人所谓"有贤有不肖"。品格，不全属后天塑造，否则人人受教育，社会何有犯罪？有人对邻居友善，有人非是。善与不善，很多时候是道德问题。任何社会，贤德者都是少数；固然，贤德之人，可来自平民百姓，富者贫者，王侯将相；不论背景，人数都不多。证诸事实，古今中外皆然。

这些元素，在任何政体都可见，不论原型变型，少数多数。

按亚氏的次序，原型中的君主制与贤能制，道理上是最好的，只是世间难寻；这他说已谈过。这个"已谈过"，引起了后世不少争论。在卷四一开始他这样说，是否指在卷三中约略论过的贤能政体？是否指在七、八两卷讨论的理想政体？若然，那两卷该放在本卷前：好些编亚氏书的学者，持此见解；我们在"导言二"中解释过了。有没有可能，他在指书中某些章节，见于早期版本，今已失传，所以我们无缘读到？

严格地说，这等疑问没有肯定的答案。不过，我们倒可以说，亚氏本人并没有一个"一以贯之"的看法，尽管那是他最推崇的政体。他也没有规定，贤能之士必须用政治统治方式，还是主仆统治方式；看来都可以，只要治人者是贤能的人。七、八两卷所描绘的理想城邦，虽没有明言，却很可以算在贤能政体中，因为统治者具有贤能元素。也不必因此而更动各卷次序。卷三所提到的，只可概括。也许更不必假定有佚卷。从现在开始，我们会更多地见到"所谓的贤能政体"。纯粹说贤能政体，是指治人者皆从贤德角度考虑，其他不与。所谓的贤能政体，是指治人者的条件，包括了贤德的元素，但并非唯一元素。例如，你可以有贤德和自由人身份，或贤德和富人身份，甚或贤德、富裕、自由人三者皆有，等等。

亚氏重述原型变型各三类。带过了原型的前两类，他暂时不谈最后一类的混合政体，稍后他要详论。变型中最劣的是暴君政体，其次是富权政体，民主政体是"最不那么糟"的，"比较能容忍的"。如此排列，因为变型是原型的逆反式：原型的君主政体最优，反过来就是变型的暴君政体最劣了。逻辑上，这跟柏氏在《政治家篇》中所列近似；虽然，柏氏的论说，远不及亚氏来得细致。本来，就特征来说，暴君政体不一定是最劣的，因为极端自私、无法无天这类因子，在极端富权制与极端民主制的统治阶级中同样可见。不过，古代希腊人的想法，认定暴君政体无可救药，与公义政府背道而驰；他们众口一词咬定，暴君乃至不堪者，无可容忍。亚氏认为暴君政体最劣的论据则是，它包含了富权和民主两大类政体的弊端，又同时攻击穷人富人。那么说暴君政体属最劣的，也可以成立。

（一）多数与少数

要检视各政体，亚氏固然明白，三原型三变型，只是个范式，下面还可以衍生诸多变化。但他收集了一百多个城邦的政制资料，发觉到大多数城邦的分野，集中在多数少数的歧异上。富权政体与民主政体的差异，以及差异带出的后果，就成了他研究的重心。这两类型不断出现，到全书完卷都一样。早前说过，亚氏的民主，不仅是多数人当治人者，而是他们主要是穷人。（今天叫低下阶层或草根阶层。）富权政体当政者，不仅是少数人，更是少数富有人士。这个说法，到今天，还有着回响。他的初步结论是：少数统治的国家，比较倾向专权的、刚性的政治；多数统治的国家，倾向宽容的、柔性的政治。何解？

这跟当时社会状况很有关系。在古代希腊，每有战端，人民从军，装备自携。国家并不提供武器。家境较差的，自然就没有好的配备。苏氏另一名徒色诺芬在名著《居鲁士的教育》中，就谈到自己怎样改造波斯的军队。小居鲁士王子知道，要有作为，必须改革军队。当时，他只有很少装甲兵，因为只有条件不错的家庭，才买得起那种装备，包括日后发展的骑兵。色诺芬受雇于波斯王子，一项任务就是军事改革，助主子建立骑兵，扩充重装甲步兵。要改变军制，他得改变波斯当时的宪制。事情后来变得复杂，但刚性政体与富权的关系，可略窥一二。

那个时代，武备与财富有关。今天，情况当然不同；技术改变了世界。科学知识增加，技术不断改良，产生了巨大的变化。我们不可能期望，人民自备武器从军；这是不可思议的。可读古人书，每述及骑兵，我们就当明白，那是富权政体的特色。见到修昔底德写马队作战，你可以猜到那是个刚性富权城邦。同样，读柏氏作品，谈及任何人的马匹，你可以猜到他的政治倾向：穷人，没有能力自己养马。

少数富人统治，有能力拥有重装备，倾向于刚性政策，对外对内都如是。多数百姓统治，武备不强，较倾向柔性政策，本属自然。亚氏在这里似乎是接纳了柏氏的形容，说多数主政的国家，十分松散，人民各行其是；所以柏氏认为那是放纵而庸俗的，也是柔性的。说是色彩缤纷的社会也无不可。雅典与斯巴达战争早期，雅典人的英明领袖伯里克利，在一场战役后，宣读他的祭文，也就是传诵至今的《葬礼演词》[1]。他说雅典人的国民气质就是这样，人人有自由，人人行一己所好。表面上，他在称赞同胞，指出他们和斯巴达的不同。稍转一下，读者也许可以暗忖：他是否在批评他们？当人人生活随意散漫，是否适合和纪律严明的敌人争战？那反映了当时民主政体的宽容特色：人比较放纵，比较自由。也就是说，比较柔性。亚氏显然用这两点，指出他的刚柔之别。

可以这样问。假如有一个政体，不过度刚也不过分柔，但内外政策能果敢坚毅，同时宽容合理，生活自由舒畅，人不盲目放纵，它会是怎样的？能刚柔并济，使两个价值都可取其利而去其害，岂不是好？那一定是个中庸的、不走极端的国家。如果富权政体代表一种形，民主政体代表另一种形，那答案岂不明白？合并之。这也正是到了本卷最后部分，亚氏提出的答案。两者合并所产生的，是一个新的，类似我们今天说的某类宪政体制。亚氏无

---

[1]　此事详记在修昔底德的名著中。

以名之，就把它叫作 *politeia*。（也就是英文 polity 一词的起源。）

　　拿两款截然不同的政体并在一起，能去其芜而存其菁，固然甚好，可这是说来容易做来难的事情。建立一种政体，把刚柔两种特质并用，就像你要有个国家，有一定的"正"量，又有一定的"负"量。行吗？如果正负两量互相矛盾，那怎么办？又或者，你有多少一，就不能有多少二，又如何？你有一瓶酸，一瓶碱，然后混合两者，得出的是盐和水。也就是说，你不会每一样得到一半；混合的化学作用，会使两特性互消。我们的问题是：你有没有可能设立一种政体，同时具有刚柔的适度分量，不会让任何一量吞噬了另一量，而维持某种微妙的平衡？

　　〔倒不是古代人才碰到、才想到的问题。政治艺术，不是一时一地所独有。19 世纪的林肯总统，就有近似的两面表现。看我国历史。唐太宗贞观之治，是刚柔并用的策略。清代康熙帝，对内怀柔百姓，对外力抗敌人，文武并进，又是一例。固然，不是所有治人者都能做到；一般来说，不是过刚就是过柔，有所偏颇。要能互用互济，很难。可以问：两者能共存吗？能互补长短吗？用什么办法，才能合作，为政体共同效力？〕

　　亚氏这个刚柔混合的想法，近世也有讨论。西方政治哲学界多认为，当代宪政体制，或多或少像个混合型。大家都号召"民主"；如果用亚氏的分类法来排比，它们都不是纯型的。不同的因子合在一道，很自然会产生某种张力，特别在美国这类国家。可西方学者看来对此并不太担心，觉得预期如此；那是政治生活中自然会发生的事。知其所以然，则困难不难解决。美国的学者多认为，美国人时则过刚，时则太柔，那不好。所以美国的政治，常需调节，以避免过刚或太柔。我们也可拿这个作参考资料，放在具体政治事例上分析，然后问同样问题，看看能有何等答案。整个概念，来自亚氏，足见智慧不曾受历史湮没。今天富人不会自备坦克上战场，但背后的思想，并不受时空拘限。时间和技术，改变了很多事物；但亚氏的高瞻，并没有被历史淘汰。

刚提到，在检视政体发展时，亚氏说大家都倾向归纳为两类：少数的富权型，多数的民主型。他也相信，要研究疾病和疗方，总离不开这两型。固然是经验观察的后果。事实上当时人就认为，世上只有两型政体，就如只有南风北风；其他东西向的，都是衍生的变异而已。歌调，只有"南腔北腔"，其他也是旁支。从亚氏哲学角度说，这可不对。倒不是两体的鸿沟浅窄，而是更深层的分歧，在优劣的原型变型特性，重于变异特性。可是，尽管富权与民主并不是"唯二"的模式，尽管它们也有不同的"形状大小"，它们却是最重要、占最多数的两种。亚氏在书中反复标出这两类，甚有理由。不明白这个，不必谈改革。所以他在后面细审它们，道理在此。

富权政体与民主政体，皆属变型；这在上卷早见了。卷三用经济条件界定：有产业的富人主政是一，贫穷的人当权是一。到了这里，他显然觉得，光用经济因素来界定，不足够；所以现在把数量也放进来。有钱——又是少数，是一种；贫穷——又是多数，是另一种。非如此，不足以解决"有钱人是多数"的特殊问题。现在较弹性了；我们再不需要强把某模式套在某类型上。如果有一个政体，真是多数的富人主政，那它就兼有民主与富权的特色，也不必说它只是富权或只是民主。这同时反映出，亚氏放弃了传统生物学家采用的分类学模式，把每一物种整齐地配置在某一类型中。

（当然，这弹性也可以应用到其他近似模式上。比如说，少数人——又是军事将官，那是他没有提到的。今天的用语，叫军头统治，或军人集团统治［military junta rule］；在世上也多见：亚洲非洲拉丁美洲，在在有例。就亚氏的分类学来说，仍可以归进

这个 *oligarchia* 里面。依此类推。）

　　一个政体，同时包含了不同特色，又符合他早前说的，城邦是多元的，按不同元素组合而成。很多时候，我们说那是个什么什么政体，只因它显现出某元素的色彩较浓而已。这是他批评柏氏的基础。在《理想国》中，柏氏安排人人各专一职，分工细致；但除了极少数人组成的管治阶层外，其他都与政治绝缘。亚氏的分工，其实比柏氏的并不高明多少，胜在他承认公民有不同的才智，就像我们说"有事出征、无事务农"一样，一人可以有不同职能。那么，全体公民都可以是参与公众活动的人。不过，大家可以有不同的能力和兴趣，可以成就不同的事；但大家不可能同时是富人又是穷人，所以亚氏认为他们是最容易辨认的。谁属多数谁为少数，一目了然。哪一阶层占上风，就主导了政体的格局。此所以刚才说，好像只有两类"主体"，其他的都是"变异"而已。

　　相异类型，亚氏都会讨论；重点，是放在多数民主与少数富权上。在这里 [1]，他先说民主，用的是政治与法律的观点。开列出的，有五种形态。（我们当然明白，这是个参考架构而已。亚氏周游列国，收集了百多部城邦宪法。按常理，不大可能有两部是完全一样的。要全列，是百多种而不是五种。可见那是把近似的归纳为一类，再按各类特质排比，好作比较。那是现实与理论的结合。）五种的细节，我们不必逐一解说；排列的模式，是从最温和的到最极端的。可首尾两种，值得细看一下。

　　第一种他是这样描述的：在这类政体下，人人依法律行事。穷人富人权利相若，穷人不多占利，凌驾于富人；反之亦然。人人平等享有自由，大家用同等的身份参与政事。既然普通百姓一

---

[1]　一般译本，是卷四的第四节。

302

定占多数，而多数有决定权，那这类必为民主政体。这说法颇为奇特，也像有点矛盾。

多数决定，那确实是民主型的。但亚氏的民主政体，是百姓当家，也就是多数的穷人当家的。使穷人富人无分彼此，又互不凌驾对方，那是个两阶级人各占一半的情况，又或者法律规定人人权利平等，不能用多数欺压少数等。可见在此条件下，所有人的自由，都有平等的保障；如果维持多数裁决，那少数也不会吃亏。但不管怎样看，都不容易把这里的原则，套进他早铺陈的民主政体中。还有，这情况，在全书只出现一次；在后面他再讨论民主政体时，只有随后的四种类型。这款给静静地放下了。为什么会这样？

一个可能是，这类似乎"不太现实"，不能配合其他比较"实在"的各式政体铺排。另一个可能是说，他在后面论述时，把这个"融合"在某类温和体制中。两者都有可能，但都不见得很有说服力。这确实与其他类型的民主体制不太像。它的构想看来不错；而它的价值，正在于把民主体制的原则，呈现得很理想。假如说它"不现实"，太"抽象"，那也不大对头。这里的第五种（也就是后面的第四种），是最极端的民主形式，也是"抽象"形容。就算其他各种所谓"现实"的，也是他的理论阐述而不是具体城邦的形容。那么，我们可以问：是否这种政体构想，跟亚氏整个民主政体分析的理论模式，起了根本的冲突，所以给"放下"了？他早说过，暴君、富权、民主三种政体，都属"变型"，都是不好的。现在说，有一种温和的民主理论，看来是这么好、这么理想，那跟他论说民主性质是败坏的，格格不入；跟下面要说的混合政体的关系，也不好调和。

当然，这也只是我们的推敲。

后面几款，他只简单指出各款的较特殊因素，那不复杂。最后一款，最为极端，亚氏特别花笔墨讨论，因为他告诫我们要小心。他在表明法治的重要，故意在前几类和最后一类之间，划下了分界线。前面各民主政体，各有利弊，但都有法律依据，都依法行事。最后的丢弃了法治精神，所以最要不得。法治，就成了他评定政治优劣的一个重要元素。（在卷二较后部分，他谈到一长制，也用同一尺度判别君主政体与暴君政体的区别：一个是有法治的，另一个非是。我们在解说时，没有强调这一点，因为在文本中明显可见。）他在这里指的，并不是"宪法"，而是我们今天说的"成文法"。"温和""极端"，都以此作准。

那会是怎样一个光景？诸多人等拿公帑津贴去议事，荒废本业；人多易受政客唆摆；富人成了牺牲品；政务官员威望大跌；百工之见成为命令；等等。何以堕落至此？不是说，民主就是大家走在一道，通过商讨制定法律，自我管理的吗？怎么会是民主而非法律管治的？

亚氏的着眼点，与雅典城的背景有关。随着人口增加，国库渐充盈，雅典公民限制愈形放宽。更多的人，尤其是百工（古称劳力者，今称低下阶层、蓝领阶级），很多都置身公民行列。希腊人战胜波斯人，海军厥功至伟。当时海员不足，就地征募，很多本是城中工人。战后大批海员成为公民。这些不是他乐于见到的，却带来了不良后果。亚氏认为，从这背景引申出法治败坏的始作俑者，主要成因有二：一来自欺世盗名的政客，一来自议会津贴的流弊。先说后者。

百工成了公民，他们也要分一杯羹。很自然地，行使主权，握有政治权力，本来就是公民的权利。他们人数多了，又不富裕，就使议会津贴他们去开会。本来是百工阶层，得勤奋工作，现在有公帑补贴，恤金又不错，大家一窝蜂去议事，不必担心不能糊口。本业，怎能不荒废？富人望族，没有"车马费"，又要顾着自己的产业，形成了此消彼长的局面。结果谁占主导地位，不难看出。而政客，就乘时冒起。

政客（英文的 demagogue，就来自希腊文的 *demagogos*[1]），是那些在政场中哗众取宠，凭演说口才去刻意讨好或煽动群众的人。正是在这极端的土壤上，提供了政客肆行之源。他们告诉议会众人，可自行决定一切，因为群众就是最佳的评断者；而群众，也乐于自行定事，不必受任何掣肘。这样，议会的政令，架空了法律，甚至取而代之。依法办事的官员，没有了体面与威信。政令，是一时一地的，可随大众喜好而改变。所有宪法、各级法律变得无效。大家无法可循，国家会走向哪里？可一般人民，最容易受这等人摆布。他们会说：人民在议会中通过的政策，和法律没有区别。亚氏显然不同意该观点。

他的论点是这样的。立法，不能儿戏；因为法律，是所有人行事的准则，必须能延续，好收稳定社会之效。可"法令"，或"政令"，性质就不一样了；那只是议会在一定情况下的公告，或宣布，或指示。（英文多用 decree，或 edict，而亚氏原文用 *psephismata*。谈到法或法律，他用的词是 *nomos* 或 *nomoi*，不是 *psephismata*；后者他指的是当前的议会决定。）一种是深思熟虑、反复讨论后才成立：一旦制定，就垂之久远，起码原意如此。如果得出的条文并不成熟，至少那审议过程是稳重的、成熟的。政令，就缺乏这种性质；容易受一时一地的情绪气氛影响，也容易受凭三寸不烂之舌，唆摆群众为能事的政客鼓动。那是他最不信任的。

---

[1]　各译本有不同名称：平民英雄，平民领袖，谄谀之臣，民众佞臣，平民说客，等等。原义是 a leader of the *demos*，是褒词；到了亚氏的年代，则相反，成了贬词，沿用至今。

在《社会契约论》中，卢梭提出他著名的"普遍意志"。他强调，那不是集众人共同喜好的总和；没经过反复筛选，把所有人的个别意志拢在一道，并不能得出人人都"应该追求"的意愿，因为人，并不都那么理性。而他说的"普遍意志"，具有"普遍理性"的基础。因为是普遍理性，所以必然存在于每个人的心智中；至于是否每个人都能察觉，都能发挥为用，那是另一个问题。先不去讨论这比较形而上的难题。卢梭总得决定，这普遍意志本身，是否就是理性，因为看不到两者有何实质区分；如果不是二而一的东西，那该"意志"和"理性"就得分途。但该意志，即是制定一切法律的基点。

按西方传统，神学家的教诲是，意志和理性不分，因为神所要的必然合乎最高理性。人的情况，就不一定这样，因为人所要的，很有可能来自人的情意欲望，包括贪婪、恐惧等。情意欲望会取替理性，把理性隔离开，也就是架空了普遍意志。可见近代理论同样注意到亚氏论法律和政令的区别。

亚氏也不是提出这一层思考的第一人。苏氏抗命的故事，可视作"先例"。他任军舰指挥。在一场海战胜利后，遇上风高浪急，各指挥官无法打捞殉国战士尸首回国安葬。雅典人议会不满，要他们回国受审，因为他们违反成例；更不顾法定要求的个别提讯，而是要他们集体应讯。那等于未经审讯先行定罪。苏氏同情一众官员，抗议议会众人不守法。议会众人下的政令，当然是"群众要求"，苏氏认为于理不合，坚持反对"群众决议"，差一点自己也逃不了。他能幸免，只因议会被推翻了。那是个人民受政客煽动，在议会通过决议，绕过法律，自行颁下政令的典型例子。亚氏特别说明这类极端型的民主政体，说它毫不可取，把分界线划在有法治无法治上面，其理在此。他固然明白，议会多数表决而生的"政令"，也可叫作"法令"的。这样的"法令"和我们刚谈到的"法律",其实有着不太明显但极为重要的分野。所以亚氏说，法律失去权威地位，政体一词也没有什么意义了。

那么有没有一种温和民主政体，是不会自困于这个 *psephismata* 的？他说有：使那贤能之士能有机会去领导、去影响众百姓的，情况会好得多。这类人是少数：他们和其他公民地位平等，他们没有特殊的法律身份，他们并不随意将自己的意志强加在公众头上；但他们确是"国之优才"。可没有一部民主宪法会预设官职给"精英"的，也不会指定某些人在议会中有"特殊地位"。但纵使在今天，大家知道，在宪章上不会有那样的条款；如果能够有一些正直、清醒、通人情世故、包容的人当领袖，用上公平又具说服力的办法，来劝谕议会中一众人等，解困有可能。也许人们冷静下来，足可摆脱那煽情的言辞，不会一味受充满报复色彩的排斥、敌视、恶意等摆布，来左右我们的反省。

这就是说，民主政体，也可以是健康的，也可以避免它的缺点，使它的原则更为完善。这点很重要。我们读亚氏书，并不是为了成为熟悉他的作品、研究他作品的专家，那是很次要的考虑。我们思考他提出的问题和论点，旨在面对自己的政治困境时，能有所帮助。本书的明察睿智，并没有被时间淘汰。

现代社会的持国者，若能好好聆听能者之见，虚怀纳言，当有好处。固然，既然说是能者，得具说服力，说服力的表达，最直接的，是能打动人心的演说。修辞学于是就成了基本修养。有心的才士，不懂说服，如何领导？政客能成事，往往因为他们口若悬河，雄辩滔滔来打动群众。可知言辞应对的重要。〔《论语·子路第十三》记载："子曰：诵《诗》三百，授之以政，不达；使于四方，不能尚对。虽多，亦奚以为？"孔子早说明，外交从政，要"能端对"，否则饱读诗书也无用武之地。〕那有没有规则可教导人表达到位？修辞是否可学？亚氏本人就有作品叫《修辞学》。似乎，到了今天，我们还不明白政治演说的艺术何在。[1]

在四类民主政体中，最极端的，也是最糟的，是第四类。亚氏特别指出，它不守法治。同样，在跟着略说富权政体时，也是分四类，而最恶劣的，又是第四类。本来富权政体下掌政的，是有财产的人；他们认为，财富对国家的贡献最重要，因而少数有财富的，该成统治阶级。不过，当财富愈形集中，到最后只在某一个或几个家族手中，而他们掌权后，不理会法律，把权力变得世袭，这就形成了"权门政体"（又称权阀，或门阀，或朝代，或家天下。原文 *dynasteia*。"双吴本"谓"朝代称号缘此而来，意指一强有力之家族握其地之政权者也"）。这是最专断、最接近暴君政体的一种。那么不管多数少数、贫穷富有，一旦离开了法治，就变得一无可取。

我们指出了两种亚氏认为最不可取的政体，一类民主，一类富权。那是从各自的政治结构着眼的。下面谈的，仍是这两类，但现在方向稍转，改从社会经济角度看。前面举出两类都排在最后，都是不好的。现在则相反，都排在最前，都较可取。先说民主型。

亚氏首先说的，也是他赞许的，是"农业民主"，也就是构成多数公民的人是农民（早前叫作 agrarian democracy，今天多用 farmers democracy）。这类人很踏实，较不容易受政客的煽情言辞唆摆。因生活需要，他们没有那么多闲暇、工余再多参与公众事务。农民的时间，都花在农田上；这是人人都知道的。就是所谓农闲季节，他们都要存仓购籽，修理农具，所以并不真的那么闲。

---

[1] 政客，是贬词。那为什么叫"人民的领袖"？原来较早前，这些人都出自名门望族，或文臣，或武将，负邦国重任，故立言定策，皆谨慎从事。后以辩才左右百姓而成名；不负军政之责，逞其词锋投民众之好。到亚氏时代，*demagogos* 一名已为世所轻。（见"吴君本"本卷第四节注文。）

亚氏却属意这类，认为农民不必常参与政事，因为时间不足，反而成就了政体的公义与稳定，反而法治能够施行，反而让有财有暇有德的"其他人"更能发挥所长。使知识不足、教养缺乏的多数人当政，较容易沦为上述的第四类，足以败事。

农民，是日出而作日入而息的人。一般来说，他们比较平等，没有太多的财富，也没有时间；纵然有心出席议会讨论政事，也无力兼顾。但他们不会有那样的闲心；对农民来说，农务比政务重要。当时的社会背景，公民从政出任公职，是种荣誉。务农，是营商。（亚氏说的农民，是自耕农，不是雇农，属耕者有其田一类。）农人不只是售出农作物，他要买进种子，更新农具，牧养牲口；他首要考虑的是盈利。所以亚氏说，很多老百姓（农民）不会在意谁当统治者，管他是富人还是暴君，只要"帝力于我何有哉"，人民能各自经营，保有自己的劳动成果，统治者不随意攫夺，就可以了。（这是英国15、16世纪都铎王朝的最佳写照。）

正因为多数农民分身不暇，不能参与政务，而又希望自己经商方便，有安稳的生活，他们宁取法治不取人治。法治对他们较有保障。他们宁可选择愿维护法治的人来主政，到这些人任期届满了，大家就评核他们的业绩。所以亚氏说农民无暇参与政事，倒不是说他们完全不理；在城邦的重大决策上，他们还是理的。例如，国家是否要宣战，是否要讲和，是否要更动最高的文官武将，是否要在某些日子一起祭祀诸神，诸如此类国邦头等大事，大家还是会出席公民大会共商大事。当然，这类大事不常出现。严格来说，这不符合原来民主政体的定义——多数人主政，而多数人主要是穷人。现在是多数人"委托"少数其他人"代行政务"，那该是个混合型。亚氏在这里没有提出，稍后他要详细讨论何谓"混合政体"。

农人忙，无暇兼顾公职，可不是说农民一无是处。我们在上卷提到，农民具有他们的美德，像勤劳，像弹性，像了解四时变化、明白自然之理，像有好的体格锻炼。他们会"委托"谁来当政？最大可能是"有闲阶级"的人，也就是较有条件、教育背景较好的人。也许这些人过去曾服务社稷，甚有贡献；也许他们有智慧和技巧，能说服大家他们足以掌舵。这都是"精英治国"了。但仍然是民主政体，因为主权还是掌握在多数人手中，而公民资格甚低，只要是出身自由的人便可。

这是个自耕农组成的国家。现代型的自耕农，有体格，有头脑，有小产业，近代人会比较喜欢这类有机动力的农人，也因为他们较不受市廛商贾的"污染"。亚氏却无爱于此等"乡巴"；他欣赏这些人，恰恰在于他们生活忙碌，没空从政，愿意守法治，又愿意让较佳的人选职司，处理日常政务。为了维护如此安排，他甚至要设计一个小农庄制，使每个自耕农能自给自足，但不能拥有过多土地；而土地权可继承不可出售或转让。这避免了囤积土地，也避免了大地主的出现。实际是否可行，当是另一回事。

近代政治理论，有相近的说法。洛克不赞成私有财产不能转换；但他表示，国家的议会最好不要常开。立法固属必要，倒不是常要，也不必多立。他凭观察与经验，觉得百姓的代表不需长聚，也不当常干预百姓的日常事务。应该有个长驻的行政首长，日理万机，就像我们今天说的"行政总裁CEO"。议会，不当那么活跃的。美国的政治漫画，常有"国会休会了。真好！"这类幽默出现。亚氏的想法，直到近代政治哲学兴起，直到今天，仍是个议题。人民固当拥有立法权利——世上没有一个国家，是没有负责任的立法来源的，但该权利的行使，应当尽量减少。（日后孟德斯鸠有长篇解说。那是后话。）

亚氏说的这种形式，有没有可能发展出另一种情况？"农民民主"背后的假设，是农民为生计事忙，无暇兼顾公众事务。假定说，他不必为生计奔波，有余闲参与政事，那又如何？比如说，国家有足够资源，可补贴一般公民，让他们可分身议事，那原先的假设，就不成立了。这正是当时雅典城邦的条件。修昔底德就形容过，雅典人建立的帝国，给它带来大量"贡品"，包括葡萄酒、谷物、油等，又有各样生活必需品，能满足雅典人基本需要。雅典强盛的时候，人民不必为口奔波。

罗马帝国曾有类似情况。帝国幅员辽阔，各地向罗马城提供食物和用品，使罗马人真个不虞匮乏。用品食品从四方八面来，等于给罗马人丰厚的津贴，使他们不必为农事忙，有余力有空闲去参政。后来帝国形势逆转，他们都成了"无产阶级"。（Proletariat，今译无产阶级，而 proletarian 一词，源自拉丁文 *proletarius*，词根是 *proles*，原指子女，或后代。*Proletarius* 是最底层的罗马公民；除了子女，再没有什么可以贡献国家，故名。）因此帝国后期，成了暴民政治。那是帝国晚年的情况；早年可不是那样的：罗马人勤奋开垦，农民都是战士，拓土有功。

亚氏所论，放在古代历史框架中，可作参考。但放到近代社会，又有不同的考量。今天，再没有贡品，事实上也不需要。欧洲的农业革命后，又来一场工业革命；后果是技术突飞猛进，生产力大大提升。从欧洲到美洲，大大小小的农庄，都是私人经营：农产品生产效率，与 17 世纪前相比，简直是天壤之别。那样丰富的产品供应，在古代，只可能靠征服取得。这跟近代民主政体的形成有没有关联，值得细想。不过，亚氏所忧虑的可能情况，在古代是见到了，在近代却没有出现。

另一方面，民主程序的参与，有一"自选"情况；老百姓忙于下田，要选择他人代理政务。近代的运作，情况近似：西方的代议民主，其实也减少了人民的参与。可是，处境又略有不同：今天各国人口众多，大家不可能都聚在国会议事，遑论处理日常政务了。但当代民主政体一个特色，就是地区选举的候选人，每每用上国家政策做辩题；那是间接回到国事讨论的空间去。和亚氏所想的，有点背道而驰。

我们思考这些问题时，正可用亚氏提供的概念框架，来衡量当代的民主运作。至于说，得出什么结论，那是另一个问题。大家未必同意亚氏的论点。从他的立场看，那是个诚实的见解，出发点在维护比较可接受的一种民主政体。那起码值得我们去咀嚼，而不是不假思索就弃如敝屣。咀嚼过后，我们仍然可以认为，那架构与现代制度格格不入，且有碍老百姓参与公众事务，所以不可取。那固然可以。但他的分析，绝不是无的放矢。

进一步思考。古代雅典公民能广泛参与国家大事，因为贡品量大，使许多人得以腾空议事。近代农业生产力盛，在不少先进民主国家，农民再不必像"插秧女"般劳苦耕作才足温饱；因生活所需而不克与事的环境，不再存在。那么我们可以想：那是不是说，亚氏相信多数人必为穷人这种论点，被推翻了？记得他说过吗：富权政体与民主政体，也就是说，少数统治与多数统治，即富人统治与穷人统治。然后他问：有没有可能富人是多数？若然，那是什么？富权还是民主？

按照他的类型学，多数少数只属次要，贫富阶级才是重心。如果多数是"有产阶级"，那仍然是富权。这是上一卷的认识。到了本卷，我们见到些微改动；决定什么类型，不仅考虑贫富，还得考虑人数。那么，就实际考虑，有没有可能多数人不是贫穷的？刚用过的例子：贡品丰盛，使多数罗马人虽未"成富"，却无柴米之忧，生活还过得去。想象你是个罗马公民，懂农事，但不必自己下田，足能叫一家生活无虞。那么你就算不是富人，也勉强是个"有闲阶级"了。亚氏固然没有谈到，可雅典情况也相近。可知这不是雅典独有的事例。你有什么条件，以及你用那条件做

312

什么事，当然是你自己做主，可以人人不一样。罗马公民可集体参与论政，其理在此。

亚氏早提到，原则上多数人可以是贫者，也可以是富者。我们可以思考，这原则是否能应用到现在的事例中。同理，可以进一步思考，贡品条件，给现代的庞大生产力替代了；富裕社会，虽未致人人富裕，老百姓一般不虞匮乏，不必担心"吃不饱、穿不暖"，甚至在经济大倒退的极端情况下，也能通过制度设施，给所有人提供某种安全保障，渡过难关。也就是说，多数人可以有余闲，贡献心智才力给社会，参与公众事务。那他所期望和忧虑的，因着社会的转变，而"落空"了。

在这里的论述，民主政体与富权政体并行。他各自列出四种。在民主型中，第四类属政客横议，目无法纪，所以他认为最糟；在富权型中，第四类属家天下式，离弃法治，也是最差的。那么不管什么型，不论多数少数统治，主要分界线，在有法治无法治。民主型中第一类，是农业民主，也是他说较可取的。富权型中第一类，是温和政体，也是他认为在该型中最可接受的。我们可以简单地看看。

在原型和变型的框架下，那是变型的次类：少数人主政，主政的条件，是公民在财富上的贡献。虽然，其他元素不必排除在外，例如出身是否自由人，教育背景如何，等等；但那些不是基本考虑。既然谁对城邦有财富上的贡献，谁就有资格主政，那么富的百工、商人，出身寒微的，没有教养的，都可以合资格。亚氏在卷三就提过了。但温和的富权政体，特别之处在它的从政门槛不高。它是个法治之邦，但法律对从政设下的要求，比较多人可达到。只要达标，就可参与政事。稍后（在卷六），他会解释，要使出任公职有筛选，应该把国家重要职位的门槛设得高，较普通职位可定得较低。虽然，就是低，也不可能低到一般人可跨得进，否则就不是富权政体了。

不过，因为参政的门槛较低，有资格参与公众事务的人，就较多了。而且，它使低下层的百姓有个希望：只要达到某一点我就能参政了。何况，政体本身并不阻拦人们取得财富。社会往上爬的阶梯，人人都可尝试，大家就相信机会总在。还有，这样的结构，不走极端，政治权力就不由豪门操纵，而是"中小富阶层"的人当政。但中小富，在富权政体中，并不那么"有闲"，所以不见得能全面投入政事中；可也不求国家补贴，荒废本业来从政。于是避免了很多人去参与，用一时的群众意见定下"法令"，架空了法律。那当然是亚氏说民主政体最糟一类的"相似型"了。

理论上说，何以当政者中，多数人不能全情投入？因为他们要工作：自己的事业，自己的生意，等等。那是说，出于自私的考量，造成某种自然抑制参与的机制，对政体反而有利。正如上面说的，立法，不必常行；参与立法的人，不必参与太多。这避免了给政客有机可乘，也尽量避免了 *psephismata* 的出现。固然，所立的法，是有利有产阶级的，那是这类政体的本质；而有财富无财富两阶层间的裂痕，一时也不可能弥补。起码，在概念上可以这样理解。

说在概念上可以理解，有其原因。亚氏描述的四种民主政体与四种富权政体，都像某种"先验"的东西。收集研究了一百多个城邦的政体类型，然后归纳分类，使人好了解。并不是说，那四种就是某四个城邦的现实反映。他本人也提过这一点了。我们在这里，集中讨论了首尾两款；读者细看中间两款，然后一并思考，当可明白。因为他分析各体的目的，并不是纯为分析而已；他的考虑有实际的一面：令有意改革的统治者有蹊可循。所以上述的民主富权不同类型，像个"方案"：你要改革吗，走什么路，得什么后果。所以各类都像个"范式"，可资比较。

现代政治分析，不会用上 *oligarchia* 这些字眼；一般会说 plutocracy，财阀政体，也即富权类。财阀，可以很多，也不一定是家族的，反正他们当政就是了。但像 *dynasteia* 就沿用至今，成为英文的 dynasty，因为是世袭的，一般叫朝代；家天下，只一家一姓。前者还保留了法治，后者连法律都不守了。基本上，所有富权型的，都不外此两大类。亚氏会说，两者都不稳定。财阀使国家财富普遍增加，社会兴盛，失业率低，很多人都能略有积蓄或财富。于是，能跨过基本门槛的人甚多。这可以很急剧改变了政体的性质，很自然地滑进了某种民主政体。说到朝代式的，要长期维持，必须整个家族上下团结一致，这很难做到。家族内讧，屡见不鲜。任何一房得宠，有权有势，其他人往往联系外间力量来抗衡。家族垮，朝廷就完了，中外如是。我国历史上这类情况，不少。

（二）什么是混合政体

假如多数少数两类都是温和的，都不走极端，那固然好。亚氏的观察，却见到城邦一个一个地陷进最糟的、极端的情况。在当时希腊政治，都酝酿着贫富对立：贫者成功，对富人赶尽杀绝；富者当权，成了家天下。政治私欲，带来了政治不安。他不可能不尝试寻求解决办法，而他的办法背后的理念，和柏氏的也有相近处。

柏氏追求举国上下团结齐一，是过分了；起码亚氏是这么认为。为了要人人无私，得用上非常手段。那非常手段，他觉得不会成功。但亚氏本人也相信，国家，是个公民合组而成的共同体，有着共同的生命，共同的美善目标。各国的分野，在各政体类型，而原型变型之别，在政府的施政，是为"公利"还是"私利"。可见基本理论，调子相同，所异者比重与腔调而已。两师徒都在追求某种形式的理想国度。柏氏的解答，有赖那"有智慧的统治者"。（今天叫"哲学王"，实在是"恶性欧化语句"的产物。）亚氏原先的想法，也是一个或少数"贤德之士"；但再三探讨后，觉得最稳当的，还是一种"中产阶级"的国度。那是化解贫富冲突的良药，正因为它是混合型的政体，包含了民主与富权的特征。它也不是最理想的国度，却是一般人都能够接受的最佳设计，所以也不需要最佳条件才能达成。

混合政体，亚氏说他以前的学者都忽略了，甚至在《理想国》中都不见谈及。一般都把这类政体放到贤能政体中去。但贤能政体强调的，是治人者皆贤德之士，并不考虑出身；而亚氏这里说的，只是财富与自由身份的混合，所以他一下笔就先界定，这 *politeia* 与贤能制的区分，特别是这两类政体给人的感觉，十分相近。混合政体是民主政体和富权政体的原则，放在一起。一者重财富，故人人有别；一者重自由——生而为自由人，不是奴隶，故人人平等。这里所谓的贤能政体，是在两项原则以上，加上另一项：德性。但这不是前面分类时所说的纯贤能政体，那是原型的第二类：少数贤德之士当政，为了公利（全民利益）来施政。当政者唯一考虑的条件，是"贤能"；没有跟其他因素混合。因此这里用的称谓，是"所谓的贤能政体"。他又说混合类与贤能类差别不很大，而主要差别，在德性的因素。但"德性"，或者说品格，不太容易具体确定；亚氏自己也没有清楚界定。（虽然，我们知道，《伦理学》一书，就详论这个问题。）但说两者"差别不大"，可能已伏下了重要线索；线索是什么，还未见到。先随着德性的论点展开，看看可否有助理解这卷书。暂且放开德性的讨论，先看什么是混合。

在单纯意义下的贤能政体——上卷所说的理想国度，或者美好国度，公民都是有德有能之士；所以亚氏说，在那里，义人

（君子）和良好公民无别。其他政体下的良好公民，只是相对于各自体制下说"良好"，但富权制下的良好公民，到了民主制下就未必良好了。而现在说的所谓贤能制，是因为在混合型下，加进了德性考虑；而德性考虑，是贤能制的主要特征。那么把自由人、财富、德性三者合在一起，就成了现在说的所谓贤能政体了。但如果德性是主要考量，那德性配财富，或德性配自由身份，都可称为贤能政体。（在下面论说的贤能政体，除非特别指明是纯型，否则都是指这混合式的。）

　　所谓"混合政体"，是指把民主制和富权制合在一起，共冶一炉的产物。这是清楚的。亚氏接着说，它如果是倾向民主制的，一般人叫作"混合"制；倾向富权制的，就叫作"贤能"制。为什么如此？对前者，他没有进一步解释；对后者，他是这样说的：因为门第——也就是家世，素养——也就是好的教育，通常伴随这个阶层。还有，因为那类人较富有，不必用非法手段掠夺他人，因而得到他人称誉，说他们高尚，是合理的。如果说人家贤能，是指人优秀，那在这些人当中，也未尝没有优秀之士。这么一来，富权制也未尝不可以是优异的公民主政。如果说，给国家立法的，全属贫穷而乏教养的人，那国家的法律不会健全，法治不容易上轨道。如果是优秀人士主政的，情况可能很不一样。

　　这样看，富权制的少数与贤能制的少数，颇有契合之处。两制之间的距离，拉近了；起码，在有利条件下，它们会接近。（亚氏这里的观察，正是日后中世纪时，人人都把贤能政体［aristocracy］称为贵族政体的来源；该称谓，沿用至今。）还有，据他观察，各国政体虽有不同，某种混合形式却随处可见。既然一般都是富人少穷人多，有教养有地位的富人，就如鹤立鸡群，像个君子，替代了贤能之士的位置。至于家世，往往来自上辈的财荫，或勋业，或贡献；这些，多半又出自富人与贤者的背景。可见财富、自由身份、德性合起来，就成了这里的"贤能政体"；只有财富与自由的，就叫"混合政体"了。

我们得记着，亚氏刚说过，两类差别不大。到了这里，我们可以猜想，他的线索是什么。他属意的，是最美好的国度，是单纯意义上的贤能政体。但他明白，那理想，世间罕见。一般情况下，大家能追寻的，只有所谓的贤能政体；如果这类体制与混合制相近的话，那么从实际角度看，混合政体也就是大家能企及的安排了。这想法，要到全书稍后部分才看得明白。目前，只是猜想。

多数与少数共治，这个炉，是如何组成的？亚氏认为不出三途。第一种最简单，把两类制度合并，成一新制度；那是融合的方式。二是折中方案，也就是用数学的平均值。比如说，穷人用十元可参政，富人用九十元可参政，那条件就定在五十元吧。三是各有修订式，采民主制的某部分，又采富权制的某部分，将两者调和起来。他属意的，应该是第三类；看来那是利用了双方的优点，同时把缺点减到最少。例如，某些政治活动，是所有公民都可参加的，就用民主制的特点；某些政治活动，是要有一定条件才适合投身的，就采富权制的长处。那可互补长短。

何以见得？亚氏似乎相信，合并得宜，就会产生一种温和的政体。从构成元素来看，它是个混合政体，所以它能用上的，不止一种特质，而是几种。它既要给人以自由人身份，也要有财富，叫穷人富人都愿接受。在上卷早已见到，他说两类政体的原则，都不是无理的，都各有利弊；若各自坚持己见，就会各走极端。弊处，正在各方以偏概全。如果能恰当地调和起来，就可去芜存菁。这是说，合二为一，成为第三类，像数学上的"负负得正"。把两类本来相反的政体合在一道，取长补短，就能生成一类好的、新的政体。是否真能如此？未必。但原则上确实有可能。

他随即用某种欣赏的口吻，说混合政体既可称民主制，也可称富权制，那表示混合得很理想，相互折中到天衣无缝似的。那是说，新体制要两者都像，或者说两者都不像。那是什么意思？他应该是指两制的特征都有，但都不应太显眼、太突出。这是个贫富混合的政治安排，最好是大家不把自己看成是穷人或富人，而是将自己看作公民；以公民身份而非相互对立的阶级共同参与政事，会较和谐。

（近代的说法是，社会上的"阶级组成"如果不成为公众议题，不会时刻出现，那公民和平相处的可能性该较高。这是相当明显的。除非贫富双方的关系太不公平，而唯一合理的做法，是不断提醒受害的一方努力改善境况。[在亚氏的理论中，任何一方都可以是受害者。]不管怎样，一般的想法是，如果想要稳定，最好是使各方调和，不要凸显公民之间的分野。大家用公民身份参与政事，凝聚力会较高；当政者最好不要刻意煽起"阶级界线"的意识。这似乎并不符合当代社会运动的趋势。）

接着亚氏开了一段讨论暴君政体。谈得很简短，也很马虎。这反映了他对暴君政体不感兴趣，而且这也确是他最反感的政体。他只简略提了三类：前两类属"半暴君半君主"式的，都是上古时代出现的，也间接暗示那不合当世所用。（亚氏在这里用的，是 *aisumneteia*，英文是 dictatorship，我们叫独裁统治。）最后一款最极端，那是"纯型"的暴君统治：自私、暴力、不负责任。

（三）"最佳政体"的追求

到了这里，稍停下来回顾一下，可以看到什么？打从一开始，亚氏就告诉我们，万物发展，皆有其目的，而目的是自然生成的。自然之道，虽然朝向某一目的，但不一定能把你带到那里；所以人的努力也很重要。人为何要努力？因为人有追求，人不仅要能存活，还要有美好的生活。美好的生活，并不是自然的推移送到人跟前的，人得自己创造那样的环境。他解说了那段过程：从个人到家庭到村落到国家。国家，又有众多形态。亚氏用他的分类学，按政体形式界定国家的种类，然后用不同的篇幅，说明了各类型的一般情况：从最可接受的，到最不可接受的。他这样做，不可能没有目标。目标是什么？应该是找寻美好生活的环境，也就是说，最佳的政体。

从柏氏的《理想国》开始，哲学家都在追寻"最美好的国度"。从古至今，政治哲学的"任务"，就好像与这个追寻胶着在一起似的。亚氏自己在本书中，就问过不少次：何谓最佳政体？任何探讨政体性质的人，都自然而然地会问同一个问题：什么是最佳政体？之所以令我们多少有混淆的感觉，是因为在他看来有不一样的答案。沿着他铺展的脉络看，那答案一开始就很清楚：最佳政体当然就是最优异的政体，最具美德的政体。什么叫贤能政体？顾名思义：国家政治，是贤德之士为公利而施政。贤德之士，国之君子，固然是最优异的。那么贤能政体就是最佳的了。还有什么是更优异的？

居原型之首的君主制又如何？假定说，有一个人（亚氏总爱补上［或一个家庭］等字样），具有优异之势，国中无人能及。不是说，他能击败任何挑战他的人，而是说他有高超才德，足以傲视群伦。用柏氏的术语说，他是个有智慧的统治者，有睿智，能审时度势，又有德性，固然也有权力。那样的君主制，岂非最理想？不必说近代人的反感，就是古代人，只要稍有平等意识，也难以接受。因为，在那种情况下，除了一人，所有人都是受支配的臣民。没有人甘心一生受支配。身为臣民，你永远活在他人意志底下。古往今来，从来人都希望能对自己的命运有发言权。这发言权，人人都当有，不必理会一国中有多少人。人口众多的国家，个别的声音很可能起不了什么作用，但大伙儿的愿望，众口一词地表达出来，还是很实在的。仅从这角度看，绝对的"一人之治"就很难施行。

对这一点，柏氏没有特别着墨。他在《理想国》中只简单地承认，个别的人是会感到不快的；但仍无妨该统治方式是最佳的。贤能统治，也许就是最佳政体？贤君统治就是最佳政体？那么贤能制与君主制，差别不大吗？因为两者都以优异作为最高准则——尽管亚氏还未说明，这里的"优异"是指什么。在最佳政体中的优异或贤能，是指什么？是心智上的，还是道德上的？

亚氏确实曾经谈到治人者与治于人者，会具有不一样的品格。也许他是说，对于最佳政体而言，所谓贤能，指的是统治者的"修为"。比如说，审时度势，酌情而行，有操控的技巧，能因事制宜；那是有能力的政治家必备的条件。又比如说，他需要是个好的修辞家，要能用言辞打动人民；不然的话，动辄行使权力（压力），那是下下之策了。他需要具备一定的知识和品格，那不在话下。亚氏从乃师柏氏那里学到过政治家的定义：他要像个牧者，又像个织夫。要像牧者，是因为他要知道怎样带领羊群；吹牧笛用什么调子来"控制"局面，羊跑得太快，就得"减速"；跑得太慢，就得推一把。带领人民，有的时候你须教他们冷静，有的时候你得鼓动他们。牧笛的音调，犹如政治家的演说。要像织夫，是因为他要知道，怎样将较坚硬的麻线，竖向地固定在织架上；又怎样用较柔软的布线，横向地在麻线间穿梭，使整块织物软硬恰宜。那是政治家（治人者）的贤能之处。柏氏在《政治家篇》中有很细致的描述。这是否是亚氏所追寻的？

优异（贤能），包括多少心智因素？一个好的政治家，要具备多少哲学智慧？也许，他要掌握政治生活的最终目标是什么；那需要一定的洞悉力和反省能力。也许，他要更进一层，懂得人存活的目的，懂得何谓"善"，从而明白怎样安排公众事务，使人的目标与政治目标合而为一，使好公民与义人（君子）不分。由此可见，一个有能力的统治者，可以有效处理各方面的基本国事；在真正的贤能之治下，个人身份和公民身份没有冲突。那是说，在最优政体下，"好人"和"好公民"是一体的。这点我们在卷三已经讨论过了。能达到这目的的，看来足以叫作最佳政体。

余下的考虑是什么？他是这样说的：纵然有了贤君，懂得如何铺排国家事务，使之朝向最佳目标，他也得按手上拥有的材料和客观条件来发挥。这当然是指国家能运用的资源与人民的素质了。综观各国情况与可行条件，亚氏在这里得出的结论是，某种形式的"中间阶层"管治，才是可实践的理想政体。但从上卷所说来看，最佳政体是由最贤能之士统治的，到现在的结论，显然存在问题。

最贤能的人当统治者——不论是国中少数贤者，还是某个出类拔萃的家族，也绕不过法治这问题。统治者是否像柏氏的理想模式那样，是个有大智慧的人？若然，那方式是没有法治的。他那超群的智慧与能力，肯定高于法律的规限。他是公义之源，但不受制于公义之则。亚氏就算属意于某种君主立宪制度，那君主还得受制于宪法；何况这是他不曾清楚说明的。才智优异，也带来困扰。他早表示过，有两类人不属于城邦、不适合做公民：一是在众人之下，那最底层、属性像野兽似的，当然不适合参与国家政事；一是在众人之上，那最顶层、属性像神祇似的，当然是不食人间烟火了。你不能要求那"神人"受城邦的法律的规限。假如他主政，为谨慎计，他也要看起来是受制于法律的。因为，不管你有多高超，总有可能有人"不服"。苏氏就是个明例。古今中外，此例不少。

用统治者的优异来界定何谓最佳政体这个办法，无法跨越法治这一关。你固然可以说，那不成问题：统治者的贤能，可实践在立法上。那制定出来的法律必定恰当非常，所以统治者没有必要身处法律之上。法律理应覆盖所有情况。可法律实际上并不是全面覆盖的，法律只能是一些通则，不能兼顾所有。假定说，政治家按国家法律施政；可一旦碰上个别案例或情况，是原有法制所不包含的，以致他需要立一新法来处理，那倒不如坦白说，那是人治而不是法治：统治者是要按颁布政令来执政的。

（在大陆法的国家，各国沿用的，是罗马的《法典》，按各国国情来调整。当然，两千年来，也有更新；近世最为人熟悉的，是《拿破仑法典》。但共同基础一样。他们认为那是法律智慧的结晶，故《法典》粲然大备，一切无出其右。在普通法国家，大家引以为据的，是多年累积的通则，没有"法典"一类的东西。遇上特殊案例，无法引用任何先例，那法官就得参考所有接近的原则，然后谨慎地定下新例。不同的是，新例一立，就成为日后同类性质案件的先例，全部法院都守着这规矩。多年来，制度运作良好。）

整合起来看，亚氏的最佳政体论述，从原型的君主政体，到贤能政体，到混合政体，是个渐进过程。比较明晰可见的是，政体的优越性质，在法治。政德能张，在有公义；公义所赖，在有法治。他刚介绍出场的，是混合政体；那么这混合政体和法治，与整个论述，一定有密切的关系。我们见到，民主政体，走到极端，没有法治；富权政体，走到极端，也没有法治。那两者混合呢？

说了这么多，因为这一节要探讨的，是"最佳政体的追求"。亚氏要引导大家看到的，是混合政体的一种引申，一种中间阶层的统治艺术；他要我们了解那和优异（贤能、美德）有何关系，以及美德和福乐有什么关系。让我们从头看。

把富权和民主糅在一起，目的当然是要避过两制的极端情况。避过极端，为的是走向温和。那是亚氏本人的哲学禀赋，也符合他比较保守的倾向。在《伦理学》中，我们早已看到，他讨论人的道德习惯与行为时，多以大多数人意见为依归，认为在以实际智慧判断的一般事情上，多数人意见应该是对的。那个时代，希腊人的格言是"无过不及"，他们的伦理气质，符合这种中道的理想：生活追求，是个稳定的均衡。也许因为希腊人自己意识到，他们的品性，会走向极端。不过，那也不尽是与情绪有关，也和心智有关。那样的理想，不只是一般人的追求，也是哲学家的追求。

希腊人喜爱条理、秩序。他们发明几何学，点、线清楚，空间有规范，毫不含糊。那是将人的格式套在对自然的探讨上。早期哲学家对自然世界的理解，想象它是种混乱状况（或者说混沌状况），是人把秩序原则加到它身上。起初一切都是无序的，是人的理性"定下"秩序。本来的无序，受到了一定的线条和格式的"规范"（也可以说规限或限制。亚氏用的是 *peras*，英文作 limit，即局限，界定），变得有序了。自然界诸事物，只有受到理性的界定、规限，才能为人理解：有限才可知，无限不可知。

从对自然事物的理解，转到对伦理事物的理解，只需跨出一步。亚氏之前的哲人，早有教诲。有限的，才演化为"善"的概念；无限的，就成了"恶"的象征。人有道德，因为人能成就一个"有限"的秩序，去克制那"无限"的七情六欲。在亚氏的《伦理学》中，这是个中心思想。人的情意欲望，不是过就是不及；那是无序的。所以人要有"克己"功夫。善，道德上的善，本质上是种中庸价值，正可用以将无序纳入正轨。他以这点作教诲，十分自然：它既与前贤学说契合，又与当时要求"无过不及"的思想一致。无过不及，当然就是"中庸"的另一种说法。

（亚氏所说的中道、中间、居中、恰中等理论，在《伦理学》中有详细解释。与我们传统所说的中庸，并不完全对等，但也颇相近，精粹上有重叠的地方。为方便读者计，我们跟随解说《伦理学》时的做法，在这里也取"中庸"一词，相信中文读者比较容易明白。）

中庸这一理念的冒升，部分来自当时希腊人的道德取向，部分也是哲学家对秩序的追求——在自然世界，那需要人用理智来规范；在道德世界，规范就来自这中庸概念。这理念不仅在《伦理学》中至为重要，在《政治学》中也同样重要。它界定了城邦的大小，它限制了财富的数量，它规限了政体的理论。任何政体，特别是混合型的政体，要解决的基本问题，就要寻得一个中立的、居间的、可做裁断的权力，成就某种秩序的原则，来规限政体内各类冲突，解决不同派别间的无序状态。那样的政治权力，在各极端派系的居中位置，因为亚氏显然相信，那才是个好的政府，才能生成好的秩序。

不过，从理论上说，这个中庸的政体，并不是最理想的政体，或者说最佳政体：任何行使政治权力的，只要是为"公利"而非"私利"的，都可以说是好的。但是，纯型的最佳政体，考虑的只是贤能德性，只见最佳人选行最佳之政，化民成德，使人成为最佳的君子。它是朝向"最高"的，不是迈向"中间"的。混合型政体比较"适中"，不"好高骛远"；亚氏很早就表明，它用某种"武德"做基准，认为那是很多人都能达到的。既然标准放低了，政体行事的准则——例如荣誉分配的准则，也随之降低；起码与最佳政体相比是如此。所以，官职就由具武德的人担任，而不是像最理想条件的要求那般，让德性全面发展的贤者来担任。打个比方：混合政体像个"中产阶级"主政的平凡组合，最佳政体像个圣贤村。

如果一个中间阶层执政的国家，或者说中庸政体，只有武德而无他，那么亚氏也不会认为它优于其他现实选择了。现在我们可以回到上段结束时的诸问题：这个中间阶层与德性，有何关联？

在《伦理学》中，他界说了德性的本质；也就是说，人在道德行为上的善（简称德善），是怎样来的？这德善与人追求福乐的生命，又有何关系？在该书论德善时，他说那是个中庸的取向。他问，德善究竟是什么一回事？它是哪一类型的东西？它是一种情绪吗？一种意向？或者是一种习惯？他说那是习惯，是人通过学习而"取得"的；人的品性／意向不同，那是自然生成的，不是后天获取的。例如人的群性是天生的，不是学来的。它也不是情意欲望。例如"勇敢"：它与人的情绪有关，但本身并不就是一种情绪。亚氏说，它是种习惯：勇气，是学来的，是磨炼出来的。

那么勇气是种什么样的习惯？它是在战场上面对死亡、面对危险的习惯吗？亚氏明白解说了勇气。他说有道德上的勇气，有心智上的勇气；在最基本的意义上，它是居于两者之间的价值：一者我们叫怯懦，另一者多叫莽撞。勇气就是两端都不取，而是两者之间的选择。那不表示勇者无所惧，只不过他应惧其所当惧而已。那也不表示中庸就是"中间落墨"，好像说在一和九之间是五。所以有勇气的人不会鲁莽地使蛮劲，但他会倾向莽撞多于倾向怯懦，倒也是自然的。

从一个简单的例子，可窥见亚氏的整个德善概念。那是两端之间的价值，因为不是个"绝对值"，不站在"中间"，所以看来往往偏向一方多于另一方。它是一种习惯，是后天学习得来的。想象甲教导乙某种伦理行为，乙懂得以后，自己知道怎样做，不再需要甲的提点，直像该行为是出自乙自己的。你教孩子骑脚踏车，一开始你拉着座椅，扶着车头，让他踩轮，一次又一次。直到某一时你放开手，他也不察觉，径自往前踏着。他已有了那动作的习惯，可以自行骑车，不再需要你。这是个简单的典范。也许美德的习惯，就是那样养成的。

美德，是种习惯，是种不走极端、选择中庸的习惯。这是亚氏转向另一层讨论"最佳政体"的开始。如果善（也就是优异）是中庸取向，而中庸是最佳选择，那么最美好的政体就是中庸政体了。从这里开始，他就用了这个论点。固然不是前面说的最理想模式：那是理论上的纯粹形态，世间罕见的，个人与国家都站在最顶峰的情况。现在说的"最佳"，是指在一般情况下，个人与国家最有可能成就的。成就与否，当然有赖众多因素；但道理上，现在提出的，对多数人来说，并不全是可望而不可即的事物。所以他先回到《伦理学》的原则；因为他说那原则是涵盖这等事情的。他提醒我们，德善是中庸；有福乐的生活，是按德善而行的，从而证明中庸的生活，必然是最好的，也是支持中间阶层统治的支柱——我们今天的术语是"中产阶级当政"。因而中间阶层统治的，是最佳政体。他其实是把用于个人的理论，移向政治的理论。

我们见到的，是强调的方向稍有转移。现在是说，中产阶级比贫富两端都要优越；反而不是混合制胜于民主制或富权制任何一种。亚氏心中的中产阶级，是用财产数量界定的；他的讲法是 *hoi mesoi*（英文多叫 middling，或 those in the middle）。在这里，我们不应把马克思学说中的"资产阶级"套上去，或者用某种"生产工具的关系"去理解。他只是指拥有一定财产、能自购盔甲武备的公民，这包括了我们今天说的"中上阶层"。

很明显，亚氏在为中庸政体说项。他要告诉我们，以中产阶级为主的政府，才是最佳政府。他刚给大家推荐的，是混合政体；那是多数（穷人）制与少数（富人）制的"二合一"。那么混合型和中产型，一定有着密切关系，甚至可以说，中产型有点像是从混合型"蜕变"而来的；而新生成的，一定胜过原有的，否则他不必费劲来介绍中产型的优点。这是卷四的重心，值得仔细推敲。他说中产阶级比其他阶级可取，有什么理由？就所见有以下几点：中间阶层较温和，优于贫富两端；情谊与平等——城邦的必需品，较易存于中产阶级；他们比较理性；他们可作缓冲，是个稳定力量；最基本的，当然是符合中庸价值。下面，让我们顺着这条思路，思量他的理据。

首先，他在这一节内文引用《伦理学》，认为中庸之道可应用于道德与政治，这在前面已经解释过了。中庸，或中道，是指两端之中，取温和不取极端。《礼记·中庸》谓"不偏不倚、无过不及"。但就中庸学说本身，不一定能够证明中产阶级统治就是最佳政府。《伦理学》论中庸，说是道德上的善，那针对的是个人的行为取向。一个有道德修养的人，会维持自己情绪上、行为上的平衡与节制，不论哭、笑、同情、恐惧，或其他什么，都不会过分。我们上面的例子，就是有勇气的人，不会莽撞也不会怯懦。纵使我们同意，这是分析道德行为的学说，这本身并不就说明，中产阶级优于其他阶级的说法一定成立。

如果把中庸的论述，平行地放在个人生活与国家生活当中，可看到什么？国家该像个人，不采取极端做法，保持温和节制。比如说，它的政策，不当冒进，也不当过度审慎，作茧自缚。但这并不表示，政体就当属中产阶级；或者说，他们就当成为政府权力的拥有者。要证明这点，需要另一个前提：具有中等财产的人，多半能有共同的中庸行动，或温和的做法。对此，他并没有提出举证。就算我们同意中产阶级较接近中庸，他们定的政策有可能也可作如是观，这也有问题。一个人可以有修养，不走极端；一个国家定策时，必然也会同样有修养，不走极端？不见得。

怎样把个人的理论，推到集体的理论上？

为什么说中产阶级比较理性？在最上层的——不论门第、财富或先天禀赋优越过人的，容易流于侮慢，粗暴恣肆蛮不讲理。像那些特别漂亮的，特别强壮的，诸如此类。他们自视很高，骄傲，别人意见不容易听得进去，很难相处，可能会逞强以致犯重罪。相反，在最下层的，先天后天条件都欠缺，很少有奋发的朝气；自尊感很弱，有点像斗败了的公鸡，容易自暴自弃，竟日与无赖流氓为伍，细行不检，干出"偷鸡摸狗的勾当"（颜君本语）。两端都不依理性行事。

上层的傲慢与下层的无赖，成了大案小罪的源头。那最讲道理、最守法的，非执两用中者莫属。但是否可以说，上焉者犯大罪，下焉者犯小罪，那中焉者犯中罪？就是在今天，不是也有叫作"白领罪案"的吗？若然，中产者就不是特别守法和合理的；至少，按上中下的逻辑，我们可以这样推想。不过，亚氏在这里的论点，看来不像个逻辑推理，而像个社会现状观察的叙述：极度的贫与富，很可能阻碍人的个性与品德的发展。他也不是说，有了"适中"的财富，就一定是具备了好公民德性的充分条件了。在卷二他就批评法里亚斯的"理想国度"设计，说光有适中的财产也不够——还得有好的教育训练百姓，使之成为守法的公民。但他显然认为，太多的财产是不必要也不自然的；但太贫贱，又很难培养理性与美德。那么合理的结论就是：中产阶级的人纵然品格未致尽善，起码在生活程度的配合上，能符合理想政体公民的要求。

何以见得中产阶级优于贫富两端？那两端有什么特征，是亚氏认为不可取的？先说上层。社会上极富的人，很多时候都不懂自律。他们过度自信、放肆、自命不凡，不谦虚、不顺从；只愿管别人，不愿被别人管。往往从小骄纵，在学校也不听从老师的，不容易从小养成服从的习惯。让这些人当统治者，不好。

在我们历史上，豪门世胄当上大官的，从来不少。就举一二外国事例。汽车大王亨利·福特，很多人都听过他的大名。此人脾气古怪，自以为懂得很多。制造汽车有所成就，就以为自己也懂造船，常常跟人讲船与国家的和战关系。好像他才懂得指点江山。其实他是不懂的，却爱充数。又例如沃森（Thomas Watson），也算是个研究电话的垦荒者。管理自己的船工厂，像个家长，十分专制，常使工人发抖。此人自负，自以为知晓各种理论，脾性也不好相处。我们固然不当以偏概全：富人并不尽是不好的。可这样的例子常有。一个本来普通的人，一旦致富，就自以为是，自充权威。犹有进者，他们周围，常有成群的小人谀客，吹捧逢迎，叫他们更不能反省。用现代的话说，就是他们常常"自我感觉良好"。亚氏在另一本书里就提过一个名叫 Perdigus 的，说他富有，自以为聪明，不可一世。大富的人，不好管理。

当然有那极穷的。亚氏的形容，和马氏有相近之处。一般贫者较柔弱，易受压迫，这很不好。他们又比较武断，反复无常。倒不是说，穷人就没有自我，不懂维持自尊；只不过社会对最低下层的，通常都不利。他们就像今天社会学中说的"不利的、条件差的一群"（the disadvantaged）。这容易驱使他们处事时急躁莽为。这正是亚氏观察到的当时行民主制的城邦中，低下层在公民大会中的表现。我们今天看不到的景象，却是亚氏时代希腊人的日常生活。今天读来，不无可借鉴之处。

难怪亚氏会觉得，两端都不好：一端只顾做主，一端常受欺压，像奴仆。如果任何一端执政，都不理想。那样形成的，只会是个主仆式的政体；主骄横，仆妒恨，双方心态差距太大。那么，中间阶层呢？中产阶级处在中间，他们的利益，既不在上，也不在下。他们与上下两层都有接触，是个"自然的裁判"。从他的角度，无求于上，无害于下，正所谓中庸之道。何况，两端太不平等，很难孕育出情谊；缺乏平等与情谊，也就不容易形成大家公认的公义原则。那样的国家，当然不理想。

这里牵涉到两个问题，值得思考。一是中产阶级在道德上与政治上都优于上下两层，一是平等与情谊问题。先论前者。我们看到的描述，归纳起来是这样的：富人惯于指挥他人，不易受管束；穷人习惯于受管束，却不懂管治人。两者合并，就成了"主奴关系"而不是自由人的自主。城邦需要的，是地位相对平等的自由人轮番为治，那主要出自中间阶层。所以中产阶级主政最佳。

说上富之人不容易受下层人士管治，而他们做统治者，会较重自利且专制，也许是这样。穷人不能治事，只堪做奴？这看来顶多是用在最底层的赤贫者身上，对于一般百姓，尤其是虽非富也不那么穷、生活大致上过得去的人，可能就用不上了。在其他地方，亚氏比较两者时，多为穷人占多数的民主制辩护，并不把他们看作鲁钝驯服的。两类政体并排比较时，民主政体下的人，追求权力与统治，不亚于富权政体下的人；只不过是站在相反的立场罢了。他曾为多数人的集体智慧辩护，尽管那不是他喜爱的政体。可以想象，亚氏在这里的立论，目的在突出中产者的优越地位，因为他们占的，是中道或中庸位置；既不会武断统治，又不会俯仰由人，而是自由地、轮番为治地打理国家。那是说，中产阶级有政治上的优越，胜过其他两个阶层。

但这样做，有点问题。按理说，不论富权政体还是民主政体，国家的公民，都将自己视为自由人，都认为自己有权参与政事。在各自政体下，他们都不希望对方和自己轮番为政，这可以理解；但不应假设，在各自体制下，多数人之间，少数人之间，是不会轮流当治人者与治于人者的。若然，那特质，不是中产者才有的。还有，假定有另一阶级，其利益与中产者相违：理论上说，中产阶级的人，不见得愿意与他们轮番当政；就像上下两层的情况一般。说中产阶级统治是较平等和较不专制的，更可能的情况是：若社会有上中下三个阶层（固然是个粗略说法，但大致符合一般社会事实），并没有任何一个阶层与中产者的"对立"有如贫富阶层般尖锐。

还有一点，中产阶级有如小康局面。中产者不必仰赖富人鼻息来生存，但和富人"不合"的感觉，不如穷人那么强烈。同样，他们没有必要特别欺负穷人，反而对下层的人，起码比起富人来说，多一分仁厚与宽让。（证诸西方的历史经验，这可见诸立法。欧洲各国相类似的所谓"贫民救济法"，又或者美国的"福利法案"，都是国会中的多数中产者共同制定的，目的在于协助下层的公民。）这未必全是因为他们的道德品格特别高尚——尽管道德考虑也是原因，也因为他们在社会结构上所处的位置与自身利益。

平等与情谊问题。全书一开始，亚氏就提到，一种伙伴关系，一个政治社团，近似某种"通体社会"的，必须具备某些元素：成员间有平等与情谊（*philia*，我们在《伦理学》中有详细解说），是其一。在这里用的，还是 *koinonia*（community）一词。他说成员间当是"平等又相近"（equal and alike）的：他们的地位、价值观、道德取向等，应比较相似；他们组成的团体，当较和谐。这在中产阶级中最易见。

说一个政体是由极贫与极富的人组成的，故分裂较大，摩擦较多，是合理的——在两者中间，不容易找到平等与情谊。但这是由于社会阶层与地位等因素，还是人内在本质的因素导致，值得商榷。亚氏的说法，固然在强调中产阶级的优异特质；但他好像倾向于认为只有中产者才具有该条件，这是个问题。从经验看，先不说"阶级感情"，每一个阶级中的人，都可能发展友谊与平等，甚至可以是跨阶级的，不足为奇。不见得那是中产者的"专利"。

也许他该"转一下",不是说中产阶级特别容易生成平等与情谊,而是说如果国家有一定比例的中产者,各阶层间就会较容易培养平等与情谊,使政治和经济的裂缝,有机会受到控制。因为,一个社会,由不同阶层组成;如果他说情谊是社会的黏合剂是合理的,那么这特质比较容易在平等相近的人中滋生,也不能说不合理。何况,上下差距较大;但中与上、中与下,都比较容易发展出那样的情况;起码,在中来说,与上、下的差距都较小。

说稳定,那是亚氏放得很高的政治价值。它尤其是一般非理想型政体所渴求的。亚氏辩称,中产阶级主导的政体,较其他的更稳定,因为该阶层最可靠、最平稳。中产者并不富有到招下层的嫉妒,也没兴趣又不需要掠夺上层。反而是:上下层通常互不信任,但比较倾向信任中层。因此,中产者不担心受其他阶层合谋推翻。社会少了互倾,当然较稳定。说中层在经济生活上,减少了上下两端的不信任和冲突,也有道理。所以亚氏说,一个有力的中产阶级,能起很好的平衡作用;使它倾向任何一层,另一层要作乱就不容易。所以说他们是个有效的缓冲者。若贫富都不愿对方当政,但会同意中产者主政;也就是说,那是最有可能全民同意的政府形式。

这可令大家明白,为什么亚氏有结论说,民主政体比富权政体稳定:因为前者有机会形成较大的中产阶级。又能明白,为什么他觉得大国有利多于小国:因为大国人口多,按比例推想,中产者人数也相对较多。小国易生两极,缺乏了中层,也就是少了缓冲区。

至于他的两点"旁证",就不容易在理论上思量。(1)他认为中产阶层所形成的中庸政体,是最佳政体,能排除派系之争,减少"党争"。派系,可以是政治的、经济的,或其他的;国愈大,派争愈少。但那是经验问题,有时与国之大小无关。今天世界,大小国林立;有稳定的、受规范的党争,也有不是如此的。不能一概而论。（2）他说出色立法者（政治家）多出中产之门，并举古希腊为例。在当时也许如是。但根据日后中外经验观察，倒无法得出确切之论。近代帝制，是否如是？共和，是否如是？

既然中产主政如斯优秀，亚氏时代诸国，何以摒诸门外？这混合政体在他的时代少见，因为他的时代中产阶级太少，不成气候。不论贫富阶层，每夺权成功，就将政权看作战利品，不顾政体的公义与平等。当时最有影响力的两个城邦，雅典与斯巴达，一个爱民主，一个爱富权。两国所征服的地区，不是行一就是行二，没有机会发展出壮大的中产阶层。纵使有的时候，某些城邦中人接受中产之说，也因该阶级不成气候而不能成事。后世发展，固然不是当时人能预料的。

在这里，不止一次提到公义与平等。穷人和富人组成的阶层单独执政，都会只顾自己利益而不顾政体的公义与平等。这卷书反复探讨的，是民主制和富权制。可见亚氏不断告诉我们，他很意识到贫穷与财富在政治生活上的实际影响。这十分重要。它指向某个公义的论题，它不断提点大家公义和政体的关系。贫富间的不平等，也明显地指出平等问题。只要平等问题在，公义问题就一定在：在某种意义上，公义就是对不平等问题的一个解答。它可以指废除不平等；它可以指保留不平等，但要同时有某种形式的平等存在。我们也得用心看看，什么叫"应得的"。

应得的，多用在奖惩上。那反映了人有高下，有不同"应得的"。这类道德哲学问题，在政治上也躲不了。忽略它，我们就无法好好处理政治生活。用偏见来解决吗？只会更糟。亚氏提到，不同阶层推翻其他政体，贫富与公义又会再次浮现。贫者认为拥权，是自己应得的；富者亦然。双方都不见得很理性。亚氏较偏向多数人，但也不认为他们全合公义。不然，充公富人财产，就不会受他谴责。所以总得找个合理的安排才行，那安排，又得指向和平与公义。从这条思路上，我们可窥见何以有混合政体，亚氏又何以从混合政体中，突出中庸政体作为"一般情况下的最佳选择"了。

亚氏把中产阶级政体抬得很高，说是一般情况下所能达到的最佳状况。而中产者当政，是放在混合政体脉络下来讨论的。中间的理论问题，并不曾完全解决。可以说，中庸型的制度，只是混合政体中的一款；它是把"财富"与"自由身份"两大特征合并，然后选取主要是中产型的人来主政。我们可以想象，一种混合政体的元素是三而不是二，又如果是二，那也不一定从自由与财富着眼。又或者，所用来混合的，是不同元素的因子，而不是"取其中庸者"。假定说，像在前面提到的"所谓贤能政体"，就混合了自由、财富、德性三者；甚至只有两个元素，而其一是德，也行。他也说过，两元素混合，接近富权者可称作"贤能"；接近民主者则可叫作混合型。当然，所谓贤能，并不就是纯粹贤能，因为"主力"不同。我们解释过了。

再者，混合型，顾名思义，当具民主与富权两种特色。如果它又是中庸型，那你可以假设有一中等财富的阶层，不涉上下两层的特色，自己主政。可那又不是混合型了。如是，则中产阶级统治，就是个中庸政体，却不一定是个混合政体。若然，亚氏会怎样解释？

还有，两类问题，从另一角度合起来看。美德，是中庸之道。成德的生活，有福乐的生活，是人的追求。让中产阶级主政——那不太缺不太富的人——是政治生活的追求。我们并不能清楚地看到，两者必然有关，后者必然带出前者。怎样可以看到，拥有中度财富的人掌政，就像是优异的生活？它可以引出那样的生活吗？亚氏在诱导大家往这方向推想，但他没有实的明示。

我们可以想：中产阶级统治的教诲，成德的教诲，有什么确切的道理，可以把两者连起来？怎样从一方"过渡"到另一方？

亚氏推崇这中产政体，认为人人当学习模仿；那这中产政体的
"善"，与贤能政体的"善"，有何关联？有相通的地方吗？若所
有这些问题都全面解决，若中产主政与成德生活不是类比，而是
具有能够实在地阐述清楚的关联，当然"万事大吉"。遇到某些问
题，很多时候我们做读者的，得自己思考，尝试找寻答案。

至于中产型可看作混合型，或许我们用图解比较清楚：

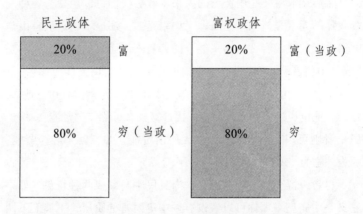

各自执政，不容另一方染指。这属初型，或可算是纯型。

各自选取某些特质，按所选共同执政。政体性质，按比例建构起来。

民主富权混合（乙）

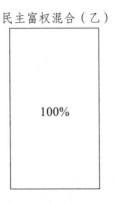

100%

两制程序全面混合，无分阶层，合创一新制。不设贫富界线，也不按比例塑造。

混合（中产）政体

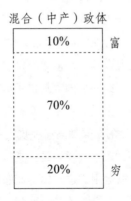

10% 富

70%

20% 穷

中间部分，有富者，有穷人；比起上下层，虚线范围的经济条件不在两端，但两端的中庸，它兼备。亚氏说中产者是"主导力量"，并没有完全排除其他人参政。这类阶层，既混合了上下，也兼具两者特征。虽然，按原型设计，极贫极富两端，都是不"入围"的。

这样，最后一种是混合政体衍生出的中产主政的政体，该言之成理。

还有一个问题。这中庸政治，是亚氏属意和推崇的，那他何以没有"大力推销"？使所有城邦都由中产阶级主力当政，岂不很好？

我们在前面见到，亚氏论富权制和民主制，有由温和渐变成极端的不同类型的，而温和的，较接近混合政体。可见这混合型——又再演变出中庸型，是个用来评估的准则，也是个好的分析工具。虽是好，但他已表示过当时各国不爱采用的理由。如果大家都不采用，怎么能说那是好的？可他一开始就说明，并非诸多国家都能立即采用的，只是大家可以用它作为最佳模范，尽量去靠近它、模仿它，"分享"它的优点。因为，亚氏明白各国"国情不同"，各国政治制度与社会结构相异；一者你不可能强要人家沿用这个体制——假如人家的"国情"是无法支持它的，二者各国可以有自己的选择，他们的选择，未必与亚氏相同。

各国不能尽皆成混合政体，但总可试着尽量采纳有利于己的特质。混合型的结构，给一般国家提供了一个目标，可资模仿；尤其多数国家不是用民主制，就是用富权制。固然，人人都要衡量，什么是最适合自己的。假如问何种政体最合何种人，或者说，什么形式合最多的人，亚氏的通则是：支持现行政体的愿望，必须强于不满它的。所以他刚说过，你不能勉强一个在结构上无法实施的政体去采用它。在当时的希腊城邦，社会经济结构所成的各国，不是用民主制就是用富权制，所以这两种体制被认为是最适于当世的。亚氏只是建议：为政者当尽量引入中产阶层辅政。当然，前提是，若国中缺乏中间阶层，你得先培养那一阶层成长。

任何国家，只要社会组成容许，该设法纳入混合型的优点。

上面也提到"缓冲"的说法。亚氏在这一节再次提出，若两端的任何一端有所不满，要"起事"，中产阶层可以联合另一端，平息动荡。他想象，贫者富者都不愿接受对方，都不信任对方的统治；但两者都可接受"中间人"做主，也许因为他们可信任中产者做仲裁人。从今天看，是否必然如此，不一定。似乎是中产阶级占相当大比例的社会上轨道的概率较大；刚起步的、发展中的地区，情况就未必如是了。

不过，他这类靠赖中间阶层作为稳定力量，像"杠杆原理"的论点，理论上说得过去，经验上也近乎事实。贫富两端极度分化的社会，比起拥有相当分量中产阶级的社会，确是没那么稳定。纵然像斯巴达那样的政体，是混合型，又长期保持稳定，是个异数；一般没有厚实中产阶级的，都无法长期稳定。亚氏清楚地看到，经济因素在政治冲突中所起的作用；为了追求较安全、较和谐的国度，他叫我们尽量做到阶层上的"界限不明朗"。所以他称道中产阶级的优异，有时也许是"过分了一点"，但论述其对于稳定的影响，却言之有据。

跟着的一节，亚氏简略地谈到，混合政体该怎样混合，才能达到比较合理的形式？（就是今天，在现代的希腊，每个公民也都要投票，不投的会受罚。澳大利亚也是一样。土耳其有近似的安排：你得投票；这次你不投，接下来五年的选举，你将失掉投票权。这当然是故意给选民压力的设计了。）亚氏有他自己的想法，主要的考虑是：贫富两层的资源条件不同，主动参与的积极性也相异。既然社会贫多富少，假如富人懒得开会，穷人全面掩盖，那就达不到"混合"的目的了。除了前面提过的，要两阶层的公民用公民身份、公民意识来共事外，他还要用上某些"诱因"设计，使混合效率比较高。

诱因，有正面的，也有负面的。比如说，公民开大会，点名你缺席，你会被罚款。另一个可能是，你出席，除了车马费，还有额外津贴。出席有赏，缺席受罚。这样，就约略控制了谁受鼓励参与。亚氏采用这种设计。他建议：富人不出席要受罚。他们人少，再不出席，混合结果更不理想。何况，富人情况较有利，因为除了家境，他们受教育的机会高，知识和文化水平，一般比穷人好，你当然该鼓励他们参与。穷人呢，他们要出席的"交易费用"较高，通常要勤劳工作，参加公众活动的意愿不高。一般又知识水平较低，常有"事不关己"的心态。要鼓励他们一起议事、集思广益，就得补贴他们。（可以说是"物质刺激"吧。）

这样，组成混合政体的贫富双方，都会（出于不同的理由）一起参与，一起议事；得出的结果，较接近所谓"共同的智慧和思虑"，对大家都有利。亚氏反对的，是当时诸多城邦的"单向"做法：他们采其一不采其二。例如雅典城邦，就用钱鼓励人出席，不出席的却不受罚。那样所成的结果不理想。固然，对不同层级的议会，你用的手段可以因应着来变化。他举了一些例子。我们只需从原则去想。就现代国家运作来看，这是否可行是未知数。起码，怎样鼓励不同层级、不同背景的人一起参与，是值得我们考虑的问题。

到了这里，我们可以总结一下，亚氏介绍混合政体，推荐中庸之道的政治，认为中产阶级成国家主导力量，是国家之幸。至于他对这种政体能否广泛成功这一点，看来不见得乐观；虽然，若各国执政者能明其理，尽量向中产阶级政治靠近，尽量模仿其优点，则假以时日，情况也许不那么悲观。

尽管对于他的理论，我们也有保留，也有怀疑的地方，可整体来看，他的理论有其长远价值。那重要性质受到掩蔽，原因不一，我们今天用的术语有改变，当在其中。今天，很多人所提到的，所认识的当代"民主"制度，与他说的"混合政体"近似，却不似他说的"民主"。例如，现代民主制度下，多数人认为，选举应当几年一次，定期举行，却不需年年进行；又或者不当动辄举行"全民投票"。这其实是亚氏的观点，认为在非理想条件下，最佳的选择，就是混合型政体的程序。又例如，看看美国国会。议员的出身，来自普通百姓的有，来自地方名门世家、大宅豪门的有，来自商界学界、有品格又能干的也有。这是人所共见的事实。他们叫"民主"。那不是亚氏所说的"贤能政体"的混合型是什么？

犹有进者，近代政治社会学家研究，多接近亚氏提出的：国中贫富差距太大，两端难缝合，政治很难稳定。若政府握在中产阶级手中，起码得到中产者支持，国家绕过大量不满或动荡的机会就很大。亚氏区分最理想模式，提出在一般条件下可企及的，一般人有可能追求到的最佳政体，效用甚大。因为，用乌托邦式的构想来评断普通条件下的国家，何益之有？我们却不断犯这毛病。又或者，某时某地的某些人，一般品格知识都有一定水准，可行某类政治体制；同时同地的另一些人，水平远远没达到，而强他们行同类体制，以为爱之，适足害之。亦揠苗助长之弊也。

亚氏主中庸，不走极端，尽量避免了这些错误。他清楚地指出，最佳者非最可行者，即令最可行者，亦不足以适于诸等国家。所以不能将混合政体强套在各国头上。理论上，他知道，也介绍什么是最好、最吸引人的。实际上，他因应着各种不同情况与需要，及人民的气质，建议各自合适的制度。那是上下兼顾了。

（四）"三权"的问题

卷四最后三节，可作为一个单元来研究。按道理说，亚氏分别在每一节论一点，合起来就是议事、职司、讼案，勉强对应今天所说的立法、行政、司法。那是任何政体都要具备的，三类政府行使的权力。说勉强，是因为他身处的时代，没有我们今天的"认识"；他在这里给我们看到的，是个组织相当复杂的政府形式，却铺叙得并不十分有条理。我们不必把所有烦琐细节一一析出，那意义不大；但我们应尽力追寻某些线索，看看能观察到什么。

首先，厘清架构。现代人所理解的立法，是一批代表国家的人（不管是什么形色的代表），定期聚会，制定法律，颁布全国执行。那是制定政策的方式。行政部门道理上是个执行机关，按照所立的法，忠实施政。通常这部门的人员与百姓接触最多，口语上大家就叫作"政府"。遇有政府人员与普通公民，或普通公民之间有冲突，事件得交由不涉双方利益的第三者审理，那就是司法的职责。大体如此。基本上看到的，是职权分明；一般情况下，人物身份不重叠，避免私心害事，也就是所谓"利益冲突"。

所以说，刚提到的"对应"，其实十分勉强；为了读者容易比较，就拿当代我们惯用的理解，姑且当作某种对应关系来看。亚氏的叙述，是根据他搜罗百多个城邦的宪法，大致分类后，归纳得出的。他的议事，不全是"立法"，虽然参与议事的，有立法功能，但又包含了"行政"与"司法"的职权。这在卷六也会见到。他的职司，各有行政人员的身份，却又不仅是执行政策的公务员，而是兼有发布政令的权力，能监督与发号施令。他的讼案，也跟我们所认识的法院制度，有常任法官断案的不一样。不了解当时的希腊政情，大家无法明白古代的"运作"是如何的。

可我们没有必要抽丝剥茧地在这里逐一复述。我们要选取某些特点，使读者能够掌握他的主旨所在，以及那主旨对我们有何启发。他的整个铺陈是颇有层次的。先说个人、家庭，然后推进到城邦。由城邦的组成，各部分的功能，到不同城邦的国体。国体类型很多，主要的不外富权和民主两类；两类矛盾的解决，有赖混合。混合，除了考虑贫富，还得考虑才能品德，于是有了所谓贤能政体。最后是中产阶级政体，那该是混合型的极致了。在这个脉络下，他提出政府职权的分配。为什么？这也是我们要尝试解答的。

一开始谈论的，是亚氏认为最重要的政治功能：议事。议事有四大范围：（1）最关键的决策，即外交、和战、缔约；（2）创制法律，主要牵涉的是荦荦大者，不是小条例、法规一类；（3）处理重大案件，尤其是涉及重罚的；（4）选拔职司，并在任期完结时评核政绩。从现代眼光来看，（3）属司法部门，（4）是行政部门。如果称议事为"立法部门"，那这个立法是"跨部门"了，因为职权包括了其他。从公民平等的角度看，他说议事功能应该让全体公民参与；固然，为了效率，也可以只让部分公民参与部分职能。

（仅就这简单的陈述，足可见到亚氏并没有"三权分立"的学说，遑论"牵制与平衡"的构思。那是后来的理论。他认识到政治权力分三职能，但也不是"分立"的。我们在下面会略做解说。）

议事元素横跨三界。虽然，它有立法的权力，很多时候那并不是施政最重要的工具。创制法律，只是大范围的框架；政府日常施政，主要是靠称职的各级官员立下好的法令、条例、规章等行政手段。那么一来，行政官员也变成"微型立法者"了。这安排，与当代宪政理论不合；我们认为，立法是定下公共政策的根本方法。虽然，和亚氏的时代相比，以立法来施政，是近代社会常见者，且次数频密得多；不过他所侧重的像决定和战、委任职司等，仍是近代政治学者的一个主题。

（"立法主导"，也许是近世政治发展的趋势，起源于17世纪英国国会与皇帝之争，结果代表立法部门的国会胜了，产生了日后的"国会主导"政治 [Parliamentary Supremacy]，也就是后来说的立法主导［Legislative Supremacy］。虽然，也不是所有国家皆有如此安排。美国就不是；他们叫"司法主导"［Judicial Supremacy］。那是后话了。着眼在立法主导，忽略了行政手段的成效，也是"二战"后政治学研究的缺点。）

与"跨界"有关的，是近代"行政人员"的想法，认为政治上的定向与实施截然分开，也就是制定政策与执行政策分立的问题。亚氏不同意这二分法。他的经验观察是，公务员（行政官）也"制定政策"，那是政治实情。说行政官员严格遵行立法部门指示，仅实践立法者交下来的差使，并非政治现实。所以，从他的观点说，用今天的"中立公务员"来形容职司，不符事实。进一步说，他其实不愿意"职司"事事听"议事"。对于我们来说，立法的政治家，是民选的；行政的公务员，是委任的。公务员的政绩，向政治家负责；所以我们要求公务员要"中立"。起码，在有基本民主制度的社会中是这样。因为，现代的观念相信，那才是权责分明。

亚氏举出了种种方式，说明议事——例如上述的四大项目——该由谁来主持。比如说，由全体公民一起参与，那是民主制的做法；由少数有条件的来参与，那是富权制的做法；由人民用投票方式选一部分人参与，那是贤能制；部分用抽签、部分用选举，那是混合制。表面的目的，是给所有城邦一个参考系，使其各自选择最适合自己国情的方式。好像他说，四项功能，可让同一些人担任，也可让不同的人负责。他们各自的资格，可以不同；各自委任的形式，也可以不同。这种论调，在讨论其他功能，例如讼案（司法）时，同样派上用场。很明显，任何一种形式的不同，产生的政体也不同。这变化组合很多，亚氏也没有逐一排比；他只用典型的分类，让我们见到某种通论式或概括式的制度，但留下空间，使最普遍可见的——例如民主制与富权制，能并合其他元素而"变形"。

最有意思的一点是，在议事的讨论结束前，亚氏提出了一个十分特别的建议。他希望一国中的普通百姓，有名望、地位的人，精英分子等，共同议事。他建议从组成政体的各元素、各阶层中，选出数目相同的代表一起议政。这个构想，进一步推论下去，就是今天我们说的"代议政府"。可惜他只停在那里，没有阐述可能的结果。我们却可以利用这个机会，分析古今议政模式的差异。

从今天回顾，我们也许羡慕古代雅典人，因为他们全体公民都有权参政。但我们同时得承认，文艺复兴前后兴起的民族国家，人多地大，大家对民主政治的认识，对参政的追求，和古代人很不一样了。古代形式，百姓亲自议政，他们的声音，是"现场"的。近代仅在技术上考虑，已知那不可能。百姓的意见，是通过代议机构表达的，所以是间接的，是"过滤"后的。过滤，不一定不好；过滤后的东西，可能更纯净。一个代议组织（例如国家的国会），就算它的成员（例如国会议员）尽力做人民的代言人，他也不可能是个完全盲目的传声筒。国会本身，一定有"国会的意见"，能反映国会的尊严，也反映议员的尊严。国会当顾及人民的想法，也尊重自己的想法。

卢梭和康德都不喜欢"国会"，觉得人一旦不直接参与，把权利托付他人，人的自由就没有了。但就是卢梭，也认为人的自由，在于遵守良好合理的法律；而国会——任何形式的国会，理论上是那法律的发源地。只要代议国会——那个伯克极力维护、卢梭却认为会贬低人民至高无上地位的机构——有一定的独立身份，对一时一地的群众情绪有某种"免疫能力"，它不见得就不能得出崇高的见解，同时也可以是值得尊敬的。当然，任何国会都必须值得百姓尊敬，必须能赢取人民的信任；没有那信任，它没有荣誉的光彩，也不会有效力。

不过，在某些特殊情况下，雅典式的全民参与，也不是绝对不可能。假定说，老百姓"不信任"国会，宁可自己行使公民权利，常用全民投票或"公决"形式议政，而环境又许可的，那还是可行的。今天的瑞士，仍保留了用公决立法、修订、修宪等功能，尽管他们是有国会的。这是他们长期保有的传统，因着诸多有利因素才能一直运作无间；学者多认为，即使在欧洲的土地上，那些因素也不见得能移植到他国。

回到刚才的议题。到了本节最后，亚氏提了一点：混合型体制设计的通则是，它得同时兼有民主制与富权制的特质；例如，你可以有全民参与的议事机构，同时你可以限制它的权力。话虽如此，你赋予这部门的权力既广泛，覆盖面又大；我们不难明白，何以他说这是城邦的最高权力。（他在卷二中已点出这个组织。）议事部门不一定能决定所有事项，但它控制了政府的重要决策机制，特别是职司与讼案两个部门的"自主能力"。用今天的说法是，"立法部门"通过法律监控"行政"和"司法"，限制了后两者的"活动空间"。

在这里，我们先简略介绍城邦的政治运作机制。用"流程"的表述方式，该较容易让人明白。

城邦公民人数无定，通常在三万到六万人。他们全都有权参加全民大会或公民大会（*ekklesia*, assembly）。一般来说，公民大会很少召开，除非遇有重大事件，例如决定和战，审判重案。立法与任官两项，不一定用大会议决，得视乎具体情况。还有，说全体有权参加，不是说全部都会出席；但出席凭抽签决定，人人机会均等，而且不重复。

城邦的一般决策，由一个"议事会"（*boule*, council）决定。该会人数不等，从五百到五千均可，通常在一千以下。议事会成员来自公民，但有一定的条件要求，例如有少许财产之类。这较具富权性质，用来约制全面的民主特性。谁有权出席，要看抽签与选举双管齐下的结果。职司委任，出自这个阶层。议事会的重要功能，是为公民大会做筹备工作，编订要表决的议案，甚至可决定议题。

最顶层的，是"议事预审会"，又叫"前议事会"，又叫"预备议事会"（*proboule*，procouncil）。人数不定。"入会"资格更严，不只有财产要求，还有品德考虑，所以具贤能特征。因为门槛高，成员人数较少，条件又较好，很多时候主要官员都从中选拔。议事会议程也需要各方配合，因为那是最主要的议政场所；为了效率考虑，预审往往会先行筛选，排定次序，所以也是某种权力行使的模式。图示如下：

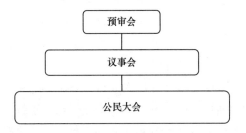

从架构上可见，公民有最终的约制权；但公民无暇常常聚在一起开会，主要工作在议事会身上。亚氏的想法是，议事会有"富权"特征，预审会有"贤能"特征，若三个部分平衡运作，就有自然的制衡作用。实际情况可不一定如此。公民大会拿公帑发给所有公民，致使人人荒废本业，常聚合议政不断。公民大会独揽大权，很多时候议事会形同虚设，预审会被废掉。这正像前面谈及的，极端民主制的弊端，当然不是亚氏乐于见到的。

议事部分权力最大，包括控制了其他两部。但亚氏也清楚表明，行政官员不全是俯首听命之辈。任官者本身行使审议和裁决的功能，有自己的指挥权力。公民大会不常开会，也不可能事无大小全都兼顾。当职司者，有类地方首长兼维持公义的人；他们也做判官，主持诉讼，所以又具司法职能。这类职司，到了罗马时期被保留下来，成为了罗马的"司法行政官"。（他们当时叫 *magister*，在欧洲沿用至今。英国的地区司法官或裁判官，又叫裁判司，就叫 magistrate。）

职司的配置，涉及政体的区别；官员会因政体差异而带着不一样的背景资历。亚氏说任官时，应考虑到这些。他大致定下三大模式：一、官员由全体公民或部分公民委任。二、全体公民皆可出仕，或需具备某条件才能出仕。比如一定的财产要求，或出身要求，或品格能力要求。三、委任方法有二：一是抽签，一是选举。我们不必细列各项；亚氏在这里的述说也见烦琐。但总而言之，他属意的方式，看来是部分官员可自全体公民中选出，不论抽签或选举或混用；另一部分可自符合某条件的公民中选出，同样不论抽签或选举或混用。

比较特别的是，他不止一次提到，当设立负责妇女与儿童行为的官员。官职属性，他没有说，只暗示那不是教育部的任官。在今天，我们大概不会有那种任命；在古代希腊，那是道德教化范畴内的事，因为公民的行为品格，在国家施政考虑之列。

说到讼案，古代没有专责法院与法官，审案是全体公民的事。可以说，称他们为"陪审员"，其实不妥，因为出席裁判的，全是"法官"，用出席全体投票来定案。当然，他们的出席人数有多有少；在民主政体中，理论上全体公民都有权出席；在富权政体中，只有达到一定财产要求的才可出席；在贤能政体中，只见具教养的人才有资格。这些亚氏都提到了。

上面说过，重大案件，由公民大会审理。但不是人人都感兴趣，"法官"多少，因而有变。例如审理苏氏案，全雅典出席裁判的，只五百人左右。很多时候，"非重大案件"由议事会处理，或由地方行政官员审理。可以推想，亚氏关注的，和"行政部门"一样，是出席资格与方式的问题。他不赞成全体公民一起审理案件，认为当用不同的方式选拔，例如部分"法官"人人可当，另一部分只有符合某条件的人才可当。可当人士中，部分可用抽签，部分可用选举。这又是混合式了。

这样，我们能够大体上看到亚氏的论说。他解释了不同政体有不同的选择，没有一种是"人人皆合"的。但他也认为，混合型优于纯少数或纯多数统治，若双方选拔的治人者当中，有才德之士在，那就是所谓贤能政体，就更好了。而他又把这个寄望在中产阶级身上；中产主政的混合型，是实际上人所能做到的最好情况了。如果我们稍稍留意到他那"三种权力"的安排，一定会察觉到，他在每一环中，都保留了用抽签与用选举这两个手段。抽签，是全民共有的，用今天的话说就是最"平民化"，最民主的，因为不管张三李四，都有同等机会抽上。选举，就不同了。一般情况下，普通百姓贩夫走卒，甚至文盲，也会选个有"家底"或有"才学"的人，好为自己争取些什么。所以选举任职的，较接近"精英"层。亚氏在书中说，希望普通百姓和有"名望"的一起议事，不就是这个？

到了这里，上文提出的脉络——从个人到城邦到政体，然后论职权分配，目的是什么，现在约略可见端倪了。亚氏一开始表明，国家的目的——理想的目的，在"教民成德"。对于原型来说，那是理想了，难以达到。对于变型来说，那是普遍的，却不好。不好，是因为社会现实造成了不同阶级的冲突；归纳起来，最常见的就是贫富两大阶层。（这是为了方便分析说的，并非谓社会上只有两类人。）所以第一步，是要消弭他们的对立，使他们有机会混合，然后才能谈到相互融合、上下一体的国度。因此，他树立了混合政体的模式，更推许"中产型混合政体"，令不同的国家能有所借鉴，一步一步迈向更合理的政治。

这类混合政体，该是亚氏"综合想象"的产品。他知道，任何贫富的原型政体，都不好。现实情况是，雅典和斯巴达没有走在一道。即便是周游列国，研究过一百多个政体，辨其优劣后，亚氏也没有举出例证，说哪国是行混合制的。上文提到的三个治理得好的城邦，没有一个行混合制的。既然只要父母是自由人，儿子就有自由人身份，可以参政；那可以合理推断，不少公民属百工阶层，同时也是自由人。在民主政体下，他们都有公民地位。尽管理论上亚氏不欣赏这个，但他明白那是当时的实况；起码民主政体是那样。要保有民主制的优点，又避免它的缺点，混合型当是最佳建议了。

※   ※   ※

在古代政治理论中，提出混合政体，配以政府职能三分，亚氏是第一人。这概念影响深远。后世从同一起点，发展出不同的思路，结出不一样的果实。到了今天，大家还可以见到。无论从历史角度看，还是从政治角度看，都值得大家稍为留意一下。我们在此略做介绍。

亚氏前后时期，希腊作者也有留意到斯巴达的；不少人欣赏那长存的政体，认为得归功于其混合形式。柏氏也称道之。亚氏倒不那么热衷，认为斯巴达有善有不善。后来古典希腊文明走下坡路，也就没有多少人再提了。

公元前1世纪，罗马人采用了亚氏的部分构想，发展出了罗马自己的政体。当时身为希腊人的罗马史学家波利比奥斯（Polybius），大力推崇混合政体。他认为任何"纯型"的政府，必

350

定失败，只有混合政府——合帝王、贵族、平民三阶层为一体的形式，才能稳定。这固然是亚氏的引申。帝王，可贤可暴；贵族，在罗马共和制时期，实际上除了包括血缘上的贵族阶级以外，还指门第家世才德等；平民，就是百姓。这类分层法，在欧洲一直沿用到19世纪才发生了根本上的变化。波利比奥斯相信，任何国家都有可能被外力征服；但混合型的政府免除了内部的倾轧，因为没有一个阶层可随意压倒另一个。帝王受制于平民，平民受制于贵族，相互牵制产生了某种平衡。罗马早期宪政的特色在此。罗马的光荣，掩盖了斯巴达。到了西塞罗，基本上完全采用了波利比奥斯的道理，并将其发扬光大。

古典理论到了后期，离开了亚氏原先的构思，开出了不一样的路。亚氏理论的起点，是社会经济（贫富）的考虑，要找一个可避免两阶级发生冲突的办法，希望社会比较融合，公民能够团结，所以要找一个大家都接受、都认可的团体，用"和稀泥"的方式，使大家拢在一道。穷人与富人的诉求都能得到满足，都可以各得其所。亚氏认为那样比较公道。后来的人追求国家权力平衡，把各不同政体全部并排：君主制、贵族制、平民制（后来都叫 Monarchy、Aristocracy、Democracy，亦即我们前面说的一长制、少数制、多数制），目的在求稳定。

中世纪以后，到了17世纪末期，欧洲人相信，这个混合，即所谓 King、Lords、Commons（帝王、贵族、平民）的形式，是最理想的；特别是英格兰的光荣革命以后，平民阶层成功地与教士、商人、专业人士联合，力量上升，有了很大的发言权，真正起到制衡的作用。到了18世纪初期，法国的孟德斯鸠立说，谓英格兰是个范式，最为理想；他的想法，较近波利比奥斯而远亚氏。

可孟氏追求的，不是稳定而是自由。他把三项权力的配置，放到三个安排上；那安排，又略有变化。行政权在帝王手中。立法权分两部分：其一是贵族，其二是平民。司法权为求公正与独立，所以由专业的法律界人士负责。这仍然是"一个、少数、多数"的安排，但主要在政府功能的分工，达到相互制衡，从而减少对人民的伤害，也就提升了百姓的自由。"阶级和谐"，属次要考量。而自由较有保障，是因为制衡的设计，约制了权力。

亚氏的混合制，目的在不同阶层的混合，社会经济考虑先行，附以能力、品德、门第等因素。或者可以说，他愿意见到阶级的混合，为的是追求融合与公道，使人人都轮番参与；他不考虑"限制政府权力"的问题。波利比奥斯的各阶层合并，目的在于稳定。社会三大层各有利益考虑，不必常一致，只要三层共组，那融合与否属次要。孟德斯鸠更进一步，把三层合并，但使各自因追求利益而必须与他人妥协，所以三权是分立的，也是相互牵制而生平衡的，能够实现使人获得自由的目标。后来美国的立宪精神，宪制设计，多出自孟氏。

那样说，是孟氏像个近代人那样看国家组织，亚氏像个古代人那样看社会组织。不过，到了卷八，亚氏所提出的，倒有点孟氏的影子。他在那里说，立法功能可交托给少数人，而司法功能可以让最有才德的人担任。那样的"混合"，与他前面谈的又不太一样；因为那是将某部分政府功能从多数人手上挪开，移到某少数人手中。平民色彩减弱而贵族色彩增加。那样的混合或分工，亚氏只是附带提及，与他的混合政体论述无关。

我们这就可以明白，在亚氏的概念中，政府权力的分工也带着"混合"的色彩。在他最欣赏的"中庸政治"中，立法、司法、行政全归中产阶级主理。好像表明：你把黑与白放在一起，它们不会自动变成灰的；所以你得制造灰色的阶层出来，或者用同一公民意识，将黑白两端"和"起来。这想法，不牵涉政府的权力部门，约制了另一个问题。孟氏正相反，他相信黑白相混，只要设计得宜，是会得出灰的。他用三权作为三个"反命题"，相互之间有"抵消"作用，从而制衡权力，让人民获得自由。亚氏希望见到的是"综合命题"，人民达到互生情谊的境界。孟氏和亚氏，一个恐惧权力集中而生的暴政，一个担心某一阶级垄断权力而生的冲突。

卷 五

政体的动荡与保全

上卷的主轴，是政体。政体，类型不一。理论上说，如果有一种政体的主政者，是贤能出众的人士，当然最理想；可这情况罕有，可遇不可求。那么踏实一点，寻求一个大家起码有可能达到的，亚氏说那是个混合型的设计。若混合政体能行中庸政治，能让中产阶级掌政，他认为是现实世界中的最佳选择了。但因着种种原因，中产阶级很难掌政，在亚氏当时又确实如此；混合政体就是个最实际的"理型"。混合政体能否成功，端视混合后能否维持良好的平衡。这殊不容易。可见在大多数情况下，一般政体都不符合理想型，都有各自的缺陷。用今天的话来说，是几乎任何政体都有"潜在的风险"；古代的说法，是"所有国家都播下了自毁的种子"。轻者引起不安，重者招致动荡，甚或革命。

是什么引起动荡？有何消解良方？有没有防止那种子发酵的办法？这就是五、六两卷的论题。

卷五的主题，是动荡。（原文是 *stasis*，英文可作 faction，也可作 disturbance、turmoil、revolution 等。好些译者用"革命"一词。但内乱固然带来动荡，倒不必然是革命的。我们在这里宁取动荡。）通常可以从两个方向来讨论。你可以说，看动荡的成因：什么引起不稳定？你也可以问：为什么必须从负面看？可不可以从相反方向探讨？可不可以问：是什么使政体稳定？思考不稳定

354

的问题，很自然会使我们思考稳定的问题。逆向思考颇有好处。

假定我们问：政体何以能稳定？答：因为它是个好的，或者说美好的政体。这是很自然的答案。最简单的推想：如果它是好的，它会稳定；如果它是稳定的，那它一定是好的。在这个脉络底下，说"好"，是什么意思？亚氏最常用的字眼，是 *arete*。（是美德，或德性；又是优异，或优越。在古代，各解是可互为运用的。）可不可以换一个说法：假如政体是好的，它是个优异的政体，它就会是稳定的。我们在探讨政治上的概念，那么说美好的政体，优异的政体，当可理解为公义的政体。那是古代哲学家所追求的国度。所以说，如果政体是公义的，它就稳定，因为那表示它是好的、优异的。

拐一个弯，回到原来的方向。原先的问题是：什么引起动荡？什么使政体不稳定？顺理成章的答案是：不公义。那是动荡之源。一个国家的政体不"好"，缺乏了优异，它没有了公义，那当引起不满，导致动荡。这样说，应该合理；但我们得问：什么叫公义？如果我们知道，何谓公义的政体，也就是何谓最好的政体——假定公义的政体就是稳定的，那我们也知道，什么是最稳定政体了。

最公义的＝最好的＝最稳定的。

事实是否如此？不见得。起码并不明显是这样。对我们来说，这公式并不显而易见；对亚氏来说，他也没有清楚述明。那就给我们带来了一道难题。

要掌握难题所在，得从头看亚氏的教诲。

他说人，按着自然，是个群性动物。（纵使我们不全面同意他的观点，说自然群性使人走在一道，而是接受了霍氏的立场——霍氏否定亚氏的基点，他不认为人生而为群体动物。他的哲学起点是：人是个个体动物；如果说群性来自人有相互需要，他可以

355

接受。）就算不是如此，而是群性基础不在自然而在相互需要吧，是否就可以说，在人的群性条件下，最好的，就是最稳定的政体？我们怀疑这个说法的话，得承受什么后果？

可能是这样的。我们确实被拢在一起，人的本性会把人拢在一道；自然之道，令人必须活在群体当中。我们自然而然地组成了社会，当然也自然地想知道，什么是最美好的社会。人能共同活在公义当中，该是最佳情况。当我们达到了这个状态，我们是否就可以说，现在大家都可以安顿了，因为我们能够保存自己了？简言之，是否可以说，自然之道把人推在一起，使人作为群性动物而共存，那它同时给我们奠下某种基础，让大家都追求美善或优异？自然的推移，叫人倾向美德、倾向优异？它让人倾向公义？倾向公义的政体？人要活在群体当中。假定人找到公义，要实践公义，要有公义的社会。这背后，有没有支持的？无以名之，就称之为自然之道，或事物的本质。公义，是否受到自然的"优待"？我们能看到，公义的国度，受到自然的"宠爱"而长存？

美好的事物，因着美善的本质，本来应当昌盛滋长的。那是它们受自然眷顾的象征。在西方，这是个相当普遍的想法，早就出现在"得救预定论"的神学教义中，也就是今天说的"命定论"。韦伯的作品，使该说大盛。他的命定论，基本上属加尔文派。此派相信，人在地上能昌盛发展，并非他自己挣回来的，而是因为他蒙福。他在世上得着丰盛的生命，正是他得恩赐的表现。那不是他有美德或公义的表现。这中间区别很大。

好的，就得昌盛；有公义，就能长存。"好"和"稳定"，走在一起。大家都说，两者该并举。恼人的问题是：真的吗？具美德行公义，会得自然的"奖赏"吗？自然之道，会酬报义人？抑或像古人说的，优异和德性，本身就是奖赏？这也是种大众智慧。我们会告诉自己：你的美德，就是你的报酬。这个令人困惑的问题,可追溯到柏氏的理论。

《理想国》一书,是个用语言构筑起来的"理想国度"。读者清楚见到,柏氏的最佳政体,是个实施公义的国家。他建立美好国度的计划,其实就是个界定公义的计划。他一开始就问:什么叫公义?那是人的优异行为,投射到一堵大墙上,大家较容易看到。看到大的,你就容易看到小的。怎样可看到大的?看那最佳政体,看那智者统治的国度,看那女人与小孩是公产的设计,等等。看到他整个哲学安排,你就可以看到公义了。这是个很大的计划。那样的国度持久吗?不,最佳国度十分脆弱。为什么不能持久?表面的理由是:最适合相互匹配的男女,有一定的数目,又得按某些数字计算出的日子完婚;数字,带有神秘色彩,人很多时候无法参透,因此完美国度达不到。这当然有点牵强。因为,柏氏先带出公义,然后说按着经验,那公义理念不克达成。这有两个可能:一则说柏氏善忘;一则说他其实含蓄,不着痕迹的地方不容易察觉。

那隐晦的、细致的,是什么?那是:好的、优异的事物与它能否长存,并不成正比。若然,人得面对一个窘境。人要知道,纵然你有幸运,能建立一个好的政体——固然不是完美的,但总可算是合理的、上轨道的,大家能接受的政体,也接近公义国度了,也不见得自然之道站在你那一边。自然的推移,好像使人迈向某好的目的;但自然并不必然令你无风无浪达到目的。我们要记着,事物的本质,并不会使那美好的、公义的东西,成就大家希望见到的稳定状态。简单地说,优异与成功,可能不成比例。

如是,则政治问题,比起初看起来的情况,更形复杂。因为,所谓"政治问题",粗略地说,原先是指我们怎样有个恰当的安排,使大家能在情谊下共处,互相绽放出好意和友谊,祸福与共。现在不只这样,而是有了那安排,还得使它能维持下去。那

357

么，你需要的，不光是个接近公义的制度设计，使人人不相互欺诈、压迫等；同时得考虑到你如何能生存，因为世上不只有你一个社会，而其他社会，不一定对你友善。亚氏十分清楚这点，他很明白，雅典要防范斯巴达，反之亦然。何况，他们——还有别的城邦——要一起警惕波斯人的动向。诸如此类。

在人的政治活动与人的道德选择中，横着一道难题。每天读报，都不难发现，这类问题见于任何社会，自古如是。大家要怎样面对这类问题，固然是个人选择；亚氏提出这些涉及动荡、革命等问题时，他当然要先引导读者去思考、去深入讨论"美好"与"生存"的难题。他采用的方法，是通过探讨对最佳政体的寻求。但他的追寻，却带出了某种不甚清晰的情况，颇为奇特。一开始提到的，是美德、是优越的少数；最佳政体，非贤能莫属，因为贤能之士，按其本质，正是那优异、有德性的人。又或者，是个一国之主的君王，一个无与伦比的皇室，美德智慧兼备。然后又跑出一个"中产阶级政权"，说那才是实际考虑的最佳政体。

要将这个串起来，在一个脉络下看。最佳政体，确是贤能之治。可最佳的选择，很快就给混合政体替代了。那是富权与民主的组合，也是个次佳的选择而已。亚氏要这样做，因为他明白，按着事物的本质，社会上一定有贫有富，那是自然而然的；假如这情况不存在，他所说的理论大约可以"作废"。只要有穷人有富人，两者的差距，足以成为重要的政治现实考虑；他们处于反向，各自有不同的想法和利益立场。如果国人之间必须有某种情谊（*philia* 在这里可解作"同胞爱"），国才能成国，那就有必要把他们组合在一起。不然，双方没有足够的善意来组成政治社团，来达到自然之道要人有群体生活的要求。那么自然之道，一方面要把人拢在一道；另一方面，它又使人有贫富，有鸿沟。

自然好像给人一种互相矛盾的信号。它既要人走在"一起"，

358

却又同时把人"分开"。社会的现实，又的确是这样。某类型的贫富组合，实有必要。很自然地，民主与富权两种因子调和起来，就成了好的政体。好，是因为两者对立会生不和、冲突、动荡，甚至内乱，那对国家整体生存不利。能调和，可减轻张力，有利共存。所以混合政体是"好"，因为它很"实际"；那不是"理想"。

从政体稳定角度看，这个好政体很"有用"，比较不容易垮掉，但肯定不是最理想的。更何况，当亚氏提出了一种"脱颖而出"的类型，那不太富也不太穷的人主政的安排，这个混合政体的周界，显得更"模糊"。他的论说，认为中产阶级当政更可取，是否成事却属经验范畴。看来那阶层的人并不热衷公职，也不一定抗拒权位；他们是"小康"出身，不像穷人那样渴望财富，却也不必日夜操心家计，以致与社会脱节。那是有利点。甚至可以说，他在贫富混合型的政体以外，提供了另一选择，就是让不贫也不富的人掌政。严格来说，这是第七类，不包括在六型里面。

说起来倒有点像常识。但他表示，这情况绝少出现，这类政体不易见到。如果有国家有此条件，那是莫大的运气。反映出亚氏本人并不常碰到这中产阶级的政体。他引用的比喻，是柏氏借苏氏之口说的，能建立一个国度，让那有智慧的统治者和他的助理来统治的，几乎没机会成事。要建立中产政体，亦然。古代智者都冷静明白，理想型的国度，难以建立。

要察看这取向的近代命运，我们得看看实际例子。好些近代思想家都预言，这类政体成功的机会不多。不多，但总有。北美洲的人会认为，他们就是典型的例子：混合型中产阶级政体，主政的基本上是"资产阶级"（bourgeoisie 一词是通行的术语，指的其实是中产人士）。那样衡量，就涵盖了北美和西欧。固然还有一些其他的零星例子。共通的地方，是多数人不太富不太穷，公职多由他们把持。是否真是这样，社会科学家长期以来多番测试，尝试去证实或推翻论据。大家问：是否实情如此？比如说，在上述两个地区，是否穷人占多数，以致称中产政体根本不能成立？又或者，有产者人数庞大，自成阶级掩盖一切，全面操控政府，以致富人多数是个现实？这类探讨多年来存在，却又似乎有一"共识"，说他们都可算是中产阶级政体，与亚氏的理论颇有吻合之处。这类问题固然多年来有反复讨论，尤其以经验学派的社会学家和政治学家为多；这足反映了中产阶级政体的说法，有一定的根据。

这讨论，环绕着事实性质的问题。另一个常讨论的问题是："中产阶级政体"这观点，是亚氏提出的，还是近代马克思才提出的？近世政治社会学的论者，有认为后者，更以后者说法为"对"。就亚氏说，中产政体是好的；就马氏说，它是不好的。因为，它发展到最后，是它生产力达到顶峰，同时又是内部溃烂到无可救药的阶段，终于到了崩溃地步；而重新成立的新社会，是建基于前所未有的假设上的，因为那是个无阶级的社会。很明显是两个分歧的中产阶级统治观点。我们不必在这里探讨比较两者的对错；但仅接受 19 世纪的说法，而不认识另一个可能的概念，殊为肤浅。到了今天，这个中产掌政的理论，还值得我们去讨论、去思考。

假如亚氏所言无误，即由中产阶级主政的国度比较稳定，比较有可能融合不同元素，比较能达致相对平等与公义社会，等等，下一个问题就是：按着事物的本质，这类政体会得自然之道的"错爱"吗？它会得自然之道的偏袒，胜过其他类型而得长存吗？如果历史事例是镜鉴，亚氏的教诲是镜鉴，我们就不那么乐观了。他含蓄地、迂回地告诉读者，事物的"好"并不就是事物"成功"（能长存）的基础。要政体能维系，得加上另外的东西，因为好政体不容易生存。也许好政体特别容易倒下。

政体就是好的，也不保证它能长期屹立。有人说，美国有世上第一部成文宪法，上轨道、行之有效超过二百年，全国上下皆奉守同一政体，这在历史上属罕有。可那种稳定，在甲国能行，在乙国不一定可行；就算美国有那幸运（固然不只是幸运的），幸运之神不见得就眷顾其他国家。幸运以外，还有诸多因素。因素是什么？因为它资源得天独厚？因为它有两洋分隔开欧亚？诸如此类问题，还有待社会学历史学政治学者好好探讨。

那只是个比较现成的例子。问题值得深思，源自亚氏思想的启发。他引导我们去考虑政治上两个无法回避的难题：什么是最佳选择？它和公义有怎样的关系？连起来，可以这样问：一个国家如果是好的，是公义的，它跟能否昌盛发展，有怎样的联系？也就是说，它跟能否成功屹立，有何关联？

近代政治哲学的一个原动力，源自马基雅维利对同一问题的认识；只是他的答案，却截然不同。看来马氏认为，长期的道德教诲，说美好的、公义的，与稳定成功有关联，是错的；说美好的与酬报并行，是误导人。古人把美好的、优异的看作成功昌盛的基础；而他正要扭转这个。一般认为，马氏发近代政治哲学之端，可以说是始作俑者吧。（社会学者有另外的说法。社会科学界里，大家对"近代"［Modernity］起于何时，并无定论。）近代哲学，是冲着古典哲学而来的，起码在政治学上是那样。马氏霍氏等人著书立说，都针对亚氏下笔。可一般人都不曾问：为什么马氏需要那样做？看来传统基督宗教的教义，一定牵涉在里面。甚至可以说，必然是那样。因为，如果没有错读亚氏原文，如果我们上面的分析是合理的，那很清楚，亚氏（也当然包括柏氏）显然没有那么天真，认为公义与奖赏成正比。古典学说清楚分开公义与权宜；明白人当追求公义的政体，但不保证公义国度必然昌盛，立久不衰。亚氏自己在本卷中就指出，贤能之士（好人、义人）最不会引起动荡，也最难平息荡局。道理很简单：这类人数量太少，对权位也不恋栈。他们自身的经验，足令他们明白，"好"的力量往往不能战胜"不好"的势力。

按理说，说马氏看不到亚氏的观点，不大可能。古代希腊的哲学家、戏剧家，都没有任何教诲说，只要你行好，就必得报酬，只要你公义，就一定蒙福。马氏说"古人"教诲不对；如果"古人"不是古代希腊的，那一定有其他事物牵涉其中。两相衡量，该事物属基督教末世学教诲，看似高于古典政治学。可以说，西方近代政治学兴起，与其说它是对古典学说的回应，不如说它是对罗马教会或者是千多年欧洲"政教不分"的"反动"。这不是我们目前要探讨的议题；不过任何认真反省西方政治思想的人，总绕不过的。

说回来。假定一个政体并不由一种阶级组成，假定它兼顾贫富，假定它能衍生出更佳的安排——使非富非贫的人"当家做主"；如是，那是否可以说，亚氏的学说，相当视乎物质情况，或者说经济条件，或阶级考虑的？看来确实如此。就此而论，他很务实，他明白物质条件是群体生存的重要因素。人间的嫉妒、贪婪、压迫等，都环绕财富而生。细读古人经典，当知他们对此非常了解。

苏氏怎样观察财富？他不欣赏富人在政治生活上的角色，犹如他看不起穷人的鲁莽所为。他的批评，贫富两者可谓"平分秋色"；而他所称道的智者，是不论贫富的。他本人就是个穷汉，尽管他没有沦落到饔飧不继的地步。他自己宁可处穷而不求安逸。这在当时的雅典，极为罕见。我们不可能说，源出苏氏的政治哲学，是建基于利富害贫的阶级利益的。读柏氏亚氏书，从不见刻意称道富人，或富人建立的城邦；可他们不断谈及贫富的问题。这可带来什么启发？

近世社会讨论政治，总以贫富之别为依归，总以为经济考量才是世故、到位、智慧的表现。不少人认为，那才称得上是进步的、赶上时代的，即是合潮流的。也许事实本该如此：古代的探讨不是个好例子吗？谈到"政治"的时候，你不是当谈到这些议题吗？问：若然，就政治生活来说，也就是政体可以有怎样的性质，怎样的水平来说，可得出什么结论？就"什么叫公义的政体？"这一问题来说，可有何答案？通过贫富考虑来检视各种问题，可使人明白什么？我们不从别的，仅从政治哲学的思考上，能帮助我们明白的，起码有这一点：如果我们不自我蒙蔽，那基于贫富之别的意识所做的政治观察与反省，并不必然达致近世流行的见解。就古代智者的教诲可见，他们也用贫富之别来考虑政治问题，也毫无偏袒富人的短见，却没有得出近代的结论。即就近代人的立场看，除非认为古人愚昧，又或者已遭历史淘汰，否则不能认定19世纪以还的论述，是唯一合理的。我们得反复思索。

细读不同时空下成就的作品，往往有意想不到的收益。除非我们盲了心眼，否则总有警醒作用，就像读我国古人书一样。如果意识形态主导——不论是什么派的，那我们很难成就学问，遑论追求真理。亚氏在这里，引导我们去想好政体的生存问题，也有点像我们传统中所谓"善"与"报"的问题。在这意义下，"报"当然是指政体能长存兴盛。他并没有给任何答案，但问题明显在那里。通过追寻最佳政体，他概括了各种政体，不动声色地带读者去思考，政体形式与能否屹立恒存的问题。他没有故意挑起争论，没有夸张的言辞，甚至可以说，问题并不明显放在我们眼前；不过，如果我们能细致一点去想，把政体的兴衰放在他的自然哲学脉络中检视，这个政治思想中的永恒难题，就会浮现出来。证诸后世历史，不管欧洲的还是中国的，足见亚氏的远瞩，并非过虑。

任何政体，都会引起动荡、内乱。成因固然不一，能否成功预防以化险为夷，消解困难，得视乎各种因素。正如前述，不管国家形式如何，都会伏下不稳定，甚至是自毁的种子。所以亚氏教诲，在如何消弭那样的威胁；成功与否，倒不是人能完全控制的。五、六两卷，与此有大关系。七、八两卷，在建立较理想、较合理的国度。也许可以看作对难题的积极回应。

※　　　　　　　　※　　　　　　　　※

　　卷五的主题，是论不同政体会碰上的动荡可能，以及带出的后果，包括自我调整，或内乱，或覆亡等。旁及的，是自我保存的办法。这是明白提出的。没有明白提出的，似乎是政体的"美好"和"稳定"的关系；同时明白，这不一定是正面的关系。纵然是"美好"的政体，不一定能"屹立"，这是个政治伦理上的难题。

　　一下笔，亚氏就提到政体更迭的问题，他要探讨政体改变的模式。古代希腊的智者，似乎都有某种历史循环论的色彩，都有"甲→乙→丙→丁→甲"的意识。〔在我国，历来都是帝制；大家从小就明白中国的"循环"，是一治一乱的模式。〕在《理想国》中，柏氏形容的更迭模式，底本是斯巴达的改变，从贤能制到富权制到民主制到暴君制。亚氏在三、四两卷中，也有过类似的概述，形容了希腊的政体变更——从君主制到暴君制；但那是历史的观察；他并没有加上理论的或预测性质的探讨。在这里，他注意到改变的形式不一：有凭实际观察可见的，有凭理论推断可测的。柏氏的循环观，在他看来太简化，他认为最常见的政体更迭形式，是转换成"相反"类型。什么叫"相反"？

　　亚氏的类型学，分政体为六大类，三"原型"，三"变型"，像主轴两边的对称，例如君主政体是原型，暴君政体是变型。依此类推。很多时候，他说的"相反"，是指同数目的统治者，不管一个、少数还是多数，原型变型互换。在《伦理学》卷八中，他曾谈过君主制、贤能制等，怎样变成暴君制、富权制的政体。

这也许是"常见"的例子，却不是唯一的。在卷四，亚氏提出采用混合政体，说那是个疗方，可使"民主""富权"两政体互补不足；然后再自创新类，符合中庸之道的中产阶级政体，目的当然在达到最稳定状态。在那里，他没有用动荡一类用词，目的倒明显之甚。在这里，他用的疗方，在改善既定的政治状态，使困难不致危及国家生存；所以他稍后要提出，不同政体怎样可以适应自身环境，才不致垮掉。这样，他比乃师柏氏更向前走了一步。柏氏在晚年大作《法律篇》中，描述了比"理想国"稍逊一级的"次理想国"，但并没有研究如何改进现存的政体。疗效，不是他的目标。

亚氏重疗效，所以建议用"改革"，甚至"自我改造"来平息动荡。他观察、研究各类政体，教导改善之策。他像个医生，要找得构成疾病之源，然后下药方治疗疾病。这卷先讲述动荡之由，然后下稳定的药，固然是带点实证研究的味道，起码有赖经验观察。这就引起了后世讨论，说他是扬弃了政治哲学的道德思考，进入了政治科学的经验衡量，因而连败坏的政体他也愿意去"补救"，那直是不作伦理考虑的方法了。

可是，亚氏是个伦理学者；说他的方法学截然改变，甚至在人与群体的研究上，"架空"了伦理，不作德性的考量，是言过其实了。刚在前面提过，自然之道，不是单线发展的。亚氏不是个一元论者。自然叫人"合拢"，也叫人"分开"。自然之道，使人成群体（政治）动物，自然而然走向城邦，而城邦，是以美好生活为目的的。可美好生活，又不是每个城邦都能企及的：自然并不赋予每个国家同样的条件,正如它并不使人人富裕,使无贫富冲突。可知亚氏的探讨采用经验方法,用客观冷静去记录社会情态,并不表示他就放弃了他的终极关怀,也就是道德教诲。

五、六两卷,亚氏用了大量个别政体的资料,细察它们的历史背景与运作形式,然后立论。政治科学——如果真是一门科学的话,是探讨一般性质而非个别案例的;但一般性质的通论,必须以经验证据为基准。因此,他有必要先把各政体的资料组织起来,条分缕析地找寻理论的概说。他如何提问,怎样作答,都出自理论考虑。可见理论思考对他研究的影响。他对事实本身不见得很感兴趣,他不会是为了铺陈事实而考察事实;同时,他对希腊各邦国政治生活十分熟悉,也许又在他理论思考之前。就如很多科学家一样,亚氏的理论思考和经验实证,常交织在一起,互补长短,不像今天的社会科学探讨方式,泾渭分明。

近世社会科学,受自然科学影响,认为探讨问题,不当受人的情意欲望左右,不当有理论前设,所以观察现象,“是什么说什么”,才是“客观”。为此,事事以数据为准,特别重视统计方法,说那才够“准确”。亚氏有自己的研究途径。在《伦理学》中,他把知识(或者说智慧)分作两大界别:一叫绝对知识(或科学知识);一叫实际知识。前者追求的,是宇宙间恒久不变的东西,或真理;后者探索的,是人的道德政治世界,是生变化的,不准确的,受人的情意欲望影响的。因此,不能把前者的态度、门径,套到后者身上。

看亚氏的行文,可见他阐述观察得来的材料时,贯彻了他自己探求知识的态度。他没有要求数学般的准绳,像近代哲学初起时,哲学家都把几何学物理学应用到人文社会的分析上。他的用词,像“大体上说”什么什么,“尤其是”怎样怎样,显然是“概括式”又“留有余地”的用法,表示所举例证并非绝对全面,容许有反例的可能。没有几何式的比喻，也没有百分比或其他比例语句，说"多数""少数"，也是笼统的性质，不是今天流行的"量化"。

这两卷书也表明了另一点。在据实记录了各政体的政治行为后，亚氏的分析讨论，指向一个目标：寻求政治稳定，使政体能生存。研究政治动荡，甚至政体更迭的现象，并不在于要做实证式的记述，而在给政治家以忠告，希望能避免重蹈覆辙。知道了覆辙成因，才能对症下药，教统治者如何行事，正如要知道疾病之由，才能定下疗方，医治病体一样。不过他的先设目标——治病救人，并不曾扭曲了他的冷静观察。稍后我们会见到，他怎样引用他的例子，怎样描述他的经验知识。他的实际目的所影响他的，不在如何分析现象，而在选择何等现象去分析。政治动荡，政治失序，是他选定的研究项目，因为他觉得那是不好的、该避免的。我们读五、六两卷，很多时给说成是《政治学》中"科学"的、"实证"的篇章；当记着他的终极考虑是道德的、政治的。

（一）动荡的成因

天下间的政体，莫不由某种公义的理念起其端，在对公义的追求上怀有共识，才能组成一个政治团体。（亚氏说的"公义"，本来是含义较广的"义"，原意指恰宜的、对的、适当的，等等，就像《论语》所谓"事之宜，谓之义"的意思。今人说公义，多指狭义的政法制度；那当然包括在内。）骤看起来，这倒像霍氏在说话了。他契约论的起点，是政治群体的生活，源自某种"协议"，某种"共识"。要达成"协议"，必先具三项先设条件。那是说，在条件不成熟时，人是没有群体生活的，更不必说政治组织。亚氏并没有共识背后的假设。他早就说，人不是个独居动物，人是活在群体当中的，所以从来就有群体生活，就有人的群性。（当然，人并不因此而失去了个性。）社群生活，是自然的，因而政治生活，也是自然的。从来如此。不同的，是那生活形式的转变罢了。他看政体，同出一辙。政体，就像其他生物一般：它成形、它长大、它消亡。那是自然的轨序，应用到一切生物身上。用现代的话说，亚氏明白，每一个政体，都埋有自毁的种子，从来没有一个政体是屹立不倒的——不管它强盛繁荣多久。直像总有一些东西，足使政体倒下。可知这个"自毁的种子"并非现代才有的想法。

现代的意识形态却叫人相信，上说不合，因为它只能应用到某种政体身上；有些政体是"免疫"的。你的政体不错是埋下自毁的种子。何以？因为你有"矛盾"；矛盾带出对立面，把原来的消解。你的论点有矛盾，论点就垮掉。你的社会有矛盾，社会就倒下。不过，可能有的社会是充满矛盾的，有的社会是没有矛盾的；前者必然倒下，后者可长存。

亚氏持不同的看法。他相信，不论什么政体，都有那种子；否则没有政体会改变、会灭亡。没有一个政体，或任何人的政治组织，是自然而然的、从盘古初开就存在。政体有个成形的过程。（近代哲学所反对的，并非这个过程，而是自然的推移在过程中所占的位置。）有成形的开始，就有消亡的结尾。〔"凡物，有始，必有终。"古人相信，人道是有始有终的；只有天道无始无终。中外皆然。〕从自然哲学来说，亚氏的论述比较合理。如果说，世上有某种社会，没有那坏种子，因此也就是永远健康的，不会灭亡的；那有点像"天国降临地上"：人可以那么完美，没有任何动荡，遑论灭亡。

从表面看，对愿意相信这种理论的人来说，它十分吸引人；对不相信的人来说，它绝对不可能。如果从亚氏所展现的去思考，结论是任何政体都会有消亡的一天，纵然你是最优秀的、最美好的政体，也不例外。也许最佳的，也就是最温和的，最守中庸之道的，特别容易受创、特别脆弱。不仅亚氏，其他古代哲学家，都有同一论调。近人持相反观点：最佳政体内，没有埋下自毁的种子，它不会倒下。那是说，近人认为自己找到了"美好"和"屹立"的恒等式；基础在把那最温和的、最中庸的"中产阶级政体"去掉。

另一个表达方式是：如果最佳政体就是没有自毁种子的政体，原则上它是不死的，是永存的。原因很简单：因为它是个"无阶级"的社会。无阶级则无矛盾——就是有，也微不足道，不会引起动荡的；无矛盾则和谐；和谐则长存不倒。假定把清醒的探讨与理论的可能并排，历史经验可以告诉我们什么？历史上没有亚氏的反证，人类经验却没有长存不倒的社会。可以说，我们从未见过完美的社会。历来中外智者，不正在不懈地追求？

带出了这些探讨，因为亚氏说一切政体的起源，是人对某种"公义"，某种大家认为是应当的、恰宜的东西，有共同的追求。平铺的叙述，看似平淡无奇，既没有激进的字眼，也没有煽情的含义，甚至听来沉闷。当他说所有政体起于某种共识，但所有都会消亡，都不能屹立，他是告诉了我们很重要的点子。所言是否皆真理，不敢绝对认定；历史倒像证明所言属实。我们固然可以审视、可以批评他的学说；要做得周全，我们得先明白他的用意。他说大家同意了某种公义的理想，但未能全面实践。这可有什么现代意义？

近代历史上，按这理念而行，并且付诸实践，把理念写在政体成立的文献上的，是美国。美国人认为，揭橥他们《独立宣言》上的，是他们创立政体的崇高表现，象征了这个新国家的理想与追求。两百多年下来，他们也认识到，当初大家同意了的公义理想，很多还没能实行。这是否有点像亚氏所论的影子？如果追问一步：政体未能全面达到设定的理想，会使得它步向消亡吗？不会。他们的《宪法》解体了？没有。依赖该《宪法》而行的政体垮了？没有。固然修改是有的，有时也引起相当的争论。争论原因何在？在怎样解释大家同意了的理想，也就是今天所谓"释宪"问题，而"释宪"问题，又不是美国独有；在任何宣称按宪法行事的政体中，都会出现。值得思考一下。

一般来说，释宪有两个范式。一个是把制定的法律和宪法并列，看看新的法律是否符合宪法要求。不合，则新成法律属"违宪"，得修订或废除。宪法是"金科玉律"，是镌刻在钻石上的"天条"，可用来评断一切新立的法律，是无上权威的。另一个是说，宪法是个"活的文献"，像古代的寓言，留待后人解说。每个世代，按着当前的需要与期望，灵活变通来解释，认为那才是"跟上时代""与时并进"的。那又牵涉到任何世代与过去的关系：为要"变通"，过去的先行者，不能用当时人的手，缚束后人的行为。两个方式各有其理。结果是，立法部门和司法部门有的时候，采取前者；有的时候，采取后者。

若亚氏的政体起源说是对的，即起于对公义理想的共识，却未能完全实践；那是否可以说，释宪该采"弹性"模式，因为必须考虑当初大家同意的公义概念，在当时是无法达成的；也许在后世也不能完全成就。政治智慧需要的，是不断适应的努力。但适应的是什么？你必须先有一套典范，但它不能太僵硬，以便适应新的时代。可适应，有点像我们说的"古为今用"，并不是把原来的价值丢了。毕竟，那是大家一开始就同意了的。这么一来，它必须站得稳；它既然是个典范，是大家推崇的，那它得像一尊石像，屹立受人景仰。同时它又不能过度死板，不懂变通，因为人事世情都在变。这是思考人在政治生活上的永恒问题，需要解答，却没有标准答案。

困难之处，在没有"准则"。那么负责去"适应"的机制，就要如履薄冰、步步为营。这重责一般落到法院身上，所以法官在考虑如何适应去行公义时，不得偏袒任何身份、派别。不然的话，他自己就变成不义的工具了。循着这个思路想，法官不能偏私贫者或富者，否则混合政体会被"打回原型"，倒退为"民主"或"富权"了；这两个，都是"变型"不是"原型"。那么最初同意了的公义原则有何特质，在处理"适应"时特质也须保留，否则政体就无法维系了。这应该是亚氏的理路。

近代政治理论反对"司法过度积极"者，其理在此。当法院不在维护公义，而在保障"阶级利益"，问题就复杂了。那些保障富人的，就会压制工会，削减穷人各类权益等，十分不好。那些偏袒穷人的，就用各种手法剥夺富人的利益，同样不当。在民主政体和富权政体，这情形最容易出现。所以当政体是某种阶级政体时——不管是什么阶级，这情形难以避免。因此当亚氏轻轻提到共识的公义，而公义又是贯穿全书的一条主轴，读者当好好思考，他在提点我们什么。

回到开始的论点：公义。与公义并列的，是平等。亚氏把平等和公义放在一起，在这卷一开始又复述。为什么？他在这里把平等看得高，说"不平等"的感觉可导致动荡。然后又重复在卷三已说过的：人人都同意事事该按各人所应得的来分配，人人都认定自己的条件最合理。有些人认为，他们在某一点上是平等的——例如生而为自由人，那事事都该平等。这是当时民主政体的主线。有些人认为，他们在某事上是与众不同的——例如在财富多寡上，那事事都该不平等了。这是富权政体的立场。（门第、美德他也曾提及。）他显然认为，两类各自坚持的公义／平等原则，都有偏颇，都会导致不稳定；而这两类，又是最常见的典型，也是本书的一条主轴。

固然，政体不止两类，每类都会有不同的派系（*stasis*），也就是今天说的"利益团体"。亚氏现在指的，当然是用他的分类学来立论；无足轻重的小团体，不在考虑之列。只有政治团体才比较有能力、有资源，去煽动、去骚乱、去变革。不过他说万变不离其宗，所有皆因对现状不满，而不满之源，是觉得不平等。这里所说的不平等，是指人受到"不公平"对待的不满，人觉得身处的政治状况，使他有受辱（不公平）的感觉——不管那"受辱"是真实的、是想象的、是两者兼有的。例如他说，富人要与穷人"平起平坐"，觉得不公平；穷人当不起有资产要求的官职，觉得不公平，是最常见的例子。因而不舒不快。舒的方式，轻者可以略改一二，水不扬波；重者可引起动荡、内乱、革命，推翻原有政体。

这说法，不一定对。他也许过度强调了人的不满，人受不公平对待的愤懑感。从来政体没有平等的，多数时候，老百姓不就是忍气吞声？中外无别。荒年可能动荡一点，丰年多是天下太平的。但原则上他没有错。人早晚会受启蒙，民智总会开。这在当代社会，明显之甚。亚氏原文是这样的：动荡（或失序）源于人追求平等。（他说 *ison zetountes*，seeking after equality；*ison* 是同样，或同等，或同位，即今天几何学化学中常见的 *iso-*。但 *zetountes* 的追求，是追寻、探寻、探索的意思，原义是 seeking，也是 investigate。Loeb Classics 本作 desire for。淦本作"平等欲望"，吴君本作"要求平等"，颜本作"谋求平等"，双吴本作"求取此不平等者而平等之"。）

平等，可以有两层理解。一层是算术式的理解：每个人都算作一个人，所以四个人与三个人的差是一，十个人与九个人的差也是一；每个一都是一样的，同分量的。那是数字上的平等。亚氏说那是民主政体中衡量人的角度。另一层是比例式的理解：人人贡献不一，所以分量不同。例如我贡献6，你贡献4，我和你的比，是6：4=3：2，所以是不同值的。你我价值不同，那身份、地位、官职也该不同了。那是富权政体中衡量人的角度。

现在社会科学，重视"量化"；什么都用数值来衡定，说用数字或统计式来表达，才够"科学"。我们还没有做到的，也许是怎样量化"德性"。我们不知如何着手，也不知亚氏会怎样做，或者他是否懂得如何"量度"德性。果真能套用，是否可以说，甲和乙的德性比例是6：4，那甲的影响力该为3，乙只该为2。两个人贤德不等——先不论何谓贤德，那较优的在政体中该占较大比重；比重，并不专指物质上的。

富权政体的角度，正要把该比例原则派上用场。那样，不同财富条件的人，就可以用比例计算来衡量在政体中的分量了。比如说，甲的指数是1000，乙的是20。谁该在政治上有更多发言权，一目了然。这样看，甲该有乙的五十倍，也就是说，甲可发挥，乙起不了作用。

亚氏的评断是：算术原则和比例原则，独立来用都有问题。（在《伦理学》中，特别是卷五，他有详细的讨论。该卷的标题是"论公义"。可见他理念一贯："平等"用得恰当与否，是"义"与"不义"的问题。）拿任何一个原则应用到政体上，都会使政体变坏，因为埋下了自毁的种子。我们很自然会想到，成立混合政体，就可"免疫"了。不是的。混合型的确是胜过任何一款纯型，却不表示那就无疵的。这一章正告诉我们，动荡、失序，甚至革命，是所有政体都免不了的。

话虽如此，亚氏仍然认为，他所观察到的民主政体，要比富权政体来得稳定。理由很简单：引起动荡的机会较少。在民主制下，动荡的主因，来自（多数）贫与（少数）富之争。稍后他要解说，两者之争带来什么祸害。当然，如果富人不多，又或者中产人数不少，情况固然较稳定。至于富权制下，麻烦多了一重。若贫者甚为不满，自然会有动作；但在富人"内部"也生矛盾：嫉妒争锋，眼红症，称霸欲望，不一而足。那么可以假定，人较多支持的政体，因着"量"的因素，使它没有那么脆弱，来得比较稳当。固然是常识之论。当初作的假设，说政体能屹立的条件，在"质"的因素：因为它是优异的、美好的。现在加上"量"：因为它得到大多数人的支持。可以想象，一个政体质与量兼有，使它足以追求美好的生活，该十分理想。

按亚氏的教诲推论，民主政体之所以比较稳定，并不只是以量取胜的问题。在该体制下同时出现的，是政治生活之利，能使多数人享用或受益。起码跟其他政体相比是这样。这是在观察比较时，我们当留意的。

五、六两卷讨论的，是引起动荡或政体更迭的成因，以及预防之法。动荡和政体更迭，可以是两个不同的现象。动荡可以带来不安，不一定改变政体；反过来说，政体不同了，也不必因动荡而起。所以，两者并非二而一的东西。但亚氏将两者相提并论，也很自然。两者都属于政治上的"不稳定"情况，或者叫"失序"状态，都威胁到美好生活的建立；而他假定，世上的统治者，都"避之则吉"。再者，动荡不安，很多时候的确会导致政体改变，而政体更迭，又往往因动荡不稳而起。一般说的政变和革命，是两者兼有的情况占多。他没有把重点全放在革命上，而是包括了有不安无革命的可能，好像是模糊了焦点。不过，近代研究"革命"的却认为，焦点太小，研究的现象收得太窄，反为累事。亚氏的探讨，不把目标界定得太死，使他有足够空间，不会把有关资料给排除在外。

在讨论动荡成因时，亚氏先用上他的概说，认为可普遍应用在各类政体上，然后才论到个别情况。这种探讨方式，不很符合他在科学知识探讨上的逻辑次序。（在《伦理学》中，他有较多的方法论篇幅。）他是个归纳法的学者，认为科学知识是先观察大量个别事例，然后得出一些通则，再去印证。到了这点，他反而采纳了乃师柏氏的论法，认为认识事物先从"意念"入手，也就是从"通则"开始，立下原则，一步一步往下推，到各个别事例身上观察。（这是《理想国》的论述方式。）他好像认为，就算探讨的范围不一，这种立论模式可用到所有研究论题上。

这一节讨论一开始，他就从三个层次来分析：（1）引起动荡的肇事者，有何心态？（2）他们的目的是什么？（3）触发动荡的导火线，有哪几种？

先说（1）。刚提过，引致政治失序的最基本原因，来自人对"公义"的不同理解，人觉得受到"不公平"待遇，不满意公职（权力与荣誉）分配不平等。公义与平等，他是连在一道说的。出于不忿给排在权力与荣誉以外，人会起来替自己争取。固然，争取的手段不一，也不是每一种手段都是激进的、暴力的。不过，对不公义或不平等的判断，也没有什么绝对客观的标准；所以在环境相异的社会，都会有动荡出现。古今无别。尽管如此，我们可以假定，人的感觉虽然有偏差，不公义倒是真实存在的。

用不公义作为最基本成因，亚氏拿着它往外推，从泛例出发，再指向独例。（我们跟着他的思路，先铺陈他的框架，然后看他的事例。）纵使众说纷纭，合公义的分配，应是所有政体都号称追求的。看来不光是政体，任何有组织的团体或社团——亚氏一开始就说到的 *koinonia*，都会有同样追求。用分析动荡做他的起点，他就能够把这类政治行为，引申到其他脉络部分。这个说理方式，不会很"正规"，很符合方法论；因为，他要指出一个实质的重点：那些肇事者，大多是按某一原则来行事的。当然，那不是说，所有这些人，包括打着革命旗号的人，都纯属理想主义者，完全不沾个人利益。亚氏不是反复说明，不同阶级有不同政体，正因为主政者的社会经济地位，与他们的政治原则、特别是公义概念，大有关系？

另一方面，人有不忿，要改变现状，如果只顾自己的私利而罔顾道德原则，也不易成功。（这点，我们在本卷完结时会再次见到。）对那些认为道德诉求全属虚伪，只是争取支持的烟幕那种分析，亚氏不同意。他把不公平对待放在首要位置，正表示他相信，从不公义而起的动机，是真实的。这种起因，当然不能应用到全部事例上，例如政体更迭出于意外，又或者人本来没有存心去改变任何秩序。这例外，亚氏明白，也承认；例外，不见得影响了他的论说。他的推理，是"概说"；而概说，不是数学式的。我们在《伦理学》中早已见到，道德、政治等论说，不当用数学方式来推理的。

刚才说，人对不公平待遇，对公职（荣誉与权力）分配不平等，会不满。在富权政体，没有一定的财富或入息，就不能参政；对多数人来说，这是不公平待遇。权力和荣誉，是按财产分配的。同样，也有按血统，按种族、信仰、肤色，等等，把"不符条件"的排除在外。直到今天，这在世上仍是随处可见。且举一反例。

为美国人津津乐道的，是历史上首宗总统候选人的公开辩论。对辩的，是肯尼迪与尼克松。竞选期间，双方四处演说。最触目的，是肯尼迪在西弗吉尼亚州的一次演讲。众所周知，美国传统上是个新教国家，从华盛顿开始，历任总统都是新教徒（今天俗称基督教徒）。肯尼迪本人是旧教徒（今天俗称天主教徒），因而是第一个因"不公平待遇"鸣不平的候选总统。他说美国公民人口中，有不少属旧教的；如果因"信仰"不同而没有机会主政，那是不平等地对待这批人了。没有理由这些人不能登上最高荣誉与权力的位置。这在当时引起了很多讨论，也打动了不少本来犹豫的选民。固然，在那个时代，说那种话，有政治风险；讲者也得有很大的勇气。是一场博弈。他成功了。

亚氏常强调的"公民间的情谊"或"同胞爱"（*philia*），正是用来维系不同组别间的韧带。如果旧教徒，或者任何组别的人，觉得自己因着个人身份或地位或成分等而受到歧视，那么"情谊"就受到打击、削弱。这对整体有害无益。现代的观念更是觉得，没有人该因为他的信仰、财富、种族、肤色等因素，而被挡在体制之外。当然这是道理上的说法，不是说实际上已达到的理想状况。21 世纪的美国，又一次突破了种族的偏见，选了第一个黑人总统；黑人，长期说是受到"不公平待遇"的。

说这是个反例，因为它符合亚氏的论点，即人受到不平等对待，认为有不公义时，会鸣不平或抗争。很多时候，后果就是动荡或失序或改变。但美国幸运，出现了成因，却避过了后果；它带来改变，却没有失序。可幸运，并不是常态。今日之世，多少国家在面对权力与荣誉的分配时，陷进失序、不安、内乱等困境，正因为国中不同组别或阶级或派系，认为受到了"不公平待遇"。很多时候，冲突皆由"大原则"而起，像信仰，像道德，像公义。亚氏接着要告诉读者，许多内乱和革命，发端自小事故，而后演变成一发不可收拾。看起来，有点自相矛盾。印证一下近代史实，有助检视问题。

霍氏成书（不止一本），多在 17 世纪中叶。他认为，在欧洲各国，内战皆由宗教而起。宗教导致失序，是亚氏没有特别提及的。霍氏之世，英国内战方殷。大家仍在争论：1640 年前后发生的英格兰内战，是什么原因造成的？最显而易见的，也是最普遍的假设是：奉新教的清教徒，不满亲旧教的皇帝各项政策，引起冲突。这假设，最容易明白，因为当时英国的宗教争论，往往给化约成君王与教皇的争论。"谁主英伦"的问题，由来已久；也就是英国历史上说的"主权与教权"的原点。但那是权力划分，不全是宗教问题。所以这个论点，大家还在探索。在当时，清教徒认为，英格兰是新教国家，皇帝靠向教廷，会令旧教力量干预，那是恶。宗教变成了政治，再变成善恶之争。

20世纪60年代初，西非洲的尼日利亚发生内乱。动荡成因不复杂。尼国是伊斯兰教国家。国内出现了一批"非正统派"的伊斯兰教徒。他们相信，真正的先知，不是穆罕默德，而是给主流派人士杀害的另一个殉教者。占多数的主流派说，那是邪恶的，因为它离经叛道，"妖言惑众"，于是讨伐之。内战爆发。随之是流血、死亡。除了教义之争外，背后指向的，是善恶之辨，是某种对道德堕落的声讨。

与此相似的，是70年代末的伊朗革命。表面上也是从宗教出发，是流亡的教长推翻皇朝最后一任的皇帝。皇帝的一项罪名，是把神圣的伊斯兰教社会领向俗世国家；也就是说，把国家带上现代化的道路，是不善的、堕落的。那是道德上的指控。直像说，那条道路所损害的，不是人的利益，也不是人的荣誉与权力，而是人的德性。伊朗革命，是一场"道德清洗"的革命。在中东的伊斯兰兄弟组织，都具有那色彩，并相信人人都当具有那色彩，不然的话，你就是"坏分子"了。教长领导的提纯运动，是冲着现代化（俗世化、西化）来的，因为它破坏了社会的道德支架。传统的道德教化，褪色了。高楼大厦拔地而起；女人走在街上可以不蒙面了，可以上学了；车辆四处跑了；社会上五光十色的光管招牌多了。诸如此类的现代化——西化标志，象征了现代生活的吸引，也象征了传统伊斯兰教的堕落。这是不可接受的。革命指向的，不是第二层的"利益与荣誉"，而是第一层的"不公义"。道德味道浓厚。

并不是说，世上所有狂热的运动、动荡等，都因德性争论而起，都值得我们关注；但看来不少肇事者都是怀着某种善恶之争的论点，燎起火头的。就是在今天，也不例外。善恶的争论，道德社会的争论，好像就是他们的目的（2），而不仅是心态（1）。那亚氏是混淆了？他这么强调德性的人，说肇事者的目的（2），是（物质上的）利益和荣誉，而不说道德考虑？是他忽略了？他会这样忽略吗？

当然，他所处的情况，很不一样。波斯侵希腊，不打着宗教旗号。希腊各城邦互有战争，但供奉同样的神祇。希腊与地中海其他民族冲突，也不涉宗教问题。那是他所处的环境。还有，他的历史条件，让他不可能见到日后在中东，在北非，在欧洲出现的宗教。与他同时、地望相隔不远的以色列，有比希腊更古老的信仰系统；可两地却不见有交流，起码在文献上见不到。就是大史家希罗多德吧，足迹遍四方，也不见提起。可知那时代没有因信仰而革命的记载。

但可以说，要解释你观察到的现象，不管是动荡、内乱，还是革命运动，亚氏认为，你得明白肇事者的目的。就方法学上看，这不符合生物学家的"科学方法"要求：报道现象，不是背后的任何"目的"。可是解释人的行为时，很难脱离行为动机的探讨。人做事，都有目的；人的行为——有意识的行为，都是有方向的。我们要理解那革命运动，就得明白革命者的目的：他们在想什么？他们追求什么？如果是没有意识的，就不会有目的；天下没有无目的的革命运动。亚氏总结认为，肇事者的目的，在利益与荣誉（公职、权力），或者是那相反的——害怕失去荣与利。荣与利，是社会生活的两大层面：经济的、政治的。近世政治学者多有争论，无法得出孰先孰后的共识。他们问：是人取得经济力量，为要拿到政治权力，还是取得政治力量，为要拿到经济利益？亚氏不那样问，就亚氏来说，两者是同时考虑的，不是"有甲"为了"取乙"的问题。

同时考虑，并不就是同等考虑。他说物质上的利益，并不高于其他利益。经济因素，不占主导地位。接着举出的例子，说明动荡或革命的导火线，有七项；经济不占多数。例子中也没有说肇事者是受压榨的穷人、要求分地的人、要求取消债务的人等。这和近世倾向于凡事归因于经济因素不同；亚氏的哲学不那么"唯物"。在卷二中段，他提醒法里亚斯说，人对现状不满，并不只是拥有上的不平等，还有荣誉上的不平等。统治者变成暴君，并不在穿得更暖；从来英雄好汉行弑暴君，也不是为了金钱。

※　　　　　※　　　　　※

接着谈的，当然就是引发失序的导火线诸实例了。不过，如果我们按着亚氏的理路，先探讨一下他的思想背景，并拿来跟现代政治学的思想比照，应该有助于我们明白，为什么他会用上那样的例子？如果他要"微言大义"，那又是什么？

首先，这两卷的主题，是政体的动荡与保全；也就是说，对症下药，找出动荡成因，谋求补救办法，尽量使它能长久屹立。亚氏固然多针对民主和富权两类，但他谈及的，是所有类型，似乎是协助所有政体，无分彼此。这本身当然有意思，对他的读者来说，更有意思。因为，在政治理论的历史探讨来说，大家都会知道近代理论的始作俑者马氏。亚氏在这里所陈示的，直像马氏《君主论》的"预表"。（该书一译君王术，又帝王术，又权谋论，都是译自英文书名 *The Prince*。但马氏原书叫 ***Il Principe***，准确说法应作 The Principality，意指文艺复兴时期的欧洲独立邦国，由君主或封爵或王侯统治的小国。）

380

比如说，亚氏会劝谕富权制的统治者，说他们当为多数人的利益行事，或看似是那样行事。他会告诉暴君说，你当按原则从事，或表面上给人民那印象——你是有原则的。显然他在说，你做统治者，记着不要让人民觉得你是亵渎的，或离经叛道的。这不是常识？那直像说，不管你对诸神抱有什么见解，在宗教事务上，你最好不要冒犯大家，入乡随俗，入境问禁。（苏氏受审的一条罪名，就是他不相信雅典的诸神。）据说，霍氏也进教堂礼拜。马氏也一贯虔敬，使20世纪的作者著书立说，谓马氏理论来自基督教。实在奇特。教会当局固然明白：他的书列在"教廷禁书目录"中。总而言之，那是教人，特别是教治人的，要"举止得宜"，起码要表现如是。

那直是教导人虚伪？假冒为善？对马氏一类作家来说，大家也许不以为异；对于亚氏，大家就觉得难以接受了。为什么？因为大家素来认识的亚氏，最强调的是人的优异与德性；而德性，纵使有不同特质，总包括了诚实与恳切吧？那么亚氏好像教人截然相反的东西，就令大家诧异了。冷静反省一下，其实无足诧异。

亚氏在谈论什么？他在谈论政治。一开始他好像就责怪柏氏——他倒客气地，只说苏氏，当然是婉转的做法。他怪苏氏教导政事时，太多一厢情愿的空想。我们看到他评《理想国》，有时语多严厉，但那确实是他的踏实路向。他在讨论现实的政治。（该指出，假使你要解说亚氏学说，而你不懂近距离观察现实政治运作，若人人能明白你所说的实况，也就是他当年所见的，那你的解说未到家。）他在谈那实实在在发生的。明白这一点，我们问：谈论人间政治实况的人，是否必须挂上模棱两可的面具？那是政治的真相？你不能合理地谈它？必须一味用德性来教化才行？也许你当以德为本，可你又不能全然"说教"。看来亚氏意指的是，任何"主"政的，或有意冷静合理地"论"政的，都得有某种妥协，都得明白德性不是唯一的东西。这真相，可能带来震撼，我们却得面对它。

审视人间现实政治，把它展示在大众眼前，承认它往往不是好人在做好事；同时，又不要鼓励大家放弃本该坚守的原则，不要挫折人追求高贵的步伐，实在不容易。问题是：你怎样谈论政治，既得明白它不只是童子军的竞技场，也不必堕落成为污水池，使人对崇高合理的公众生活，还有一份追求？

也许亚氏不曾完全解决这个问题，他的成绩却也不俗。何以见得？看看后世的评价。时至今日，很多人还在说，他只为德性说项，只在教化；我们从他身上学到的，都是人的自然目的，人的群性，美善的成就，等等。世上只有哲学最佳，而人生快乐总靠德性才行。这类评论，两千年不断，使亚氏成了"道德的哲学家"。如果看看后世对马氏的论断，大家会见到相反的图像。都说马氏是个坏蛋，只鼓励别人做坏蛋，教人怎样掌有权力，他们是腐败堕落与否不必考虑。他吹嘘出卖、谋杀；他教唆统治者残杀，不择手段。他好像鼓励各种各样邪行恶念，似乎是当时意大利北部一个暴君切撒·博尔吉亚（Cesare Borgia）的仰慕者。足令我们诧异的是，他们两位是那么相反的人，看到的、描述的，却是同一样东西。

政坛上人物，使邪恶，行奸诈，会令他们跌倒，也可能让他们成功。对这等事，亚氏绝非无知。马氏的作品说得也清楚。你做统治者，受人民鄙视，你一定不好过：你千万不要表现出行恶，使人民小看你。他提了不少例子。简略提一下。你表现出懦弱，一定生存不了。你多行不义，定招灭亡。你欺负百姓的妻小，他们会愤怒，那对你不利。国有宗教，你表现出不虔敬，也很危险。诸如此类不胜枚举。这些在任何世代都会发生的情况，有观察力的人都能看到。马氏亚氏毫不例外。亚氏清楚表明：他完全明白这等事情，因为他曾眼见。

希腊的城邦，实在是政治活动的沃土：违法、渎职、腐败等，都发生。诸城邦都是各自为政的实体，每一个都认为自己是个独立国家，所以那是个古代政治的实验场。好的、坏的，都展现在人的眼前；不必说亚氏，就一个普通的具观察力的人，都能耳闻目见周遭政事。马氏同样目睹15、16世纪的米兰大公国，教廷国等的政治运作。可见在希腊也好，在意大利半岛也好，他们看到同样的政治动机和行为；那些动机和行为，不分中外、随处可见，也不独希腊、意大利为然。从长远的、历史的角度来说，我们总会问：既然他们两人都观察到同样的政治现实，都明白身旁发生的事，何以两人所报道的，所表述的，在形态上、腔调上，甚至气味上，都差异那么大？

读马氏的《君主论》，大家会觉得，他是个铁石心肠的人；他的描绘，像个道德地狱。他十分聪明睿智，面对人间恶事却表现得无动于衷。亚氏散发的气味，叫读者觉得他的厚道，永远站在善的一方，尽管世事的污秽，他和马氏同样看到。从远距离看，两人的出发点相同，都是为了国家好；但对于人民追求公义、渴望自由等，亚氏却显得比马氏明白得多。固然，如果我们全面看待马氏作品的话，可以看到，他同样希望人人有个像样的生活，不受政治宗教领袖诸多滋扰，贫穷的可以保有财产不受掠夺，富有的不要有太大的野心，等等。

对比参详，并不只是思想史家的职责，也是我们的分内事。因为，当我们研究思想和制度的历史，也就是今天政治生活的背景时，可以清楚见到，现在大家所拥有的，是近代政治思想的产物；而站在产线前端的，正是马氏；跟着他的，是霍氏。（这当然是针对西方传统立言。但近世东方，几乎所有国家，莫不受同一传统影响；程度深浅有异，本质则一。）可以说，对当代西方政情影响深远的，是马氏、霍氏诸人开出的近代哲学取向。倒不是说，古今政治现实不同，又或者，古人今人在政治生活背后真相的理解上，看法殊异；而是说，两者的审视角度，尤其是阐述手法，十分不同。特别是，那真相是用什么模式表达的，似乎跟我们如何认识政治，有莫大关系。对我们来说，这十分重要。毕竟，我们是近代人；而近代政治的追求，正是以自我阐述作为起点的。

※　　　　　　　　※　　　　　　　　※

背景和比照，提过了。我们记得，亚氏在这里探讨的，是政体存亡的成因，而主线，是对动荡或内乱的反省。他先说，导火线有七项，然后从另一方面看，又多加几项。七项中前两项是荣与利，前面约略说了。跟着的是傲慢、恐惧、（统治者的过分）僭越、蔑视、（国家某部分的）不成比例增长。补充的几项，是舞弊、懈怠、轻视小节、比例失调等。[1] 敏锐的观察，加上丰富的历史知识，使亚氏能一口气列举出多例，以供参考。

他的解说，不完全是顺着开列次序的。傲慢，是一般译名；原文是 *hybris*，包含狂妄自大之意，语意较强。那不只是统治者对下属的无礼，还包括了暴力，甚至是对他人的性侵犯；很多时还指鄙视诸神。僭越，不仅是统治者所有的显赫，还是过度的自尊感，使一个或少数人，在城邦或在整个政体中，行使过分的权力。这滥权，会导致个人独裁或家族帝制。所以古代的放逐法，常出现。

恐惧，按亚氏的说法，是人犯了规，怕受到惩罚，于是先发制人，希望夺权免受刑责。他没有说那是什么规，何以要冒大风

---

[1]　各项名称，不同译本略有相异，字眼有别，意义还是相近的。

384

险，和当权者拼了。〔我们很自然联想到的，是陈胜吴广揭竿而起，终于推翻了暴秦。可以推想，为怕受责而用上激烈手段以求生，那么惩罚一定十分严厉；若赏罚合理分明，国家法律上轨道，惩例多半不致如此严苛。评韩非法制刻薄寡恩，并非无理。〕又或者，人怀有恐惧感，担心受到当权者的伤害，就先下手为强。蔑视的方向与傲慢相反，不是统治者对下人的态度，而是老百姓不齿统治者行事为人，鄙视他（或他们）的作风，采用暴力或非暴力的办法，拒绝他的统治。

所谓政体中某部分有不成比例的增长，指的是政体中各组成元素，像贫者、富者、能者等，此消彼长，使原来的稳定失去了平衡，引起动荡不安。作为生物学家的亚氏，在这里用上了生物学的类比：动物身体各部分，都是按比例增长的；如果某部分——相对于其他部分——暴涨，那它不只是外形改变了，性质也改变了。同样，假如社会上某阶级增大得不成比例，破坏了原有的均衡；城邦的社群结构不同了，政体性质也会不同。这相对比例上的改变，可来自社会某一阶层或某一部分的增大或减小；变化生成后的主导或实力阶层，会要求改变。这类动荡的成因，和上面说的僭越或滥权有近似处，当然程度各有不同。僭越指的是个人或少数人（家族）的自高自大；失衡的扩张，指的是整个阶级，特别是富人与穷人。还有，僭越者主要是当权派；不成比例扩张的，主要是在野派。

跟着补充的四项，当中三项是政体更迭而没有动荡的。徇私舞弊，用人唯私，是首项。次项是懈怠轻率，例如你循正途委任某人以高位，而该人心存不轨，或者说他并不忠于政体；你竟懵然不知，实在大意得可怕。再次，就是疏忽小节，不留意到轻微改变，不懂得防患未然，可使小事变大事件。比如说，富权制下的统治者，为要吸纳更多人进政府服务，就逐步降低财富要求。

这么一来，愈来愈多本来中层、甚至中下层的人，就成了掌权者，政体也渐渐成了民主制。很多时候是不知不觉的渐变，有点像所谓的"量变引起质变"。这可看作亚氏的警告。他随着不止一次提出"小事"，稍后会再次见到。

最后一环是"比例失调"。这个门类较广，包括了各样的失调，使社区的组成元素生出摩擦与失序。主要看待的，是城邦内的种裔比例失衡，引起内讧。这里所说的种裔，并不是血缘上的，比如说希腊人与非希腊人——虽然，那样的冲突，也会引起动荡；他针对的，是来自不同城邦的希腊人。城邦不同的人，就算血缘相近，也因各自的背景、价值等不一而产生不和谐，甚至战争，遑论血缘种族相异的民族了。每当有新的殖民地或城邦成立时，如果组成的公民背景各异，旧有背景相近的，会形成新的派系，使新城邦不容易建立和谐一心的共同体。

这不难想象。一批人建立起一个城邦，跟着有另一些人到来，安顿下来。久而久之，原来的城邦，失去了原先的性质；原来的人口，失去了那均匀，成了两大派别（或更多派系）。因此亚氏说，要城邦能维持齐一和谐，大家必须上下一心，守望相助。[1]（英译本有叫作 harmony of spirit，或 common spirit，或 cooperative spirit。假如要准确地按词源学来译成英文的话，那也许得译作 conspiracy 或 conspiring。不知这是讽刺还是语音学开的玩笑，这直像说：一个维护政体生存的办法，就是阴谋或合谋。原文在这里的词是 *sympneuse*。希腊文的 *sym* 与 *syn* 同，都解作"共同""一起"等；*pneuse* 来自 *pneusis*，也就是 pneumonia，pneumatic 等词的根，原义指呼吸的，和肺部有关的。所以

---

[1] 中译本用语不一。双吴本叫"共同精神"，淦本叫"同化"，颜本叫"休戚与共"。

386

sympneuse 的直译是 together breathing。那是英文 conspiracy 的原义。因为 con 或 co 是希腊文 *sym* 或 *syn* 的拉丁文对等词根；而 spiracy 的词源 spire，来自拉丁文的 *spirare*，也就是 to breathe，呼吸。合起来就是一起呼吸。谁是一鼻子呼吸的人？当然是上下一心共进退，休戚与共相互扶持的人了。引申而为同谋、密谋、阴谋。）亚氏像在说，国家能屹立生存，有赖这些同声同气、互相具有公民间的情谊（*philia*），也就是同胞爱的人，一起共谋支持国家。

怎样能做到一国上下同心同德，一起共富贵共患难？当然是使大家融合在同一社会中。这需要有个过程，也就是社会学家说的社教化过程。如果你的社会是个"纯型"的或"均匀"的社会，情况比较简单，因为组成社会的成员，同语言、同风俗、同宗教信仰、同种裔，像冰岛、日本等是。但这类社会很少。一般都是多元种族的国家。而亚氏观察到的，今天也随处可见。看印度，宗教与种族暴乱，时有所闻。看黎巴嫩，不同的人走在一道，不也像德国的土耳其裔人，法国的北非裔前殖民地移民，对两国造成了困难。"二战"前，英国是个平静的社会。战后移民涌入，主要是亚洲裔、非洲裔的英籍人士，被原居地的主人驱赶，移进英国。英国的社会组成发生了变化，开始有了失序的征兆。这又是"比例失调"引起的。类似的情况，在我国不也可见？

也许，那样的征兆，反映了人的不对，人是不当让那样的事情发生的；但它是可观察的事实。亚氏稍后会这样说：你知道事物的成因，那很好；但不能因为你解释不了，就把现象扔掉。也许你得暂时接受它，在你能解释它之前，承认它是个现实。对自命"科学"的人，这是个格言。如果事实放在眼前，不管你因何理由不喜欢它，你得承认它是个事实。有的时候，事实的确叫人难以忍受。不管怎样，他在这里举的例子，旨在说明失序之源：

他在解释动荡成因，开展出最宽阔的角度来谈，又三番五次提出警告，说小小的差异，你掉以轻心的话，会引起很大的后果。就是轻微歧异，也足以造成动荡。

这又带出一个值得思考的问题。群居的人，只要有少许歧异，就可以构成纷乱、动荡。还是不久前，他才告诉我们，按着自然之道，人是个政治动物，也就是群体动物。他在这里说的，特别是在卷五中说的，跟他稍前说的——像人的自然群性，人的理智（人是理性动物），人不可能没有情谊而活等，看起来有矛盾。那还不止：他也说过，人的福乐和人的德性，是连在一起的。我们把这三大门类：人的理性、人的群性、人追求福乐的走向，或者说是亚氏认识人性的三大基石，串联起来；然后把他在现实政治中观察与反省所得，并排察看，我们一定会感到惊讶：他的现实观察和他所教导我们的，像南辕北辙，两不相关似的。

这正是卷五有意思的地方。卷五的结构奇特：通卷上下，都有论不同城邦发生动荡的细节，像充满色彩的故事。读者很容易给"故事"吸引进去，忘却了他为什么要说那样的故事；只顾读那细节，忽略了他的道理。若然，你就会迷路而失落。因为，他整个建构最有意思的是：他的细致描述，和他对人性的宽广理解，有何关联？他是在通论人的层次上，说一种话；然后在具体谈政治现实时，说相反的话？若果真如此，你得问问自己：他是搅糊涂了？他自相矛盾？哲学家的亚氏，给大家崇高的、有原则的教诲；科学家的亚氏，观察事物后忠实地形容？那他在自掘坟墓？

抑或说，世事观察，在一定意义上说，是两者并存的；因为那是人事的矛盾本质？不必说这是人的悲剧性格。这个词，给滥用了。就当是观察人的公众生活后，得出的"人事本质"好了。

比例失调，公民不能和谐一心的另一个例子，是地理上的差异。临海而居的，住在内陆的，是两类人；生活习性与文化政治取向，都不一样。这有可能成为不稳定的因素。古代雅典是亚氏的镜鉴。在后世，这出现不断。苏格兰的高地家族和低地人不和；就是台湾的"山地人"与"平地人"的纷争，也有相似之处。

亚氏花了笔墨，用实例故事说明政体变更的原委。他把后四类跟前面列举的分开，说是从"另一方面看"，各有不同。那是什么？他没有说。看来那并不只是"变更随动荡而来"的问题，因为后一组中虽有不经内乱的改变，最后一环是不同组别冲突而起的。不过，这一环的成因，跟前组的又自不同；它的起源，多在城邦创建之初，不那么在后来的统治者或人民的行为上。或许，亚氏把它和那意外的、无心插柳的改变归进一类，再区别开较遥远、较间接的与较接近、较直接的成因。这个说法，也不太准确：政体组成中某部分不成比例的增长，比较遥远也比较间接，却归在前组。他更关注的，看来在描述动荡与政体变更的成因，多于有系统地将成因归类成独特的组。

有论者认为，可以从另一个角度着手，把十一种成因（前七后四）分类。比如说，在前组中，前四类影响的，是权力圈以外的人；后三类则相反。荣、利、傲慢、僭越，是统治者的品格与行为，挑起百姓的不满；恐惧、鄙视、不成比例的增长，是引动无权无势的百姓去反抗的成因。这分法看似清楚明了，但亚氏的类别，又不是那么截然分开的。比如说，百姓的恐惧，可以来自统治者的目空一切；又或者，统治者不合理地拥有荣誉地位，刺激起人民对他的鄙视。不管怎样说，用区分来检视政体动荡或变更成因，反映出他与柏氏的相异点。柏氏认为，政体更迭、动荡、失序，皆出自统治集团的内讧；而亚氏相信，它可来自社会上任何人。

又或者，我们把动荡成因分成三类，也许不无小助。首类是统治者的某些作为，引起臣民情绪大反应，例如傲慢、鄙视、恐惧等。次类是"社会"成因：导致失序的，是社会基本结构上的因素，例如人口中有不协调的公民团体，或者是某阶级的经济条件突然改善，诸如此类。最后是那些人们不易察觉的事情，像统治者疏忽大意，或事情的改变过程缓慢，不会让人预生警惕。纵使这样，也不见得分类清晰；虽然，亚氏本人用的分类法，有同一问题。但起码，这足以展示出失序成因并不简单；他本人列举多例，正在指出动荡和改变的原因很多。他开列的"清单"，没有一个条理清晰的归类法，日后诸家同样不曾比他更进一步，正反映出他的重点：成因复杂，不能一概而论。

刚刚提到，一桩小事，处理失当，足以引起不安、失序，甚至内乱。这是我们轻易可想象的吗？它会发生在具有自然群性的人身上？就在这章完结前，在同一脉络下，亚氏却强调说，制造分歧的主力，在善恶的分野，跟着是贫富之争，然后才是其他。德性与邪恶之分，是引致动荡的主因？若果真如此，它的意义何在？会不会像美国内战的起因？"形式上"说，那不就是奴隶制的道德争论？反对者说那是恶的；支持者不同意，认为那本属自然之举。事实上，当时在美国南方，有赞成蓄奴者发表言论，著书立说，解释何以认为其立场合理。平心而论，不能说他们胡扯；或者将其认作无稽之谈。同样，在北方，也有言之成理的论述。可见在当时，大家对奴隶制的善恶判断，有不同的见解。这也不足为奇：亚氏在卷一中，早有关于奴隶的讨论。足见这个问题，延续了两千多年，还是善恶之争。这样看，善恶之分，又确实制造了严重分歧，以至于内战。

固然，有人会坚持说，在政治考量上，善恶的争论，并非最基本的；一切都可追溯到那"真正的计算"：利益考虑。亚氏的次序——先善恶，后贫富，把德性考虑放前，也许是不诚实的。我们不必那样看。他把善恶之辨先行，该是诚恳的。虽然，往后看，他在下面举的例子，却见为利益起争端的为多。无论如何，一个全面的认识应该指出，动荡之源，必起自老百姓中，有人觉得受到不公义的对待。这是他一开始讨论时就凸显的。假如这推想合理，他论善恶确是以公义作为起点的，那我们就不当妄下结论，跟着19世纪以降的流行论调，认定一切政治争论的根本，都是利益之争，而利益之大者，以阶级为最；所以只有阶级论题才是"真论题"；阶级，是以谁拥有生产手段作分野的，那才是涵盖人间事物的完整说法。

那样的说法，好像要大家去质疑亚氏的意图：他真的要考虑善恶？那同时在问：他真的以公义为先，还是说实际上贫富（利益问题）才最重要？可这样问，是将一切问题化约为公义问题，或利益问题。以亚氏的观察力和洞悉力，他大概不会那样想问题。他一定了解，好些时候，人是会严肃面对自己是否受到不公平对待这类问题，人并不必然将公义的事都化约为利益问题。你固然可以说，在谈论公义（公正、恰当、平等、合理）时，跟你要讨论谁拿多少，他拿得是否恰当，谁该为奴仆，那是否公允，等等有关"利益"的东西，只是一步之差而已。这是复杂的社会关系，但亚氏讨论时，绝不是个教条主义者。

假如，按亚氏在这卷所阐述的，小小的歧异也会引致纷乱，那又是任何政体所难免的；那么是否可以说，从最广阔的倾向来看，政治生活的走向，是解体？一宗细小的事故，足以导致困难。如果任何政体的自然倾向，是某种失序——像物理学所说的混乱状况，我们就当好好想一下人的群性（政治性）本质的问题。我们曾经看到，自然之道好像是把人带往美善和秩序；现在我们看到，自然之道有失序的倾向。那么自然的推移，是包含了相互矛盾的方向了。如是，这意味着人需要面对的最重要最现实的考验，就是要在两者中间，找寻一个平衡。这也是个政治作为的考验。

那不是技术层面的东西：人不是要建一幢楼房；那是智慧层面的东西：人要建立一种秩序，使它能生存而不致崩坏。也就是说，人要建立有智慧的政治制度。人果能建立那足以长存的制度，那将会是人政治智慧的伟大成就。这一切，都以上面提到的假设为前提：如果自然之道真如上述那样。

接着亚氏开了新的一章，举出另外一些例子，也引入了新的材料，同时告诉大家：动荡会起自看似无足轻重的小事情，背后的伏线却严重得多。他的"案例"，和上述的都不一样，但都是"不起眼"的，像个人名誉受损、背诺、背婚，甚至像情侣口角的芝麻绿豆事，结果惹来失序，甚至政变。这就是所谓伏线与导火线之别。这分野，有助于观察政治动荡的因由。近代史家多次评论，说奥匈帝国的王子在萨拉热窝被刺，并不是第一次世界大战的成因，只是个触发点或导火线。若在平时，那可能是小事一宗，出一则公开道歉，惩办凶徒，事就平息了，断不会引爆大战，赔上了千万人的性命。如果有个燃点，却没有易燃物在，是无法燃烧的。这该是他的意思。

他又提到一点，像前面说过的：国家某部分人，或者某一个人，在地位与声名上，大大超过其他人。在这里，他指的是掌权的——包括军权。如果城邦中这类人，身份实力突涨，像一个彪炳战功的将军，往往借此推翻现政体。在当时的各城邦，此等事层出不穷。罗马的恺撒，是个典例。他军人出身，军功显赫而成政治领袖。不必说古代，近代社会，少数军人集团推倒文人政府，自立门户的，在拉丁美洲、非洲、亚洲，随处都是。亚氏的观察，古今无变，并没有受历史的淘汰。

在同一条目下，他谈到另一种实力突涨的问题。我们已见到，他何以属意混合型政体，更认以中庸阶层主政为佳。混合较好，因为避免了富权制的有产者势大，或民主制的穷公民占优。假如两派旗鼓相当，那就有麻烦；尤其是遇上该情况，又没有一有力的中产阶级居中，那就更麻烦。没有了缓冲作用，任何一方势力膨胀，政体就会随之倾斜、改变。那样的动荡，不容易避免。所以在上卷，我们见到亚氏的论点，为什么强调中庸的中和作用，使政体稳定平和。

他同时提到那些杰出的贤能之士，不见得就能阻止动荡发生。可以想到，如果多数人支持的派系容易政变成功，那人数就是个重要因素。贤者——不管如何界定吧，都只是少数；少数，在政治上能发挥的力量不大。若然，当我们反省政治本质时，值得回想亚氏一开始定下的教诲：政治的目的，不仅叫人能存活，而是叫人能好好地活。人民可以好好地活，在亚氏的理念中，是一种"成德"的生活；因为，"化民成德"，是政治的道德功能。要成德，固然是让有德之人去引导、去熏陶。〔在我国传统中，那是士君子的职责。说教百姓成德，在先秦儒的政治学说中，十分近似。〕至少在原则上是这样。这又像另一个"吊诡"：自然之道教导我们朝向一个方向，实际出现的往往是另一个方向。可见他让我们看到，自然之道不是单线上升（或下降）的事情，而是有曲折、有矛盾的。

各样不同例子中的最后一个，是亚氏在这里提出的：在动荡或失序或革命的背后，是暴力和欺诈的动机。这和我们熟悉的历史事件，好像不太合。我们总爱相信，推翻清朝、建立民国的动机，是高贵的；手段是纯正的。辛亥革命之前的起义，用的是暴力；用谋略行弑清朝大员，用的是欺诈。不能说革命党人都不好，他们当中不少人，确实并不那么"动机纯洁"。

就算是一般受世人称羡的美国独立革命吧，它的《独立宣言》堂皇文辞的背后，不也隐藏了暴力与欺诈？那是不是说，亚氏在告诉大家，掀起动荡或革命的，很多时候背后的动机，跟他们宣告的不全一样？美国独立革命，起自 1776 年。固然，独立运动已酝酿多时。同一年，亚当·斯密的《国富论》出版。[1] 斯密没有看到运动的成功，却看到运动背后的一些原动力。他认为，在北美洲的英国子民，有自己的野心，如果他们只是殖民地人民，他们就无法有足够的空间去活动。要能尽情发挥，他们就要有个属于自己的国度。这观察，不止一次出现在他的评述中。后来林肯也有类似的表示：如果一个国家的人民是那样能量充沛，要更大的范围来实践他们的力量，那往往有危险，因为他们不愿意给困在既定秩序中；他们需要有新的秩序才得满足。这背后，都牵涉了暴力与欺诈。

亚氏曾经说过，公义与利益，并不必然互相排斥；一个革命领袖，可以两类动机都有。显然，他没有想象那十分罕有的、像马志尼（G. Mazzini）一般的人物，为了"公义"而忘我，没有"自利"动机。[2] 城邦的建立，并不全在抽象的原则；任何具体的制度，多少包含了创建者的"利益"。纵使革命领袖要推倒不公义，他自己也是不公义的受害者，在伸张公义时，他也肯定了自己认定"有利"的东西。也许，公义得靠着人的自利，必要时用上欺诈与暴力，才能达到。世事如此；亚氏固然明白，那不全然是幅美丽的图画。

稍稍回顾，我们也许可以说，自然之道，看来真具有两种不和谐的倾向：一是朝向建立政治生活的；一是朝向政治生活解体的。那可不可以说，在这互不相容的自然倾向当中，摸索出一条路，使两者反作用力互相抵消，从而使人能够平和地生活，那确是人能成就的伟大事功？再想。有些人，为了达到目的，用上欺诈的手段来掩盖他的野心，甚至不惜使用暴力以遂私心。每一个

---

[1] 严复的原译本，名《原富》。
[2] 19 世纪意大利统一运动的民族英雄。他那公而忘私的态度，世间罕有。

政体，都会有这个危险。这两点合起来看，是否可以问：会不会有那样的情况，就是有个非常的人物，为实现宏大的野心，用上欺诈与暴力，来改变政体；同时明白，自然之道，也指向那成就，是人能做的最大事功？固然，如果人能创建那样的体制，使反力相互抵消，又有益于他人的话，那真是出色的政治成就无疑。

　　一个有意思的角度看。那样的能耐、本领，真有机会实践，但得隐藏你的欺诈，或借重暴力才行的，我们能想到什么？一个像恺撒大帝的人物：集军政大权于一身，能使政体来个翻天覆地的改变的领袖？拿破仑？又或者更不堪的，其骇人听闻的残暴行为，使人不忍提出名字的？历史不是充满那样的事例，叫人惊讶——有那么显赫的、在政事上很成功的，却是恶名昭彰的人？面对那样的吊诡，你能怎样？

　　希特勒是那样的人，该无疑问。可他具有某种本领，却无疑义。他本来是个无足轻重的人：从军吗？最高取得的军阶，是伍长；习画吗？又寂寂无名；却能攀上那高峰。先欺诈，继而暴力。那样不堪的人，干下伤天害理的事，在政治上却能成功，使人不得不怀疑：人生在世的实际基础是什么？这是古典哲学上的大问题：什么会得奖赏？什么会受惩罚？自然之道是否会叫恶人受苦？他们必然受苦吗？也许他们根本不必吃苦。但为什么他们能冒升？为什么希特勒可以把德国置于股掌之中——那是最文明的国度，那是贝多芬、歌德、康德，以至众多著名科学家的国度？为何一个像希特勒般的人，能够站在日耳曼社会的顶峰，摆布国家，在好一阵子甚至睥睨欧洲？

　　当亚氏说，失序或革命背后的推动力，很多时候会是欺诈与暴力，他是在告诉我们：政治现实的背后，是复杂的谋略。那复杂，同时指向相反形式的革命运动。我们见到的例子，是美国的革命运动，受后世称道的政治启蒙运动成功典范；也是德国的第三帝国革命运动（欧洲人叫作 Revolution of the Third Reich），受后世诅咒的、由动荡而战争的失败之鉴。亚氏没有报喜不报忧。

（二）个别政体的观察

动荡的一般成因，亚氏谈过了。他现在要接下去的，是各类政体遇到的困难。民主政体与富权政体各开一章；混合制与贤能制合一章；君主制与暴君制又一章。相对于富权制，民主制是较稳定的；它的动荡，亚氏认为来自那些政客。政客为求达到目的，不惜一味讨好百姓，鼓动群众仇恨富人，充公他们的房舍，掠夺他们的财产，使富人恐惧。弄巧成拙的话，富人联手兴兵，会打败乌合之众的平民，夺取政权，改变政体的，所在多有。如果呼风唤雨的政客成功，得群众拥戴，他们又往往成了集大权于一身的独裁者。那又把民主制变成暴君制了。

富权政体呢？它失序的主因，是多数人受到不公平对待，引起不满。一般老百姓与名无缘——他们任不了公职；如果剥夺他们的所有，那是与利也无分了。走投无路的话，他们会联合起来造反。还有，显贵阶层的人，容易互不咬弦，诸多争吵。他们特别容易内部不和，互相嫉妒，常引起相互之间愤懑。当中较有活力或野心的，表现会较突出，就此引致分裂。亚氏说富权制引起失序的概率大，因为如果说民主制动荡的主因，是贫富对立，富权制除了阶级不和以外，自己内部倾轧，也是个问题。

他提到"意外"。我们在前面也曾指出：富权政体任官，当以财产作衡量，如果大意不察，以为随便定下标准，定能把百姓排之于外，一旦定得太低，就会出问题。因为，国民经济的增长与收缩，没有定型；持续增长一段时间，不少平民的入息提高，达到要求，则能出仕。这么一来，少数人掌政的富权制，有可能给变成多数人的民主制，或者是混合制了。为什么重提这一点，他没说。很有可能是用"意外"作例子，说明小事不能掉以轻心。

至于贤能政体，它和富权制有相似之处：亚氏说两者都是少数主政。那是说，两者都把多数人排在外面，在这点上，它们都有欠公允。在贤能制来说，人得名誉（出任公职）的根据，是德性，而德性，与贵族性质差不多。（后来称为贵族政体的因由，我们在上文解释过了。）如果说，社会上某阶层的人，认为自己才有资格主政，因为他们具有高贵的行为，你可能要问，那是什么意思？高贵在何处？他们掌政有特殊的优异？还是因为他们慷慨？大量？抑或他们在公众场合不大声喧哗而已？这是亚氏所想的吗？

人对高贵行为的判断，很不一致。但如果不说"社会贤达"而说贵族，那人人都知道怎样识别了：贵族，就是名词前冠上头衔的人。（在以前，贵族阶层的人，不光称号与庶人不同，就连服饰、马车等，都有不同的安排。中外无别。）固然是人为界定的。贵族的美德可以从他们的举止中看出来？不见得。亚氏曾说，若他们的优异品行能彰显出来，像诸神的石像一样，令百姓仰之弥高，那岂不是好？可惜实情并不如此。

那么用血缘来决定的办法又如何？但第一代的贵族拥有的过人气质，并不能用血缘来保证可传之久远。亚氏在前面已说过，自然之道，是要下一代生成像上一代：人要有下一代，因为要留下肖己者。可是，总是失败例子占多。亚氏本人显然并不认为，血缘可维系德性或品格。那贤者之治又如何？（我国儒家的治国理想，从来是贤人政治，认为"三代之英"的"圣人之教"，是后世楷模。）有没有可能说，某种家族之治即贵族之治？而贵族，该是高贵的？抑或像亚氏说的，某些家族起步于先，助征服者创基立业，所以很早就名利地位皆显。然后就是世袭。无怪乎那样的贤者之治，很快就沦为贵族统治，因而多数给排在外的人觉得不满，会起而推翻少数统治。

固然不是所有贵族政治都那么不济。拿富权制和贵族制比较一下，可以看到：前者只是富有；后者是富有，有的时候也有点不凡。他们较有教养，较有文化，在欧洲历史上，社会的显赫阶层，都有一个 *noblesse oblige* 的传统，也就是要求有特权的人，对社会要有特别的承担。证诸封建制度在欧洲，从开始到完结，这两类情况都曾出现；贵族因地位而承担义务，在英国尤为明显。在现实政治中，这是个值得思考的问题。一方面，优越的地位，使他们勤奋：这阶层的人，意识到他们才配管治他人。看看诸多首相、各部大臣等国家重要官员，来自何方？另一方面，他们同时感到自己与普通百姓不同，有时过度自满地用上屈尊俯就的态度。所以两类倾向都有，却不能共存很久。他们有能力去管治，却因为把别人排除在外而引起反感。那样的情况能维持多久？

19 世纪末，英国的保守党人推行了一场政治运动；他们不要改变传统体制，但愿意开放政权，实行全面民主，订立有利全民的法律，史称保守党（或保守主义）民主（原名 Tory Democracy）。今天，保守党是个全民党；17 世纪中叶，它是个拥王室的贵族党。到了 20 世纪前半期，它的成员主要仍是贵族和显要阶层。运动之起，是由于该党诸人明白，现代政府当由全民投票选出，又自称是公平的、文明的政府，那政党就不能自恃特权，以为高人一等，而不顾及百姓的合理要求。他们追求一种新的保守主义，认为不能只利上层社会，必须兼利他人，不光在福利、税项、投票等权利上，更在公职的开诚布公上。这个民主运动，对日后英国政治产生的影响，十分重要。

稍后会见到，这样的政治变革，和亚氏的理念相近。我们不必给亚氏的理论涂脂，但可以指出，历来像样的政治家，都会"重新"发现他的想法。可见这不是只有古代希腊才发生的事。

接着他讨论混合政体和所谓的贤能政体，前者是二元的：贫者与富者，后者是三元的：贫者、富者、贤者，可说是另一种的混合型。后者较前者稳定，可以想象。并在一起讨论，两者在体制上都有同一问题：如果混合得不当，会造成致命伤。两者都会朝某方向倾斜，改变了原来的制度。混合制是贫多富少的组成，很多时候因人口增加而渐变成民主制；又或者，混合得不好，多数人恃势不妥协，使少数人起而反抗，一旦成事，就成了富权制。

至于所谓贤能制，他认为很有可能倾向富权制，尤其在没有强大中产阶级来维持杠杆作用的社会。那是说，贵族从追求高贵行为，变成了追求财富。一般来说，他持比较"悲观"的论调，与柏氏的观察相似，觉得政体变更，都是变得更差。说社会改革一定带来朝气和新气象，是近代的看法。他在这里说的"相反方向"，是指多数少数易位，例如富权制成了民主制，混合制成了富权制。固然，亚氏见识广，不会把自己框定在这格局里面；他稍后要告诉我们，"方向"有其他的。

本来属贵族气质的，慢慢都给致富的欲望掩盖了。这直像告诉大家，你不明白人的动机，你不知道人的各种情意欲望，你就不可能了解政治是什么。他一直在说的，举例谈的，多与情意欲望对人的影响有关。把焦点集中一下，大概可以推断亚氏的观点；他是认为，你不留意人的七情六欲，你就不会清楚政体的基础，它的成形与衰亡；换言之，你不懂得讨论政治。就此而论，这个认识，跟马氏、霍氏以及其他近代论者，有何区别？他们不正在谈论同一类世情、同一些人事？若然，是什么原因使古典政治哲学和近代政治哲学对立起来？这样配置，部分是出于方便，部分是因为两者确又有着分歧。分歧倒不在观察事物本身。可以想象，如果没有共通的基线，那也根本不会有哲学；有的，只会是意识形态。我们都知道，诸多世事，是任何时代的人都观察到的；我们可笼统地称为"人间事"而不是"希腊人的事"，或"中国人的事"，或"波斯人的事"。

看来，他谈的各类政体，都有某种共通的毛病，一是滥权，一是粗心大意，没在小处着眼。星星之火，你不以为意，一旦燎原，就无可挽回。这教训直在说：不管什么政体，不管你有多稳定，你总有破绽与弱点；疏忽，会自招衰亡。

探讨结束以前，他第一次提到外在因素：你的邻邦，可能有大影响。如果你身旁的国对你不友善，又或者，它不在你身旁，但很强大。当时的情况是，斯巴达征服的土地，把人家都改成富权制；雅典所到之处，都成了民主制。这些，都不是因内部动荡而起；在国际政治上，又屡见不鲜，古今如一。在今天，这是"地缘政治学"的课题了。

以上几章的讨论，亚氏用了许多历史上的实例，来述明他的原理，反映了他在希腊政治史上的丰富知识，又能富有技巧地把知识派上用场。我们不必在此讨论他的每个例子，但该记得，我们的解说，只用了他作品中的一部分，其他的都在这细读范围以外了。

（三）失序与维系（之一）

前面几章谈的，是个别政体出现动荡或失序的成因。接着他要针对那些政体的困难，提出补救办法。（还没有谈到的一些制度，他暂时放开；稍后会回头再论。）一下笔就重复人的疏忽，对小事掉以轻心，特别是在破坏法律上，因为那最容易招致腐败。这固然是向统治者说的。坏了开始，你就损失过半了。这是后来马氏的教训：你要明白慎防星火，你得高瞻远瞩，早发现问题所在。有敏锐的观察力、洞悉力，才是个有能力的统治者。政治上的改变，很多时候并非人蓄意而行，而像碰巧而成。有眼光才干的，就是那个能辨悉那看似偶然成事的小节，能观人审事于微的领袖；他明白，事还小你可以控制。正因为小事初生，像偶然的，你有本领有慧眼，就会防患于未然，不致受制于偶发的事。（通常英译本用 by chance。Chance，有译作 fortune 的，因为碰巧的事，非人力蓄成，所以是幸运。马氏就用了 *fortuna* 一词。）可见马氏所论，亚氏早悉。

亚氏反对统治者用不诚实的伎俩，骗取人民接受他们。他在上卷已说过，认为民主制和富权制都有欺瞒行为，都不可取。他的例子是这样的：为了"表现出"议会是公开的，富权制用的手法，是出席与否不理，但富人不出席得受罚。这样，富人永远是多数。民主制呢，老百姓出席有补贴，富人不出席不必受罚。那就保障了普通人占多数。双方都不当，用诡计取得表面上权力分享的假象。他说"花招"不会成功，假定人民定会看穿，可他没有什么理由，说明何以不成功。民主政体的"伎俩"——补贴百姓但不罚富人，是当时雅典的惯常做法；而雅典，就希腊城邦的标准来说，是比较稳定的。那么他的不满，有可能是出于道德考虑多于实际判断。我们在前面见到，他属意的是混合政体，认为那才比较稳健妥当；如是，混合得不恰当的，当然就不稳妥了。

有的时候，少数掌权的贤能制和富权制，可以维持政权相当长时间。为什么？亚氏说，因为那治人者多有顾及治于人者。局内人能够开放一下，让局外人也能分一杯羹，会对大局有利。怎个分法？开放政权：使普通百姓也能出任官职，取得荣誉。普通人出仕，不破坏了原来的体制？把政体中的官职公开，不就改变了掌权人数的比例？亚氏认为，得谨慎处理才是；把所有局外人排除在外，不会成功；无限制给他们任官，同样不行。要慎重考虑的，是开放哪类官职，开放多少，任期多长等。当然，不能随意剥夺名士的名誉，不得充公百姓的财物，更不在话下了。在

《伦理学》中，这叫"克己"。

不光是局外人，局内人呢？少数制当怎样处理局内人？亚氏的建议颇独特。他说，假如你们能持平开明、相互包容，你的政体就可维持长时间。（译文在这里都未能尽其意。原文作 *demotikos*，*demotikoi* 吴君本译"平等的性质，平等的待遇"；颜本译"平民主义"；双吴本译"平等之精神，平等之原则"；淦本与双吴本同，只少一"之"词。不能算错。英文的 demotic，源出此词，意指大众的，普及的；有时指低俗的，平庸的。亚氏的意思应该是：主政的既是少数，最好不要独揽大权，尽可能做到对同派系的平易近人，兼容并包。那么，在少数里就有团结。）这有点像柏氏的口吻。柏氏认为，导致政体崩坏的，主要是统治者阶层分裂或内讧。

这个做法，有可能成就情谊。相互开明对待，有包容，会促进某种善意。平易近人，使大家感到较平等，当然是讨好的。如果问，能产生那样的善意，是否就足够了？亚氏的答案是否定的：善意与和解，并不足够。他接着就提出另一个手段：短任期。公职任期短，轮替比较快，那更多的人都能取得荣誉。还有，任期短，较容易减少渎职的机会；因为公职是荣誉，也是行使权力；而权力，会腐蚀人。最好不要在一个岗位上占得太久。

把一个官员放在财政部，长久不动的话，有可能问题丛生。最好能快速调动。在很多社会，警务人员调动是常态，正为防止他们跟地区上的各类人"混得太熟"。调动，也就是缩短在位期，同时也是避免违法行为的设计。这样，任何人在任时有不轨行为，他的恶，也不太会累积。

规定任期短，会产生另一种好处：遇上不良的统治者，他滥权也有时限。一个政治领袖长期在位，就有机会掌控很大的权力不放手。从中外历史中观察，这现象是个通例，与政治制度关系不大。美国宪法没有明文规定总统任期，"二战"期间的总统罗斯福，连任四届。战后立法规定，任期不得超过两届。其他各级官员，任期都有时限。这在一般近代民主国家都行之有效。古代罗马从共和时期开始，就规定在非常时期出任领袖的全权统领（Dictator，今叫独裁者），任期完成要把权力交回元老院（Senate）。

要官职任期短，权力的交接就是个问题。世人比较容易看到的，是美国大选的过程；民主共和两党轮番执政，没有任何一党可长期弄权。政党轮替，已成了上轨道的民主社会的常规。中间没出现动荡，也没有军人政变等事情。权力的过渡，是和平的。那么任期短，只适合民主体制吗？不是的；放在任何制度上都合适，除了那最完美的。假如你有一个政体，统治者的智慧与德性无与伦比，举国公认他是天下第一人，你固然不会希望他离任。如此乌托邦，世间没有。正因如此，任期短就是个较稳健的做法了。

对任官来说，这不是个乐观的看法；不过，对防止暴君的出现，它倒有一定的作用。亚氏这观点，是给潜在的独夫看的吗？他自己会不会是那暴君？我们做读者的，会觉得他是那样的人吗？倒不像。但在那个时代，他已有此顾虑：为安全计，任期以短为上。很明显，在世上某些地区，人民不担心某人终身居最高权位；又或者，纵使担心，也莫能奈之何。那是另一个议题了。

合起来看，十分明白。你能容人、和人，很好。对内对外你都能够顾及，开放官职，使较多的人能享有荣誉，生成更好的向心力，也很好。但你同时要谨慎，要设计官职任期不能过长。光靠人的善意、好感，是不够的；用好的法律，设计出有利的制度，十分重要。从现在开始，我们要见到制度设计的重要，出自这位强调人性德性的哲学家。

另一种保全政体的手段，是令百姓警惕，要他们心存戒惧。

亚氏是这样说的："一个政体固然可以因为远离敌人的危害而得以保全，有时，恰恰相反，由于迫近危难，大家从而振作了起来。人们鉴于患难当前，谁都竭力卫护自己的政体了。所以执政的人爱重邦国，应当熟虑敌害，把远祸看作近忧，及时制造警报（危惧），使全邦人民常常处于戒备状态……"[1] 换言之，使大家觉得自己的制度会给推倒，可以产生警觉意识。（在我国古代，这叫"戒慎"。先秦儒教训，天子临民，要"如临深渊，如履薄冰"。在这里，治人者的要求，是放到治于人者之上了。）

这就产生了问题。就在几页前，他才告诫说，不当有欺瞒行为；现在你让他们"制造"危机感，不正反其道而行？不少当今的统治者，不正在刻意夸大外界的威胁，来增强内部团结，来打击反对声音？这不是缺乏安全感的政府常用的"转移注意力"手段？以远虑为近忧，是不是错了？抑或说，亚氏明白，要保全政体，有的时候你得用上不同的设计，特别是在非常时期。统治者只谈仁义不重谋略，足自招灭亡。一个小国，四周强邻，不做刺猬，无法生存。这是现代国际政治的现实，古代也一样。

可这类设计，有危险性质：它容易给政客利用，也会给统治者用来满足自己的政治企图。有派系或政党用它做借口，指责当政者意图改变政体，因而挑起事端，实在不难想象。引起动荡，就算政体没有崩塌，一派失势垮台，也是意料中事。事情发生，不一定是国家之福；因为政客说的，可能是一派胡言。所以这种手段，要用之得法，要非常谨慎。为政者当小心在意。

如此论述，正是日后马氏所为，虽说他是出于不同的动机。马氏认为，你必须是个敏锐精明的人，才能体察到远害的危险，早做防范，正因为其害在远，众以为小，不易察觉。亚氏不早说了？小

---

[1] 吴君本原文（卷五第八章，第272页）。

事一点一滴积累，初时你掉以轻心，最终可能酿成严重后果。

马氏心中的经典例子，是基督教对罗马帝国的影响。基督教初起，无势无权，罗马人不以为意。慢慢地，教徒在帝国版图中扩散，在各地建立教会，又没有暴力，地方官府也不怎么取缔，就蔓延开来，最后更成了罗马的"国教"。也不只是马氏有如许看法。早他一千年的奥古斯丁，在经典名著《上帝之城》中就讨论到一个假设命题，解释罗马何以覆亡。他说基督教的本质是崇尚和平的，人人以神为父，相互为弟兄，以暴力为罪恶，不必说杀戮了。长期的传播，使罗马人"柔顺"了，丧失了斗志，最终危害到帝国的生存。因为，那样的本质，其他国家不见得愿意接受。

可那正是政治的现实：没有多少国家是那么柔顺的。对接受了那"教化"的国家来说，处境就危险了。早在那个时代，那已经是流行的说法。马氏不曾"发现真理"，充其量是他在当时重掘命题而已。他的寓意也很明显：如果有人具备清晰的头脑，能高瞻远瞩，他就早见罗马覆亡的危险了。也就是说，早知小事，防患未然，察觉远方潜在的危险，你就知要有所防范。罗马有那样的政治家，罗马不会垮掉。这论调在他作品中，出现多次。这样说，好像是显而易见的东西，不像政治哲学的什么发现，也像我们前面介绍过的慎虑（prudence）或远见（providence）。（两词同源：*provideo*；原指 seeing ahead；远瞩。）能远瞩，就能及早提防。

这不正是亚氏的用意？退一步想一想，如果这叫政治哲学的卓见，其卓者何？有什么使人惊讶的？不像是"常识"？问题在于，你怎样看待它？你要干脆接受它，还是反省之？稍稍回头看。要求官职任期短，为了减少人行恶的机会；那反映了什么？要以远虑为近忧，制造戒慎意识；那又反映了什么？这些，与我们所尊崇的古典政治哲学，好像格格不入似的；好像是十分近代的，把人性看得较低的说法。这是个古今政治哲学的论题，值得我们好好讨论一下。

我们倾向于一种看法，认为对人性不当存奢望，认为那是近世（文艺复兴以后的欧洲）的智慧，认为那是由马氏开其端的。不少人觉得，马氏是第一个指出说，如果你以为世事是那么美好，国家是那么井井有条，人是那么良善慷慨的，那你是亡无日矣。读他的《君主论》，大家定有个毫不含糊的印象：任何统治者如果以为，自己有个优异的国度，有着优良的国民，你很可能就会国祚不保了。去假设人有品德，不伤害他人，没有恶毒心肠，你会身处险境。

差不多在全书上下，马氏给读者看到很多活生生的事例，反映出人的邪恶。一宗集体绞杀的例子是这样的。博尔吉亚是个聪明又奸狡的人。他安排了一个聚会，邀请了他的对手赴会。他们很可能都明白，那不是什么好东西，却无法推却。结果都去了。到了城堡，卫士不能带进。入了内室，全体被他勒死。就这样，他把政敌一举解决。人的冷酷残忍，马氏写得清楚。又例如：一个孤儿，给叔叔抚养成人。长大后从军，自己当上军官，回到家乡，谋杀了叔叔，夺了他的城市据为己有。人的忘恩负义，在书中尽可见。马氏道来，像有一丝欣赏的味道；即令他不欣赏吧，他说得平静，没有丝毫不满口吻，或正义感的表达。读者看到的是：人是卑贱的一群，你得用那样的办法去统治他们，和他们共处，你得处处防范，不然准吃亏。

并不是说，马氏看人，全都是不堪、败坏，只有阴险没有正直的；他只是认为，世上有的是坏人，你忽略这个，是自取灭亡。在这个基础上，他建议人的政治，该立在人性并不美好的认识上。光从欧洲历史说吧。如果欧洲人要到了1513年才"发现"这个，那才真叫人惊讶了。那样的认识，任何时代稍有观察力的人，都该清楚看到。事实上，我们读古代作品，像色诺芬著《居鲁士的教育》[1]，在在表明古人极为了解人性的奸诈：人自己口是心非，也怀疑别人同样如此。人的残忍，书中记载不少；又写到人不虔敬、不诚实。人性贪婪，爱财富；有守信有不守信。如此种种，在政治中纷纷显露；而作者的描述，正反映了他对人性的观察入微。

看亚氏的《伦理学》（本书的"上集"）。该书谈的，好像都是教化的大道理，崇高的理念，美好的理想。我们该记得，你不可能一味称颂德性而完全忽略恶行。凡有善就有恶，像日与夜，总连在一起。我们读《伦理学》，总觉得那是论道德的作品，不会以为它是谈邪恶的；可书中记录人性弱点，有如人性优点一样多。他看来相信，你得认识人的恶，不亚于人的善，你才配论述人的善。（柏氏在《理想国》中，有近似的说法：一个好的侦探，得明白匪徒的心理与行为，才能破案。只懂法例不懂奸诈，不济事。）

再看亚氏的另一作品《修辞学》。读者会清楚见到，作者论人的情意欲望，论欲望与政治生活的关系，像个专家。他告诉我们，人会怎样约束或受制于各种欲望；怎样利用这方面的知识；怎样用欲望作为说服的手段——也就是我们说的晓之以利、动之以情；怎样利用这些来维护政治的利益。他若不明白七情六欲的害处，也就不可能提出他的讨论。他说政客——他很在意政客，在不同作品中都谴责他们。若他不了解政治生活中，有恃自己能言善辩，常在群众跟前煽风点火的坏人，领盲目的众人做不义不公、利己损人之事者，他怎么能够谈论政客？

那么我们会问：明白人性不完美在政事上的影响，怎么可能是16世纪才发现的事？到了今天，我们还得提醒自己，古代作家与古代政治家，在人性的观察上，与其他有经验的人无别，岂

---

[1] Cyrus 有译作西流士的。邝健行君按原来写法 Kyros，译书作《基罗的教育》，又按原文音译作者名作克舍挪方。

不奇怪？从我们见到的记录中——人事的、政治的、历史的，或是其他，人性并不见得变差了，也没有怎么变好；古往今来，它总是老样子。人生际遇不同，人受到某些影响而倒向南或盲从北，那当然可能；但人性表达的基本现象，没变。人性本质与人的行为，放在古人与今人眼前，不是同样清楚？我们读《政治学》，到了这里，不也见到亚氏所描绘的图像？不也有"中外一式"的感觉？他的反省，不也可作为我们的反省？

说"古今如一"是人性的真实形相，是一回事；说古人和今人对该形相的反省也相近，是另一回事了。因为，如果把这样的反省往前推，一旦过分，大家会下结论说，古典政治哲学与近代政治哲学，没有值得重视的区别。合在一起看，你可以立下概说，那是古今智者面向人性、面向人与人共处、面向政治生活等情况时，都明白基本真相的。那我们凭什么把古代与近代的政治哲学区别开来——除了说两者先后有别？纯是时间次序？那无甚意义。当然，在细节上，在历史条件的差异上——古代是城邦，现代是民族国家，诸如此类，两者有别；在理论上看，你会看到两者共通大于差异，正因为古人今人都严肃地正视人的现实来思考。

两者确是有歧异的，我们倒不要过分渲染那歧异。我们当明白，如果哲学家研究的对象不是人，又或者，人性会随时代环境而变，换言之，古今哲学家不是针对同一事实来反省，那哲学本身会垮掉。我们有的，只是不同派别的思想和意见。人固然受环境、受教育等影响，甚至可以说，在严寒地区生长的，与在酷热环境中长大的，也有不同；但在基层上，大家是一样的。在检视古今时，我们得小心，不要夸大或小看两者之别。

但歧异确实在。两者的"争论"，出自近代政治哲学对古典政治哲学的批评。自欧洲文艺复兴以还，以马氏为起端的近代政治哲学家，对古人怀有某种成见，认为古人太天真。他们看柏氏的

408

《理想国》中所希望创制的理想国，看亚氏《政治学》所追求的理想政体，正显示出古典作者的天真无知；因为古人鼓励大家追寻的，认为是崇高的目标，其实是不切实际的期望。他们这样做，使人变得愚蠢、脆弱，容易受奸狡者愚弄。当我们看到亚氏对人性的洞察，对政治现实的认识（暂且不论柏氏的哲学），我们会觉得，那样的批评其实不当：亚氏对人性的不完美，绝非视而不见。明乎此，则结论不外两途。一则说马氏以降的近人全不了解古人用意，一则说他们并非针对古典哲学，而是另有所指。

真是另有所指的话，那我们当问：所指者何？霍氏的用语最直接明显。他说前人所重视的，是个虚想的共和国（imaginary republic），强调美善而无视世上的不公义。可以想想：谁会教导人民说，要建立某想象的国度，只有美善和爱，人间的不义不是最重要的？那不会是柏氏，他从没有那样的教诲。亚氏给人那样的印象？更不可能。可是，那样的描述，令人期待完美国度的，却真出现过；那是上面提到的奥古斯丁的《上帝之城》。也不是唯一的；中世纪修院内外的作品，神学味道较浓，或多或少带有同样的口吻。这又产生了其他问题。这是说，近代政治哲学家所针对的，不是希腊的作者，而是罗马到中世纪时期的论说；不是古典作家的天真，而是修士的无知了。那又打开了其他疑问的门户。我们暂不必在此追寻下去，这也跟原先的论点无关。

刚才说，在政治哲学的历史上，很多以为是近代人的"发现"——那残酷的现实，古代人早已认识。这在亚氏笔下十分清楚。我们记得，亚氏有名言：人是个政治动物，人是个理性动物。他在《伦理学》中早已认定：人是通过德性的实践才得福乐的。按着自然，人是个群体动物不错；但人同时会妒忌，会不忿，会有各种动机去抗拒统治。在卷六我们会见到，人倾向于率性而行，不喜欢受约束。人要过无秩序的生活，特别是当时民主政体就有这个倾向。古代民主政体有这个特色，就是它的人民多有那意向，或性情，不愿受人管治；或者说，他们也要当统治者。亚氏并不欣赏这类政体：他认为民主其实是偏离了正途的。早前我们解释过他的三优制与三劣制；民主属劣制之一种。可他反复谈到那种制度。另一个是富权制，这他也不称道；却也再三论述。把两制合在一道，我们一定能察觉，他不厌其详地阐明的，多集中在这两类。为什么？

他在向读者"推销"吗？应该不是的。可以合理地推想，亚氏三番五次地指向他们，是因为他相信，这两类政体最有可能出现。穷人，富人，在任何社会都有，那是十分基本的社会现实。它不是很崇高的现实，却无可置疑地横亘在我们跟前。他这样做，不正是因为"面对现实"？如是，他本人又是个真正的"善长"，一个真正关心人的智者，花上大篇幅教导他人，叫他们留意那最可能出现的政体，就不足为奇了。很多时，他的指导，在教我们如何在一定情况下，勉力做到最好。尽你的力量，"修补"那不完美的，减少祸害：那是你能在政治形态上，给世人最大的造福了。

这是建立在一个不言明的假设上的。我们的推想没错的话，那假设并不是"好的政体成形机会大"，而是"不完美的政体最容易出现"。那么人的贡献，在要减少它的不良后果。那不可能是个虚想的理想主义，不是个完美的庞大计划，而只是个相当脚踏实地的蓝图。

亚氏说人有群性，也有理性，但政治活动的"场景"或"背景"，却总是受人的情意欲望支配。按着定义，人是唯一的理性动物，技术上他是那样界定人的。可技术，往往不能垂之久远。说人的福乐，有赖美德的实践；可就是最"好"的政体，也会败坏。纵是最有德的人，看来也会腐败。政体与政体中的官员，都有堕落倾向。要人有权有钱又不腐败，很难。一个中学生都明白，"权力会腐蚀人，而绝对的权力，可使人彻底败坏"的道理。不见得这是19世纪才发现的，亚氏就很明白这现象。

滥权，是个很大的诱惑。你有能力利用他人，取得于你有利却不属于你的东西，而你愿舍而不取，那是十分罕有的。一个在权力位置上的公职人员，仍然是个私人；他可以身为大臣部长，但还得是个有血有肉的人，有常人的七情六欲，有自己的儿女，当然很希望能"提携"自己的儿女。纵使他是教皇，也还是个人。在中世纪，大家都知道这情况，特别是文艺复兴前后的日子。教皇有儿女，有家庭，要给他们好的环境与仕途；这已是人所共知的"秘密"。这风气只在宗教改革运动兴起后，才稍事收敛。当时，马氏和一众作家都心知肚明，那些"侄儿"其实不是侄儿，马氏也干脆不叫他们作"侄儿"。上面刚提到的博尔吉亚，就不是教皇亚历山大六世的侄儿，而是他的私生子。

怎样出任公职，做公众的工具，同时是个私人？那需要一种"抽离作用"。亚氏明白个中困难，但认为人必须做到。世上有堂堂正正的人，不假公济私，严格地公私分明：把公众的与个人的利益分开。试想，一个执法人员，不懂得把两重身份清楚分开，会有什么后果？一个警察不能将干犯法律与干犯他个人混为一谈；他不能把人破坏交通指挥条例，当作人侵犯了他的个人尊严。身负施行刑责的更要谨慎：一个刽子手不能用行刑来获得任何满足感；正相反：他的职位能合法妥当，正因为他所做的，与一己无涉。他执行职务，要像个"物"，不像个"人"，不带人的任何情意欲望；不然的话，他所做的就不是执法而是报复了。按（公）理而行，刑官行为不涉道德；一旦牵上（私）情，就要受到指摘，怀疑你是因信仰、肤色、言论等因素来惩罚了。

亚氏随后要谈的，就是官员与执行职务的问题，也是公私身份的问题。我们提到福乐，说那是通过积极实践德性而得到的。

你可以说，那属于私的范畴；但纵使是有德性的政体吧，也会走下坡，会腐败的。出任公职而放下了公德，公私不分，正是政治腐败的一个原因。（古往今来，多少政府因官员贪污腐化而倒台？例子不胜枚举。）这其实牵涉到另一个现实问题：我们不挣扎，不努力守着公职立场，我们是无法去除私欲的。私利的考虑，太容易牵涉在公职上。人自利的本性，是天生的，也就是自然生成的；美德，是后天的，是人成长过程中学习得来的。能够用养成的德性，替代生成的本性，也许就有助于克服公私不分的问题。

《伦理学》的重点，可以看作"后天如何养成美德"的问题。德性，或者说人性的优异，若能成为人的一部分的话，它就可以说是人的"第二本性"。"第一本性"是先天的。这个第二本性，亚氏叫作习惯。习惯，并非自然生成的；人生来只有取得习惯的能力，但没有任何习惯。若人不能养成合情合理的生活习惯，则人与禽兽无异；有良好习惯，才能是个有德性的人。我们得明白，第二本性只能是位居第二的。按他的说法，人养成的德性——人的习惯，因为是第二位的，它总是次的；你可以尽量用好习惯来立身处世，但也只是尽量，它不可能全面替代人天生的本性。这一点没有人比亚氏解说得更通透了。之所以不容易达到福乐的高峰，正因为人容易败坏，人的灵性并不能恒常指挥人的欲望。习惯很难完全控制人的本性：第二本性并不是"第一"的。这样的哲学家，会不察觉人的劣根性？

从这种种，我们可以想象，站在亚氏的立场看，一个政治家的考验，会是什么？他要懂得安排一种政治生活的环境，而该环境的基线，其实并不理想。顺着亚氏的思路，可以得出三项原则。（1）人是个政治（群体）动物。他要活在社会里，但现实使他不容易活得和谐。（2）人是个理性动物。但理性，占什么位置？有多大力量？（3）人要靠德性才能有福乐。但成德，是靠人克服反面的东西，而那反面的，正是人的本性。你尽可谴责人的情意欲望，针砭它，攻击它，你无法消除它。

17世纪荷兰哲学家斯宾诺莎认为，人谴责情意欲望是愚昧的。你手持石块。手一松，石块往下跌，打在你的脚上，你责怪它。这足见你愚昧。他有一个猫捕雀的例子，比喻人的无知：你在室内，无法外出，看见一只小鸟蹲在树下，浑然不觉猫静静地向它靠近。你焦急，要掷东西向小鸟示警，或赶猫，却无能为力。见到猫无声地趋近小鸟，你愈焦躁。然后那小鸟——可能一直知道情况，在猫扑上前一刻，飞走了。如果有一次它来不及飞走的话，你会很难过。但那只猫，是你的；虽然，你会谴责它。

想象整个过程，是他在旁观察的。他会说，你知道自己在干什么？你在责怪那猫是只猫。它不是邪恶的，它不会憎恨小鸟或什么美丽的小东西；但它是只猫，看到那些东西，它自然会扑过去。那是它的本能。本能，或本性，是自然生成的。而你去谴责它。那不是愚昧是什么？不是他喜欢看到我们不愿见到的，而是他明白什么是自然之道。自然的推移，就是那样的，你得习惯它，明白它。猫捕雀，大欺小，强凌弱。你责怪自然，就和你责怪那石头无异。

如果这叫近代哲学的话，它所展示的道理，有多少是亚氏不懂的？自然赋予人的本性，并不全善，看来亚氏十分清楚；那不是什么隐晦的知识。问题只是：你怎样回应？面向自然的知识，你可以有什么推论？答案有二：一是接受它。自然之道，就是如此。你不接受也没有用，因为你无法去除那负面的元素——人性中的恶。自然的轨序中，并不包含"道德"在内。近代政治哲学兴起，不同背景的哲学家，都有同一倾向，避重就轻地——就说狡猾地吧——接纳它，因为没有人乐意看到赤裸裸的残忍。人能成就的，不是天真地以为自己可以克服它，而是设计出制度，尽量阻止人的恶，使之不致泛滥成灾。可这个基调，正是他们认为

413

古代哲学家没有认识到的，所以说古人无知愚昧，"天真"；满以为，只要能建立美好的国度，其他困难会迎刃而解似的。

另一个回应会是这样的。你小心留意自然之道的复杂性质，看清楚它起码具有二元性。像亚氏的教诲：明白事物的"双面"呈现——好与坏、美与丑，等等。人是个充满情意欲望的动物，也要承受那样的后果；但他的一个特征，是他是个理性动物，是万物中唯一具有理性的。人的七情六欲固然可以败事，可人类能延续，能开创文明，也有赖它。人不只是侵吞财货商品，人也从事公平贸易，人会取得各样有利生存的东西，那又不光是生产工具，也有促进文明的工具。这种种都不是理性的东西，而是人情意欲望的发挥。人拒绝受到侮辱，人会愤怒，要保护自己。这些，亚氏都清楚。

这么一来，我们有一幅比较平衡的图像：高与低、善与恶、情与理，并存。亚氏的整体论述，两者兼有；但他总偏向那较优的，较崇高的；总有抱负朝那方向迈进。正因如此，古典政治哲学就表现得很有志于建立最佳政体，同时又不忘提醒我们，世上有的尽是不完善的国度。正因为不完美的国度占多数，我们只能尽量做到最好，把害处减到最轻。这也是古典哲学有意思的地方：它那合情理的、中庸的取向，比较全面的智慧，不光在它所见到的，更是在它所鼓吹的。这杰出的成就，在政治哲学的历史上，从未给超越过。自古代希腊以后，再没有更富睿智，更合中庸之道，更具理性的倾向了。

假如那样的评断也还不错的话，那它也许就给人带来另一层反省了。就是说，历史，并不必然是"直线向前"的，人的地位，并不必然随时日过去而提高。这也不是什么创见。18世纪末，卢梭早提问：人类的德性，是否随人的艺术科学等进步而提升？他的答案是"不"；虽然，他的出发点不同。但他也不是唯一一个认为，历史向"前"行，并不一定带来人的进步。所以，我们研读古典政治学，有个很大的用途：它教我们警惕，不要自满，尤其是现代人的自满。

有了这背景，让我们回头，继续先前的讨论。

亚氏建议官职任期要短，为免为官者损人。这不是对人性很乐观的评语。他建议以远虑为近忧，教人警觉，要戒慎。这反映了在他看来，人性不完美。然后是一些"经济学"上的东西。财产和人口，影响政体不小。比如说，任官要达到某财产条件，则该条件要适时检讨，避免为政者的组成，因条件有变而改动。他说的货币量与增长，有点像今天说的国民生产总值。可以想象，财产条件低，一旦国家富起来，能达到条件要求的人多了，对富权政体来说，统治阶层就给"稀释"了，可能不知不觉把政体也改变了。正因如此，你得小心，不要使社会中某部分人突然间富起来，或骤然拥有权势（荣誉）；一旦出现，你就得拉起另一部分，以利平衡。要避免有特别富裕或拥权的个人，必要时得采"放逐法"来应付。

不能拥有过大的权力，过多的财富，固然与他的中庸之道符合，同时也反映了他对人性的负面看法。他在这里说，高官显爵，不当轻易施之于人。正因为人性容易堕落：不是人人都可以抗拒那财富权势诱惑的。吴君本的说法是："世人并非个个能安于尊荣；一般的品格往往因骄矜而堕毁。"（卷五第七节。一般的英译本都合原意。以 Loeb 双语本为例，译文是 for officials grow corrupt，and not every man can bear good fortune。）[1] 要立下法律，

---

[1] 中译本多半合亚氏原意。像淦本："不是每一个人都能久经荣华而不腐化的。"双吴本："得以长保其安富尊荣者，并非人人能之故也。"但颜本说："毕竟不是人人都能交上好运。"那就有问题了。他是把 fortune 作运气解。亚氏在论财权与腐败，不在说人的运气；反而有点像我们常说的：共患难易，同富贵难。

415

使人不得凭借自己的财富或"人际网络"攫取特殊权力以害大众。（这类隐忧，在美国开国时的著名文献《联邦党人文集》[*The Federalist Papers*]中，有细致的描述与解答。）

不让权力或财富走向极端，亚氏很看重。为政者当在意，不能让任何一阶层取得过多的资源，不论是政治权力上的，还是经济条件上的。如果有一阶级的人拿到一项，你得让另一阶级的取得另一项，以维持平衡。要么你使他们互相抵消，要么你得使他们"融合"起来。他在强调两种"相反"的力量，比如贫富，同时又认为，贫富"融合"的混合型也不保险：你得想办法制造更多的"中产阶级"。

刚说到，个别人物的暴升，会对整体不利，统治者可能必要时需要用上放逐法。社会一整部分人的冒升，你就不容易用上同一办法了。混合政体，成了解决之道。要把他们"混进"整体，或提高另一部分人来起"反作用"，说明这批人的影响力大了，你不能就把他们压下去。这也合常理：亚氏各类政体的形式，是按着治人者和治于人者的权力来分配的；少数人掌权，是一类，如果拥权的是多数人，那是另一类了。政体能稳定，它的权力分配，得与它的社会经济结构相平行。可这样说，是不是暗指有些政体是不能挽救的？如果社会上各组人的原有条件起了变化，生成了新的比例，你要根据新情况来调整；那会不会使原有的类型变了？有没有这个可能？但政治家不可能全面控制相对的财富分配，他也就不可能完全操控相对的权力分配？

也许合起各因素来考虑，使亚氏觉得，要政体能生存，为政者得小心公职人员的操守，不许他们贪赃枉法，借公营私。也就是今天说的贪污舞弊。公职人员也是人，也会堕落。就是贤能制吧，为官者已是胜过常人了，但也会腐败。你要设计一个制度，使人不容易利用公职图利。技术上可行的；行之是否得法，是否见效，是另一问题。亚氏提出的另一方式，是使不需要利用职位的人任官。对现代人来说，也许听起来不是味儿；因为那就像说，穷人不好当官，因为穷人最需要通过职位牟利。

多年前，洛克菲勒四世（John D. Rockefeller, IV）竞逐美国西弗吉尼亚州州长职位。报上刊载了一个普通矿工的采访稿。他的用语直率、朴实。他说他赞成让候选人当州长，因为该人很富有，不需要利用州长职位榨取其他人。那是十分不符合近代人的想法。近代人会说，我才不投他的票；他是富人，和我有阶级差距，他不会同情我的处境的，诸如此类。矿工说的相反：他不大会掠夺我们的，他有的足够了。有点像亚氏在说话。

英国战时首相丘吉尔，曾经有过这么一宗故事。他早年赴印度服役，吩咐人给他寄上某些书本，当中一本是亚氏的《伦理学》。后来他向人说，对该书他不感到什么；里面谈的善与恶，以及两者中间的，他都懂得，无甚新奇。他已经有了，并不需要。这是满有自信的言论了；可自信，正是丘翁所不缺乏的。

就亚氏的观点看，间接鼓励有财富者出任公职，是很基本的智慧——尽管那并不讨好。这道理，那矿工给自己重新"发现"了。你固然可能考虑其他因素，例如你会看候选人是否与自己背景相近，理念相同，等等；但如果你只考虑谁会谁不会抢你所有，你也许认为富人较不会那样做。我们只能说这么多。亚氏也没有进一步谈论。再推下去，可能就不当了，因为那就好像说，富人不想要变得更富了。那并非事实。大富由小富起；人人小富叫停，知足自制，克己复礼，世上也就没有大富了。富人出任公职，同样会用权谋私。

在这些判断上，亚氏毫不感情用事。对贫对富，他不先存成见，而是着眼公利，着眼是否可行，什么对整体生存最有利。不过，他在这里有另一个论点：老百姓不任官，不介意，只要知道为官者廉洁奉公，不骗取人民的钱财。甚至乎，知道出仕无利可图，他们宁可追求致富，让有财力与时间的人打理公务。这可能是过分乐观了。清廉政治下的人民，还是会想做治人者的。证诸古今历史，怀疑政府人员贪污，却是最有力的反对声音。亚氏要求任官的要账目公开，征缴公款要在众目睽睽下进行，也就是今天说的"政府财政透明"。平民制不能用借口瓜分富人财产，富权制要尽量容纳"外人"进入圈内，要开放中下层职位给百姓参与。这样，政体比较平衡稳定，比较混合，比较接近中庸政治，也就有利于维持生存。

政体中居高位的治人者，要具备三项条件：忠诚、能力、德性。饲养家禽，你不会用一只狐狸替你看守。若不忠诚者居上位，他不会同情于政体，结果不会喜剧收场。袁项城（世凯）当上民国总统，心中想着的是洪宪帝制，当然对民国不会忠诚。结果如何，不用多说。

才与德呢？《礼记·礼运大同篇》中，描写"大同社会"时，说它是"选贤与能，讲信修睦"的。贤是品德，能是才干；在圣人为治下，当然是贤能并举的。亚氏有另一种说法。在上位者贤能兼备当然完美，不然的话，如何取舍？他说得视乎职位需求而定。你要一个知晓军事，能领兵的指挥官？你得选将才；他的品德居次，因为将才难求。你要一个财务总管，当社会的司库？你要选品格，因为那更重要。这是他论公职要求的一段，在全书出现很少。这反映了什么？才与德不常并存，他不可能看不到，否则他不会用上那样的例子。人性的现实，并不完美；在政治需求下，你要取舍。是不是一种妥协？是的。这正可以使我们见到，他并不盲目，以为有德就是一切。何况，希腊文中品德与优异为同一词；而优异，有知识层的，有道德层的。（这我们在《伦理学》解说中已详述。）总括起来可以说，今天我们要求出掌高位者，是"能者居之"，道理与亚氏无异。

政治理想是化民成德。政治现实是唯才是用。用今天的标准看，为官者有才干，能胜任，已很不错了。社会上的口号，都说"求才"，没有多少说"求贤"的。那亚氏为什么还说，德性不可偏废？他在这里所标榜的，是中庸，当然也是他一贯秉持的德目了。中庸，也就是节制有度，凡事不过分。（古代希腊人认为，人最基本的四项美德，就是公义、勇气、节制、智虑，也就是所谓的 the four cardinal virtues。）如果治人者能宽严适度，温和施政，百姓一定会感戴的。那不只对百姓有利，对施政者同样有利。

〔唐太宗的"贞观之治"，为后世所称道。那可不是李世民一个人的功劳。他手下能臣众多，不少忠言进谏者。魏征是其一。《旧唐书·魏征传》中，有他的名篇《谏太宗十思疏》，内有告诫君王当"思谦冲而自牧"。这可说是我国治道传统中，以中庸为手段的训诲。〕

这样说来，好像可以把各样美德都归纳为节制，什么都化约成中庸似的。其实类似的方式，也可用到其他德目上。你可以说，所有德性都可归纳为智虑。从不同角度看，有高瞻远瞩，能慎虑，也是行事的最恰当途径。不管是论人的诚实、勇敢、慷慨等，都是恰宜之举。但那跟节制有度，不是一样？智虑与节制，不也可并而为一？那跟公义又有什么差别？不是说"公义"就是德性吗？公义，不正是恰如其分的分配？给友人的，给敌人的，等等。看来各项德性可交替运用，只要用得适宜，懂得因事制宜，因时制宜。德性，能用不同的方式去描述；就目前应用来说，它是指节制有度：有节制的治人者，对自己对公众，都是最好的。

统治者温和又节制有度，实际冀望的，是人民的支持。所以说，维护政体生存的一个要素，是支持者多反对者少。多数人愿意维持现状，则少数人要改变它，就比较困难；当然，也并非不可能。站在你背后的人较多，对你总是较为有利。用今天的术语，就是"认受性的问题"。

多数人认受是必要条件，那么为政以节制（中庸政治），就是重要的施政方针。亚氏把这方针，用到多数与少数统治身上。他认为，富权政体当尽可能向百姓"让步"，招贤纳士，废苛捐杂税，诸如此类，才可避免走向极端。假如按富权的立国原则无限延伸，结果只会毁了政体本身。民主政体亦然。把民主原则推向极端，全面摒弃富人，最终只会害了民主政体。两种政体都需要自我节制，包容对方，才能使多数人支持。老百姓对统治者"友善"，政体才有较好的机会屹立。这又不独以上两类为然，于其他也莫不然。这样说，他是同时在指导"好人"和"坏人"了。不错。接着会见到，他明显在说，纵然在最劣情况下——比如说暴君政治，如果做暴君的能尽他所能，使多数民众都同情他，那他实质上已使政体变得温和了，也就是"改善"了。减轻压迫，尽量不求严苛，可使较多的人感到你的节制，不管那是多么小的一步。

小心一点观察，这里有一个掩藏的问题。在这一段讨论结束时，亚氏轻轻地补上一句：你们富权派的人，不仅该尽量容纳"下层中的上层人士"，更要改变你们排斥下层的"招牌铭言"。（今天叫政党口号。）如果我们相信，人的信念，不是喊喊不同的口号就可改变的，那用此方来"表达善意"，就显得做作了。

从行文看，亚氏知道这里面有种掩饰，也就是虚假。向平民百姓让步的富权者，不见得喜欢"低下层"的人。他害怕人多势众的百工，他看不起那些人，甚至讨厌他们。可他明白，自己的地位，政体的安全，有赖多数人不含恶意。为此，他会计算，他会采取有效的步骤与措施，不与多数人为敌。他不诚恳吗，那无关宏旨；纵使他不喜欢那些受惠的人吧，他的目的在政体的生存——也就算是他个人利益的生存吧，他毕竟使他人受惠，维护了社会的安定与和平。亚氏显然要好的后果而不是好的动机。动机不诚，他心知肚明。固然他宁见人人具诚意，人人真能带出*philia*，使社会有关爱与和谐；可他不是傻子，不会把社会基础，建立在一厢情愿上。因此，在这里讨论节制的实效，他不求最佳，而接受次佳的，让我们看到那是怎样一种模式；而节制，又是怎样一种德性。

如此种种，理念与手段配合，目的在助政体生存。当然是不同类型的政体，又以富权与民主两制为重。这些，读者都看到了。然后，这一节讨论到最后，亚氏好像忽然回头论教育，认为那是对保全政体至为重要的。为什么？他没有解释，只说了一句那是各城邦都忽视了的。所有城邦都没有教育？不大可能。他一定是说，人人都忽视了他认为恰当的教育。这样推想是否合理？稍作审视。

柏氏和亚氏的作品，没有一部叫"教育学"的。但柏氏的《理想国》，很多人说是最佳公民教育的哲学。亚氏的道德与政治教诲，都是教育。《政治学》最后一卷，是论教育的；而主线，在卷三早出现过。为什么反复申论？回头看他的出发点。

城邦追求的终极目标，是一个能给人民"美好的生活"的政体。政体，是一种生活方式：不同的政体下，人民会有不同的生活方式；这他早说了。在亚氏心目中，好的政体，是要"教民成德"的。要能教民成德，你得先化民以俗；也就是说，百姓得具备某种纪律，养成某种风俗习惯，使之成为"第二本质"，才能自然地与政体配合。移风易俗，有赖教化；为政者要留意大家的价值与取态，要避免人民产生对政体不敬的思想行为。因而教育的教化功能，就成了关键因素；那不光是对理想政体为然，对其他政体也莫不然。所以他在这里说，公民固然当守法，但法律不能形成某种风尚，不能通过公民教育使之潜移默化、深入民心，那你的法律是没有用的，因为它不能化民以俗。

教育要和政体相配合。可政体，是按照治人者的组合来界定的。多数穷人做治人者，是一类；少数富人掌权的，又是一类；虽然，两类皆非亚氏属意者。多数的，有他们的主政原则，少数者亦然。如果各自按"阶级利益"来施政，结果受害者只会是政体。因此，为政者的着眼点，不应是统治阶层的利益，而是政体的长存。教育，是为政体长期生存的利益服务的。如是，可以想象，民主政体当教育人民尽量接纳富者贤者，好充实自己；富权政体当宽开公民资格，好广为吸纳。各自减少一点本来的特色。这也符合他曾主张的论点：中庸为政，愈能靠近混合型愈好。

他有没有告诉我们，恰当的教育该有何内容，该包括什么？没有。不过他笼统地提出例子，说什么是两类政体当避免的。在富权制来说，你当教育公民避免放纵奢华的生活，那只会使你身心俱弱。其他多数人饱受磨炼，坚强起来，就会乘虚而入。在民主制来说，因为创制原则在自由人身份，你更应该教导百姓不能因自由而放任。人都爱率性而行，不受拘束，又不愿负责任。他认为那种盲目的自由，只会损害民主政体自己，使之沦为无法无天的无政府主义。我们再一次见到，温和政治是他的信念；任何极端原则，都会导致不稳定；混合型比任何纯型更可取——除了最理想的形式以外，混合政体胜过纯民主制或纯富权制。

这些，都要通过教育程序，也就是化民成俗的手段。听上去，有点"陈腔"的味道。可陈腔背后，会不会隐藏了什么？试试这样看：化民成俗，希望国家公民养成有利政体长存的习惯，希望他们能守法，那是公民教育的目标。回顾历史，不分中外，很多政体赖以生存的手段，是暴力。孟子说"以力假仁者霸，以德行仁者王"，固然是站在儒者的立场上说的，倒是霸主的通例。那并不是好的手段；有其他办法，你就不取强制压迫的方式。其他可行办法，总是有的，除非你爱当暴君。何况，用暴力强迫人民行事，不会长久有效；一旦大家学乖了，会以其人之道还治其人之身。强制手段并非至安全者。用温和、协调、教育的方式，更佳。就是不理想的政体吧，用教化行事，也能改善自己的生存条件。这该是放诸四海皆准的道理了。不是说，你的政体就会成为柏氏的"理想国"——亚氏该没有那意图；但起码，它会变得较温和，较易为百姓接受。那么你希望一众公民守法的愿望，就较容易实现了。

〔我国古代，希望用教育来改变民风，并著述立其言的，是荀子。荀卿论性恶，不重人先天的本性，特重后天的人为，曰"化性起伪"。伪者，人为也。正因这样，他相信人求学最重要。他的教诲在"习"在"积"，认为人能习能积，就能脱胎换骨，改变自我。习积向上，则"积善成德而圣心备"矣。那是整体人格的实现了。如何能得，视乎人受何教育。好的教育，累积成好的修养习惯，就真能"化民成俗"了。所以他主张"隆师"。名师不易求，则求诸古籍，故读经典十分重要。既然重习惯养成而不重先天禀性，环境就比遗传重要了。改变环境，在文物与条理；合起来，就是"礼"的教化。荀卿言政治言教育，都用礼做中心。不过，他追求的，是"法后王"，不赞成复古，与孔门的"法先王"，用托古改制，不一样。

教育，是化民成俗的工具，荀子和亚氏看法有近似者。亚氏在这里，侧重的是政治层面；在《伦理学》中，侧重的是道德层面。荀卿倒没有分开来讨论。〕

（四）失序与维系（之二）

一般政体的论述，是结束了。我们明白，亚氏的一般政体，指的是多数人和少数人主政的。余下要谈的，就是一长制，又即帝制，包括了贤者——君主政体和独夫——暴君政体。从整卷书立论来看，他讨论一长制的篇幅实在很少，谈贤者的尤其少。何以如此？他不曾说。可以推想：如果他对这题目感兴趣，又或者，凭他的观察与知识，认为这是值得详细考虑的，他不会谈得那么简约。

不管怎样，他在本卷最后要谈的，是帝制的动荡之源，以及补救之道。他将君主制归到贤能制一类，说是那少数人恐惧权力给多数人夺去，就联合起来，推举一最出众者，由他发号施令。暴君制多出自民主制的政客，声称保护大众不受贵族欺凌而当权，却集极端少数制与多数制诸弊端于一身。（君主政体他在卷三已有讨论。在上文，他是拿君主制与法治问题并论；不过，亚氏所说的君主政体，跟现代人的认识颇有不同。一者他的贤君不必为世袭，也不必是终身制；二者君主不高于法律；三者君主必须出类拔萃、冠绝人伦。）

就此来说，他的论点也略有偏颇。他假定了民主政体的老百姓觉得受威胁时，倾向于捧出一个政客做领袖；而政客，多属"巧言令色，鲜矣仁"一类人物。那选择，不高明；暴君当政，多专横。他又假定了贤能政体下的公民担心失掉权力时，会团结在明君的周围，也就是说，会选出他们中间的佼佼者。这是"好者向上、差者往下"的看法。从经验看，有是有不是。文艺复兴以前的欧洲，"民族国家"还没出现，各地的贵族与诸侯不分，多是地方上拥有武力的集团。所谓帝王，不是最强大的邑主，就是利益妥协下的产物。勉强可说是贵族公推的统治者。至于暴君，古今中外，都不必是民间政客出身，可以是行伍出身、用武力夺取政权的；可以是军队支持的文官或革命者；可以是暴徒的头目；等等，不一而足。证诸今日，世上"暴君"，不必从帝制，也不必群众拥戴。

为什么把贤主和暴君放在一道？他也没有详加比较。兼且，身为大帝国的国师，他完全不提马其顿的帝制。两制中，多谈暴君少论贤主。也许他要好好面对暴君政体——那是他认为希腊城邦中最劣的、最极端的；写出来，好让人有所警惕，也明改革之道。好些学者认为，这是他间接提点马其顿，使之不重蹈前人覆辙。在中庸之道说，这也未尝无理。不过这都是我们的猜想；在文理上，并不指向那样的结论。

暴君，是贤主的反面；暴君政体，是变型中最劣的。这早说了。变型，是私利的统治，所以暴君只有自利的追求，像穷奢极欲的生活，但求累积自己的财富。又因为暴君不受法律约束，也不必多顾虑他的地位，他没有今天说的"认受性"。正因这样，他需要一支常备军，又用雇佣兵当他的卫队，因为他不信任自己的人民。（法王路易十一，雇用苏格兰兵当他的"保护人"，其理在此。）亚氏提到一点：暴君会残暴不仁，把百姓赶出城市，驱到郊外。

从历史看，并不尽然。今天的独裁者，未必人人追求奢华放纵的生活，有的甚至是俭朴的。他们也许不理会"合法身份"的问题，却不一定用雇佣兵。不少"暴君"的卫士，是本国人。当然，用雇佣兵的，所在多有，特别是好些非洲国家；这已经不是什么秘密。说到统治者把人民大批地放逐到郊野，世人在20世纪已目击了。可知那不是古代才有的。

是什么使帝制引起动荡？亚氏提了三个原因：统治者的傲慢自大，人民的恐惧感，百姓对暴君的唾弃。原则上他在讨论帝制，实际上他是针对暴君政体立言。举出的例子，固然是当时他所听闻的；我们不必多说，只要能明其原则就可以了。比如说，统治者自大凌人，受辱者怀恨，常思报复；而受辱的，不只是百姓，也包括贵族。这类事，古今中外，不知凡几。很多时候，是个人的后宫秽乱事情，根本与政治无关，却仍会产生宫廷政变、导致政体垮台的。其他如当众羞辱臣下，奸污部属妻女，强抢民间妇女，诸如此类；稍涉史事者，都不陌生。

暴虐使人生恐惧，严刑峻法、随意掠夺人的财富等，也一样。为避免酷刑而起事的，大有人在。陈胜吴广的例子，上面已提过了。18世纪的孟德斯鸠强调，国家立法，公正严明是需要的，但要尽量避免残酷，形成苛政，使百姓生恐怖心理。亚氏就有统治者横施暴虐而遭灭顶之灾的实例。

个人野心与贪婪，会造成对治人者的鄙视。就暴君来说，他特别容易受外敌邻邦攻击。如果统治者本人并不靠自己能力取得帝位，而是世袭继位的，自小在放纵奢华中长大，就更容易被推翻。又因为暴政（按亚氏说）是集了极端的富权制与民主制的弱点，它很容易得两制的同一下场。在卷三中说过，君主制的危险是，君主不守法，或者王室内部倾轧。在这里，那是贤君暴君都要面对的。

一类比较特殊，也比较常见的，亚氏也提到了。有人不为名不为利，却愿冒生命危险与统治者死拼。亚氏用的是西方人的术语：荣誉。我们有诸多说法，例如出于义愤，例如崇高理想，为民除害等。孟子说的"诛一夫"；武王伐纣的旗号是"替天行道"。荆轲刺秦王的事迹，是家喻户晓了。辛亥革命前，志士刺杀清室王公大臣的例子，也不少。从荆轲到秋瑾，用今天的话说，都是"恐怖分子"，更不必说身缠炸药、用自杀与对方同归于尽的人。虽然，行径相似，目标却相异。现代刺客，考虑的不必是弑暴君，而带有太多的种族、宗教因素；那离亚氏的讨论远矣。

综合各成因，可以这样反省：推翻暴君政体的来由，是出自人的傲慢、恐惧、鄙视、愤怒、凌辱、野心等，也就是日后霍氏所强调的情意欲望。不论正面负面，那都属于人的七情六欲。这么说，人的情意欲望，也能发挥"好"的一面。总不能说，人民不能忍受暴政，感到统治者会危害百姓，唾弃他，揭竿而起，是"坏事"吧？如果人民因情意欲望的刺激，起来推倒暴君，那情意欲望就是他们的救赎了。可见就亚氏来说，这类欲望也有政治上的位置；虽然，在一般情况下，情意欲望不是什么"好东西"，但不能一概而论。亚氏岂会不懂？

怎样可以维系那样的政体？亚氏提供了两个方向，一负面一正面。先点出负面，那是多数暴虐政治会采用的。例如，打击有识之士；禁止公民社会的发展；不许人民聚会，以免他们因认识而相互信任。用秘密警察四处监听，做你的耳目爪牙，使百姓人人防范，不敢说不敢动。用今天的术语说，就是"打小报告"。挑拨离间，叫友朋互不信任，形成某种恐怖气氛，使人人自危。役使百姓，大兴土木，或长年征战，使人民疲于奔命，无余力于其他。

秘密警察有不足，干脆收买家中的女人，使其告发自己的丈夫，或收买奴隶、佣人等，使其指证他们的主人。制造谀臣与政客；为了个人出处，这些人会愿意放弃腰骨，用"莫须有"害人来逢迎主子。压迫有志之士，令人人志气消沉。老百姓都不敢说话——没有了亲人，也没有了守望相助的邻人。朝中的，都是吹捧拍马之辈。人民只能变得荏弱而孤立，互不敢吐心声，更无力采取任何行动了。人人没有信任，只有猜疑。家中至亲，也得"划清界限"，更不必说师长、朋友、同学了。如果亚氏说得对——如果暴政就是统治者用某种手段，分化了人民，纵然他们怀恨在心、极端不满，也无能为力——如果那样描绘暴君政体是对的，那不必在古代，在20世纪，或任何一个时代，我们都可以见到。纳粹统治，或其他大大小小的国家中，不都有同样情况？

因此我们可以明白，为什么亚氏认为，暴君政体是"各体中最劣者"。在他的理念中，政治社会的目标，是人与人中间有 *philia*；相互有关怀，有扶持和互助；保留自我，也追求群体。蓄意把人拆分、孤立，那样的政体，跟他所说的正相反。假如我们在这里，提出一个"进步"的问题：从古到今，人类历史的发展，是不是都是前进向上的？抛开成见，也许得承认，答案是不肯定的。考量活在亚氏理念下的人多，还是活在暴君政体下的人多，是个颇有意义的政治学课题。

看过了维系那政体的负面方向，那么正面方向呢？可以想象，贤王变成暴君，他的君主政体就危险了。那么，亚氏就建议说，假如暴君有"王者风范"，方向可能就逆转。职是之故，他举出一系列措施，说是对那统治者有利：不在使人民"不能"反抗，而在使人民"不要"反抗，不要与他为敌。他固然不会领导人民去建立混合政体，但总要和百姓互减敌意。一言以蔽之，他要行温和之政，像个知收敛的巨人，有巨人的能力，但能自制而不任意使用之。

亚氏的教导是这样的。治人者要先懂得治己：做国库的守护人，维护国家利益而不图个人私利。轻赋役，花费有度；公开自己的收支，显得像个管家而不是暴君，博取人民的信任，使大家觉得，他并没有将公家财产据为己有。他要将个人权力，隐藏在"国家责任"旗下；如果无其过人之处，起码要懂得领军，给人能建立战功的印象。在国民面前，要不怒自威，使人觉得他尊贵而不严厉，心生敬意而不是畏惧。

处理政事，要与一众臣下商议，他才可表现出自己不是个独夫。处理私事，不能利用权力来凌辱女性，尤其声色犬马之乐，要保持节制；要小心给人只顾逸乐的印象，因为容易招致人民的鄙视。（我们《长恨歌》里的名句"从此君王不早朝"一类事，得警惕。）亚氏特别提出，统治者后宫妇女的任性，不知毁掉了多少人。（证诸历史，中外无别。我国史上，女主之祸，从古到今，出现不知多少次。）

对自己的国家，他要懂得"打扮"，要修饰和美化市容，让人感到他"管家有方"，自己脸上有光。在克制自己的七情六欲时，不忘表现出有德性、有敬虔心。人民都乐意见到统治者敬神，也会相信不必恐惧尊敬神灵的人，因为那样的人不会多行不义。对好的公民，他要亲行奖励；对不好的，他要让法庭来处罚。这又显示他守法。要提升或罢黜，得循步行事，不要给人做事鲁莽的印象。

当然，他不能松于防范刺客。掌在手中的权力，他也不能不抓紧。统治者的权位，不从人民授权而来，认受性质始终是个问题。何况，他的治权，是"不以臣民的意志为转移"的；百姓同意也罢，不同意也罢，都得接受他的统治，否则他就不是个独裁者了。不过，为了显得无私，他当表示同时保障穷人和富人的权益，使双方相信他是不偏不倚的。可他要有防备：万一不能同时赢取双方的好感，至少要争取较强的一方来支持自己。

若果真如此，他的臣民也许不会仇恨他、畏惧他。他自己也因各项合理措施而变得"开明"，起码看上去如此。看上去，这是消除了诸多负面的因素。看上去，独裁者会有大幅改善，纵使那是为了政体的生存。从实效角度说，亚氏的目标，在于改进的效果而不那么在改进的理由。告诉独夫，你尽量处事"温和"，尽量"配合"，那么你给人行弑的机会会减少，他会听的。固然不一定；但亚氏似乎相信，这是最有效的途径；说不定是唯一的途径。面对垮台的威胁，统治者倾向于改变。御者知道盲冲要车毁人亡，他就改变驱驰的方向；那是出于自利的考虑，倒不必是他有爱于百姓。

综合起来，可得出什么教训？早在《伦理学》中，亚氏就问：德性的报酬是什么？或者说：为何要做个优异的人？是否说：你优于别人，你就会得到奖赏？在政事上也如是？也许尤其在政事上是如此。他认为，你纵使不诚恳，只要做得好一点，自己变好一点，你会得到较好的。听上去有点突兀。你别有用心，动机不磊落，却得到较好的结果，岂不奇怪？

冷静地想一下，这正是亚当·斯密最出色的"无形手"教诲。斯密的无形手，令人制造出某些后果，却与人的动机无关。他不太理会动机：如果人生而有贪欲，你无法铲除，那就制定法律使他不伤害他人，其他的，就由他去贪吧。斯密本人毫不喜欢贪婪，认为那是要抗拒、要排斥的；就像任何一个正常人一样，他明白该拥抱什么，该讨厌什么。可他明白，先把自己的排斥放下，观察人贪婪的后果，可以发现，不少"好事"因此而来，包括人能破除迷信，追求丰盛生活而改变了整个经济方式。

这样说，斯密的智慧，多少可直溯至古代思想。他的理论，同时也发展出了近世的自由体制。贯通来看，近代较开明、较宽松的政体，其实受惠于古代智慧。固然，当代民主宪政型的政体，并非最佳政体：亚氏不会那样说，斯密也不会那样说。自由宽容的制度，也包含了诸多弱点；贪婪是其一。可是，跟严苛压迫的政体相比，别说在古代希腊，就是在今天，多数人会怎样选？

我们还可以讨论另一类问题。亚氏提出正负两个方法。从读者角度看，很自然产生的反应是：他是取正不取负的。我们会觉得，正向的方法，可使政体改进，从而生存得较长。他曾建议极端富权制和民主制"向中庸靠拢"，改得温和点，会有利生存。在这里，他的原则无甚差异。负向的方法，只会使政体陷于更极端，不利生存。揆诸经验，并不尽然。历来世上多少暴政，也可长期生存的。不少反对专制独裁的人，道德要求与亚氏相近，倒不见得那类政体必然很快被推翻。

退一步说，假定我们同意，在维系暴君政体所用的手段上，比起极端政策，采取温和路线较有利于暴君生存。理论上，他还是个暴君吗？统治者性质问题，我们在前面提过。在这里，亚氏承认，统治者的表现，是"装出来的"。他要取得百姓信任，必须"表现"如此。尽管这样，他的外表行为，像君主不像独夫。起码他要做到的是，多数人就是不怎么爱戴他，也不会想积极地推倒他。如果他所作所为，使政体性质改变，那亚氏要维系的，还是暴政吗？抑或他认为，那样的政体，道德上是无可维系的，所以"出此下策"？

　　　　※　　　　　　　　　※　　　　　　　　　　　※

卷四起卷时，亚氏提到他要讨论的一些问题。问题的最后几项，是不同政体怎样建立，什么因素引致失序，有什么补救办法等。这正是卷五和卷六要谈的。这两卷书多受忽略；一般论者多集中比较他的政治理想与柏氏的《理想国》。但五、六两卷不光内容有历史根据，在探讨方法上也很有价值。细读一下，我们会了解到，政治哲学家的亚氏，是如何把政治科学看作一门学科的。

首先，比起其他各卷，他在本卷解说的方法，远为直接。他再没有先拿出别人的观点，用某种反复辩证的方式来阐述，反而像以逻辑次序来带出他的结论。他对乃师柏氏的批评，放在本卷最后一节，直像一卷书的"附录"似的。收笔的时候，又像未完稿，要待修改般。比如说，有些部分如果处理得更有条理，也许该放在其他节；又有些他在本书已说过要探索的，有关政体更迭的问题，在本卷却没有出现。不过，亚氏并没有说，这就是"终极"版本；他只不过指出了政治科学探讨的方向。

他怎样批评某些乌托邦思想，某些理想政体的论说，我们在前面见过了。何以他不在那里讨论这末节的东西？看来是这样的：在这个地方，他写的不是"通论"，而是针对政体的动荡与如何能长存的问题，是政体更迭的问题。这是本卷的整体主旨。任何简单的方案，在面对各样不一的更迭模式时，都站不住脚。

当他和柏氏的陈述辩论时，他特别反对的，是柏氏认为政体转变，有种普遍应用模式。亚氏不同意这个。我们不必进入每一宗事件，也可以明白他的原则。民主制不一定会变成暴君制，也可以变成富权制。同理，富权制也不必然转为民主制，也可转为暴君制。从历史来观察，一个暴君的失败，未必带来另一个贤王的领导，也可能由多数人或少数人来组成新政体。这类变更或转型，没有"定式"。任何用简单的周期来解释变化的方式，都有问题。亚氏本人在《伦理学》中所描述的，在本卷都给"修正"了。

到了这里，谈论政体的动荡，甚至垮台，以及补救方法，是完结了。但政体是怎样建立起来的呢？

卷　六

怎样建立政体

　　不同类型的政体，依着某种准则来分类，各自有何特征，怎样可以混合等议题，已经谈过。按着结构上的特性，各自有什么弱点，为什么引起动荡，有何补救办法，也在上卷讨论了。亚氏要进一步阐明的，是政体的建立。这个安排，也合理；并没有逻辑上的理由，说以下的讨论必须放在前面。他特别提到的，是民主政体与富权政体；在这个脉络下，同时反省了政体本身的问题。

　　在本卷集中论述的，是民主制和富权制。按亚氏自己的类型学，这都不是他属意的，都是变型而非原型，都不理想。那他为什么总环绕着这两类来立论？从本书的整体来观察，我们可以说，很可能他认为这两类最为普遍，也最容易出现。这点我们在前面也提过了。两型的基本差异，在公民人口的贫富。（我们也得记着，他们的公民，并不是住在国家的全部人口，而是拥有政治权利的人。这和今天的情况，极为不同。）贫与富，又等于是多数与少数的对比。可以推想，他看该差异是如此基本，如此明显且影响甚大，直是驾驭了政体安排，左右了人的政治生活。

　　（当然，假如社会上贫富差距消失；假如人人都成为富人，或穷人；甚至是多数人非贫非富，而贫富阶层已无足轻重，那么你可以假定：既然他的前提不存在，他的结论也就不能成立。这该是对的。先不论贫富阶层怎样形成；如果贫富的界线消除了，由此而起的政治条件也就彻底改变了。该无疑问。)

如果问：什么是贫富的界线消失？一个没有贫富的社会？一个"无阶级"的社会？诸多难题由此而生。退一步看，什么是"贫穷"？可以说，贫穷，是因地而异的。在甲地被视作穷人的——今天的术语是"活在贫困线下的"，他所拥有的谋生条件和资源，到了乙地，会被认为是一点都不穷。这并不一定说，那些人就不应被看作穷人；而是说，大家看什么叫绝对的贫穷，跟大家看不同地区的贫穷，很不一样。或者，我们说的"贫无立锥"，一个人连维生都成问题了，那就是绝对的贫穷吧。

经济学这门知识初起时，大家的理论探讨，多集中在一地的人口增减，认为经济的成功与失败，可用人口增减作温度计。当时的想法是：人口要能增长，你需要有比增长前较充裕的粮食财货等才行；即是说，你的生产力提升了，有了剩余物资，可支持较多的人口。换言之，社会比以前富了。人口停滞，反映了经济没有起色。要是人口减少，那就是说，生产力下降了，社会比以前"穷了"。因此，人口是否增长，就成了整体经济是否成功的指标。所以，就是有头脑如卢梭吧，也在作品中表示，一个政体是优是劣，看它的人口是增是减，约可定夺。固然，他所谓优劣，是有限定的——他并非指国体在道德上是提升了；但总是某种成功的反映。〔就此而论，一些相对贫穷的社会，像印度，像不久前的中国，等等，同样能支撑起日益增加的人口。〕

事情变得复杂，因为大家会问：它们明明人口增加，那不是贫而是富的反映了；是否只是因着我们的理解，才说它们是穷呢？研究经济发展的人得面对这类问题。这不是目前我们要思考的课题。可我们当指出，任何思考人生的人，不可能无视贫富问题；而这分歧，又在亚氏论政治生活的论述中，占如此重要的位置。要说得具体，十分复杂，不容易清楚厘定准绳，以及该怎样去考量细节。可以明显见到的，倒是所谓"贫困线"的界定，相当随意或武断；它因地而异，也视乎用何种尺度去量度。各国都有理由去定下一条贫困线，大家也许都考虑人的因素，政体稳定的因素，生产力的因素等等。可不管怎样下准则，那始终是随意划定的，可因时因地而移动。

当我们看亚氏论政体的维系时，我们一定留意到，他花了很多笔墨，描述两类他不欣赏的制度。为什么？我们曾推敲过，他集中讨论这两类，一定是认为多数与少数统治，是最有可能出现的。另一个可能是：那是他的城邦研究中最常见的。到了下一卷，他的重点会不一样。在那里，他会集中谈"最佳政体"。到目前为止，他一直展示出的，是大家见过的、经历过的。后面谈的，是最不常见，甚至是不会见着的。虽然，那也值得大家好好审视。

那又引出了一个值得深思的问题。作为一个十分关注他的政体理论的人，我们当怎样看他？先不说他如何得出结论，认为有些政体是优于别的政体的；也先不理会我们是否同意他的判断。他很在意所有不理想的政体类型，尽力想办法使每一类都能屹立生存，教大家如何改善；而维系与改善之间，有着很重要的关系。接着他再谈理想型的政体，尝试给读者看到那是什么，怎样可追求到那理想，又怎样可维系它于不坠。（先不说我们同意与否，那是事后的判断。）我们当怎样看这样一位理论家？这真像一个全面"政治科学"的理论蓝本。

不断强调，他论说政体的优劣是对是错，我们先不考虑；他有他的论断，我们也可以有自己的判断。把这个抽离出来，我们还是可以问：这是不是政治科学应该做的？论点充分，因为这符合常识判断，也有理论基础。在大家努力尝试在困厄重重的人世间，找一条可走的路时，你提出较劣的、较优的、至佳的陈示出来，非常有用。那困厄，亚氏表达得清楚；如果"社会科学"是建基于该原则上，它该是有用的。固然，什么叫社会科学，大家也许没有共识；我们也不是说，"只此一家，别无分店"。只是要指出，亚氏建议的，足可作理解"人生科学"或"人生知识"的范例。在思考"社会科学该是怎样的一种学问"这问题时，亚氏的人生知识是否可作为选择，值得大家深思。固然，他展示在我们跟前的，与当今所谓的社会科学，并不重叠；但今天的社会科学该有怎样的方向，也是要细想的议题。

（一）建立多数政体

政体为类实多，要选择某类型政体与国家形式相配合，也非易事；至少，你要利用不同元素交叠为用。比如说，任何政体都要有立法、仲裁等功能。在这一卷前半部分，亚氏谈的是多数政体的设立；很自然，他就要说这类政体的组成方案：怎样用上政体必备的功能，设计出民主政体。但这个问题，他早在卷四前面已道出，也在该卷后面讨论过。在这里重提，可看作是个补充。他的目的，是希望能建立比较稳固的体制，长治久安。这样，也可看成是卷五的"延续"。稍后文中，他指回四、五两卷，称"前篇"。如是，这一卷该是"后篇"了。

在同一个地方，他又提出"三权"的论题，说当配合，却没有开章详论。他在卷四也探讨过，也提出心目中的混合政体，是某种形式的权力平衡，符合混合制的构想。（好些学者认为，17世纪开始，欧洲各国帝制都起了变化，尤其英国，把"三权"混为一体，使国会制衡了王权。不少国家纷纷仿效。时至今日，那构想在不少地方都表现了出来。看法不能算错；可始作俑者，不是希腊而是罗马。欧洲诸国的制度参照系，是罗马不是雅典；虽然，罗马人的很多典章文物，甚至部分拉丁文，都源出希腊。）

不过，不论是有意建立新政体的，还是希望改良现有政体的，在"动工"前，能先了解百姓的特性（或民族性，或素质，或习俗风尚等），非常有用。兼且，百姓类型很多，所以亚氏认为，你不当把所有人全混在一起。他说他要先探索民主政体，言下之意，好像是以后还是会探索其他的；但本卷后半部讨论的，只有富权政体而无他。不管怎样，现在要研究的，是民主政体治下的人民，有怎样的特性。

※   ※   ※

民主政体最基本的特征是什么？是自由，任何生而为自由人都平等拥有的自由。除了说奴隶没有自由，不能凭意而行，我不是奴隶，可以率性而为；还进一步说，我不要受别人统治。至少，大家轮番为治，那就人人平等了。治人者与治于人者，身份互换，那不只是民主的界定，也是自由的政治原义了。假如你只受制于他人——不管他人是一人还是多人，你仍是受奴役的。能"轮流坐庄"，每个公民都会有机会成为多数（或少数）的一分子，有胜有负，但不会是有些人永远发号施令，其他人都得听命的。

亚氏观察多数统治的民主政体，都有追求自由的原则，也就是轮番为治的原则。我们叫自治，或自主，因为那表示，没有一个意志是永久凌驾于你的。有的时候，别人当家你得听命；另一些时候，别人得服从你的指挥。没有一个大皇帝，高高骑在所有人头上。这可算是你的自由。那还不止。他提出更为极端的自由概念，叫作"随意而行"。随意而行并不就是轮番为治；轮番为治的要旨是，你是治于人者的时候，接受治人者的法律行事，因为你明白，有一天你成为治人者时，做治于人者的，也得遵守你的法律。(用今天的说法就是"游戏规则"。)可随意而行的做法就不同了:我是胜方发号施令,固然很好;若我是败方,也"率性而为",等于说"我不听你的"。显然,那样的行为,和社会生活并不和谐一致。要使公众生活能维系,在无足轻重的事情上,也许能稍随意一点,遇上重大事情,大家不可能任性胡为。

"追求快乐的权利",是美国《独立宣言》中的名句。人有自由去追求惬意的生活,是17世纪霍氏政治哲学的一环。大家都忽略了。霍氏认为,人民在私人范围内,拥有自主,就是君王也不得干涉的。例如,君王不能擅自给臣民许配婚姻,不能随意限制百姓的着装。可知"追求快乐"说的,是每个人在自己范围内,得凭意而行,可选择一己的职业、爱好、财富安排等。如何储蓄、如何花费等等,王权不得干预。那都是私人范围的行为,属于个人。范围以外,属公众领域的,得受王法调节监管。

在早期近代哲学家中,霍氏的理论影响深远,值得我们细思。不能在这里详论,但他提出的公私分界,到今天仍是讨论的焦点。他也许是以设下最严格王权规限而闻名的。今天,我们叫"法律的权限",也就是公众领域的界线。统治者,是大家协议后,同意推举出来的、代表全体行使权力的人。他集我们的意志于一身。因此,按着契约,我们都同意了他的意志代表大家,那他行使意志的力量不可谓不大了。

可他在另一方面又坚持认为,人要具备最大的自由,能各自按个别的喜好,追寻个人的快乐。要使这论点能够成立,必须有可知的界线,分开何谓公众的和公众以外的,也就是今天说的私人空间。霍氏的理论让人清楚看到,确有可能划出一个严格规范的领域,是属于公众的,或者说政治范围的;另一个自由松散的领域,是不属于公众的,或者说私人的。至于怎样划,一方是否会"侵占"或"蚕食"另一方,那不是我们可在这里讨论的。

亚氏处理民主政体的困难，使读者明确地看到近代政治科学的一条主线——公与私的争论：什么是私的（个人的）？什么是公的（城邦的、国家的）？有没有范围应该保留在私的里面？古代希腊的民主城邦，是否把"私有化"做得过分了？是否应该受到德性考虑的限制？可见就是雅典吧，因着公民对自由的理解，也产生了一定的难题。

不过，在最大范围内取得自由，确是多数公民的共同诉求。放在轮番为治的条件下，出任公职的条件，就是制度下的副产品。在民主政体下，最符合民主原则的，就是用抽签来决定。固然是假设了人人都是自由人，受同类型的教育长大，都有近似的能力出任。对任职的财产要求，几乎是象征性的。亚氏当然知道，这不是可应用到所有职位上的，事实上也不可能。比如说，国家最重要的职位，需要有德性、有家世、有学识的人才能胜任，才能为民表率，得有财产或其他条件配合，而不是一个普通老百姓能负起的。又比如说，领兵卫国的军事将才，也不可能用抽签的方法选取；道理显而易见。

有些建议，在政体维系或其他事上，我们早见到的，像任期短，他再次提到。遇到国之大事，并非少数公职人员可解决的，例如宣战缔和，必须召开公民大会，令全体公民尽可能一起参与，国家要支付"车马费"来达到目的。有人居地较远，不便进城集会；有人家境较差，没额外资源为此，故不愿与会。如是，出席的都是有能力有资源的。后果有可能是使政体向富权性质倾斜；那当然是民主制不愿见到的。就算不是国之大事吧，还是需要一定数目的人与会的，这些，也得从国库支付。

这么一来，是接近民主制了，但又会走向极端。政体，是为公利的，为全体公民的。仅用算术上的平等来推行参与（也就是今天说的"一人一票"），有利数字上的多数，不利少数。但少数的富人，也是公民，也当有他们的声音；不只在公利考虑上如此，为了保全民主政体于不坠，也当如此。我们知道，政体要屹立不倒，为政者要尽量"拉拢"最多数的人来支持；理论上最好全国人都支持，至少大家不来反对你。如是，你要吸引大众，就要尽量减少压制；因为，压制会破坏了政治社会所必需的情谊（*philia*）。

亚氏举出的例子，也不复杂。把全国人分成两部分，假定富人有 500 人，穷人 1000 人（当然不是实数），然后每一方选出同等数目的代表出席会议。这样安排，又显然有利富人。怎样可以设计一个选拔公职的方案，可以让富人觉得他们受到尊重，又不会改变了多数主政的原则？

他弄了个乖巧的安排。假定按人息，把富人分成十组，普通人也分成十组。（比如说，最底的一组是月入 0—2000 元的，然后是 2000〔不含〕—5000 元的，依此类推。）每一组可投一票，那是比较均匀的，却是有利上层。如果上层的界线划得比较窄，下层的比较宽，或者分为更多的组，那么下层参与的人一定较多，又不会把上层的排除出去。这该是可行的。又可更进一步，按同等人数把上下层分组，然后相互配搭，看哪一个配搭合起来的财力较强。设计是否可行，固然是实践后才能决定；不同的社会，固可有不同的设计；重要的是，怎样设计出一种制度，能使贫富双方合起来，让多数人掌政，但少数人也不致蒙受霜雪。

看来，亚氏的忧虑有两点。一是他认为，若数目是唯一的考虑，公义就是多数人主政，那么多数人就会没收少数人的财富，公义成了不义。但这种事情，历史上很少发生。另一是，纵然不从公利角度看，也就是先不讨论公义问题，就现实角度说，排斥富人，会造成"迫狗入穷巷"的后果。富人会联手对抗，甚至推翻政体。这种观念是过时了，现代社会，富人是没有那份能耐了。

当然，客观地说，我们要逐一研究才好下判语。

可至少，顺着他的思路，可以见到他的要点：政体的安排，是不使任何人觉得受他人支配，受他人拒斥，而与政体为敌。可不可以推想，这样的安排，要面对两个问题：一者你怎样改进政体？二者你如何维系政体，使它长存？他的建议，较温和、较中庸、较公允。这是一箭双雕，同时解决两个问题。你设计一种制度，不走极端，更包容，更能凝聚不同背景的人，也就给了它更好的生存机会。若然，是否可以说，能便于政体改进的手段，也就是使政体生存的手段？

政体的公义，在使人人都得保障，不论贫富，不分高低强弱。在设计怎样建立政体时，亚氏一定想到了这类问题。耐人寻味的是，在这节讨论结束的地方，他突然说：公义与平等，是弱者的追求。从负面角度解释，你可以说：公义只是弱者用来免受强者欺压的手段，如此而已。你甚至可进一步说，一切道德都包含某种败坏的元素。说德性，德性是我界定你当守的行为，为免我受伤害。说诚实，你们都该诚实，我相信你当温顺，你当顾及他人。我是个体弱多病的人，无法照顾自己。我追求公义，因为对我有利。还有，公义当然要求对等的回报。我十分拥护，何以？因为我无亲无故，却有大量产业。

固然是"漫画式"的反讽解说，这却是尼采对德性的论述。他认为，西方的道德观，经过了漫长的中世纪，传承了基督教的训诲，使人人都变得"弱质"。欧洲人的道德观，在19世纪，好像是为弱者而设的德性。结果，当然是推销软弱文明。尼采很讨厌它，所以既反传统道德教诲，也反宗教。

可亚氏是鼓吹德性教化的佼佼者。他站在尼采的反面，他说弱者渴望得到公义与平等，背后该有他自己的理念。尼采和亚氏都了解何谓善，特别是道德上的善，明白那是对弱者有好处的；

在尼采看来，那是弱者刻意弄出来保护自己的；在亚氏看来，却不是这样。美德和公义，对所有人都有价值，不分强弱。有价值，是因为那关乎人性本质，起码在亚氏的哲学中是这样。对弱者有利，是他们渴求的，可以是个附带现象。读遍亚氏作品，也找不到证据说，他界定德性，是弱者一手制造出来的东西，全为了自己的保障，而没有其他意义。

"公义是弱者追求自保的手段"，这是个极端的说法，特别是通过尼采的棱镜来理解。放在较大的脉络中能看到什么？可能是这样的，亚氏在论民主政体的典型。当人民去到一个地方，不受拘束，随意而行时，也是相当极端的了。在前面讨论过各种温和型的，都是法治社会，没有人这么肆无忌惮。那样的民主，是多数人为了多数人——不是所有人——的利益而立。他早界定，多数人是穷人；相对于少数的富人，穷人是"弱者"。多数人会这样看自己，不足为奇。那是说，也许某一类行为，会相当自然地与某类政体"共生"。

在同一节中，他让我们看到，人性中狭隘自保的一面，以及人爱自由自在、不受约束地生活的一面。两者都反映在某类型的民主政体中。我们很自然会联想到，这跟伯里克利的《葬礼演词》的风格何其相似。《葬礼演词》的口吻，表面上是称赞雅典人；细心读来，他的称赞，很有保留。如果与他的其他传世文字一并读，我们会发现，他其实在责怪雅典人；起码，他好像在责怪他们的某些举止，同时称赞他们的城邦。

把各条线索串在一起，或许会有一点启发。我们看伯里克利、柏氏、亚氏等久居雅典的出色人物，对雅典各有评语。除了基于政治上的偏好，每个人有不同程度的取舍以外，论到社会，无不认为雅典是美丽、文明、民主的；而这样的背景，又孕育出那精致的，至今仍为人称羡的艺术、建筑、哲学、文学，等等辉煌成就。思量一下它的人民那种喜爱率性而为的品性，以及它那灿烂的成果，可能得出一个很有意思的问题：两者走在一道，是否纯属意外？抑或两者的"共生"关系，是协调一致的，甚至是必需的？你需要某种自由奔放、无拘无束的追求——尽管有时是过分的，才能产生那创意，激发那潜能，使人的精神活力能盛放？这不是绝对的问题，更不是唯一的思考；倒是政治哲学不当回避的。

不管怎么说，亚氏绝不那么天真，以为世事都美好，因为人的德性，有自然的基础，人因而自然而然是好的。我们当知道，美德可以有它自然的基础，但人人并不都自发地倾向于成就德性。换言之，就算美德是自然的，也并不必然可以说，人行善也是自然的。〔这有点像说，慧根人人可有，但并不是人人都会自动地发展出善。就是发展，也有不同程度，要看各人的"造化"；而"造化"，不全是先天的。〕

探讨过某种特征和设计方式，亚氏接着沿着同一脉络，开始重论他的四类民主政体。重点集中在第一类，其他的并不占多少；也许是他的选择吧。说重论，因为他在卷四早已提出，现在的焦点不在分类而在建设。建设，按他的意思，是要立在某类他觉得最能与政体匹配的材料上，才合理。所以要先考虑"材料"的性质，亦即"什么类型的人"。不是说他们是"好人坏人"，而是看"生计"；有不同型的民主政体，是因为有不同型的经济生活。

具体一点看。首先，他认为最佳的民主政体，是建立在农民人口之上的。他的"重农"意识，我们在前文早见过了。倒不必然说，他的想法与18世纪好些作者的观点重合，认为农民具某种优异的特质，或是说郊外人的德性比城市人要好。那德性是什么，也不容易确切地表示出来，但可以想到像自食其力、朴素简单、勤奋、吃得苦、诚实等，一般可以和农村生活联想到一起的特点。

想一想，简单朴素，不见得明显是一项杰出的德性吧？许多人都那样说，我们自己也常常互相劝勉要那样做，倒是该冷静地问：为什么？为何说朴素简单是一项美德，像苏氏的生活展现出来的那样？他冬夏同衣，又赤足在市廛中往来，有时甚至不修边幅，生活够简单的。为什么那是德性？文明生活不是吗？群居的城市生活，多姿多彩，人能看到的、能体验的，丰富极了。那有什么不好？抑或说，文明的生活，会使人腐败、堕落？是什么败坏了人的道德？这是个很长时间以来哲学家思考的问题。

到了下一卷，亚氏会回头检视这类主题，他会转变方向，好像给大家一短篇道德训诲，又好像把一些他在"上集"《伦理学》中的论述，重新提起似的。到时候大家会见到，朴素简单的生活何以是好的，什么叫朴素，凡简朴的是不是都包含了少的、缺乏的各种意思？这些，接着就要在下卷出现，现在只是隐约地可以看到。他将要告诉我们，对人有利的、外在的美好事物，有两类：一是对身体的；一是对灵性的。他会铺陈的论点是，对灵性有利的事物，是最美好的、最重要的、最接近绝对的美善。这种区分，在卷六这个地方，通过他欣赏农民所具备的德性，已略见端倪。不过，他的笔触是那么轻，约略带过而不加细论。让我们在这里稍加分析。

首先带出的，是亚氏重复他在卷四中已经指出的，说民主政体有不同种类，而他本人最属意的，是以农业人口为主的一种。我们站在今天，当怎样去思索这个问题？西方人到了18世纪，甚至更后的时期，都有这么一个看法，认为比起其他行业的人口，务农的在道德上较优胜。何以？他们生活简朴、耐劳、独立看来是最主要因素：他们自给自足，且一般体格都比较强健，能照顾自己。从他们的生活作息来判断，可知农民种植自己需要的食物，制造自己的衣履和家中杂物。可以说，那是最不依赖分工的生存方式。田中食物自己收割，牲口自己饲养，就连缫线织衣也自己做，他们可以说是"从头到尾"自我照顾，十分独立。这就是全部的优点？

回顾一下。想一想，为什么问"这是否是全部"？也许这已经是很大的优点了。也许这已经是一切你足以照顾自己的。为什么这个照顾自己，这个自给自足，如此重要？可不可以说，人能自给自足，人就能独立？能独立，就不须仰仗他人，衣食凭己。一家人辛勤，却不靠分工来谋生。那自足，那独立，不就是自由？独立是否等于自由？应该是非常接近的。也许那是极美善的事。也许，在一定意义上说，自由是最美善的。甚至可以说，如果你充分了解什么是自由的话，你会明白，那是"人间美事"。

自由，固然是个很大的题目。我们不可能在此回答这个大问题，也没有需要尝试这样说；倒可以说，组成自由的一个相当重要的部分，正是在不必"靠人"：依赖自己，不就是把生命放在自己的掌握中？是否可以说，农民，就是最接近"不靠人"，也就是最接近"自由"的人？当然，那只是在某种意义上的自由：人对身体需要的自由。就目前来说，那也许足够了。若农民果真能得到那样的自由，已经是十分了不起的事。显而易见，他们的独立，有赖天时地利、降雨、虫患、土壤等环境因素；但在一定条件下，他们仍可说是拥有独立自主的生活。（独立自主，在论家庭、论城邦、论一家之主的君子时，不是占着重要地位吗？）

基于卷六这里的讨论，我们更可以看得远一点，看看卷七中较崇高的，与这里的讨论有关的议题。刚提到，亚氏区别开对身体有利的与对灵性有利的两类外于人的美事；那判别正指出，自由的概念，可立在更高层次上。假定说，对灵性有利的，是最高的美善——也就是说，人的各类美善，是最好的修为，而诸美善事物中，又有层次等级之分。比如，人有德善——在道德层面的优异表现，那是对灵性有利的，又人有智善——在智慧层面的优异表现，也是对灵性有利的；而两类有高下之分。那么，我们会得出一个结论，即拥有对灵性有利的，特别是这里面的高层次的一环的，就会是最自由的人了。目前我们不必深入讨论他这个哲学观点；就假设我们可以相信，拥有灵性中最高美善的人，就是拥有某种最高的、最重要的自由的人。

稍作点题。世上有不少事物，可让人分心、受困扰，但却是我们以为自己需要的。若人能有智善，人就可以免除那样的心烦意乱。缺乏了某些信息，人无从判别，以为凡事都那么重要，其实固不然。追求诸多无关宏旨的东西，足使人分心、受蒙蔽，这固然是种对人的束缚了。我们都颇清楚，也经常互相劝勉，要大家不堕进某种"上瘾"的状态，不要受外力束缚或奴役。想象一个人抽烟上瘾，每天绝对不能没有香烟，他不是给香烟束缚了，成为香烟之奴了？他必须依赖一些身外事物，以致其他对他更有用的、更重要的事，都得让路，这样，人就受到规限了。所以说，人拥有对灵性有利的东西，就能打破那规限、束缚，也就是自由了。平行地看，农民的德性——自主，使身体免受束缚，就像某种智慧使灵性不受困扰。

我们从这个角度切入问题，因为这正是亚氏要大家思索的方向。在他谈"最佳政体"时，这是个十分重要的论点。到了下一卷最后，他要考虑个人的善与政体的善；他要探索两者是否并肩而上。如果是的话，是如何齐步前进的？留意这类议题，是因为他明白，人要有美好的生活，总要视乎人有怎样的政治秩序。我们认识到，没有政治组织，我们无法活得好好的，也许根本不能活。我们也知道，政治、群性、社会生活等，是组成"给人美善"所必需的。只要明白这基本条件，我们就会进一步探讨，那事实能给予大家怎样的美善？

接着我们自然会想到政体美善的问题。我们自然会问：什么是美好的政体？什么叫妥善合理的政治安排？除非你是个全不思考的人，否则这两个问题一定会出现。然后大家的联想，又可能引出一系列问题："政体之善"与"个人之善"，有何关联？是否说，一个好的政治秩序，就会成就美善的人？好的政体之所以是好的，是否由好的个人促成，而个人之善，并非从政体之善而来？那"个人之善"，从何而来？来自自然之道？来自灵感？人在灵性上的优异，完全是环境塑造成的吗？那种善（或优异）会不会产生回响？会不会反射回社会，使我们能改善它？

这些都是很大的问题。尽管我们认真思考过后，能尝试回答，却也只能拿出不完美的答案。无可否认，各个问题与人生，都有着莫大的关系。美好的政治秩序与优异的个人，有怎样的关系？这是个十分严肃的问题。我们当然希望能明白，两者有没有一方影响另一方的可能？例如，是否有不同类型的善，一种属于个人，一种属于集体？若然，可以怎样解释？若不然，我们该怎样去理解？大家知道，古代希腊人认为个人之善的最高者，是勇气、公义等德性。我们多少知道何谓有勇气的人。何谓有勇气的政体？这本身已是修辞的比喻。说有智慧的人，我们也许能明白那是指什么。有智慧的政体呢？今天世界各国的决策，大多由议会甚至委员会达成。组成议会和委员会的，又是极少数的人。这些人做对了，就代表政体有智慧？如此而已？那公义呢？义人，大家或许能约略辨认。公义的政体呢？那是个比喻，还是认真的、可理解的事物？

一个政体是否优良，与它的人民是否是好的、美善的人，关系甚大。两者的联系，是个很严肃的问题；特别是我们在卷三讨论过，好人与好公民，很多时候是两码事。那么人、公民、政体的多重组合，可以得出诸多情况。这问题，亚氏在下卷就要探讨。他的论述，再加上卷八的讨论，使我们相信，这本书该没失掉什么。卷八是没有完成的，大家自然会问：是否失掉了大部分？有没有可能本书原来是十四卷而不是八卷的？应该不会。看来主要论点到了卷七已大致齐备，八卷当是差不多了。

亚氏谈到几类民主政体，并开始探讨务农为主的一类，认为那是最好的。从读者的角度，很自然地会想到，他一定会解说农民的优点。令人感到意外的是，那并不是他给"农民民主制"辩解的根据。或者说，他认为该制较优越的理由，不是建立在"农德"之上。但我们相信，那个探讨还是有用的，我们确实可以建立一个认真的论点，说明农德的优异之处——当然，实际能否顺利施行，也得视乎每个国家的特殊情况。

最使人感到意外的，是他标出这类体制所用的论据。他没有用上我们刚才探讨的，而是让大家看到一种比较精于计算的，不那么高尚的理由。何以见得？因为那样的政体，是以某类百姓为基础的；他们竟日劳动，以求糊口，那表示他们的生计，有赖勤奋工作来维持。他们不是有闲阶级，不能随时随地离开农地。农地，分散在郊外，在偏远的地方，人口分散，除了少数例外，一般都像独立的"个体户"，自食其力。他们的生活重点，在每家每户的需要；为了满足个人的需求，他们没有时间也没有精力去追求个人所需又兼顾公众事务。他们的作息，使他们把私放在公的前面；也就是说，他们没有余暇，不断去参与公众事务（政治活动）。这正是亚氏欣赏务农政体的理由！

从日后的发展看，这值得大家思考一下。当代流行的一种政治学说，观点则相反，认为把个人事务放在公众参与之上，不值得提倡。通用的术语是："生活的私有化"。亚氏一向高举德性；在公民层面说，当然就是公德了。可他在这里建议的，不仅没有贬抑"私有化",更觉得那对整体有利。那我们就该稍事思索了。

同一个问题，亚当·斯密在他的经典《国富论》中，让读者重新审视，也让读者看到他的洞见。他的考虑是，一个步入工商业社会的政体，当有怎样的性质？他想到：假如人民都注重自己的生活条件，没有空闲或能力或各样准备，使他们能好好参与政事，那会有怎样的后果？在18世纪中叶——那是亚氏之后两千年了，杰出的思想家重新思考老问题，认为国家的某类人不积极干预公众事务，不见得不好，因为那些人不一定是"准备充足"的。这倒不是斯密的势利话。

《国富论》分五部分，下分章节。在第一部分，他谈到参与政体中的各类人，又把从事生产的（制造商）和做买卖的（贸易商）放在一道。在最后一节，他有如下的见解。他相信，如果国家的主要事务，掌握在所谓"乡郊利益"手中，会较好，因为他们与公众利益相一致，因而不会伤害大家。他们没有一种既得的阶级利益，与公利相违背；他们只是不大合适自己常常参与政事而已。他们的乡郊（务农）生活，使他们没有闲暇常到城里议事开会。

那住在城镇的，可不同了。他们狡猾，好谋划，行欺诈较多，没有农民的淳厚，又爱操纵政治运作。从事制造业的和做买卖的，特别喜欢摆弄利益；而这类市廛辈的利益，又有异于公众利益——对他们有利的，会对社会无利。斯密警告说，我们必须小心提防这类人。否则的话，国家会变成"重商主义"（Mercantilism）的国家，像16、17世纪的欧洲；因为国家支持的商人，掌控了权力；那是"重商主义"的原意。对他们有利的立法，并不对其他人都有利；所以大家得小心。

这样的思路，亚氏发其端。从斯密作品中的回响可见，这样的想法历久不坠。今天，这类想法不易诉说；当前的主流，不愿意接纳它，不是说它"反动"，就是说它"不开明"，诸如此类。大家不再冷静地思考问题。也许那些形容都有道理，也许我们都不爱听那样的说法，我们却不当埋没它，反而该拿它做一个参照系。

强调公民道德，强调扩大中间阶层，强调混合，是我们一直见到的。那样的哲学家，在这里称赞农民政体，理由一反从前。他在说什么？可能是这样的：在某些情况下，让人照顾自己的"私务"，不一定是坏事；对整体利益来说，也许是好事。如果他们"公而忘私"，不理农事，频赴议会，却没有那样的学识教养，不懂得公私分明，结果很可能把公的变成私的。损失的，是公利。若果真如此，何不让他们专注于生产，改善生活，不积极参与政事？就斯密的想法来看，他也认为制造商和贸易商，最好全面投身工作，无暇组织利益团体干预政事，影响立法。

假定说，有一个阶级的人，你信赖他们是全心为公利的，那就不必担心他们荒废生计又分心干政。亚氏不认为那是穷人阶层能胜任的，他也不相信富人阶层能担当。直到我们找到那么一个阶层的人，我们当用开放的态度去思考这个论点：某程度的"私有化"，不见得是坏事。尤其是比照近世历史，可以见到，工业革命前后欧洲的经济转型：重商主义让路给自由贸易，就渊源说，理论背景正是亚氏的想法。"二战"后出现的，特别是世纪末的情况，是私人企业抬头。

斯密本人也提到亚氏。他有没有读《政治学》，我们不得而知。不过，他确实引了一点亚氏说过的，那就是农民人口分散各地，并不聚居。因为不聚居，不常碰面，也就较少有机会联成一气，组成利益团体来与政。比起在市区并肩而坐、一起工作、朝夕碰面的工厂工人，可不断互通声气，组织同业工会，成为说客，干预立法，散居的农户没那么方便。不是说不可能，但比起其他行业，农户总是不太容易做到。这情况，在今天固然有了变化；

随着技术、交通、通信等进步，农民要组织起来，是方便了。不过整体来看，情况和他说的，还是近似的。

固然，亚氏在谈论民主政体；尽管他比较属意以农民为骨干，他还是有一些先设条件。他假定，黎民百姓没兴趣出任公职——虽然那是荣誉，因为出仕对他们改善生计没有好处。可他们仍然是民主政体下的公民，仍然有他们的基本权利。他们参与国家重大决策，选举行政官员；而官职任期短，所以在"年终检讨"时，他们有权审核官员的表现。擢和评的权利都在人民手中，就成了一种制衡，让官员不敢违法贪污。兼且，任官有财产和能力要求，官职愈高，要求愈高。这又多少保障了任公职者，不是穷人，不是没有受过教育的人。那么社会中的少数——富人也好，贤人也好，因着条件较优越，就更有机会做治人者。又因为选拔与评核权，都在人民手中，亚氏相信那足以使官员不敢任性胡为。他们也会安于这安排，因为身为国家较优异的一群，他们出仕，就不必被比他们差的人统治了。（这说法，来自柏氏。在《理想国》中，他提到追寻哲学智慧的人，不愿意从政，因为政治不是智者的目标。他们勉强愿意被"逼上梁山"，领导社会，只因为不愿意"屈居人下"：让比自己差的人来指挥自己。）

这样安排，看来很有道理。在最可取的民主政体中，自然而然属于优异的少数，能当上最高职位，有点像所谓"自然的贤能制"（natural aristocracy）。这正是美国开国元勋杰斐逊所冀望的"农民共和国"（an agrarian republic）。站在上位的贤德之士，掌有政治权力，却不会利用职权压迫欺凌在下位的。这假设了做治于人者的，多专注于各自的"私务"，不胡乱干扰政治秩序；上下各司其职，各尽其长。怎样可达致如斯境界？鼓励农务。他在这里说的鼓励农务，是要人人有自耕田，防止田地落入少数人的手中。

亚氏的观点，不能不算是有远瞩的。他一定是看到当时大宅园的成形，觉得不妥当。小农遇上困难，向人借贷；抵押的，是自己的小块田地。无法偿还，失去了田地，也失掉了自耕农身份。这种情况在希腊先出现，接着在罗马也出现了。罗马的大农庄愈来愈多。元老院尝试扭转情况，也努力制定法规改善，结果全都以失败告终。到了罗马帝国后期，各地庄园主人俨如"土皇帝"。他们当中，很多是没有官位的，只是罗马公民，但拥有大幅土地。然后是大批农奴，然后是私人武力。这是中世纪开始时，封建制度下的欧洲局面。每当中央权力失效，这等土皇帝就摇身变成贵族。基本原因是拥有大块土地。

他的蓝图，正是要防止这类情形出现。每个农户，都拥有属于自己的小片土地，可以留给后代，但不可以变卖。对大农户来说，这可以说是"土地改革"了。在从前，没有像今天这样的有规范的、受契约约束的收购买卖，很多时候，拥有土地靠的是巧取豪夺。"土改"就是个有吸引力的号召了。远的不必说，近世社会，不也用了同一个口号？我们的说法是"耕者有其田"。

但亚氏在这里说的，正是众多独立的小农户；你能维持那局面，就有可能创制一个较像样的民主政体。然后他又建议采用某种税收办法，用作调整，认为会有助于家庭农户的经营。今天看来，他的办法不见得可行。企业农场的生产力和效率，远胜小块田的家庭式种植，也更能满足人多地大的社会。企业农场与家庭农场的论争，由来已久；那是另一个问题了。

农业式的民主制之后，较次的是畜牧业的民主制，跟着是由城市人口组成的民主制。他们太容易聚众开会，太容易受政客的花言巧语唆摆，还有其他弊端，我们刚才谈过了。最后一种是由于移民政策太宽松，不少本来非法的外来者成了合法公民的情况。一旦破坏了贫富人口的平衡，麻烦就会随之而来。这些，他都没有好好讨论，只是随便提了一下。

创制民主政体的办法，他是约略地谈过了。论到这个，亚氏觉得创制得好固然不易，要维护它，使之能屹立，更是艰难。显而易见的，是事物都有流动偏移的倾向。世上万物，尤其是人为的东西，都会改变；疾速的比较明显，缓慢的不易察觉。就像说，改变乃自然的轨序。〔郑康成说易，谓易者三解：变易、不易、常易。事无不易者；变易常易，亦程度而已。〕人制造了事物，满以为轻轻放好，它就自动维持恒常不变，其实不可能。如果要问为什么，或许可以说，那是因为人没有足够的智慧，使他的"造物"长存，使他能创造出恒久不变的东西。制造不变之物，非人能力所及。

亚氏似乎相信，你创下了政体，要使它长期运作下去，你得具备某种智慧，要明白这个创制需要"翻新"：不久你就得"从头来"一遍，把不良的积习除去。这想法同样在近代思想中出现。把国家的"创制过程"重新施展，是马氏的明训：你需要从头再造，因为你的立国原则，后人很容易让它慢慢地溜走。简单地说：自然之道（在这事上）是改变。

改变，就政体来说，有利有不利。要使政体能维系，不致倾覆，为政者要懂得存其利去其不利。最恰当的手段是什么？制度。亚氏在这卷上半部分论民主政体的最后一章要谈的，就是制度。他要提到各种制度上的设计，一些措施以及执行的办法，包括今天所说的公共财政学、正面负面的诱因等。他好像觉得，你要农户民主制，你就需要能尽量配合的制度。那是说，他在这些事上的重心，不是德性，而是制度设计。用制度设计来调整人性弱点，不是17世纪的发明；亚氏的思想，早就表达了这识见。

究其因，是因为亚氏明白，自制克己为难，七情六欲自私贪婪却人人皆有。撇除宗教观点，你把这些人性弱点称为"原罪"

也无不可。纵然他是个强调人的善，主张德性先行的人，但也许他观察人的恶，比我们任何人都来得通透。光靠道德不见得能成功，在强调德性之余，他指出，在自然所赋予的以外，人得有好的制度。制度，正是用来改正人性中的弱点；但强调制度的重要性，并不影响他追求人性中优异的东西。况且，要有美好的生活，你得有公义的政体，而公义，难以牢牢紧握。怎样才可以用德性和制度来服务政治，维护公义，也是个难题。他接着要告诉大家，解决难题已不容易，要说服大家一起努力更难。这是一种"人性现实观"吧。

明白了他的考虑，我们就比较容易理解他在这一章讨论的项目了。首先，政体要留意的，不是创立政体的"初衷"，而是如何可使自己立于不败之地。比如，民主政体的初衷，或者说它的原创宗旨，是多数穷人掌政。但如果吸纳更多穷人执政对维护政体不利的话，你就得放弃不取。重要的，是能使政体长存的法律，不是对意识形态的坚持。你要用政治家的眼光胸襟谋国，而不是守护主义。怎样才能制定那样的法律？

亚氏提了两点。一是参考过去诸国兴衰之由，使你创制的法律能"趋吉避凶"；一是定下完善的法典，使成文法与不成文法互补长短，冀能"化民成德"。这倒值得大家想一想。亚氏用的**nomos**，通常译作 law，或者是创制的法律 statutory law，那是白纸黑字写下的条文。可它也可解作习惯，或伦理规范，或某些人为的律则，也就是这里说的"不成文法"了。（在法学上，这又称习惯法，其实也是今天普通法的基础。）因此这个词是涵盖了法律和道德两个范畴。现代社会，私人领域扩大；我们会说，在私的范围内，法律不应干预，才有公私分明。古代希腊重德，容许强制人民"行善"。合法的与合伦范的，界线模糊。

在《伦理学》中，亚氏强调习惯的培养，认为中庸之道，是靠长期培养而成的一种德善；为政者要懂得教化百姓，就要知道怎样使人民养成某种习惯。他在这里同样宣称，政治家要明白如何施行"成文法与不成文法"，来达到同一目的。在这点上，他宁取斯巴达不取雅典。雅典比较活泼自由，人民爱各行其是，城邦对雅典公民的干预较少；斯巴达较传统保守，人民恪守"祖先遗训"，城邦纪律严明，所以斯巴达的宪制历久不坠，成为一个"模范"，受很多当时人的赞赏，包括柏氏。之所以能如此，正因为他们要求人人都服膺同一套价值，同一套意识形态，同一套可由国家实施的规范行为。在他心目中，这完全可行。至于说，国家政治法律全面干预人民的生活——纵使是基于"成德"的考虑，对后世会产生怎样的后果，也许他在小国寡民时代，就无法估计了。

不管怎么说，完美的法律，在使政体长存，而不在坚守执政初衷或意识形态。亚氏在前面多次提醒我们警惕，民主政体的一个致命伤，在人民容易受政客，特别是嘴甜舌滑的谀者的摆弄。他们为了讨好多数的穷人，常搬弄是非，借故中伤富人，好让民众以各种名义来充公富人的财产，瓜分后中饱私囊。针对这个问题，亚氏建议：一者，凡有充公财物，悉归国库，私人不许巧取豪夺。无利可图，民众也许就不会那么热心地去充公别人的财物了。二者，政客没明显证据，匆匆加罪于人，查明属诬害他人者，需加以重罚，以儆效尤。用今天的说法，就是不许"整人"，不许制造冤案，否则重惩。

政体要能屹立，必须得大多数人拥护它，起码对它不存敌意。要大家不存敌意，你当然希望笼络全体公民；不只是多数阶级的，也包括其他阶级的。在民主政体中，你补贴人人参加会议。补贴金何来？固然是来自富人的钱包。如果设立法定人数条件，人数不够不开会，就可以既减少烦琐无用的会议，又节省富人的开支。

亚氏甚至认为，削减补贴会更好，因为没有补贴，很多普通百姓就没兴趣来开会了。让贤能之士，较富的阶层——也就是受过比较好的教育的，来主持会议，会有较好的、较有素质的结果：不论是在立法范围，还是审讯案件。如果我们退一步看，这不就是使少数参进多数的混合政体吗？

就是在民主政体，由多数的穷人主政吧，假如穷人占的人口比例太高，又太穷，那样的政体是无法长存的。为政者当想办法尽量减少贫苦人口，使较多的人能进入"小康"。国库有盈余，可用各种办法协助底层的人自立，使其有自己的田地；又或者，不务农，也可以做小生意什么的，有自己的生计。这样，慢慢地就会有人开始一步步"致富"，能改善生活了。〔这与孟子的说法也谋合：民恶忧劳我佚乐之，民恶贫贱我富贵之。〕

可他并不是个"福利主义者"。他早看到，你不能从富人身上"掠夺金钱"，把它交给穷人，有点像今天说的"入息转移"。你要教民自立，使他能自力更生。亚氏明白，好逸恶劳，贪得无厌，都是人性的弱点。你直接给他钱粮，说是"福利"，他就无休止地索求。如此下去，就好比漏卮注水，永无满足的一天。现代福利国家，都碰上这问题。景气时还可以，一旦经济衰退，困难就暴露了。在他那个时代，还可以提出将过剩人口迁徙他方，重新建立新的城邦，也就是后世说的"建立殖民地"。在今天，这也不可行了；除非国家地广人稀，适宜人居的土地多未开发，那另当别论。

最后一点谈的，是选举办法，也就是怎样最恰宜地找出治人者。亚氏举了两点：选举与抽签。抽签，是全民参与的，无分地域身份，所以是最平等的。选举，因着性质，本身就是个筛选过程。一般老百姓，就是贩夫走卒，也懂得选个学识名望比自己优秀的来代表自己，所以这其实多少有"选贤与能"的味道，也就是少数阶层的人较有机会任官的办法。合起来，多数少数一起参与，混合政体的格局，不是十分明显？无怪乎说到这里，亚氏论民主政体的创建与维护，就画下句号了。

总结一下。我们已提过，亚氏并不喜好"变型"的政体，但特别多地讨论民主与富权两类。姑勿论他的终极理由是什么，当他谈到民主政体的败坏时，举出的事例仍见于今日。过度参与是其一。人多聚居都市，容易到议会议事。在古代希腊，大众参与，不只是制定法律，还有当"陪审员"的，所以公民资格在可做两事。"法院"定案，是全体与会者投票决定的。苏氏下狱最后仰鸩，正是那样的法院所判。亚氏引以为鉴，十分合理。固然，那是古代实施的直接民主；今天各国——瑞士也许例外，用的是代议民主，情况不全相同；但似乎有使用愈来愈多公投的倾向。

贫穷问题是另一。亚氏早认为，你应助人自立，教人民不要依赖救济；国家救济——说直接赠钱粮吧，遇非常时期，也许不失权宜，但终非长久之计。人民无法自食其力，也非国家之福。在今天，先进社会也多未能好好解决这问题。一般认为，在北欧，尤其是瑞典，有较为完善的再训练制度，使失业的能取得新的知识技能，重新投入社会服务。因着不同的理由，在他国不见得那么成功。美国也尝试过不同的设计，还不能达到"消除贫穷"的愿景。可知把什么都归咎到"主义"上，实在是简化了问题。看来现代社会都会碰上这类问题；能否解决，怎样解决，都成了每个政府的难题。

想一想给现代人的启发。亚氏的说法，是一种特别的"悖论"：要使最好的民主政体能够屹立，你得把它"稀释"，减少它的"民主成分"。那是说，你得给少数人让步，使贤者富人都有机会参与，使大多数人对政体不怀敌意。能减轻多数穷人的"民主意识形态"，使制度变得中庸，"民主政体"就愈能生存。用现代

457

理论说，这是个"吊诡"。当代流行的一个理论说，民主制如果出了问题，解决之道，在更多的民主。那是杜威的学说；直像说，只要有更多人参与，事无不成。亚氏会摇头：这想法也许有勇气，却不见得高明；它也许毁坏了你希望保全的制度。不是说民主政体十分脆弱——起码比起其他类型，它较稳固，但那不保证它能"免疫"。"一战"后的魏玛共和国尝试建立的政体，既民主又崇高又温和，仍然不保。

从哲学上说，这又是另一道难题。亚氏的论点是，你要保障一事物，你得使它较"逊色"，而不是"色泽更浓"。就形而上学的观点来看应该正相反：要使本质是 X 的事物能持久，那 X 的成分愈多愈好，因为事物的本质与事物的存在，不应当分离。愈接近它的本质，愈肯定它的存在。在形而上学是那样，在某类政体倒不一定如此。政体牵涉到较复杂的元素，而政治家的艺术，在懂得各各调和起来。

站在读者的立场，我们读亚氏书，不在认定他必然对。他有远见，有睿智，都值得我们学习；同意与不同意，那是学习后的结论，人人可以不同。亚氏的哲学系统，自成一家；我们学习，不必假定他都对，尽管他确有可能是对的。至少他立论认真。读者择善，也当认真。

（二）建立少数政体

多数人掌政的民主政体，是谈过了。那少数人主政的富权政体呢？假如我们把这一卷书分前后两半，谈富权的当然是后半部分了。与前半部分相比，亚氏在后半部分花的笔墨少了很多。倒不能因此就一口咬定说，他重民主轻富权；或许他有那倾向，但这是无法证明的。两者都不是他属意的，两者都是变型政体；按他的思路，两者出现的概率，比其他类型都要高。无论如何，他对富权政体，很有一些看法，和我们的自然联想不很一样。

富权政体等级也分好几层。亚氏谈民主政体时，先说他认为是"最可取"的，即农民为主的多数制。同样，在论富权政体时，他觉得最可取的，是最温和、最接近混合政体的一类。（可以推想，最差的，就是那最极端、最接近暴君政体的一种了。这正是他接着要说的。）怎样可以建立这类政体？把富人分两类：大富的任高位官职，小富的职位较低，但仍是基本的职位。

很自然，我们会推想：就是小富的下官吧，门槛也一定不低，以防止非富人阶层的渗入；不然怎么叫富权政体？但亚氏的看法是：你要设较低的"入会资格"，好让更多的自由人能进入你的阶层，能出任公职。因为，你要尽量减少敌对的人；吸纳更多人进入治人者阶层，使有条件分一杯羹的人多，与你对立的人少，你的政体才能比较稳固。逻辑上说，要达到这个目的，最可能实现的方式是使"中产阶级"成型，至少富人阶级不能是绝对少数。

只有公民才可做治人者，这是所有政体的通则。在富权政体中，公民资格是用财产标准厘定的。要建立最温和的富权制，首先要使"达标"的人都可出仕：所以跨进门槛的人都可分享荣誉（出任官职）。其次是将门槛降低，让本来没资格的，现在都能跻身公民行列。可以想见，富人中最不富的，穷人中最不穷的，都能成为公民，都能出任官职。（这一点我们在卷四已讨论过。）不同高低的门槛，就形成了不同层级的富权制。那么很自然，门槛定得极高的，就成了最极端的富权政体，因为只有绝少的巨富才可做治人者；那当然是接近暴君制了。对于这一类政体，亚氏其实并没有什么积极的建议，只说对最不稳妥的，须万分小心谨慎。

道理不难推敲。假定一国中掌权的，是极少数富人，那他们当明白，国家的美好事物——不论是权力、财富，还是什么，该稍开放给其他人，而不该自己全数垄断。这又不只是针对富有的少数，也合用于像掌军权的少数等类型。目的固然是制造足够的凝聚力，争取更多的人加入。那不是亚氏的用语，却定是他的意思。把大多数人排在外头，一切握在少数人手中，对政体的安全与稳定，毫无好处。特别是，这样的少数，不能服众。

　　一连串的思考由此而起。亚氏在下一卷会提出，少数统治的另一个可能。假定说，治人者是贤能之士。（先不必考虑何谓贤能。每个社会都会有不同的定义，但都会认为有些人是才德兼备的。）那肯定是少数人。可以问：那样的少数，经得起考验吗？自古以来，人人谈论它，渴望它。一旦真有君子之治，它能生存多久？说不定真能站得住。说不定众多治于人者乐观其成，不介意这类贤能政体能继续下去，因为这正是大众所冀望得到的。这虽然是极为罕有的情况，却不能说绝不可能。那是说，若果真成事，政治运作不必动用任何武力，人人有理性，有善意，社会一致和谐。如果真有一种这样的政体，由少数人组成，又能成功运作，那在原则上说，群众——也即是数目，并不起决定作用。就政治上说，数目是否为关键因素，是个大问题；我们目前探索的，只是从某个角度看这个问题而已。

　　那么，就富权政体来说，亚氏觉得把门槛设得太高，把统治层的范围框得太小，是无法长期生存的，这是不言而喻的。这类政体中比较像样的，要能维护自我生存，得吸纳更多人。（现代的用语，叫"开放政权"。）听上去是"常识"。是否这就能长存？他没有说。要成功，看来治人者需要是些说理的、谨慎的、有规矩的人才行。所谓有规矩的、像样的，是指不贪婪的人。像亚氏说的，你只顾财富不行，你也需要荣誉。要荣誉，活得像个体面的人，你就不能只顾贪婪。问题是：你告诉这批人不当贪婪，有多大好处？你能否告诉统治阶层说：你一贪婪，最终要失掉统治者地位的？

也许真有这个可能，你坦陈利害，他们言听计从。他们在何等处境下，会受这个影响？很可能像大众甘愿接受贤能之治一样，认为让才德之士处理政事，是最好的。他们必须乐意接受理智的劝导；尽管自己没有那样的本事，他们也得具有基本的头脑，能明白和跟从指引。直像那富权制的执政者"蓦然清醒"过来，奔走相告：这个人在告诉我们各种真相，让我们认识到富权制的缺点，我们当听他的，修补我们的政体，把门槛降低，吸纳更多人进来。然后相互同意。这与群众听从贤能君子之治，如出一辙。当然，前提是：他们听从的，不是一己的感觉，而是别人的劝导。

作个类比，富权制中的治人者听从亚氏教诲，就像民主制下的治人者听从贤能君子的指导一般。多数人愿意接受少数贤能之士的领导，共同支撑这局面，有多大可能？固然不是绝无可能，但这先假设了一众治于人者都持开放的态度，肯聆听别人意见，有某种胸怀。这些条件，不一定存在；在很多情况下，它其实不存在，除非经过长期又认真的教化培养，使公民都能讲理。这不容易。那么少数富权制的治人者呢？他们又有多开放，愿意接受贤人的指示？如果把亚氏放在贤人的位置上，我们是问治人者与亚氏的关系：拥有财富与权力的少数人，会听从亚氏的道理吗？看来并不必然。看来这跟要求多数人虚心接受贤能之士的领导一样，可能性不大。

就此而论，我们也当审视一下治人者与治于人者的关系。最简单的划分，是用二分法作分类，看两者关系。类型一是"纯政治型"的：两者只有统治与被统治的关系而无他；类型二是"政

461

治与哲学的结合型"：治人者会受智慧的影响。回顾本书的整体立论，我们当发现，亚氏在这里做的，在教导治人者如何行事。不然，他的全部论述有什么用？那只会是他在自说自话，又或者是一个政治理论家在指导另一些学者，使他们成为理论家而已。（这样说，也有据可寻。在《伦理学》最后一卷最后一章［卷十第九章］中，亚氏谈到政治家向哲学家求知的问题，认为政治家有的，是治事经验，但缺乏立法的智慧。所以该章是个"过渡论述"，是从《伦理学》过渡到《政治学》的一道桥梁。）治人者懂得向智者求知，也就是听从智者的教导了。

这固然是最具实效的方式了。不过，智者著书立说，教导其他学者，也未必毫无用处。这类训练，多行于学府中。霍氏写得明白，说那绝非无用。他提到这一切都起自大学，所以建议大学中人都当阅读他的作品。他的《利维坦》该成为大学教科书，因为大学传授的，会向外散播。那渗透扩散，会发挥作用，慢慢形成大家相信的东西。那么在学府中传授这道理的功夫也不会白费了。

无论如何，我们看亚氏指点这些治人者时，我们同时能看到一个更基本的议题：那是智者在说服一些人，智者成了治人者头上的"治人者"。那么亚氏所做的，是某种"统治"，或"治术"。也可以说，这是哲学（或者说是理论推定）的部分问题。实质上说，那样的"教导"，就不全是私的事情了。一定程度上，不论是学者还是教士，甚至是新闻工作者，当他们所从事的进入了公众范围，那就不全是私人（谋生的）活动了。他们所做的，对公众有一定影响。职是之故，一些十分重要又很有意义的论题，像"学术自由""宗教自由""新闻自由"等，由之而起，令大家不断讨论"私人领域"与"公众责任"的界线问题。本来是私人职业，却带着公的效能，因而产生公的责任：这责任在什么情况下可限制私人自由？这类问题无法避免，也没有简单的答案。在现代社会更见困难，因为人人都不希望自己受到约制。

亚氏对富权制所提的建议，使人联想到一连串的问题。这些，有可能只是"荒原呼号"：有智慧的人说话，统治者未必听得进去，尤其在最差劲的富权政体。如是，你不能依赖参与公民的数目——那是民主政体的基石。纵使如此，你总得尽可能拉拢更多的人，制造凝聚力。

民主政体较容易凝聚，因为公民人数众多。（原文用的是 *poluanthropia*。*Polu*，也可作 poly，指众、多等；*anthropos* 指人或众人，也是 anthropology 的词源。合起来指 a mass，或 many men。）可他接着说，用人多做原则，有违公义，因为公义是"各取所值"。本来公义有两大原则。一是绝对的：人人平等，不分等级。在现代社会中体现在一人一票上。另一是比例的：人有贤有不肖，对社会贡献有多有少，因而"价值"不一，在公众事务上的影响力也不一，全视乎你的"优势"何在。（这在《伦理学》中早有详论。）

富权政体的统治者会认为他们的"优势"何在？当然在财富。在这类政体制度下，谁有较多财富，谁就在政事上有较多的发言权。众人原则（*philanthropia*）不理会这个论点，只承认平等才合他们的公义。对民主政体来说，众人原则最有利于维护政体生存。富权政体可不能依靠这个；对他们来说，有利的原则，是良好的组织。[1] 如果你凝聚不了数目，你就需要利用能起杠杆效用的手段了。好比说，你不够强壮，力量不足，无法移动石块，那你就得用上某种杠杆的机械原理。

为什么强调力量？为什么在论富权政体的创立和维护时，拿

---

[1] 这是吴君本的译法。双吴本同。颜本译作"良好有利的秩序"。

民主政体的力量（众人）原则来比较？是否说，仅就力量本身，已是个优势，可与其他优势像财富、贤能等，并驾齐驱？亚氏没有说；他只说你要有良好的组织。（原文作 *taxia*。*Taxia* [*taxis*] 即 taxomony、taxonomic science，我们叫分类学，分类系统知识，这本来是植物学的词汇。植物学的源起，在简单地把各种类的植物分类排比，各立专名以便悉认。*Taxia* 是这个意思：一种好的安排，有效率的组织，可以代替力量。）他叙述的方式，叫人以为他会举出特别的例子；事实上他只用了某种类比：军事组织的类比。

这类政体中，民分四级：农、工、商、佣。相对应的是军分四类：骑兵、重装备兵、轻装备兵、水兵。（当时的海军编制，是有等级的。在船舱工作的多为橹夫 [桨手]，在甲板上的多为战斗人员。）马匹富人才拥有，所以骑兵最有资源，配有最佳装备。重装备兵有头盔、长矛，是自备的，他们也属富有人家。轻装备兵有短剑等，是城邦配给的，可见他们没能力自备武器，多属普通人家。水手都是穷人；有时兵员不足，就连奴隶也"拉夫"，战后还他"自由身"。这大概是古代希腊兵种的分类形式。可以想象，富权制侧重前两类，民主制侧重后两类。事实的确如此。

因此，读古代历史，每见提到骑兵，读者可联想到背后的社会阶级组织。亚氏建议富权制的政治家，当采纳轻装备的原则来组织军队。那有点像是告诉他们：你们富权制的统治者，到今天还是用配合富人阶级的军队服役模式。你当把那阶级观念抛开，用你们从来认为只合低下阶层用的轻装备模式，来训练你的子弟。轻步兵敏捷，行动迅速（用今天的术语叫"机动力强"），能因地制宜，所以碰上重步兵，不一定吃亏，很多时候反而占了便宜。你最好不要用你的阶级观念来组织军队，应当使富人子弟较年轻时，先受轻装备训练。否则，你的部队全集中在甲兵上，行动既不便，又不擅跳跃，有事时可能保护不了你。

色诺芬在他的名著《居鲁士的教育》一书中是这样形容这个波斯王子小居鲁士的：他写的不只是一个领袖的教育，而是他一生的经历。其中一项就是他怎样"改造"波斯军队。作者留意到，陆军必须有轻装备部队，要行军快速又适应力强。在缺乏平地的战场，重步兵没有便宜。重步兵配备笨重；优点是能较有效地防箭，但行动迟缓不便。因此王子建立大型的轻步兵团，而轻步兵，来自下阶层。下阶层人数众多，因而王子的力量，是"量"的威力。

"量"的威力，因为人数众多，也就是刚提过的重力原则（principle of weight）。这里考虑"量"，认为它重要，显然是从生存角度来看的。按定义，重力，并非公义原则看重的；公义的分配，是按人的功劳、贡献、优点等来决定，与量无关。从亚氏的理想立场来说，他是倾向重"质"的——德性，优点，品格，等等。（这在下一卷中会有公开的讨论。）但他对重力绝不掉以轻心，因为为数众多的人民占什么位置，是个很实际的问题。甚至可以说，全面考量本书，隐约可见亚氏讨论人的政治处境，是个量的原则与质的原则的"角力"（Principle of Weight *vs.* Principle of Virtue）。假如凡事都能以质先行固然好，可人间处境往往不是这样。而量的考虑，也有合理之处。多数人的要求，有它的分量；压迫百姓，也不对。就算是民主政体的多数人掌权可能走向极端，但追求平等，不能说无理。所以两者虽说"角力"，倒不是相对立的。

就亚氏的哲学观点来思考，要恰当地明白什么叫"政治"，也许就在于我们能明白，这两大原则在人的生活要求上，有怎样的关系。甚至可进一步说，质的原则有点类似人灵性（或灵魂，the soul）的存在与对人的要求；量的原则可比拟人身体（或肉体，

the body）的存在与要求。质与量的分歧，就像每个人的灵性与身体的"二分"。从哲学角度来看，灵性高于身体；就实际角度来看，两者实不可分。人的身体有它的需求，那是无法忽略的。（在《伦理学》最后两卷，这一论点清楚列明。）两者既相分又相接，而人间的状况，正是在质与量、灵性与身体之间的不断调整。

接着他谈到一些"技术问题"，反复说要降低门槛，使更多人可参与进去。富人出仕，要不问公职高低，同样乐于服务；而出任重职的高级人员，条件较佳的，当大笔捐献。一者对国库有利；二者百姓见此情况，自知能力不及，当失问津的兴趣，且略带安抚：高官不是白当的。（我国素有所谓"捐官"者，和这方式稍近；但四品以上，好像是不能捐的。）还有，新官出仕，当隆重献祭，还得缮饰公共建筑。最大的可能是让民众觉得他们有虔敬心；兼且，庙宇议场等地做得像样，大家脸上有光彩，觉得"与有荣焉"，对政体的反感就减少一分。这有点像现代人说的"政治心理"策略。同时，我们再次看到亚氏在前面曾指出的：使政体能生存的原则，未必就是政体创立的原则，有时则相反。

※　　　　　　　※　　　　　　　※

卷六最后一章，谈的是不同政体的任官情况。亚氏颇有自己的见地。他从大原则上，将官职分为两大类：一是所有城邦都必需的，一是为了城邦的美好秩序而设立的，或者说是为了美好的生活而设立的。（在目前的语意下，美好的秩序，并不是上文说的 *taxia*，而是 *kosmia*。*Kosmia* 的词根是 *kosm*，在英语中演变出两个貌似无关的词，一是 cosmos；一是 cosmetic。前者是宇宙，又指整体秩序的和谐状况；后者一般指化妆品，美容物，使成美的东西。两者的关联是这样的：古人认为，轨序就是美；或者说，美的，就是自然合秩序的。宇宙是"最美"的，因为它是终极的秩序。就是在今天的用语中，和 cosmos 相对的，是 chaos，指混乱。古代希腊人，用的同样是这两个词。）他在这里说为了城邦的美好秩序来任官，是把 *kosmia* 用在这个语意上：一种高尚的、井然有序的、为了城邦的美好的任官安排，就如自然万物的各样安排是那么美好有序一样。

国家首先要能生存，所以你必须设立一国能赖以生存的官职，那是最基本的。例如社会活动要有条理，国家要有军队防卫，等等；诸如此类，古今无别。然后在等级身份上又有高低之分。这些，不必多论说。有一点比较特别。他第一项提到的，是"经济官"，处理、督导市场运作，不只是国内买卖，也包括对外贸易。他又特别提出"遵守契约"的重要性。理由是：人建立国家（城邦），为求自给自足；但这未必能够做到，所以需要与外人贸易，补己之不足。对外贸易，各方的协议至为重要。（可以推想，西方法学如此重视契约法，是有其渊源的。）跟着引出的"连带条件"，他也略有提及。例如买卖要合理，公私财产的保障很重要。要达到这目标，你又需要有各样"财政官"，从收税到会计到核数等，分门别类。可知在亚氏的时代，已有这个想法。

另外一点很有意思。他说你有判决的，也有执行的，最好把两者分开。没有人喜欢被判刑，所以当判者是大家都不喜欢的工作。如果执行的是同一人，那人人的怨气就都会集中在他身上。（用今天的说法是，量刑者与行刑者各司其职，不当混同。）他更举出当时雅典的情况做例子，说明"法官"不是"狱吏"：行刑是有他人负责的。（现代的说法是：法官是"高尚行业"，刑官是"厌恶性行业"，两者皆社会所需，缺一不可，也不会同一人兼任。）

（当代欧美社会，法官或检察官遭报复或谋杀的，很少听到，但也不是完全没有。就是在美国，这类事也偶有听闻。在南欧，尤其意大利与西班牙，反而比较容易发生。在中国，却鲜有见报的。）

另一类职官，并不是为了生存所必需的，而是使社会有更良好的秩序，甚至"更美好的风气"的。亚氏绝不小看维护生存本身，他不那么愚昧。但生存，并不一定就有"美好的生活"；有些事物是高于"生存"两字的。所以需要有针对这等事物来任命的职官。那是什么？那是一些只在有闲暇的、丰裕的国家才会出现的官员。即是说，你要有个复杂的、文明的社会，能让人有奢华的享受，丰富的生活，才会有不检点的行为出现，才需要专司检察。（卢梭并不是第一个人说，你有个富裕文明的社会，民耽于逸乐，因而生成的言行举止，从道德角度看，是不可取的。古代人早有此见。柏氏要财产公有，相信也与这点有关。）

我们在这里见到的，也许是我们现代人并不乐意见到的。亚氏觉得富裕社会中的人行为不检，就建议设立一些"监督"性质的官员，来指导女人、指导小孩、指导体育活动、指导公众表演等。（18 世纪，卢梭还在指摘英法社会道德败坏，是受了庸俗的戏剧表演影响，主张禁绝。莎剧初演时，也受到时人类似的抨击。文艺复兴初起时，已有这些争论；当时的焦点，同样是道德滑坡、世风日下。）亚氏说这些当中有部分不合民主政体，特别是指导女人和小孩的；指的是他们的"教养"问题，即言行举止。可知比较恰当的称谓，应该是"教化官"，目的在"化民成德"。

（后来，到了罗马时期，他们叫审察官或监察官［Roman Censor］，功能不只是审核出版，而是广得多。历史记载，罗马的监察官在城市四周巡视，遇有行为不得体、不符礼节的，会加以谴责，"以正风纪"。）

连接着说的，特别有意思。他说这类教化官不适合在（穷人占多数的）民主政体中，因为穷人家无奴婢仆人，只得役使他们的妻儿做奴隶的事。事实如此，没有能力雇佣劳工，你只能自己干活。在小庄园里，一家之主的男人要下田，那是不必多说的；但在无奴条件下，他除了把妻儿当仆婢，也许别无更好的选择。

这就值得我们回顾与反省。在卷一中，亚氏提到希腊人与外邦人（一般译作野蛮人，不是原词的本义，却不能算错，因为他指的是未进入文明社会的民族）的区分。在野蛮人当中，没有自然的治人者与自然的治于人者；他们把女人当作奴隶。用女奴是不文明的特征。在这里，他谈的是文明的希腊人，因为贫穷而役使妻儿，致使野蛮人的特征再度出现。一个在卷一看似简单的状况，到了卷六结束时，就不那么简单了。

近代契约论哲学初起时，霍氏和洛克都认识到，在自然状态下存在的战争状态，在文明社会中还是会出现的。所以就是进入了文明状态后，统治者仍得谨慎，不得逾越，否则有可能重新回到原始的战争状态。文明社会，也有脆弱的地方。回看亚氏的论述形式：野蛮状态，有可能重现在文明国度中。他的举例，静静地告诉读者，富裕社会有腐蚀作用，一般人会显得"富而无教"，"有损风纪"，所以要有教化官来"化育"百姓，因为富裕会带来人德性上的腐败。那么训练人民"清贫乐道"，以苦自豪，不就可以了？不就解决富的窘境了？他不动声色地说，贫没有好处，因为它会使你回到野蛮状态。

很明显，有智慧的治人者，当知有所取舍，知太富太贫皆不宜。那么中庸该是最合适的：国家不太富，也不太贫，政体不必承受来自两端的压力，能保有文明社会。当然，人的经验使人明白制造少数富人不难，克服多数穷人的困境却不易。如何使多数人"脱贫"，仍然是不少国家的大课题。

不同类别的政体，已经说过。各自的优点缺点，何以会不稳定的原因，也谈过。在各类政体中，最有可能出现的类型，如何创立，又如何生存，都论过了。有了这样的基础，亚氏下一步要告诉大家的，应该是怎样设计一个理想的、美好的国度。这正是下一卷的主题。

美好的国度

（一）从头看

在这个开卷的地方，我们会顺理成章地推想，亚氏接下来要说的，是承接上卷的论述。读下去，却会发现，并非如此。大家一定觉得奇怪，会问：他在弄什么玄虚？其实这个问题，小心的读者从来不会放下的，只因阅读习惯往往使大家忘掉了。卷七会使人重新反省：《政治学》究竟在说什么？我们不是要问那再明显不过的：人人都知道，这是谈论城邦（国家）与政治生活的一部作品。卷七提出的问题却是：什么对个人是美好的（个人之善）？什么对城邦是美好的（城邦之善）？两者关系如何？他展开问题的方式，会令读者重新检视到，本书早前好像在谈一事，现在好像又在谈另一事。亚氏改了初衷？如果大家看到，本书一开始时定下了一个方向，现在好像迈向另一个方向，大家一定会问：他要将读者引向何处？

回顾一下。本书一开卷，固然是谈政治生活，谈自然之道，谈城邦。城邦，是个政治团体，政治团体的形成，就像自然界中的其他事物一样，从小到大，慢慢成长而来。最初的少数，慢慢增加，形成社团。全书的前两卷，有点像自然之道的边鼓；一切都自然而然。论奴隶制度，基点是它有没有自然的基础。事物的起因、走向、生长等，无不以自然作为量度准则。雌性雄性走在一道，出自自然的驱动；从简单的家居发展到家族，也是自然的。人的群体政治生活与城邦的出现，都在自然的背景之下。

然后到了卷三，大家会觉得有点错愕。因为，突然发现，城邦的基本组成单位，不是自然而成的家庭，而是它的公民。差不多在一开始，亚氏就说，公民与公民身份，是有变化的：甲国有甲的公民，乙国有乙的公民。公民地位，因政体而定。我们见到的公民定义是：那参与在某些（政治）功能中的人，主要是立法和审裁。但还是不足够。当他论城邦，不过不再用自然的推移作为背景时，最重要的论述，在政体的差异。那差异，使他带出了著名的分类学：优型劣型各三款。政体优劣，由公义判断；因而引出了公义问题。比如说：按着公义，有没有一些人可称作正式的公民，而其他人都不是？有没有自然的公民，或者说原型的或典型的公民？如果说有，也只是名义上的，实际上是没有。不同的政体，有不同的追求，因为各自对公义的理解不一；而公民地位，是按政体性质来界定的。因而又带出了政治上的公义。

亚氏在那里，并没有把政治公义弄得十分突出。（在《伦理学》中，他花了一卷的篇幅谈论公义，却没有开专章讲政治公义。）可是，在一定意义上，大家会让政治公义先行，因为那是每个国家自己决定的；每个国家都按自己的政体定下的规格（政治公义）来处理政事。在甲类国家，公义是人人平等；在乙类，公义要求任公职者皆富有。在各类政体庇荫下，人人对政治层面的公义的要求，可以很不一样。这反映了什么？我们慢慢离开了原来的主轴——自然之道，进入了人为的世界。自然的成长，仍然是重要的；可现在看到的，是人自己决定政体的形式，以及公民的身份。民主政体并非自然成长而生；富权政体是富人阶级连成一气，按他们的特色共同建立起来。其他各类也莫不如是。

这样看来，自然成长是给人的制成品替代了；自然之道好像也让位给人为事功做准则。我们会期望，人为准则没有完全忽略了自然轨序；亚氏也不至于忘掉前两卷的教诲。从各卷次序可见，又确实有种"剥落"的感觉：后面强调的，不是前面的调子。全书中间部分，讨论的多是不同模式的城邦，或者是相异的政体类别。卷二之后，本卷之前，特别是卷三、卷四、卷六各卷的重头戏，是通过不一样的政体来观察政治。引申出诸多问题，例如问：什么叫公民？公民身份与城邦模式的概念，有何因果关系？卷五又集中问是什么导致了城邦的动荡？城邦能维护吗？若然，什么因素可使城邦稳定？然后得出某种结论：所有问题的答案，都视乎何等因素对何等城邦有利。你要维护富权政体吗？你得用上一些手段；你要使民主政体屹立吗？你要用上另一些手段。重点全都指向政体——直到卷六。

到了卷六终卷的时候，我们看到亚氏提及好些不同的事。（倒不应在大大小小诸事中，拿出某点，断章取义地夸大或压小。有些时候他要说的轻描淡写，目的在于留下伏笔，到了后文才正式论述。这往往见于《伦理学》各卷。又或者，读者回顾时才察觉他在前文曾提过。就像你要读完了卷七，才记起卷六的某些点一般。）当中有一事，细心的读者一定会留意到：亚氏提到贫穷的人，贫穷的国家，因为贫穷，他们没有形成高水准的文明社会。他们没有专职教导妇女与儿童的官员使他们的言行举止合乎规矩。在贫穷国家，这些是无须提的，因为妇女与儿童是仆婢，那是贫穷施加在他们头上的咒。他们不见得是坏人，可能与其他人无异；之所以沦为奴仆，是环境使然。这里的环境是指他们身处的情况，客观条件，等等。

换言之，从现在开始，我们会见到冒升出来的，是个新的因素——环境因素：国家处在什么情况下，具有怎样的配备——

优的劣的，有何等外在的条件——有利的无利的，大大影响着人民的生活。有利的外在条件，十分重要。这都像常识了，何必多说？可在贫穷的情况下，人的生活变得低下，很受限制。大家活得困顿，鲜能相互善待；人人都要胼手胝足来糊口，因为条件是匮乏的。有点像说：那样的生活，直像文明的倒退。但这样说，差不多等于下了结论：财富非常重要。

财富，可能是重要的，否则不论人是否活在文明社会，人都会倒退回野蛮状态。我们当记得，亚氏在卷一完结前，早告诉我们，野蛮社会的一个特征，就是人不懂分辨妻子与奴隶。假如社会变得赤贫，就有可能出现倒退。也许一个社会太贫穷，就会像不文明的社会一般。也许老百姓一穷二白，你不可能造就一个文明的国度。

那么一个社会处在什么状态，跟它的环境配备，很有关系。你能够掌握的配备，与自然之道和人为努力，都连在一起。对一个国家来说，拥有多少配备，可能是最重要的。我们这样说，是因为亚氏用的词是 *choregia*（英译一般作 equipment，可解为装备、设备、设施等）。不必然是内在的本质问题，也可以是外在的条件；外在的条件，也许是国家成功与否的关键。也许，一国是文明还是野蛮，还得看这个。固然，内在因素，也得小心考虑。例如，有没有可能说，一个民族按自然的推移，会有一定的倾向，一定的"民族性"？是否真可以说，有些民族是有朝气的，却缺乏某种文化沉淀；有些是有细致特质的，却没有冲劲？

"二战"前后，西方人谈到意大利人，像有种陈腔，却又是"常谈"，说他们意大利人"太文明"了，遇上战争，他们都不济事。埃塞俄比亚的困局，克服不了；最后解决问题，全因有更强的火力，并不是战术比人高。"二战"来临，意大利人是参战了，却毫无劲道。一个评断是：他们每个人都不比别人差，只是"文明过度"了，太多事不愿做，不屑为。欧洲人的"说法"，其实不易定夺，但多少反映了"民族性"的特质。而民族性，也是一类条件，一种配备，属于"内在"的，和外界环境的因素不一样。内在与外界，又像自然和人为，都影响着一国的情况。这点稍后再谈。至少，配备以外，可以配合气质或禀赋一并思考。

假定我们面对配备问题，坦率地问：那底线是什么？按亚氏的思路，那是财富。如果是财富，那是否会产生另外两个互为反面的后果？一是：这样的考虑，会不会对德性的教诲造成伤害？如果人能够从野蛮走向文明，是因为财富而不是德性，那么德性的教诲，只是点缀而已吗？另一是：这是否是说，最佳的生活，就是某种实际的生活；比如说，赚钱的生活？一种在市场上活动的生活？那么，美好的生活，是建基于配备的吗？若然，你大概可以为自己辩解，说要追求富裕生活，因为有文明社会的地方，都同时有财富；得拥有财富，才能拥有美好生活。

如果这是你的说法，那你显然得面对这么一项议题：就算财富是美好生活所不可缺少的，是否应该说，这个不可缺少的条件，只是个必要条件？必要条件，并非充分条件。如是，那条件可以是指"温饱乃美好生活所必需"而已。人追求美好生活，要有一定的财富，或者说物质条件；但条件，是达到美好生活的手段，假如人一味追求财富而无他，就是掉进"以手段为目的"的陷阱中去了，忘记了那只是手段。这值得我们反思。不管我们用什么方法解答这些问题，除非我们不理会对于美好生活的讨论，问题总会翻滚出来。因此，看到亚氏在卷七一开始的地方，提出美好生活这个议题，就不觉得奇怪了。

美好的生活是什么？人住在国家里面，得怎样面对人的美好生活、国家的美好生活等问题？你明白对个人来说，什么叫美好生活；你能把它转移、套用到国家身上吗？两者是同一层面上的事吗？按亚氏的学说，你可以知道何谓个人的美好生活；那是与追求美善或优异有密切关系的生活。你告诉我们，美善有两类：一是"德善"，即人在道德行为上的最佳表现，像克制、勇气、慷慨等；一是"智善"，即人在灵性心智上的最佳表现，像反省、记忆、推理、想象等。就是我们说的心智，本身也复杂极了，难以形容。看看周围的人，你会发现，某甲头脑敏捷，某乙心思缜密，都是心智优异的表现，不容易界定。（这些，在《伦理学》中有详细解说。）

德善与智善——说是美善的两个层面吧，是属于人的。有了这个认识，你就能把它转移到国家（城邦）身上吗？你可以说，国家，也具有同样两类"善"吗？可以怎样去理解？比如说勇气，可以表现在人那高昂奋发的斗志上。也许可以想象，这特质会反映在一些好战的城邦身上，像斯巴达；两者类似。又比如说，宽宏大量。在球场上，常见作赛双方队员互相冲撞，把对方撞倒后，又伸手扶他一把，助他站起来。国家也可以。打败了对方，然后本着体育精神，助对方重建。当然有政治利益的考虑在内。在诸如此类的事上，有时也许可以做类比。

那是在德善类的。智善类又如何？人当中可以有智者，国家呢？有智慧的国家吗？慎虑的国度？我们知道有谨慎的政府，有具有远见的政府；真能发挥固然好，处理不好后果堪虞，也属常见。这些，古今中外历史上的事例，所在多有。慎虑，也是实际智慧的一种，亚氏也是这样说的。但哲学智慧呢？个人可以有智善，大家能明白；国家也有同一层面的智善吗？他没有举出任何例证，因为不可能。说国家有思辨才能，不外是说国中某些人具那样的能力罢了。

好，就当我们愿意考虑说，也许可以将国家的焦点放在治人者身上，类似于某种国家的"浓缩版"。有没有可能说，国家处于某巅峰状态，它的统治者具有超卓的智慧，就是一种最高的智善？这固然罕有，但总有可能，总可以想象。亚氏也没有一笔抹杀。其实，他不必去想象，读乃师的书足够了。在《理想国》中，居理想国度蓝图之首的，是一个有最高智慧的统治者（俗称哲学王，尽管那是个拙劣的译名）。做读者的当然明白，柏氏整个论述，是用文辞构筑哲学，那是心智反省的工作，不是一本可拿来做手册用的"建国方略"。它主要是对政治生活本质的反省探求，还有各式困难与作者个人的保留。

一旦拿柏氏的《理想国》作为对照，我们就可以问：《政治学》与《理想国》有多平行？当我们从人的美善迈向城邦（国家）的美善，究竟可以迈出多远？我们说人有宽宏大量，是否可以说，国家也有宽宏国度？上文刚提建议说，国家也可以有勇气，也可以是慷慨的。那么从某角度看，两者是可以平行比较的。《理想国》的开展，是要考虑一个问题：公义是什么？那是某种善，是属于人的。怎样可以看到？把它"放大"，"投射在墙上"。你想知道谁是公义的人吗？那就看看他身处的国度。你知道什么叫公义的国度，你就可以知道什么样的人才是个公义的人了。直像说，人的善与国的善，是可以"联起来"的；如果你能知道国之善——城邦的公义——何在，你就能知道人之善——人的公义——何在了。

古代哲学家似乎都认为，个人与团体间有一种重要的联系。但柏氏的角度，不是唯一的角度：早晚我们得面对的，不是从（大的）国之善来看（小的）人之善，而是正相反。像亚氏所教导的：你要先明白"人"是什么，先明白了人之后，再往上推，尝试建立国之善——公义的国度。假如在了解过程中，出现了缝隙，你只能用比喻、参照、类比等办法。那也只能是某种"平行并列"，不是真实的、具体的相互印证。

一个有意思的问题是，这告诉了我们什么？如果两个层面的考虑，是无法缝合的；如果个人与国家不能"配上"，不能联合起来的话，那我们看到的，可能是这样：一个人有福乐，有美善的生活，那是可以想象的；要想象什么样的国度才是个拥有福乐与美善的国度，就比较难。细细思量，我们也许能想到，为什么会这样。实情是否如此，不容易说；但若果真如此，我们大概可推想如下。

　　拿国家（城邦）和个人并排审视时，我们会看到，每一个人都是个完整一体的组合，而国家不是这样。人，是个自然的产物；他的心智与身体，是自然地合在一道的。那结合，并不完美，但已足胜过人世间其他的结合。我们倒不能说，那样的生命，就是和谐一体，无分间的。何以见得？我们在不断讨论肉体与灵魂的分野，两者中间一定有断离。我们知道有些是自己应该做的，却不愿做；自己想要做的，却又不去做。从内省，可察觉人是非常复杂的动物。可知那结合毫不和谐，那一体，并不如我们主观愿望中那么完整。纵使如此，那结合，比起任何政治团体来说，要更为优胜。仅此而论，就足以使我们审视个人与国家时思考，如何把个人和他的美善（德善与智善），国家和它的美善，平行地考虑？

　　　　　　※　　　　　　　　　※　　　　　　　　　※

　　前面的阐述和反省，给大家带来什么？从卷六结尾的文理推论，卷七该展开讨论"最佳政体"的。可亚氏在七、八两卷，并没有论政体，反而像是在介绍"美好的国度"，而焦点更多地放在教育上。我们将最初的问题重新拿出来：《政治学》一书，究竟说的是什么？亚氏是个自然论者，是个杰出的古代学人；他这个铺排，有他的道理。这问题，两千多年来，大家不断提出。为什么？

重新来看，全书一开始，是自然之道的展开，通过成长的某种道路或模式，产生了社会生活——政治。所有都是自然的推移：从开始到成形，到达致目的——事物与人能达到的最美好状态。人的群体生活——政治生活，从哪儿来，往哪儿去，都在里面。然后他让大家看到，自然之道，并不决定城邦的一切；不然的话，所有城邦都一个模样了。这里面开始有了人为的因素。因而有些城邦行民主政体，另一些用富权政体，等等。固然，自然的影响，还是较大的；比较一下民主制与富权制就明白了。对两者影响最大的，是财富，也就是匮乏的反面。匮乏，是自然条件造成的。如是，自然对人的政治生活所起到的作用，又不止于从哪儿来、到哪儿去了；它还牵涉到来去两端的中间阶段。

你可以说，自然的轨序，对人的政治生活很有影响：那甚至反映在政体的歧异上。看来我们不得不说，不同政体的制度差异，也就是人为规范，是重要的。但这人为规范，却又好像跟自然的轨序不是完全割裂的。政体上贫富的差异，个人本质上好坏的差异，不可能是同一类的差异吧？例如我们问：有没有可能说，有些人生来（自然本质）就是较适合政治生活的？适合当政治领袖的？早前亚氏曾告知大家，有些人是不适合群体生活的。他们不合群，活在公众生活"之下"。用今天的术语来说：他们不接受"社教化"；你要"化民以德"，也"化"不到他们头上。

这些人倒不必是全不受控的脱缰野马；固然，有部分会是这样。年轻将军阿尔西比亚德才貌出众，却无法忍受别人的管治。他是那种极为少数的人，生下来就要自作主张，拒绝受制于他人。传说他小时候，在儿童圈中，常常是要"独揽全局"的。这在他跟友朋玩游戏时，不断表现出来。他认定那是他的命运，他的本性，是自然生成的。一生自作主张，政治军事上都当指挥官，从

479

不活在权力之下。"社教过程"对他不起作用。这在卷一已见。到了卷七，亚氏说有些人是活在公众生活"之上"的。他们也和政治生活脱了节，因为他们无意参与其中，宁可眼看人情世事，独自思考，过一种沉思的生活（a contemplative life）；典型的例子就是苏氏。那是怎样的？

苏氏本人并不是个隐士，他不断与雅典人接触，正因为接触太频密了，最终导致他"巨星陨落"的下场。他四处和公众谈话，有些人就怀疑他有不轨企图；可他并没有住在穷乡僻壤，也不离开市集，一天到晚就跟别人"混"，提出疑问，也解答疑问，通常是用问答的方式。后来受到雅典人审讯时，在"自辩书"中他就说，他从来都明白，不涉政治活动对他来说十分重要，因为一个睿智的义人，一旦涉足政治，就会有不好的下场。那是对当时雅典政治的判语，也是对政治生活的判语。（目前倒无须考虑，苏氏的辩解是否出自他当时面临的窘境，为自己说项；看来也不是的。）看来他一直都遵行那守则，认为那是他要实践的真理。他也曾数说一生中，只有那么几回涉足政治，但每一次都差不多性命堪虞。可见那是他一贯的想法，不是为了自辩才在七十岁来堆砌故事。那么我们看到，政治生活，是智者会好好避免的。

两千多年来，哲学家还在探讨，哲学的生命是否比政治的生命高。假如苏氏可做智者的原型，他的教诲对后世有启蒙作用的话，那会是什么？也许是这样的：身为万物之灵的人，要在灵性生活中攀上最高峰，那人当追求的，是一种沉思的、内省的生活。但追求智慧的生活，与追求政治的生活，却不"合拍"。苏氏一生的活动是个写照。这一层考虑，亚氏不可能不明白。所以在这卷面对同一问题时，他就提问：按着自然，人的最高目标——人所能达致的极点——玄思，与人的自然方向——人自然而然是个政治动物，有什么关系？

480

顺次来审视。如果把《政治学》的卷三到卷六看成一组，卷七到卷八看成另一组，观察到它是怎样"过渡"的；也可以说，一方面是人的优异与美好的生活，另一方面是政治的优异与美善的政治生活，也是前者向后者的过渡，亚氏好像要大家问：在多大程度上政治生活是自然的？在多大程度上，它又不纯是自然的？换个说法，有没有可能说，人的政治生活是自然的，但只是在某种意义上如此；在另一种意义上，人不追求群体生活，但仍然是自然的？有两个意义层面，是否因为"自然"指的是不同的事物？

比如说，自然的推移，可以指"从何处来"：人的本能、冲动、驱人行事的原动力等。这些，促使人人走在一道，形成群体生活；人，可能自然而然地走向群性。另一个指向是：自然不仅让大家见到"从何处来"，也令人找寻"往何处去"；那也是人自然而然会走的方向。自然的另一个可能是，它让我们看到"来"与"去"之间那一段。看看我们自己，我们有需求，也互相依赖。看看周遭环境，人人所处情况不一，有冷有热、有饥有饱，各各需求不同。每个人，就像每只动物，总存活在某些条件下，那也是自然的。自然条件，促成了我们的冀求，也限制了我们能成的事。所以不只是来与去，还有两者中间；一切的需求、情况，政治生活都必须兼顾。那也是重要的。

环境的配备，对一个国家的发展，影响殊大。我们做读者的，沿着章节往下看，会发现：经济生活的问题，亚氏从不回避，比如生产、内外贸易，等等。在论国民生计的问题上，他显得较"踏实"，并不"高调"。我们在一、二两卷中所见到的重农主义，渐渐褪色；商业的重要性，开始受到注意。这类议题，在卷七变得明显。并不是说，在衡量政治生活时，亚氏就舍弃了以自然作为准则；而是说，长篇论述政体后，他要我们了解，人为的事功，很有必要，无可回避。这一卷，可以看成是某种"交替运用"：他要重新审视自然对城邦（国家）能起的作用，但那不再是纯属自然的推移，因为也牵涉了人为的推移。

※　　　　　　　※　　　　　　　　※

这是个比较细致的界说。大家得明白，任何界说，都是一种阐释，一种解读。如果任何界说可以"定于一尊"，那我们不必重新检视"这本书是做什么的？"这个问题。甚至可以说，读者也不必重读任何经典了。没有一个作者的界说，是完美的；每个读者都要做出他自己的判断。

如果我们解读《政治学》，按上面的架构，尝试为其找一个哲学定位，也许可以说，它在探讨的是自然之道（*physis*，Nature）与人为制度（*nomos*，Convention）之间的关系，也就是说，在政治范围下，什么是属自然而成的，什么属于人为谋划可成就的。这结论（或者说观察吧）有多大说服力，待全书结束后再下也不迟。倒可以说，那也不致使人感到太惊讶，尤其探讨古典哲学的，特别是古典政治哲学的。自然的与人为的，总离不开古典哲学家的课题。

因此，当我们碰上诡辩派（或智者派）的言论，又或者在苏氏以前的哲学论说时，最终总会面临这个疑问：他们论 *physis* 与 *nomos*，是否错了？色拉叙马库斯在《理想国》中的说法，是对是错？从传统的"官式"立场来看，他是错了，因为他说，公义，只是强者之规；谁"有力"立下法律，使人人服从，就是公义。如是，公义绝对是政治的——人为的，当前立下的。那还不止：公义变成了历史的产物，会随时代而改变。人为的与历史的，看似并肩而行。是否如此，那是另一个大问题了。

假如我们这样的立论也还有道理的话，它至少可帮助大家明白全书的结构，以及亚氏又是怎样用他独特的手法表达出来的。同时，我们也可以一步步明白，他和柏氏的理论，会有怎样的异同。

　　亚氏所构筑的"理想国度"——他在本书最终两卷所描绘的，与柏氏在《法律篇》展示的，其实也有相似的地方。不过，《法律篇》所追求的，肯定是个次选；柏氏有该设计，只因"理想国"那满有智慧的统治者，人间难求。既然无法达到至优至美的人治，那就退而求其次，选择法治较为保险。另一方面，亚氏认为法治底下的贤能政体，并不亚于绝对统治的君主制。理论上他不反对君主制，但认为理想中超凡入圣的统治者，可遇不可求；更何况，在"众生平等"的国度，绝难见到高于一切的出类拔萃的人。反过来说，具备法治的贤能政体，其实是假设了城邦有足够数量的相对平等的人，能组成一公民团体，胜过统治者的不完美。他鼓吹的混合型，特别是中产型，是个佳例。

　　在一般构想上，亚氏和柏氏对"理想国度"的看法也不同。在《法律篇》，柏氏下笔极为详细，在组织结构上是一点一滴地加进去，巨细无遗。亚氏好像没有那份耐心；在本章的几个地方，也提出了他的批评。对美好国度的详细描绘，他看来不感兴趣。在本卷中的评语，可看作亚氏在卷二所陈各点的一个补充。还有，本卷的整个重点，是一些原则与方法的概说。所以在全卷开始的前几章，他重新思考城邦的目的、美好生活本质等议题时，我们很容易察觉，他谈到美好国度的某些层面，都明显指向那些基本原则。这是强调在建设理想城邦的时候，当侧重某种方法，而不在绘制一幅建设的蓝图。亚氏的教诲好像是，一旦你的原则有了，可以在个别事上应用原则的方法也掌握了，其余的细节，大可让给他人细细琢磨。

　　上面的论说，可以看作进入本卷的前奏。好些论点，在下文会再提出检讨。从结构上说，全卷可分三大部分。一、审视个人与国家：那是理论的探讨。二、审视理想城邦的配备：那是实效的探讨。三、审视如何训练公民：那是教育的探讨。我们就顺着亚氏的次序来思考。

（二）前论：城邦与个人

亚氏一下笔便说，他要探讨最佳政体。但他并没有那样做；他所展示的，是对美好国度的追求。可他随即表示，要看看什么是最美好的生活。他显然认为，最好的政治秩序与最佳的生活，一定有着某种密切联系。他的说法是，除非偏离常理，否则最美好的生活会在最佳城邦中体现。当然，何谓最佳城邦，得视乎各自所具备的条件而定了。

（亚氏在这里的用语颇为独特，也不容易翻译。他说"偏离常理"，原文是 *Paralogon*。*Logos*，*logon*，是理由，道理，语言，词，等等；也有在中文《圣经》中译作"道"的。在这里指的是理由。*Para-*，今天在英文习用语中仍有，像常见的 paramedics、paramilitary 等，一般指非正式的、辅助的医护人员，非正式军事人员。可见是同一范围的东西，只是不在主轴上。所以说"偏离"了正道，或常理。英文多作 apart from reason、deviant from reason，中译本却多用"反常"或"反乎常道"。若然，那该是 *alogos*，*alogon*，那不是他用的词。）

（下文接着说，除非怎样怎样，不然的话，最佳城邦的人会有最美好的日子。英文的最简单说法是，the ones in the best *polis* will fare the best。英译本也多用 fare the best。这也有意思，因为 faring the best 可以有两重解释。它可以指 turn out the best，即最佳国度下的人会有最美好日子；它也可以指 doing the best， practise the best，即在最佳国度，你会做得最好，过最佳的生活。也许这两层意思亚氏都包含在他原文中。）

那么，什么是最美好的生活，最值得大家选择的生活？（"大家"，犹如"众人"，是个概括的用语，不必绝对等同"全体"。英译本就反映了这暧昧的味道。中译本就写"所有人""一切人""全人类"等。结合上下文说，这可以指全部，也可以指多数、一般。他在这里的用词，并不执着。如果联系 *paralogon* 一起看，他的口吻似是指多数人，不是全体。）假定说，一种生活值得最美好的国家中多数人追求，那一定是最优异的政治生活。如果是政治生活，是属于多数人的，我们就会问：谁给排除在外了？

在卷一中我们已见到，亚氏说有两类人是不合参与城邦生活的：一是"太低"的，根本不配参与公众生活；一是"太高"的，他没兴趣参与。（在《伦理学》中，他早举出例子说，人不是神，也不是禽兽。禽兽是在下的，没有人的理性，不可能参与；诸神是高高在上的，不涉凡间事，也不屑参与。）这里说太低，不是指禽兽，而是社会上最底层的人，过着没有人愿意选择的生活。那太高的呢？很有可能他们会认为，最值得选择的，是高于政治的生活；公众生活，并非最美好的生活。

道理上说，两类人都是问题。那太高的，问题会不会较大？会不会因为他们"自视过高"，根本无意参与社会活动？亚氏在文中没有提这个问题，当然也没有回答。可苏氏的记录，历历在案。可以说，这似乎明显极了：对于太高的，困难更大；因为他们更受政治生活威胁。城邦和哲学之间，常存有张力，这我们早已见到。受苦者谁？最容易的假设是：当然是智者了，他可以被国家处死。

但仔细想一下，事情没那么"明显"。为什么说受损害的一定是（有智慧的）人？为什么不说，没有那慎虑的、真诚的、有睿智的人效忠，受损的是城邦？那是不同样明显吗？义人智者被排除在政治生活外，对国家有何好处？倒不必是权力排斥那在上的；退一步说，也不必是因为国家的愚昧或自私。从语境看，按照事物的本质，有些活动自然而然是高于政治活动的。适合这类活动的人，会自动自发地去选择它。他们宁可选择这个，而不愿多管"他人之事"。一个天才科学家会想，只要不受干扰，他会沉浸在物理学、数学里面，思考"物质""宇宙"等大题目。一个具有杰出头脑的数学家，能像我们阅读普通书一般读数学书，这在任何社会都罕有。那样的人，怎么会有兴趣管你的"通胀通缩"？他只要几根铅笔和纸张、书本、安静的房间，不受打扰，如此而已。对外界事，他不感兴趣。像"不食人间烟火"似的。这是个古已有之的问题了。

这类问题，在不到两章后会重新捡回考虑。不管怎样，这是由追求"美好生活"而引发的。美好生活，是城邦的目标；本书一开始就界定了。美好生活，就是有福乐的生活。问怎样可以达致美好生活，就等于问是什么条件构成福乐的生活。必备的有利条件有三：外在的、身体的、精神的。[1] 如果福乐的生活是成德的生活，也是百姓当当成就的生活，就境界说，有利于灵性的，当高于其他两个。但要有成德的生活，你也得有适当的配备才行。亚氏不认为，仅凭高尚的情操本身，人就能获得福乐。成德的生活，是积极进取的。健康不济、终日生病的人，如何进取？衣食住行都成问题，何有闲暇余力去"修德修业"？可知（物质上的）外在环境因素，身体健康的因素，必须顾及。

---

[1] 颜本："外在诸善，身体中的诸善和灵魂中的诸善。"吴君本："外物诸善，躯体诸善，灵魂（性灵）诸善。"双吴本："身外之福利一也。躯体之优良二也。心灵之善德三也。"

成德的生活，需要辅以配备。生活要美好，得全面发展，得让人的才能全面绽放。人的德性、优异，要能发挥，需要一定条件；在心智上，在体格上，要能量充沛。这样，你要有充分的余闲，无须整天劳碌奔波、为生计谋才行。柏氏也清楚这个道理；他用的办法是某种原始的共产主义：他的辅国卫士（Guardians, Auxiliaries）生活上的一切供给，不必自己操心，都是百工负责的。他们没有私产，凡物公用，住在城邦外的特设营地中，同食同宿。"理想国"，得依赖这批人建立起来。亚氏也有百工，还有前面详论过的：奴仆；却没有依赖一个卫士阶级来"谋国"。

要选择美好的、福乐的生活，你得定下行事的目的。很有可能，你会受外在条件的影响，觉得取得环境上的、物质上的有利因素，至为重要，因而把"外物诸善"放在首位。这固然是外在的，却可以假定，历史上多数人在多数时间——不论是否出于自愿，会视物质条件为极为重要的；就好些人来说，也许是唯一的追求。"诸善"成了"至善"。他们不得不如此，因为诸善并非随处可拾。用今天的话说是"资源罕有"的问题。多数人并没有那么幸运，多数人要勤奋工作来糊口，何来"闲适"这奢侈品？

外在条件重要，身体的条件也重要——健康，还有所有可达致健康体魄的因素。（今天的社会，是个健康意识特别高的社会，中外皆如是。大家的寒暄语、慰问语，都离不开健康。一般人的意识，指向健康而不是财富。）亚氏也许没有将"躯体诸善"放得那么高，不过他也不曾忽略，否则他不会指出来考虑。

固然，在等次上，"灵性诸善"是最高的；这一层，他表达得毫不含糊。说对人灵性上有利的条件，高于对人身体上有利的因素，也就是说灵性高于身体。可他没有证明何以如是，在这里连论述也没有。（虽然，在《伦理学》中，他解说颇详；在本书前几卷也有类似的论点。）从实际角度说，他是无法证明到使所有人都满意的。至少，近代哲学兴起后，认为身体地位不亚于心智的，大有人在。亚氏是假设了他在别处已处理这个问题，不必在这里重复。如果灵性的地位高于身体，那前者之利当然是大于后者了。他假定这像"常识"，人人都明白。也许人人同意有这三类因素，但未必人人同意三者次序如此。营役终日的，就会有不同看法。

他随即表示，外利不会产生德性。人却要借德性而得外利。这说法有点奇怪。好比说，诚实（如宽宏、克己等）是一项德性。福乐，是通过德性的实践而来的；要有福乐，你得实践诚实。（这一点他在《伦理学》中有阐述。）可在不同的地方，他说待人诚实是最佳策略。（这就是后来西谚说的 Honesty is the best policy。）那是另一种考虑：诚实变成了取得某种好处（有利事物）的手段。但说诚实可带来财富，或名望，或别的什么，并不等于说它是福乐的基础，因为福乐是各项德性的实践。两者并不是个"二而一"的东西。

不过，那确实是他的说法。原文像个对称式表达，他说，按诸事实 *dia ton ergon*（*ergon* 即 energy，work，fact；erg 是尔格，物理学中能或功的单位；英文可作 in the light of actual facts，或 according to facts），我们从事实可观察，外界之利并不产生德性，外利却要靠德性得来。所以他接着用的是 *kata ton logon*，according to reason，in the light of reason，按诸理性。福乐由德性而生，不从外利而来。这是人思考可得出，而非事实的观察。*Erga* 的拉丁文是 *facta*，是 work，也是 things done；英文的 fact，从 *factum* 来，原指 something done。我们说"事实"，很多时候指的是"真相"；按词义，事既为实，即事已成者，故为"真的"。这样说，读者也许比较容易明白。外利不会成就德性，按诸事实可见；按诸理性，人可知福乐因德性实践而来。一对外，一对内；有点像一指向身体，一指向灵性：有关联，却非一物。

骤听起来，平平无奇，有点像常识；我们不会称道讲者，更不必说他是亚氏。可另一方面看，亚氏给读者的印象，是谆谆训诲的长者，总领读者往高处、往美善处想。我们当提醒自己，在那论述背后，是个冷静敏锐的观察家。他十分清楚社会生活是怎么一回事。从本书开卷到现在，这是一贯的。我们读到崇高的理念，富有启迪性的言辞，同时当知道，那是出一个明白最低下的、最不堪的政治生活是什么的人。他看到的，就像马氏看到的。何以见得？他的时代背景足以为证。他经历过动荡、革命，各样的诡诈与阴谋，治人者和治于人者的卑劣行径。很多还记录了下来。看他书中的事例，足见他洞悉人性的鄙陋。西谚有言：向你传道的人是否脚踏实地，非常重要。如果他了解人性不亚于我们，甚或比我们更好，那么他的教化，当有分量得多。

（读西方政治思想发展史，很容易有一个印象，以为人性对面政治现实的丑恶始于16世纪；以为从经验而生的"现实理论"，至文艺复兴以后才有。以前的，都"曲高和寡"，是"苦口婆心的说教"，却不切实际。人性从来如此，不见得16世纪出现的行为，此前没有出现。不会说，从16世纪开始，人才懂得人性的污秽和龌龊，然后才知道要想办法规范它，利用它。如果阴暗面是近世的发现，那人类就真有问题了。）

不管怎样，他立刻指出，对人有利的外在条件，是"有限"的东西。那是说，你不需要用之不竭的外利，因为它是工具；它是用来达到某一目的的。那必然与你追求的目的成比例，一旦过多，反为累事。好比人追求健康，要有一定的食物；吃得过饱，只会使人不适。要有美好的国度，你固然需要外在的物质基础，但拥有过多，以为益之，适足害之。亚氏稍后就以这点来批评当时城邦的"扩张主义"。

外利要适中，要有限制，那灵性的诸善呢？人不当过度追求外在诸善，对心智上的追求，是否也应有限制？你追求智慧，会变得"太有智慧"吗？你会过分诚实吗？太过慷慨吗？他说，不，这方面是无限制的。灵性诸善可无限追求，因为那是没有界限的，跟外在的利益不一样。他用神做例子：神最有福乐，它不依赖任何外在的东西。我们能明白这道理，凭借的是"灵魂中的诸善"，与外物无关。

到了第二章，开篇就是"追求怎样的生活"这个问题。最佳国度，有最美好的生活。美好生活有两个层面，一是外在参与的公众生活；一是内在反省的个人生活。这就是选择做"政治家"还是"哲学家"的问题。

读者看到的是，当时城邦的趋势多是动态的、进取的，也就是外张型的。为此，不少城邦都鼓吹武德，以征服他人为能事。亚氏批评这些，尤其像斯巴达一类的国家，训练公民做战士而无他，勇气而外无德性。那要不得。他同时指出，扩张主义的国度，令人贪得无厌，不断攫取外利，却不知"化民以德"才是最高准则。兼且，在本国内认为属不公而不施之政，却强施于他人。他们忘记了武德只是手段，因为战争不是目的。美好的国度，不能用征服做基调。

那另一个选择呢？刚用做例子的不愿理会"他人之事"的天才呢？他有睿智，有头脑，看到国家之利、个人之利：那过人之处，会领他参与公众事务，又或者学亚氏，写书教化世人？他可能根本不感兴趣。如果他有卓识，能洞明人情世事，那么他会觉得反省的生活胜于参与的生活。人间福祉，并不是哲学家的追求；甚至可以说，公众生活，对那样的人来说，会在优次表上排得很低。

若然，我们就得面对一个难堪的可能：智慧与关怀，可能成反比。如果这是个原则，那它不只适用于人，也适用于其他。按亚氏的推论，人追求玄思或内省的生活，[1]是模仿神的智慧，但也只能是它智慧的微小部分。那么神的智慧，与神的玄思，没有区别，因为那是它唯一"做"的事。最多的玄思，就成了最少的关怀。玄思，好像是惯性（不活动）的同义词，因为神所思的，只能是它自己。对于人来说，很难想象怎么可沉浸满足于纯玄思，因为我们思考，总有目的，要到"彼岸"。我们求学也一样，研究什么，都有个"彼岸"。但纯玄思，没有彼岸；那是为思索真理而思索。可以问：这是否是唯一的可能？

这个问题，也许没有答案。用上类比用语，则往日说法是"入世"和"出世"，今天的术语是"投入"与"抽离"。吴寿彭君在这里下了个按语："亚氏重实践，认为善性的见于思想不如善德的见于行事，所以把参加政治作为人人的正当生活；在世不论穷达都应'兼善天下'。"（吴君本，卷七第三章，第349页注文。）这种说法有是有不是。是者"政治家"言之，不是者"哲学家"言之；前者属德善范围，后者乃智善领域。从哲学角度说，智善高于德善，这点他在《伦理学》中言之甚详。

〔如果从中国的传统看，又会有不同的可能。用大家熟悉的背景做例子：诸葛亮的《出师表》谓"鞠躬尽瘁，死而后已"，那是忠臣报国、全面投入的方式。魏晋盛玄学、重清谈。后世称竹林七贤的，厌恶时政，拒绝参与；但他们过的，也不是沉思默想的生活，而是放浪形骸的。再看老庄学说，无为而治，是"出世"了，却并非玄思。认"万物与我为一"，是人与万物不分，属于纯自然论的看法。亚氏认为人高于万物，贵在人有灵性，故人有

---

[1] 各本用词不一。双吴本用"沉思默想"，颜本用"思辨者"，吴君本用"静修""沉思"。本书用"玄思"，与作者在《细读〈尼各马可伦理学〉》中前后一致。

理性；万物，是没有理性的，不可能有思想。道家主"与万化冥合"，也不是亚氏主张的。〕

在考虑这个可能或选择以前，亚氏在本章开头就问了一个问题：最佳国度为人民成就美好的生活，那国家（城邦）的福乐与个人的福乐，是一致的吗？换言之，个人的德性实践——或者说个人最优异的表现，和城邦的德性实践——或者说城邦的优异作为，是相同的吗？他有个正面的答案，认为所有人都同意这一点。若果真如此，就没有必要多加讨论了。可他花了两章来阐明所以。我们暂且放下这点，先顺着他的笔锋看下去。

公众生活与玄思生活已经提出了。刚说过，要得福乐，我们要具备三项有利条件：外在的、本身的和灵性的。把次序倒过来。一个国家的国民，最重要的在成德，所以"灵魂诸善"地位最高。那会成就一个怎样的国家的境界？"苟人人均能居仁由义，行为臻乎至善，而其生活状况，又能皞皞然自得其乐"者。（双吴本语。）如果再往外推，不管是善意还是恶意，都牵涉强权征服等事情了。固然是"内治"与"外张"的区别。亚氏接着抨击外张，我们刚也提到。至于他是否是身为帝师，不满马其顿的帝国扩张故有感而发，从来没有定论。我们不必那样猜。

〔用我们的"类比"看（虽不太贴合，但可作参照），传统术语是"内圣""外王""扩张"（有时叫"福泽天下"）。按《大学·章句》所训的八德，格物、致知、诚意、正心、修身，属个人灵性（修养）层；齐家属私人范围，却不属灵性，且牵涉他人，像个中途站。治国，是政治生活，也是由"内圣"而发展出的"外王"，"达则兼利天下"。若天下是万国总称，"平天下"就是"扩张"型的。亚氏的想法，不是要"平天下"，"修身"先于"治国"，这倒有点像《大学》的次序了。〕

亚氏反对外张，主张内治。他不欣赏外张型的城邦，因为那些国家用武力强迫他人服从，是损人利己的行为，与美好国度化民成德之旨不合。那倒不是说，他是个不惜代价换取和平的人；他支持武备，了解国防的重要性，只是反对扩张殖民主义而已。所以他用了个像桃花源般的乌托邦举例，说那有福乐的城邦，不以征战为能事。他并非不明白那只是个乌托邦。也许正因如此，他随即说，国家怎样立法，视乎所处环境而定。环境问题，在下面会再谈。

到了第三章，亚氏又重新捡起个人与城邦的德性实践论题。试着这样去理解：对每一个个人来说，最美好的生活，就是德性的最高表现，也叫人性优异的耕耘。德性，与美善相连，可带出美好的、对人有利的东西，包括外在的、本身的和灵性的。"灵性诸善"，地位最高，大家都知道。能产生灵性诸善的德性，当然也是最高的。福乐，是最高德性的实践。对个人来说，智善的发挥，就是德性的实践；而智善，是心智的活动，属精神层面。可以说，它就是想的能力（power to speculate）。这个"想"，可以是静思、默想，也可以是猜想、推想。（我们上文用英文的 contemplative life，是一般的用法。speculate 和 comtemplate 都来自拉丁文；希腊语原文是 *theoria*，也是英文 theatre 的词根。*Theoros* 就是 spectator。古希腊悲剧在剧场展出，原来是 place of spectacles 的意思。所以 spectator 叫观众，原义是目击者，是在剧场观剧以推想人生的人。）

亚氏在这里说的玄思，犹如他在《伦理学》中所说的，指的并非思索一些眼见目击的现象，而是思索哲学家所称的终极真理；那是人思想的最高境界，人的心智能成就的最高作为了。这"作为"，是"实践"吗？他不是说，福乐的生命是实践的生命吗？不是说，美德是习惯，是培养出来的行为吗？但在这里，"行为"并不指"动作"，反而有点像我们说"力行近乎仁"的力行。

人看世事，用肉眼观察；玄思的"力行"，用心眼去看。那是灵性上的，智善层面的"活动"，是心智的"实践"，却不必有"手之舞之，足之蹈之"的动作来成事。玄思的活动，是人的最高活动，不是"动作"。

换一个角度看。在亚氏以前，希腊的思想家也讨论过这类议题，例如高尔吉亚主张政治家型的生活，阿那克萨戈拉主张哲学家型的。亚氏从来相信，人是理性动物，人与万物有别，在于他有理性。按理性而行的生活，是人之所以为人能做到的最优异的生活方式。但理性有两个层面，一是实际理性（practical reason），一是思想理性（theoretical reason）。在《伦理学》中，他把前者叫实际智慧（practical wisdom），后者叫哲学智慧（philosophical wisdom）。那么，人应该追求实际型的还是思想型的？

高尔吉亚的论点是，人该积极投入公众生活，争取出任公职取得荣誉。亚氏本人在这几章书中也提到，有学派认为，最佳的外向型生活是利他的，也就是我们说的"兼利天下"。行公义，施慷慨，宽宏大度的君子，是《伦理学》中可见的、亚氏自己心仪的政治家（立法者）。但政治家的条件，不是人人皆有的，政治家也不是人人皆适合做的。外向型的生活，不见得大家都那么乐意去追求。余下的，就是内敛型的生活了。

所以他说，德善是人面向他人的，智善是人面向自己的；面向自己，无求于外，不必假手"他人"，是内省型的。就是在《伦理学》中，他也认为内省型的智善，高于外向型的德善。德善重要，因为政治是关乎整个国家的，不只是关乎个人的。听来有点吊诡，是因为他说沉思不涉"动作"，却是最高的"活动"。（日常用语中，我们下意识会认为，动就是行动，是动作。）打个"不伦"的比方：建筑师脑中的思想构图工程与建筑工人用砖块的盖房工程，两相"比较"，是否前者较"完美"、较"高"？

当然，一个行公义、施慷慨的人，可以从服务人群的生活中找到福乐。一个好学深思，反省生命的人，也可以从内省的生活中找到福乐。两者也无须互相排斥。亚氏心中的理想型政治家，是个有深思、有智虑的君子，有勇有谋。我们最常见的经典人物，是梭伦和伯里克利，雅典人最出色的领袖，文武双全。不过，说"玄思为高"，总是偏离了他卷一的主线，即认为人按着自然是个群体动物。玄思，凸显的是个性；政治，凸显的是群性。

两者也没有互相矛盾。亚氏的中庸哲学，让我们早见到人居中，上有诸神，下有禽兽。人性，是兼具神性与兽性（动物性质）的。思想的活动，是理性的活动，而理性活动，正反映人向上的心。只不过，纵使在理想国度下，也不是人人都需要当出色的政治家；他并没有说，人可以离群独处，像阿那克萨戈拉说的那样追求隐士式的生活。群性，也许不像神性那么崇高，却是人摆脱不了的。

一个追求玄思的哲学家，用心眼去"看"世界，去反映世事，追寻真理，固然能够看到城邦，看到百姓，看到自己是百姓中的一人。这些，都只是他"看到"的部分，而不是唯一的部分。就玄思的立场说，那追求，不是看到什么，而是心眼能看、能反省、能默想的快乐本身。至于看到"什么"，从哲学上说，很次要。

开始这一节长讨论时，亚氏说要把城邦和个人并排着看：两者平行同向，因为追求同样的德性，福乐。严格来说，这论点会引起混淆；我们在这里把它拆分开，先解说了个人，回头再说城邦。仍是同样的选择：在个人，是选择外向型的参与生活，还是内省型的玄思生活？在城邦呢？如果个人与城邦"无别"，那对于个人来说是哲学的生活，对于城邦？说两者平行，当如何理解？

前面提过，人可对他人行公义、施援手，相互诚实相待、和平相处，等等，国也可以；某些呈现在人身上的德善的品格，国

495

也可以呈现。但人可以做哲学家，国怎么可以？这当怎样理解？亚氏用的是反面的、迂回的表述。一个城邦，不当驾驭它的邻国：帝国主义完全不必，强制他人，对自己不见得有好处。他批评那些外张型的城邦：他们只懂功业，不懂修德。要内政修明，百姓安居乐业，城邦可以追求内在的美善；今天的用语是，"国家内部的合理安排"。

那是制度设计的问题，不是大事扩张、南征北讨的问题。为什么他责备那些对外用武的城邦？不是因为武备可以忽略，而是他们把军事活动变成了几乎是唯一的活动。那是当时的普遍意见：一国的活动，以另一国为目标，而动感最强的活动，就是战争。其次是商业活动：贸易。已经清楚见到的是，他排斥了尚武的斯巴达，不要扩张主义的政体。不取外张型，余下的就只有内治型了。内治型，在个人是内省式的玄思生活，在城邦就是公义的、美好的内部机制安排了。那是说，城邦由不同部分组成，各不同部分有互动，以贸易互通有无。那么城邦不必对外用兵，还是可以处在动态之中。可以想象，桃花源式的乌托邦，也可以"有所作为"的。假如要面对强邻，固然得处理对外关系了。如果神不必有行动仍可以是完美的，城邦也应当不需要行动仍可自足（ *autarkeia* ）。

总结一下本卷第一部分的讨论。

假定追本溯源，就从柏氏说起吧，他的前提是：你要知道什么是公义的人，你就得把它"放大"，投射在墙上，看看城邦有怎样的公义，你就会知道什么叫人的公义了。将这个思路套在亚氏的哲学框架上，问题就出来了。"内省"的个人，其实并不对应"内治"的城邦。世上只有玄思的人，没有玄想的国家。一个城邦可以有一些哲学家，但世人从未见过哲学的城邦。

可柏氏说放大投射到墙观察的，是城邦的公义，不是城邦的智慧。如果他说，要明白哲学家的智慧，我们就看城邦的智慧吧，那就有问题了，甚或可以说是走上歪路了。也许正因为如此，亚氏在这里无一语评柏氏。这与前面卷二评论他人的乌托邦，尤其是柏氏的学说时，十分不一样。也许他俩有相近的想法：亚氏的做法如前述，柏氏的《理想国》只集中论公义，而智慧就留待放在其他对话录中谈。

（三）中论：配备的重要

"个人之善"与"城邦之善"的关系，上一节已经探讨过了。我们也看到，个人，可以有选择。那么城邦呢？城邦的宗旨，是让百姓有美好的生活，那最美好的城邦，不就是拥有最佳政体的国度吗？这不是已经讨论过了吗？为什么在这里又重提这个议题？亚氏在卷七重新带出这个问题，显然是要告诉我们，前所论述的，还要补充。可以说，从这个"中论"到全书结束，就是这长篇论述。

解说三、四两卷时，大家看到他提出混合政体的可能性，中庸政治出现的机会。到了这一卷的进一步探讨，又看到中庸政治的体制本身，并不能解决整个问题：美好城邦，除了混合政体以外，仍需要各项条件相配合才能建立起来。什么条件？下面我们就来探索。

怎样建立美好城邦？在这里探讨的方案，与他在卷三和卷四展示的，又自不同。前面讨论的重点，在政体的分类：三优三劣；一长制、少数制、多数制。固然包括了混合型，但范围脱离不了"一、少、多"的组合。说是政体的原型也可以。到了卷七，大家不会听到"一、少、多"的回响，似乎城邦是一人，是少数，是多数统治，已不重要。但事实上不是这样。他的分类学仍然重要，但他明白，现在得看看另一个重要因素，那就是我们在第一节所提到的配备上的考虑。好的城邦，要具备怎样的条件？要有什么样的有利环境因素？（他用 *choregia*，equipment，在这里不当译作"工具"，尽管那意思是包含在内的。）

一说到条件、环境因素，问题立刻出现了：你是说自然的，还是人为的？外在客观条件，是否是不由人控制的？如果事物是自然而成的，或偶然发生的，那就不是人工生成的。你走在路上，突然下雨，那是偶然的，不能预知的。你踢到一块石头，原来是钻石，那也是偶然的。当然不由你控制。那么有多少事是自然的，是人无法操控的？就是自然生成的东西吧，是否人就完全不能控制，不能改善，以利于人的生存？抑或，在自然生成的事物面前，人是无能为力的？

文艺复兴以来，近代哲学兴起。在政治思想上对后世影响最深的，可数意大利的马基雅维利。他的思考方式，在很多路子上和亚氏正相反，因此往往得出相反的结论。他提出了类似的问题，但他认为，人觉得世事无法操纵和改变，是受了古典哲学与中世纪教会的双重影响，所以他建议人尽可能多地把事情放在自己手中，因为人能控制的，远比他们能想象的多。好些事情大家以为是"命运"，可能根本不是命运，而是人自己能掌握的东西。要掌握，你不必靠祝愿或向上天祈求，你可以"自力更生"。自力更生能使你掌控多少？马氏没有说；可他的近代哲学精神，使他不断鼓励人去克服此命运，或者人以为是"天命"的事。（他用的词是 *fortuna*，也就是英文的 fortune，在这里不解作财富而指命运、运气，即我们刚才说到的自然的、偶然的、碰巧的［by chance］。不少译者都把他的 *fortuna* 译作 chance。）他本人认定，*fortuna* 这个女神的魔力，其实有限，不必先入为主地退避三舍。尤其是做统治者的，更要拿出勇气和魄力，也就是他的德性（*Virtù*，virtue），来驾驭命运。

这与亚氏有何关联？

我们立刻就会看到，亚氏在这里花了长篇幅来探讨的，是建立美好城邦需要什么有利的条件，充分的外在配备，环境因素等议题。他谈的，不是抽象的空中楼阁，而是可用一瓦一木建立起来的。如是，他必然要好好考量：这个工程，有多少是可以靠人工达成的？有多少是非人力所及的？怎样才能将二者糅合起来，以达成最佳效果？亚氏本人是个自然论者，一向认为违反自然的一定不会成功；而世事，并不都是人能控制的，人只能按情况做到最好而已。正因为如此，他没有乌托邦。

在整个讨论中，最突出的两大因素是人和地。我们会看到，他今后的做法，和以前很不一样：他不是要改良一个城邦，使之成为理想国度；他的手法有点像个垦荒者，或者像个古代社会族群迁徙的领袖，带领一批人到一个新的无人之境，重新建立家园。而新家园的蓝图展开，就是这个美好的国度。可以这样想：任何一个艺匠，为求发挥得最好，一定会尽其所能用上最佳原材料。（"工欲善其事，必先利其器"，是我们的说法。）同理，任何一个立法者（或教导立法者的人），在组建他的美好国度时，先考虑到的原材料，就是他手上的人与地。要追求理想的结果，他得先有好的人与地。整个配备 *choregia* 的论述，就从人与地开始。

首先考虑的，是人口，也就是量的问题。亚氏的论说，和柏氏在《法律篇》中的表达很不一样；他不像乃师，将数目列得详细，那不是他的方式。他认为，城邦要按功能与目标来制定准则；城邦的功能，在追求自足（*autarkeia*）。要自足，必须有充裕的供应；若人太少，就办不到。在当时，很多理论家都认为，人多地广才好。他不同意：人多势众，不见得就是伟大出色。人太多，良莠不齐，法律与秩序难以维持得好——这层忧虑我们在卷二就见到了。另外举出的例子是：人数众多，国家有事时，号令传播都成问题，遑论执行。

设想亚氏面对一个土地广袤的国家，比如说，波斯帝国。他了解波斯帝国，这不必怀疑。它的土地之大，就连在两个城市间筑成公路，也算是大成就，因为那使运输方便了。固然需要时日；但是以前，就是在中国、在美国，还不是一样？今天情况不同了，只因技术克了问题；在古代，很多事情看似不可能，是人之常情。他所举的号令难以传播的例子，在今天不成问题，是因为技术进步了两千多年。在他那个时代，当然不可能预知日后的情况，可他早已考虑到、计算到。

可以问：在没有近代科学技术条件下的亚氏的考量还有影响吗？是否说，长距离联系这个问题，可用技术解决，因此他在幅员广大这点上的思考，就失效了？在一定意义上，也许可以说他的考量是失效了。今天，世上的大国并不少：中国、美国、俄罗斯，都是大家熟悉的名字。不必说那么大的国家，一般的小国，也要比古代城邦为大。但我们应当想深一层：他并非不知道，世上有大国存在；起码他认识波斯帝国。他是亚历山大大帝的国师，亲见马其顿开疆拓土，建立帝国。人多地广的国家，都在他眼帘下。他的问题其实是在问：那样的国家，真那么美好吗？能互拢凝聚吗？现代人会回答，可以的。他会问：凝聚得好吗？

以现代人的经验来看，大家会说，大国当然也是可以维系的。好些国家，维系得相当勉强；好些国家，得用上颇不文明的手段才能维系。能维系，也并不等于凝聚得好，成为美好的国度。就亚氏的观点，他会问：你们能认为，严格地说，那些都是"国"吗？我们在本书前三卷的讨论中，早见到亚氏坚持城邦，不支持扩展，不追求大于城邦的国家，主要因为他心目中的理想国度，是个自给自足的政治团体；一旦拓展，人口土地向外延伸，"独立"就很难。还有，那样的政治团体，是上下一心、和衷共济的，国家公民人人同声同气、同语言、同宗教、同风习，有福同享、有难同当，就像我们说的"共富贵也共患难"。所以他那么强调人与人的情谊，认为那是国民间的黏合剂。这在《伦理学》中早详述过了。以这个准则印证近世社会，可观察到什么？那样的国度，在地广人稠的社会，不可能建立起来。就看看以前的苏联。不能说它不是个国家，却是个处处有裂缝的社会。沙俄帝国的扩张，把诸多土库曼裔、中亚裔、东欧裔的民族吞并，置于斯拉夫人统治之下。后果是什么？血统、语言、信仰、风俗习惯、生活方式全部不同的人，强凑在一道，建立不了情谊，更不必说信任。那与亚氏所说的"国"，是两码事。类似的难题，美国不也可见？有色人种、中南美循合法或非法途径移入的人，等等，也是不同种裔的；只是他们的语言、生活方式、宗教背景等大致相近，才使裂缝不致造成重大伤害。不过，和亚氏胸怀的那种人人守望相助、患难与共的情况，还是不能相比。小国寡民、纯净均匀的社会，在今天是找不到了。

回到亚氏的理论思考。从城邦的角度出发，一个国家，是个相互凝聚、整体合群的政治团体。它是个"一"，是个相对于"众"的单一组合。如果国家四分五裂，它就是个众（a Many）而不是个一（a One）了。（这也叫作 the One and the Many 的争论。）亚氏固然不要柏氏所追求的，觉得那样的单一太过分；但他自己也追求某种"一"，某种上下一心、和谐团结的"一"。以互相之间的情谊来凝聚老百姓，而不是用武力强行把他们拴在一起。以这种方式统治的国家，人数不可能多，地也不可能大。如是，几乎所有现代国家，在他眼中都不是个"一"，都不可能达到他的理想。他不一定对；但那不是我们的论点，我们只是尝试明白他的想法而已。

还有，他的人口限制，是应用在城邦公民身上的。在古代希腊，城邦公民的人口，都是少数。其他的如工匠、耕夫、行商、奴隶等，都不算在内。细心一点看，他的小国寡民，并不是用四堵墙围起一个国家。他追求自足（*autarkeia*），但清楚地看到，城邦本身是无法全面自给自足的，所以他知道要有对外贸易，交换物资和粮食。他考虑法律与秩序，粮食供应等，不可能不把非公民计算在内。这样推想，非公民人口也得与城邦发展相配合，否则尾大不掉的问题，会很困扰。

美好的国度，固然要有美善的政体，我们早见到，那是需要具备某些条件的，例如某种贤能之治，例如混合机制，例如轮番为治。理想一点来说，百姓未必都需要相互认识，但人人对城邦中人的喜好、习惯、品性等，都该有个大致了解；不然，治人者错下判断，治于人者推举代表，授以荣誉（公职）时，同样会做错。统治者不能对人民的性格无知，老百姓不当授权于陌生人。何况，从最终成因看，城邦的责任，在"化民成德"，政治背负了道德的教化功能。那么它就要了解人民的性格喜好，特别是任公职的，职能是日常立法与断讼。

今天，除了在宗教气息浓烈的地方，一般开明的国家，政府并不直接肩负"化民成德"的职能；政府只需提供一个客观的、有利的环境，让人民各自追求"成德"的生活。尤其谈到职司与断讼时，亚氏是这样说的："假令一国之公民，既须司理听讼折狱之政，又需按照其人功绩之高下，以为官司分配之准则；苟非先于彼此间之品性，各能相知有素，又安从而实行此政制乎？此项智识假令不具，则其所选之有司，所决之讼狱，必将纰缪百出，而害中于其国焉。"（双吴本，卷七第四章，末段。）现代国家的观点正相反：为了避免利益冲突，审案的法官与陪审员，该与诉讼双方无涉。若法官与被告是朋友，或者与原告相识，难免会牵涉个人感情因素，那就妨碍司法程序的公正无私原则了，足以败事。固然，今天的国家人口庞大，跟古代城邦不能相比。亚氏的思路是沿着古希腊而来的，差异显见。

亚氏并没有定下理想城邦人口的上限和下限。城邦是好是不好，视乎它的配备能否满足它的功能。所以他的着眼点，并不仅仅在数字上。身为中庸哲学家，他申论过多过少都不好。好比一条船，太长太短都是缺点，不利航行。这比喻，不能说不恰当。但以现代国家的经验来看，我们可以得出不一样的结论。

不设上下限，即是保留了弹性。国家的原理，在为国者懂得无限膨胀或压缩的弊处。对渴求帝国勋业，大事扩张的统治者来说，那无疑是个清凉剂。不过，要达到全面自足，不管是物质条件上的、道德上的，还是知识上的，他的方案都没有可能达成。在今天没有奴隶、人人生而平等地拥有公民资格的社会，不可能只有几万人来维持国家生存。如果说他狭隘，那是古代社会的局限。在前面提过，有些问题，是可以用技术解决的。不必说司法制度，就说政治制度吧，选拔职司（人民代表、议员等），百姓也不必认识候选者本人；了解他的业绩与政纲，多少知道他的操守，就够了。就经验看，上轨道的国家，在法治和人民守秩序等情况上，也基本能令人满意；不见得人多就必然失控。

※　　　　　　　　※　　　　　　　　※

人口多少要考虑，人得居住在土地上，那么土地的大小、位置等也得考虑。一个国家不可能悬在半空，它一定拥有某土地范围，所以土地的性质与大小，亚氏会谈到。城邦的公民要有美好的生活，他们当有闲暇，能过充裕但有节制的生活，不必为糊口而奔波。这是考虑土地问题的准则。（原则上，这和柏氏在《法律

503

篇》中所说的无别。）也就是说，土地不必太辽阔，但要使国家的道德功能够发挥。要让公民能进德修业、思考生命、服务公众，他们就该有无须劳碌奔波的条件。

这牵涉两个问题：一是土壤性质。土地贫瘠，很难自给自足。因而土壤能否供养一定的人口，能否生产各种农作物以满足整个国家的需要，很重要。不必仰赖他人也能自给，是最理想的。最理想的情况，不一定能达到；粮食、物料供应，可能要仰仗外界输入，那就需要有水陆交通便利的条件。（这也是我们说的"地尽其利、货畅其流"的原意。）

亚氏提到城邦要易守难攻，那是防卫的考虑。城邦不行扩张政策，但难保别人不来侵凌。防卫的设计，他在后面会谈到。目前当思考的，是城邦的地理位置。亚氏在"前论"结束前，抛出了一个"桃花源式"的构想。如果放在地望的框架下看，这倒像个没有毗邻的世外桃源，万事自给自足，不必依赖外人。一个没有邻邦的国家会是怎样的？人们最容易想到的大概是它不必顾虑外敌的侵略。早期的克里特岛就有这优势；后来南下的希腊人渡海登陆后，那优势也没有了。时至近代，这类情况早已绝迹。

反过来说，一个国家与强邻为伍，安全常受威胁，那它怎样组织自己，得看邻人的行为表现了。如果你是个和平主义者，向他们大声疾呼，要他们解除武装，那没有用。每个国家都因应自己的环境因素来定策。国策的道德准绳，要看国家的配备。使人人不受危害，也不会威胁邻人，当然理想。谁不明白这个道理？问题是：在强敌环伺的条件下，你怎样设计美好生活或美好城邦？

可见所处的环境——地望问题，也是个配备问题。谋国者不能不面对国家诸议题。在今天，这可能来得更棘手，因为地缘政治愈形重要，也因为资源竞争愈加激烈。政治家往往要面对难题，正因为所处地域欠佳。比如说，国家的土地主要是沙地，你的生计，甚至整个存在，一定会受到影响。不少居住在这样的条件下的人，例如中东人，会活得困难。假如你脚下发现了油矿，那情况当然很不一样了。这些都是自然赋予的因素。

住在沙漠中的人，也许会坐在房子里，"幻想"着自己脚下是绿洲，可灌溉，能种植各样食物。或者希望是那样。甚至会祈求上苍赐予农地。实际地说，你会做什么？假定认为，自然环境如此，做什么也徒然，反正命定为沙所困，你得接受，那么人是无能为力的。不少人有这个想法，不足为奇。就说是"接受命运"吧。可是，人住在沙地上，也许该"发掘""钻井"：谁知道地下有什么？有可能你被动地"接受命运"，成了你一生最大的错误。努力探索，称之为"克服命运"，也无不可。

※　　　　　　　※　　　　　　　※

物资供应要便利，城邦就需要有良好的水陆交通设施。城邦有海路来往，与外界交流才能畅通无阻。这是否表示它要临海？临海，有利吗？有害吗？议题不少。城邦临海，你会有个航海的民族。他们出入，与外界交往，会产生一定的后果。不独古代为然，现代也莫不然。任何在海港城市住过的人，都多少明白靠海城邦的特性：你自己的，你带出去；其他人的，你带回来。外界的"感染"，无可避免。因此，不少国家，有见技术一日千里，电子资讯无远弗届，纵使不靠海，仍然想办法"孤立"起来，正是为了避免"往来"的影响。就是今天，还有不少国家认为，这"往来"会构成威胁，宁可重门深锁，大力"检疫"，以免外界"流毒"污染社会。

我们在现代社会看到的，他们在古代社会早经历过了。在《法律篇》中，柏氏就主张城邦应是内陆国，起码与海港有相当距离。他的论点出自他对雅典的省察。雅典临海，对外交通频繁。很自然，因为贸易，雅典城有很多外邦人。外邦人带来了外来的文化、风习、法律；久而久之，腐蚀了雅典人对自己传统与政府的尊敬，也渐渐影响了他们本来的生活方式。还有，对不喜爱民主政体的人来说，有另一层忧虑。因为，海上贸易需要商船队，更需要保护船队的海军。有分量的海军，舰只不能少，那就需要很多橹夫。橹夫，多来自奴隶和下层的人；征战归来，都成了公民，有权参政，那就很容易使政体向（穷人主导的）民主制倾斜。如果是内陆国的话，军人就多属骑兵和步兵；那就很不一样。

亚氏不见得没有类似的顾虑，可他有另一种视界。他有个"全盘战略"的构想。城邦的陆路运输，很重要：谷物、木材等物资，必须安全有效地送到粮仓和库房。它的海路交通，同样重要：商品与军队的运输，需要安全的海上航线；何况，遇到战事，城邦可以海陆两路出击；盟邦的军队也可以两路驰援。内陆国，没有这个优势。至于与外人通商，可以制定法律，调节外人入境；也可以用"调控"的办法，使交易无损国民。

至于划船的，可以使耕夫担任。甲板上的水手、司令员和战士，使公民担任，那就能取得平衡。城邦的目的，在于公民有美好的生活，不在于建立帝国称霸，那么你也不需要庞大的船队，众多的橹夫。但亚氏明白，你要自足，要有充裕的供应，就必须能出口自己的剩余物资，来换取你所缺乏的货品。没有良好的海港，这很难办到。现在的术语叫"对外贸易"，而对外贸易，自有其目的："第其所以懋迁交易者，实为己国之享用起见，而非以他国之贸利耳。"（双吴本，卷七第六章。）故知外贸在图己之利；合理的外贸，在利己而不损人。老百姓吃不饱穿不暖，还得勒紧肚皮送出物资的，亚氏会认为是愚不可及了。

当然，城邦会受到引诱：为充盈国库，追求富贵而非自足，你会使城邦成为国贸中心，货物集散地，向所有交易商品打税。这是超过了理想城邦的限度了。从亚氏的逻辑推论，任何滥用或过分都有可能发生，但那不是拒绝海港的理由。事物本身没有好坏，我们对人的行为——人使用事物的方式——才会下褒贬。人按一己的主意来使用事物，使用事物所产生的后果是利是害，视乎主意是什么。人可以有不良的主意，例如利用海上交通来掠夺，发展海盗船队欺凌邻近国家，等等。罪魁是人的主意，不是海。如果人利用海，是要谋求城邦的独立和自足，大概没有人会反对。看看古往今来临海城邦的历史，可以见到，他们用不同的法律，带出了不一样的后果。临海的人利用海互通贸易，分属自然；纵使同是贸易，也会因相异的目的，而产生相异的结果。民主制的雅典与富权制的威尼斯，就是最好的例子。

※　　　　　　　　※　　　　　　　　※

　　人与地在"量"上的考量和局限、条件，都已经接触过了。现在亚氏转向谈"质"的比较。首先说的，是欧罗巴人。他指的，是希腊半岛以北的欧洲人。他们的居住地比较寒冷，土壤也不是特别肥沃，从来就要与自然环境"搏斗"，养成了勤奋、精神抖擞、热爱自由的秉性。欧洲人缺乏的，是睿智与细致的技巧，也不懂得建立政治组织。那是说他们没有城邦或政体。

　　拿来对比的，是他说的亚细亚人。那当是指小亚细亚地区，尤其是波斯一带的住民。那里物产比较丰富，人可以不必付出太多劳力就获得温饱。就地理上说，该地区比较炎热，人的生活较散漫，较缺乏冲劲；但做事细心，也有智慧。人人称在上的为"主子"，没有欲望追求自由。（这是欧洲人多时的"偏见"：炎热的气候往往摧毁人的独立精神。）亚氏并没有提到气候，只是他相反的描述，很容易使读者产生那个印象。

（我们很容易联想到，18世纪初，孟德斯鸠的经典《论法的精神》。[严复最初的译本名《法意》。《论法的精神》是新译，编进"汉译世界学术名著"丛书中。]该书第十四卷中论到北欧与南欧的区别，也就是冷热地区之差，有近似的描写。同样是谈到地区对人的禀性的影响，同样认为北人较南人爱自由。站在今天回望历史，他们未必都对，但总有参考价值。）

至于统治方式，亚氏说欧洲人较"强悍"，较自主，不愿受约束，所以也没有能力管治邻邦。亚洲人较"柔弱"，往往沦于暴君统治之下。而希腊人则居两者之中，因而塑造出了两类之间的"中庸类型"，集合了两大类型的优点：既有细致也有朝气，既要自由也要秩序。所以他认为，希腊的城邦统治，是最优秀的。这是他的"种族中心观"吗？亚氏是个"民族自大狂"？希腊人是"最优秀人种"？莫非他在胡言乱语？让我们看看他接着说了什么。他接着说，希腊人也有多种类型的：有些较近"北人"，有些较像"南人"，也有中庸型的。就这件事看，亚氏似乎偏重"中庸与北人"。从这一章后面的文字来看，很明显他强调精神气概，自由的追求，合理的权力与友谊，认为那是好国度不可或缺的要素。他在这里说了一句话，各译本似乎都"失其神韵"。亚氏的意思是：若希腊人能团结一致，他们真可统治世界了！大家都在揣测，他是指一百多个城邦结成一个联盟？他是指全部城邦集中在雅典旗下？他要征服全球？看来都不是。城邦，已经是政治的最高形式，我们在前三卷早已详论了。他的原意该是，若希腊城邦不互相"内斗"，以它们的能力和政治艺术，当胜过世上任何国家。纵使如此，那也只不过是一句"豪言壮语"，并非什么具有野心的方案。

固然，美好的生活，就概念上说，与亚氏认识的希腊价值和制度，密不可分。如果有人能达到该境界，当首先数希腊人。但是否可以因此就说他是个"种族主义者"？希腊人优秀，是因为种裔遗传，而不是因为地理、历史、人的创意等影响？若然，什么环境因素、条件等，都不必讨论，因为起决定作用的，是生物遗传，不是客观情况。这个观点，也不见得有很大的说服力。

※　　　　　　　　※　　　　　　　　※

美好城邦，需要有各样的配备。上面阐述的，是物料的条件——人和地，也比较接近"自然赋予"的。下面谈到的，是功能的条件——设施和安排，也比较接近"人为组织"了。组织，也是制度上的安排。亚氏告诉读者，美好的国度，至少要满足六项需求：粮食、工艺（译者都用"技术"一词，不恰当）、财富、国防、宗教、政事。也许这不是个全面的清单；可以相信，把其他细致的项目添进去，他不会反对，但就目前的考量，不一定属于必要。对应的六类人士，当为农夫、百工、商人、军士、教士（僧侣阶层，主要是祭司）、职司（直接参与立法和讼案的治人者）。

正因为到了这个地方，他要解释配备的重要，于是必要条件与充分条件的差异，又给重新提了出来。在卷三论公民的地位时，我们知道，公民只是城邦居民的少数：具有公民资格的，可任职司（荣誉），是治于人者也是治人者，所以奴隶工商，都不是公民。他们是组成城邦的部分，是任何城邦都需要的，但不"属于"城邦。如是，刚列出的六类中，前三类农工商，都不是公民，都不属于城邦，尽管他们的人数占多。

我们看到的解说（卷七，第八章），大约是这样的。美好的国度追求的，是公民享有美好的生活。亚氏当然明白，实际上不是每个公民都有这份福乐，道理上却应该是那样。要享有那样的生活，得拥有一定的条件；而公民追求的目的，当与城邦的目的相

509

一致。所以说公民是属于城邦的。那条件是什么？身为公民，因为轮番为治，你有机会成为治人者；所以，你要有知识。要有知识，你要有闲暇去求知，去思考，去为他人服务。因此，你必须有一定的财富，不必为口奔波、营营役役。农夫百工商人，都没有如此条件，他们的生活，与城邦追求的并不一致；但他们所提供的，又是城邦必须具备的。逻辑上说，那是达到某种目的的工具，但本身不是目的。

这里的比喻是盖房子。盖房的目的，是给人居住。那么盖房的工具——包括建屋的工人，只是盖房所必需的手段；一旦房子盖成，工具的任务就完成了。拥有房子的才是主人，才与房子的目的相一致。工具——无论是生物还是死物，皆不与焉。主（目的）与仆（工具）不能成为一个整体。

国家，是个政治团体，为什么主仆不能"合而为一"，使所有人都成为团体的成员？亚氏会这样回答：首先，任何整体的成员当有共同一致的目标。工具的目标（功能）是为目的服务的，而目的不同于工具，因为它的地位较高。那么，目的与工具（手段）并没有共同一致的追求。其次，任何团体——也许特别是政治团体，如果全体成员都有共同目标，那他们必须是平等的。可是目的和手段，不是平等的。目的论者的推理，使亚氏得出这样的答案。

可这答案，是基于某前提的。前提是：国家的目的——公民的美好生活，是那样崇高，因此不是人人能企及的，不是人人配享用的。那些无法追求该目的的诸人，只合当工具。要反驳这答案，我们就要同时反驳上述两项工具假说。我们可以有下面的论点。我们相信，每一个人有他独立的人格尊严，有自己的目的，而不是别人目的的工具。兼且，人有自己的目的与追求，那在人格上是平等的，没有人是别人的工具；而政治社会，正要维护每个人那样追求的权利。那么对每个人的权利来说，既然都是平等的——不论他追求什么目的，也不论他的种族、信仰、贫富、性别，等等，政治社会的目的，对所有人也是一样的。起码这是我们现代人的想法。

现代社会有不同的结论，因为我们的前提不一样。值得思考的问题是：按着亚氏的前提，我们能推出一个（逻辑上）比他更有力的论说吗？

　　　　　　※　　　　　　　　　　※　　　　　　　　　　※

社会结构分成六大类，那分工呢？是每个公民身兼六职，还是人人天赋不同，各有所适，所以只做一事？柏氏主后者：鞋匠与铁匠，属不同工种，有人宜制鞋，有人合打铁，只要每个人安于其所，做好自己岗位上的工作，就很好了。亚氏的看法不同。城邦是个组合，由不同"组别"的人组成。从分工角度看，有些人当农牧者，有些人是行旅商贾，有些人执干戈，等等。公民该有怎样的功能，得视乎国家的目的是什么。像斯巴达以征战为能事，所以他们全民皆兵，儿童自幼受军事训练。国家的目的是美好的生活，在"化民成德"，那公民要做的，当然是追求德性与福乐了。

追求德性与福乐，得有一定条件才行。比如说，你要有一定的智慧，或者简单点说，叫"文化素养"吧；素养，来自教导和学习，教和学，都要有闲暇。工匠无暇进德修业，商贩牟利四出营运，这是柏氏在《法律篇》中早说过的；亚氏看法相近，认为他们都没有足够的余暇，去追求那样的生活。他在这里再次提及，可见他的认真。既然他们的日常生活和城邦追求的目的不一致，那他们不能做公民成员，就是合理的。后人责亚氏歧视市廛工商人口，正是基于此。

农牧人口，相比于工商，稍胜一筹。纵使如此，农耕的终日

511

执犁，畜牧的只与牲畜相对，两者皆无智无能，难以行公民之职责。"盖以德行发展，政治职分之实践，均非有豫暇之光阴不可；一旦厕身于田畴，则难获此豫暇矣。"（双吴本，卷七第九章。）亚氏在这里说的，与他在卷一形容的，并无冲突。前面说的一家之主，追求自足，有自己的田地，也务农。他懂农务，但不必自己力田，能教导奴仆耕作足矣。准确点说，他是个农庄主人，家族领袖，不是这里说的农夫。

（罗马帝国时期，有很多拥有田地的庄主。到了中世纪，形成了欧洲的"庄主贵族"传统。"贵族"不是指皇室血统，而是一个"士绅"阶层。各诸侯大公国像领主，管治大片土地，里面有不少庄主。他们平时务农，战时提剑上马，率领家丁报效领主。到了 18 世纪，仍保留了英国人所说的 gentleman-farmer 的称号。与我国古代的"乡绅"有点相似。当然，到了近代，我们的"乡绅"已失去了高贵的原义了。）

余下的三类，是武备、政事、宗教。政事，指制定法律和仲裁案件，那是公民的定义（见卷三）。他没有提法律执行。不过，按他选拔行政官员的办法，推理可知，只有公民才能胜任，并且是公民中的贤能辈。就美好城邦的设计来看，三项职能当怎样划分？亚氏用了很自然的观点，先考虑政治与军事。

把军事决策交到一个武人阶级？当时希腊诸城邦有此趋势，因为"军队专业化"的要求开始崭露头角；若然，是否会导致军人跋扈，以致推翻政体？还是说，管治国家的人同时是保护它的人？何况，在那个时代，手执武器的人，很多时候也执掌国家的命运？亚氏采用一箭双雕的办法，调和了两个考虑，让军人专权不致出现，同时使军人能参政。他指出，从军与从政，需要两种不同的特质：从军者要年轻，从政者当年长。道理简单：战士要有昂扬的斗志和充沛的体力，政治家要能持重、有经验和累积的智慧。若同一批人在年轻时从军，年长后从政，他们就不会对立，成为不同"利益集团"，相互角力。这个想法，柏氏早有。区别在于，柏氏的军人中，绝少能做治人者；亚氏的全都可以。

宗教事务，在古代希腊传统中，是国家处理的。祭祀，必须由公民执行。亚氏觉得，最恰当的安排，是让从政的退休后来主持。青年、中年、老年，各得其所。每个公民，都有机会奉献自己，服务国家，享有同等权利。（日后罗马的元老院，仿照这类做法，规定当元老的资格，是要有多少年从军经历，又有多少年地区行政经验，才可当上。）读者同时可以看到，在全面考虑中，宗教安排，在城邦活动中占的分量甚少。这是本书"前言"起首的地方，说希腊哲学有"俗世心怀"的原意。这与中世纪的政治哲学作品很不一样。

还有一点，公民都是"有产阶级"——先不考虑人数多少。如果只有他们才享有福乐，只有他们才属于城邦，那整体的财富，是属于他们的。那是他们的权利。这是说，只有公民才有产权。

综观这一章，以现代人的眼光看，问题不少。原则上说，人要有闲才能求智进德，才能服务他人，话是不错的。但"有闲"阶级，是被人"小看"的：特别是现代社会结构不同了，工作伦理成了一般社会的道德要求。如果无暇修德，就不得做公民，那多数人都不成公民了。这和今天生而有公民权利的情况，不能相提并论。苏氏诸人讨论公义，柏氏构想理想国的原生场所，是个庄园：庄主，不是雅典人。亚氏本人不是雅典公民，他办的学园，是别人租回来的。在全球互通有无、货畅其流的今天，他的设计不可行。外人与非公民皆不能置业，没有产权（当然是一般的），国际贸易不通，市场无法推广，世人如何互通有无？若财产与闲暇是必要条件，那么从社会经济角度来说，人多地广者，理想国度实无法推行。那是否是说，我们今天就不可能追求美好的国度？

在配备这个大题目下，另一项必需的条件，就是财富与土地。希腊城邦的财富追求，因政体性质而异。例如，富权政体和民主政体，要求不一样，要之在满足城邦的需求。亚氏认为，部分城邦土地应公有；该土地上的作物收益，归国库；而国库之公帑，用于支持公众设施的开支。例子有两个。一是公餐制。（又称共餐制，或公共食堂制。原文是 *sussitia*，出自 *sitos*，指公谷，引申作公仓，即谷仓公开招呼大众。）运作简单，任何公民都可到食堂进膳。在平时使人民促进感情，更团结一致，像军人训练的团队精神（今天多叫 *esprit de corps*）。

这设施，可见于斯巴达、克里特、迦太基等地，也就是他在卷二中称作"管治优良"的国度。他不采纳斯巴达的制度，因为那里的餐费是公民按比例自付的；他要的是克里特的形式，因为那是国家全部供应的；虽然，斯巴达的做法，本来就是模仿克里特人的措施。亚氏不曾解释为什么他建议他的理想城邦用公餐制，只说稍后会告诉读者。（到完卷也没有再谈及。）可以推想，是那"同胞凝聚力"，公民间的团结精神，对他具有吸引力。

另一个用国家财政支持的公众活动，是城邦的宗教仪式。公开的祭祀，宗教节日的巡游等项目，都属于这个范围。两个都是全民的。虽然亚氏没有特别说明，何以在美好国度中要如此安排，但他表达了一种"说法"。他认为，在不同民族的漫长历史演进上，诸多典章制度，皆应需要而生。从远古以来，不同民族会因相似的需要而创设相似的制度。后世往往守着先人创下的措施，形成一种传统。他说最古老的埃及就是这样。后人要做的，是探求前贤各端发明，有必要时稍事增删弥补足矣。

这固然是比较保守与稳健的做法。好像说，行之有时，照行可也；成效如何，反而次要。每个社会的文物措施，都是自己想出来的，后世沿用。不同地方有相同的制度，是因为各自有相同的需求，倒未必源于相互"抄袭"。近世人类学者有主"扩散论"的，主张一地的创始与发明，传播影响到另一地，然后流布开去。有时因为年代太久，后人连源头何在也不得而知了。看来两说都合理。亚氏的时代，各民族通商交流是有，影响则可能夸大了。希腊城邦，何曾影响四周？波斯埃及，何曾影响希腊？

可以见到，在这个理想设计中，部分土地与财富是公有的。不过，主要的财产与田地，在私人（公民）手上。我们在上一节知道，公民要有美好的生活，需一定的配备，也就是物质条件；缺乏了，闲暇也就无从谈起。（要记得，这是理想制度的构想。实际情况是，商人、外人，在雅典和它的盟邦内，是有财产权的。）我们也见到，柏氏《理想国》中的统治阶级，是没有财产的；而亚氏反对。一般来说，他不认为，世上诸多冲突皆由私产而起；更重要成因，在人性的败坏，而人性败坏，得用教育补救。

同理，早在卷二的论述中，他已反对法里亚斯的主张，认为国政之病在财富，故要全民平分土地。但亚氏说，仅仅平分土地还不够，你要在奴隶人数、金钱、牲口等物资上也平分，又要限制人口，至于每人该有多少，却是未定数。亚氏觉得，人有冲突，不光由占有欲而起；人要财富，也要权力。原则上说，要消解、调和人欲，该从教育入手。

前后对照，可以察觉，亚氏的理论很一致。他反对激进的改革主张，往往批评别人的理想设计。他倾向保守，不信任简单的答案。说是持重也可以。社会的经济结构，与政治动荡会有关系，倒不见得是唯一成因。人民的态度、取向、行为，颇为复杂，不能拿"经济"来解释一切。亚氏承认财富平等可解决部分困难，尽管不多；可他并不推荐这类政策。他支持公餐而不是公民各自按情况掏腰包的共餐制，可以推断，他知道在城邦中，公民财富不等，会有公民是付款有困难的。换言之，纵然在理想国度中，仍然有"不富裕"的人。那么他反对平均主义，可能正因那样的制度太极端。（这想法，到19世纪，大受抨击。）

其他土地，私人拥有。他的分配办法，有点像柏氏在《法律篇》中的设计。每个公民占地两块，一在城中，一在郊外或边境地带。那样，会较平等，否则城中土地价值较高，少数人拥有少量的城中土地，足以左右全局。这也不是唯一理由。亚氏吸收了雅典—斯巴达之战的教训。当时城中公民与边境公民不和，因为城中的，不必直接面对敌人的侵扰。说是不同的利益考虑也可以。居边界的，临敌概率高，有事时，主战主和，看自己利益。那城邦就不齐心了。亚氏显然考虑到这点，才定下一市一郊的安排，务令人人利益估量相近。

在当时，小国寡民，也许可行。中世纪时，不少农村的土地分配，是村民按户分地，每户两块，一沃一瘠，但维持不了多久。就实际说，他的想法，在今天是不可行了。

最后谈到的，是土地该让谁来耕作。按他在卷二的立论，当然是农奴了。可在全章结束时，亚氏却提出了当如何雇用他们的问题——也就是说，他们是有待遇的；假如农奴服务表现好，有功劳，当予以自由为酬报。这两点，他说在后面解释。（这说法也是落空的：到完书没有一词解释。）这是个很奇特的说法，因为这反映了农奴不是无偿劳动的，也许有些农奴工作有年后，能够"赎身"，变成自由人，全凭储蓄成功。但从没听到说，农奴因为表现好，主人就给予自由的。那为什么突然在这里冒出这个问题？全书只有这个地方可见，为什么？

反复思量一下。亚氏赞成设立海港，认为有助于防务。在城邦六大基本组成部分中，公民担任的，是军事、政治、宗教，以军事先行，因为体力上的考虑。分田两块，其中一块在边界，这也是种"殖边政策"，背后固然是防卫。接着在下一章，他又重提城邦设计，包括敌我双方的可能行动。可见他无时不以国防为念。国防，需要有体力的军人。柏氏的《理想国》，原先设想中的护国卫士人数很少。到了后来的《法律篇》，人数大幅增加。这是否有影响，不得而知。

如果说他老师的理论是纸上谈兵，那实际的教训亚氏一定知道。在刚提到的雅典—斯巴达之战中，斯巴达和盟友是陆军占优势，雅典与联盟各地是海军占优势。到了后期，雅典人的海外友邦支援不济，陆军又不及对方，就失去了均势，终于败北。这个教训，他必定清楚。推想如果陆军兵员补给充裕，边防坚固，边地有足够军力保护，城邦会安全得多。

假定这推想不无道理，亚氏的想法，在哲学上却出了问题。奴隶制的理论解释是，有些人成为奴隶，是自然而然的；他们和主人不一样，只合做家奴或农奴，干粗活。以他们的智力，不适合当公民，但可以听从主人的理性使唤。这些我们在论奴隶制度时都详说了。可现在说，表现佳则酬以自由。理论上，人人知终能获自由，则人人尽力表现，是意料中事。

假如人都是有一天能得自由的——不论是赎身还是主人释放，那他能享有自由的潜质，从来都在。就人的本质来说，他得自由的前一天或后一天，是同一人，本质无别；如果他获得自由前一天，本质上是该为奴的，那后一天亦然。使主人能今天让我获释，他也能昨天行之。理论上说，如果奴隶与自由人是自然生成的，主奴地位才有自然的根据。若地位能人为改变，自然的论据就难以成立。

难以想象前后不一致的问题，是亚氏没有想到，或者他忘掉了在卷二的长篇论述。至于他在后面再没有谈到，却是现存各版共有的事实。何以如此？有说法是兵源考虑，但我们也只能猜测。

　　　　　　※　　　　　　　　　※　　　　　　　　　※

　　除了地望、组成等，现在要审视的，是城邦本身的建筑结构。亚氏一开始就提到风向的考虑：理想城邦，向风背风，对国民健康有影响。固然是用希腊半岛处于地中海北岸做坐标的。其次就是水源。河水与泉水供应，需要充足。但他不依赖这个，而建议用蓄水池。（当时已有铺设的输水管。雅典的可怕经验是，战时河水和水管被敌人截断；若天不下雨，后果堪虞。）遇有战事，敌人围城，可靠水池支撑。他特别留意水源和贮备，知道供水有困难时，要把饮用水与其他用水分开处理。

　　风与水，都是自然环境的产物。人因应自然条件建立城邦，是人为与自然的配合。在今天，凭借科学和技术，人解决了好些问题；在当时，却是必需的。（当然，亚氏不是第一个这样说的。在他以前已有《空气、水域和地方》[*Airs, Waters, Places*]一书，相传是希波克拉底学派的作品。亚氏受它影响，十分自然。）

　　亚氏欣赏希波丹姆（早于亚氏的城市设计师）的建筑设计，觉得卫城（Acropolis，今天叫 citadel）并非必需，都城布置则应整齐美观。希波丹姆的城邦，多属矩形。为了同时考虑国防需要，各建筑物（包括房舍、公共楼宇、各类石像、庙宇、仓库等在内）的安排，要起到使城邦有易守难攻的功效；敌军就是进入市区，也不易前进。所以他把两种用途合并起来，设计了一种"梅花形排列"，[1] 便己不便人，国防意识跃然纸上。（街道的排列，仿照葡萄园的种植斜地，像骰子上的五点。也有叫作"葡萄园排列"或"丛地"的。因为葡萄的畦垄是斜向的，又叫"斜畦密垄"[双吴

_____

[1] 罗马人后来采用了，叫 quincunx，就像ᗷᗷᗷᗷ这样横错的矩阵，使敌人容易迷路。

本语]。) 他知道城市美观和安全考虑不能完全兼顾；但两者也得同时考虑。

上古时代，所谓城邦，实为城寨：城四周围上木栅篱笆而已，没有城郭。亚氏认为城邦该有城墙围绕，该有重门高墙。这明显是冲着柏氏说话。柏氏认为，理想国度是不需要城墙的：那是斯巴达的模式。斯巴达人认为，保卫城邦安全的，是公民的勇毅，不是铜墙铁壁，故斯巴达没有城墙。同样，柏氏在《法律篇》中也说，公民会失掉勇武气概，变得怯懦，因为依赖了城墙作为保护。亚氏不同意，认为那是"迂腐之见"。因没有城墙而招灭亡者有之。使敌我相若，而我赖城墙而不敢战，是我无勇也；使敌强我数倍，则无垣墙雉堞之御，徒招屈辱。他还说，敌众我寡，你不能只靠一两个英雄人物，所谓"一木难支大厦"。且就战术考虑："时至今日，攻城之具日多；而命中及远之弓弩矢石，又日精一日；是则城郭之于战守，尤可见为切要也。"（双吴本，卷七第十一章。) 何况，有城墙，进可攻退可守，主动权在我；无城墙，除死守外别无他途。我们不当说，房子都不用墙壁，免得房内住客变为懦夫。

城垣，要建得宏伟壮观又能御敌。亚氏的结论是，对于那些固若金汤的城池，敌方将领往往会退避三舍（颜本语）。言之成理。在今天，城堡已非必需品；在当时，亚氏的观点还是个有新意的论点。

　　　※　　　　　　　　※　　　　　　　　※

城垣用以防御，那城垣四周沿线，得设碉楼哨岗，使军士驻守。因主公餐制，亚氏认为卫所内应设公共食堂。大概是为了培养军民一心的士气。

庙宇，当立在城中不同的山岗上。站在该地，可俯瞰四邻；百姓也有仰之弥高的感觉。祭祀典礼，供奉诸神，可使人民有同一虔敬心。各庙宇下，该设食堂，使政务首长或主祭人员可进餐其中。在山脚下要有大的广场（*agora*，有点像现代的 public square 或 plaza，但这个词也指市场，或市集，也是今天用的 market），除例外情况，只供公民消闲休憩，或讨论政事，所以当是个美轮美奂之地，流水树影穿插其中。旁置体育场，使长者前往舒展筋骨。这类体育场，当另设给年轻人使用的；他们多从军，常要锻炼体格。

另一类市集，该设在海陆交通通道的交会点。那是工商买卖场所，需要货品转运便捷，也牵涉到贸易上各种事务，比如订定契约，比如解决生意上的争执等。因而行政官署设在旁边，方便处理各类事宜。不是集市的日子，这就是个给非公民人士游息的地方，也有给他们设的食堂。

两类广场，各司其职。城外郊野，同样要有给行政人员使用的地方和食堂，也要有给军人放哨的卫所。因人烟稀薄，除耕地外，遍植葡萄、橄榄、玉米等。也要有祠庙，供奉不同的神祇与城邦的英雄。

我们反省一下这简短的一章，可察看到什么？他把两类广场分开，看来不是公民广场的地点不能改动，而是他不希望广场上有买卖行为。公民要从军当政、进德修业，而工商行为，分属"庸俗"，对德性并无助益，只会"污染人心"。将两种活动隔离，可使其各安其位。市集中人，百工居多；百工，是"下人"。在卷二，亚氏论家中仆婢，谈到小孩和奴婢时，也觉得如非必要两者最好少接触，同样因为小孩要看到最美丽的、听到最好的，长大后才会成君子。

其次，全书上下，亚氏很少谈及宗教。本章（和下卷）是例外。纵使如此，他只说庙宇和祭祀，没有说神祇，甚至连一个名词也没有提及。而庙宇和祭祀，是仪式；要公民能修德，能培养虔敬心，仪式是必要的。可那是把祭祀看成公众行为，看成公民政治活动中的一环。苏氏被判刑，一条罪名是他不敬雅典城的宗教。宗教，是在国家（城邦）之下的。这与现代人主政教分离，主信仰属个人，与公众无关，很不一样。

※　　　　　　※　　　　　　※

理想的国度，要有条件的配合，目的是追求福乐，或者说美好的、成德的生活。那首先，要定下这个目的，然后要知道，该用何种手段达致目的。两者需并行，缺一不可。亚氏以大夫治病为例。大夫断症，要先定下他医治的是什么病，然后开疗方，对症下药。他可能定错目标（断错症），手段也错了（开错药）；也可能诊断正确，但用错疗方。亚氏是说，两者不可偏废。

病人体质好的，药不必太重；体质弱的，对药的依赖就大了。在配备一事上亦然：本身禀赋好的，对"外在诸善"需求较轻；禀赋差的，就不能不多仰仗外界条件了。而禀赋，是自然生成的，好与不好，得看"命运"。所以要有美好国度，就要定下什么是最佳政体，明白需要怎样的人，才可相互配合达到最理想的状态。

人人正直善良，固然很好，但不少人总有误解，以为君子当安贫乐道，食毋求饱、居毋求安；人人乐天知命，一切可逆来顺受。亚氏显然不同意这看法，认为那不是美好的生活。就是成德的生活，也需具备一定的物质基础，否则公民不可能有闲暇、有财产，能进德修业。我们在前面讨论过，明白贫困的社会不会发展出亚氏心中的美好国度。只因义人君子也需要外在诸善，使不

521

少人误解，以为外界物质条件的配备，是导致美好生活的成因，就像听到竖琴乐韵悠扬，因有美好弦索，而忘了奏者的修为。这是本末倒置的一例。

禀赋，是自然的；城邦如是，个人如是。你的国家位处寒带热带，并不是你能改变的，所以说那是"运气"范围内的事。配备，特别是物质上的——比如人通过改良农具来提升效率，改善生活，是人为的。我们越来越看到，人为的努力，在配合自然的条件，充实、增强自然的条件。我们接着见到的，是他说城邦有何禀赋，要看我们的命运；但城邦是否理想，是否是美好的国度，却与命运无关，那是人的知识与意志行使的范围，更是有为政治家（立法者）发挥之地了。城邦要美好，城邦的公民得是义人；早在卷三谈论过，在理想国度中，好公民与义人是合二为一的；义人，是成德的君子。所以说美好的国度，是要"化民成德"。人民要怎样才可以成德，要有怎样的训练，才能配合美好的城邦，就是现在要好好思量的问题。

成德出于三端：禀赋、习惯、理性。这点他在《伦理学》中早详论过。禀赋自然生成，人的作为有限；亚氏只建议理想城邦该用像希腊人的做公民，又尝试调配婚姻，改善后代。习惯与脾性的养成，理性的获致，就是后天的，人为能成事的范围了。天性（本能）凡动物皆有，动物多随本能而活动；人懂得养成习惯，是迁善是从恶，往往因外界熏染而来。如何选择，得看理性，而理性，万物中只有人才具备，因为人是唯一有灵性的动物。理性，正是"人之有异于禽兽者"。天性、习惯、理性若能和衷共济当然最好，不然，理性的声音，该高于其他两项。怎样可以有那崇高的理性，就要看政治家如何制定教育政策，从小训练公民养成良好习惯，迈向成德之途。可知品性之成，"可赖教育之功，使之潜移默化"（双吴本语）。

从这里开始，教育就成了国家所能给予人民的最佳配备，而教育，也是以后整个设计的主线。

※　　　　　　　　※　　　　　　　　※

到了这里，长篇的中论结束。中论的主题是配备（条件、情况、环境），那是因着讨论美好城邦而说的。可以说，卷七强调的，是条件。条件有先天有后天；先天是自然的，很多时候不受人控制，我们只能接受；另一方面，我们该问：在人可控制的范围下，人能做什么？能做多少？带出的，仍然是 *physis* 与 *nomos*，自然与习俗的问题。马氏曾表示，在他以前，人不见得能做什么，人为成事好像是个模糊的印象。这不很对，亚氏就明白，不少条件是人能驾驭的。我们怎能控制各类情况，如果我们没有先想清楚，什么才是美好的、"善"的？不面对"人发挥力量是为了追求什么目的？"这个问题，我们不会明白要控制什么客观环境，或怎样控制它。控制条件是为了什么美善目的？没有这一层反省，政治科学始终有缺失。也许整个社会科学也一样。

条件与美善，应合在一起看。整体的美善，是城邦追求理想国度；个体的美善，是个人追求成德生活。我们在前面见到，亚氏认为能助人行事的，是"躯体诸善"或"灵魂（灵性）诸善"；就灵性来说，诸善，也有外在的和内在的。外在的，严格来说，只有两回事：一是自然的（*automaton*，自动的，自发的，一如 automatic）；一是碰巧的（*tyche*，命运、运气、偶然，chance，fortune，也就是日后马氏强调的 *fortuna*）。自发的和碰巧的，也就是人难以控制的，属于外在条件。灵性的内在美善呢？那就属于人能操控的：那不是命运的，也不是自然的，那是磨炼、陶冶而来的。

523

从卷一开始，我们看到自然之道是怎样"导引""安排"着人的命运的；到了卷七，却是人是否能自主，人有多少能力可以控制自己命运的问题。固然，各种有利因素也得考虑，包括外在的、对身体的、对灵性的。"诸善"，有些是人可掌握的，有些是人不能掌握的。亚氏在一步一步带领读者反省这些问题。拿这个与近代政治哲学比较，可观察到什么？

近代政治理论，源出文艺复兴时期，可以马氏作品为代表。马氏的经典学说，也是论德性的（*Virtù*），内容和亚氏所说当然不同。他教人以独立自主为要，特别是统治者。后世译者多"避忌"，总觉得那学说太现实、太冷酷，都不愿意把 *virtù* 译成 *virtue*，因为看起来正相反。冷静地看，马氏认为他所奉劝世人的，是某种优异的发挥，有异于古代教诲，但也不失为"德性"。人要刚强站起来，把命运掌握在自己手中；为了自主生存，就要有勇气，必要时要能变通（狡猾），能撒谎（奸诈），能自保（摧毁敌人）。不只是表现在战场上，更要表现在对抗教权上，甚至是抗拒虔敬的教诲。马氏教人要克服命运（*Fortuna*）——不论是信仰上的安排（也叫命运），还是古代贤者强调的自然的安排（又是命运）。后世论者说他"邪恶"，那是站在宗教或伦理立场上说的。无论如何，他确是宣示了人的自我肯定。那也是德性。

因为，中世纪的欧洲，是个基督教世界。教会的教条是人人的守则，也就是生活上的外在条件。人受制于这些条件，视之为命运，觉得无可逃避。一个重要的问题是，人不断对这外在条件让步，那何来自由？这些条件束缚着人，限制了人的活动，自由当然困难。假如有人能告诉大家，怎样才能解除束缚，挣开条件的枷锁，他就大大促进了人的自由。因为我们是人，人活世上，有些东西是不能缺乏的，例如空气。人对空气的依赖，限制了人的活动。在这意义上，条件就是人的束缚。那么人要有完美的自由，是否就要控制一切的条件限制？

在同一意义上，马氏可以说是努力扩展人的自由。他称道博尔吉亚一类人物，表面上看是他在为暴政鼓掌，但那是浅薄的解读了。比较平情地理解马氏，他是在尝试挣脱"命运"（*fortuna*，fate，conditions）的局限，也就是"条件"对人的影响或限制：使外界环境受人控制，而不是人被条件（命运）牵着走。从马氏开始，一路下来，都能见到这个影子：近代政治哲学的用力，都在冲破藩篱，挣脱外界的限制，使人能更自由地活动。从斯宾诺莎到卢梭到康德，最后到黑格尔，都沿着同一方向，开展出对人性在自然条件下的新的理解，找寻人能自我释放的工具，不只是从命运中，直是要从"自然之道"中释放出来了。

回头看，亚氏的整个讨论，说政治生活的条件，不也在努力追求人的释放？人要追求最佳国度，要有美好的生活，人就要控制环境，要应付面临的条件。人需要一定的配备，配备，正是用来协助解决问题的，起码要减轻困难。控制人口，控制土地，控制各项分配，务求在既定情况下做到最好。随后他还要教导人，怎样"控制"人的品质（品格）；那叫作教育。人能在多大程度上有智慧有效能地处理政治生活上的条件或局限，就等于人在何等范围内的自我释放，也就是人争取到的最大的活动空间：自由。他承认人有局限，人不能克服所有不利的条件，所以人没有完美的自由。他不一定全对，但人不可能控制一切，却是事实。不承认这事实，只会把人导向困境。

就近代人的观察，可以说，亚氏的保留，在马克思的论述中不存在。马克思主义相信，达到某种情况后，人可以获得完美的自由，人界的枷锁全给解脱。这不是说人能战胜自然，所以不必耕作也能有粮食；这很明显。但马克思主义认定人能超越政治，能达到全面的解放。

（四）后论：教育概说与序曲

城邦的目的是"化民成德"。在理想国度中，好公民与义人（君子）合而为一。君子，是有德之士，也就是有品格的人。如果外在诸善很多时候要视乎运气、偶然的因素，那内在的德性，属于灵性（灵魂）之善，是磨炼陶冶而来的。简单地看，会得出怎样一幅图像？

会注意到灵性之善的人，是个能够自我成就的人。表面上看是这样的。灵性之善——人的德性，不由运气而来，是磨炼而来的，也就是受驾驭的。受谁驾驭？最直接的看法是，每个人自己驾驭；直到我们好好想一想。能自己磨炼，即能造就自我。我没有甲乙丙等德性，我需要它们，因此我就去栽培。那就像说，我是个缺德的人，我想成德。人这样就可以"成就自我"，彻底改变自己吗？不大合理。人的德性光靠自己就足可成就吗？

要添上什么？我不是个有德的人，但我知道德性的重要，明白它值得人去选择。因此，我要实践一切有必要的。这问题可大了。如果我是个"坏"人，有没有可能知道，诚实是我该选择的？知道什么是当行的，而我站在它的对立面，那我是个怎样的人？也许你可以说，"变坏"的理由你控制不了，"变好"的理由却可以驾驭。〔有点像前人的格言：行恶不得我，行善由得我。〕用现代的话说就是，使我堕落的理由和激活我意志的理由，不是同一物。

这类关于善恶的讨论，由来已久。在柏氏的作品中，常常出现。古代作者明白，这是个困难的命题。当我们说，内在诸善是能够不受"偶然"和"命运"操控，而是人能驾驭的，我们应好好论证。亚氏并没有详为解说，他只是提出来，像理所当然似的。

要说灵性之善并非偶发，也不是运气使然；同时说它也不

526

来自人自我造就的"神秘"力量，那有没有解决之道？有，那叫"教育"。它是人设计的，能改变人，使有潜质的人从"坏"人变成"好"人。这是可施于人身上的。直到今天，我们仍然认为，人的缺陷、人的无知、人在道德和智能上的败坏，都因教育不好而起。亚氏显然相信，人不必总依赖偶然的、靠运气的东西；人能通过教育来掌握自己的命运。卷八即是他的证言。他问：使人懂得主动改变的是什么？机遇是一个，运气也会是一个。但那不够，一定还有另外的。那不是今天我们说的"科学"，那是教育的科学，是把对人有利的知识——灵性上的、身体上的，转化为"技术"，教人受益的科学。

看看今天的情形，假使我们明白教育和政治生活（也是伦理生活）的关系，以及我们投入的精力与物力，我们当明白现代社会的问题。教育的科学——人怎样通过教化来成德，建立美好国度——如斯重要，而我们的政论殿堂，我们的最高学府，皆掉以轻心，将它忽略了。古代希腊的政治作品，结尾都是长篇论教育的；而今天的政治论述，都不谈教育。亚氏会说：那是自掘坟墓了。

那么亚氏本人的教育哲学，又是怎样的？

　　　　※　　　　　　　　　　※　　　　　　　　　　※

要了解亚氏的教育思想，我们得明白他的哲学背景，得看到古今异同，知道为什么今天的想法，是这么不一样。首先，在他的构思中，教育的基本目标是要公民"成德"，好做城邦有用的一员，来追求理想国度。教育，是政治的一部分。（在《伦理学》一开始时，他就说道德哲学也是广义的"政治学"中的一环。）这倒不是说，他要年轻人熟读本国史，认识当前政情，他日好参与投票活动；而是说，他希望年轻人能经过磨炼与陶冶，成就某种品格或气质；该气质，能配合城邦的要求，使城邦的政体完整而稳定。所以一个国家的教育，必须与政体相适应，也就是与国家选择的生活方式一致。政体的选择，也是生活方式的选择；我们一开始就解释过。

其次，理想国度中，公民都要面向某种有德性的生活。因此教育是政治的，也是道德的；它要训练公民的道德官能，使其成就恰当的气质。这是从上一点引申而来的。

近代教育的理念很不一样。亚氏的重点，不在个人而在城邦。他追求的目标，不在知识而在气质；他希望人能磨炼能发展的，不是理解力而是意志力。他的教育理念如此，所以采用的手段，与我们的就很不同。我们注重理解能力，所用的教育手段，多在智力训练：语文学习的细致规范，数学的抽象思考等，都是训练工具；亚氏注重公民意志，希望能不知不觉地塑造人的意志和品格，就用高贵的音乐、伟大的文学做他的素材。在他的教育方案中，艺术是个很重要的元素，并不是因为他要刻意栽培艺术品位，而是他要利用艺术来熏陶人的道德感。

做一个简单的综合。亚氏的教育理念，意在培养一个城邦的公民，使他明白自己是"属于"这个团体的，将来要负起公民的义务；意在使他产生那样的道德意识，与团体和谐一致；意在以艺术为手段来达到目的。那样的训练，是政治的，也是道德的、艺术的。说他和近代教育想法有歧异，固然是个"粗略"的说法。因为，就是在现代社会，任何认真的教育，也都要训练人在他所属社会群体中，能"尽其本分"。任何真正的教育，也都牵涉到人的品格。任何一门学科的应用，都需要养成认真的习惯；而思想训练，又往往可与道德训练并行。何况，一所出色的学校，总会在人的品格成长上留下烙印。

纵使如此，我们和他的侧重点并不相同。他要求个人调整自己、走进团体；要求受训时，念念以道德考虑为先；这类"心智上的灌输"，直接简单；而为产生直接的效果，以艺术做手段，又是古典希腊的特色。他要用很直接的办法，来达成一定的结果；我们的方式很间接，用说故事玩游戏等形式，或学校里师长同学的相互影响，等等来训练小孩的道德意识。家庭的作用，他在这里并没有怎样谈到，虽然在《伦理学》中，他很明白家庭的效用。近代宗教所生的各种教化——现代不少人认为对人的德性有助的，他在古代希腊宗教的牺牲和祭祀仪式中，却不见强调。

因此，我们可以说，他希望取得结果的方式是，尽量用直接的手段，通过公众（政府）部门来行事；而我们，就算是冀求同一结果，也只会用间接的办法，用私人（非政治的）形式。他觉得，德性需要被"创造"出来，既然那对国家如斯重要，便容不得"碰运气"的；我们认为，德性必须"成长"，而成长，并不能由国家强制而来：人人慧根不一，多少得看造化。

另外，教育是助人心智成长的；心智成长的最终目标，是要"成德"。迈向成德，（在上一章刚提过）有三端：禀赋、习惯和理性。禀赋是天性，那是先天的；教育起不了多大作用。习惯是后天培养的，各类美德诸如克己、慷慨等都是磨炼而来的，容易为教育塑形。年轻人，意愿诉求特别多，通常充满欲望、意志、生气等；那是人灵性中非理性层面的东西，属于感觉与情绪的范围，和理智与思考——人灵性中的理性层面——相对。（人的灵性［灵魂］分两层，亚氏在下一章会稍稍谈到；他在《伦理学》中有详论。）理性与思考（慎虑），当用以驾驭欲望；而年轻人充满欲望，理性与思考能力却未能全面开展，因此得受年长的、经验和理智都较丰富的人来约制，来训练。

古代希腊哲学家都主张，人的理性所占的位置，是高于人的欲望的，人非理性的一半，受制于理性的另一半。不然的话，人不可能是个"理性动物"，也没有资格自称"万物之灵"。（近代哲学家如霍氏，持相反意见，认为古人的想法是"一厢情愿"。）年轻人的心田，是可以耕耘的；他们感觉敏锐，对事物会有回应，不见得盲目反抗理性的教导。只要配合得宜，好习惯还是可以培养的；尽管日后心智成熟了，他们可以凭自己的理性做取舍。青年时期这正是教育的关键时刻，而教育的任务，在发掘出什么是最能在人心智上留下长久烙印的，使人从小培养习惯，陶冶出良好的品格，具有优异的公民气质。

行为习惯的模式，是通过不同的德性来表达的；年轻人未必十分理解勇敢、克己、慷慨大度等美德背后的理念，但要先训练自己养成那习惯。在这个阶段，他们未必能在理念上吸收，只需从他人的熏陶中磨炼，学习，模仿。是经验知识，这知识也得化作行为习惯，自然而然地表现出来。我们遵守规则，协助老婆婆过马路，对人有礼貌，向乞丐施舍，等等日常行为，如果养成习惯，那表达出来是自然的——你不会在心里自忖"我是否要这样做"，才去做的。否则就不是习惯了。如果每一次面对他人时，我都自问：是否要欺骗他？那我就不是个诚实的人了。（这类解说，在《伦理学》中有详述。）

人，随时日增长，到了一个地步，理性来得成熟了，就该进入另一个教育阶段。这个时候，教育不再向感觉、欲望等"作事"，也不再用培养道德习惯的模式。现在要从行为层面进到心智层面。教育现在向理性招手：人要开始运用理性思考，学习数学、哲学、逻辑等。通过这些，人就能慢慢明白习惯行为背后是什么。习惯，是别人训练我养成的，所以是"他律"的东西；理性，是经过成熟的心智过滤的，所以是"自律"的东西。没有自律，不足以言理性。

驾驭欲望的教育，像个铺路工程，达到终点，就是开展理性教育的时候了。亚氏认为，这个延续的步骤从没有断：人从孩提开始，就一直发展，直到步入中年，才是心智圆熟的阶段，才真是"人有异于禽兽"，才真正自我意识到理智的力量。（在《修辞学》一书中，亚氏列出少年、中年、老年三期，称道中年，认为最可取。这也像是"中庸"的选择。）人终于能掌握自己的生命，明白真正的自由；教育到此也竟其功。

教育塑造了某种品格，但理智还可以更上层楼。理智不只有实效层面，还有理论层面。理智不仅能使人自主地指导自己的行为，也可以领人到玄思境界，追求真理。在这境界，人不仅能明白行为背后的理念，更能找寻到心智愉悦的泉源。

这样，我们看到，美好城邦是发展而成的，成德的人也是一样。城邦要经历从家庭到村落等过程，人也有从自然禀赋到习惯养成等阶段。国家是成长而来的，人是造就而成的。造就人成德的过程，又像是自然生成的：自然之道，好像就如此这般地安排了人经历各阶段的教育来成长，而教育也不是武断的或随意的，因为它是顺应着人从小到大的不同能力，合乎自然地开展的。不过，教育本身，却是人为的，它属于人行事的范畴，不属于自然生成的东西；它是"外在于人"的，不是从人心坎里生出来的。

　　　　　　※　　　　　　　　　　※　　　　　　　　　　※

有了亚氏的思想背景，我们可以进一步介绍他的概说（两章）和序曲（又两章）了。

先论概说。公民气质的培养，要和所属国家相一致：那么城邦的教育制度，就应与它的政体相配合。如果国中一人优异绝伦，无人可及，智慧能力超凡，像个人中之神，或起码像柏氏所说的"智慧出众的统治者"一般，那人人甘愿臣服，不足诧异。但如此圣人，"世上终不可遇"（吴君本语）。因此，"根据多种理由，而谓公民之全体，应迭相为其治人者与治于人者，实为显然必要之举也。夫平等一语之意义，不外乎同类之人，应有同等待遇而已。是故世之政治，苟不建立于公正基础之上，必难望其巩固而持久"（双吴本语）。亚氏主张的显然是轮番为治的形式，很接近某种类型的"民主制"，不然，他不会说全体公民平等参与这样的话；至少是混合制。

不管是哪一制，公民权利都一样。不过从现实处境观察，因身份、地位、当前掌握的权力与荣誉等有差异，治人者又确是优于治于人者。亚氏显然考虑到了这一点，他认为可以使每个人都有均等的机会参与，但不必每个人同一时间参与，因而他设计出少年、中年、老年，也就是从军、从政、从教的次序安排。

他的解释是这样的。（按传统章节，这是本卷第十四章；问题第一次出现是本卷第九章。）少年从军，中年从政，老年主祭。少年要执干戈，也多少明白自己经验不足，时间不够，修养缺乏，所以乐得先做治于人者；同时明白，今后总有一天，自己也会成为治人者的，因而不抱怨。中年人主政，因为他们较稳重，有慎虑，也较能约制年轻人的虚浮和莽撞。这样也可以防止美好的国度沦为好战的城邦，像斯巴达那样。（稍后亚氏就大力批评斯巴达一类的国家，认为穷兵黩武没有好处。）亚氏好像觉得，国家的荣耀，不必靠开疆拓土获得，而是通过内在生命的发展而达成的。中年人主政，意味着他已经历过为国效劳的军旅生涯；他已全面展开理性，消灭了少年人的盛气，多了一分老成持重。在理想国度中，他是个君子，也是个义人，有品格有修养，因为他已经历了培养良好习惯的阶段。他的生命，是成德的生命。让他制定、执行法律，当最能为公利，处公正。

如此分工，把战争的责任放到年轻人身上，把和平的照顾放到年长的肩膀上，亚氏认为这完全符合自然之道。自然令人分阶段成长，各具不同能力与短长；他的分工安排，正顺应着那个轨序。更何况，公民退休后，还有精神体力出任公职、为城邦服务的，仍可以进身宗教。同一个公民，既可以是英勇的战士，又可以是贤能的国士，或者成为白发飘飘的祭司；国家的重大功能，人人都能按部就班地参与。

这也不是亚氏的独创。柏氏在晚年作品《法律篇》中，有类似安排，也是把国家重大职责（荣誉）的位置，留给年长的公民。后来的黑格尔，在他的伦理系统中，同样认为长者与教牧的声音才是完整而又睿智的。因为有经验的人，才较不容易受到一时一地纷扰的唆摆。

少、壮、老的分工安排，不能说不合理，但也会产生问题。因为，这跟亚氏一直以来所主张的，说在轮番为治的政体中，每个成年的公民，都有平等权利参政，都可以当治人者这论调，并不一致。按卷三的定义，在理想城邦中，公民就是参与立法与司法功能的人。现在很明显，一大批符合资格条件的少年公民，并不真正拥有该权利。纵使说"早晚有一天轮到他"，那也不曾解决理论上的困难。国家在战时，还可说是非常时期，会采用特殊措施；在和平时，则文职、武职都是"公务员"。那么按定义，为数不少的少年人，就给排除在"国事"之外，也就是受到不平等待遇了。西谚有云：old enough to die，old enough to vote。要保卫社稷的人，必要时献上生命，却不得从政，对他们不公。否则，只有中年的一批治人者，才是真正享受平等待遇的公民；那绝不符合他自己早前定下的要求。

另一点我们在前面也见过的：你要有能力去领军，你就要先训练自己能接受命令。做上司的，最好先从下属的岗位做起。要做主人，先做仆人。那么教育年轻人，该从低层开始。先从事卑贱的劳动工作，好好磨炼，日后才好成为治人者。可亚氏在这里说，有本属卑贱污下的工作，但使年轻公民为之，便可成为体面之作，因为体面与否，不在事情本身，乃由行事目的决定。

从对青年人的磨炼来说，固然合理。我们今天强调"职业无分贵贱"，道理也一样。但这与本书前两卷所说的，又不一致。假如用传统的四分法，士、农、工、商，亚氏在卷一、卷二两卷所论，认为农工商都不是高尚的训练，甚至说小孩在家的成长过程中要少接触奴隶为宜，以免沾染低下的习气。如果像现在说的，要先学习处理卑贱工作，那必定难免多接触百工铜臭，甚而是市井之徒，那么低下习气如何避免？对于已成德的"士大夫"——城邦的君子型好公民，固然无大碍；但他并非指这些人，而是指年轻人，问题就不好两全其美了。

也许他意在导出"低的要从属高的"这一论点：低的先做低的，目的在迈向高的，所以低的接受高的指挥，心悦诚服。在年少的军人如是，在磨炼青年向上亦如是。因为他随即引用论点，提出人的灵魂分两部分，下面的是欲望层，上面的是理性层；下层虽不是理性部分，但有能力听从理性。不然，人不可能是理性动物，遑论成德的义人了。下面的会接受上面的驾驭。而理想层本身，又分两级，上级是玄思层，下级是实用层。（在《伦理学》中，分别叫作哲学智慧层和实际智慧层。这整个灵魂组成学说，在该书有详述。）

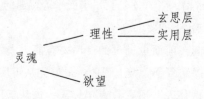

这么说，在理想国度中，公民的训练与君子（义人）的训练，是二而一的，能成德，即是能以理性为鹄的。如果理性的人是他的目标，那么教育就是要使人的非理性部分（欲望），受到理性部分的支配。那是什么样的？是人有闲暇，可追求玄思的哲学境界；是和平，只有和平才让人有那样的闲暇；是人能选择那善的，那美丽的。但国家同时需要训练人民能坐言起行，有动员的准备；它要训练人民保家卫国；为了自身的利益，它要能选择那必需的、那权宜的。

不过，在理想国度下，国家明耻教战，目的在使人民明白，战争的目的在求和平；教民勤奋做事，目的在得闲暇；人要选择必需的和有用的事，目的在追求那善的和美好的。这是个手段和目的的设想。用生活体验来印证：生活一就动一就静，动是劳作静是闲暇；动是战争静是和平。动，是为了追求静。在下的要以在上的为依归：实用的事，以崇高者为目的；而哲学上的玄思，是人能追求的最高境界。那么灵性的培养，当与这上下的安排相适应；政治家立法，当令人民追寻那最高的、最好的。

亚氏认为，这样的教育，不仅该施之于儿童，及长也当继续熏陶，使能向上。可当时的情况大相径庭，故他起而抨击之。"今天希腊人非以善治其国闻名于当世者乎？惜其民族与其国之立法家，于构成政府之际，似未能以至善为目的；或于立法设教之时，亦未能顾及各种之德行；反持其庸俗之见解，徒知乞灵于急功近利之教育与法律；似不能不谓其失计也。现代著作家之抱此同样见解者颇多。"（双吴本，卷七第十四章）〔那样的傥论，揆诸今日，不失为当头棒喝之功。〕

立论，是针对当时斯巴达人的偏颇教育而发。斯巴达人以手段为目的，先后次序错了。他们把必要的和有用的——像训练国民作战，看成是美丽的、高尚的；他们的闲暇，成了劳作的手

535

段；和平时日，为了准备战争。他们没有看到，理性才是最高原则；甚至可以说，他们根本不曾理会人的理性层面。他们鼓励公民的欲望——士气、胃口、征服的欲望；而满足欲望，成了国家的光荣。训练年轻人作战，使全国皆兵；战争，成了满足欲望的门径。这样，他们不明白完整的德性，以勇敢为一切，当然败事。所有这类国家都停不下来，因为没有人教导百姓过和平、闲暇的生活。

片面的尚武精神，对内政亦成隐忧。全民皆兵，以武力征伐做教导，领兵者，权大可知。他能征服外邦，当然也能征服本国，用暴力强抢政权。（时至今日，各式军事强人政府，不也一样？）亚氏在告诉大家：对邻邦专制，对本国专制，同为专制。征服他国，建立霸业，和钳制百姓，暴力为治，同为暴政。这论点，在他的时代，也属新说。正因为教民以兵，只合战时；一旦和平，易流于骄纵暴戾。"是以彼立法家者，苟于创制垂宪之际，未能以如何度其和平时代之生活方式预为指导其人民，实不能辞其咎也。"（双吴本，卷七第十四章）

这想法，原则上与柏氏的理想城邦想法相近：城邦战士公民出任官职。亚氏强调闲暇与和平，可以推想，战争考虑是防御性质的。所以他列出在何等情况下才可为战。他批评斯巴达的尚武好伐，也有可能是针砭当时有意扩张称霸的马其顿。固然只是猜测。

他反对尚武，但不掩武德。我们在前面见到，他讨论配备，念念不忘国防。他要全国少年子弟从军，认为那是从政前的良好训练。现在批评斯巴达，是否自相违背？在概说的最后一章，他先要回答这个问题。

以征伐为能事的斯巴达，最终是失败了。失败的教训，不在武德，而在不能只重武德。四大德性——公义、勇气、慎虑、克己，得齐头并进。合起来，就是智慧。斯巴达的教育，只重勇气训练，而那训练，又是不全面的，因为他们只懂得沙场上需具备的勇气，仅此而已。他们应教导人民，有闲暇时懂得克制，有勇气面对和平的诱惑。他们也应教民行公义、慎思考，同时训练理性和欲望两层，使人民战争时英勇，升平时高尚。那样，百姓才能真正成德，有全面的德性，也懂得按层次高低，从低向高攀。

在战时，你需要勇气，需要克制能力；至于公义与慎虑，任何时候都需要，尤其是在和平时。因为面对非常时期，人比较容易守纪律，听号令，有节制；一旦和平，就容易流于松懈怠惰，以为过优游岁月，可以骄逸放纵了。可见要公民成为君子，需四德并重；使人人明白，战争，是以和平为目的，劳作，是要追求闲暇的日子；使百姓懂得，拥有实用的配备，是为追求那高尚的、理性的上层：思辨的智慧。

玄思，需要有闲暇。它也是一种活动，只不过它不是劳作型的活动；它是人灵魂中理性层的活动，特别是理性的上层。闲暇，是为己的，劳作，多是为他的：也许是他人，也许是他物。（就像我们今天常说，繁忙工作，为外界役使，或是为了挣钱糊口，或是为了世上各样追求，要之，与闲暇修养无涉。）劳作，需要调适，也就是休息与娱乐，但休息与娱乐，并不就是闲暇，因为它们都不属于人灵魂中理性上层的"作为"。什么才属于呢？亚氏会说，听高尚的音乐，诵读美丽的诗词，探讨思想哲理等，能陶冶性情，进德修业的活动才是。这些是"为己"的，不是"为人"的。他用的词 *schole*（leisure）即今天 school 的词源。古代希腊的追求是闲暇，是用来思想、求学、修养的。

怎样可以使人四德并重，经过磨炼与熏陶，成为君子，懂得利用闲暇来追求最高的活动——玄思？上面提出，成德有三端：

禀赋、习惯、理性。禀赋是先天的，也就是自然的；教育不容易改变禀赋。为政者能做到的，顶多是怎样使百姓有机会得到最好的禀赋。余下的，是习惯和理性。亚氏认为，两者的训练要一致，教育才能发挥最大的效力。既然理性是最高点，而教育应该从低向高攀升，那有两点要留意。

第一，凡事都有起端有结尾。如果是有连贯性的东西，一物的结尾，会是另一物的起点。（我们古人的说法是：事有本末，物有终始，知所先后，则近道矣。）那按照他列出的次序，是先天培养在前，良好习惯培养在中，理性培养在后；因为人完全成长后，一切以理性为依归。所以正式的教育，当先从习惯入手，最后用理性定断。第二，人有身体有灵魂；灵魂又分上下层。欲望，是非理性层的，思想，是理性层的。按自然定律，人的身体降生先于灵性的成长，所以应该先照顾身体的需要，然后，才进到思想的陶冶。这才合自然之道。

自然之道，也就是自然的进程，可用先后次序划分。教育最好能全面配合。按人的自然生理进程，亚氏的铺排合理：（1）婚姻和育儿，首重幼儿健康，故先注重体质训练；（2）到了儿童与青少年时期，个人欲望与受外界的影响大，故注重行为培育；（3）进入成熟的成人阶段，有了基础磨炼，懂得理性该主导了，故注重知识与思辨教育。三者前后相连，可融会贯通。那样的教育，可"教民成德"。

到了这里，亚氏的"概说"是结束了。本卷最后两章，谈的是"序曲"，也就是正式论教育安排以前，该有的前奏。

婴孩呱呱坠地，是个"准公民"；他还没有长大，还不能负起公民的责任。那么他要能健康成长，有好的体魄，是先决条件。亚氏认为，这先决条件，要从父母的婚姻开始考虑。考虑的基点，是自然的生命周期。例如看男女两性的最佳生育时限；父母年龄、父母与子女年龄的差距，年轻父母早生婴儿的弊处，适婚年龄，甚至最适合成婚的季节，等等。

在美好国度中，好公民与好人（义人、君子）合而为一。教导出好公民的体制，也就是培育出好人的体制。人要好，要成德，需要各样的配备，包括外在的善、身体的善等。身体诸善，在健康。国家要未来的主人翁有强健的体格，它就得安排打点，务求做到达标。要达标，国家就要制造最有利的条件，让幼儿健康成长，这包括要计划父母的婚姻；婚姻，也是最基础的一种配备。

国家安排婚姻？国家决定男女何时结合，何时生育？对近代人来说，这实在不可思议，也不可能接受。男女恋爱，结婚，生育，怎么是公众可干预的？国家决定我何时生孩子，生多少孩子？亚氏的前提是，建立理想的国度，要培养最优秀的人；为了某种道德考虑，提出一系列的安排。我们也许觉得荒谬。回顾历史，也可以看到不同种类的干预。为了节育控制人口，不少社会立法限制生育。19世纪开始，欧洲各国定下规例，保障儿童、妇女的工作条件。英国的劳工法案，就声明要保护下一代孩子的母亲。国民体格，是人人都能认识到的不可忽略的东西。战后的日本，鼓励全民喝牛奶，学校大力推行体育课，也是例子。我们未必采取亚氏的手段，他所关注的，倒值得我们反省。〔今天，在我们的社会，对儿童的体格是否健康成长，我们关心了多少？投入的资源有多少？〕

亚氏本人是个生物学家，他从"优生学"的角度讨论问题，不足为奇。他问：父母要有怎样的体格，对下一代最有利？他不要"运动健将"型的，认为具有强壮的身体，能应付工作，刻苦耐劳，就足够了。竞技手专习一项，不能全面发展。"千金小姐"型的也不好，太娇弱；"三步不出闺门"的，他不取。他仍是取中

庸之道：两者之间的最好。〔我们用脱兔和处子作比喻，却从未见古人教导说，怎样才可脱兔处子两才兼备。〕

孕妇要有适当的运动，这不是近世家庭医师的忠告，亚氏早说了。懂得运动，还要懂得营养，保持心境开朗。他说胎儿从母体吸取所需，"与植物之得其形质于土壤无殊"。有点像现代人说的"胎教"。

初生的婴儿，谁该抚养、谁该丢弃？在前面谈过了。古代希腊的民俗是，诞下婴孩畸形残缺的，不哺养，弃置山边；尤以女婴为多。但对于正常的胎儿，亚氏反对为了节育而丢弃，主张若为控制人口，宁可在胎儿"未有感觉和生命"以前，中止怀孕，也就是用堕胎的办法。最后他提到通奸，但语焉不详。无论如何，我们起码可以看到一点：亚氏讨论男女婚姻生育，是站在立法者该留意什么问题，当做何种指引的立场上说的，为的是为城邦培育理想的下一代。男女结合生子，是为了国家。现代人不会这样看。

从出发点看，他的想法无可厚非。但从工具与目的看，我们不会采用他的建议。就道理上说，不要说理想社会，任何社会都不会让人口无限膨胀的；某种人口控制的措施，总会用上。如果建立美好的城邦，是为了使百姓有美好的生活，那么在"立国"之初，把人口限定在某个范围内，殊为合理。这正是亚氏在卷二批评柏氏和法里亚斯的原因。

那么，婴儿出生后，就该探讨抚育方法了。我们说"序曲"，因为亚氏在这里只开出大纲，正式的教化设计要在下一卷才可见到。就是在那里，他的设计也不是全面的。我们先说大纲。

儿童要好好长大，首重饮食习惯与营养。亚氏向"蛮族"学习，因为他们的孩子筋骨强健。儿童应多做肢体活动。亚氏还提到，幼儿肢体发展不正常的，或有扭曲的，当用某种器械助他们挺立。〔我们读《荀子·性恶篇》，有"故枸木必将待檃栝烝矫然后直"句，其理一也。〕活泼地跑跑跳跳，实在必需。这在其他静性文化的社会，又很不同。还有，幼儿耐寒耐热的能力，要从小锻炼，使他们有好的适应力。

（在不少地方，今天的流行做法与亚氏的教诲背道而驰。现代的父母太"保护"孩子，怕他们冷怕他们热，好像儿童没有适应天气的能力似的。没有好的饮食习惯，孩童偏食，营养不均衡，父母的态度是"由他去吧"！结果是，营养过度或痴肥的幼儿不少。柏氏在他的理想国度中，教导少年什么都要吃，受军训时尤其有必要，更要吃非本国的、自己不喜爱不习惯的食物。很简单的道理：军人在外作战，往往离乡背井，真个有什么吃什么，容不得你挑。从小训练习惯，一旦有需要，就能适应自如，否则容易累己累人。古人的话，有多少今人听得进去？）

五岁以前，不要功课，不可上课，不必劳作。那是给儿童保留一份童真，使其自然发育。为避免四体不勤，亚氏更鼓励他们嬉戏，只要不流于鄙俗，不过于劳累，就行了。（今天不也大异其趣？传统上，六岁进小学，四岁进幼儿园。现在不是了，嫌四岁太迟了，要有学前教育了，两岁的幼儿就给推到特设的学校去"学习"游玩。那是变相上学了。人人说："我不要我的孩子输在起跑线上。"为了要快人一步，起跑就要赢，那就提前学习好了。传统说"勤有功，戏无益"，那就不要戏了，教小孩勤已足够。若亚氏再生，他会怎么说？）

五岁到七岁，在家中受教。那是父母的教导，或者是我们说的"家教"了。家教重要，因为儿童接触父母最多，以父母为榜样；正式的学校教育以前，怎样养成良好习惯，就看家教了。但父母，不见得都懂得如何施教，因此亚氏建议说，那些负责幼儿教育的官员，最好能选择好的教材，作为家教的一种基础。例如说，儿童都爱听伟人故事，或国家以前的传奇等，官员就向家庭提供资料。目的当然是从小熏陶，让幼童自小培养崇高的追求，奠立正确的人生观。

但在家中，除了父母，就是仆婢家丁等"下人"；那么幼童无可避免，一定会接触到他们的。因为种种原因，"下人"的言行，较轻率粗鄙，可以想象。亚氏认为幼童最好不要与他们一起嬉戏，以免耳濡目染，近墨者黑。为了在美好的城邦中有美好的公民，而儿童，正是美好公民的雏形，向着成德进发，所以自他们幼年起就要培养他们最美丽最洁净，使长大后有好的言行举止。国家因此要禁绝一切污言秽语，或任何足以损害或污染幼小心灵的、不斯文、不正经的举动，要给年幼的一个绝好的成长环境。不守规矩的要受罚。人人追求近朱者赤，日久有功，世风日上。将来的社会，是个公园而不是个废物倾卸区。

为了达到这个理想的目的，不只言行，其他可以影响人心性的、置于公众范围的物品，例如雕塑、图画、展品等，都不可表现出低俗品位；甚至歌唱、戏剧表演，也不许有秽亵形象，以免给幼童留下不良影响：亚氏相信，人，不论长幼，往往对第一遭碰上的事物，会留下印象较深刻。这种寓禁于征的做法，与柏氏在《理想国》中要禁绝"不良"的诗人与剧者，道理一样。（在今天，大家强调表达自由、创作自由，文明国家都没有什么检查制度；亚氏的想法，一定会落空。）

亚氏也想到当中的难处，技术上怎样实施也得好好思量。他说会在后面讨论政府是否应当全面干预，如何干预，怎样立法等。但直到完书，也不见得再有谈论。

他相信，按自然的周期，七年为一期。从出生到七岁，家中受教，奠下基础。（所以说这是教育的序曲。）后分两期：七岁到青春期（十四岁），是体格锻炼；十四岁到二十一岁，是灵性（心智、知识）修养。到了二十一岁，年轻人就有足够的心智和体力，可以好好服务城邦。

那么后十四年，该怎样给予磨炼与陶冶？在下一卷，他要尝试解答这个问题。

卷 八

理想国度的教育

卷七收笔时，亚氏告诉我们，教育有如艺术——人为的东西，功用在补自然之不足。自然（*physis*）并不给人一切的便利，也不会教育你的公民；如果这是自然的缺漏，你就得用人的创意和努力（*nomos*）来补缀之。虽然，人做事的方向，还是依循自然之道前进的。配备（*choregia*），除了是人尽量利用自然条件以外，不正是人尽力去补自然之不足？

然后他提了三个问题：（1）是否该给儿童订立教育的一般规则？（2）如果是，该由谁来订立：国家负责还是个人自理？（3）规则的性质和内容是什么？卷七在这里画上了句号。[1]大家很自然地会推想，那卷八一定是要回答这几个问题的。

这推想不错。不过，在看他怎样回答问题以前，如果能够先看看他的教育构想的背景，会有助我们明白，为什么亚氏心中的理想教育，是这个样子的。

　　　　※　　　　　　　※　　　　　　　　※

《政治学》最后一卷是论教育的，特别是幼儿教育。如果用一

---

[1] 这是一般的做法。有译者认为，这末段文辞，适合当亚氏教育理论的起首语，就把它放在卷八的首段。例如 J. Welldon（London, 1905）的译本。

个问题概括全卷，亚氏也许会说：一个理想国度，该怎样教导它的子民？仅这一个提问，足以使我们看到，在亚氏心中，政治和教育是怎样地紧密相连。（早在"上集"[《伦理学》]开卷的时候，他已令读者看到，"伦理学"是政治学的一部分，同样是附在"政治学"这个大题目之下的。）

那么，品格教化，当然是政治要考虑的课题了。政治，起码就亚氏的理论来说，是要追求全体最广、最高的美善，而教育，是达到美善最有影响力的手段。如果说，建立美好的国度，你必须要有好的土地、理想的原材料，配上适当的社会政治体制等；但除非你懂得妥善安排你的教育制度，否则好的国度还是没有支撑的。这样，教育公民的重大责任，一定是公众关注的事项。这又和当时流行的做法背道而驰。斯巴达以外，一众城邦的教育，都是个别家庭的内部事务，"各自为政"地实施。

拿现代西方通行的教育理念来比照，也可以看到它与亚氏的想法大异其趣。现代的"开明派"（又名"进步派"）主张公立教育，认为私立教育太"贵族化"。所谓"保守派"（又名"传统派"）赞成多用私人办学，反对政府干预，认为后者弊多于利。这不同的意见，是17世纪近代哲学大盛后开出的结果；而近代哲学多抨击亚氏哲学，认为他"保守"。可见古今之异。然而拥护他的理念的，却又是近代的进步派！不过，从他的大前提看——每个社会都要关注，都要好好培养下一代，就原则说，该无派别异议。

一个政体，不只是一大堆死板的法律条文，毫无生气的制度，而主要是在制度下实施条文，所以行动者应是有意识、有目标的人。明白了这一点，亚氏说的政体的实践，教育的重要，以及两者的关系，就十分明显了。如果制定教育设施时，不考虑到政体的独特形式和社会结构，会有什么后果？如果"配备"是那么重要，这个配备，就不当忽略。就算我们不赞同他的蓝图，或是他某些道德上或心理上的假设，我们也当同意他的原则：教育对政治非常重要。这原则，在亚氏的时代，不受重视。（就是在今天，从资源分配来看，它又受到了多少重视？）

在理想国度里，教育这个工具，是要用来指导人民去了解、去取得最好的、最美善的社会。因此，它就是"化民成德"的最佳媒介了。这么一来，它的功能，与法律的功能无异。从亚氏的立论来看，两者都在界定个人行为。个人行为，要走向德性的发展；德性要能发展，必先培养人形成良好习惯；良好习惯，得自小训练。亚氏花了很多笔墨说明怎样栽培幼童和少年，其理在此。幼童不懂事，你得规范他；教育，就是年长者如何规范年幼者的一个过程。

需要规范，是因为要追求美善。所以我们在上卷最后部分，已见到一些措施，比如不让幼儿接触低俗的人，不许说粗鄙的语言，不得观看一切"儿童不宜"的故事、话剧，不准听"海淫海盗"的音乐，等等。对幼童的要求特别严格，是因为他们没有"免疫能力"。在这类事上，他会同意柏氏的主张。我们甚至可以推想，这种审查制度，亚氏也许不介意用于成年人身上。我们在下面可以见到，卷八的整个安排，正是卷七序曲的延续。

粗略地描述了亚氏的教育理念，现在可以仔细一点，审视一下他的论述了。

（一）序曲的延续

一下笔他就"警告"：国家未来主人翁的教育，是任何为政者最应当关注的。因为，他相信，忽略了基本的教育，政体必定深受其害。亚氏认为，不论什么政体，肇创之初，会自然而然地形成某种风尚，而风尚，会随时日而生成巩固力量，反过来有助于政体的稳定。可以说，能教导人民去适应、去配合该风尚——也就是该政体的特征，对维护政体有莫大的好处。任何政体都一样，风尚愈好，政体会愈修明。换句话说：人的素养愈高，对政体的生存会有利。还有，人懂得操作技术，是训练出来的；同理，人懂得提高素养，配合良好的风尚，也是栽培出来的。栽培，得靠教育。

这就回答了第一个问题：是的，应该给未来的主人翁定下一套教育大纲。那么应该让谁来负责订立这个方针？答案是，不是任何个人或团体，而是国家（城邦）。国家追求的，是美好的生活；政体，除了是典章制度以外，更是一种生活方式。国家追求的目标，与百姓追求的生活，是一致的。而教育，是人民赖以得到美好生活的手段，所以必须人人一致；要教育能人人一致，就必须要国家统一施行。这又回到"国家有机论"的味道了。他这论点，与当时雅典人的一般做法完全相反：他们用"私人企业"的做法，自雇私塾老师回家教导儿童。

亚氏的逻辑并不复杂：如果你是国家的"一分子"，你所属的国家就必须去引导、去监管它的成员，使每个成员都能"各尽所长"，在共同生活方式下，发挥整体效益。纵使从纯"功利"立场来说，他也会认为，一个社会要运作自如，断不能不向公民灌输自己的行事伦理、道德教化等，教他们慢慢吸收，以配合政体前行。就这点来说，亚氏称道斯巴达，因为它明白，要训练人民向着选定的目标迈进。

既然只有一个教育主事者，那只应该有一种教育制度。在理想国度中，当是这样的。没有不同宗旨的办学团体，各自用不同的方式去训练学童；也没有不同的等级和阶级，因为在轮番为治下，人人都是百姓，也都是统治者。所以它不是一套"政府设计给公民"的制度,而是要治人者治于人者受同等训练。区别是有的,但那是自然的年龄长幼的区别,不是等级的不同:同一学龄范围的人,受同一形式的训练。幼者需要的,是遵随长者智慧的教诲;长者需要的,是用智虑与经验来扶持幼者。理想国度中的好公民同时是好人(义人,君子),训练出好公民的教育,同时会是栽培好人的制度。

第二个问题,是回答了。后面所论,是第三个问题:教育规范的性质和内容是什么?当如何实施?这些,亚氏说,都没有定论;各家各派意见分歧。总的来说,方针有三个:一是注重实用的;一是留意品格的;一是强调智能的。但就算是品格培养吧,大家的意见都不一致,可能是对"良好习惯"有不同的理解。亚氏本人并没有告诉读者,他比较倾向哪一派别。也许这正给他空间,可自开一路。

正是这个可能,使他将三个方针都拿来评论;至少这看来是他的原意。(虽然,这原意最终未达成。)首先要谈论的,是实用的考虑。亚氏相信,不仅是实用,而且要是必需的。例如我们今天说,儿童要学语文,要懂算术,这不唯实用,更是任何人不能缺乏的。就说实用吧,世上实用的知识多的是,你不可能全都学;所以他说要甄选。甄选的准则,当与政体的准则相配合。理想政体要造就的,是成德的公民,也就是君子——自由人身份的君子。凡不合这身份的,都不要。

什么是不合君子身份的?他没有清楚说明;只提到有损幼童身心、无益于养成君子品格气质的,都需扬弃。因此鄙俗的东西都不要。(鄙俗的、低下的,原文是 *banausos*,即英文 banausic 的词源,语带贬义。原指"百工的事"。我们在前文介绍过了,百工在古代希腊,属低下层,不是自由人,而是铁匠、鞋匠一类职业。〔古希腊人因为工匠们日作夜息,长年在"作息"不已的循环之中，从无一朝的闲暇，而视之为"贱民"。又以染工之手入于黄缸则黄，入于青缸则青，以自己身体顺从他的职业，失去自主，所以又视工艺为有碍身心。] 见吴君本卷八第二章注文。）

就算是使人成为自由人、成为君子的教育，如果是为了实用，幼童只当认识而不当专攻。博雅教育，追求过了头，会变得不博又不雅。幼童的心智，要有适度的平衡；过度追求，走向"专业"，反为不美。这有点像我们说的：沉浸过分，恐玩物丧志。"雕虫小技，壮夫不为"，是古人自勉语。既然要训练人长大后做成德的君子，那么他所学只应有助于个人或朋友的品格提升；如果是为了他人，或为赚取金钱来做事，那是鄙俗，是君子所不为。

固然，长远的目标是成德，就不能只顾实用，而应实用与修养并进。那么，按自己的铺排，从七岁开始的两阶段——每段七年，到二十一岁为止，幼童当受怎样的教育？亚氏的设计，跟当时流行的范畴无异：体操、文字、音乐。体操，是整个体格训练，主要是跑、跳、摔跤、拳击、标枪、掷铁饼等，显然是军训的前奏。文字包括写、读，还有古诗背诵。音乐教育是广义的，不是我们今天说的"音乐"。（现代社会说的音乐，是"狭义"的；古代希腊称为 *harmonia*。）他们把诗和音乐相配，可以由人吟唱，也可以只用乐器演奏，有点像音乐与文学的混成品。（柏氏在《理想国》中谈音乐，一般不叫 music 而叫 musical education，类似"人文教育"。）三类之外还加上绘画，主要是素描。（柏氏作品中，没有绘画一项，尽管他本人也曾学画。）

七岁到十四岁的第一阶段，是体育课，锻炼体能。十四岁以后的第二阶段，少年人先学写读，建立基础；接着是绘画与音乐，直到二十一岁。

一般对这几个范畴的教育，没有什么异议；但在音乐这一项，却众所周知地意见不一。不少人觉得，音乐的功能在娱乐，即"繁忙生活的调剂"而已。亚氏有不同见解，那是他的"松弛理论"；从这里着手，会较易明白他这长段的文字。

首先，我们要区分"闲暇"（*schole*，日后演变成英文的 school，本义是学习的地方。在古代希腊，闲暇是用来学习的，起码对君子来说是这样）与"工作"（*ascholia*，也就是 a lack of leisure 的意思）。闲暇，本身就是目的，就像前面说过，和平是目的；人投入战争，是为了得到和平。战争，只是手段，是达致和平的手段。同样，工作，是达致闲暇的手段。所以工作要辛劳，辛劳，是朝向"外物"的，因为工作是为了达到工作本身以外的成果。闲暇，是朝向自己的，它并不要追求闲暇以外的东西。

但闲暇不等于没有"作为"，只不过那"作为"并非指向外物，而是内省的——例如玄思，人最高的精神活动境界。那是人能达到的最高愉悦境地，因为最高的愉悦，正是人的灵性活动。而工作，因为指向外物，要付出辛劳，因而需要借重外在的东西，来消除那辛劳。给它带来愉悦，助它解除辛劳的外物，叫"放松"，或"松弛"（*anapausis*，relaxation）。而松弛，有赖娱乐、消遣。所以说，娱乐，助人消除辛劳，也因此，娱乐成为松弛的工具。打个比方：娱乐，像治疗劳苦的药物；而药物，是出于需要才服用的。

当时人认为，药物中最可人、最愉悦的，是音乐。音乐，是最高的娱乐，也就是最有效的松弛手段。在工作这范围下，音乐具有自然的"功效"，是抚平辛劳的最佳工具。当然，滥用药物，也是它可能带来的危险。到目前为止，起码可以看到的是，人勤劳，需要放松，需要嬉戏和娱乐，这都是很实在的。从实用角度看，音乐确实有助于达到这个目的。

教育，是为了"教民成德"，德性品格的塑造，是亚氏的目标。但万事须从基础开始，而基础不能不务实。亚氏自己也承认，理论要有说服力，就必须是真实的。幼童求学，必须先从有用的、有功效的且必需的东西入手，比如写与读。那又包括了算术和几何。算术和几何，也可以算是"文字"与"绘画"之间的知识：那是教育中的"技术"元素。不论是与他人贸易，还是处理家政，甚至他日管理政务，你都要有一些基本功夫。就说绘画吧，你懂得素描事物的形状大小，在选择购买商品时，在和他人交易时，就不那么容易受骗。这都可以说是教育的实用价值。

音乐，可助人放松，给人娱乐，却不是必需的；不见得古人没有音乐就必然找不到其他娱乐工具来松弛。它的"实用价值"，和写、读、绘画等又不同——它不能助你处事。它也不像体育，多操练能使你强身健体，成为好士兵。这样来观察，它是既不实用也非必需的。亚氏说古代贤者设立音乐教育，有其目的。音乐，对工作有意义，对闲暇更有意义。工作，是为了要有闲暇；闲暇是目的，工作只是手段。目的高于手段。闲暇，是生活的最高层次，是君子所追求的。没有了闲暇，君子进不能服务国家，退不能进德修业。这不难想象。

可闲暇，并不等于没有作为，只是君子所做的，和百工不一样罢了。如果问：闲暇何所为？亚氏的答案会是：玄思。那是人精神活动的最高境界。就目的论的自然哲学家看来，宇宙万物，都向着各自的"最高目标"进发，当然也包括人。这里面的各类哲学问题，就成了玄思的内容。可是玄思，不是人人都能做到的——这点他在《伦理学》中有过论述；退而求其次，就是聆听（欣赏）或弹唱高尚的音乐了。

玄思，是人精神的最高境界。理想的教育设施，当训练人成为君子，在闲暇时向玄思迈进。（该训练过程，亚氏没有提及；倒是柏氏在《理想国》中相当细致地描述过。）既然明白这"最高选择"不易达到，下一步就是用音乐熏陶，作为闲暇的活动了。生活的目的是闲暇，不是工作；闲暇何所为，极为重要。从这立场说，亚氏攻击斯巴达的教育方式，就不难理解：斯巴达训练自己的公民，只追求一个目标：战胜敌人。征服与光荣——外在的成就，都是"外物"；它不曾教导子民怎样好好利用闲暇。上古贤者传下了教诲，指导后人学习音乐，毫无低俗的意图；斯巴达人却没能掌握。亚氏在这里引荷马的诗文和剧作，指出上古流行的音乐形式。他显然觉得，古人最原始（简单）最自然的音乐，是在闲暇时派上用场的，那他鼓吹的办法，方向也是对的。

所以他下的结论说，他没有违背先人的传统：古人把音乐列入教育课程里面，不是因为音乐有什么实用价值，也不因为它是必需的，而是觉得它本身是适合栽培自由人／君子的美好事物。就算是必须教导幼童的课业，像写和读，也不仅仅是为了"实用"，而是因为少年人立下了好的基础，他日就能取得更丰富的知识，做更高尚的事。学习绘画也一样，除了对人在日常生活上有所助益以外，还可以有进一步的陶冶，例如教他们在各物的形体上，养成审美观，懂得鉴别。亚氏没有说音乐。可以推想：如果实用的东西都有潜在的培养高尚情操的作用，那音乐，就更不用说了。

音乐教育不切实际吗？他的回应是："顾于此，又有须注意者，教育之目的，若时时专求其致用，则绝不能心灵臻乎自由高尚之境域；此则司教育者所不可不知者。"（双吴本，卷八第三章，结语。）司教育者谁？为政者是也。〔众中译本文辞，此为最精。〕

（两千多年前的理念，在今天仍值得大家好好反省。教育年轻人，是每个社会的责任。从理想角度看，一个美好的国度，得借重教育来"化民成德"，使每个公民都成君子，像我们说的，"十亿神州尽尧舜"。固然是高调，可理想，总是值得追求的。要有德性、成君子——或者说向着那目标迈进吧，也就是人民的灵性能"臻乎自由高尚之境域"。若是，则人民的教育，不能"专求其致用"，需用上人文的熏陶。

可今天的教育，不一样了。崇高的口号还在喊，却不见得实行。人人都说要训练儿童，却不见得认真。一般小学所重视的，是怎样可以把自己的毕业生，送到有名的中学去。考试分数第一，其他都次要。中学呢？校誉最要紧；而校誉，是建立在多少毕业生能升上名校大学。结果仍然是以考试成绩为纲，其余都是目。德智体群，是挂在口边的溢词，重的只是智，而且也不是全面的智，这只是考试表现好的智。这当然不是个别现象：绝大多数的学校——港澳台的，甚至东南亚其他地区的，也莫不如是。

那还不止。我们的青年，上了大学，本来是应该追求学问，陶冶品格，塑造灵魂的。今天的情况，是这样吗？看来是近实用，远自由高尚之境。这样训练出来的，会是未来的理想公民吗？会合乎古人说的"君子之教"吗？与亚氏说的，是远了是近了？

大家都说，时代不同了，社会改变了；古人的教化——古代希腊的，中国先秦的，都不切实际了。现代人读书，不是要"求学和修养"，而是要"致用"。好像致用，就足以实现教育的最佳功能。亚氏会说，只追求致用而没有自由高尚的灵魂，不足以成为好的公民；没有好的公民，就不能成就美好的国度。纵然今日观之，他的逻辑还是对的。）

序曲到了这里是结束了。大家会以为，亚氏刚谈过音乐的功能，那接着应该是音乐教育的开展了。他没有那样做；他回到从七岁开始的第一阶段：体育课。为什么？

看来是这样的。在卷七最后一节的讨论中，我们见到亚氏安排的步骤，是按自然的轨序前行的。他很重视这个原则，坚持认为教育必须与人的自然发展相配合，每一个长成阶段，只能接受适合该阶段的训练，不能揠苗助长。他用同一原理铺排公民服务的政体配备：青年人较灵活，也较强壮，适宜从军报国，好养成听命令、守纪律的习惯。中年人较成熟、稳重，已退役，经验较丰富，适合从政，做治人者。如果教育是要配合政体的，那教育当然也该按同样的轨序开展：教育的阶段，当对应人成长的阶段来运作。

成长的阶段，是先有身体后有灵性，灵性中的非理性部分，又先于理性部分。同样，教育当从身体开始，然后培养良好习惯，使人懂得克己，最后才是理性训练。那么，人按着不同阶段成长，从身体到理性；教育也当因应各阶段来训练人，按部就班，不能"跳步"。这也符合亚氏自己在上卷第四节的讨论中，谈到成德的步骤，是"禀赋、习惯、理性"的次序。他的自然论显然是认为，你若在第一阶段就教导克制欲望的品格，幼童会不接受，因为他的身体还未准备好，他还未成熟到该地步。

大家当记得，在他的阶梯式教育设计中，理性是最终目标；每一阶段都自有其目的，但那同时是教人进入下一阶段的最佳手段与桥梁。在身体成长的阶段吗？那是锻炼自然禀赋的；可那锻炼的目的，除了体格以外，还要使少年顺利进入下一阶段：优良习惯的培养。这样我们就可以明白，亚氏所说的"体操"，其实并不只是"体操"，而是"化民成德"的第一步：那是道德教育的起点。随着体魄训练的下一站——品格的陶冶，他的道德目的会愈形清晰。

所以，先谈体育课。

（二）运动：体格教育

顾名思义，体格教育，是要让幼童从小（七岁）开始，好好锻炼。锻炼的短线目标，是要顺利进升到品格训练；长线目标，是要公民人人有能力披甲上马，执干戈以卫社稷。那是说，体操本身并不就是目的，体操要有助于少年成功进入下一个阶段，所以它是个手段：它是化民成德的第一个手段。手段，受目的约制，不能把体能训练当作目的本身来追求。这正是亚氏对当时希腊人的批评。

一方面，体操是体格训练，但众人都把它看作体育竞技项目，而竞技，是把项目变成目的。竞技者追求的，是胜利，是奖品，不是体能培养。那是本末倒置了。它使人的灵性变得低俗、机械，本来应该追求德性的，现在却是追求物质。竞技的习惯，对体格的全面发展，或公民的健康和优生，都没有好处；它破坏了为政者锻炼体能的初衷。

另一方面，体操，是成德的初步。因为接近军事训练，就说是成"武德"吧，也当知所行止。勇气，是德性的一种，但不是唯一的一种。但很多人羡慕斯巴达人的勇敢；他们全民皆兵，国家训练幼年公民，严厉极了，几近残酷。他们相信，严苛的训练，会使公民成为勇士，在战场所向披靡。那训练办法，亚氏反对。

他宁选雄狮，虽是猛兽，却性情较温和。（为什么用这个例子，他没有解释。也许是狮子猎食时凶猛，吃饱后较驯和，没有"攻击性"。）其他原始食人部落，只有残暴而没有勇敢，不能算作"武德"。武德，讲求冷静、纪律、克制，需要的是头脑，不是一味的盲目往前冲。因此猛兽在面对强敌时，是不会慷慨赴斗的。勇毅的人会，那是高贵勇气的表现。有"武"无"德"，不会成事。

我们再一次看到，亚氏怎样称许斯巴达，又怎样批评它。它训练子民体操，可它只训练体操而无他；到了最后，它还是失败了，因为它以为，只要把公民都装备为武士，就一定会战无不胜。它不明白，凶猛，并不就是勇毅。从亚氏的批评，大家可以见到，在他理想国度下，体育教育的本质是怎样的。

亚氏的建议是：十四岁以前，该帮助幼童身体自然发育，不懈怠，也不揠苗助长，以免阻碍人的自然成长。十四岁到十七岁，学一些其他东西。十七岁以后，人有了一定的体质和成熟的心智了，才可以用上剧烈运动和饮食限制，因为那时才适合用半军事训练的形式，才会与体格相配合。这种形式，在斯巴达，一开始就用上了。

这论述，对于一个中庸哲学家来说，再贴切不过。他不极端，不以盲动为勇气，不以残暴为武德。同时认为人当受军训，要有强健的体魄，以备他日之用。今天看来，仍有价值。现代教育的整个构想，跟亚氏的方案大不相同；这是大家都认识到的。在今天，教育的每一个科目，最终好像都是为了谋生，而不是为了求学与做人。在施教者的立场说，那固然不是他的目标，可他能发挥的余地，却大大受制于那"实用"的风气。但不管怎样，既然他目标在栽培人，一定程度的体能训练也属必需。体格条件，对每个公民的生命，都起着重大作用；而国家的任务，是关怀每个人的生命，那就必然关注到人的体格强弱了。也许，因为种种原因，现代社会不可能按亚氏的主张来训练人，但总可以增强当下的措施。比如说，改善小学生的膳食与在校卫生环境，都是比较消极的做法；要积极的，总该增强体育课。事关全体国民福祉，强制执行也不致干预自由；毋宁说，使人人都有机会强身健体，可以减少将来行事的阻力，反而促进了行动自由。而体能上的自我成长，比起道德上的自我成长，大家更容易感觉到。

　　"五四"时期，我国流行一个口号："要有健全的国家，必先有健全的国民；要做健全的国民，必先有健全的体魄。"健全的体魄，不是坐在课堂里可成就的。19世纪末，洋教会在中国办学前，一般年轻女性还没有机会读书；国人办的新学校，体育课也不通行。德智体群四育并进，只是句流行话。到了今天，也不见得教育界真正重视。看看整个大中华区的中小学教育，可以清楚地看到，体育课并没有受到应有的重视：健全的国民、健全的体魄，还是停留在口号阶段。清楚表明的，是"拿奖牌"的意欲。一如亚氏所说，大家把体格训练，变成了体育竞技，人人参加比赛，多拿奖牌成了学校的炫耀项目。"健全的国民"？古人的理想与近人的追求，相差不可以道里计。

　　这是体格教育。下一步呢？

（三）音乐：品格教育

　　八十多年前，清华大学的"终身校长"梅贻琦，在暑期班开学典礼上，对同学说："须知体育之目标，不单是造就几个跑多快，跳多高，臂腿多粗的选手……可以说在此之上，还有发展全人格的一个目标。"[1]

　　20世纪中国教育，声名卓绝的，很少。懂得把运动和人的品格连在一道的，更少。梅校长与亚氏说体育是向着成德迈进的，异曲同工。依他的阶段论，紧接着体格训练的，是良好习惯的培养。习惯，不属于体能范围，是心灵或意志层面的东西，也可说

---

[1]《体育之目标》（1928）。四年后，梅校长在《关于和燕大的体育比赛》（1932）一文中，再提同一论点。

是道德行为的表现。（在《伦理学》中，道德行为是"德善"，属灵性下层。）培养的办法，是陶冶。陶冶的手段，是"人文教育"，也就是亚氏说的音乐（与诗）的教育。他在这里重新承接上文讨论的"音乐"。

为什么学音乐？亚氏举出三个当时流行的说法。一是说音乐的作用是娱乐。不少人把它和睡眠、醋饮、舞蹈并列。这类活动可喜，因为它可使人愉悦，解除疲劳。二是说音乐能陶冶性情，有如运动能增强体格，所以是种德性的训练。三是说音乐助人操修心灵，增长智慧。比较他在上一卷所说的：人是由身体和灵性两部分组成的，而灵性，又分上下两层；下为实际层，属德性部分，上为理性层，属玄思部分。这里的一说，平行身体部分；二说，近灵性下层；三说，近灵性上层。

三个说法，个别地看，亚氏都有意见。首先，任何学习，都要付出努力和辛劳，不可能只是娱乐。不是说学习是自由人的修养，是闲暇时的活动吗？不错。但那是成年公民的学习，不是幼童磨炼阶段的学习。其次，说到灵性与智慧，那是理性的上层，也是人教育阶段的最后一环，只适合成熟的人，不合少年，因为少年人还不懂得好好欣赏或享用。至于说，何不先学了，留待长大后再慢慢享受？亚氏说，如是，那何必要他们学习弹或唱？干脆让他们听乐师演奏不就行了？乐师是专业的，技术上与初学者当然不可同日而语；那岂不更省便？何况，如果说，为他日有用故得从少下功夫，那是否诸多他日有用的，都要从小学——例如烹饪？乐师——受雇用去演奏取悦他人，是鄙俗行业；烹饪——在卷一已说过，那是家中仆婢的工作，不合自由人训练。看来是刻意安插的例证。

假定按二说，音乐的作用，只在品格培养，那仍然没有解答"为何躬自学习"这一问题。多聆听，同样可以熏陶；人能不习管弦，也能熟谙音律、能辨音调雅俗。这想法同样可应用于三说：要灵性长进，没必要自小学习弹唱。以前的诗人早说过，天神宙斯既不引吭高歌，也不操琴拨弦——这里用七弦琴做例子。到了这里，看样子，亚氏已逐一反驳了三个要幼童习音乐的理由。但他没有打上句号，他只说稍后再讨论。

然后他接着问：音乐该列进教程吗？要问音乐是否应该列为课目，亚氏又重新把刚讨论过的音乐功能，合起来看。为什么合起来看？因为他觉得，音乐包含了上述三说的全部要素。三者各尽其效，而不是"各自为政"，教育的目的就可以达到。何以见得？他以一说（娱乐）为例来说明。娱乐求放松，放松使人有愉悦感觉。而且一般认为，培养灵性，是愉悦和高尚兼备的；真正的灵性，当兼有两者。大家都同意，音乐是最能使人有愉悦感的。（这是当时人的普遍见解，还是亚氏个人的印象，他没有说。）他随即引古诗人穆赛俄斯的名言为说 [1]：

歌者人间至美事。

〔为方便参详对照，我们先列出几个原文英译："Song is to mortals the sweetest"（Barker ed.）；"Song is man's sweetest joy"（Rackham ed.）；"Song, mortals' sweetest pleasure"（Welldon ed.）。再看两个中译文："歌声是有死者的最大的快慰"（颜本）；"令人怡悦，莫如歌咏"（吴君本）。不必在这里讨论翻译，但怎样清楚理解外文，用自己的文字给国人认识，十分重要。有鉴于此，这段就不

---

[1] 穆赛俄斯（Musaeus）是个传奇人物，相传是希腊乐祖俄耳甫斯的儿子。这里所说的"歌"，很可能是古代游吟诗人拿着简单乐器，诵唱诗歌的活动。亚氏指的，可能不是这个，而只是一般音乐的愉悦功能。

放在注文了。〕

正因为音乐有那样的功能，大家在社交或遣兴场合，都把它派上用场。而高尚的音乐，就有如纯净的愉悦，既能操修心灵，又能助人憩息。对年轻人来说，纵使他们未懂得高尚的灵性境界，仅就舒怀怡情作用，也自有益处。（亚氏同时代人，有说音乐训练不是必需的，有说既不需也没好处的。亚氏的论点似乎是：就算不是必需，也是有益的。）

可知音乐对心灵、对娱乐，都有好处，上下皆宜。很多人就倾向以娱乐为最高目标。他们觉得，音乐可以带来愉快感觉，娱乐可以带来愉快感觉，那音乐和娱乐是同一回事了。那是取下不取上：大家看不到它纯净心灵的美善，把手段变成了目的；当然更谈不上追求高尚的音乐以陶冶性情了。柏氏会说，这些人的灵魂，给声音淹没了，到最后失掉了判别的能力。"心弦"散掉，人也就弹不出最高的音调。

如果不是为了劳累后的松弛，而是在闲暇时欣赏的音乐，它一定有更高的意义在。那不会是亚氏在这里提及的，人人不分老幼高下都可享受、都能从中感到愉快的音乐，而是高尚的、给悠然君子聆听的音乐。那美好的音乐，是美善的反映，而静赏那样的音乐，就接近玄思世间美善了。玄思，用"心眼"去看，音乐，用耳朵去听；想象宇宙之美，思考世界的终极目标。假如音乐有自己的"灵魂"，或者说美善的本质；它又和自然之道——这宇宙世界按序而行的想象，是并行一致的，那我们就可以问：音乐除了可做放松和静赏的手段外，不也可做成德教育的工具？如果它能影响人的性情，那它不也可以感化年轻人的气质和心灵？

亚氏认为，品格确是能够受音乐影响、感染的。诗人奥林普斯的旋律就是明例。他说奥林普斯所作歌曲，能打动聆听者的灵魂，鼓舞他的热忱。（原文用 *enthousiasmos*，是英文 enthusiasm 的词源，多解作热心、热忱、积极从事等，也有作灵感的。）[1] 可见音律能够触动人的心灵，进而影响人的情操。甚至不成调或不合韵的摹拟声音，也能感动人。"例如悲号使人闻而生哀，嬉笑使人闻而轻快，则成调合律的音乐，在令人怡悦和消释劳倦而外，必更有影响于人们的性格。"（吴君本注文）这也是多数人的经验了。

看看背后的论点。人的美德行为，牵涉到情绪上的调整：在某特定时刻，面对某恰当事物，人可以感到愉快，也可以感到苦恼。德性教育，必须使人能调整情绪，使人产生谨慎的克制，让人在恰当的时刻，能感受到愉悦。但我们知道，听美好的音乐，犹如感受愉悦的情绪；如果音乐的内容与意义，是个道德的内容和意义，聆听那音乐，就等于在某恰当的事上感到愉悦。那么聆听音乐，就会是一种道德教育。道德教育与愉悦合一，也是人灵性上的德性境界了。

可是，音乐的内容与意义，真是道德的？一首音乐的内容，可以是勇气？公义？慷慨？音乐当然并不就是勇气、公义、慷慨等事物本身；但却可以是那形象。我们不会听了音乐就感到勇气百倍，除非音乐中充满勇敢的形象。音乐与其他艺术表达一样，都能显示出美德的形象，但音乐的表达来得最逼真，最能取得人心灵的共鸣。甚至可以说，音乐能表达出的美善境界，几乎就等于我们亲临那美善事情一样。节奏和旋律足以动人心弦，让人产生悲欢离合的心境，与悲欢事情在人心所引起的激荡，非常接近。

---

[1] 奥林普斯也是个半传奇的人物。相传他公元前 8 世纪时住在 Phrygia 地方。他的旋律多属给笛子独奏的高昂音调，也就是所谓 Phrygian 模式。

那可不可以问，在人的五觉中，为什么听觉是那么特别？为什么其他感官那么逊色。亚氏根本不提嗅觉。触觉和味觉他觉得不能反映任何形象，遑论品性。视觉呢？他谈到几点。第一，视觉所能感觉到的，也就是画与雕塑所能反映的人事品性，十分轻微。第二，人人都有视觉，包括儿童、奴隶、百工；人的视觉，无甚差异，图形和颜色所成的形象，一般人都看得到，无待高尚鉴赏。第三，图形与颜色形成的视觉印象，实际上不是道德习性的表达，只是隐约显示出某类品性。即如说，画家雕塑家所描绘的，是处于某情绪状态下的人物，从而间接显示了该人物的某方面情操。例如我们看一个图像，描述的是个面临险境的"勇敢人物"，从而"显示"出"勇敢"的意态。可见视像不能像音乐一样，直接表现出勇敢的品格。进画廊参观作品，离开时的心情，可能跟进去时无异。听一场严肃或激昂的音乐会，散会后心情久久未能平复。这是普遍的经验。

就是影响轻微吧，年轻人也当受恰当的训练。他们不宜看波森（Pauson）的东西，只当看波利格诺托斯（Polygnotus）的图画。[1] 读者见到的，是亚氏的"检查"安排。为了不让少年受不良陶冶，你得告诉他们什么可以看，什么不可以看。这与上卷的"概论"一章中所言一致：教育要导人"入正轨"。固然可以辩说：他是针对年轻人立论，那是化民"成德"所必需的。先秦儒者的说法是：非礼勿视、非礼勿听。

刚提过，音乐的旋律，不一样。曲调，是模仿品性的；曲调不同，听者的感受各异。亚氏举了几个例子。那叫 Mixolydian 调的，沉郁哀伤，多用于严肃、哀丧等场合。另一个较放松，颇柔

―――――――

[1]　波森与波利格诺托斯的作品，后世不存。只知他们是公元前 5 世纪的人。

靡，让人心旌摇曳。[1] 再一个是不徐不疾，较为温和的调子：那是 Dorian 的。最后一例是 Phrygian 的，有鼓舞振奋作用，适用于欢乐上扬的情况。如何选择，他认为当跟随音乐哲学等专家的意见。（他没有指出名词。一般相信音乐专家是柏氏所推崇的 Damon，哲学专家是柏氏。亚氏在下章会稍稍提到。）

亚氏的论点，该是这样的：古代的理论家，分旋律作三大类门。一则雄壮激昂，一则低沉凄切，一则稳沉幽雅。亚氏本人的分类稍广一点。他看旋律，或属道德，或属实际，或属鼓舞，视乎它能激发热诚的情感，或使人稳重行事，或使人悲伤沉溺。可想而知，他的铺排，各有其位。比如说，他会认为，Dorian 的曲调较合德性训练，Phrygian 的旋律能鼓动热情。那么 Dorian 的就较适合年轻人学习，Phrygian 的合于做军乐，鼓舞士气。

（音乐发展到了柏氏时代，已相当复杂，也多花哨。柏氏在《理想国》中建议改革，认为该回到上古较简朴的曲调。柏氏与亚氏对他们同时代的音乐都不满意，主张返璞归真。柏氏觉得，Lydian 和 Ionian 的曲调太懈怠，流于柔弱甚至"骄奢淫逸"；Mixolydian 的旋律又太拉紧，容易使人哀伤；只有 Dorian 和 Phrygian 的音调才最合表达。亚氏连 Phrygian 也不要，因为太刺激；但也同意 Dorian 介乎拉紧与松懈之间，是真正勇气的表达，也合中庸之道。[2]）

论旋律的意见，又可引用到节奏上。节奏或使人休，或使人动。使人动的，又分两种：一较鄙陋，一较高尚。综上所述，亚氏相信，音乐确有左右性情的能力。能左右性情，用来教导年轻

---

[1] 有人说那是 Ionian 和 Lydian 的旋律。亚氏没有说。

[2] 相传希腊人的祖先，来自三拨移民。第一拨是小亚细亚的 Ionians，第二拨是爱琴海诸岛屿的 Achaeans，第三拨是半岛北部的 Dorians。亚氏时代的音乐，部分可能来自这些祖先。

人就理所当然了。[1]用音乐训练年轻人恰当，因为幼童不易接受苦痛，但又得养成习惯，接受公义和德性的指挥；而音乐，既能发挥那熏陶的能力，同时又使人有愉悦感觉。对于陶冶心灵，再适合不过。

※   ※   ※

认定了音乐的功效，幼童值得去学，国家值得教导年轻学子以后，亚氏回到上一章的问题：幼童是否应该学习弹奏和演唱？答案是应该。理由是：人不身经一翻实践功夫，要能评断他人的演奏，虽未致绝不可能，究属不易。实践功夫，是经验，可见这里突出经验的重要。〔我们常说学习要四到：眼到、心到、口到、手到，有点近似。〕可这番立论，颇为奇怪。早在卷三中，他说作家、艺术家本人不必是最佳评判者，业外人士也可以是优良的鉴赏者。就在上一章内文，我们也见到，他说斯巴达人都懂评乐，他们都不是音乐家。（近代论述就更认为，影评人不必懂拍电影，食评人不必真能烧一手好菜，等等。）似乎前后不一致。

既然要实践，让少年人在学习期间有机会"登场表演"，分属自然。那对年龄不一的年轻人，有皆宜的音乐训练吗？另外，实践要演奏，演奏是近乎乐师的工作，终流于庸俗，是则不宜教导？对于前问，他认为幼童要实践，目的在培养欣赏能力；能自幼习艺，等到年纪稍长，懂得判别雅俗，就不必再"登场"。至于担心少年玩物丧志，或流于鄙俗，亚氏的答复是三条反问：（1）训练良好公民，该到何种程度而止？（2）他们该习什么样的旋律与节

---

[1] 音乐有三种功能。说到这里，他说了第一种：使人放松怡悦（身体上的）；第二种：能陶冶性情（灵性下层的）。但没有论第三种：灵性上层的理性部分。

奏才合？（3）当用什么乐器？

回应（1）。训练，是为了少年长大后，能成为国家的军人与治人者，可知学习音乐不能损害这大前提。强调体格与服役，则任何不合此方向的——例如哀伤乐，狂欢曲，或靡靡之音，都不宜。回应（2）。两点考虑：一者，音乐训练在基础，以利将来。亚氏批评他同时代的教育，人人竞相追求炫耀，为求在比赛中胜出而追逐"绝技"，那是舍本逐末。能领会足矣，不必做乐工。二者，领会非仅普及音乐——例如流行曲一类置诸妇孺奴婢皆懂的，而是要懂得欣赏"高尚"的，足以助人"进德修业"的音乐。

回应（3）。乐器要有选择，那是假定了乐器有宜有不宜；恰宜与否，视乎所生之音能否符合亚氏的音乐要求。可以想象，太低沉、太高拔的，都不合。他一下笔就说不可用笛子（其实也可以是箫，指吹气发音的管乐器），因为笛声尖高，激越，只宜用于情感宣泄的祭礼，不宜用于教育。另一条件是易学与否：难度高、技巧高的不学，因为学音乐要能启发智慧，助长品德才行。还有，吹笛，人就不能同时唱歌，所以不好。（这颇牵强，亚氏从没有说奏与唱必须并行的。）

玩笛，在雅典也曾风行一时；后来大家觉得它对品格无甚裨益，才渐渐不重视。但亚氏同时也摒弃了诸多古乐器，所举例子全属弦琴类，那是可边弹边唱的。可知吟咏不是主因，主要乃在难学和音调不厚重。音乐意在陶冶修养，不在比赛争胜，更不在使未来公民成为乐工。

据说，笛子是雅典娜发明的。（Athena，相传是雅典城的守护神。双吴本译作雅典人，不对。）但她把笛子丢掉，传说是因为她觉得吹笛时双颊鼓胀，不好看。可亚氏的猜测说：雅典娜是知识与技艺的象征；弃笛，因为笛与人的心智修养无关。

综合上述各点，可以推想亚氏对于乐器选择，及追求学习的深浅，都胸有成竹。他反对追求专业训练，觉得专业乐师学艺，目的在参赛胜出，用公开表演谋生。这样，他们的表演，并不在修养自己的身心，而在博取听众的"开怀"；那"开怀"，又止于庸俗的手舞足蹈而已。这不是自由人公民所该学的。何况，要听众开怀，就得投其所好；一般听众，品位庸俗，追逐鄙俗的"开心"，结果使乐师的音乐流于俚俗。学习不"为己"而"为人"，这准则已是卑下——非君子所为；为了取悦他人，做乐师的"不仅湮没了自己的心志，连自己的身体也不得不按照时尚的兴趣而忸怩作态了"（吴君本语）。专业训练，扭曲身心，不当拿来教育幼童。

（证诸古人，有合有不合。在《论语·宪问》中，孔子也有"古之学者为己，今之学者为人"之叹。但孔子完全否定"为人"吗？也不见得。他周游列国，游说诸侯行王道、施仁政，推广他的政治理想，不正是要各国之君接纳他的想法？如果真的成功了，仲尼之说，不也是"为人所用"吗？可见为人也有高下之分。亚氏反对幼童学专业乐工，因为乐工为取悦人而流于鄙俗；这点相信仲尼会赞成。摒斥"为人"，是因为鄙俗；那么，若能"为人"而不流庸俗，应当不一样。）

（证诸今人，在乐器取舍上多有不合。现代人看乐器，不会因它声音沉而说它萎靡，也不会因它声音尖高而说它激越。乐器本身并无高下之分，乐团演奏尤重和谐配合。作曲家创作时，固然会考虑到旋律、音调等需要，来采用某些乐器去配合，包括乐器发出的声音的特色。只要整体配合得宜，就是美乐，尽管乐章中有雄壮也有哀伤。也没有听到说，因为某些乐器发出的声调"有可能"不利少年的道德心灵成长，社会就索性不许学习的。也许不是亚氏杞人忧天，而是今人不以道德教化论音乐。）

（证诸教育的本质，亚氏也没有杞人忧天。他从"化民成德"

的角度入手，要用音乐来陶冶性情，那是为他日的城邦公民"铺路"，因而反对学徒参与竞赛，更反对拿后果［奖项］来炫耀。今天的做法，像是反其道而行。如果说社会当训练它的公民，使其有音乐修养，甚或只是培养兴趣，相信没有人反对。可今天学音乐的年轻人，竞尚参赛，以取得奖状奖牌奖杯为目标；做父母的，希望儿女得奖，好放在家中炫耀，"引以为荣"。这十分普遍，当然不是个别现象。就连中小学，办乐队合唱团什么的，也都是为了在校际比赛中胜出。与亚氏的教诲，相差不可以道里计。）

※　　　　　　　※　　　　　　　※

上面三条反问，三个回应，都有了。亚氏意犹未尽，再回到（2），也就是旋律和节奏的阐述。他提了几个考虑，但相信音乐家与懂音乐教育的哲学家都有论述，[1] 所以不再赘述，只从治人者角度谈一谈。（这再一次提醒读者，论述是写给治人者看的。）

旋律有三大类，已提到了。现在进一步谈的是，音乐值得学习，是因为它具有不同的功能（或效益）。一是教育，二是涤荡心灵。作何解，他说不必在此细究，稍后论诗歌时会评说：但是到终卷也没有再论。三是滋润心智，同时又可起娱乐和松弛的作用。先看看后两个问题。

亚氏的音乐教育理论，到这里又展示出一个新的论点：音乐的涤荡效能。看来那不只适用于音乐，也可以应用于其他艺术：比如说，他会认为悲剧具有类似效能。虽然他没有在后面再论，综合他在这里的描述，大概可得出以下结论。

什么叫涤荡心灵？（涤荡，原文作 *katharsis*，英文作 catharsis，

---

[1] 前者主要是 Damon 学派，后者包括柏氏在内。

译文多作 purgation；该词本解作净化、宣泄、涤清、清除，医学解作催泻等，也有译为 purification 的。）前面说过，音乐，是个"成德"的工具，能使人调整情绪（或情感）；美善带来愉悦，邪恶给人苦楚。但人会因着不同的理由，有不同的调整。有些人容易给挑起激昂的情绪，又或者对怜悯或恐惧感觉强烈；若他们积累了这类情绪，就需要有个宣泄、有个涤荡。像患了热病的人，需要有清凉剂，好给他泻除热毒，清洗系统。如果能对一个情绪受压抑的人，提供助他转移或挪开那情绪的东西，就无异于给他精神热毒的解药，清除了他的积郁，使他恢复正常了。

音乐具有的效能，亚氏相信更大；对某些在宗教活动（例如祭礼）中，特别容易激动甚至"忘我"的人，庄严神圣的旋律能使之恢复平静，就像清凉剂的清热效能一样。同类旋律，也可以"治疗"过度的怜悯或恐惧感，或任何强烈的情绪积压。这净化理论，或涤荡原理，似乎跟他的道德效能原理，有着相近的概念。音乐呈现的形象，能影响人的灵魂（或灵性，或心灵）；正如勇敢或克制的音乐形象，能感动人，引动人追求勇敢或克制的德性，那么悲恸与恐怖的音乐形象，就会引动人的怜悯与恐惧感了。若能相配得宜，音乐的感化（道德）效能，用以教导少年就很理想。

这个涤荡理论，倒像好些古代希腊哲学家的想法。他们似乎觉得，希腊人容易感情冲动，失控，"忘我"；在祭神歌舞中，在酒节狂欢中，甚至在观剧过程中，都会出现"忘我"状态，自以为是另一人。他们进入"热忱"的状态，以为与神祇合而为一。（上面刚提到的 *enthousiasmos*，enthusiasm，原义就是"灵感"——神灵感应，也就是神灵降身的意思。）这当然是容易"忘我"了。智者有虑，希望改变这状况，也属合理。所以柏氏的教诲是要希腊人保有"自我"，要"人贵自知"。在《理想国》中，他禁绝一切可能导致人"失控"的音乐、戏剧等，其理在此。亚氏的意图也近似。保持中道，不走极端，不要让激情占据心灵，需用音乐来调整。放血是种治疗，它使人热病降温；清泻是种治疗，它使人消除腹滞；宗教音乐是种治疗，它使人宣泄胸中沉郁。

解说，未必全合，也虽不中不远矣。

还有，亚氏在这里所说的音乐的三种效益，（一）教育；（二）涤荡心灵；（三）灵性修养和怡悦，和他在上一章举出的三类：（1）愉悦（娱乐和松弛）；（2）陶冶；（3）增进智慧，不全一样。上章的（2）是这里的（一），（1）（3）是这里的（三）；而涤荡理论的（二），是加进去的；虽然，它仍是与品格有关。

也许正因为音乐有涤荡性情的功能，正因为它能够使某些多愁善感、情绪容易波动的人有所宣泄，恢复平静，能助人消除积恼，那是给人纯正的愉悦了。尽管这不完全是"中庸之音"，也还是有它的用处。因为听音乐的，除了自由人以外，还有众多的百工和劳作的市井，各各因着不同的喜好，宁愿选择沉管哀弦之音，或激楚动人之调，以作松弛。乐师艺人，但奏不妨。

从教育幼童的角度立论，当然是"中庸之音"最好，这点我们在上文已经见到。但亚氏批评苏氏在《理想国》中保留激昂的 Phrygian 调不对。又引例子说明，要把属"狂热"的颂歌，用中道的 Dorian 调来打谱，不会成功。（例子放在这里，有点奇怪。幸好我们也不必考证一番。）看来亚氏要强调的，是他认为 Dorian 调子最庄重，宜于表现勇毅精神。"我们都认为万事都是过犹不及，我们应该遵循两个极端之间的'中庸之道'。杜里〔Dorian〕调正是诸调间的中调。"（吴君本语）如是，那用 Dorian 来教育少年，是理所当然了。

亚氏因鼓吹不走极端，以中庸哲学而闻名。用他自己的主调，作为音乐教育的收笔，也许再适合不过。

本卷最后一段文字，也是全书的末段，会给大家另一种奇怪的感觉。他是这样说的：学用音乐，当与每个人的个别情况相符。适合年轻人的调子，不见得适合年长的。幼童能唱的旋律，老人家就不能。他们年老气衰，只能吟咏轻舒柔靡的歌调；那么对长者来说，可能就该用一些较轻、较缓慢的音乐了。有的时候，纵使这类调子，只要有美感和教育意义——像 Lydian 调，也可以用来教导幼童的。

说奇怪，也有道理。好些译者就认为，这最后一段文字，是后人附加的，不是亚氏本人所写。看来合理。一者，亚氏从没说过，音乐教育与长者有关。二者，靡靡缓缓的，他早不取。三者，他认为 Lydian 调不适合，正如 Phrygian 调不适合，两者都不是"中调"。而音乐教育，是体格教育的下一步，主要用在十四岁到十七岁少年身上。这一段文字，与前述整个论述不合，推想亚氏不可能论述得如此不连贯。

※　　　　　　　※　　　　　　　※

理想国度教育的描述，在这里画上句号。很明显，亚氏的教育讨论，并没有完结：二十一岁以后的教育呢？假定一个理想的公民受到"文武双全"的训练，会有怎样的生活？会有什么活动，让他受过的教育，能有所发挥？教育的项目呢？他简单介绍了体育，却完全不见提及最高层的理性教育。全篇说"音乐"（人文、品格熏陶），却没有论其他文理各科。我们也见到，他在不少地方说"容后再述"的，结果都不再重现了。

不过，我们一开始就知道，这是一批笔记或讲稿，当时并没有成书，是后来才辑成的。我们不能把今天作者的做法——首尾呼应，前后连贯的完整作品，拿来跟古代的手稿相提并论。《政治学》八卷中，不少章节都像"中断"的结语；至于那是原稿如此，还是遗佚，今天也无可考证。在这最后一卷碰到同样的情形，也就不足为怪了。

从他的时代出发，我们可以观察到什么？他的教育设计，基本上集中在人的早年，以培养习惯为主——这倒是与他在《伦理学》中的理论一致。仅就这个阶段来说，设计看起来也不完整。比如说，将"文学"完全放下。柏氏很不一样：起码他提到，年轻人当有怎样的文学（诗学）训练。比如说，绘画。亚氏告诉大家，绘画可使人欣赏形体之美；可以想象，他和柏氏一样，把"美感"和"道德感"拉得很近。可他不曾说，在理想国度中，该用什么方法、用什么对象，来教导绘画。基础课程完成后，该是探讨科学、理性，继而进入玄思阶段了，亚氏却没有着墨。

就拿亚氏的论述跟柏氏的论述比照吧，两者有相似的地方；但柏氏的较有条理，也较完整。亚氏也没有把他的教育思想，条分缕析地套进他的哲学系统中。我们得动脑去猜、去推敲。不过除此以外，他们师徒两人的轮廓与取向是相像的。他们都相信，教育基本上是用来训练品格的；他们都认为，"艺术"可以影响，甚至塑造人。区别是，柏氏使"全智的治人者"安排一切，而亚氏的原则是"顺应自然"。所以他以人成长的自然规律作为指引，延长体育训练的时间，把其他的往后放，至少比柏氏所想象的为后。他批评斯巴达的方式，可他自己的，又多少有斯巴达的影子。在音乐陶冶上，他看得比柏氏要广，并且考虑音乐本身的各种效能，没有强把各种可能的考虑，套进既定的理论中。

站在现代人的立场，我们可能有另一种反省。挪开前面提过的"保守派""进步派"争论，我们也可以问：一个国家，要训练年轻公民，是不是只可以有一种学校体制——公立学校？只可以有一套课程——人人按年龄，配给同一训练？可不可以让不同的办学机构，按各自的办学理念和传统，自由发展，使教育之花绽放异彩，争妍斗丽？体格、品格，固然要考虑，但考虑的角度可以很多，除非公认说：政府的考虑，是唯一的恰当。

当然，若各自发挥，有可能某些情况会出错，或走歪了。亚氏的顾虑，可能在此：多数人都没有聪明才智，容易出错；倒不如规范人人守规，做得妥当，以期长大后"习惯成自然"。不只是他的教育思想，他的政治理想和伦理观，也都有点近似，都倾向于"保守"，都不建议迈向"变革"。有点像说：采纳这个办法，日后就能国泰民安。影响到他的教育理想，是以古代教诲配合当代政治和道德价值，所以教育的措施，就是把古人的智慧好好传授给下一代。

在全书中，卷八是称道前人最多的，也是引用神祇名词最多的。不仅在音乐训练上，也在其他学习上，主张前人的美善遗教，应当遵随。这和先秦儒的教诲，也甚相似。孔子"托古改制"；他说的古，是三代。三代，是个统称，也就是先圣昔贤的教诲。仲尼慨叹礼崩乐坏，要大家"从先王之教"，因为先王"制礼作乐"，教化万民。春秋纷乱，不正因人人违背先贤的遗训？也许，在那个时代，不论东西，都有"复古"的倾向。

我们看亚氏在前三卷，对某些前人有不太客气的批评。最突出的，是不满乃师柏氏的设计将城邦"定于一"，认为城邦由众多部分组成，分属自然，强求事事齐一，那是违反自然之道了。他说教育，本质上是个"一"，不是个"众"。当然，教育，只是城邦的一环；从今天看，教育在整个国家中所占分量，不多。如果教育定于一，会有什么后果？这值得想想。

近代教育的想法，和古人很不一样。近人的取向是，社会是不断变动的，年轻一代需要的是面向未来；也就是说，要训练他们能应付今天还未出现的社会问题。那就需要有开放的头脑，不墨守成规，不能假设过去的伦理经验必然可以一成不变地用于当下。亚氏反对当时人不断更改法律，他不会赞成不断更改前人的原则和价值。那当然是个比较保守的社会观。我们会说：择其善者而从之。何谓善者，却是今人争论不断的议题。